파이어
웨더

파이어 워더

존 베일런트 지음

제효영 옮김

뜨거워진 세상의 질문

곰출판

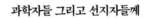

과학자들 그리고 선지자들께

머리말

2016년 5월의 어느 무더운 오후, 캐나다 앨버타주에 형성된 지 얼마 안 된 석유 도시 포트맥머리(Fort McMurray)와 약 8킬로미터 거리에 있는 임야에서 작은 불길이 피어올라 공기를 집어삼키기 시작했다. 이 불길은 수십 년간 불이 한 번도 난 적 없는 혼합림을 파고들어 급속히 확대됐다. 결과적으로 어떤 화재보다 멀리까지 번진 이 불도, 처음 몇 시간 동안은 인간이 일으키는 화재 대부분이 거치는 과정을 똑같이 거쳤다. 발화 지점 주변의 풀과 숲의 퇴적물, 썩은 나뭇잎 등을 삼키며 머뭇머뭇, 조금씩 나아갔다.

화재의 미래를 좌우하는 것은 갓 피어난 불의 이유식과도 같은 이 초기 단계의 연료와 날씨다. 이 단계의 불은 지표면에서 슬금슬금 퍼지다가 서늘하고 바람이 없는 봄밤에 내려앉은 짙은 이슬에 명을 다할 수도 있다. 또는 더 크게, 더 오래 지속되고 움직임이 큰 불길로 성장해서 밤부터 낮까지 종일 타오르고 다시 새로운 밤이 올 때까지 계속 활활 타오르며 온 세상을 마음대로 휘두를 수도 있다.

5월은 임야화재(wildfire, 숲이나 초지, 덤불 등에서 우연히 발생하는 화재—옮긴이)가 빈번한 화재 시즌으로는 아직 초기였지만, 앨버타주 산림·농업부의 임야화재 소방대는 이 불이 나기 전부터 이미 경계 태세였다. 그래서 숲에서 연기가 발견되자마자 이 전담 소방관들이 곧바로 출동했고 헬리콥터와 소방용 항공기도 동원됐다. 화재 현장에 도착한 대원들은 눈앞에 펼쳐진 광경을 보고 깜짝 놀랐다. 물통 가득 소방수를 실은 헬리콥터 한 대가 현장에 당도할 즈음에 연기는 이미 시커멓게 변했고 불은 뜨겁게 끓고 있었다.

예사롭지 않은 화재가 될 조짐이 뚜렷했다. 소방대가 적시에 투입됐음에도, 화재 면적은 두 시간 만에 약 1만 6,000제곱미터에서 60만 7,000제곱미터로 확대됐다. 임야화재는 보통 밤이 되어 공기가 서늘해지고 이슬이 맺히면 잦아드는데, 이 불은 다음 날 정오까지 계속 번져, 화재 면적이 거의 8.1제곱킬로미터까지 늘어났다. 불의 빠른 확산은 이상 기온 현상과 동시에 나타났다. 이 시기에 북미 아북극 지역의 기온은 보통 15도 안팎인데, 2016년 5월 3일에는 최고 기온이 32도를 넘어 역대 가장 높은 기온으로 기록됐다. 불이 시작된 3일 화요일에는 연기와 바람을 모두 억제하는 기온역전층이 걷힌 후 초속 10미터 이상에 이른 강풍까지 몰아치는 바람에 불길은 괴물처럼 몸집이 불어나 애서배스카강(Athabasca River)도 뛰어넘었다.

도시 전역에서 수일간 불 폭풍이 연이어 휘몰아치는 대재난이 포트맥머리 일대를 삼켰다. 화산 폭발로 나타나는 화재 적란운이 도시 위에 우뚝 솟아나고, 그 아래에서 곳곳의 주거지역이 통째로 전소됐다. 화재가 촉발한 기상 변화는 너무도 거대하고 막강해서 허리케인에 맞먹는 강풍과 번개를 일으켰다. 그 여파로 화재 지점에서 수 킬로미터 떨어진 곳에도 추가로 불길이 일어났다. 대피 규모는 거의 10만 명에 이르러, 현대에 발생한 모든 화재를 통틀어 단 하루 사이에 가장 많은 사람이 가장 신속히 대피한 사례가 되었다. 그날 포트맥머리 사람들의 휴대전화와 자동차 블랙박스에는 종일 뜨거운 열기가 집집이 창문을 쾅쾅 두드리고, 하늘에서 비처럼 불이 쏟아지고, 이글대는 화염 속에서 공기가 살아 있는 것처럼 움직이고, 갑자기 무너지는 세상을 피해 시민들이 서둘러 달아나면서 험한 말을 내뱉고 기도하고 흐느끼는 모습이 고스란히 기록됐다. 이들 앞에 놓인 선택지는 간단하고 냉혹했다. 당장 달아나거나 영원히 달아나지 못하거나, 둘 중 하나였다.

일주일 뒤, 화마가 지나간 자리는 핵폭발을 연상케 했다. 그냥 "피해"가 아닌 철저한 소멸이었다. 한 정부 관계자는 화재 현장을 둘러보면서 자신이 본 것을 생생히 전했다. "원래 집이 있던 곳에 무엇이 남았을까요? 못입니다. 못만 무더기로 남아 있었을 뿐입니다."[1] 이 화재로 주택과 구조물 2,500채 이상이 무너졌고 건물 수천 채가 망가졌다. 그리고 약 5,960제곱킬로미터의 숲이 사라졌다. 화재 상황이 포착된 사진이 처음 나오기 시작할 무렵 이미 대기에 방출된 이산화탄소의 양은 1억 톤에 이르렀다. 대부분 자동차와 주택이 불타면서 발생한 양이었다. 캐나다 역사에서 경제적으로 가장 막대한 피해를 남긴 포트맥머리 화재는 며칠이 아닌 몇 달간 지속됐다. 5월에 시작된 불이 완전히 진압되었다는 발표가 나온 건 이듬해 8월이었다.

임야화재의 생사를 좌우하는 건 날씨다. 하지만 이제 '날씨'는 1990년도와는 다른 의미가 되었고, 불과 10년 전과도 의미가 달라졌다. 포트맥머리 화재가 2016년 5월에 전 세계적인 뉴스가 된 이유는 엄청난 규모와 불의 맹렬한 기세 때문이기도 하지만, 허리케인 카트리나가 미국 뉴올리언스를 강타했을 때처럼 이 화재가 수십억 달러 규모의 캐나다 석유산업 중심지에 직격타를 가했기 때문이다. 포트맥머리 화재는 과거 150년 동안 나란히 성장한 석유산업과 화재의 양상을 단적으로 드러냈다. 수단과 방법을 가리지 않는 탄화수소 자원 개발, 그로 인해 열을 가두는 온실가스가 실시간으로 증가하고 날씨가 급변하는 현상 사이에서 발생한 맹렬한 시너지였다. 2016년 봄에 일어난 포트맥머리 화재는 10년 단위 평균 기온이 역사상 가장 높았던 기간 중에서도 가장 무더웠던 2016년이 절반쯤 지났을 때 시작됐다. 전에 없던 새로운 종류의 불이 세상에 등장한 순간이었다.

"이런 불은 난생처음 봅니다."[2] 기진맥진한 모습으로 공영방송 TV 채널에 나온 포트맥머리 소방서장은 비통한 얼굴로 말했다. "기존에 알던 불의 발생, 이동 방식, 진행 양상과는 완전히 다른 화재입니다."

캐나다 브리티시컬럼비아주 북부 아한대림 전체에 만들어진 탄성파 탐사선.

사진 아래쪽에 신크루드 광산과 개질 시설, 수송 트럭들이 보인다.
멀리 사진 오른쪽 윗부분에 흐릿하게 보이는 직사각형은 유황이 쌓여 있는 곳이다.

캐나다 온타리오주 북부에 나타난 빛기둥 현상.

포트맥머리 5호 소방서에서 본 009호 화재의 모습.
2016년 5월 2일 오후 6:00

대피 중인 차들 위로 용이 불을 뿜듯 화염이 치솟는 모습. 폴 에어스트가 자신이 타고 있던
트럭의 전면 창 너머로 본 광경을 직접 촬영한 사진이다. 바로 앞에 아내와 딸이 탄 차가 가고 있었다.
비컨힐, 2016년 5월 3일 오후 2:49

화염에 휩싸인 알파인 코트. 트럭의 바퀴가 불타서 녹고 있다.
어배샌드, 2016년 5월 3일

불의 진행 속도를 늦추기 위해 백호 굴착기로 집들을 허무는 모습.
프로스펙트, 2016년 5월 5일

소방호스로 주택가에 물을 살포하는 모습.
호스에서 나온 물줄기가 불길 쪽으로 휘어져 증발과 동시에 불에 "먹히고" 있다.
프로스펙트, 2016년 5월 5일 오전 12:44

모든 게 파괴된 풍경.
캘리포니아 레딩. 2018년 8월

쓰러진 송전탑에 고압선과 픽업트럭이 엉켜 있다.

불에 탄 무쇠 프라이팬.

불에 탄 트랙터 강철 의자.

재녹색화
어배샌드, 2016년 6월 8일

북미 북서부 지도

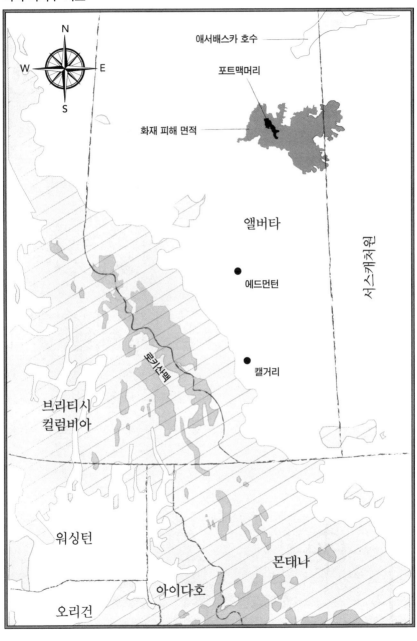

애서배스카 호수

포트맥머리

화재 피해 면적

앨버타

에드먼턴

캘거리

로키산맥

브리티시
컬럼비아

서스캐처원

워싱턴

몬태나

아이다호

오리건

200 mi

200 km

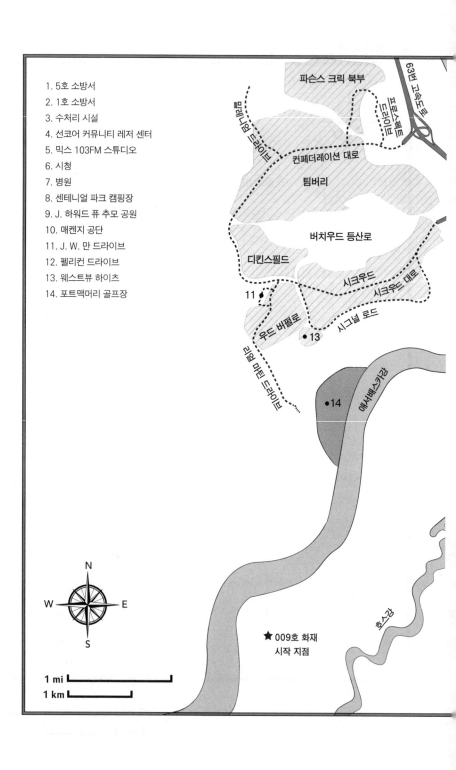

1. 5호 소방서
2. 1호 소방서
3. 수처리 시설
4. 선코어 커뮤니티 레저 센터
5. 믹스 103FM 스튜디오
6. 시청
7. 병원
8. 센테니얼 파크 캠핑장
9. J. 하워드 퓨 추모 공원
10. 매켄지 공단
11. J. W. 만 드라이브
12. 펠리컨 드라이브
13. 웨스트뷰 하이츠
14. 포트맥머리 골프장

파슨스 크릭 북부

63번 고속도로

프론트벨트 드라이브

컬레니엄 드라이브

컨페더레이션 대로

팀버리

버치우드 등산로

디킨스필드

시크우드

시크우드 대로

11

시그널 로드

우드 버펄로

13

리얼 마틴 드라이브

14

애서배스카강

N
W   E
S

1 mi
1 km

★ 009호 화재
시작 지점

혼스강

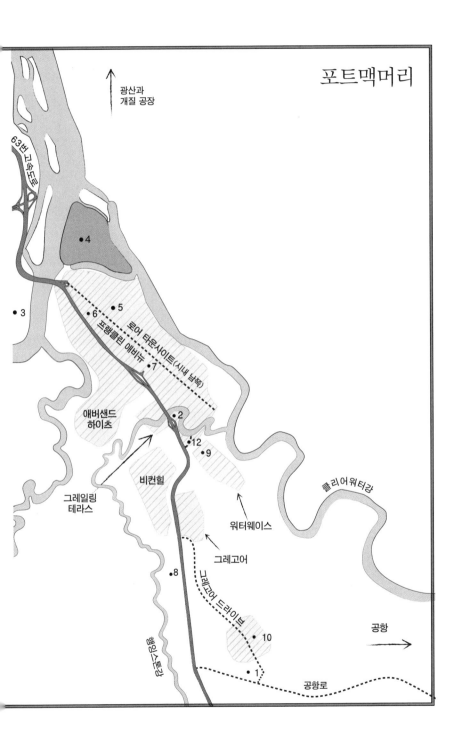

포트맥머리

광산과
개질 공장

63번 고속도로

• 4

• 3

• 5

• 6

로어 타운사이트(시내 남쪽)

프랭클린 애버뉴

• 7

애버샌드
하이츠

• 2

• 12

• 9

비컨힐

그레일링
테라스

워터웨이스

클리어워터강

그레고어

• 8

웰링스턴강

그레고어 드라이브

• 10

공항

• 1

공항로

차례

머리말 6

1부 **모든 일의 시작** 22

2부 **화재 기상** 118

3부 **심판** 342

맺음말 532

감사의 말 536

주 541

참고문헌 577

찾아보기 580

모든 일의 시작

기상청은 날씨와 불의 연료가 되는
요소의 상태가 임야화재의 활성을 빠르게,
극적으로 높일 가능성이 있을 때
"화재 기상 경보"를 발령한다.

여러 원인과 영향이 거대하게 얽인
현상에서는 그중 어느 한 가지도
따로 분리해서 생각할 수 없다.'

자연과학자, 탐험가
알렉산더 폰 훔볼트

I

숲에서 나무 한 그루가 타기 시작할 때
아무도 보지 못한다면…

———

    철학적인 질문 같지만 캐나다에서는 그렇지 않다. 전 세계 숲의 10
퍼센트가 캐나다에 분포하고, 그 방대한 면적에는 사람이 살지 않는
다. "방대하다"는 말로는 캐나다에서 숲이 차지하는 면적이나 숲에
서 나는 불을 제대로 묘사할 수가 없다. 캐나다가 얼마나 넓은 나라인
지 감을 잡기 위해 이렇게 상상해보자. 미국 몬태나주 그레이트폴스
에서 차로 캐나다를 향해 출발한다고 하자. I-15 주간고속도로를 따
라 캐나다 국경 바로 앞의 스위트그래스까지 온 다음, 국경을 건너 앨
버타주 쿠츠(Coutts)까지 간다. 그곳에서 주행 기록계를 0으로 맞추고
북쪽을 향해, 이틀간 쉬지 않고 달린다. 바로 왼편에 로키산맥을 끼고
계속 달리다 보면 대초원 지대의 서쪽 가장자리를 따라 레스브리지와
캘거리, 밀과 소의 고장 레드디어(Red Deer)가 차례로 나온다. 캐나다
북부의 대도시 에드먼턴(Edmonton)을 지나고 나면 도로에 점점 차가
뜸해지고 주변은 꽁꽁 얼어 있거나 땅이 반쯤 물에 잠겨서 소에게 먹

일 풀도 얻기 힘든 아북극 지역의 대초원이 드넓게 펼쳐진다.

거기까지 오면 이제 큰길이라고 해봐야 일반 주택가 도로 정도에 불과한 길이 이어지고, 불빛이 드문드문한 작은 마을들이 나온다. 주유소를 하나 지나치면 80킬로미터는 가야 다시 하나가 나타난다. 동쪽과 서쪽에는 자갈이 깔린 레인지 로드(range road, 캐나다에서 토지 조사를 위해 영토를 약 2.6제곱킬로미터 단위로 나눌 때 기준이 되는 세로선을 레인지[범위]라 하고, 이 선과 평행하게 남북으로 이어지는 도로를 레인지 로드라고 한다—옮긴이)가 시야가 닿지 않는 끝까지 이어지고, 인간이 만든 건물은 점점 드물어져서 간혹 한 번씩 나타날 때마다 새삼스럽게 느껴진다. 강한 바람만 몰아치는 외로운 풍경 속에서, 학교만 한 규모에 주석을 입힌 동그란 돔 지붕이 있는 우크라이나식 교회 건물이 유독 두드러져서 꼭 러시아 스텝 지대에 온 듯한 착각을 일으킨다. 교회 옆에는 헛간도 보인다. 100년은 족히 넘었을 세월의 무게를 견디지 못하고 절반은 무너졌지만, 나머지 절반은 이미 오래전에 사람들이 모두 떠난 후에도 혹독한 겨울을 이기고 남아 있다.

그대로 북쪽으로 계속 가면 면적이 4만 제곱미터가 넘는 호수가 나타난다. 깜짝 놀랄 만큼 선명한 호수의 푸른 물빛은, 그저 앨버타의 하늘이 비친 것뿐인데도 형언할 수 없이 아름답다. 길은 이어지고, 따로 표식은 없지만 사슴이 사는 땅에서 무스가 사는 땅으로, 작은 까마귀가 아닌 큰 까마귀가, 코요테가 아닌 늑대가 사는 땅으로 바뀐다. 노스스타(North Star)라는 마을에 도착하면 앨버타 특유의 탁 트인 광활한 풍경은 나지막한 나무들로 빼곡한 혼합림과 시베리아와 아주 흡사한 습지대로 채워진다. 커피 한잔이 생각나 인디언 캐빈스라는 외딴 곳에 정차할 즈음이면 하루가 다 가고 주행 기록계에는 1,600킬로미터가 찍혀 있을 것이다. 하지만 아직 앨버타는 끝나지 않았다.

모든 일의 시작

여기까지 올라와 육지로 둘러싸인 아북극 지역에 이르면 모든 게 거대하다. 호수는 육지에 들어온 바다 같다. 호수에 사는 송어는 무게가 무려 45킬로그램이 넘는다. 북미 대륙에서 가장 거대한 들소를 비롯해 사람보다 큰 야생동물들이 산다. 세계에서 두 번째로 큰 국립공원인 우드 버펄로 국립공원에는 세계 최대 규모의 비버 댐이 있다. 2007년 인공위성에 포착되어 발견된 이 댐은 미국 네바다주에 있는 후버 댐보다 길이가 두 배 이상 길고, 지금도 계속 늘어나고 있는 것으로 추정된다(후버 댐의 길이는 약 400미터이고 비버 댐의 길이는 약 800미터라고 한다―옮긴이). 2010년 뉴저지에서 롭 마크(Rob Mark)라는 열혈 모험가가 이 댐을 직접 보러 가겠다고 길을 나섰다. 최초로 여겨지는 그의 도전은 쉽지 않았다. "나뭇잎이 너무나 빽빽합니다."[1] 마크는 CBC 방송에서 이렇게 전했다. "시야가 확보되지 않아요…. 걸어서 건너기 힘든 습지가 갑자기 나타나고, 그곳을 지나면 또 늪이 나오는 식입니다." 날씨가 따뜻한 시기에는 그곳을 찾는 사람들의 발길이 왜 끊기는지, 국경을 넘어 그곳까지 오는 사람들은 왜 주로 겨울에 모여드는지 그의 설명으로 짐작할 수 있었다. "모기는 또 어떻고요." 마크가 덧붙였다. "정말 말도 못 하게 끔찍합니다."

모든 게 거대한 그 북쪽 지역에서 한 가지 예외인 것이 나무다. 그곳에서는 키가 18미터 이상 자라거나 수령이 100년이 넘는 나무는 찾기 힘들다. 소나무, 가문비나무, 사시나무, 포플러, 자작나무가 다양하게 섞인 이런 혼합림은 아한대림(또는 북방수림)*으로 통칭된다. 나무 각각은 작아도, 숲의 규모는 그런 특징을 상쇄할 만큼 광활하다.

---

* 영어로는 boreal forest이며, 그리스신화에서 북풍의 신인 보레아스(Boreas)의 이름에서 유래했다.

북극 주변을 빙 둘러서 북반구 대륙 전체를 둘러싼 이 아한대림^{2}은 육지에 형성된 가장 큰 생태계이자 지구 전체 숲 면적의 약 3분의 1을 차지한다(총면적은 약 1,554만 제곱킬로미터로, 미국 50개 주를 모두 합친 것보다 크다). 캐나다 전체 면적의 3분의 1, 앨버타주에서는 절반이 아한대림이다. 캐나다의 아한대림은 서쪽으로 로키산맥을 넘어 브리티시컬럼비아주와 유콘주, 알래스카주를 지나 베링해를 넘어 러시아(러시아에서는 아한대림을 '타이가'라고 부른다), 스칸디나비아반도까지 쭉 이어지고, 대서양 너머 아이슬란드, 다시 바다 건너 캐나다 서쪽 끝 뉴펀들랜드주로 이어지며 마치 지구 윗부분에 푸릇한 초록색 화환이 얹어진 것처럼 둥근 띠를 이룬다.

도로 쪽에서 아한대림을 바라보면 빼곡한 나무만 보인다. 하지만 안쪽에는 육지 환경과 수생 환경이 공존하며, 다른 어떤 생물군계보다 거대한 담수 수원이 있다. 이런 특징에 주목한다면, 지구 윗부분을 둥글게 둘러싼 아한대림은 북반구의 스펀지라고도 할 수 있다. 지표면을 빼곡히 채운 나무들이 땅 밑으로 내리뻗은 총 수십억 킬로미터의 뿌리는 숲이 형성된 대륙 전체를 하나로 엮는 씨실과 날실이다. 아한대림에 형성된 무수한 호수, 연못, 습지, 강, 개울은 플로리다주의 습지대인 에버글레이즈처럼 개방된 환경에서 물이 흐르지는 않지만, 담수를 모으고, 저장하고, 여과하고, 방출하는 기능은 비슷하다. 수백 종에 달하는 새 수십억 마리가 아한대림에 머물거나 그 생태계 안에서 다른 곳으로 이동하며 살아간다.

아한대림에는 거대하게 자라거나 오랜 세월 자리를 굳건히 지키는 나무가 없다. 그 이유 중 하나는, 물이 그토록 풍부한 환경인데도 나무가 수시로 불타기 때문이다. 아한대림은 애초에 그런 일이 일어나게끔 만들어졌다. 한마디로 북반구 전체를 둥근 띠처럼 둘러싼 아한대림은 생태계의 진정한 불사조다. 불사조는 일단 몸에 불이 붙고 다 타야만 새롭게 태어날 수 있는데, 아한대림도 50년에서 100년 간격으로 부분부분 무작위로 불이 난다. 생물군계가 워낙 거대한 만큼, 아한대림에 저장된 탄소의 양은 지구의 모든 열대우림에 저장된 양과 같거나 그 이상이다. 따라서 불이 나면 탄소 폭탄에 불을 붙이는 것과 같은 일이 벌어진다. 북미 대륙에서 그와 같은 대규모 아한대림 화재의 진원지는 앨버타주 북부다. 그 지역의 모든 주거지는 규모가 크건 작건 상관없이 같은 딜레마를 겪는다. 바로 집과 숲이 맞닿아 있다는 점이다. 숲에는 곰, 늑대, 무스, 심지어 들소도 살지만, 숲에 도사리고 있는 가장 큰 위험은 불이다. 아한대림에서는 모든 조건이 맞아떨어지면 불이 세상을 끝장낼 기세로 타올라 수천 제곱킬로미터의 숲을 태운다. 이런 불은 만나는 것을 모조리 다 태워버리며 통제가 불가능하다.

기록된 화재를 기준으로 북미 대륙에서 일어난 최대 화재인 1950년의 친차가(Chinchaga) 화재는 세상에 거의 알려지지 않았고 화재 당시에도 직접 목격한 사람이 소수에 불과했다. 1950년 6월에 브리티시컬럼비아주와 앨버타주 경계에서 시작된 이 불은 앨버타주 북쪽을 향해 동쪽으로 4개월 이상 번지며 약 1만 6,500제곱킬로미터의 숲을 태웠다(미국 코네티컷주와 로드아일랜드주를 합친 면적, 또는 캐나다 프린스에드워드아일랜드주 면적의 약 3배). 이 화재로 발생한 연기기둥(fire plume)은 규모가 엄청나서 '1950년의 거대 연기층(Great Smoke Pall of 1950)'으로 불렸다.[3] 성층권 위로 무려 12킬로미터 이상을 뚫고 올라온[4] 이 연기기둥이 대기를 우산처럼 덮는 바람에 평균 기온이 몇 도씩 떨어지고, 새들은 한낮인데도 한밤중처럼 날지 않았다. 북반구 전역에서 보라색 태양과 푸른 달을 봤다는 목격담이 이어지는 등[5] 기이한 기상 현상도 눈에 띄었다. 1883년 인도네시아 크라카타우 화산 폭발 이후에 이런 현상이 생긴 건 처음이었다.[6] 친차가 화재로 발생한 이러한 영향에 깊은 인상을 받은 칼 세이건은,[7] 핵겨울(핵전쟁이 일어나면 발생하리라고 예상되는 기상 현상. 1980년대에 처음 제기된 핵겨울 가설에서는 대규모 화재로 지표면에 닿는 햇빛이 줄어서 기온이 내려가는 등 여러 기상 변화가 일어날 것으로 예상한다—옮긴이)이 실제로 일어난다면 이와 비슷할 것이라고 언급했다.

/ / / /

미국 해양대기청(NOAA)은 해마다 캐나다와 멕시코의 과학자들과 협력해 〈북미 계절성 화재 평가 및 전망(North American Seasonal Fire Assessment and Outlook)〉이라는 문서를 발표한다. 북미 대륙 전체의 임야화재 발생 가능성을 예측한 정보가 담긴 이 문서는 화재 시즌이 표시된 지도가 포함되어 있고[8] 특정 월에 화재가 증가할 가능성이 높은 지역은 붉은색으로, 낮은 지역은 녹색으로 표시한다. 2016년에는 전년도와 마찬가지로 녹색보다 붉은색으로 표시된 면적이 훨씬 넓었다. 붉은색의 면적이 가장 넓었던 5월 지도를 보면, 멕시코와 미국 중서부 지역 상당 부분, 하와이 전체, 오대호부터 로키산맥까지 이어지는 캐나다 남부의 큼직한 면적이 붉은색으로 덮여 있다. 앨버타주의 석유 생산지도 대부분 이 방대한 붉은색 지역에 포함됐다. 그리고 이 화재 고위험 지역의 중심부에는 숲에 둘러싸인 포트맥머리가 있었다.

포트맥머리는 북미 대륙 다른 지역들과 공통점이 별로 없는 특이한 곳이다. 미국 국경에서 북쪽으로, 북극권 한계선에서 남쪽으로 각각 약 965킬로미터 떨어진 곳에 형성된 이 산업도시는 바다만큼 광활한 나무들 속에 섬처럼 자리하고 있다. 앨버타주에 속한 이 지역은 석유라는 매력적인 요소만 빼면 여러모로 시베리아와 비슷하다. 주거지역은 드문드문 형성되어 있고, 강은 북쪽으로 이끌리는 나침반 바늘처럼 일제히 북극해를 향해 흘렀으며, 키 작은 나무들은 수명이 짧고 쉽게 불탔다. 영구 정착지는 총면적이 켄터키주와 비슷하고 총 6곳의 주거지역으로 흩어져 있다. 그중에 인구가 800명 이상인 곳은 한 곳뿐이다. 2016년 당시 포트맥머리와 바로 인접한 주변 지역에는 이동식 트레일러 주택과 분양형 아파트, 맥맨션(McMansion, 공장에서 찍어낸 것처럼 똑같은 교외 지역의 주택을 가리키는 표현. 중산층을 겨냥해 대체로 크고 허세가 심하면서도 개성은 없는 집이라는 부정적인 뉘앙스를 풍긴다—옮긴이), 콘크리트로 지은 고층 임대형 아파트 등 2만 5,000채의 주택과 건물에 다양한 나라에서 온 9만여 명이 살고 있었다. 개울과 협곡이 곳곳에 있는 구불구불한 지형 100제곱킬로미터 면적이 쓰레기 수거와 소방 서비스가 제공되는 "도심 서비스 구역"에 포함됐다. 그 많은 개울과 협곡은 포트맥머리에 있는 두 개의 큰 강과 두 개의 지류를 따라 각 구획이 다시 잘게 나뉘어, 위에서 보면 뒤틀린 문어 다리 여러 개가 도시 주변을 휘감은 듯한 모습이었다.

포트맥머리 주변에는 반영구적인 주거 형태인 '노동자 합숙 시설(man camps)'이 여러 곳에 흩어져 있다. 이곳에 머무는 노동자 약 5만 명은 포트맥머리 전체 인구에 포함되지 않는 그림자 인구다. 이들의 숫자는 원유 가격과 지역 개발 속도, 원유 처리 시설의 정기적인 유지 관리 주기에 따라 변동이 크다. 포트맥머리에 오래 살았다는 한 주민은 "우리는 석유회사 옆의 한 군락일 뿐"[9]이라고 말했다. 캐나다의 석유 생산량은 세계 4위, 석유 수출량은 세계 3위다. 미국이 수입하는 석유의 거의 절반은 캐나다산이다. 캐나다에서는 약 6억 3,600만 리터,[10] 즉 초대형 원유 운반선 한 척 분량의 석유가 24시간마다 미국에 수출되었는데, 이 방대한 수출량의 거의 90퍼센트가 포트맥머리에서 생산된다.[11]

캐나다와 석유업계 밖에서는 거의 알려지지 않은 이 도시는 지난 20년 동안 북미 아북극 지역에서 에드먼턴과 앵커리지, 페어뱅크스에 이어 네 번째로 큰 도시가 되었다. 초과근무 시간과 소득 기준으로는 북미 대륙 전체를 통틀어 가장 오랜 시간 일하는 곳이자 급여가 가장 높은 도시다. 2016년은 전 세계 원유 가격의 급감으로 과거 10여 년간 지속되던 호황이 끝난 지 2년도 넘은 해였지만, 포트맥머리의 가구 중위 소득은 연간 20만 달러에 가까운 수준이었다.[12] 오랫동안 포트맥머리에 붙여진 다양한 별명 중에는 '포트맥머니'도 있다.

2016년 5월 3일, 저마다 다르게 시작된 포트맥머리의 하루는 똑같이 끝났다. 샌드라 린더(Shandra Linder)의 하루는 여느 봄날처럼 시작됐다. 샌드라는 이 지역 경제의 중심인 신크루드(Syncrude, '합성 원유 [synthetic crude oil]'를 뜻하는 영단어를 합성한 업체명이다)에서 노사관계 자문을 맡고 있었다. 남편 코리(Corey)는 신크루드의 엔지니어였고, 두 사람의 친구들도 대부분 직장 동료였다. 린더 부부는 시내 북쪽에 차로 30분 거리에 있는 밀드레드 레이크 복합단지의 신크루드 본사에서 일했다. 2016년은 샌드라가 "포트맥"이라고 줄여 부르는 포트맥머리에 산 지 거의 20년이 되어가는 해였다.

짧게 친 금발 머리의 린더는 다부지고 다정다감하지만 멍청한 사람은 참지 못한다. 샌드라가 어떤 사람이고 무슨 일을 하는지 자세히 알고 나면 다 이해하게 되지만, 외지인들 눈에는 샌드라처럼 세련된 여성이 포트맥머리처럼 외딴 지역에, 그것도 남성 호르몬이 넘치는 이런 산업 중심 도시에서 산다는 것 자체가 의아할 수 있다. 그곳 "현

모든 일의 시작

장(포트맥머리 인근 채굴장이나 그 외 석유 관련 시설의 작업장을 통칭하는 표현)"의 남녀 비율은 25대 1 정도다. 샌드라도 이런 업무 환경에 걸맞게 최소한의 화장만 하고 셔츠와 짙은 색 바지 차림에 하이힐은 신지 않는, 하루에도 몇 번씩 트럭이나 SUV를 오르내리며 남자들의 세상에서 일하기 편한 옷차림으로 출근한다. 샌드라에게서는 신크루드의 정규직 직원이라는 점, 엄밀히는 신크루드보다 큰 회사이자 직원들 사이에서 장래가 확실히 보장되는 직장으로 여겨지는 선코어(Suncor) 직원이라는 사실에서 뿜어져 나오는 은근한 자신감이 느껴진다. 이 지역에서 신크루드나 선코어는 더 남쪽 지역의 엑손(Exxon)이나 셸(Shell)과 같은 기업이라, 직원들도 페로몬처럼 특유의 기운을 뿜어낸다. 한 내부자는 그 사람들에게서 "나는 신크루드 사람이고 당신은 아니지 않습니까"라고 말하는 듯한 기세가 느껴진다고 묘사했다.[13]

신크루드와 선코어의 현장 기능직과 기계공들도 회사 배지를 일종의 유니폼처럼 달고 다닌다. 지나간 마지막 호황기에 두 회사의 직원들은 마음에 드는 이성에게 잘 보이기 위해 비장의 카드처럼 술집에 갈 때도 회사 배지를 달고 다녔다고 한다. 잘나가는 증권 거래인의 상징이 지갑에 꽂힌 플래티넘 카드라면, 포트맥머리에서 신크루드와 선코어의 배지는 억대 연봉, 수천만 원짜리 트럭, 파티 한 번에 수백만 원쯤은 쓸 수 있는 재력, 다양히 써먹을 수 있는 기술 보유자임을 단번에 드러내는 상징이다. 하지만 직원들이 "오너(Owner)" 혹은 "어머니"라고도 부르는 두 기업은 그만큼 요구하는 것도 많았다. 월스트리트나 실리콘밸리처럼 야근과 주말 근무는 기본이다. 사실 초과근무는 돈을 더 버는 기회이기도 해서, 포트맥머리에서 초과근무는 시간을 가장 잘 보내는 방법으로 통하기도 한다.

시내 남서쪽에서 피어오른 연기기둥의 존재를 샌드라도 일찍부터 알고 있었다. 포트맥머리 사람 모두가 그랬다. 일요일 오후부터 지평선에 나타난 그 연기기둥은 숲에서 처음 싹이 튼 후에 바람에 휩쓸려 모습이 이리저리 바뀌며 계속 커지더니, 이제는 회색과 갈색빛 콜리플라워처럼 완전히 만개한 형태가 되었다. 그 후로도 계속 커지고 있었으나, 도심과는 아직 몇 킬로미터 떨어져 있었다. 게다가 연기기둥이 그것 하나만 있는 것도 아니었다. 시내 북쪽의 신규 개발 지역인 스톤크릭 인근에서도 화재가 발생했다. 린더 부부는 그 화재로 급히 대피해야 했던 친구들을 초대해 주말을 함께 보냈고 다들 그 일을 재미있는 사건처럼 여겼다. 5월 1일 일요일에 린더 부부와 불을 피해서 온 친구들은 포트맥머리 시내 북쪽과 서쪽의 높은 언덕 지대에 자리한 여러 주거지 중 한 곳인 팀버리에 있는 부부의 집 뒷마당에서 함께 칵테일 파티를 즐겼다. 저마다 손에 술잔을 쥐고, 작은 분수가 있는 잔디 정원에서 멋진 석양이나 무지개를 배경으로 기념사진을 찍듯 강 건너 뭉게뭉게 피어오른 커다란 연기기둥을 배경으로 사진을 찍었다. 다들 닭고기와 쌀로 만든 요리를 먹고 기분 좋게 취해서 포트맥머리에서의 행복한 하루를 만끽했다. 친구들은 이튿날 각자의 집으로 돌아갔다.

이들이 연기를 보고도 여유를 부릴 수 있었던 건 앨버타주 산림·농업부가 있었기 때문이다. 린더 부부와 친구들은 그곳의 소방관들이 땅을 지키고 소방용 항공기가 하늘을 지키고 있으니, 무슨 일이 생기든 다 해결되리라고 생각했다. 문제를 처리하고 해결하는 건 포트맥머리 사람들이 늘 하는 일이었다. 앨버타 북부 지역만큼 자기 일을 철저히 스스로 선택한 사람들이 모여 사는 곳도 드물다. 그중에서도 포트맥머리는 강인하고 도전적이고 팀워크에 능한 사람, 책임감도 성공을 향한 의지도 강한 일꾼들을 위한 도시다. 높이 자란 풀들이 무성한 대초원부터 공원 지대, 로키산맥, 아한대림을 관할하는 세계 최고 실력의 소방관들로 꼽히는 앨버타주 산림·농업부의 임야화재 전문 소방관들도 다르지 않았다. 사석에서 대놓고 자신들이 '최고'라고 말하는 소방관들도 있었다. 2016년 5월 초는 아직 강둑에 겨울에 생긴 얼음이 자동차만 한 크기로 남아 있고 꽁꽁 언 호수가 다 녹지 않은 곳들도 있었으므로 시기상 불이 나기에 다소 이른 감이 있었지만, 딱히 새삼스러운 일도 아니었다. 불길에서 피어난 연기구름이 지평선에 나타나는 것은 해마다 봄여름이면 반복되는 일이고 아한대림 지역에서는 더더욱 익숙한 풍경이다. 샌드라와 코리는 내게 한목소리로 말했다. "해마다 그렇거든요."[14]

맞는 말이었지만, 2016년 5월은 달랐다.

////

눈에 띄지는 않았지만, 숲속에서는 변화가 일고 있었다. 포트맥머리의 겨울 강설량은 2년 연속으로 평균보다 훨씬 낮았다. 게다가 캐나다 북부 지역에서 5월은 아직 초봄에 해당하는데도 꼭 늦여름처럼 낙엽과 솔방울이 떨어져 발에 채일 정도였다. 뿐만 아니라 기온이 계절에 걸맞지 않게 상승했고 5월 3일이 낀 그 주말에만 포트맥머리 주변에서 총 다섯 건의 임야화재가 개별적으로 발생한 사실까지 고려하면, 시민들이 화재에 지나치게 둔감했던 건 아닌가 생각할 만도 하다. 하지만 5월 3일 동틀 녘 샌드라 린더가 본 하늘은 너무나 맑고 청명했다. 곧 다가올 여름의 내음이 물씬 느껴지던 그 하늘을 직접 봤다면, 사람들이 왜 그렇게까지 여유를 부렸는지도 이해할 수 있었을 것이다.

앨버타 북부 지역에서는 아침부터 날씨가 그렇게 쾌청한 날이 정말 드물다. 그래서 샌드라도 아침 일찍 개를 산책시키고 커피와 담배를 즐기며 잠시 이메일을 확인한 후 샤워를 마치는 매일 아침의 일과를 다 끝내고 나서 오랫동안 하지 않았던 일을 계획했다. 아끼는 남색 치마 정장을 꺼내서 다리고, 그 옷과 잘 어울리는 적당한 굽의 구두를 고르고, 그날만은 양말을 신지 않기로 한 것이다. 채비를 마친 샌드라는 신크루드 본사가 있는 밀드레드 레이크를 향해 출발했다. 차고를 차지한 차 여러 대 가운데 샌드라가 그날의 특별한 옷차림과 기분에 맞춰 선택한 차는 "꼬맹이"라는 별명을 붙인, 6개월간 차고에서 잠자고 있던 까만 포르쉐였다. 포트맥머리의 겨울은 길고 어두컴컴하다. 하지만 겨울은 끝났고, 샌드라는 성큼 다가온 봄에서 아름다움과 희망을 느꼈다.

그렇게 느낀 건 샌드라만이 아니었다. 지난 몇 주간 온 동네에 평년보다 몇 주 일찍 봄꽃이 피어났다. 사람들은 지난 10월부터 피부처럼 늘 장착했던 코트와 부츠를 전부 옷장에 집어넣고, 반년간 방치했던 마당과 정원도 깔끔하게 손질했다. 포트맥머리에서는 차고에 ATV(all-terrain vehicle, 어떤 험한 지형에서도 달릴 수 있게 고안된 소형 오픈카—옮긴이)를 넣어둘 뿐 아니라 작업대나 맥주 냉장고를 설치해 사교의 공간이나 다양한 작업장으로 활용하는 경우가 많아서, 날이 풀리자 집집마다 차고 문을 활짝 열어 햇빛과 손님들을 맞아들였다. 버스 정류장에서 마주친 사람들은 서로를 향해 활짝 웃었다. 다들 해바라기처럼 혹은 따스한 햇살이 맨살에 닿는 낯선 감각을 몸이 기억한다는 사실에 새삼 놀라는 러시아 사람들처럼 하늘을 올려다보았다.

모든 일의 시작

2

사람들이 오일샌드 개발 계획을 수용할지를 놓고 한참 망설이는 건 당연한 반응이다. 기존 질서에 부합하지 않는 일이기 때문이다.[1]
─칼 A. 클라크, 《앨버타의 오일샌드》(1929)

─────

앨버타를 이해하려면, 그곳에서 유난히 큰 공간을 차지한다고 느껴지는 태양과 하늘의 힘부터 제대로 이해해야 한다. 지구상에서 앨버타처럼 화려한 빛깔로 하늘을 수놓는 북극광을 하루 최대 12시간씩 볼 수 있는 곳은 그리 많지 않다. 형형색색의 무지개는 일곱 색이 또렷하게 구분될 만큼 거대하고 선명해서 형광 빛 동심원처럼 느껴진다. 이곳에서는, 광활하게 탁 트인 시골 풍경과 시야에 가득 들어오는 맑은 하늘 아래 펼쳐지는 이런 장관이 고속도로 주행 속도로 몇 시간이고 질주해도 끊이지 않는다.

앨버타주는 미국 몬태나주에서 정북향, 캐나다 노스웨스트 준주에서는 정남향에 있고, 면적이 텍사스주와 거의 비슷하다. 앨버타주와 텍사스주, 이 두 지역은 그 밖에도 닮은 점이 많다. 넓게 트인 땅, 석유산업을 향한 애국심에 가까운 충성심, 그리고 에너지가 집중되는 소용돌이의 중심 같은 지역이라는 점도 그렇다. 앨버타도 텍사스 못지않게 토네이도, 우박을 동반한 폭풍, 홍수, 화재 같은 자연재해에 자주 몸살을 앓는다. 근면하고 독립적인 사람들이 사는 땅이라는 점, 소와 말, 카우보이, 석유로 일궈낸 전설적인 성취에 다들 자부심이 대단하다는 점, 그 자부심을 북돋우는 "일단 해보자", "할 수 있다"의 사고방식이 뿌리 깊다는 점, 복음주의 기독교의 터전이라는 점, 수도에서 뚝 떨어져 소외당한다는 불만이 크다는 점도 모두 공통적이다. 1981년 앨버타대학교의 겨울 축제 기간에 교정 한쪽을 장식한 눈 조각상의 사례만 봐도 앨버타가 캐나다 연방정부와 얼마나 동떨어져 있는지 짐작할 수 있다. 당시 캐나다 총리였던 피에르 트뤼도는 앨버타주의 석유산업으로 발생하는 수익을 앨버타보다 경제력이 낮은 캐나다 다른 지역과 나누는 사업을 추진했다. 이 계획이 알려진 후 대학 캠퍼스에 등장한 그 조각상에서 트뤼도 총리는 앨버타 주지사의 가랑이 사이에 앉아 성기처럼 삐죽 튀어나온 원유 시추기에 구강 성교하는 모습으로 묘사됐다. 이 상징적인 작품 앞에는 "한 방울도 놓치지 않으려는 트뤼도"라는 문구를 새긴 얼음판까지 세워졌다.[2]

하지만 한 방울도 놓치지 않기로는 앨버타를 당할 재간이 없다. 그 시절 총리와 주지사의 이름은 사람들의 기억에서 차츰 사라졌지만[3] 원한은 가시지 않았고, 앨버타의 유정과 가스정은 수십만 개로 불어났다. 석유가 나는 곳을 모조리 찾아내기 위해 곳곳에서 탄성파 탐사(땅에 인위적으로 지진을 일으키고 파동이 전달되는 상태를 분석하여 지질 구조와 지반 정보를 얻는 조사—옮긴이)가 실시됐다. 격자 모양의 탐사선은 지구본의 자오선처럼 지평선 끝까지 이어져 있다. 언뜻 보면 아무 데로나 난 것처럼 보이는 이 길들은 지질학자들이 땅속 광물과 탄화수소의 잠재성을 평가하려고 일부러 파내거나 발파한 흔적이다. 이 광활한 탐사선이 끊어지는 경우는 이따금 강이나 비버 댐, 도로, 시굴

모든 일의 시작

갱, 탐사정(석유가 있다고 확인되면, 매장량을 확인하고 저류암의 특성을 파악하기 위해 뚫는 구멍—옮긴이)이 나타날 때뿐이다. 포트맥머리 주변을 포함한 앨버타 일부 지역은 땅을 불도저로 파내서 만든 이런 격자 탐사선이 하도 촘촘해서 공중에서 내려다보면 꼭 흙으로 구운 초대형 와플처럼 보인다. 그리고 인간이 만든 강, 석유와 가스가 흐르는 파이프가 그 길을 가로지른다. 탐사선과 마찬가지로 지표면을 따라 쭉 이어지는 이 파이프라인은 눈에 띄지 않는 땅속에서 북미 대륙 전체를 잇는다. 앨버타주에 설치된 파이프라인을 모두 한 줄로 연결해서 위로 세우면, 포트맥머리부터 달까지 닿은 다음에도 적도를 따라 지구 전체를 한 바퀴 빙 두를 수 있다.[4] 지름이 최대 1.2미터에 이르는 이런 파이프에는 대부분 수압 파쇄법(땅에 수천 미터 깊이로 구멍을 뚫고 물, 모래, 화학물질 등을 고압으로 투입해서 석유와 가스를 분리하는 기술—옮긴이), 증기 배유 공법(땅속 깊이 파이프를 심고 한쪽으로 증기를 투입해, 오일샌드의 역청을 녹여 뽑아내는 기법—옮긴이), 노천 채광(지표나 지표와 가까운 지하에 있는 광물을 그 위에 덮인 표토를 제거하고 직접 채굴하는 것—옮긴이) 같은 비전통적인 방식으로 추출한 석유가 흐른다.

포트맥머리는 이 모든 노력의 중심지이자 이것만으로 먹고사는 단일 산업도시다. 그 산업은 오일샌드에서 역청(bitumen)을 회수하고, 불순물을 제거해 역청의 질을 높이고(개질), 운송하는 작업으로 이뤄진다. 따라서 포트맥머리에서 일어나는 일들을 정확히 이해하려면 역청이란 무엇인지, 화석연료의 위계에서 역청이 차지하는 잠정적인 지위는 어디인지를 알아야 한다. 원유보다 못한 사촌이라고 할 수 있는 역청은 '타르' 또는 '아스팔트'라는 이름으로 더 많이 알려졌다. 포트맥머리를 둘러싼 임상(숲의 지표면) 바로 아래에, 뉴욕주 면적의 역청 매장지가 형성되어 있다. 앨버타 타르샌드 또는 오일샌드라고도 불리

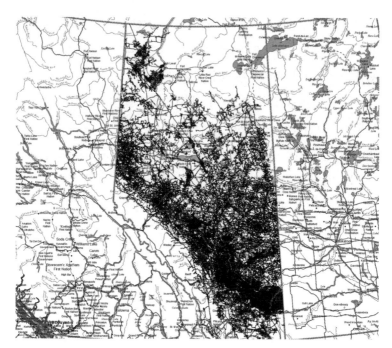

앨버타주에는 화석연료 산업에 쓰이는 파이프라인이 30만 개 이상 설치돼 있다.

는 이 포트맥머리 역청 매장지의 석유 매장량은 전 세계적으로도 최상위권으로, 배럴 단위로 추정한 잠재적인 석유량은 사우디아라비아, 베네수엘라, 이란과 비슷한 수준이다. 하지만 이 엄청난 양 이면에는 진실이 감추어져 있다.

사실 여기에 묻혀 있는 건 석유가 아니다. 엄밀히 따지면 역청도 아니다. 지질학자들의 표현대로라면 이곳에 퇴적된 것은 "역청 모래(bituminous sand)"다. 역청 모래를 석유와 같다고 하는 건 당밀에 젖은 모래를 술병에 든 럼이라고 하는 것과 같다(럼은 당밀을 효모로 발효한 후 증류해서 만든다—옮긴이). 땅 밑에서 역청 모래를 파낸 다음 꺼끌꺼끌한 광물에서 역청을 분리한다고 해도 그건 역청일 뿐 바로 쓸 수 있

모든 일의 시작

는 에너지원은 아니다. 역청은 지붕에 바르는 방수재나 도로포장재로는 훌륭한 재료다. 하지만 모닥불에 부으면 불이 꺼질 정도로 그 자체로는 인화성이 없다.

애서배스카강의 강줄기를 따라 자연적으로 형성된 역청 퇴적지도 있지만, 그보다는 경사로처럼 비스듬한 지형에 광물과 섞여 있는 역청이 훨씬 더 많다. 〈오일샌드 매거진(Oil Sands Magazine)〉에 따르면 "일반적으로 오일샌드 퇴적물의 성분은 역청이 약 10퍼센트, 수분이 5퍼센트, 그 밖의 고체가 85퍼센트다."[5] 게다가 여기서 말하는 고체의 대부분은 세상에서 가장 단단한 광물의 하나인 규석이다. 따라서 규석에서 나온 모래, 즉 규사가 기계나 삽, 덤프트럭, 파이프라인 등과 닿게 되면 심하게 망가질 수밖에 없다. 트럭이나 주방 바닥에 칠한 페인트가 다 벗겨지는 건 말할 것도 없다. 오일샌드를 굴착하고, 분리하고, "질을 높여서" 도로포장재로 익숙한 이 역청을 얻는 과정은 노천 채광, 암석 분쇄, 증기 세척과 같은 절차를 포함한다. 석유화학적으로 돌에서 피를 뽑는 과정이라고도 할 수 있다. 앨버타주 북부 지역의 석유산업을, 미국 텍사스주나 사우디아라비아 등의 지상·해상에 매장된 석유를 전통적인 방식으로 추출하는 다른 석유산업과 결코 비교할 수 없는 것은 바로 이런 특징 때문이다.

역청 채굴지는 어린아이들이 뛰어놀 만한 장소가 전혀 아니지만, 역청의 채굴 방식은 네 살배기 아이들이 장난감 덤프트럭을 가지고 노는 모습과 비슷하다. 엄청난 자부심도 비슷하다. 역청이 퇴적된 곳에 접근하려면, 먼저 그 위에 형성된 숲을 없애야 한다. 업계에서는 이 제거해야 할 상층을 "표토(표석)"라고 부른다. 지표를 벗겨낼 때 사용하는 장비는 '캐터필러 D11'이라는 불도저다. 무게가 100톤이 넘는 이 불도저는 너비가 6.5미터 이상인 날(블레이드)로 숲을 잔디 깎듯

포트맥머리 북부의 한 광산에서 작업 중인 광산용 화물 트럭.

이 갈아엎는다. 앨버타주 역청산업에서 이 정도 작업 규모는 아무것
도 아니다. 심지어 D11보다도 큰 불도저 '코마츠 D575'도 동원된다.
숲을 제거하고 나면 거대한 전동 삽으로 역청 모래를 파낸다. 한 번에
무게가 100톤쯤 되는 덩어리를 파내는데, 이따금 그 속에서 백악기
공룡 화석이 온전한 형태로 발견되기도 한다. 파낸 역청 모래는 세계
에서 가장 큰 덤프트럭인 '캐터필러 T797' 같은 "광산용 화물 트럭"
에 여느 집 차고 하나를 가득 채울 분량씩 옮겨 싣는다. 포트맥머리
북쪽의 채굴장에 가면 3층 건물 높이에 화물을 400톤까지 실을 수 있
는 이런 트럭 수백 대를 볼 수 있다.
 광산용 화물 트럭은 일반 고속도로로 다닐 수 없을 정도로 거대해
서 작업 장소까지 분해된 상태로 운반되는데, 트럭 한 대의 구성품을
다 옮기려면 대형 세미트레일러 12대에 나눠 싣고 호송차와 함께 이
동해야 한다. 완성된 트럭은 타이어 높이만 거의 4미터에 이르고, 타

모든 일의 시작

이어 하나의 가격은 8만 5,000달러다. 만약 타이어에 불이 붙으면(적재된 화물 무게가 엄청난 만큼 마찰도 커서 생각보다 자주 일어난다), 안전한 거리에서 라이플총으로 쏴서 터뜨려야 한다. 타이어 한 개 무게가 6톤이나 되는 만큼, 타이어가 터지면 주변에 강력한 폭탄이 터질 때와 같은 영향을 끼친다. 광산용 화물 트럭에 가공되지 않은 역청 모래를 싣고 나면 "파쇄기"로 옮겨진다. 표면에 금속이 징처럼 박혀 있는 초대형 원통 두 개가 맞물려 돌아가는 것처럼 생긴 이 파쇄기는 꼭 기계로 된 블랙홀 같다. 한 직원은 내게 이 기계가 집어삼키는 힘이 얼마나 강한지 알려주며 "시내버스를 한 대 집어넣으면 아마 3초 만에 다 먹어치울 것"이라고 말했다.[6]

거대 기업들은 지금도 얼음에 갇힌 이 지하 세계를 열심히 해체하고 있다. 대형 스포츠 경기장 하나를 통째 집어삼킬 만큼 거대한 구덩이와 땅을 뒤엎고 나온 시커먼 흙, 칙칙한 색으로 변한 호수와 낡은 비옷을 걸치고 그런 호수를 지키는 허수아비, 굴뚝에서 뜨거운 불길과 연기가 솟구치는 정유소, 흙길과 파이프라인이 미로처럼 얽힌 회로판 같은 땅, 지나는 길마다 황무지를 만드는 집채만 한 기계들이 너무나 광활한 땅 위에서 실제보다 훨씬 작아 보이는 풍경이 수 킬로미터씩 이어지는 이런 모습은 사진작가 세바스치앙 살가두와 에드워드 버틴스키, 화가 J. M. 윌리엄 터너의 작품 같기도 하다. 광미(오일샌드나 광물에서 필요한 물질을 추출한 후에 남는 폐석과 미분—옮긴이) 적치장 한 곳만 해도 면적이 약 260제곱킬로미터로,[7] 오염수와 역청 개질 단계에 발생하는 폐수 약 9,460억 리터가 들어가는 규모다. 이런 적치장에 모인 유독성 슬러지가 갈 곳이라곤 주변 땅과 공기밖에 없고, 적치장 주변의 거대한 제방 댐 중 하나가 무너지면 애서배스카강으로 유입된다.

지난 수십 년간 애서배스카강 하류에 있는 포르 치프위안(Fort

43

Chipewyan)에서는 암 발생률이 비정상적으로 증가했다. 광산에서 일하는 사람들은 자신들의 일터를 모르도르(영화로도 유명한 톨킨의 소설 《반지의 제왕》에 나오는 지역명. '검은 땅'으로도 불리는 모르도르는 땅이 온통 화산재로 시커멓게 덮여 있고 여기저기서 잿빛 연기가 솟구치는 지옥 같은 곳으로 묘사된다—옮긴이)에 비유한다. 신크루드의 역청 개질 공장 근처에 쌓인 황 더미는 멀리서 보면 밝은 노란색으로 빛나는 고대 신전들이 모여 있는 듯한 착시를 일으킨다. 하나하나가 높이 180미터 이상이라 이집트 기자(Giza)의 피라미드보다도 큰 규모지만, 그보다 더 거대한 신크루드의 배출가스 연소 탑 때문에 실제보다 작아 보인다. 몇 킬로미터 간격을 두고 선코어의 연소 탑들도 보이는데, 해시계의 바늘처럼 보이기도 하는, 불을 뿜는 이 거대한 탑들은 2016년을 기준으로 반경 1,600킬로미터 내에서 인간이 만든 가장 높은 구조물이었다.

이 정도 규모의 풍경에서 인간은 아예 보이지도 않는다.[8]

포트맥머리에서 남쪽으로 멀리 떨어진 곳에 사는 사람들은 대부분 모르겠지만, 이곳에서는 사람과 기계가 모두 세계에서 기온 변화가 가장 심한 환경에서 하루 24시간, 1년 내내 일한다. 일반 디젤연료는 특수한 처리를 하지 않는 이상, 기온이 영하 9도 이하로 내려가면 젤로 변하기 시작한다. 불도저 날도 기온이 영하 37도 이하로 내려가면 깨질 수 있다. 포트맥머리는 해마다 겨울 기온이 영하 40도까지 내려가고 심하면 영하 50도 이하로 떨어지기도 한다. 그래서 이곳 소방서에서는 긴급 출동 시 물이 얼어 있지 않도록 소방차에 히터가 설치되어 있다. 여름이 되면 반대로 최고 기온이 32도를 넘는 날이 계속해서 늘고 있다. 이런 극단적인 기온 변화는 금속에 엄청난 스트레스가 될 뿐만 아니라 유압 호스, 윤활제를 바른 장비들, 일정한 점성을 유지하며 계속 흘러야 하는 모든 액체에 악영향을 준다.

당연히 사람이 살기에도 힘든 환경이다. 모든 공장에는 비계 설치만 전담하는 작업자들이 있고 이들은 사시사철 밖에서 일하는 날이 많다. 포트맥머리에서는 보통 겨울철에 초속 약 2.5미터의 미풍만 불어도 기온이 영하 30도로 떨어지고 체감온도는 영하 40도에 이르러서 공기에 노출된 피부와 눈이 단 몇 분 만에 꽁꽁 얼어버리는데, 이런 날씨에도 밖에서 10~12시간씩 교대 근무를 한다. 겨울철에는 해를 볼 수 있는 시간이 하루 최대 7시간에 불과하고 정오가 되면 해가 이미 지평선 가까이 저물어서 햇볕의 온기마저 느끼기 힘들다.

　　그런데도 강 상류 쪽에서 발생한 코크스 연기가 차가운 북풍을 타고 마을로 흘러들어올 때 투덜대는 사람은 별로 없다. 대부분 그 냄새를 맡으면 이렇게 말한다. "돈 냄새가 나는구먼."

////

　　앨버타주 정부는 화석연료 업계와 늘 밀접한 관계를 유지해왔다. 불가분의 관계라 해도 과언이 아니다. 주 정부와 화석연료 업계는 숲의 임상 바로 아래에 묻혀 있는 모든 잠재성을 앨버타의 새로운 브랜드로 만드느라 100여 년간 함께 고투를 벌였다. 앨버타의 역청 모래는 1920년대에 "자연이 산업에 선사한 최고의 선물"[9]이라는 문구로 홍보가 시작되었으나 크게 주목받지 못했다. "마법의 모래 더미" 캠페인[10]도 이 산업을 알리려는 시도 중 하나였다. 미국의 투자자와 발명가를 겨냥한 이 캠페인은 1947년 미국 경제지 〈포춘〉에 "여러분의 사업에 필요한 것, 앨버타에 있습니다!"라는 문구와 함께 소개됐다(낮은 세율, 풍족한 지원금, 최소 수준의 정부 규제를 의미한다. 앨버타주가 산업계에 내세운 이 특징은 "앨버타 어드밴티지"로도 불린다). 미국에서 미개척

45

THE MAGIC SAND-PILE

In the north-eastern corner of Alberta, Nature has created the most fabulous "sandpile" in the world. Along the banks of the Athabasca River, 30,000 square miles of land contain billions of tons of oil-soaked sands. Tests have shown that these bituminous sands can yield an amazing number of valuable petroleum products. Your research, your plant methods, could unlock fully the oil reserves in this magic sandpile — authoritatively estimated to contain more than ten times all the oil reserves in the world.

The U. S. Bureau of Mines estimates Alberta's oil-sands to contain 250 billion barrels of oil. 23 per cent of this oil can be made into high-octane aviation gasoline, 17 per cent into high quality motor gasoline. By-products include everything from road-surfacing to roofing products. The oil-recovery content is as high as 25 per cent— a yield of from 100,000 to 125,000 barrels per acre.

Here, in the tar-sands of Alberta, is an unique opportunity for industry— an opportunity and a challenge in the free land of free enterprise.

WRITE... THE INDUSTRIAL DEVELOPMENT BOARD Administration Building

GOVERNMENT OF THE PROVINCE OF ALBERTA Edmonton, Alberta, Canada

AG-20

1947년 9월 미국 경제지 〈포춘〉에 실린 앨버타주 정부의 "마법의 모래 더미" 캠페인. 전 세계 석유 매장량을 모두 합친 것보다 10배 더 많은 석유를 머금고 있는 모래가 애서배스카 강변에 수십억 톤 있다고 알리면서 연구와 설비 투자를 권장하고 있다.

지에 정착할 사람들을 모집했을 때 썼을 법한 문구 같다.

이런 강렬한 표현과 자유로운 사업 환경을 보장한다는 확고한 약속에도, 미국의 자본가와 엔지니어들에게는 이 마법의 모래 더미라는 것이 몬태나주 그레이트폴스에서 북쪽으로 1,100킬로미터 이상 떨어진 곳에 있다는 점이나, 거의 연금술과 맞먹게 힘든 처리 과정을 거쳐야만 쓸 수 있다는 점이 큰 부담으로 다가왔다. 게다가 굳이 거기까지 가지 않아도 남쪽에 진짜 석유가 넘쳐났다. 텍사스, 오클라호마, 캘리포니아는 물론이고 앨버타주 남부에서도 석유가 생산됐다. 1930년까지 미국이 설치한 석유 수송관의 총 길이는 이미 16만 킬로미터를 넘어섰고,[11] 혈관처럼 연결된 이 수송관을 통해 해마다 약 1,590억 리터의 석유가 운반됐다.

아무도 원하지 않는 것을 새롭게 다듬어서 특별한 브랜드로 만드는 것은 오래전부터 캐나다 서부 지역의 필수적인 생존 전략이었다. 하지만 역청 같은 변변치 않은 재료로 쓸 만한 결과물을 만든 것은 역대 최고의 성취로 여겨진다. 석유 업계의 한 정보 매체에서 신크루드가 개발한 '경질 원유(Sweet Blend)'를 설명한 글("황이 적어 밀도가 낮은 경질 원유[light sweet crude]에는 수소 처리된 나프타와 증류액, 원유가 다량 혼합되어 있다")은 마치 스타벅스 신 제품 음료에 관한 정보처럼 느껴진다.[12] 생으로는 먹을 수 없는 커피 나무 열매로 '다크초콜릿 멜티드 트러플 모카' 같은 음료를 만들 때와 마찬가지로, 그대로는 쓸 수 없는 타르를 잔뜩 머금은 모래를 '캐나다 서부 한정 신크루드 스위트 블렌드' 혹은 '알비언 프리미엄(알비언 [Albian]도 포트맥머리 북부에서 광산을 운영하는 오일샌드 업체다—옮긴이)'으로 만들려면 실제로 엄청난 열과 압력을 가해야 한다.

포트맥머리의 땅속에 묻힌 석유 잔류물에 무슨 이름을 붙이든 석유는 분명 아니다. 과거에는 석유였을지 몰라도 지금은 아니다. 산업계가 5,000만 년 전에 이 역청 모래를 발견했다면[13] 160조 리터가 넘는 원유를 얻을 수 있었을 것이다.[14] 그랬다면 사우디아라비아의 석유 매장량도 우스울 만큼 어마어마한 노다지가 되었으리라. 하지만 수백만 년이 흐르는 동안, 이 경질 원유 대부분이 자연의 혹독한 영향에 고스란히 노출됐다. '서부 캐나다 퇴적분지'라는 거대한 함몰 지대가 형성될 때 그 힘에 밀려 원유도 점점 위로, 그리고 동쪽으로 이동했다. 먼 옛날 내해였던 곳이 육지로 바뀐 이 퇴적분지에는 석유, 가스, 역청이 가득하며, 퇴적물을 탐구하면 로키산맥과 선캄브리아대 순상지(오대호 서쪽에 길고 드넓게 펼쳐진 평평한 지대) 사이에 있던 땅에 관한 풍부한 지질학적 정보를 얻을 수 있다.

이렇게 다른 곳으로 위치가 옮겨진 석유는 애서배스카 평원 바로 아래에서 잉글랜드 전체 면적과 비슷한 면적의 사암층을 이루었다. '맥머리 지층'이라는 이름이 붙기도 전에 이 지층을 발견한 존재가 있었으니, 그 존재는 영국인도 미국인도 아닌 박테리아였다. 북미 최대 규모의 석유 매장지를 발견한 이 작디작은 존재는 치즈 창고를 덮친 쥐 떼처럼 석유의 속만 싹 갉아먹고 포장지만 남겨놓았다. 몇 개의 상이한 속(genus)에 해당하는 이 이례적이고 초자연적인 작은 침입자들은 탄화수소를 영양분으로 삼고, 산소가 없어도 살 수 있고, 메탄을 방출하는 특징이 있었다(이 마지막 특징은 원유에 관심이 지대하다는 점과 더불어 인간과 박테리아의 공통점이다). 게다가 작은 크기 덕분에 지구화학자들이 "심부 생물권(deep biosphere)"이라고 부르는, 우리는 거의 아는 게 없는 세상까지도 이들은 속속들이 아는 듯하다. 태양광과 산소가 닿는 지표면과 생명체가 살지 않는 지각의 가장 깊숙한 곳 사이, 생물이 살 수 있는 환경의 하한선인[15] 1.6킬로미터 깊이의 땅속 또는 온도가 끓는점을 넘어서는 곳에서도 생물이 발견된다. 이 심부 생물권의 생물군계는 종류도, 수도 방대하다. 캐나다 왕립학회 회원이자 캐나다 정부의 우수 과학자 지원 사업 대상자로 선정된 캘거리대학교의 지질화학과 교수 스티브 라터(Steve Larter)는 2014년에 다음과 같은 글을 썼다. "전 세계 오일샌드와 중유 매장지는 우리가 심부 생물권에 접근할 수 있는 가장 현실적인 경로다. 그곳에 세포수 기준으로 지구에서 가장 거대한 생물계가 형성되어 있다."[16]

라터는 포트맥머리 주변의 역청 매장지에 탄화수소를 먹고 살아가는 이 "극한성 미생물"이 얼마나 존재하는지도 연구했다.[17] 그리고 "1에 0이 10개 붙는 수준을 훌쩍 넘어 최대 23개까지 붙는 규모"라는 추정치를 내놓았다. 지구상에서 가장 혹독한 환경인 그곳에, 수조에서 수천조에 이르는 굶주린 미생물이 번성하고 있다는 것이다. 이런 막대한 수와 영향력에 비해 우리가 이 미생물에 관해 아는 건 턱없이 부족하다. 생존에 반드시 물이 필요하다는 것 정도가 전부다. 이런 무지

모든 일의 시작

함의 대가는 엄청났다. 이 작고 무수한 미생물들은 석유 엔지니어 같은 성실함과 식견으로 지층의 탄화수소 중에서도 구조가 단순하고 더욱 "경질"인 부분, 상품 가치가 더 우수한 부분만 쏙쏙 빼먹고 아스팔텐처럼 타르 비중이 크고 구조가 길고 복잡한 분자, 수지, 염분, 중금속, 각종 황화합물, 달갑지 않은 불순물만 남겨놓았다. 그렇게 5,000만 년이 흐르는 동안, 손만 뻗으면 가질 수 있었던 석유의 열매는 거의 다 사라지고 앨버타에는 그 찌꺼기만 남았다.

석유업계가 그 잔여물에 보이는 관심도 그 대담한 미생물들의 그것에는 비할 바가 아니었다. 이런 탄화수소 잔적층을 정유업계가 가공할 수 있는 재료로, 해외 시장이 탐내는 상품으로 만들기 위해서는 인위적인 방법을 동원해서 질이 저하되기 전의 상태로 되돌려야 한다. 시간을 강제로 되돌려야 한다는 소리다. 헬리콥터는 공중을 날아다니는 게 아니라 공기를 세게 때려서 억지로 뜨는 것이라는 말이 있는데, 역청을 상품 가치가 있는 유용한 연료로 만드는 노력도 그와 비슷하다. 역청 모래 2톤으로 얻는 역청은 약 160리터다. 역청은 실온에서 누텔라와 비슷한 상태이고, 불이 붙게 만들려면 액상 역청(석유를 정제해서 얻는 산물 가운데 유일하게 물보다 무거운 물질)을 끓는점 이상으로 예열해야 한다.[18] 역청이 배관을 따라 흐르게 하려면 열을 가하거나 희석제를 섞어야 한다. 그 용도로 많이 쓰이는 천연가스 축합물이나 산업용 희석제는[19] 독성이 강하고 폭발성이 있다. 희석된 역청(diluted bitumen, 두 단어를 합쳐서 '딜빗[dilbit]'이라고도 한다)은 밀폐된 탱크나 배관 안에서만 액체 상태가 유지된다. 새거나 다른 이유로 외부에 노출되면, 역청에 첨가된 희석제가 거의 순식간에 증발하고(또는 불타고) 역청은 가장 가까이 있는 단단한 표면에 들러붙는다.

2010년 엔브리지(Enbridge)라는 업체가 설치한 6B 파이프라인에서 대규모 파열이 일어났을 때 역청이 붙을 수 있는 가장 가까운 표면은 칼라마주강이었다. 이 사태로 유출된 약 380만 리터의 역청으로 오염된 범위는 미시간주 마셜 인근 수계 주변 64킬로미터에 이르렀고,[20] 피해를 줄이기 위한 노력에("복구"라는 표현은 어울리지 않는다) 5년이라는 시간과 10억 달러가 넘는 돈이 들어갔다. 내륙에서 발생한 석유 유출 사고 역사상 가장 큰 비용이 발생한 사례. 이때 유출된 딜빗의 시장 가치는[21] 피해 저감을 위해 투입된 돈의 1,000분의 1도 되지 않았다.*

역청에서 얻는 합성 원유, 디젤연료, 다른 석유제품의 원료 같은 최종 산물이 쓸모가 있는 건 사실이다. 하지만 석유 엔지니어나 포트맥머리 남쪽의 구매자들이 가치를 인정하는 그런 결과물로 만들려면 고생스러운 과정을 거쳐야 할 뿐만 아니라 엄청난 규모의 물과 화학물질, 외국 자본이 필요하며, 무엇보다도 강제력이 들어간다는 것, 이 강제력의 정체가 불이라는 것이 가장 큰 문제다. 현재 포트맥머리 지역에서 생산되는 역청의 약 80퍼센트에 적용될 만큼 가장 많이 쓰이는 역청 추출법은 증기 배유 공법(SAG-D)이다. 여러 개의 유정을 여러 층으로 뚫은 다음 관을 심고, 이 관을 통해 증기를 땅에 바로 주입해서 모래, 점토와 섞여 있는 역청을 녹여내는 공법이다. 이때 쓰이는 증기나 지표면 채굴에서 역청을 녹이는 데 쓰이는 증기는 모두 어마어마한 양의 천연가스로 물을 가열해서 얻는다.[22]

성분의 약 80퍼센트가 메탄인 천연가스의 측정 단위는 갤런이나 배럴이 아닌 세제곱피트다. 캐나다 국가에너지위원회에 따르면, 역청 업계가 모래에서 역청을 분리하는 단 한 가지 용도로 사용하는 천연

---

* 현재 지구의 상황을 고려하면, 석유를 에너지원으로 사용하는 문명사회의 가장 중대한 "하류 비용(downstream cost, 생산 비용 중 광고비, 운송비 등 생산 이후의 활동으로 발생하는 비용―옮긴이)"은 자연계에 발생하는 영향이다.

가스만 일일 약 5,660만 세제곱미터(약 566억 리터-옮긴이)다(에너지 등가량으로는 석유 약 5,560만 리터에 해당하는 양이다).[23] 캐나다의 천연가스 생산량은 세계 4위인데,[24] 2017년 기준으로 전체 생산량의 거의 3분의 1이 이 용도로 사용됐다. 여기서 꼭 알아둘 사실은 천연가스는 유기 연료라 사용 전에 거쳐야 하는 정제 과정이 최소 수준이라는 점이다. 이런 에너지를, 이토록 엄청난 양을 투입해서 불순물 밀도가 너무 높아 불에 타지도 않는 역청을 얻고 있는 것이다. 역청은 모래에서 분리한 다음에도 타르에 묶여 있는 원유와 가스 분자가 풀려나오게 하려면 열이 집중적으로 투입되는 극단적인 처리 과정을 또 여러 단계 거쳐야 한다.[25]

오일샌드 업계도 이런 사실을 알고 있고, 상황은 쭉 좋지 않았다. 역청과 거기서 얻는 파생물은 시장에서 혹독하게 평가절하된다. 연료의 가치와 적합성을 평가하는 방법 중에 투자 대비 에너지 수익(Energy return on investment, 줄여서 EROI)이라는 것이 있다.[26] 원유나 천연가스 같은 일반적인 연료는 추출에 사용된 에너지 한 단위당 생산되는 에너지가 약 30단위로 EROI가 높다. 앨버타에서 생산되는 역청의 EROI는 노천 채광의 경우 이 비율이 1대 6, 증기 배유 공법이 쓰이는 경우 1대 3이다. 일반적인 석유 생산업체가 투자를 고려할 리 없을 만큼 에너지 수익이 미미하다. 그러니 비전문가가 이런 난제를 풀고 역청으로 사업을 벌이는 건 여간 어려운 일이 아니다. 더군다나 세계 곳곳에서 석유가 흘러나오고 있다면 말할 것도 없다.

앨버타는 고심 끝에 역청산업이 조금이라도 수익을 내려면 네 가지 조건이 충족되어야 한다는 결론에 도달했다.[27] 일반 원유의 거래 가격이 배럴당 50달러 이상이어야 하고, 역청 생산에 필요한 천연자원(담수, 천연가스, 아한대림 생태계)은 거의 무상으로 제공돼야 하며, 역청산업에 막대한 보조금이 지급되어야 하고, 탐사 비용이 따로 들지 않아야 한다는 것이다.* 여기에 지구 기온이 상승 중인 상황에서도 전 세계가 악용해온 다섯 번째 조건이 있다. 배출 물질에 책임을 묻지 않는다는 것이다.

이것이 앨버타와 앨버타 경제의 근간이 되었고, 엇갈린 결과를 불러왔다.

2000년대 초까지는 위와 같은 조건이 충족되면 신크루드와 선코어가 사업을 충분히 유지할 수 있다는 사실이 입증됐다. 나중에는 수많은 다국적 기업들, 그중에서도 엑손모빌, 셰브론(Chevron), 코노코(Conoco), 로열 더치 셸(Royal Dutch Shell), 프랑스 업체 토탈(Total), 노르웨이 업체 스타토일(Statoil), 중국의 시노펙(Sinopec), 중국과 캐나다의 합작회사 허스키에너지(Husky Energy) 등이 수십억 달러를 내고 북미 대륙의 북쪽, 가장 가까운 항구나 주요 시장과 1천 킬로미터 넘게 떨어진 포트맥머리 산림지대의 개발 권리를 확보했다. 이런 업체들, 이들과 협력하는 회사들, 경쟁사들, 그리고 캐나다 정부와 앨버타주 정부의 넉넉한 지원 덕분에 포트맥머리는 가장 막대한 돈과 가장 많은 에너지를 투입해서 땅에 묻힌 탄화수소를 회수하는, 지구상에서 가장 거대한 사업의 중심지가 되었다. 현재까지 포트맥머리에 투입된 투자금은 대략 5천억 달러다.[28]

---

* 사우디아라비아는 탐사 비용을 배럴당 5달러 선까지도 낮출 수 있다.

3

바빌로니아에는 정말 놀라운 기적이 많지만,
그곳에서 발견된 엄청난 양의 역청만큼 놀라운 건 없다. 그 양이 실로 대단해서…
사람들은 그곳에 모여 역청을 잔뜩 모은다. 정확한 양은 알 수 없으나,
역청이 마르지 않는 샘처럼 나온다.[1]
—시칠리아의 디오도로스, 《역사총서》

———

역청은 앨버타라는 주가 생기기 전, 나아가 캐나다라는 국가가 생기기 훨씬 오래전부터 사용되었다. 아제르바이잔의 수도 바쿠, 이라크의 히트(Hit), 트리니다드의 피치 호수, 베네수엘라의 과나코 호수, 러시아 동쪽 해상의 사할린섬 등 전 세계 수많은 노천 퇴적지에서 고체나 액체 형태의 역청이 발견되었다. 역청이 발견되거나 거래가 이루어진 지역에서는 약 6천 년 전부터 역청을 건축과 방수, 도로포장 재료로 활용했다. 다양한 시대에 접착제나 시신 방부용 물질로 쓰이기도 했다. 역청의 첫 황금기는 약 4,000년 전, 티그리스강과 유프라테스강 사이에 형성된 메소포타미아에서 시작됐다. 대규모 건축물 공사에 모르타르의 재료로 쓰이면서 인상적인 존재감을 드러낸 것이다. 비교적 최근까지도 사해에서는 특유의 부력에 의해 저절로 거대한 빙산 형태의 단단한 역청이 해수면에 간간이 나타났다. 고대에는 이런 현상이 워낙 빈번해서 사해를 '아스팔트 호수'라고 부르기도 했다(역

청과 아스팔트는 동의어로 쓰이기도 하지만, 2장에서도 살펴보았듯이 역청은
자연적으로 형성되고 아스팔트는 역청에 다른 재료를 섞어 가열, 건조 등 인위
적인 과정을 거쳐서 만든 물질을 가리킨다—옮긴이).

애서배스카 지역의 원주민들도 유럽인이 찾아오기 전부터 역청을
중동 사람들과 거의 비슷하게 카누에 난 구멍을 막고 물병을 밀폐하
는 용도로 썼다. 이 지역 원주민으로는 우선 지금도 앨버타 북부나 아
북극 서쪽의 광범위한 지역에 사는 데네(Dene)라는 원주민 부족이 있
다. 애서배스카어족에 속하는 이들과 더불어 이후에 정착한 크리족
(Cree), 유럽인과 여러 원주민의 혼혈인 메티스족(Métis)도 앨버타 북
부에 살고 있다. 메티스족은 캐나다 연방법이 별도의 권리를 인정하
는 원주민이다(2016년 당시 포트맥머리의 시장도 메티스족 출신이었다).

데네족은 역사적으로 사냥과 덫 놓기, 낚시, 열매 채취로 먹고살
았다. 데네족에 속하는 몇몇 소부족이 같은 지역에 살았던 것은 분명
하나, 혹독한 겨울마다 굶주림에 시달려야 했기에 그 수는 극히 적었
다. 유럽인들이 들어오기 전 데네족의 인구는 500명도 채 되지 않았
다. 이들 중에 가장 투지가 강했던 사람들은 장사로 돈을 벌겠다는 굳
은 의지로 포트요크(현재의 매니토바)가 있는 동쪽으로 향했다. 그곳에
허드슨스 베이 컴퍼니(Hudson's Bay Company)의 교역소가 있었기 때문
이다. 무려 1,100킬로미터가 넘는 위험천만한 여정이었다. 앨버타 역
청이 처음으로 언급된 자료는 바로 이 포트요크 교역소장 제임스 나
이트(James Knight)가 남긴 기록이다. 나이트가 1715년 6월 27일에 쓴
기록에는 원주민 사냥꾼들과 나눈 대화가 실려 있다. 사냥꾼들이 "큰
강"을 언급하면서[2] 그 강이 "이 나라의 뒤에 있는 바다로 흘러간다"
고 했다는 내용과 함께, 나이트는 "그 사람들이 우리에게 말하길 강
아래에 '특별한 고무 진' 혹은 피치(pitch)가 나는데 그 양이 엄청나며,

그것 때문에 배를 강의 아무 데나 댈 수 없고 특정한 장소에 대야 한다고 했다"라고 썼다.

유럽인들이 그것을 처음 목격한 것은 그로부터 60년이 더 흐른 뒤였다.

나이트의 기록에서 사냥꾼들이 말했다는 강은 애서배스카강, 더 정확히는 현재의 포트맥머리에서 역청이 모래와 섞여 시커먼 층을 이루는 하천 계곡이다. 기온이 크게 오르면 절벽의 남쪽이나 서쪽 면을 이루는 이런 지층에서 역청이 녹아내리고 하류로 흘러가 강둑에 고인다. 녹아내린 역청이 강에 흘러들면 한동안 수면에 기름이 둥둥 떠다니는 곳도 있다. 무더운 날, 풍향이 맞아떨어지면 눈으로 보기도 전에 냄새로 역청이 녹는 것을 알아차릴 수 있다. 이렇게 흘러내린 물질이 겨울이 되면 그대로 얼어붙어서 절벽 표면은 까만 눈물이 흐르는 얼굴처럼 변한다. 기온이 영하 6도 이하로 내려가도 그 근처에 가면 타르 바른 지붕에서 나는 냄새가 난다. 그곳에 첫발을 들인 유럽 탐험가들과 상인들은 무더운 봄 날씨, 폭포, 그 밖에 여러 진기한 발견과 더불어, 매캐한 냄새가 나는 이 찐득한 물질에 관해서도 기록했다. 하지만 그들이 찾아온 목적은 돈을 버는 것이었고, 아한대림에 한몫 단단히 챙길 거리가 있었다고 해도 그것이 역청은 아니었다. 그때까지는 그랬다.

허드슨스 베이 컴퍼니는 신크루드, 선코어, 엑손, 셸이 생기기 훨씬 전에 등장했다. 나중에는 간단히 "컴퍼니"라고 불린 이 기업은 북미 대륙 최초로 자원을 산업적인 규모로 추출한 업체이자 산업계와 시장, 노동자, 인간이 자연에 접근하는 새로운 방식을 선도한 곳이다. 허드슨스 베이 컴퍼니는 "임야화재의 경제 방식"을 그대로 활용하여 모피를 연료로, 유럽 시장을 불길로, 융자를 산소로 삼아 북미 전역을 태우고 영구적인 변화를 일으켰다. 그 결과 바다 건너 먼 곳에 사는 소수가 어마어마한 부를 얻었다.

허드슨스 베이 컴퍼니는 존 밀턴(John Milton)의 《실낙원》이 출간된 해로부터 3년 뒤인 1670년에 찰스 2세의 칙허로 설립됐다. 당시 찰스 2세는 북서항로에 관한 실질적인 정보를 제공하는 대가로,[3] 이 "모험가들의 회사"에 약 518만 제곱킬로미터 면적의 허드슨만 유역에 대한 독점 무역권과 채굴권을 주었다. 전인미답의 지역이었지만, 모피를 얻을 수 있는 포유동물과 비버가 많아 매력적인 곳으로 여겨졌다. 비버 털가죽이 모자 재료로 인기가 높았던 유럽에서는 비버가 전멸된 상황이었는데도 여전히 수요가 어마어마했다. 비버 털가죽 무역은 수익성이 워낙 좋아서 새로 개척한 이 아북극 지역에서도 경제의 중심이 되었고, 나중에는 모피가 화폐단위로도 쓰였다.

1778년, 미국 독립전쟁 시기에 왕당파였던 군인 출신 피터 폰드(Peter Pond)가 애서배스카 지역에 도착했을 때는 이 "털가죽 화폐"가 확고히 자리를 잡은 상태였다. 코네티컷에서 일어난 두 건의 살인에 연루되었다고도 알려진 폰드는 애서배스카 지역에 당도한 최초의 유럽인으로 기록됐다. 한 전기 작가가 "야생의 주먹"이라고 묘사하기도 한 그는[4] 맨손으로 사업을 일군 기업가이자 상업 탐험가였다. 허드슨스 베이 컴퍼니에 속하지 않고 홀로 활동하던 폰드는 직접 북서항로를 찾아 나섰다가 장사 기회를 애타게 찾고 있던 데네족 사냥꾼들과 만났고, 그들이 거래하려는 물품이 캐나다 전체를 통틀어 품질이 가장 우수한 비버 모피라는 사실을 알게 됐다. 이 만남을 시작으로 그 지역에 돌이킬 수 없는 변화가 일어났다. 폰드가 그 모피를 발견한 이래로 앨버타 북부에서는 비버를 비롯해 털가죽을 얻을 수 있는 모든 동물의 모피가 톤 단위로 수출됐다.*

모피 거래가 한창 호황일 때 캐나다의 여러 교역소를 거쳐 간 죽은 동물의 규모가 정확히 어느 정도였는지는 가늠하기 힘들지만, 전설적인 상업 탐험가이자 항해사, 모피 상인이던 알렉산더 매켄지(Alexander Mackenzie)가 꼼꼼히 작성한 기록이 남아 있다. 스코틀랜드 헤브리디스제도 출신인 매켄지는 피터 폰드와 함께 '노스웨스트 컴퍼니(North West Company)'를 설립했고, 캐나다 북서부 지역의 무역을 장악한 노스웨스트 컴퍼니는 나중에 허드슨스 베이 컴퍼니에 흡수됐다. 매켄지가 1798년에 작성한 기록을 보면, 연간 판매된 가죽의 양은 비버 모피 10만 6,000장, 담비 가죽 3만 2,000장, 스라소니 가죽 6,000장, 늑대 가죽 3,800장, 곰 가죽 2,100장, 나무늘소 가죽 500장이었다(전체 기록 중 일부만 옮긴 것이다).**

사냥꾼들이 동물을 한 마리씩 잡고, 죽은 동물들을 모아서 전부 가죽을 벗겨내고, 마을이나 사냥터에서 족히 수백 킬로미터는 떨어진 가장 가까운 교역소까지 도보로 운반하거나 배에 실어서 옮겼다는 사실을 생각하면 실로 놀라운 규모다. 게다가 상품이 교역소까지 오는 건 이 무역의 전체 과정 중 시작에 불과하다. 애서배스카 지역은 워낙 오지라, 초창기에는 털가죽을 카누에 싣고 북미 대륙을 횡단해서 동쪽의 몬트리올 항까지 옮긴 다음 다시 배에 싣고 영국으로 가져가 하역하고, 싣고 간 무게만큼 다시 새로운 상품을 배에 실어 캐나다로 돌아오고, 다시 카누로 그 상품을 전달하는 이 모든 과정에 무려 3년이

---

* 현재 포트맥머리에는 현대판 교역소라고 할 수 있는 '피터 폰드 몰'이 있다. 간편한 융자로 무수한 원주민 사냥꾼들을 사로잡았던 옛 교역소처럼 이 쇼핑몰도 시내 중심에 자리하고 있다.

** 매켄지는 유럽인 최초로 북미 대륙을 육로로 횡단한 사람이기도 하다. 그는 메리웨더 루이스(Meriwether Lewis)와 윌리엄 클라크(William Clark)보다 12년 앞선 1793년에 태평양 해안에 도착했다.

걸렸다. 애서배스카 지역은 기후의 특성상 연중 절반은 물이 꽁꽁 얼어 있거나 얼지 않더라도 수온이 목숨을 위협할 만큼 낮고 유속이 빠르다는 점도 영향을 주었다. 속도는 느렸지만, 그 시대의 상황과 기술 수준에서 애서배스카 모피 무역의 물류와 계획, 담대한 낙관주의는 현대의 전 세계 어느 기업에도 뒤지지 않았다.

그 시대에 지금의 운송 트럭 대신 쓰인 운송 수단은 자작나무 껍질로 만든 카누였다. 겉보기에는 약해 보여도 카누의 운송 능력은 오늘날 UPS 트럭과 맞먹었다. 미국과 캐나다의 가장 두드러지는 차이점을 하나 꼽는다면, 캐나다는 로키산맥을 제외한 전역을 카누로 횡단할 수 있다는 것이다. 하지만 경로의 대부분이 강과 호수의 복잡한 수로라고 해도 육로로 가야만 하는 곳들이 있었다. 때로는 그런 길이 수 킬로미터씩 이어지기도 하고, 지형이 가파르고 미끄러운 곳도 있었다. 1800년에 대륙 동쪽을 향해 화물 수송에 나선 사람들은 육로로 수송해야 하는 지점이 나타나면 보통 모피 짐 한 묶음을 40킬로그램까지 짊어지고 개인 장비와 함께 옮겼다. 출발점으로 여러 번 되돌아가 카누로 싣고 온 화물을 전부 이렇게 옮긴 다음에는 카누도 옮겨야 했다. 미식축구의 라인배커처럼 허리를 깊이 숙인 자세로 짐을 짊어진 채 맨발로 또는 젖은 모카신을 신고 걷느라 땅을 디딜 때마다 미끄러지기 일쑤였을 것이다.

게다가 이들이 강과 호수, 비와 눈을 뚫고 횡단한 경로는 육지와 수생 환경이 공존하는 곳이었는데, 이런 환경에 서식하는 생물은 대부분 생존을 위해 개체수가 만성적인 포화 상태였다. 짐꾼들이 그런 환경을 지나가면서 겪었을 모기 떼와 피를 빨아먹는 파리의 공격, 그 밖에 추위, 부패, 발진이 어느 정도였을지는 상상만 할 뿐이다. '뱃사공'이라고도 불렸던 이들은 주로 프랑스인이나 북아메리카 원주민인

모든 일의 시작

이로쿼이족, 또는 이들이 혼합된 팀으로 이뤄졌다. 이 같은 초인적인 노동으로 받는 대가는 형편없었고, 일하다가 다치거나 죽는 사람들도 많았다. 이들을 노리는 적이 있어서가 아니라, 물에 빠지거나 극심한 과로로, 또는 잔혹할 만큼 무거운 짐에 짓눌린 탓이었다. 짐을 나르기가 유난히 고된 경로에서는 사망자가 너무 많아 길을 따라 십자가가 즐비한 탓에 그 일대가 꼭 묘지 같았다.[5]

덫으로 동물을 잡는 사냥꾼들과 모피 상인들은 사람들이 간절히 원하는 상품을 쥐고 있다는 공통분모가 있었다. 그래서 신뢰와 두려움, 욕망의 팽팽한 긴장감 이면에 언제 깨질지 모르는 평화가 아슬아슬하게 유지됐다. 어느 범위까지는 협상과 신용 거래도 가능했고 심지어 우정이 싹트기도 했지만, 현실은 냉혹했다. 전장식 라이플총 한 자루를 구하려면 비버 모피 40장을 내야 했다.[6] 총이 있어도 화약과 총알이 없으면 무용지물이고 그것까지 다 구하려면 모피 20장을 추가로 더 내야 했다. 사냥하려면 그 밖에도 각종 장비와 덫이 있어야 했고, 밀가루와 담요, 바느질 도구, 선물도 필요했다. 이 모든 상황을 종합하면 받아들이기 쉽지 않은 결론이 기다리고 있다. 강철과 화약, 목화, 술이 있는 현대적인 세상의 일원이 되려면 무조건 '컴퍼니'가 정한 규칙을 따라야 한다는 것이다. 이를 거부하는 사람은 금세 소외되고 결국에는 죽음을 맞았다. 컴퍼니에 소속된 사냥꾼들보다 기술적으로 불리해서 망하거나, 그들의 세계에 동참하지 않으려 한다는 사실 자체가 공개적인 망신거리로 여겨져서 일감이 끊기기도 했다.

세상에는 절대 변하지 않는 게 있는 법이다. 지금도 앨버타의 역청 업계에서는 포드 150 픽업트럭이나 그에 상응하는 트럭 없이는 일자리를 구하기 힘들다. 거래 조건이 아주 매력적이라는 점도 비슷하다. 18세기 교역소와 마찬가지로 오늘날의 젊은이들도 일주일치 급여를 보증금으로 내고 서명만 하면 대출금 7만 5,000달러 정도는 바로 당길 수 있다. 어지간한 투지가 있는 사람이 아니고서는 예나 지금이나 이런 압박에 저항하기는 힘들다. 그 시대에 총포 없이 사냥한다는 건 지금 우리가 스마트폰 없이 일하는 것과 같았다. 스마트폰 없이 일한다면 사회적으로, 업무적으로 어떤 대가를 감당해야 할지 생각해보라.

모피 무역이 절정에 달한 19세기 전반기에는 북미 대륙 전체에 설치된 허드슨스 베이 컴퍼니 교역소가 수백 곳에 이르렀다. 사실상 독점 기업이나 다름없었다. 멀리 알래스카, 하와이, 캘리포니아, 고(高)북극권(북극권은 기후와 식물 분포에 따라 크게 고북극과 저북극, 아북극으로 나뉜다. 차례로 북극점과 가깝고, 저북극은 툰드라가 가장 큰 비중을 차지하는 반면 고북극은 불모지가 대부분이다—옮긴이)에도 컴퍼니의 위성 "사무소"가 있었다. 아일랜드 출신 철학가이자 정치인 에드먼드 버크(Edmund Burke)는 지구 남쪽에서 이와 같은 규모로 사업을 벌인 '동인도회사'를 "상인을 가장한 국가"[7]라고 했는데, 이는 허드슨스 베이 컴퍼니에도 잘 어울리는 표현이다. 사실상 허드슨스 베이 컴퍼니는 사업 영역이 지리적으로 지구 전체 육지의 약 10퍼센트에 이르는 사상 최대 규모의 상업 제국이었다. 허드슨스 베이 컴퍼니의 전 세계 교역소 네트워크를 전부 합치면 현재 기준으로 러시아에 이어 세계에서 두 번째로 큰 나라가 될 만한 규모였다.

한동안은 멀리 떨어진 런던에서 은밀하게 움직이던 회사의 "총독"들이 엄청난 수익을 올렸다. 회사의 무자비한 업무 관행과 정책, 그리고 캐나다에서 이를 충실히 이행한 스코틀랜드 출신 대리인들이 그러한 성과에 부분적으로 영향을 주었다. 컴퍼니의 오랜 직원이었던 존 믈린(John M'Lean)은 1849년에 다음과 같은 글을 남겼다.

(1840년 이후로) 배당금이 줄고 있고, 수익이 예전 수준이 될 가능성은 없어 보인다. 그렇게 생각하는 몇 가지 이유가 있다. 가장 큰 이유는 모피를 얻을 수 있는 동물이 사라졌다는 것이다. 특정 지역을 정하고 그 지역 경계 안에 있는 모든 땅에서 동물을 철저히 잡아들이게 하는 것이 회사의 정책이다. 또한 소규모 상인들이 회사의 사업 영역에 침범할 엄두도 내지 못하도록 완전히 초토화하는 데 총력을 기울이라는 것이 회사의 전체적인 지침이다. 이러한 지시로 이 나라는 파괴됐고 회사가 사수하려던 영역도 지켜지지 않았다.[8]

너무 야만적인 정책이라고 생각할 수도 있다. 하지만 이런 업무 관행이나 원칙은 오늘날 스탠더드 오일(Standard Oil)이나 월마트, 아마존, 넷플릭스, 우버 같은 기업들이 경쟁사를 무너뜨리기 위해 쓰는 전략과 별반 다르지 않다. 기업과 임야화재의 공통점은 이와 비슷한 패턴으로 몸집을 불리고 규모가 어느 수준에 이르면 환경 전체를 자기 뜻대로 호령한다는 것, 심지어 그만큼 크고 강력하게 성장할 수 있었던 바탕이 된 생태계를 파괴하는 한이 있더라도 그렇게 한다는 것이다.

허드슨스 베이 컴퍼니가 활용한 해외 자본(대부분 빌린 돈)과 부채로 발을 묶어놓은 사업 지역의 노동력, 이 두 가지 강력한 조합은 현대의 캐나다가 유럽의 모피 모자 경제를 뒷받침하는 대륙 규모의 비버 농장이자 무역업체로서 존재감을 드러낸 원동력이었다. 허드슨스 베이 컴퍼니, 그리고 이들과 공격적으로 경쟁을 벌인 업체들은 비버 모피를 표준 화폐로 만들고 지역민들에게는 노동력을 얻는 대가로 거부하기 힘든 매력적이고 유용한 것들을 제공함으로써 아한대림 지역의 사람과 동물 전체를 놀랄 만큼 효율적으로 수익을 창출하는 거대한 기계로 만들었다. 그리고 그 수익 창출 활동을 자원이 완전히 고갈

될 때까지 지속하도록 했다. 이렇게 캐나다의 탄생 신화가 된 모피 무역은 같은 지역에서 지금도 자원개발 산업이 지속되는 밑거름이 되었다. 이런 관점에서 보면 캐나다, 특히 앨버타는 "상인을 가장한 국가"라기보다 "국가를 가장한 상인"이라는 말이 더 어울린다. 천연자원을 체계적으로 상품화하고 지역 주민들에게는 구내매점에서 직원 전용 상품을 판매하듯 융자를 제공해 교역소와의 거래에 묶어두는 이 식민주의 사업 모형은 자원이 많은 캐나다 전 지역에서 똑같이 활용됐다.

모피 무역이 사라진 세상에서는 은행과 창고형 매장, 자동차 대리점이 그 모든 기능을 담당했던 과거의 교역소를 대신한다.* 앨버타 역청산업에 종사하는 노동자들의 임금은 전 세계 석유업계 종사자 중 가장 많은 축에 속한다.[9] 하지만 개별 부채도 엄청나고 파산, 해고, 압류도 흔하다(2019년 국내총생산[GDP] 기준 캐나다의 가계부채 규모는 선진 7개국 중 1위였다).[10] 과거의 유물은 이렇게 아한대림 지역 전역에, 특히 자원개발 산업에 깊이 남아 있다. 자연의 풍경과 그 자연에 생계를 의지하는 사람들의 삶 모두를 대형 임야화재만큼 단시간에, 극단적으로 바꿔놓을 수 있는 요소는 드문데, 이윤은 바로 그런 변화를 일으키는 드문 동기에 속한다.

2016년 5월, 포트맥머리에서는 이례적으로 임야화재와 이윤, 이 두 가지가 가진 강력한 에너지가 동시에 폭발했다.

////

거대 다국적 기업과 그들에게 속한 대규모 노동자가 등장하기 앞

---

* 허드슨스 베이 컴퍼니는 지금도 남아 있으나 모피 사업은 1987년에 종료됐다.

서 이미 포트맥머리에 길을 닦은 선지자들이 있었다. 청동 흉상으로 모습이 남아 있는 시드니 엘스(Sidney Ells)도 그중 한 명이다.[11] 1913년 엘스는 포트맥머리 주변의 땅을 파내고, 뚫고, 폭파해서 9톤 분량의 역청 표본을 채취했다. 과거 교역소로 쓰이던 곳은 사람들에게 거의 잊히고, 후미진 곳에 "낡아빠진 통나무집 열두어 채"만 남아 있었다. "벌레로 들끓는, 가축우리나 다름없는 그런 곳들에 '호텔'이라는 명칭이 자랑스레 붙어 있었다. 여름이 되면 인디언의 원뿔형 천막과 텐트가 많이 나타났다. 사방에 굶주린 (썰매) 개들이 마음대로 돌아다녔다."[12] 엘스가 쓴 글이다. 연방 광산부 소속 젊은 엔지니어였던 엘스는 표본 채취를 마치고 기쁜 마음으로 떠날 채비를 했다. 포트맥머리에서 직접 모은 역청 표본 수백 개는 자루에 담아서 길이가 12미터쯤 되는 바지선에 싣고, 철도 종점이 있는 애서배스카강 상류까지 약 386킬로미터를 "스카우 트래킹(scow tracking)"이라는 원시적인 방식으로 옮겼다.

캐나다 북부는 역사상 여행과 운송이 쉬웠던 때가 없지만, 스카우 트래킹은 캐나다에서만 볼 수 있는 사실상 고문에 가까운 운송 방식이다(스카우(scow)라는 영어 동사의 의미는 인터넷을 아무리 검색해도 나오지 않고 어떤 사전에도 등재되어 있지 않다). 일꾼 열두 명의 몸에 마구와 같은 장치를 씌우고 거기에 150미터 길이의 두툼한 마닐라로프를 걸어 짐이 실려 있는 스카우(평저선)나 바지선과 연결해 사람의 힘으로, 마치 개가 썰매를 끌 듯 배를 상류로 끌고 가는 방식이다. 엘스는 그 지역 강변에 살던 메티스족과 데네족 남성들을 일꾼(riverman)으로 고용했다. 엘스가 작성한 광산부 공식 기록에는 이 과정이 다음과 같이 묘사되어 있다.

강가에 살던 데네족, 메티스족 일꾼들이 1913년 10월에 애서배스카강 상류로
스카우 트래킹 중인 모습. 하류 쪽에 보이는 평저선에는 사람들도 타고 있다.

맥머리 남부에서 행해지는 스카우 트래킹은 결코 가벼운 일이 아니다.
사내들이 무거운 밧줄을 몸에 매고, 거친 바위투성이 해변이나 발목이 푹
푹 빠지는 수풀이 뒤엉킨 험준한 진창길, 혹은 허리까지 오는 물속을
헤치며 힘겹게 걸어간다. 해가 밝을 때 시작해서 어두워질 때까지 걸으며
쉴 새 없이 괴롭히는 무수한 파리 떼와 중노동에 시달린다. 가장 강인한
자들만이 견딜 수 있는 가장 잔혹한 노동이다.[13]

이런 여정은 3주 이상 이어졌다. 배로는 도저히 지날 수 없는 급류
구간이 수 킬로미터에 달했다. 그런 곳에서는 무게가 수 톤이나 되는
역청 표본과 장비들을 육로로 날라야 했다. 캐나다 북부의 강은 늘 추
웠지만, 엘스가 이동했던 시기는 북부의 겨울이 시작되는 10월이었던

모든 일의 시작

데다 제1차 세계대전을 한 해 앞둔 1913년 가을은 기상 상황이 유독 나빴다. 발에 잘 맞지 않는 부츠를 신고 걷느라 발이 엉망이 된 엘스와 그 일행은 가죽 모카신으로 갈아 신었다. 모카신은 거의 하루 만에 너덜너덜해져서 포대에 여분을 가득 챙겨 다니면서 계속 갈아 신어야 했다. 이런 신발 자루와 함께 또 다른 자루에 잔뜩 담긴, 흰곰팡이가 핀 씹는담배가 그나마 위안이 됐다.

일꾼들 눈에 엘스는 제정신이 아니거나 집착이 대단한 사람으로 비쳤을 것이다. 자신들이 온몸으로 끌고 간 짐은 애서배스카 지역에서 당시 확실한 돈벌이 수단으로 여겨지던 모피도 아니고 물고기도, 소금도 아닌 타르가 잔뜩 묻은 모래 수 톤이었으니 말이다. 과거 200년간 무수한 사람들이 대서양과 태평양 너머로 수많은 상품을 거래했지만, 엘스의 짐은 그때까지 누구도 상품이라고 생각한 적 없는 물건이었다. 이 사실이 그때부터 지금까지 역청산업을 끈질기게 괴롭혀왔다.

/ / / /

북미에서는 원유를 늘 구할 수 있었다. 그것으로 불을 피우거나 원하는 용도에 맞게 활용하는 법을 터득하기까지 시간이 걸렸을 뿐이다. 역사적으로 원유가 처음 발견된 과정은 역청과 매우 흡사하다. 즉 자연 어딘가에서 무작위로 흘러나오거나, 샘과 우물에 흘러드는 유독한 오염물질로 발견됐다. 1860년대 전까지 사람들이 생각하는 원유의 잠재성은 기껏해야 효과가 애매한 피부 도포제나 지저분한 윤활제, 램프에 불을 밝히는 연료 정도로 올리브유나 물개기름, 고래기름과 크게 다르지 않았다. 그래도 램프에는 원유만큼 풍족하고 구하기 쉬운 연료가 없었으므로, 원유가 쓰인 이후 고래기름 업계는 금세 밀릴 수밖에 없었다.*

1858년 캐나다 온타리오주 에니스킬린(Enniskillen)에서 상업화할 수 있는 유정이 북미 대륙 최초로 굴착됐다.[14] 이어 1859년 미국 펜실베이니아주 타이터스빌(Titusville)에서 발견된 유정**이 그보다 더 널리 알려지면서, 석유는 큰 값어치가 있는 물질이라는 긍정적인 전망이 나오기 시작했다(석유를 뜻하는 영어 petroleum은 "바위 기름"이라는 뜻의 신조어였다). 하지만 역청도 발견 초기에 그랬듯이(보다 최근에는 인터넷 서비스 업체들도 마찬가지다) 석유를 어떻게 관리해야 할지, 또는 어떻게 수익을 내야 할지 아무도 확실히 알지 못했다. 냄새가 아주 고약하고, 점성이 있고, 보는 각도에 따라 무지갯빛이 돌기도 하는 이 물질의 정체는 거의 알려진 게 없어서, 1860년대 이전까지 사람들은 석유를 마시기도 하고 몸에 발라보기도 했다가 역한 냄새에 기겁하곤 했다. 남으면 강에다 그냥 버렸고 병에 담아서 팔기도 했다. "세네카 오일(Seneca Oil)"이라는 이름으로 화상이나 멍, 염좌, 상처에 쓰면 좋은 약으로 팔린 적도 있다. "피부에 침투해 정화하고, 진정과 치유 효과도 있습니다."[15] 석유에 열광했던 어떤 사람이 펼친 주장이다. "기

---

* 고래기름, 특히 향유고래에서 얻는 기름은 성분이 순수하고 가벼운 청정 연료였다. 그래서 형편이 되는 사람들 사이에서는 양초나 액상 기름 형태의 고래기름이 100년 넘게 불 밝히는 연료로 많이 쓰였다. 유럽과 북미 지역에서는 고래기름으로 만든 양초가 조명의 밝기를 측정하는 표준 단위가 될 정도로 집집마다 많이 쓰였고 그 기준은 지금도 활용된다(촉광이라는 광도 단위로, 촛불 한 개의 밝기가 한 단위다―옮긴이). 그러다 1860년대부터 고래 개체수 감소로 포경선들이 점점 더 먼 곳까지 가야 했고 고래기름 가격도 상승했다.

** 석유 굴착 기계는 1847년에 러시아의 엔지니어가 아제르바이잔의 바쿠에 처음 설치했다. 하지만 바쿠 지역에서는 훨씬 오래전인 1594년부터 유정에서 석유를 수작업으로 파내기 시작했고, 잘 타는 기름, 또는 "영원히 타는 불꽃"을 만드는 물질로 이미 유명했다. 불을 숭배하는 문화도 생겨났다.

　　　　　　　　　　　모든 일의 시작

침이 심한 아이들에게도 써보세요."

하지만 몇몇 화학자들이 석유는 불에 타는 물질이라는 사실을 알아냈고, 곧 투자자들도 그런 특징을 알아챘다. 1859년, 에드윈 드레이크(Edwin Drake) "대령"이 타이터스빌에서 석유를 발견한 전설적인 성과를 거둔 후부터(미국 최초로 발견된 유정이었다. 드레이크는 군 복무 경력이 없는 사람인데도 이 업적으로 대령이라는 호칭을 얻었다—옮긴이) 주변 농지는 땅값이 어마어마하게 치솟기 시작했고, 단기간에 너무나 많은 유정이 다닥다닥 생겨나 일대는 들판에서 목재로 만든 유정탑들이 곡식처럼 쑥쑥 자라난 것만 같은 풍경으로 변모했다.

시추가 끝난 후에 유정을 폐쇄하는 과학적인 기술이 아직 확립되지 않아서, 타이터스빌에서는 '오일 크릭(Oil Creek)'이라는 새로 붙여진 지역명에 걸맞게(크릭은 개울, 시내라는 뜻이다—옮긴이) 지표면마다 흘러나온 석유가 반짝이고 수시로 불이 붙었다. 기름이 줄줄 새는 통을 실은 짐마차들이 모퉁이를 돌아가는 길바닥은 기름에 온통 진창이 되어 지독한 악취가 진동했다. 그 위로 힘겹게 비틀대며 마차를 끌고 가는 말들은 오줌과 대변, 원유가 섞인 더러운 진창을 걷느라 시커멓게 변했고 시들시들 죽어갔다. 길가에 고스란히 노출된 물질이 얼마나 해로운지는 이 가엾은 동물들의 목 아래쪽 털이 다 빠지는 변화로 눈에 띄게 나타났다. 하지만 당시에 말은 저렴한 상품이었고, 기름이 펑펑 솟아나는 만큼 경제적으로 풍족했던 시기라 사람들은 말의 건강 상태가 나빠지는 것쯤은 큰돈을 벌기 위한 작은 대가쯤으로 여겼다. 말의 변화를 알아챈 사람들은 이유는 정확히 알 수 없지만 석유가 휘발되는 성질이 있으며 냄새를 맡으면 신경이 곤두설 정도로 독한 물질임을 감지했다. 미래에도 냄새가 있다면, 그 시절 미래의 냄새는 썩은 달걀 냄새가 희미하게 섞인 진한 타르 냄새였다.

1866년 펜실베이니아주 베나고 카운티의 오일 크릭 인근에 설치된 유정탑.

온타리오와 펜실베이니아에서 발견된 원유의 양이 아무리 풍족해도, 기존에 램프 연료로 쓰이던 석탄이나 고래기름을 곧바로 대체하지는 못했다. 에너지를 얻거나 램프 연료로 쓸 수 있는 건 아무런 처리도 하지 않은 원유가 아닌 원유의 구성 성분이다. "유분(fractions)"으로 불리는 원유의 여러 구성 성분은 물과 맥아가 혼합된 원료를 증류해서 위스키를 만드는 것과 비슷하게 원유를 증류해서 얻는다. 즉 밀폐된 통에 원유를 넣고 가열하면, 여러 휘발성 유분이 각기 다른 온도에서 증발한다. 가장 먼저 얻는 성분은 온도가 260도 미만일 때 증발하는 가벼운 "경질" 유분(나프타, 프로판, 벤젠과 같은 가스)이다. 휘발유도 주요 경질 유분이지만, 아직 자동차가 등장하기 수십 년 전이던 1860년대에 휘발유는 폭발성이 위험하리만치 크고 딱히 쓸모가 없는

　　　　　　　　　　　　　모든 일의 시작

성분으로 여겨져서 대부분 가장 가까운 하천에 그냥 버려졌다. 난방유나 윤활유로 쓸 수 있는 그보다 무거운 유분은 원유를 최대 약 540도까지 가열해야 얻을 수 있다. 그보다 더 높은 온도에서 분리되므로 사실상 증류로는 얻을 수 없는 구성 성분이 벙커유 같은 중유와 역청이다. 이런 초중질 잔여물에서 탄화수소를 조금이라도 더 뽑아내려면, 코커(coker)라는 가압 탱크에서 더 강하게 가열하는 2차 공정을 거쳐야 한다. 포트맥머리 북부에 있는 공장들에는 이 거대한 설비가 다량 갖추어져 있다. 코커는 잔여 탄화수소의 긴 사슬 구조를 "끊어서" 짧고 더 유용한 유분으로 만든다. 굉장히 까다롭고 에너지도 많이 드는 이 공정을 거치고 나면, 최종적으로 재와 탄소가 뭉쳐진 석유 코크스를 얻을 수 있다. 펫코크(petcoke)라고도 부르는 석유 코크스는 석탄처럼 태울 수 있으나 석탄보다 높은 온도에서만 불이 붙고 훨씬 지저분한 연료라서 미국과 캐나다에서는 발전소나 용광로 연료로 쓰지 않게 되었다.[*]

등유는 원유를 분별 증류해서 얻는 다양한 유분 중에서 디젤유와 비슷한 온도에서 증발하는 경질유에 해당한다. 캐나다의 의사이자 지

---

[*] 현재 석유 코크스는 에너지산업의 천덕꾸러기가 되어, 미국 중서부의 남북 경계 지역 내 철도역과 정유 복합단지에 산더미처럼 쌓여 있다. 코크(Koch) 가문이 이 석유 코크스에서 사업 기회를 포착한 후에는 (같은 가문 사람들이 소유주인) 옥스보우 에너지 솔루션스(Oxbow Energy Solutions)와 코크 카본(Koch Carbon) 두 업체가 세계 최대 석유 코크스 수출업체가 되었다. 석유 코크스는 2010년부터 북미 최대 수출품 중 하나가 되어, 코크스를 연료로 태울 때 발생하는 엄청난 오염도 함께 수출하고 있다. 2016년에만 환경 규제가 허술한 인도에 석유 코크스 800만 톤이 수출되었고 이것이 인도의 대기질이 치명적으로 유독해진 원인이라는 사실도 밝혀졌다. 2018년 중국도 석유 코크스 700만 톤 이상을 수입했다. 일본과 멕시코의 수입량은 그보다 훨씬 많다. 미국이 매년 수출하는 석유 코크스는 약 9,000만 톤 이상이며 그중 상당량이 앨버타 역청으로 생산된다.

질학자 에이브러햄 게스너(Abraham Gesner)는 1840년대에 셰일오일 (일반적으로 석유, 석탄, 가스가 있는 곳보다 깊은 셰일 지층에서 얻는 원유. 일반 원유와 달리 암석에서 원유를 분리하는 과정을 거쳐야 하므로 생산이 훨씬 까다롭다—옮긴이)에서 등유를 처음 생산했다. 석유산업은 등유를 램프 연료로 쓸 수 있다는 사실이 밝혀지면서부터 시작됐다. 이 실로 대단한 성취를 거둔 게스너는 자신의 인생에 찾아온 이 첫 사업 기회를 미국까지 확장했고, 미국 땅에 당도한 게스너의 선구적인 등유 정제 기술은 곧 어느 미국인 투자자에게 팔렸다. 그리고 이 투자자는 그 시절 지금의 아마존 설립자 제프 베이조스(Jeff Bezos)와 같은 인물이었던 존 D. 록펠러(John D. Rockefeller)와 손잡고[16] '케로신 가스라이트 컴퍼니(Kerosene Gaslight Company)'를 설립했다. 이 회사는 한 차례 인수 과정을 거쳐서 석유산업계의 패권을 거머쥔 스탠더드 오일이 되었다.*

화력 증기선으로 대서양을 횡단한다는 목표가 달성된 지 얼마 안 된 시점이자 화력으로 달리는 증기기관차로 북미 대륙 전체가 연결된 1870년에는 그런 일들을 해낸 열정과 야망이라면 무엇이든 해낼 수 있다는 확신이 감돌았다. 이후 10년간 에너지와 불은 2000년대의 정보 기술, 디지털 통신과 같은 변화의 중추였다. 석유의 전성기, 이른바 '석유시대(Petrocene Age)'라고 표현할 수 있는 시대가 본격적으로 시작된 것이다. 석유시대는 인류가 프로메테우스와 같은 열정으로 불의 에너지를 추구한 시대, 특히 원유와 내연기관의 발전에 집중해서 인류 문명의 모든 측면과 지구 대기가 비약적으로 변화한 시기다. 지금은 대략 150년간 이어진 이 석유시대의 절정기다.

---

* 이제 등유는 "제트 A(Jet A)"라는 항공유로 불린다. 등유가 없었다면 비행기 여행이 훨씬 어려웠을 것이다.

모든 일의 시작

에소(Esso, 스탠더드 오일의 앞 글자를 딴 "SO"에서 나온 이름)를 비롯해 현재 석유업계를 대표하는 여러 기업의 전신인 스탠더드 오일은 1870년에 설립됐다. 같은 해에 포트맥머리라는 작은 마을도 처음 생겨났다(나중에 에소는 포트맥머리에 자사 최대 규모의 사업장을 지었다). 석유의 장점이 워낙 커서 조만간 석탄 증기엔진을 대체하게 될 것이라는 전망이 나오던 시기였다. 보일러에 고체 석탄 4톤을 태워야 얻을 수 있는 증기를 등유 1톤으로 얻을 수 있다는 사실이 밝혀진 것이다. 엔지니어들은 이전부터 이런 차이에 주목했고 1860년에는 이미 새로운 미래를 설계하고 있었다. 1860년 9월 22일 〈사이언티픽 아메리칸(Scientific American)〉 첫 페이지에는 캐나다산 대황으로 술 담그는 방법 바로 위에 새로운 "폭발 엔진"에 관한 기사가 실렸다.

> 르누아르(Lenoir)라는 한 파리 사람이 선보인 열기관이 프랑스인들 사이에서 큰 화제가 되고 있다. … 골목에 자리한 그의 자그마한 가게에는 호기심에 찾아온 다양한 계층의 사람들로 매일 인산인해다. … 〈코스모스(Cosmos)〉와 다른 프랑스 신문들에 따르면, 이제 증기의 시대는 끝났다. 제임스 와트, 로버트 풀턴의 이름은 곧 잊힐 것이다.[17]

오늘날 스마트폰이 온갖 아이디어와 상품을 개개인에게 실어 나르듯 엔진 하나하나가 사람들을 제각기 싣고 달릴지도 모른다는 새로운 생각이 사람들 머릿속에 막 떠오르던 그때, 에티엔 르누아르(Étienne Lenoir)는 그 생각을 이미 현실로 만든 사람이었다. 그는 1860년에 바퀴 3개짜리 목제 수레에 자신이 개발한 엔진을 장착했다. 소음도 크고 속도도 느렸지만, 그가 만든 건 인류 역사상 최초로 액체 연료와 내연기관, 바퀴 달린 탈것이 합쳐져 동력이 자급되는 장치였다. 이 "자동

추진"방식의 기계는 엄밀히 따지면 달리는 속도가 빠르다고는 할 수 없었지만 분명 대단한 성취였다. 그 시절에 사람들이 먼 거리를 대부분 어떻게 다녔는지를 생각하면 더욱 그렇다. 새로운 시대를 열며 세상을 바꿔놓은 이 놀라운 발명품은 1863년이 되자(다임러[Daimler]와 벤츠[Benz]가 설립되기 20년 전이다) 형태가 더 명확해졌다. 르누아르가 그해 공개한 다인승 4륜 차량 히포모빌(Hippomobile)은 차 앞쪽에 핸들이 있고 엔진은 차 뒤쪽에 설치되어 있었다. 자동차는 그때부터 지금까지 크게 달라진 게 없다. 르누아르가 만든 히포모빌과 21세기에 생산되는 페라리의 유일한 차이점은 개량 수준이다.

르누아르의 폭발 엔진에 관한 〈사이언티픽 아메리칸〉의 기사는 다음 한 문장만 제외하고 칭찬 일색이었다. "이런 모터의 실질적인 문제는 차체가 심하게 흔들린다는 것, 그리고 열이 축적된다는 점이다." 차체 흔들림은 금세 해결됐다. 하지만 열이 축적되는 문제는, 넓은 의미에서 그 후로도 해결되지 않았고 지금도 우리를 괴롭히고 있다.

////

중세 모피 무역이 산업 시대에 자리를 내어주면서 석유와 이 연료의 연소성에 사람들의 관심이 집중되었고, 상품이 될 만한 것을 찾아다니는 사람들 귀에도 이 소식이 전해졌다. 얼마 후부터는 애서배스카 지역에서 모피 장사를 하던 사람들이 그 지역 물가에서 노를 젓다가 메탄 기포를 본 이야기나 우연히 역청이 녹아 흘러내리는 광경을 본 이야기를 떠들어대기 시작했다. 앨버타는 그때부터 100년이 넘는 시간 동안 석유에 온 미래를 걸고 곳곳에 텍사스주 못지않게 많은 구멍을 뚫었다. 대부분 아무것도 나오지 않았지만, 간간이 염수와 기름, 천연가스가 섞인 물질이 터져 나와 지표면에서 부글부글 끓었다. 아주 가끔 명중할 때도 있었다. 포트맥머리에서 애서배스카강 상류로 약 130킬로미터 떨어진 펠리컨 포티지(Pelican Portage)의 한 강둑에서도 바로 그런 일이 일어났다.

1897년 여름, 그곳 일대를 시추 중이던 캐나다 지질조사국의 드릴이[18] 약 240미터 깊이의 구멍에 닿아 메탄(천연가스)이 뿜어져 나오고 호두만 한 황철광이 총알처럼 사방으로 터져 나와 흩어지는 장관이 펼쳐졌다. 전투기가 지나가는 듯한 엄청난 폭발음은 5킬로미터 떨어진 곳에서도 들릴 만큼 컸다. 이 펠리컨 포티지 가스정에서는 하루에 22만 6,500세제곱미터가 넘는 천연가스가 생산됐다. 현대의 포트맥머리의 모든 주택과 건물 난방에 쓸 수 있는 양이지만,[19] 1897년에는 팔데도 없고 가스를 포집하는 기술도 없었다. 게다가 이 폭발성 '지니'를 병 속에 도로 집어넣을 방법도 없어서, 시추자들은 당시에 할 수 있는 최선을 택했다. 불을 붙인 것이다. 그때 시작된 불은 무려 21년간 간헐적으로 계속 타고서야 완전히 꺼졌다.[20] 이 야생의 용광로에서는 밤이고 낮이고, 겨울에도 여름에도, 거대한 강이 얼었다가 다시녹고 낮게 떠오른 해가 하늘을 한 바퀴 돌고 저문 후 북극광이 희미하게 빛날 때도, 지나가던 사냥꾼들이 발견하고는 놀라워하며 언 손을 녹이는 동안에도 불길이 로켓처럼 계속 솟구쳤다.

하지만 그 뒤에 일어난 일들에 비하면 이건 아무것도 아니었다.

애서배스카 지역에서 자원개발에 나선 초창기 광산업자들 사이에서, 어쩌면 아무 쓸모도 없는 역청 아래에 어마어마한 양의 석유와 가스가 있을지도 모른다는 환상이 피어나기 시작했다. 설사 그런 꿈이 사실이었다고 해도 큰 돈벌이가 될 가능성은 없었다. 시드니 엘스가 닳아빠진 모카신 차림으로 무거운 화물을 남쪽으로 옮긴 1913년은 이미 온타리오와 펜실베이니아, 텍사스에서 원유가 다량 발견된 후였고, 이후 오클라호마에 이어 앨버타에서도 포트맥머리 남쪽으로 멀리 떨어진 곳에서 원유가 생산되기 직전이었다. 게다가 휘발유, 자동차 오일, 차축 오일, 고무 타이어 등으로 원유를 가장 많이 소비하는 상품인 자동차의 등장까지는 아직 10년이 더 남은 때였다.

엘스는 이 모든 상황을 고려할 때 역청 사업은 좋게 봐야 큰 도박임을 인지했다. 그가 생각하기에 1920년대부터 자동차가 큰 인기를 얻는다고 해도, 앨버타 역청은 도로포장에 쓰는 것이 가장 전망이 밝았다. 엘스는 역청을 활용도가 더 높은 석유제품으로 "업그레이드(개질)"할 방안을 찾아보기로 했고, 역청의 개질이 산업적인 규모로 이루어지려면 정부의 막대한 지원이 필수라는 예리한 결론에 도달했다. 앨버타주와 캐나다 연방정부는 그때부터 지금까지 이 지원에 힘을 보탤 협업자를 찾아다녔다. 보통 이런 경우 해외 기업이 파트너가 되는 경우가 많지만, 캐나다에서는 납세자들이 뒷바라지를 도맡았다. 스카우 트래킹으로 시드니 엘스의 짐이 실린 배를 옮긴 강변의 일꾼들처럼, 캐나다 국민들은 지금까지 100년이 넘도록 앨버타의 역청산업을 상류로 끌어왔다. 국민들이 짊어진 짐은 지금도 무겁다. 2019년 국제통화기금 보고서에 따르면,[21] 화석연료 산업에 제공된 지원금 중 캐나다 납세자들이 부담한 금액은 2015년 한 해만 미화 400억 달러가 넘는다(남녀노소를 가리지 않고 모든 국민이 1인당 약 1,200달러를 부담한 금액이다).[22] 같은 해에 미국의 화석연료 산업 지원금 중 미국 국민이 부담한 금액은 1인당 2,000달러 이상이었고, 중국(인구가 14억 명 이상인 나라)은 1인당 1,025달러였다.

모피 교역소에서 석유산업의 중심지로 변모한 포트맥머리의 극적인 변화는 북미 대륙 전체에 일어난 변화처럼 급속히, 급진적으로 이루어졌다. 또한 석유산업으로 급부상한 다른 모든 신흥 도시들처럼 포트맥머리도 막대한 호황과 엄청난 불황을 번갈아 겪었다. 신흥 도시 이야기는 미국사의 전유물처럼 여겨지지만, 캐나다도 이야깃거리가 만만치 않게 많다. 특히 앨버타는 그런 이야기가 가장 풍성한 곳이다. 앨버타 터너밸리의 딩먼 시추공에서 천연가스가 터져 나온 후 1914년에 작성된 한 보고서에도 당시 상황이 생생히 담겨 있다(이 책에서 딩먼 시추공과 관련된 내용에는 가스와 석유가 모두 언급된다. 당시 기사를 찾아보면 '엄청난 양의 가스와 함께 휘발유와 비슷한 액체가 흘러나왔다'고 한다—옮긴이).

캘거리의 토요일 밤이 그날(5월 16일) 같았던 적은 한 번도 없었다. 인간이 상상할 수 있는 범위를 넘어선, 너무나도 거칠고 뜨거운 흥분과 광란이 뒤엉킨 흥미진진한 소동이 벌어졌다. 금요일까지 석유에 온통 미쳐 있던 도시 전체는 토요일이 되자 실성한 상태가 되었다. 땅에서 솟아난 엄청난 돈 때문이었다. 유명한 석유회사 사무실마다 서로 먼저 주식을 사들이려는 인파가 밤낮없이 온종일 몰렸다. 주식을 주문하는 사람들은 더 달라고 난리였다. 경찰이 대거 투입된 후에야 겨우 길이 어느 정도 정리됐지만, 주식을 사려는 사람들이 카운터 앞에 세 줄씩 길게 늘어서서 사고, 또 사고, 더 사는 모습은 유례 없는 진풍경이었다. 돈이 얼마나 들어왔는지 아는 사람은 아무도 없었다. 회사 직원들은 돈을 셀 시간도 없어서 주식을 얼마나 팔았는지도 알지 못했다. 지폐와 수표를 받아서 일단 휴지통에 모았는데, 꽉 차서 비우면 금세 다시 돈이 흘러넘쳤다. 창구 직원들, 영업 직원들 모두 영수증을 작성하고 매입 신청서의 빈칸을 채워 넣느라 나중에는 눈도 침침해지고 어지럼증까지 호소했다. … 사업가, 점원, 버스나 전차 차장, 여성, 가게 점원, 너나없이 모두 몰려와서 제발 자

기 돈을 받아달라고 애원했다.[23]

'캘거리 석유 생산 회사'의 주가는 투자자들의 이 열화와 같은 거래로 그날 하루에만 1,600퍼센트 이상 폭등했다.[24] 거래 열기가 이만큼 광적인 수준에 이르면, 상품의 활용성은 뒷전이 되고 더 본질적인 거래의 동기가 드러난다.

석유산업의 이 같은 폭발적인 성장은 불과 닮았고, 인간은 불을 지피는 이런 일에 유독 소질이 있는 듯하다. 물리학자들에게 불이 무엇이냐고 물으면, 발화에 필요한 에너지보다 더 많은 에너지가 방출되는 발열 반응이라고 이야기한다. 성냥 한 개비, 담배 한 대가 집 전체를 태우고 풍경 전체를 전과 아예 다른 모습으로 바꿀 수 있듯이 몇몇이 처음 거래하는 새로운 상품, 굴착 장비, 최초로 상장된 주식이 폭발적인 상업적 매입와 매출을 촉발할 수 있다. 그런 일이 일어날 때마다 그 지역 전체와 주민 모두의 운명은 하루아침에 바뀐다.

4

이제 그들이 그동안 상상해온 일들을,
그 무엇도 막지 못할 것이다.
—창세기 11장 6절, "바벨탑"

———

딩먼 시추공에서 석유가 발견된 후부터 앨버타는 주요 석유 개발
지 대열에서 한 자리를 차지하게 되었다. 미국 투자자들의 관심도 쏠
렸다. 딩먼(그리고 펜실베이니아주 타이터스빌)의 유정이 발견되자마자
사람들에게 큰 기쁨이 된 것과 달리, 역청은 안 팔리는 상품이었다.
석유가 아이스크림이라면 역청은 리마콩이었다.

J. 하워드 퓨(J. Howard Pew)는 이런 상황을 바꾸고 싶었다.

1967년, 포트맥머리에 역청 채굴, 분리, 개질을 위한 최신 기술이
완비된 선코어 공장이 들어서면서 이 도시와 석유산업에는 새로운 시
대가 열렸다. 선코어는 선 오일 컴퍼니(Sun Oil Company, 줄여서 '서노코
[Sunoco]')에서 오랜 세월 회장직을 역임한 석유업계의 거물이자 복음
주의 기독교도인 미국인 J. 하워드 퓨의 적극적인 지원으로 설립됐다.
퓨는 투자 규모가 2억 5,000만 달러에 이르는 이 사업체를 '그레이트
캐나다 오일샌드'라고 칭했다(이 부분에 여러 명칭이 혼용되어서 정리하자

면, 1967년에 그레이트 캐나다 오일샌드로 처음 문을 연 사업체가 1979년 선 오일 컴퍼니와 합병하면서 생긴 기업이 선코어다—옮긴이).[1] 캐나다의 100 년 역사상(캐나다가 영국으로부터 독립한 1867년을 기준으로 100년이 된 해였다—옮긴이) 최대 규모의 민간 투자였다. 선 오일 컴퍼니가 선코어 설립 자금의 대부분을 대긴 했지만,[2] 이 사업을 지원하기 위해 발행된 1억 5,000만 달러의 채권을 사달라는 호소에 앨버타 주민 10만 명이 이 채권을 샀다. 포트맥머리에서 북쪽으로 20분 거리의 애서배스카강 왼편 강기슭에서 보이는 타르 아일랜드(Tar Island)에는 1967년에 문을 연 선코어의 번쩍이는 시설이 지금도 자리를 지키고 있다.

퓨의 아버지는 펜실베이니아주에서 석유산업을 처음으로 개척한 사람이었다. 퓨는 어려서부터 교회에서 자랐다. "아주, 아주 독실한 사람이었다." 은퇴하고 나서 플로리다로 이주한, 같은 펜실베이니아 출신의 절친했던 동료 밥 매클레먼츠(Bob McClements)는 퓨를 이렇게 기억했다.[3]

그와 대화하면 신앙과 자유, 이 두 단어가 많이 나왔다. 퓨에게 그 두 가지는 하나로 결합된 것이었다. 그는 … 독립선언서가 나온 후부터 하느님이 개개인을 통해 뜻을 펼치시는 새로운 시대가 열렸다고 믿었다. 그리고 새로워진 정부 체계에서 자신도 하나님의 그 뜻을 펼칠 수 있게 되었다고 했다. 나는 무슨 의미인지 단번에 이해했다. "정부가 커지면 자유는 줄어든다"는 말이었다.

퓨가 말한 "자유"는 허드슨스 베이 컴퍼니가 누렸던 자유, 혹은 최근의 예를 들자면 석유산업 전체가 누려온 자유와 비슷한 의미였다. 즉 "자유로운 속박"과 "자유로운 지배"가 어우러지는 것, 그래서 신이 주신 영광스러운 부를 창출하는 시너지를 낼 수 있는 것이 그가 말한 자유였다.* 포트맥머리에서 열린 그레이트 캐나다 오일샌드의 창립기념 행사 영상을 보면 당시 여든다섯이던 자그마한 체구의 퓨를 볼 수 있다. 여전히 '주님의 일'에 매진하던 그는[4] 여러 정부 관계자와 은행가, 기업 경영인, 기자, 다양한 고위 관료 수백 명으로부터 박수갈채를 받으며 그날 포트맥머리의 새로운 역사를 썼다. 참석자들은 행사에 참석하기 위해 전세기 서른 대를 나눠 타고 그 오지까지 찾아왔다. 수천 킬로미터를 날아온 사람도 많았다.

사업 총괄을 맡은 미국의 대형 엔지니어링 업체 벡텔(Bechtel)은 비를 머금은 북풍으로부터 참석자들을 보호하기 위해 "버블(the Bubble)"이라는 시설물을 준비했다. 공기를 넣어 부풀리는 초대형 텐트로, 인공적으로 조성한 버블의 실내 공간은 600명을 수용하고 브라스 밴드까지 들어갈 만큼 넓었다. 한쪽 끝에는 여느 무대만큼 널찍한 연단이 설치됐고 그 위에 새하얀 리넨이 덮인 긴 탁자가 있었다. 퓨를 포함한 서노코의 고위 경영진, 벡텔의 경영진, 앨버타 주지사, 주지사가 선임한 장관들, 존경받는 성직자까지 총 12명의 백인 남성이 그 탁자를 차지했다.

이들이 앉은 탁자 뒤에는 둥그런 장비가 그려진 현수막이 걸려 있었다. 얼핏 태양처럼 생긴 그 둥근 그림은 역청 모래 채굴지에서 쉼 없이 돌아가는 거대한 원형 삽이었다. 그레이트 캐나다 오일샌드에는 톱니 달린 대관람차처럼 생긴, 당시 기준으로 지구상에서 가장 거대한 기계였던 이 장비가 두 대 있었다. 대형 무한궤도(차 한쪽 바퀴 전

---

* 퓨는 복음에 미디어를 적극 활용한 복음주의자 빌리 그레이엄(Billy Graham)의 주력 매체였던 잡지 〈크리스처니티 투데이(Christianity Today)〉의 창간 자금도 지원했다.

1967년 9월 30일에 열린 그레이트 캐나다 오일샌드 창립기념 행사 모습.
당시 앨버타 주지사였던 어니스트 매닝이 연단에 서 있다.
기업의 고위 경영진, 주정부의 장관, 성직자 등이 자리한 긴 탁자 뒤로
초대형 굴착기의 원형 삽이 사업 로고처럼 그려진 현수막이 걸려 있다.

체를 감싸도록 넓적한 벨트를 걸어서 지면과의 접촉면을 넓힌 장치. 대개 캐터
필러(caterpillar)로 불리며 흔히 포클레인에서 볼 수 있다—옮긴이) 탱크 위에
10층 건물 높이로 우뚝 세워진 이 굴착기 한 대면 하루에 흙 10만 톤
을 퍼낼 수 있었다. 이런 원형 삽 두 대가 24시간 가동됐다. 당시 작업
자들은 겨울철 컴컴한 밤이면 이 둥근 삽이 마찰열로 시뻘겋게 달아
올라서 꼭 괴물 이빨처럼 보였다고 회상한다. 현수막에는 이 원형 장
비 바깥에 글자로 된 원이 하나 더 그려져 있었다. 사업체 이름인 그
레이트 캐나다 오일샌드와 함께, 꼭 하나님이 공표한 말처럼 느껴지
는 문구가 대문자로 적혀 있었다. "인간은 세상을 개발한다."

모든 일의 시작

오래전에 스카우 트래킹으로 앨버타의 역청을 실어 날랐던 시드니 엘스도 창립식에 참석했다. 그간의 엄청난 변화에 엘스도 분명 깜짝 놀랐을 것이다. 단호한 결의가 담긴 그 현수막이며, 코트를 갖춰 입고 언제든 지시만 내리면 탈 수 있는 전세기를 대동한 당당한 모습의 주요 인사들, 곧장 일터로 달려갈 준비가 되어 있는 안전모 차림의 수많은 노동자와 기술자들, 막 개간이 끝난 광활한 부지에 사방으로 늘어가는 엄청난 규모의 건물들과 기계들, 혈관처럼 얽힌 배관, 땅에서 솟아난 것처럼 우뚝 서서 일대에서 가장 높은 나무도 작아 보이게 만드는 공장의 탑과 배출가스 연소 탑까지, 이 모든 광경은 산업적 판타지가 올림픽에 맞먹는 대단한 결실을 거두었음을 보여주는 동시에, 한편으로는 1930년대에 유행했던 정치 집회와도 분위기가 흡사했다. 불을 중심에 품고 세상을 변화시키는 어마어마한 규모의 중공업, 이것은 인간의 꿈이자 정복자의 꿈, 무엇보다 21세기의 꿈이었다.

어니스트 매닝(Ernest Manning)도 그런 꿈을 꾼 수많은 이들 중 한 명이었다.[5] 캘거리 성경 예언 연구소를 졸업하고 복음주의 기독교 라디오 프로그램 〈성경의 시간으로 돌아가라(Back to the Bible Hour)〉의 진행자였던 그는 어쩌다 앨버타 주지사가 되어 그 자리를 24년간 지켰다. 매닝 스스로 "여왕 폐하의 뜻"이라고 밝힌 바 있는 이 기록은 지금까지도 깨지지 않았다. 제2차 세계대전 시기에 처음 주지사가 된 매닝은 에드먼턴 바로 남쪽에 위치한 도시 리덕(Leduc)에서 석유가 대량 발견된 것을 계기로 앨버타가 석유산업에 본격적으로 뛰어든 1947년에도 그 자리에 있었고, 그때부터 석유로 반짝이는 앨버타의 미래를 꿈꾸기 시작했다. 그레이트 캐나다 오일샌드의 창립식에서 회전삽이 그려진 현수막 아래, 연단 정중앙에 선 매닝은 정부와 산업계의 충실한 일꾼들을 향해 연설을 시작했다. "오늘은 앨버타주의 역사적인 날입니다."[6] 그는 라디오 진행자 출신다운 잘 다듬어진 어조와 억양으로 말을 이어나갔다.

오늘은 … 지금까지 애서배스카 타르샌드와 함께 땅속 깊이, 조용히 갇혀 있던 방대한 양의 석유를 사상 최초로, 상업적으로 개발할 거대한 산업단지가 공식적으로 문을 여는 날입니다. 석유 생산뿐만 아니라 인류의 발전과 '풍요로움'을 위해 매진할 시설인 만큼, 이렇게 모여서 기념해 마땅합니다.[7]

앨버타에서는 달 착륙에 비할 만한 일이었다. 매닝도 이 일의 폭넓은 의미를 강조했다. "캐나다뿐만 아니라 북미 대륙 전체가 경축할 만한 날입니다. 캐나다 건국 100주년인 올해의 가장 중요하고 의미 있는 행사입니다."[8]

하지만 캐나다는 면적이 인도보다도 넓고 호주 대륙보다도 넓은 북쪽의 거대한 아대륙 국가다. 건국 100주년을 맞이한 이 젊은 나라의 기념행사는 오타와, 토론토, 몬트리올에서도 성대하게 개최되었고, 그중 하나인 만국박람회(엑스포)에는 세계 곳곳에서 기록적인 인파가 몰렸다. 따라서 그의 말은 캐나다 중심 도시들과 3,200킬로미터 이상 떨어진 곳, 숲을 개간해서 조성된 도시와는 어울리지 않는 대담한 선언이었다. 하지만 매닝은 앨버타가 캐나다의 권력 중심부와 뚝 떨어져 있다는 사실에 별로 개의치 않았다. 앨버타 사람들이라면 캐나다 동부 사람들에게 무시당하는 데 이골이 났기 때문이기도 하지만, 매닝 자신이 예언에 정통한 사람이기 때문이었다. 매닝은 예언을 들으며 자라서 예언에 통달했다. 그날도 매닝은 퓨를 비롯한 행사 참석자 상당수가 잘 알고 있을 이사야서의 한 구절을 읊었다.

주께서 오실 길을 닦으라.

사막에 하나님께서 오실 큰길을 곧게 닦으라.

계곡은 모두 메우고,

산과 언덕은 모두 낮게 깎고,

구부러진 길은 곧게 펴고,

험한 땅은 평탄케 하라.

주님의 영광이 나타날지니,

육신이 있는 모든 이가 함께 목도하리라.

그것이 주님의 약속이니라.[9]

하지만 그레이트 캐나다 오일샌드의 사업은 첫날부터 적자였고, 이후에도 사업은 좀처럼 안정적으로 자리를 잡지 못한 채 간신히 굴러갔다. 그렇게 6년이 지나고 1973년이 되자 사업비로 5억 달러를 투자받고도 1억 달러에 달하는 부채가 남아 있었다. 끊임없이 발생하는 기술적인 문제와 혹독한 작업 환경, 시장 변동성, 노사 문제, 운송 문제에 여러 해 동안 지속된 자금 부족까지 더해져서 수십 년간 약소한 이윤도 내지 못했다. 그러고도 시간이 한참 흐른 1990년대가 되어서야 일각에서 그레이트 캐나다 오일샌드는 "퓨의 어리석은 판단"이었다는 지적이 나왔다. 하지만 역청은 길게 봐야 하는 게임이다. 신크루드는 그레이트 캐나다 오일샌드의 사업 보고서에 엇갈린 결과가 담긴 것을 보고도 같은 지역에 더 큰 공장을 세우기로 했다. 이번에도 벡텔이 총괄을 맡은 20억 달러 규모의 이 초대형 프로젝트는 겨우겨우 유지된 미국 석유업계의 컨소시엄과 마지막 순간까지 결정을 질질 끌다가 지원을 승인한 캐나다 정부의 자금으로 성사됐다. 세계 최대 규모의 코크스 생산 시설로 완성된 신크루드의 이 '밀드레드 레이크 복합 단지'는 1978년부터 가동을 시작했다.[10]

퓨와 매닝, 그리고 이들과 뜻을 함께한 사람들은 이사야서의 예언 속 명령을 반세기 동안 충실히 따랐다. 어쩌면 하늘에서도 이들이 일군 결과가 훤히 보일 것이다. 우리도 포트맥머리와 연결된, 사실상 이 도시의 '전용' 고속도로라 할 수 있는 길로 직접 찾아가서 그 결과를 확인할 수 있다. 정말 빈궁했던 시기도 있었지만 반세기라는 긴 세월 동안 포트맥머리는 역청과 동의어가 되었고, 한동안은 벌이가 짭짤한 초과근무와 동의어가 되었다. 그곳을 고향으로 삼고 정착한 사람들에게 포트맥머리는 저 멀리 남쪽에 사는 평범한 노동자들은 꿈도 못 꿀 이상적인 중산층 생활을 만끽할 수 있게 해주었다. 포트맥머리 도심은 알아보기 힘들 만큼 변했다. 퓨가 그레이트 캐나다 오일샌드(1979년에 선코어로 명칭이 바뀌었다)의 문을 처음 연 때로부터 50년 후, 포트맥머리의 인구는 50배로 늘었다. 한때 북미 대륙에서 가장 외딴 내륙에 있는 모피 교역소였던 맥리어드 하우스(McLeod House)가 보이는 곳에 스포츠카가 즐비하고 카지노와 스트립쇼 클럽들, 월마트가 들어서게 될 것이라고는 J. 하워드 퓨도 예상하지 못했을 것이다.

////

"뭐든 짓자"라는 신크루드의 슬로건은 지금까지 잘 실행됐다. 이 목표에는 일반적인 기준으로는 측정할 수 없는 엄청난 야심이 깔려 있다. 포트맥머리에서 일어나는 일들은 지상에서 보면 규모를 제대로 가늠할 수 없다. 나는 그곳에서 현장 기능직으로 일하는 한 젊은 직원과 만나 일하면서 무엇이 가장 인상적이었는지 물어보았다. 거대한 기계, 엄청난 초과근무 시간, 영하 40도에 이르는 날씨 같은 대답이 나올 줄 알았는데 뜻밖에도 그런 건 전혀 언급하지 않았다. 청년에게 가장 큰 충격을 남긴 건 비행기 창문에서 내려다본 포트맥머리의 모습이었다. 그는 이렇게 표현했다. "꼭 지구의 얼굴 옆쪽에 생긴 흉터 같았습니다."[11]

"우주에서도 보인다"고 알려진 것들은 많아도 지구에서 9,650킬로미터 높이에서도 보이는 건 많지 않다. 눈에 보이지 않는 경계를 넘어 외기권(오존층, 성층권, 중간권 등으로 나뉘는 지구 대기권 바깥의 공간을 말한다. 우주 공간이 시작되는 곳으로, 지표면 기준 500~1,000킬로미터 높이부터 약 1만 킬로미터 높이까지로 추정한다—옮긴이)으로 진입하고, 그보다 더 올라가면 멀리 위성과 천체만 보인다. 그 정도 높이에서 지구를 내려다보면, 아무도 살지 않는 행성 같다. 피라미드도 만리장성도 보이지 않고 상하이도 로스앤젤레스도 없다. 미시시피강도 보이지 않는다. 캐나다의 거대한 아한대림은 지구의 이마 전체에 생긴 초록색 얼룩처럼 보인다. 그나마 땅덩어리가 구분되는 건 오대호와 로키산맥 정도가 전부다. 하지만 대강 어디에 무엇이 있는지 아는 상태로 다시 자세히 보면, 포트맥머리의 역청 광산과 개질 공단을 찾을 수 있다. 9,650킬로미터 높이에서 본 포트맥머리는 샌프란시스코만이나 코드곶과 비슷하게 보이는데, 그 두 곳은 면적이 대략 2,600제곱킬로미터다(포트맥머리의 면적은 약 60제곱킬로미터다—옮긴이). 세계 최대 노천 광산으로 꼽히는 미국 유타주의 빙엄 캐니언 광산이나 서호주 피미스턴 수퍼 피트 광산 같은 깊은 구멍은 전혀 보이지 않는다.

지구에서 4,800킬로미터 올라간 외기권만도 엄청난 높이다. 그런데 국제우주정거장 궤도에서도 4,400킬로미터 더 올라간 그 높이에서, 빙엄 캐니언 광산과 피미스턴 수퍼 피트 광산은 보이지도 않는데 포트맥머리의 역청 광산은 사업 구역별로 구분할 수 있다. 증기 배유 공법으로 역청을 추출하는 곳에는 사업 구역보다는 흐릿하지만, 방대한 네트워크를 이룬 수직갱과 파이프라인이 보인다. 파이프가 곳곳에 박힌 황량한 직사각형 모양의 땅은 드릴 작업을 할 때 구멍 위치를 잡는 패드처럼 보인다. 이런 시설들은 노천 광산보다 차지하는 면적은 훨씬 작아도 에너지 집약도는 훨씬 높다.

////

포트맥머리가 생기기 전에도 비슷한 규모의 역청 도시가 건설된 적이 있다. 대략 3천 년 전에 지어진 바빌론이다.[12] 고대 메소포타미아의 수도였던 바빌론과 후기 근대에 건설된 북미 신흥 도시인 포트맥머리는 시간적으로나 지리적으로 멀리 떨어져 있지만,[13] 두 도시의 도로 지도는 놀라울 만큼 비슷하다. 지도에서 도시 구획을 나타내는 선이 강의 왼쪽 기슭에 몰려 있다는 점이 특히 그렇다. 2천여 년간 바빌론이 여러 차례 약탈당하고 왕조가 바뀌는 동안 역청은 그저 비유가 아니라 말 그대로 도시를 단단하게 결합했다. 이 고대 도시의 중심에 중앙 집중 구조로 높이 수 미터, 길이 수 킬로미터의 장벽을 쌓을 때도, 방대한 네트워크를 이룬 도로의 토대를 다질 때도 역청이 사용됐고, 지금까지도 일부가 남아 있는 정교한 운하의 방수 재료로도 역청이 쓰였다. 바빌론에서 가장 기본적인 재료였던 역청은 후손들의 도시에서 더 정교하게 활용되었다는 점만 다를 뿐 쓰임새는 같았다. 즉 이슈타르의 문(門), 네부카드네자르 황제가 지은 공중 정원, 유프라테스강의 방향을 바꾼 인공 강바닥, 이 강을 가로지르는 120미터 길이의

모든 일의 시작

다리, 30층 높이의 바벨탑 등에서 나타나듯 사상 유래 없는 규모를 달성하려는 인간의 야망을 실현한 초석이었다.[14] "나는 … 지하 한복판에 이 탑의 기초를 세웠다."[15] 바벨탑의 석조에서 발견된 명판에 네부카드네자르 황제가 남긴 말이다. "나는 역청과 벽돌로 이 탑을 산처럼 높게 지었다."

거의 신화처럼 전해지는 이 초대형 바벨탑 공사는 역청이 없었다면 절대 불가능했을 것이다. 바벨탑에 비견되는 포트맥머리의 건축물도 마찬가지다. 2억 5천만 달러가 투입된 거대한 궁전 같은 시설인 선코어 커뮤니티 레저 센터가 그 주인공이다. 여가 활동을 즐길 수 있는 시설로는 캐나다 전체를 통틀어 최대 규모라는 점 외에도 이 센터와 바벨탑에는 다른 공통점이 있다. 2016년 캐나다 인구 조사 결과 포트맥머리와 그 주변 사업장에서 사용되는 언어의 종류는 81가지로 밝혀졌는데,[16] 이 모든 언어를 선코어 커뮤니티 레저 센터의 수영장과 헬스장, 사우나, 테니스 코트를 비롯한 스포츠 시설과 스케이트장, 컬링장에서 들을 수 있다. 이런 점에서 포트맥머리는 지구상에서 가장 외딴곳에 형성된 거대한 도가니, 다양한 사람과 화석연료의 진정한 집결지라 할 수 있다. 하지만 바빌론이 권력이 집중된 중심지들에 둘러싸여 있던 것과 달리 포트맥머리는 길이 끝나는 곳에 있다. 그곳에 사실상 막다른 길인 고속도로가 존재하는 이유는, 역청에 접근하기 위해서다.

////

J. 하워드 퓨의 그레이트 캐나다 오일샌드가 창립 기념식을 한 날로부터 40여 년이 지난 2006년 1월 31일, 원유 가격이 사상 최고 가격

을 갱신했다. 포트맥머리도 역사적인 호황을 맞이했다. 당시 미국 대통령이던 조지 W. 부시는 국영 텔레비전 방송에서 역대 어느 대통령도 한 적 없는 발언을 했다. "지금 우리에게는 심각한 문제가 있습니다. 미국은 석유에 중독됐습니다." 세계 최대 원유 소비국의 대통령이 여섯 번째를 맞이한 국정 연설에서 한 말이었다. 이어서 그는 "이 중독에서 헤어나기 위한" 여러 방안을 열거하기 시작했다. 그중 가장 의미심장한 내용은 대체에너지원을 개발하겠다는 것이었다.

5개월 후, 당시 갓 선출된 보수당 출신 캐나다 신임 총리 스티븐 하퍼(Stephen Harper)는 런던의 캐나다-영국 상공회의소 연설에서 캐나다가 2002년부터 4년 연속으로[17] 사우디아라비아 대신 미국 최대 원유 공급국이 된 것을 축하한다고 말했다.* 하퍼 총리는 언급하지 않았지만 이런 지위에는 단점이 따른다. G7 국가 중에 캐나다만큼 석유 가격 변동에 취약한 나라는 없다. 원유 가격이 하락하면 캐나다 달러의 가치도 하락한다.[18] 나이지리아, 베네수엘라 등 다른 석유 생산국과는 극명히 다른 점이다.

조지 부시와 스티븐 하퍼는 이전의 수많은 석유업계 사람들이 그랬듯 독실한 복음주의 기독교 신자이자 이 산업에 종사한 집안 출신이다. 하퍼가 런던의 상공회의소에서 연설한 2006년 7월에 영국은 400여 년의 공식 기록 역사상 최고 기온을 갈아치울 만큼 폭염이 기승을 부렸다. 그는 이날[19] 객석을 채운 영국인 투자자들을 향해 "캐나다가 세계적이고 강력한 신흥 에너지 국가로 발돋음했다"고 강조하며 "신흥 에너지 강대국"이 되는 것이 캐나다 정부의 목표라고 설명했다.[20] 캐나다의 석유산업은 "피라미드나 중국의 만리장성에 비할 만

---

* 하지만 미국은 세계 최대 원유 생산국이기도 하다.

하며 실제 규모는 그보다 더 크다"는 말에서도 그 목표가 여실히 드러났다. 상당히 거창하게 들릴 수도 있지만 과장이 아니었다. 이미 오래전에 J. 하워드 퓨와 어니스트 매닝 앨버트 주지사, 신크루드의 프랭크 스프라긴스(Frank Spragins)가 예견한 일이었다.

하지만 이런 말들로는 정확한 실상을 알 수 없다. "여긴 평범한 세상이 아닙니다."[21] 선코어의 여러 고층 탑과 선박 제작에 참여한 베테랑 비계공 루이 론도(Louis Rondeau)의 말이다. 사시사철 실내외 가릴 것 없이 일한다는 그는 "형태나 모양도 그렇고, 모든 면에서 그렇다"고 말했다.

포트맥머리에는 이슬람교와 힌두교 사원이 각각 한 곳씩 있고 교회는 서른 개가 있다. 대부분 복음주의 기독교 교회이고, 이 도시에 새로 온 사람들을 서로 먼저 영입하려고 경쟁한다. 소방관이자 젊은 목사인 루카스 웰시(Lucas Welsh)는 자신의 교회가 추구하는 방향을 이렇게 설명했다. "우리는 소위 '맥머리의 마이크들'을 주목해왔습니다.[22] 마이크는 스물다섯 살에서 서른다섯 살 사이, 아내나 사실혼 관계인 반려자나 여자친구가 있고 자녀가 두엇 있는 남성을 통칭하는 이름입니다. 그런 사람들이 우리의 주력 목표인 이유는, 포트맥머리 시민의 평균 연령이 캐나다의 거의 모든 도시를 통틀어 가장 젊고 사망률은 7배나 낮기 때문입니다. 이곳에서 은퇴하거나 생의 마지막을 보내는 사람은 아무도 없습니다. 다들 그 전에 떠나죠. 우리 교회에서 지난 10년 동안 치른 장례식은 모두 합쳐서 세 건뿐입니다."

젊음과 야망, 넘쳐나는 천연자원과 함께 포트맥머리에 많은 또 한 가지는 뜨거운 성취욕을 품은 사람들이다. 2000년대 초부터 과거 골드러시를 방불케 하는 포트맥머리의 신화 같은 이야기가 세상에 알려지기 시작했다. 큰돈을 벌고 싶은 사람들이 떼로 몰려들었던 다른 수

많은 도시와 포트맥머리의 차이가 있다면 화물 트럭 운전기사가 1년에 25만 달러는 거뜬히 번다거나, 뉴펀들랜드 출신 신입 배관공이 15만 달러의 연봉과 별도로 회사에서 한 달에 두 번 고향에 다녀올 수 있는 비행기표에 세금을 제한 모든 수입을 가져간다는 등의 이야기가 전부 다 사실이라는 점이다. 소말리아에서 온 난민은 패스트푸드점에서 시급 20달러를 받고, 늘 일손이 절실한 지역 상점들은 직원에게 첫 노동 계약 "기념" 보너스로 아이팟을 주기도 했다.

포트맥머리의 초과근무는 거부하기 힘든 유혹이지만, 그 장시간 노동에는 혹독한 대가가 따른다. 합숙 생활 역시 영혼을 피폐하게 만든다. 구성원 대부분이 남성인 이런 합숙 시설은 단열재를 여러 겹 겹쳐서 만든 트레일러 여러 개를 레고 블록처럼 쌓은 조립식이라 멀리서 보면 극지방 연구기지 같기도 하고 교도소처럼 보이기도 한다. 하지만 좀 더 가까이 가보면 저렴한 유람선과 구소련의 정치범 강제 수용소를 합쳐놓은 듯한 광경이 펼쳐진다. 샐러드바, 주문이 들어오면 바로 구워주는 스테이크 식당, 헬스장, 빠짐없이 TV가 설치된 방이 꽁꽁 언 날씨와 높다란 울타리, 순찰 중인 경비원들에 둘러싸인 시설 안에 있다. 피로에 지친 파리한 얼굴의 남자들은 12시간 교대로 일하고 그곳으로 돌아와 앞섶이 열린 점퍼 주머니에서 그날의 마지막 담배를 꺼내 물고 영하 30도쯤 되는 바깥에서 피운 다음 방에 들어와 침대에 쓰러진다. 그리고 이곳에서 나갈 날만을, 나갈 수 있다면 그날이 얼마나 남았는지 세어본다. 2021년 1월부터 2022년 7월까지, 선코어에서만 노동자 다섯 명이 사망했다.[23]

포트맥머리의 로큰롤 라디오 채널인 97.9FM은 이런 청취자들을 위한 맞춤 방송을 제공한다. 딱 30분만 들어보면 과속 운전과 음주 운전을 경고하는 공익광고와 극강의 반항적인 열기를 느낄 수 있다고 단언하는 헤비메탈 콘서트 광고, "시내의 피터 폰드 쇼핑몰에 위치한" '붐타운 카지노'의 도박 수업 광고가 연이어 흘러나온다. 그 사이사이에 600마력 엔진이 장착된 스포츠카 셸비 GT와 V8 헤미엔진이 장착되어 있고 운전석 뒤쪽에 따로 여유 공간이 있다는 픽업트럭 광고가 끼어든다. 30분이 다 되어갈 즈음에는 원유업계 최신 소식과 음주에 관한 농담도 들을 수 있다. 곧 최신 뉴스가 이어진다고 알리는 여성의 음성도 나온다(한때 '오늘의 그녀'라는 아마추어 포르노 사이트에서 이 목소리의 주인공들 모습을 공개한 바 있다. 지금은 당시 게시됐던 사진들이 다 삭제되고 새끼 고양이 사진들로 대체되었다). 마침내 다시 음악이 흐르기 시작하면, 앨버타 출신 록밴드 니켈백(Nickelback)이 고래고래 불러대는 멍청이 찬가, 〈번 잇 투 더 그라운드(Burn It to the Ground)〉가 꽝꽝 울려 퍼진다. 노랫말에는 하루 12시간씩 21일을 내리 일한 뒤에 에어버스 A320기에 오른 젊은 배관공이 등장한다. 이어 승무원들이 끌고 온 주류 카트를 싹 비운 이 배관공과 그의 동승객들의 심정을 완벽히 묘사하고는, 다들 술을 퍼마시고 난동을 피워보라고 적극 권한다. 실제로 호황기에는 포트맥머리에서 출발한 비행기가 목적지에 도착하고 문이 열리면 잔뜩 흥분해서 욕설을 내뱉고 방귀를 뀌어대는 남자들이 공항의 도착 라운지나 스트립바로 향하느라 연결 통로를 우르르 빠져나가면서 벽에 몸을 연신 부딪치는 풍경이 마치 펑크록 공연이 벌어지는 볼링장 같았다.

험한 노동 환경과 고임금, 석유를 펑펑 태우는 것이 지역 특색처럼 여겨지는 분위기가 합쳐져 포트맥머리의 트럭과 ATV 판매량은 규모가 비슷한 캐나다 어느 도시보다 훨씬 높다. 폭행과 배우자 학대, 약물 남용의 비율과 성매개질환, 코로나19 감염자 비율,[24] 알코올중독자 비율, 자살률[25]도 마찬가지다. 포트맥머리로 온 사람들이 단시간에 벌어들이는 수입의 규모는 고향 사람들에게는 큰 충격을, 트럭 판매상과 세금 징수자들에게는 큰 기쁨을 준다. 노동자들은 주머니에 돈이 들어오기가 무섭게 써대고, 코도 숨쉬기 이외의 활동으로 쉴 틈이 없다. 포트맥머리가 "포트크랙(크랙은 주로 코로 흡입하는 코카인을 가리킨다—옮긴이)"으로도 불리는 이유다. 실상을 그대로 반영한 이 별명처럼 크랙과 메스암페타민 시장이 형성되어 있지만, 이곳 사람들은 코카인을 선호한다. 혈액 검사로 검출되는 다른 마약과 달리 코카인은 혈류에서 빨리 제거되기 때문이다. 마음만 먹으면 누구나 일자리를 얻을 수 있는 마지막 호황기 때까지는 다들 의기양양하게 자유분방한 생활을 즐겼겠지만, 이후 혈액 검사가 훨씬 엄격해지자 마약이 검출되지 않는 깨끗한 소변을 사고파는 시장까지 생겨났다. 2018년에는 포트맥머리의 한 주민이 코카인 31킬로그램을 소지하고 앨버타에 입국하려다 적발되는 사건이 있었다.[26] 복용 분량으로는 대략 30만 회, 암거래되는 금액으로는 300만 달러에서 400만 달러어치에 해당하는 양이었다.

포트맥머리에 일하러 온 사람들 상당수가 번 돈을 지키기가 너무나 어렵다는 사실을 곧 깨닫게 된다. 수많은 이들의 돈을 가로챈 주범은 코카인이었다. 나는 그중 한 명인 제이크 맥매너스(Jake McManus)라는 사람과 2010년에 만난 적 있다.[27] 그때 스물다섯 살이던 그는 5년간 일할 생각으로 캐나다 북부행을 택했고, 나는 그 말을 들으면서 다른 사람은 몰라도 제이크만큼은 목표를 이루리라고 생각했던 기억이 난다. 성실한 기능공이었던 제이크는 큼직한 손으로 못 고치는 게 없을 만큼 손재주가 뛰어났다. 가족들도 든든한 지원군이었다. 제이크의 아버지는 아들의 새로운 계획에 필요한 조언도 해주었다. 북부에서 새 일자리를 구한 제이크는, 버는 돈을 전부 모으고 생활비는 최

모든 일의 시작

대한 초과근무 수당으로 충당하면 1년에 15만 달러를 모을 수 있으리라고 예상했다. 당시에 초봉이 그 정도였다. 제이크는 그렇게 일만 하고 버는 돈을 전부 모으면서 5년, 혹은 3년만 참으면 개인 사업을 할 만한 밑천을 모을 수 있으리라 확신했다. 그 정도 자금과 기술이면 캐나다 남부 도시 어디서나 살 수 있으리라고 생각했다.

제이크가 북부로 떠나고 1년 정도가 지났을 때, 나는 밴쿠버에서 우연히 그와 재회했다. 만취 상태였고, 잘생긴 얼굴에는 흉터가 생겼다. 돈을 벌긴 했지만 버는 족족 입으로, 그리고 코로 다 들어갔다. 한동안은 새로운 친구를 많이 사귀었다고 했다. 손도 내가 기억하는 모습보다 뼈가 더 굵어졌다. 몸집도 커졌고, 도통 굽힐 줄 모르는 사람이 되었다. 재활 프로그램에도 들어갔지만 들락날락하기 일쑤라 약을 가장 오래 끊고 지낸 기간이 겨우 한 달이었다. 그럼에도 제이크는 강하고 유능한 사람이었다. 새로 역도를 시작했고 실패해도 혼자 힘으로 일어날 줄 알았지만, 실패는 반복됐다. 나는 북부에서 대체 무슨 일이 있었느냐고 물었다. 근무 시간, 그리고 일정이 문제였다는 대답이 돌아왔다. 28일을 내리 일한 후 10일을 쉬는 식이었고, 그때 집에 돌아오면 오전 9시부터 오후 5시까지 일하는 평범한 직장인 친구들은 다 출근하고 없었다. 제이크는 외로움을 수시로 느꼈다고 했다. 하루 10시간씩, 초과근무를 최대치까지 하면 12시간씩 일하다가 쉬는 날이 되면 시간을 어떻게 보내야 할지 알 수가 없었다. 게다가 수중에는 돈이 있었다. 그것도 아주 많이. 많은 만큼 쓰기도 쉬웠다.

포트맥머리에는 지역 경찰, 연방 경찰(캐나다 연방 기마경찰)과 별도로 민간 경비원도 많다. 민간 경비원은 주로 노동자들이 거주하는 합숙 시설과 작업장 주변에 배치된다. 마음대로 갈 수 없는 장소들도 많고, 노동자 대부분은 무선 주파수 인식(RFID) 장치로 이동 상황이 추적된다. 업무 현장에서 사진 촬영은 금지되어 있고 이를 어기면 벌금이 부과된다. 〈글로벌 뉴스(Global News)〉[28]는 2017년 신크루드 개질 공장에서 폭발이 일어나 노동자 한 명이 다친 사고를 취재하면서 여러 목격자를 인터뷰했는데, 그중 누구도 자신의 이름을 밝히지 않았다. 노동자 대부분이 캐나다인이라 아무리 추위와 어둠에 익숙하다 해도, 그들은 자신이 일하고 생활하는 곳을 교도소 같다고 느끼고, 외지인들은 그들과 만나면 무슨 일을 하던 사람일까 궁금해했다.

하지만 염분 때문에 곳곳이 삭은 폰티악 파이어플라이 한 대에 친구 셋과 끼어 타는 것도, 미래가 없는 어촌 마을에서 실업 수당이나 받고 사느니 타르샌드에 이판사판 희망을 걸고 새로운 꿈을 꾸는 것도 범죄는 아니다. 포트맥머리에 완전히 정착한 인구 중 3분의 1은 뉴펀들랜드에서 이주한 사람들이다. 포트맥머리가 "뉴펀들랜드주에서 제일 큰 도시"라는 익살맞은 표현이 나온 것도 그래서다. 빙하가 가득한 험한 해안 환경에서 자원 경제로 굴러가던 뉴펀들랜드의 경제는 1992년 대구 어장이 무너진 후 회복되지 못했다. 그곳을 떠난 뉴펀들랜드 사람들이 역청산업에서 맡은 역할은 스코틀랜드 오크니섬 사람들이 모피 무역에서 했던 역할과 동일하다. 대서양의 섬에서 거친 날씨에 시달리며 고된 일도 마다하지 않던 섬사람들이 더 나은 대안이 없어서, 어쩔 수 없이 꽁꽁 언 내륙에서 일하는 노동자가 되었다.

캐나다 북부 지역은 무슨 일을 하든, 무슨 계절에 일하든 노동 조건이 열악하다. 북부 지역의 노동자들이 기회만 생기면 에드먼턴의 술집으로, 마약을 구할 수 있는 레드디어로, 관계가 얼마나 이어질지 알 수 없는 여자친구가 사는 켈로나로 달아나려는 마음이 얼마나 절실한지는 교통사고 통계로 여실히 드러난다. 2차선 고속도로를 4차선으로 넓히는 공사가 완료되기 전 2010년부터 2016년까지 63번 고속도로(에드먼턴부터 포트맥머리, 더 위쪽의 포트매케이까지 이어지는 고속도로로, 포트맥머리의 '전용' 고속도로라고 표현한 도로다—옮긴이)는 북미에서 가장 위험한 도로라는 악명을 얻었다. 가장 최근에 찾아온 최대 호황기였던 2007년에는 한 달 동안 이 고속도로에서 숨진 사람만 스물여덟 명이었다. 사망자가 거의 하루에 한 명꼴로 발생한 셈이다. 그 일로 이곳은 "죽음의 고속도로", "63번 자살 도로"로 불리기 시작했다. 차량 범퍼에 "저를 위해 기도해주세요. 저는 63번 고속도로로 다닙니다"라고 적힌 스티커를 붙이고 다니는 차들도 생겼다.

2013년까지 이 고속도로와 여기서 갈라지는 881번 고속도로에서 사망자가 너무 많이 발생하자 사망 사고 지점을 표시한 지도가 돌아다니기 시작했다. 사망 사고 지점을 표시한 붉은색 점이 무수히 다닥다닥 붙어 있는 이 지도는 멕시코 국경 지역 사망자를 표시한 지도와 비슷하다. 이러한 고속도로 사고 중 상당수가 포트맥머리 노동자의 교대 근무 시간대에 발생한다. 지역 사람들의 여행 계획도, 집으로 손님을 초대하는 시간도 모두 포트맥머리 기업들의 근무 시간대에 맞춰진다.

세미 트레일러도 빠른 편이지만 픽업트럭은 더 빠르다. 그리고 빙판, 석유, 돈, 사람이 모이면 치명적인 일이 발생한다. 맥주 네 병을 마신 운전자가 아직 할부금이 75회쯤 남은 포드 150 픽업트럭을 몰고 남쪽으로 달리다가 빈 유황 탱크를 끌고 북쪽으로 향하던 켄워스 T800 세미 트레일러(B 트레인으로도 불린다)와 충돌하면 두 차량의 충돌 속도가 시속 260킬로미터에 이른다. 그런 사고를 목격한 사람이 충돌 당시의 상황을 이렇게 표현했다. "픽업트럭 앞면이 그렇게 망가지는 건 생전 처음 봤습니다. 모란 꽃잎 1,000장이 전부 흩어지는 것 같았다고 할까요. 단단한 알루미늄과 강철 덩어리로 된 차체 앞면이 작은 꽃잎처럼 전부 조각조각 떨어져 나갔습니다."[29] 이 정도 충격이면 사람 몸이 30미터 이상 날아간다. 적외선 센서가 없으면 추위와 컴컴한 어둠 속에서 어디로 날아갔는지 찾을 수 없는 경우도 있어서, 포트맥머리의 모든 응급구조 차량에는 그런 장비가 기본적으로 마련되어 있다. 내가 만난 한 베테랑 구조대원은 자신이 직접 본 교통사고 사망자가 100명 이상이라고 했다. 모두 포트맥머리에서 빨리 달리면 한 시간 거리에 있는 지점에서 사망했다. "대부분 정면충돌이었습니다."[30] 그 구조대원의 말이다. 나는 그런 일을 어떻게 견디냐고 물었는데, 질문하자마자 후회했다. 슬라브인 특유의 강렬한 파란 눈이 내 눈을 똑바로 보며 이렇게 되물었다. "제가 멀쩡해 보입니까?"

자정이 지나고 교통량이 줄어든 고속도로에는 쉘레(Scheurle, "셜리〔Shirley〕"로도 불린다) 트레일러들이 나타난다. 바퀴가 100개인 이 초대형 평판 트레일러에 연결된 여러 개의 트랙터 시스템에는 초중량 화물이나 새턴V 로켓만 한 코크스, 분별 증류탑의 일부가 실려 있다. 꼭 도로를 달리는 열차처럼 보일 정도로 긴 이런 트레일러는 기어가듯 느리게 움직인다. 다른 차들의 통행이 뚝 끊기는 늦은 밤 63번 고속도로는 이런 트레일러들의 세상이다. B 트레인이라고도 불리는 트랙터 트레일러가 대부분이고, 뒤에는 우리가 화물 트럭 짐칸에서 흔히 보는 가스통이나 우편물이 아닌 액체질소 튜브, 유황 원석이 담긴 가열형 보강 실린더, 역청산업의 지저분한 비밀인 석유 코크스(펫코크)가 가득 채워진 깔때기 달린 기다란 실린더 등 세상 어디에서도 볼 수 없는 화물이 실려 있다. 위험 화물이라는 경고 표지가 선명하게 붙어 있는 트레일러도 있지만 보통은 그 표지는 물론이고 차에 붙어 있는 어떤 표지도 제대로 읽을 수가 없다. 밤이라 어두워서가 아니라 그 고속도로를 달리는 차량은 전부 흙먼지를 뒤집어쓰고 있기 때문이다. 이렇듯 형태를 정확히 알 수 없는 거대한 트럭들은 표지판에 적힌 제한 속도보다 빠르게 질주하기도 한다. 차체 높이가 수십 미터고 무게는 수백 톤인 차들이, 언뜻 말끔해 보여도 얼음이 단단하게 얼어 있고 흙 먼지와 자갈도 함께 얼어 있는 도로를 아랑곳하지 않고 그렇게 달린다. 빙판길에 뿌리는 소금은 영하 30도 이하에서는 효과가 없다. 기온이 그보다 더 떨어지고 얼음과 눈 위로 달리는 타이어의 압력이 계속 작용하면 전부 시커먼 얼음이 된다. 그래서 겨울철 63번 고속도로 표면에는 기본적으로 시커먼 얼음이 덮여 있다.

이 얼음 때문에, 캐나다 서부에서 북부로 이어진 도로를 달리는 세미 트레일러마다 앞면에 "무스 바"(또는 "버펄로 몽둥이")라고도 하는 강화 그릴 가드가 설치되어 있다. 그렇게 빠른 속도로 달리면 무스나 엘크, 곰, 들소, 다른 뭔가가 갑자기 나타났을 때 하늘에서 소행성이 떨어질 때처럼 순식간에 치고 지나간다. 낮에는 붉은색 페인트를 싣고 가던 트럭이 폭발한 것처럼 도로에 남은 길고 널찍한 선연한 핏자국으로 그런 충돌의 여파가 드러난다. 푸른빛이 도는 까만 깃털의 거대한 까마귀들은 쏜살같이 달리는 차들에 아랑곳하지 않고 홍적세의 유물처럼 보이는 죽은 동물의 뼈에 앉아 이미 얼어붙은 불쾌한 잔해를 신나게 먹어치운다.

밤이 찾아오면, 아직 오가는 차량이 많은 시간대에도 63번 고속도로는 외딴 행성처럼 동떨어져 보인다. 모든 걸 삼켜버릴 듯한 블랙홀처럼 온통 시커먼 숲의 칠흑 같은 어둠 속에서, 보이는 빛이라곤 반딧불처럼 빛나는 야생동물의 눈이 전부다. 훨씬 더 멀리, 증기 배유 시설과 역청 광산, 사람들이 모여 있는 합숙 시설의 새하얀 불빛은 어둑한 지평선에 돔처럼 둥실 떠 있다. 그 위로, 공기 중을 떠다니는 얼음 결정과 반사된 잔광이 합쳐진 다양한 빛깔의 광선들이 공중에 늘어선다. "빛기둥"[31]으로도 알려진 이 신비한 광경은 금방이라도 외계인이 찾아올 것만 같은 분위기를 만든다. 생경하면서도 마음을 사로잡는 이 북극 지역의 특별한 현상은 산업용 조명이 나타나기 전에는 누구도 본 적이 없었을 가능성이 크다. 하지만《실낙원》을 보면, 어찌된 영문인지 존 밀턴은 이미 이런 현상을 예견한 듯하다.

> … 아치형 지붕에는
> 절묘한 마법으로 매달린,
> 여러 겹으로 줄지어 반짝이는 등불과 타오르는 횃불이
> 나프타와 역청을 태우며
> 하늘에서 내리는 빛처럼 빛을 발한다.[32]

모든 일의 시작

5

연소는 우리가 세상에 진입하는 목적이 되었다.[1]

—시인 웬델 베리(Wendell Berry), 〈말들〉

———

　불의 시작은 늘 소박하다. 아직 불확실한 불의 현재가 어떤 미래를 맞이할지 결정하는 요소는 세 가지다. 바로 열과 연료, 산소다. 불은 최소한 처음에는 이 세 가지를 통제하지 못한다. 불의 재료는 이 세 가지지만, 네 번째 요소인 촉매가 있어야 이 각각의 요소가 하나로 합쳐져 동적인 전체가 된다. 프랑켄슈타인 박사의 괴물이 번개가 내리친 후 완성된 것과 같다. 불에서 이 번개의 역할을 하는 것은 담뱃불이나 ATV의 과열된 머플러다. 조건이 맞아떨어지면, 가정집에서 가스가 새거나 심지어 집에서 키우는 고양이의 털에서 발생한 정전기만으로도 불이 붙는다. 온도가 230도를 넘어서면 무엇이든 불이 붙고 그 온도가 유지되는 동안은 찰나에 그칠지라도 발화가 몇 번이고 일어난다. 발화는 무(無), 혹은 무존재로부터 불이 생겨나는 단일한 과정이다. 하지만 발화가 불의 진정한 시작은 아니다. 불이 진짜 시작되는 건 발화보다 먼저 일어나는 화학 반응이다.

불이 화학 반응이라니, 어쩐지 부자연스럽게 들린다. 불은 '본질'이 너무나 뚜렷해서 별개의 "존재"처럼 느껴지는 탓이다. 하지만 실제로 그렇지는 않다. 우리는 눈에 보이는 세상 속에서 불을 경험하지만, 불을 만들 수 있는 건 우리 눈에 보이지 않는 세상에 있다. 증발하는 물질들, 볼 수 없는 것들로 이루어진 그 세상은 에너지의 세상이다. 불이 나면 나무나 집이 타는 것처럼 보여도 실제로 불에 타는 건 나무와 집에서 발생하는 기체다. 발화의 3요소에 열이 포함되는 이유다. 열은 고체나 액체 안에 갇혀 있는 인화성 기체를 증기로 바꿔서 그 감옥에서 풀려나 자유롭게 돌아다니게 만든다. 불의 세상에서는 숨 쉬고, 기체를 내뿜고, 증발하고, 휘발되는 것이라면 전부 불에 탄다. 공기뿐만 아니라 나무, 주택가, 집, 포마이카 소재로 만든 주방 조리대, 그 위에 올려둔 고양이 사료 봉지, 그리고 조건이 맞으면(즉 온도가 일정 수준 이상 상승하면) 고양이도 탈 수 있다. 온도가 높아질수록 불이 먹어치울 수 있는 것들은 더욱 광범위해진다. 조건만 맞으면 불도저도 탄다.

소나무, 플라스틱 의자, 바닥에 가득 고인 등유, 거실 커튼, 무엇이든 처음 불타는 과정은 모두 똑같다. 우리가 음식을 익히면 재료 속에 있는 영양소가 더 쉽게 흘러나오듯이 불은 연료를 "익힌다." 또한 수색견이 숲에서 강렬한 냄새가 풍기는 쪽으로 이끌려 달려가듯 불은 휘발성 기체가 있는 쪽으로 이끌린다. 공간 속에서 불이 '끌어당겨지는' 것이다. 어떤 물체에 불이 붙을 때, 그 물체와 발화가 일어나는 순간 사이에는 기체로 이루어진, 눈에 보이지 않는 접촉면이 생긴다. 바로 이 접촉면이 불에 이동성을 부여한다. "연소대(또는 반응 영역)"[2]라고 하는 이 분자 하나 두께의 얇은 접촉면에서 발화가 일어나면 불이 무한대로, 무엇에도 방해받지 않고 더욱 커지는 상태로 넘어갈 수도 있고, 그렇게 되지 않도록 막을 수도 있다. 불의 동기와 행동 특성을 이해하려면 이 열분해 현상을 반드시 알아야 한다. 불의 목표는 간단히 세 가지다. 이런 열분해의 순간들이 최대한 오래, 최대한 광범위하게, 최대한 강하게 유지되도록 만드는 것이다.

자연에서 불은 수시로 발생한다. 화산이 폭발해서 불이 시작되고,[3] 그 기세로 공중으로 날아오른 바위가 떨어지면서 스파크를 일으켜 떨어진 곳에 새로 불이 난다. 특정한 조건에서는 석탄층에서도 자연 발화가 일어날 수 있다. 동물이 불을 내기도 한다. 매와 솔개의 일부 종은 산불이 일어난 장소 주변에서 불붙은 나뭇가지를 물어다가 다른 장소에 떨어뜨려 새로운 불이 시작되게 만든다. 2004년에는 미국 캘리포니아 남부 도시인 산타클라리타 인근에서 전력선에 있다가 감전된 붉은꼬리매 한 마리의 몸에서 일어난 불이 임야화재로 번졌다. 이 화재로 24제곱킬로미터 면적이 불타고 소방관 여러 명이 다치고 주민들도 대거 대피했다. 자연적으로 불이 나는 가장 흔한 원인인 번개는 매일 수백만 번씩 지구에 내리친다. 그중 발화로 이어지는 비율은 극히 낮은데도 그로 인해 수천 건의 임야화재가 일어난다. 하지만 인간이 일으키는 화재에 비하면 아무것도 아니다.

인간에게는 두뇌, 엄지손가락, 언어와 함께 또 한 가지 막강한 능력이 있다. 바로 불을 피우는 능력이다. 불에서 생기는 빛, 불이 가진 폭발적이면서도 원하는 대로 '유도'할 수 있는 에너지가 없었다면 지금의 인류는 없었을 것이다. 인류가 처음 불을 피우고, 불 주위에 둘러앉고, 불로 요리하고, 불을 바라보기 시작한 이래로 불은 우리 삶의 중심이 되었다. 남아프리카 동굴에서 피우던 불과[4] 가스램프, 엔진, 총, 로켓, 레이저 광선이 등장한 시대 사이에는 100만 년의 시간차가 있지만 불의 쓰임새와 연료는 같다. 두 시대의 불은 모두 세상을 변화시키는 힘으로 쓰이기 시작했다. 인류는 자연에서 생겨난 불의 연소 에너지를 원하는 방식대로 개량해서, 각각의 용도에 맞게 사용한다. 인류가 처음에는 다른 유인원에서, 이어 인류의 조상들로부터 점점 더 빠른 속도로 분화하고 진화하면서 이룬 거의 모든 성취는 불이 가진 이 맹렬한 치환 '에너지'에 초점을 맞추고 주력하는 인류의 능력과 직접적으로 관련이 있다. "열"이 아닌 "에너지"라고 부르는 이유는, 불이 인류와 세상 전체에 일으킨 변화를 담기에는 열이 너무 부드러운 표현이기 때문이다.

지금은 특히 더 그렇다.

우리가 불을 다루는 수준은 마법에 가깝다. 최소한의 훈련도 받지 않았는데도 그 정도라면 우리는 모두 보통 수준의 마법사라고 부를 만하다. 인간이라면 누구나 태어날 때부터 불을 다루는 탁월한 능력이 있다. 인간에게 불을 불러내는 능력이 처음 생긴 시점은 고대로 거슬러 올라간다. 고북극권에서 사하라사막 이남의 아프리카 대륙에 이르기까지 지구 곳곳에 살던 원주민들은 나무 막대 두 개나 석영, 황철석 조각으로 지금 우리가 라이터로 불을 붙이는 것만큼이나 간단히 불을 피울 수 있었다. 인류에게 수십만 년 전 혹은 수백만 년 전부터 이런 능력이 있었다고 가정하지 못할 이유는 없다. 이제는 불이 일으키는 기적들이 일상이 되어 그게 얼마나 놀라운 일인지 간과하기 쉽지만, 불을 피우게 되면서 인류의 삶에는 이전과 비교할 수 없는 너무나 실질적인 변화가, 다 헤아릴 수도 없을 만큼 대대적으로 일어났다. 차를 끓일 수 있는 것도, 대양을 건너 다른 대륙으로 갈 수 있게 된 것도 불 덕분이다. 불이 없었다면 우리는 아무것도 할 수 없었을 것이다.

위로 향하는 것, 더 높이 올라가려는 것이 불의 본질이다. "상승하다"라는 의미와 함께 "욕망을 불어넣다"라는 의미가 담겨 있는 '열망(aspirition)'이라는 표현을 쓴다면 불은 가장 순수한 형태의 열망이다. 더 많이 삼키고, 더 커지고, 더 번성하려는 욕망이 타오르는 것, 그런 욕망이 뜨겁게 끓어오르는 불의 열망은 인간의 열망만큼 강렬하다. 불은 의식이 없지만 특성은 있다. 여러 내적·외적 요소가 불의 특성을 만들고 유도하고 억제하고 물리친다. 인간도 그런 요소 중 하나다. 인간은 자연에 존재하는 힘이나 요소 중에 유독 불에 대해서만 통제할 수 있다는 매혹적인 착각에 빠진다. 성냥개비를 떨어뜨리는 것과 같은 인간의 사소한 행동 하나로 시작될 수 있는 "자연" 재해는 화재밖에 없고, 이런 점이 인간과 불의 관계를 때로는 아주 심각할 정도로 복잡하게 만든다. 불과 150년 전 시작된 석유시대부터, 인간은 불을 모방하거나 능가했다고 여겨지는 인간의 모든 행동에 불이 끼어들 기회가 기하급수적으로 늘어나도록 내버려뒀다. 하지만 불은 프로스페로(Prospero)를 섬기는 에어리얼(Ariel)처럼(셰익스피어의 희곡《템페스트》의 등장인물—옮긴이) 주인을 못마땅하게 여기는 종과 비슷하다. 이 기적이고, 의지가 강하며, 무엇보다 자유를 갈망한다. 그래서 기회만 생기면 무슨 수를 써서라도 자유를 얻고자 한다.

동시에 불은 인간이 불과 같은 충동을 느끼도록 만들었다. 지구 역사상 혹은 인류 역사상 이토록 많은 장소에서 이토록 많은 불이 이만큼 지속적으로 피워진 적은 없었다. 지구 전체에서 사용되는 초와 랜턴, 요리를 위해 피우는 불의 규모만 봐도 간단히 알 수 있는 사실이다.[5] 지금도 전 세계 인구 중 30억 명은 땔감으로 불을 피워서 요리도 하고 난방도 하며 살고 있다. 여기에 지구상에 존재하는 모든 가스레인지와 용광로, 급탕기, 석탄과 바이오매스가 연료로 사용되는 모든 발전소와 발전기, 덤불과 평야, 숲에서 인간이 일으키는 모든 화재를 더해보라. 인간이 하루에 불을 피우는 횟수는 수십억 건이다.[6] 이 수십억 건은 성냥, 라이터 같은 점화용 불씨나, 정유소, 소각로, 전쟁처럼 보다 특수한 용도로 사용되는 불은 제외한 것이다. 심지어 자동차도 제외한 게 그 정도다.

4기통 엔진이 달린 자동차 한 대가 출퇴근 차량의 평균 속도인 2,400rpm으로 달릴 때, 분당 약 1만 회의 연소가 일어난다. 시간당으로는 50만 회 이상이다. 하루에 도로를 달리는 승용차는 10억 대를 훌쩍 넘는다. 승용차 외에도 트럭, 버스, 밴 2억 5,000만 대,[7] 오토바이 2억 대[8]가 도로를 함께 달린다. 여기에 여객기와 화물 수송기 2만 5,000대,[9] 화물선 5만 대,[10] 정확히 알 수 없지만 엄청난 규모임에 분명한 각종 건설 장비와 땅을 갈아엎는 장비, 트랙터, 잔디 깎는 기계, 모터보트, 전용기, 헬리콥터, 무기를 최소한으로 추정해서 더하고 이 모든 차량과 기계가 1분간 전부 한꺼번에 가동한다고 가정하면, 기계 내부에서 일어나는 연소 횟수는 수십조에 이른다. 그때마다, 즉 불이 한 번 붙을 때마다 열과 에너지, 배기가스가 발생한다. 만약 전 세계에 존재하는 모든 엔진을 1분이 아닌 하루 동안 가동된다고 가정하면, 연소 횟수를 세다가 계산기가 고장 날 것이다. 헤아릴 수 없는 그 횟수만큼 별이 생긴다면, 인간의 힘으로 발생한 열과 빛으로만 매일 은하계가 수백 개, 어쩌면 수천 개씩 생겨날 만한 수준이다. 지구는 겨우 수백 년 사이(지질학적인 기준에서는 눈 깜짝할 사이)에 우주에서 보면 크고 작은 불꽃이 곳곳에서 깜빡거리며 타오르는 별이 되었다.

지구상에서 피어나는 그 모든 불을 볼 수 있다고 상상해보자.

다른 행성에서 지구를 찾아온 존재들이 이 모든 불과, 그 불을 피우는 사람들, 불을 지키고 관리하는 사람들을 볼 수 있다면, 지구에는 불을 숭배하는 문화가 있다고 오해할 것이다. 그들 눈에는 인류가 1조 개의 불씨를 충실히 지키고 있는 것으로 보일 테니 말이다. 외계

모든 일의 시작

에서 온 손님들이 오랜 시간 지구의 인류를 쭉 관찰한다면 새로운 건물이나 집, 차량이 만들어질 때마다 불을 모시는 사당과 신전이 수천 곳씩 늘어나는 것을 보고 어떻게 저렇게까지 헌신적으로 불을 숭배할 수 있느냐며 기겁할 것이다. 더욱이 깜박이고 일렁이는 그 무수한 불꽃 사이로, 건물 6층 높이의 배출가스 연소 탑에서 연소 가스가 30미터쯤 솟구치는 포트맥머리를 보게 된다면, 저렇게 외딴곳에서 불빛이 이토록 눈부시게 빛나고 있으니 저곳은 불 숭배자들이 가장 신성하게 여기는 장소가 분명하다고 확신할 것이다. 외계인들 눈에는 열성 신도로 비칠 그곳 주민들, 또는 잠시 머무는 노동자들 10만 명이 그 불빛이 빛나는 곳마다 땀 흘리며 일하고 있다. 그들이 하는 일의 유일한 목적은 불이 계속 타오르게 하는 것, 또는 그 일을 하는 사람들을 돕는 것이다.

////

우리는 일상적인 대화에서 "석유", "가스"라는 말을 자주 쓰고 그 두 가지를 친근하게 느끼기도 하지만, 사실 석유와 가스를 실제로 본 사람은 별로 없다. 우리가 하는 말 속에서 석유와 가스는 대부분 불이나 돈이라는 단어 대신 쓰는 추상적인 표현, 혹은 암호일 뿐이다. 작은 라이터에 들어가는 티스푼 하나 분량의 부탄부터[11] 주유소에서 차에 55리터 정도 채워 넣는 무연 휘발유, 화물선 연료 탱크에 채워지는 중유 2천 톤, 보잉 737기 날개의 연료 탱크에 채우는 약 1만 9,000리터의 항공 연료까지 이 모든 연료의 궁극적인 목적은 그 연료를 태워서 불과 에너지로 바꾸는 것, 즉 연소다. 불은 흡연자나 운전자, 선장, 파일럿, 요리사, 방화범 등 인간이 불러낼 때까지 참을성 있게 기다린다. 우리는 다들 "불" 하면 머릿속에 떠오르는 이미지가 있지만, 대다수는 불이 타오르는 모습을 한 번도 직접 본 적이 없다. 차는 그냥 달리고, 비행기도 그냥 날고, 샤워기를 틀면 뜨거운 물도 그냥 나온다고 생각한다. 가스레인지를 켜면 "불"이 붙는 게 아니라 파란 꽃을 닮은 불꽃이 나타난다. 우리는 밤낮없이, 연중 내내, 너무나 간단하고 안전하게, 무엇보다 일정한 범위 안에 '가둬놓고' 불을 사용한다. 아이들도 불을 사용할 수 있을 정도다.

우리가 실제로 태우고 있는 게 무엇인지 알면 이런 일상적인 일들이 놀랍게 느껴진다. 우리가 태우는 연료는, 가장 최근에 만들어진 축에 속하는 화석연료라 할지라도 족히 수백만 년은 된 것이다. 프랑스인들은 휘발유를 "에상스(본질)"라고 부르는데, 정말 잘 어울리는 표현이라고 생각한다. 에너지의 역사를 연구해온 학자 바츨라프 스밀(Vaclav Smil)은 휘발유 1갤런(3.8리터)을 해양 생태계의 생물량으로 본다면 대략 100톤에 상응한다고 추정한다.[12] 그 생물량의 대부분은 조류나 식물플랑크톤이며, 그것이 심해에서 상상할 수도 없을 만큼 오랜 시간에 걸쳐 부서지고, 가열되고, 건조되어야 그 정도의 휘발유가 나온다는 뜻이다. 승용차 한 대에 들어가는 휘발유를 시각적으로 표현해본다면, 유아용 카시트 바로 뒤에 싣고 다니는 스페어타이어 옆 연료 탱크에 대왕고래 15마리의 무게만큼 고대 식물을 욱여넣는 격이다. 보통 운전자는 일주일간 그 정도 연료를 사용하는데, 차를 몰고 다니는 이유는 대개 지극히 사소하다. 채굴 후 증류 과정을 거쳐서 연료로 사용하는 그 모든 먼 옛날의 식물도 오늘날 우리가 식량으로 삼는 식물을 키우는 똑같은 태양 아래서 자랐다. 그러므로 우리가 태우는 연료는 본질적으로('에상스') 먼 옛날부터 고도로 농축된 태양에너지라고 할 수 있다.

모든 일의 시작

액체 상태의 햇빛과도 같은 이 원유는 오늘날 전 세계에서 가장 광범위하게 거래되는 상품이 되었다(순위는 커피에 밀리지만). 원유는 탐사가 이루어진 지구의 모든 대륙, 모든 해양에서 발견됐다. 일단 발견되면 그 양은 가늠할 수 없을 만큼 어마어마한 경우가 대부분이다. 에너지의 역사를 연구해온 또 다른 학자 대니얼 예긴(Daniel Yergin)에 따르면,[13] 2019년 전 세계 경제 규모는 약 90조 달러였고 이 경제활동에 사용된 에너지는 대부분(84퍼센트) 화석연료에서 나왔다. 우리는 이 에너지라는 신탁자금을 내일이 없는 사람들처럼 태우고 있다. 1년 중 아무 날이나 하루 골라도, 그날 지구상의 모든 인류가 소비하는 원유만 158억 9,000만 리터에 이른다.[14] 그와 별도로 세계 곳곳의 대형 선박과 파이프라인, 트럭, 기차로 운반되는 원유의 양은 6억 3,560만 리터다.[15] 그리고 해상으로 운송되는 전 세계 선적의 3분의 1 이상이 석유제품이다.[16] 이 방대한 양의 석유가 전 세계 거의 모든 자동차, 트럭, 비행기, 기차, 배의 연료가 되고, 플라스틱이나 섬유, 비료의 핵심 원료가 된다. 원유는 우리 생활의 모든 면은 물론이고 우리 몸 대부분과도 안팎으로 맞닿아 있다.

우리는 역청과 원유, 거기서 파생되는 모든 물질을 석유라고 부르지만, 사실 이 모든 물질의 상위 분류는 탄화수소다. 탄화수소는 석유나 가스만이 아닌 모든 생명을 이루는 물질이다. 수소와 탄소가 없으면 지구는 아무것도 살지 못하는 곳, 아무 특징도 없는 그저 돌로 된 커다란 구(球)에 불과하다. 탄화수소가 무엇인지 설명하는 것보다는 탄화수소가 아닌 것, 즉 물, 공기, 바위, 금속, 그 밖에 생물학적인 기준에서 과거에도 지금도 살아 있는 생명체의 구성 물질이 아닌 것을 설명하는 게 더 간단할 것이다. 지구의 구성요소는 99퍼센트가 밝혀졌지만, 밝혀지지 않은 나머지 1퍼센트는 비율은 적어도 양은 엄청나다. "탄화수소"라는 범주에는 무지막지하게 다양한 형태가 포함되어 있어서, 무엇이 탄화수소냐고 하면 대답하려고 해도 생각이 얼른 정리되지 않는다. 켄터키주에서 난 석탄과 켄터키 버번을 생각해보라. 석탄과 술은 확연히 다르지만 둘 다 탄화수소로 꽉 채워져 있다는 공통점이 있다. 아일랜드 토탄과 아이리시 위스키도 마찬가지다. 건초더미, 소가 뀐 방귀, 도서관의 책, 엑스트라버진 올리브유도 전부 탄화수소다. 대관람차, 바비 인형, 레고 장난감, 룰루레몬의 의류, 콘돔, 바셀린, 금속 윤활제인 WD-40, 지구에 있는 모든 나무도 기본 물질은 탄화수소다. 우리 몸의 체지방도 마찬가지다. 지방, 더 큰 범주인 지질은 우리가 태우는 모든 석유의 유기 전구체다. 해양의 조류, 식물 플랑크톤을 포함한 식물에도 지질이 있다. 생물이 죽어서 부패하거나 아무 활성이 없는 침전물로 바뀐 다음에도 그 생물의 몸에 생성된 지질은 그대로 남는다.[17] 살을 빼려고 애쓰는 사람들은 '지방은 절대로 사라지지 않는다'고 이야기하는데, 그 의혹은 사실인 셈이다.*

모든 탄화수소는 형태와 상관없이 잠재적인 에너지원이다. 다시 말해 탄화수소는 곧 불이다. 인간은 모든 면에서, 그리고 모든 기준에서

---

* 탄화수소를 가장 많이 태우는 국가의 국민일수록 체내 지질도 많다는 경향이 나타난다. 단순한 우연은 아닐 것이다. 전 세계 모든 대륙을 통틀어 1인당 탄화수소 연소량이 가장 많은 북미 대륙에서 체중의 지방 비율이 25퍼센트 이상인 인구를 국가별로 살펴보면 캐나다는 전체 인구의 4분의 1, 멕시코는 인구의 3분의 1, 미국은 1억 명 이상이다. 이 세 나라 정부는 모두 자국의 에너지가 풍족하다는 사실을 자랑하지만, 그로 인한 과잉 현상은 간과한다. 북미 대륙에서 생산되는 탄화수소가 이 대륙에 사는 사람들의 체중에서 차지하는 비율은 평균 5분의 1이다. 체중의 평균 5분의 1, 대략 13.6 킬로그램에 북미 대륙 인구 5억을 곱해보라. 게다가 사람의 몸에 저장된 이 에너지는 무려 재생이 가능한 에너지다. 작가 조너선 스위프트가 지금까지 살아 있었다면 또 다른 '겸손한 제안'을 했을지도 모른다(스위프트의 대표작 중 하나인 《겸손한 제안》은 가난에 찌든 아일랜드에서 아이들이 부모들과 나라에 큰 부담이 되고 있으므로 영국에 가축처럼 식량으로 공급하자는 주장이 나오면서 벌어지는 일들을 그린 풍자소설이다―옮긴이).

탄화수소, 그리고 탄화수소가 형성되는 현상과 분리될 수 없는 존재다. 탄화수소 덕분에 살아가는 수준을 넘어서 탄화수소가 우리의 삶 '자체' 다. 대기에는 산소가 있으므로 모든 탄화수소는 불에 탄다. 그러므로 불은 탄화수소가 맞이하는 최후라고 할 수 있다. 젊든 늙든, 살아 있건 죽었건, 고체, 액체, 기체, 어떤 형태건(우리를 포함해서), 불이라는 환상적이고 압도적인 화학 반응이 일어날 수 있다는 공통점이 있다.

인류에게 석유와 가스는 상품인 동시에 프로메테우스를 방불케 하는 막강한 힘의 원천, 또는 "언제든 피울 수 있는 불"이다. 자연에서 불은 위험하고 예측할 수 없는 짐승이다. 자연에서 불을 일으키는 건 번개, 용암이고, 불이 나면 숲은 폐허가 된다. 원유는 그와 정반대인 순종적인 불이다. 차분히, 어딘가에 갇혀서 인간의 신호를 기다리고 지시가 떨어지면 그대로 따른다. 적어도 애초의 계획은 그랬다. 인간이 살기에 지금만큼 좋은 시절도 없다는 주장에 많은 사람이 동의한다. 물론 반박하는 사람들도 있지만, 한 가지만은 분명하다. 인류의 역사를 통틀어 지금만큼 불이 살기에 좋은 시절은 없다.

인류와 불이 아주 밀접한 공생 관계라는 사실은 중대한 의미를 갖는다. 인간에게도 그렇고, 불에게도 그렇다. 인류와 불이 공존해온 역사에서 현시점의 우리는 불과, 불로 만들어지는 생산물에 거의 전적으로 의존하고 있다. 식량, 몸을 숨기고 쉴 곳, 열, 교통, 의약, 그 밖에 우리가 사용하는 모든 생산물이 포함된다. 불과 인류가 서로의 노력으로 함께 존재하게 되었다는 것, 그리고 인간과 불 모두 태우는 일에 열성적이라는 점을 생각하면 둘의 뿌리가 근본적으로 같다고 해도 놀랍지 않다.

우리가 아는 한 불은 지구의 고유한 특징이다. 지구에 불이 존재한 기간은 대략 5억 년 정도이므로 지구 역사로 보면 합류한 지 얼마 되지 않은 셈이다. 5억 년이면 굉장히 긴 시간처럼 느껴지지만, 지구의 역사를 100년으로 환산한다면 불이 함께한 시간은 겨우 10년 정도다. 여기서 한 가지 분명히 해두어야 할 사실이 있다. 불과 우주 전체에 가득한 '열'은 다르다. 태양에서는 열이 뿜어져 나오지만, 지구의 기준에서 보면 "불타는" 상태는 아니다. 지구의 불, 즉 인간이 일으키는 불은 다르다. 특정한 물체도 아니고 기체도 아니며 아리스토텔레스의 정의처럼 원소도 아니다. 불은 화학 반응이다.

지구에 생명이 존재하기 전까지는 이 화학 반응이 일어날 수 없었다. 불이 생기려면 생물, 더 구체적으로는 식물과, 식물이 만들어내는 산소가 있어야 한다. 지구 역사의 대부분은 식물과 산소가 존재하기 힘든 환경이었다. 약 40억 년 전[18] 바다가 형성되고 최초의 생명이 등장한 젊은 지구에 대기 중 산소는 극미량에 불과했다. 지구를 맨 처음 개척한 것은 혐기성 미생물이다. 혐기성 미생물과 지구에서 공기가 없는 영역을 지금도 여전히 차지하고 있는 이들의 후손들은 산소가 없어도 살 수 있다. 더 정확히는 산소와 만나면 치명적인 해를 입는다. 이 혐기성 미생물은 효모와 비슷한 유기화합물을 먹고(인간의 관점에서는 식량으로 상상할 수도 없는) 노폐물로 메탄과 이산화탄소를 배출한다(이건 우리와 공통점이다).

인간과 불을 하나로 묶는 것은 산소다. 산소는 별의 중심에만 흔적이 남아 있는, 신이 일으킨 듯한 어마어마한 열과 압력으로 우주가 탄생할 때 생겨난 화학 원소다. 풍부하고 변덕스러운 데다[19] 접촉하는 것마다 거의 예외 없이 반응하거나 결합하므로 우주에서 가장 난잡한 원소라고도 할 수 있다.* 조건이 알맞으면 산소는 엄청난 가연성을 발휘한다.** 화학자들은 불을 "급속 산화 사건"이라고 부르지만, 지구에서는 사실상 거의 모든 게 항상 산화되고 있다. 산화되는 방식과 속

모든 일의 시작

도만 다를 뿐이다. 강철 I빔은 수십 년에 걸쳐 거의 알아차리지 못할 만큼 천천히 녹이 슬고, 겨울잠에 들어간 개구리는 겨우내 피부로 산소를 흡수하고, 화염병은 던지는 즉시 폭발한다. 무관한 현상들 같아도 모두 산소와 반응한다는 공통점이 있다.

물론 인간도 늘 산소와 결합하고 있다. 햇빛과 물(H_2O), 이산화탄소(CO_2)가 존재할 때 살아 있는 식물 안에서 일어나는 신비한 변환 과정인 광합성은 물 분자에서 산소를 분리한다. 이를 통해 식물이 방출하는 넉넉한 양의 산소는 우리 몸의 세포가 연료로 쓰기에 충분하고 불의 연료가 되기에도 충분하다. 그러므로 불과 인간은 다 식물 덕에 존재한다고 할 수 있다. 더 구체적으로는 남세균(cyanobacteria)에게 고마워해야 한다. 생물 분류 체계에서 문(phylum)에 해당하는 이 단세포 생물은 대략 27억 년 전부터 전 지구적 규모의 광합성을 처음 시작했고 엄청난 성공을 거두었다. "태양 전지"의 선구자라 할 수 있는 남세균에게 햇빛은 단순한 열원을 넘어 생명을 탄생시킨 촉매였다. 남세균이 거둔 이 성공의 결과는 지구 대기에 막대한 영향을 주었다.

광합성을 하는 모든 생물은 노폐물로 산소를 생성한다(우리가 메탄

---

* 사실 반응성은 불소가 더 크지만, 불소는 산소보다 양이 훨씬 적다.

** "연소"는 불이 탄다는 뜻의 전문 용어다. 연료(뭐든 불에 타는 것)에 큰 열이 가해지고 산소 공급원(대부분 공기)이 더해질 때 시작되는 화학 반응이 연소다. 라이터나 번개에서 발생한 열부터 나무 막대 두 개를 서로 맞대고 문질러서 내는 열까지, 출처와 상관없이 연료에 큰 열이 가해지면 연료를 구성하는 탄화수소 분자와 공기 중의 산소 분자가 충돌했다가 흩어지는 연쇄적인 반응이 시작된다. 갑자기 따로따로 움직이게 된 이런 들뜬 상태의 원자들이 빠른 속도로 다시 합쳐져서 CO_2(이산화탄소)와 H_2O(수증기) 분자가 만들어지고 빛과 열, 소리가 발생하는 과정이 연소다. 이 과정은 원래 우리 눈에 파란색 불꽃으로 보이는데, 이 푸른색은 그을음이 타오를 때 생기는, 그보다 훨씬 큰 주황색과 노란색 빛에 가려져서 보이지 않을 때가 많다. 분자가 분해되고 다시 합쳐지는 이 과정을 우리는 "불"이라고 하며, 연료와 공기가 공급되는 한 "불이 타는" 피드백 루프는 계속 돌아가고 불도 지속된다.

과 이산화탄소를 노폐물로 생성하는 것과 같다). 우리에게 산소는 생명과 너무나 밀접하게 직결된 물질이라 광합성으로 생기는 산소를 오염이라고 여기지 않지만,* 남세균이 만들어낸 엄청난 양의 산소는 지구 대기를 철저히 오염시켰고, 그 결과 지구에 맨 처음 정착한 생물인 혐기성 미생물 대부분이 죽었다. 그들이 사라지고 남은 곳에서는 그런 치명적인 결과를 초래한 산소가 가득한 환경에서도 살 수 있는 새로운 생물이 진화했다. 이 초창기 호기성 미생물이 번성하고 점점 더 복잡한 생물로 진화할 수 있었던 것은 광합성의 또 다른 선물인 오존층 덕분이다. 산소가 만들어질 때 생긴 부산물이 대기에 가득 축적되어 형성된 이 오존층이 없었다면[20] 지구와 지구에 사는 모든 생물, 바다, 대기는 전부 화성과 같은 운명에 처했을 것이다.

불이 타오르는 건 산소의 반응성이 워낙 크기 때문이지만, 사실 불이 지속적으로 발생하는 진짜 이유는 지구 대기 중 산소가 차지하는 상대적인 비율이 "딱 알맞은" 수준이기 때문이다. 대기 중 산소 농도가 15퍼센트 이하로 떨어지면 불이 지속되기 힘들다. 그리고 산소 농도가 35퍼센트 이상이 되면 저녁 식탁에 촛불도 함부로 켤 수 없다. 현재 대기 중 산소 농도는 21퍼센트에 조금 못 미치는데, 이는 인간이 살아가고 번성하기에 딱 알맞은 농도이자 불이 인간에게 (대부분) 아주 유용하게 쓰일 만큼 지속될 수 있는 골디락스 영역(Goldilocks zone, 천문학에서 지구 생명체가 살기에 적합한 환경이 갖추어진 우주 공간을 가리키는 표현. 골디락스는 《골디락스와 곰 세 마리》라는 영국 동화에 등장하는 주인공 소녀의 이름이다―옮긴이)에 해당한다. 인간은 이런 환경에 적응하도록 진화했지만 불은 그렇지 않다. 불의 동태를 좌우하는 건 화학과 물

---

* 식물, 조류, 진균류도 대부분 정상적으로 기능하려면 산소가 있어야 한다.

리학이라는 만고불변의 법칙이다. 그러므로 공간적으로나 시간적으로 인간과 불 양쪽 모두에게 유리한 환경이 조성된 건 뜻밖의 우연이다.

불은 나무를 타고 다니던 인류의 조상이 나무에서 내려오기 훨씬 전부터 나무를 타고 위로 향했다. 식물은 광합성을 통해 발화에 필요한 기체를 제공할 뿐만 아니라 나무, 줄기, 잎, 풀은 불이 계속될 수 있는 추가적인 저장 연료(탄화수소)가 된다. 여기서 핵심은 "계속된다"는 것이다. 산소는 동력을 제공한다. 더 복잡한 생물이 돌아다닐 수 있는 건 산소 덕분이고, 동물들이 돌아다니는 가장 첫 번째 이유이자 가장 중요한 이유는 먹이를 구하는 것, 최종적으로는 먹이를 산화시켜서 즉 "태워서" 얻는 에너지가 혈액을 타고 몸 전체에 전달되도록 하는 것이다. 불도 지속되려면 이와 똑같은 과정이 필요하다. 이런 관점에서 불은 "원소"나 "반응"보다 "사냥꾼"이라는 표현이 어울린다. 우리와 똑같이 말이다.

빈대부터 가면올빼미, 문어, 석유 재벌, 백상아리, 임야화재는 모두 같은 이유로 배를 채울 사냥감을 찾아다닌다. 인류의 이 다채로운 동료 여행자들을 통솔하는 것이 산소다. 산소는 끊임없이 행동하고, 반응하고, 태울 에너지를 찾게 만든다. 인간은 주체적인 의지와 자율성을 중시하지만, 사실 우리는 산소에 꼼짝없이 붙들린 인질이다. 의심스럽다면 30초만 숨을 마시지 말고 어떤 느낌이 드는지 살펴보라. 지면과 수면의 위아래에 사는 모든 생물, 불을 피우는 존재, 숨 쉬는 모든 존재에게 질식은 중대한 위협이다. 우리가 내딛는 한 걸음 한 걸음이 몸을 쓰러지지 않게 지탱하는 것처럼 우리는 한 번 숨을 쉴 때마다 코앞까지 다가온 죽음에서 벗어난다. 거의 의식조차 하지 않고 하루 약 2만 번씩 리드미컬하게 이어지는 이 자체 소생법으로 우리는 스스로 목숨을 보전한다. 갑자기 기도가 막히면 어떤 사태가 일어나는

113

지만 봐도 알 수 있는 사실이다. 숨이 막힌 상태로 45초가 지나면 인간의 예의, 언어, 충실함, 사랑은 전부 사라진다. 눈을 휘둥그레 치뜨고 몸을 허우적댈 뿐, 천만 년의 진화를 거치기 전의 유인원 시절보다도 못한 존재가 된다. 거기서 45초가 더 흐르면 진화의 시계는 더 빠른 속도로 되감겨서 2억 년쯤 전, 도마뱀과 비슷했던 때로 돌아간다. 가장 즉각적이고 절실하게 원하는 것에만 집중하는, 영혼 없이 다듬어지지 않은 충동만 남은 야만적인 존재가 된다. 마지막 몇 초 동안 폐가 뜨겁게 타오르고, 머릿속에는 어떠한 생각도 남지 않는다. 생기를 불어넣어줄 산소만을 원하는, 불과 아주 비슷한 더 원초적인 존재로 축소된다. 자기 자신이라고 할 만한 건 하나도 남지 않고, 생명마저 사라져 죽음으로 향하는 화학 반응이 일어난다.

희망을 생화학적으로 표현한다면 호흡이다. 인간이 "산화"라고 표현하는 호흡은 인간과 외부 세계의 상호작용 중에 가장 중요한 단일 행위다. 우리가 태어나 맨 처음 하는 일이자 죽기 전 가장 마지막까지 하는 일이기도 하다. 인류에게 가장 치명적인 것은 움직이지 못하거나, 먹지 못하거나, 생식 활동을 하지 못하는 게 아니라 환경에서 산소가 사라지는 것이다. 그렇게 되면, 인간은 산소가 없어 꺼지는 불씨처럼 잠시 깜박이다 죽는다.[21]

여기까지 알고 나면 궁금해진다. 불은 살아 있을까?

사실 불은 살아 있는 생물과 공통점이 아주 많다.

· 불은 살아 움직인다.*

---

* 살아 움직인다는 뜻의 영어 animate와 동물을 뜻하는 animal은 모두 "생명의 숨결"을 뜻하는 라틴어 'anima'에서 나왔다.

- 다른 불의 영향으로 더 넓게 퍼질 수 있다.

- 자손을 낳을 수 있다.

- 자란다.

- 숨을 쉰다.

- 영양분을 찾아다닌다.

- 기회주의와 한 가지 목표에 매진하는 태도를 고수한다. 성공한 모든 생물의 특징이다.

- 더 유리한 조건이 될 때까지 오랫동안 가만히 숨죽여 기다릴 줄 안다.

- 바뀐 환경에 적응할 수 있다.

- 굶주림이나 질식으로 죽을 수 있다.

- 죽임을 당할 수 있다.

- 되살아날 수 있다.

원래 자신을 다스렸던 존재를 더는 주인으로 섬기지 않고 등질 수 있다는 것도 공통점이다. 불은 늘 인간의 곁에 머무르는 변덕스러운 동반자이자 언제든 우리를 도울 준비가 되어 있는 가장 강력한 조력자였으나, 최근 들어서는 우리가 미처 대비하지 못했을 때 무자비하게 배신하는 일이 잦다.

불이 살아 있다거나 의식이 있다고 할 때 그 말에 담긴 의미는 인간이 살아 있고 의식이 있다고 할 때와는 차이가 있지만, 불의 행동에서 나타나는 생명력과 유연성, 야망과 같은 특징은 지능이 있는 동물의 그것과 닮은 구석이 많다. 마찬가지로 비록 우리의 모습이 빛과 연기로 이루어진 깜박거리는 불꽃을 닮지는 않았지만, 인간의 가장 깊은 정수는 불과 닮아 있다. 공기가 있는 쪽을 향하고, 연료를 태우고, 열을 발생시키고, 최대한 밝고 뜨겁게 타오르려는 욕구가 있고, 완전히 다 타서 꺼질 때까지 멈추지 않는다는 점이 그렇다.

우리가 열망할 수 있는 건, 즉 우리 자신과 세상에 욕망을 불어넣으며 사는 건 산소가 부여한 힘(또는 저주)이다. 교육과 문화를 통해 규율을 익히지 않은 무질서한 상태에서 인간이 자원을 어떻게 쓰는지를 보면, 쓸 수 있는 것이라면 뭐든 바닥날 때까지 다 쓰고 보는 경향이 나타난다. 그것도 불과 공통점이다. 인간과 불의 핵심적인 차이는, 불은 다 소진하려는 욕구나 속도에 통제가 없지만 인간은, 때때로 불과 너무나 닮은 면들이 드러나긴 해도 통제할 줄 안다는 것이다. 과학은 인간이 가진 이 자기 인식과 자기 통제의 능력에 주목해서 인류에게 "지혜로운 사람"이라는 뜻의 호모 사피엔스라는 이름을 붙였다. 라틴어인 사피엔스(sapiens)는 "지혜롭다"는 뜻 외에도 "이성적인", "분별 있는"이라는 뜻도 있다. 하지만 오늘날 불과 인간의 관계, 그리고 불의 화신인 석유산업이 인간의 특성과 문화에 끼치는 영향을 보면 이제 새로운 이름이 필요하다. 에너지 역사가인 바츨라프 스밀은 "탄화수소 사람"을 제안했고, 나는 호모 플라그란스(Homo flagrans)를 제안한다. 라틴어인 플라그란스는 "불타는, 불같은, 열정적인, 광포한"이라는 뜻이 있다. 다른 말로는 "불태우는 사람"이라고 할 수 있으리라.

모든 일의 시작

2부

6

운명과 두려움 사이에서
나는 승리의 불길로, 그 새벽의 벌어진 상처로
붉게 충혈된 구름이 다가오는 것을 보았네
불붙어 분출하며,
용암처럼, 달아나는 사람들을 향해 다가오네[1]
—시인 셰이머스 히니, 〈미케네의 파수꾼〉

———

불은 4월 마지막 날부터 포트맥머리의 지평선에서 계속 넘실댔다. 불길에서 솟아난 연기기둥은 기온과 기압 변화에 따라 피어오르거나 낮아지며 바람을 타고 이리저리 구부러졌다. 연기는 백색과 숯처럼 시커먼 색 사이에서 다양한 회색빛을 오갔지만, 여러 색조가 한꺼번에 나타날 때가 많았다. 해가 낮게 뜬 아침과 저녁에는 갈색과 주황색이 섞였다가 사라졌다. 아한대림 지역에 사는 사람들에게는 땅에서 솟아나 시시각각 바뀌는 이 구름 같은 연기기둥이 계절의 변화를 알리는 익숙한 지표였다. 밖을 내다보며 뇌우나 눈보라가 칠 가능성을 가늠하는 단서들과 비슷했다. 이런 불은 오래전부터 충분히 관리할 수 있는 여러 일상적인 위험 중 하나였다.

포트맥머리 남서쪽에서 처음 발견된 그 불은 진압이 쉽지 않다는 사실이 확인된 후 '맥머리 임야화재 009호(MWF-009)'라는 일련번호가 붙여졌다. 포트맥머리 일대에서 발생한 화재 중 상당한 규모라고 판단된 2016년의 아홉 번째 화재라는 의미였다. 009호 화재는 아직 시작된 지 하루밖에 지나지 않았지만 이미 남다른 조짐이 뚜렷이 나타났다. 최초 발견 시점인 5월 1일 일요일 오후 4시 정각 이후 규모가 500배나 커졌고, 늘어난 불길의 상당 부분이 도시 쪽을 향했다. 이에 따라 불길이 번지는 쪽과 가까이에 있는 몇몇 동네에 선제적인 대피 명령이 내려졌다. 5월 2일 월요일 오전 10시가 되자[2] 화재 면적은 8제곱킬로미터 이상으로 늘어났고 한 시간 뒤에는 12제곱킬로미터를 넘어섰다. 그리고 다시 두 배로 늘어났다. 소방관 80명과 불도저 진압대 두 팀, 소방용 항공기 여러 대가 동원되어 진압에 힘썼지만, 진압률은 0퍼센트에 머물렀다.

5월 2일 오후 5시 30분,[3] 시 관계자들이 기자회견을 열었다. 그날 두 번째로 열린 009호 화재 관련 언론 브리핑이었다. 모여든 기자들 앞에서 연단에 오른 사람은 네 번째로 연임 중이던, 시장 임기가 중반에 이른 마흔여섯 살의 멜리사 블레이크(Melissa Blake) 시장이었다. 긴 적갈색 머리카락을 하나로 묶고 보라색 무늬가 있는 반소매 원피스와 그에 맞춘 귀걸이 차림으로 등장한 시장은 스마트폰에 써 온 메모를 간간이 참고하며 침착하고 사무적인 어조로 말을 이어갔다. 바로 가까운 곳에서 일어난 화재 규모를 생각하면 시장의 침착한 태도가 기이하게 느껴질 수도 있지만, 블레이크는 폭발에 익숙한 사람이었다. 노스다코타, 콜로라도, 텍사스 같은 미국의 비슷한 도시들보다 훨씬 빠른 성장세를 이어가며 궁극의 신흥 도시에 올라선 포트맥머리에서 처음 시장이 되어 이 도시를 대표하는 얼굴이 된 2004년부터, 블레이크 시장에게는 사람들의 마음을 누그러뜨리는 능력이 있었다.[4] 재임 기간에 돈과 인력을 잘 융통한 덕에, 시장의 고향이기도 한 포트맥머리의 인구는 10년 사이 두 배로 늘어났다. 원유 가격이 배럴당 100달러를 넘어선 후에는, 앨버타에 무한대로 존재하는 듯한 역청의 잠재성을 보고 돈을 벌어보려는 사람들이 전 세계에서 몰려왔다.

연단에 오른 시장은 주말에 발생한 화재로 말 80여 마리가 대피한 일을 간단히 언급한 후 009호 화재로 넘어가서 불길과 고속도로 사이에 방화대를 만들기 위해 불도저가 밤낮으로 작업 중이라고 말했다. 방화대란 숲을 갈아엎어서 불이 닿아도 타지 않는 광물질 토양만 남은 빈 땅을 띠처럼 길게 만든 지대다. 이 작업에는 불도저가 많이 쓰이므로 방화대 대신 "도저가드(dozerguards)"라고도 하고, 캐터필러(Caterpillar)라는 업체의 불도저가 대부분이라 "캣가드(catguards)"라고도 한다. 100톤짜리 캐터필러 불도저 D10의 경우,[5] 두어 번만 오가면 주택가에 주차된 차량, 보도블록, 가로수까지 전부 한꺼번에 갈아엎을 수 있다. 불길과 도시 사이에 만든 방화대는 일종의 해자와 같은 기능을 한다. "이 분야의 전문가들을 믿어야 합니다." 블레이크 시장은 이렇게 말했다. "전문가들이 현재 동원할 수 있는 것들로 최선을 다하고 있습니다. 장비도 돌아가고 있고, 계속해서 자원도 추가로 투입 중입니다."

이어 다음과 같이 덧붙였다. "현재 상황에서 관건은 날씨입니다."

그 주에 포트맥머리에서 날씨보다 중요한 건 없었다. 블레이크 시장은 다음 날인 5월 3일 화요일의 불길한 기상예보를 전했다. "오전에는 바람이 (시내와 멀리 떨어진) 남동쪽에서 불어오고, 오후가 되면 남서풍이 불 것으로 예상됩니다."

오후는 기온과 풍속이 가장 높아서 하루 중 불이 가장 빠르게 번지는 때인데, "남서풍"이 분다는 건 포트맥머리가 불이 다가오는 정면에 놓인다는 의미였다. 이제는 어떤 지역의 시장이든 이런 기상예보가 나왔다면 대부분 즉시 대피하라는 명령을 내릴 것이다. 블레이

123

크 시장도 "내일 또 한 번 극단적인 화재 상황이 예상된다"고 했으니, 더더욱 그런 조치가 나올 법도 했다. 하지만 2016년은, 그리 멀지 않은 과거지만 지금보다 순진했다. 시장은 대피 명령을 내리는 대신 시민들에게 상식적인 대처를 강조했다. 밖에서 불을 피우는 행위, 불꽃놀이, 시골길 비포장도로를 질주하는 자동차 경주를 삼가고 소방 작업 중인 곳 근처에 드론을 띄우지 말 것, 창밖으로 담배꽁초를 던지지 말라는 내용 등이었다. 쓰레기 매립지도 화재 위험이 있으므로 그 주에는 쓰레기 수거를 중단하며, 이는 일종의 '파급 효과'라고도 설명했다. 브리핑을 마무리하면서, 블레이크 시장은 만일의 사태에 대비해 대피했던 시 남쪽 경계 지역의 주민들은 이제 집에 돌아와도 되나, "언제든 대피할 곳"을 마련해두라고 권고했다. 대피 명령이 떨어지면 즉각 다시 떠날 준비를 하라는 말이었다. 63번 고속도로 서쪽, 009호 화재와 가장 가까운 주거용 트레일러 밀집 지역인 센테니얼 파크에만 예외적으로 의무 대피 명령이 내려졌다.

블레이크 시장 옆에는 두 남성이 서 있었다. 버니 슈미트(Bernie Schmitte)와 다비 앨런(Darby Allen)이었다. 앨버타주 산림·농업부 임야 화재 소방대의 지역 관리자인 쉰한 살 슈미트는 다부진 체격에 말끔하게 면도한 대머리 아래 안경 너머로 날카로운 시선이 느껴지는 사람이었다. 그는 자신의 출신지인 앨버타에서 24년을 근무했다. 쉰아홉인 앨런은 솔직하고 냉철한 시 소방서장이었다. 강인하면서도 단호한 얼굴의 그는 말할 때 버밍엄 억양이 살짝 남아 있어서 영국 내륙 출신임을 짐작할 수 있다. 슈미트와 앨런은 둘 다 유니폼 차림이었다. 슈미트는 녹색 카고바지와 노멕스(Nomex, 듀퐁사가 개발한 방염 소재 직물—옮긴이) 소재의 노란 소방관 셔츠를 입고 있었다. 셔츠의 어깨 부분에는 앨버타주 자연에서 화재가 가장 빈번한 대초원과 가문비나무 숲이 불타는 모습을 형상화한 이미지 위에 선홍색으로 "임야화재"라는 글자를 수놓은 패치가 붙어 있었다. 앨런은 남색 반소매 셔츠와 같은 색 바지를 입고, 소방대원의 상징인 몰타 십자가 모양의 버클이 달린 두툼한 가죽 벨트를 차고 있었다.

이 정도 규모의 화재는 연중 어느 때건 상관없이 위급한 사태이므로 시청 관계자들은 앨버타주 산림·농업부, 비상관리청과 함께 지역 비상사태를 선포했다. 그리고 이 사태와 관련된 모든 기관의 구성원들이 함께 대응할 수 있도록, 소통의 중심체 역할을 할 '지역 비상 운영 센터(REOC)'라는 중앙 집중식 임시 조직을 구성했다. 블레이크 시장은 상황의 심각성을 고려해서 화재 대응과 시 전체의 지휘권을 이미 앨런 서장에게 공식 위임했다. "대단히 감사합니다, 시장님." 시장이 마이크를 넘기자, 앨런은 인사말에 이어 소방 작업이 한창 진행 중인 비포장도로에 차량을 몰고 나오는 위험한 행위는 자제해야 한다고 주의를 주고는 이렇게 말했다. "우리는 오늘 심각한 화재를 겪었습니다만, 불이 시내와 더 가까워지지는 않았습니다. 앨버타주 산림부가 아주 힘들게 애써주신 덕분입니다. 그 노고가 없었다면, 상황은 훨씬 더 심각해졌을 것입니다."

산림부 소방대장 슈미트는 앨런으로부터 마이크를 넘겨받아 현장에 투입된 소방 장비와 인력의 최신 현황을 전하고 더 늘어날 예정이라고 덧붙였다. 그리고 낙관적인 말로 마무리했다. "내일도 힘든 하루가 될 것입니다. 하지만 오늘 어느 정도 진전이 있었고, 우리 대원들 컨디션도 상당히 좋습니다."

"화재 지점과 가장 가까운 주택가는 지금 불에서 얼마나 떨어져 있나요?" 한 기자가 질문했다.

슈미트는 차분하게 1.5킬로미터라고 답했다. 다른 기자가 앨런에게 전날 불이 번진 속도로 볼 때 아직 시설물 피해가 없다는 것을 놀랍다고 생각하는지 묻자, 다시 바람이 화두가 되었다. "'놀랍다'는 표현이 과연 적절한지 잘 모르겠군요." 앨런은 이렇게 대답했다. "매우 감사한 일입니다. 풍속이 초당 9.7미터였는데도 위험한 방향으로 불지 않은 건 축복이고요."

하지만 바람이 초당 9.7미터의 속도로, 그것도 "위험한 방향으로" 부는 그런 일이 다음 날인 5월 3일에 일어났다. 009호 화재 같은 규모에 풍속이 그 정도에 이르면 불길이 단 몇 분 안에 1.6킬로미터씩 번질 수 있다. 그해 봄 포트맥머리처럼 발화가 일어나기 좋은 조건이라면 더더욱 그렇다. 기자들은 그런 기상 조건을 언급하지는 않았으나, 앨런의 대답을 들은 기자들은 그날 오전 언론 브리핑에서 그가 했던 말을 상기했다. "올해만큼 건조한 해는 정말, 아주 오랜만입니다. 제가 듣기로는 50년 만이라고 하더군요."

"지난 닷새 동안 4건의 중대 화재가 있었습니다. 그러니 굉장히 건조한 날씨인 건 분명합니다. 부디 자연이 이쯤에서 끝내고 우리를 내버려두기를 바랍니다." 그는 이렇게 덧붙였다.

희망은 인간이 불확실성과 맞닥뜨렸을 때 꺼내 드는 극복 메커니즘일 뿐, 자연계에서는 아무 소용이 없다. 그러나 두려움이 그렇듯 희망도 전염성과 파급력이 있다. 더욱이 다비 앨런 같은 존경받는 리더가 말하는 희망은 모두가 안전하게 보호받고 있다고 상상하게 만드는 힘이 있다. 희망은 낙관적인 생각에서 피어나는 의지력이고, 인류의 생존에 도움이 된 것도 분명한 사실이다. 큰 압박에 몰릴 때 공동체가 똘똘 뭉치려면 믿고 의지할 수 있는 권위자가 필요하다. 사람들에게 모범이 되는 사람, 생각과 감정, 특히 의심과 두려움을 잘 관리하라고 훈계하는 리더가 있어야 한다. 하지만 희망과 현실 부정, 착각의 경계는 아주 얇다.

앨런 소방대장은 그날 오전 브리핑에서 다른 말도 했으나, 무슨 연유에선지 다른 소리에 묻혔다. "사람들이 위태로울 수 있다는 조짐이 조금이라도 나타나면, 다시 대피 명령이 내려질 것입니다."

불길은 오후 브리핑이 끝나기도 전에 더 커졌다. 그때 '앨버타주 임야화재 정보' 애플리케이션을 열어본 사람이라면, 오후 6시 17분부터 009호 화재의 상태가 통제 불능 상태를 뜻하는 "OC"로 지정됐다는 경보를 보았을 것이다. 불길을 진압하려는 시도가 전부 소용없었다는 의미다. 임야화재의 강도가 이 정도에 이르면 불과 직접 맞서는 시도는 중단된다. 대신 불의 진행 속도를 조금이라도 늦추기 위해 지상 소방대원들과 불도저, 소방용 항공기 등 소방 자원을 화재의 측면에 집중적으로 투입해서 불의 연료가 될 만한 것을 제거한다. 2일 저녁에 불길을 목격한 사람들은 활활 타오르는 수관 화재(crown fire, 숲에서 가지와 잎이 많이 달린 나무 꼭대기를 따라 높은 곳에서 불길이 번지는 화재를 가리키는 소방 용어다―옮긴이)의 화염이 흡사 제트기가 날아가는 듯 연기 자욱한 노을 진 하늘로 소용돌이치며 솟구치는 광경을 보았다. 이 불기둥은 어마어마한 규모로 커졌다. 지역 기자인 빈스 맥더모트(Vince McDermott)가 그날 포트맥머리 주변 지역인 라로슈 호수에서 촬영한 사진을 보면, 009호 화재는 128킬로미터 이상 떨어진 그곳에서도 뚜렷했다.

2일 저녁, 소방관 라이언 쿠츠(Ryan Coutts)는 앨버타주 임야화재 정보 애플리케이션에서 최신 상황을 확인하고 이 불이 얼마나 엄청난 위협인지를 정확히 이해한 극소수 중 한 명이었다. 곱슬곱슬한 금발에 청록색 눈을 가진 쿠츠는 체중이 100킬로그램이고 하키를 즐기는 스무 살 청년이었다. 고등학생 때부터 소방대원으로 일해온 그가 사는 곳은 포트맥머리에서 숲을 관통해 남서쪽으로 4시간 거리에 있는, 인구 7,500명인 도시 슬레이브 레이크(Slave Lake)였다. 대부분 자원봉사자들로 구성된 그곳 소방서의 서장이자 라이언의 아버지 제이미 쿠츠(Jamie Coutts)는 조금 더 건장한 것만 제외하면 아들과 꼭 닮은 체형이었다. 거침없는 성격에 벌어진 치아, 짧게 친 희끗희끗한 머리 때문인지 다소 해적 같은 분위기를 풍기는 이 마흔세 살의 소방서장은 25년 경력의 소방관이었다. 쿠츠 부자와 아한대림 화재에 관해 5분만 이야기를 나눠보면, 숲에서 불이 괴물처럼 번지는 상황에서 무조건 이 사람들의 도움을 받고 싶을 것이다.

지원 인력을 포함해서 유급으로 일하는 소방관은 9명뿐이고 그 외에는 30명의 자원봉사자가 함께 일하는 슬레이브 레이크 소방서는 자립성이 강했다. 그럴 수밖에 없었다. 레서 슬레이브 호수(Lesser Slave Lake)의 동쪽 끄트머리에 자리한 슬레이브 레이크는 지리적으로 불이 지나다니는 복도와 같은 위치에 있었으나 도움을 받을 수 있는 곳들은 몇 시간 거리에 있었다. 앨버타주 산림·농업부에서 오래 근무한 어느 분석가는 슬레이브 레이크를 두고 "그동안 아주 많은 재가 떨어진 지역"[6]이라고 표현했다. 이런 사정으로, 화재가 발생하면 겨우겨우 유지되는 그 작은 소방서가 대부분 어떻게든 해결해왔다.

하지만 전부를 막기에는 역부족이었다. 2011년에는 앨버타주에 사는 사람이 아니고서는 대부분 이름조차 몰랐던 이 작은 도시가 하룻밤 새 캐나다 전역에 알려진 사태가 일어났다. 임야화재가 초당 35.7미터의 강풍을 타고 맹렬히 번지면서 단 몇 시간 만에 시 전체 면적의 3분의 1 이상을 태운 것이다. 주택 500채와 시청, 도서관, 라디오 방송국 등이 사라지고 주민 1만 5,000명이 여러 지역으로 대피했다. '플랫 톱 콤플렉스 화재(Flat Top Complex Fire)'로 명명된 이 화재는 수일, 수 주간 지속되어 숲 7,770제곱킬로미터를 사라지게 만들었다.[7] 목재 산업에 발생한 손실액은 수백만 달러에 이르렀고, 당시 시작된 지 얼마 안 된 석유산업의 손실액은 거의 5억 달러에 육박했다. 앨버 타주 국내총생산에도 영향을 줄 만큼 큰 피해였다. 당시 기준에서는 앨버타 역사상 가장 많은 사람이 대피한 화재이자 피해 규모가 가장 큰 자연재해였다. 하지만 놀랍게도 퀘벡 출신 헬리콥터 조종사 한 명 외에는 사망자가 없었다.

쿠츠 서장은 고향인 슬레이브 레이크에서 그 화재가 얼마나 사납 고 맹렬하게 번졌는지 내게 최대한 생생하게 전하려고 불길이 어떤 영향을 남겼는지 열심히 열거했다. "쇠가 녹고, 콘크리트가 떨어지고, 화강암 동상은 다 부서져 자갈이 됐습니다. 물기란 물기는 죄다 사라 졌어요. 온도가 섭씨 871도에 이르렀다는 소식이 계속 들어왔습니다. 엄청난 열기 말고는 아무것도 기억나지 않을 정도였죠."[8]

"콘크리트가 소각되다시피 했으니까요."[9] 슬레이브 레이크 소방서 의 자원봉사 대원인 로니 루컨(Ronnie Lukan)의 말이다. "수분이 전부 사라져서, 살짝 손을 대기만 해도 콘크리트 표면이 떨어져 나왔어요."

섭씨 538도 이하에서는 접할 일이 없는 폭열 현상이었다.

주택과 숲이 불에 타서 파괴되는 화재가 있는가 하면, 주택 등 눈에 익숙한 사물이 몽땅 사라지고 남은 것(건물의 시멘트 기초, 구조를 유지하 던 철근 등)도 분자 수준에서 다르게 변형되는 화재가 있다. 2011년 슬 레이브 레이크에서 일어난 불은 후자였다. 탑승식 잔디 깎는 기계 같 은 고가의 장비가 증발하고, 주철로 만든 욕조, 난로와 자동차는 찌그 러진 껍데기 정도만 남았다. 불이 진압된 후 공식적인 조사가 실시됐 다. 문제점들이 발견되고, 권고 사항도 마련됐다. 조사에서 밝혀진 여 러 가지 사실 중에 사람들을 당황하게 만든 한 가지는, 번개나 사고가 아닌 방화가 원인일 수 있다는 점이었다.* 슬레이브 화재를 직접 겪은 사람들은 이런 사태는 한 번으로 족하며 두 번 다시 있어서는 안 된다는 말에 압도적으로 동의했지만, 그런 말을 했던 사람 중에 사고 이후 소방서에서 자원봉사를 자처한 사람은 한 명도 없었다.

쿠츠 부자는 슬레이브 레이크와 꽤 먼 곳에서 일어난 009호 화재 상황을 주시하고 있었다. "다들 가만히 있었지만, 얼른 출동하고 싶어서 몸이 근질근질했습니다."[10] 라이언의 말이다. "우리는 그런 대형 화재를 겪은 적이 있으니까요. 2011년에 다들 현장에 있었거든요. 그때 우리는 외부에 도움을 요청하지 않았어요. 결과는, 완곡하게 말해서 아주 처참했습니다."

라이언과 그의 아버지는 포트맥머리가 어떤 상황에 직면했는지, 불을 진압하기 위해 어떤 전략이 구축될지, 그게 실패할 확률이 얼마나 큰지 전부 알고 있었다. 과거에 직접 다 시도해본 일이었기 때문이다. "우리도 소방 계획이 있었고 45년간 잘 굴러갔습니다." 제이미는 내게 이렇게 설명했다. "그러다 처음으로 그 계획을 실제로, 직접 실행해야만 하는 날이 왔고 결과는 대실패였어요. 그날 이후로 우리는 '계획은 하나만으로 안 된다, 한 다발쯤 준비돼 있어야 한다'는 걸 깨달았어요."

오해가 없도록 덧붙이자면, 슬레이브 레이크의 소방 계획은 2011년 화재 이전에도 허술하지 않았다. "시 경계로 대피할 것, 모든 소화전에 호스를 연결할 것, 숲 및 화재 지점과 가장 가까운 반경 안에 있는 주택에 물을 뿌릴 것, 이런 내용이었습니다." 제이미의 설명이다. "다

---

* 미국 화재 예방 협회에 따르면, 해마다 누군가 고의로 불을 질러서 일어나는 화재가 무려 30만 건이다. 캐나다에는 방화에 관한 공식 데이터가 없다.

화재 기상

른 화재는 계획대로 하면 진압할 수 있었어요. 하지만 2011년 화재는, 거의 4천 제곱미터마다 불덩이가 5만 개씩 비처럼 쏟아져 내렸습니다. 그 불덩이가 5만 건의 새로운 불길이 되는 상황이 벌어진 겁니다. 사람들은 불이라고 하면 모닥불을 생각해요. 한곳에서만 타고, 불에 벽처럼 면이 있다고 생각하죠. 하지만 바람이 거세지고 기온이 높아지면, 그것도 미친 듯이 높아지면 불은 사람에게 달려듭니다. 벽처럼 다가오는 게 아니라 화염 꼭대기에서 수백, 수천 개의 뜨거운 불씨가 사방으로 뿜어져 나와요. 그런 불씨는 거의 800미터에서 1.6킬로미터까지 날아갑니다."

불과 맞서는 소방관들이 눈앞의 불길을 잡는다고 해도 그 너머에 있는 동네, 주택가, 멀리 골짜기 등 시 곳곳에서 계속 불길이 일어날 수 있다는 말이다. 수천 년의 인류 역사에서 요새를 쌓은 도시들이 왜 함락되었는지 그 이유를 알 수 있는 대목이다. 군대가 성벽을 지키고 들판에도 포진되어 있고 숲에도, 최전선에도 나가 있지만 어딘가에 몰래 숨어 있던 궁수가 불붙은 화살을 도시 중앙에 떨어뜨리면, 적과 마주한 전면이 아닌 멀리 뒤쪽에서부터 패배가 시작된다. 불화살을 활용하는 이런 교묘한 전략은 고대에 군사 작전에 일가견이 있던 중국이나 아시리아, 그리스에서 개발했으리라고 생각하기 쉽지만, 숲에 불이 나면 불길이 바람을 타고 어떻게 번지는지 언덕 꼭대기에서 본 적 있는 목동이나 사냥꾼이라면 누구나 떠올릴 수 있는 전략이다. 멀리 있는 화염에서 뿜어져 나온 불씨가 코앞에 떨어진 경험이 있다면 더욱 그렇다.

임야화재는 넓은 풍경 안에서 한 덩어리로 움직이는 것처럼 묘사되곤 한다. 하지만 대규모 임야화재는 크게 세 부분으로 나뉘며, 불길이 이동하는 방식과 인간이 정착해서 사는 곳에 영향을 주는 방식은 중세 시대의 전쟁과 비슷한 면이 있다. 어쩌면 그 시대에도 화재에서 영감을 받아 전쟁 전략을 세웠는지도 모른다. 길가에 버려진 담배꽁초 등으로 지면에서 발생한 불은 바람의 영향으로 불길이 더 커지지만 않으면 불이 맨 처음 시작된 지점에서부터 바깥쪽으로 천천히 스멀스멀 퍼진다. 훈소(薰燒)라고도 하는 이 낮은 불길은 보병과 같다. 이동 속도가 느리고 적의 관점에서는 가장 쉽게 무찌를 수 있다. 바람과 마른 연료가 합쳐지면 불에 이동성이 생기지만, 나무 꼭대기까지 오르려면 "사다리 연료"가 있어야 한다. 불이 덤불, 어린나무, 지면 가까이 낮게 드리운 나뭇가지 같은 사다리 연료와 만나면 나무 꼭대기까지 타고 올라가서 불에 커다란 변화가 일어난다. 수관까지 올라오면 바람이 더 강해져서 불길의 이동성이 훨씬 커지기 때문이다. 이렇게 발생하는 "수관 화재"는 기마 부대와 같다. 지면 화재보다 훨씬 빠르게 움직이고 카리스마도 넘치며, 각종 깃발을 흔들며 앞장서서 화염 군대를 이끈다. 불길이 나무 꼭대기에 이르면 산소를 위와 아래에서 모두 빨아들일 수 있으므로 그 기세로 발생하는 열기가 또 다른 바람이 된다. 바람은 불을 자유롭게 만들고 더 큰 힘을 불어넣는다. 그때부터 불은 이제 연료에 발이 묶이지 않고, 스파크와 불씨의 형태로 더 멀리 날아다닐 수 있게 된다. 이 불씨들은 궁수가 쏘는 불붙은 화살과 같다. 불과 군대의 유사성을 더 확장해본다면, 날아간 불씨가 일으키는 비화(飛火, 또는 비산 화재)는 수색대와 같고 나무뿌리에서 조용히 계속 타다가 수 개월, 심지어 한 계절이 지난 다음에 불길이 피어나는 화재는 "잠복 조직"과 같다.

제이미 쿠츠는 5월 1일 일요일에 포트맥머리 소방서에 연락했다. "저는 열기가 더 뜨거워질 것이고 더 건조해질 것이고 바람도 계속 불거란 사실을 알고 있었어요. 5월이었으니까요." 쿠츠의 설명이다. "금세 그리 될 조짐이 보였어요. 그곳 사람들이 불과 고투를 벌이고 있으리란 것도 알았고요. 거기는 인구가 많으니 (위기에 처할 수 있는) 주민도 많잖아요. 산림부는 최대한 열심히 싸웠겠지만, 뉴스를 보면 소용없다는 걸 알 수 있었습니다."

5월 2일에 쿠츠 부자는 포트맥머리로부터 스프링클러 장치를 지원해줄 수 있느냐는 요청을 받았다. 이들이 말한 장치란 정원용 스프링클러 120대, 가스 펌프 4대, 다양한 길이와 지름의 호스로 구성된 화재 진압 장비였다. "물론입니다. 벌써 챙겨뒀습니다." 쿠츠는 대답했다. "그러고는 '10분 내로 출발할 수 있습니다' 했는데, 그 사람들이 돈 얘기를 장황하게 늘어놓더라고요."

포트맥머리 소방서에는 시 전역에서 근무하는 전문 소방관 185명이 있다. 시 곳곳에 설치된 소방서 네 곳과 911 신고 접수 센터에서 근무하는 직원들의 급여는 전 세계 소방관을 통틀어 최고 수준이다.[11] 강력한 노조와 포트맥머리의 어마어마한 세금 규모(주거용 이동식 트레일러 한 대 가격이 최소 20만 달러 이상이다), 수십억 달러 규모의 석유산업과 시의 친밀한 관계, 캐나다 정부가 북부 지역민들에게 제공하는 생활 지원금, 이 네 가지 특징에서 나온 결과다. 게다가 소방관 대다수가 근무 시간 외에 개인 사업을 운영할 정도로 일이 한가롭다. 이들 185명은 거의 다 백인이고[12] 80퍼센트가 남성이다. 이 중 상시 출동이 가능한 인력 30명은 동료들보다 출동 횟수가 20~30회 더 많다.

이처럼 슬레이브 레이크 소방서보다 규모가 훨씬 크고 자금도 두둑하고 정직원도 많은 포트맥머리 소방서는, 제이미 쿠츠가 맨땅에 헤딩하듯 직접 설계하고 조립한 스프링클러 장비에 관심을 보이면서도 인건비는 따로 지불할 수 없다고 했다. 라이언과 제이미 같은 경력자라도 예외가 아니었다. 5월 1일 일요일까지만 해도 009호 화재는 아직 임야에서 번지고 있었으므로 엄밀히 따지면 화재 진압은 포트맥머리 산림부 소관이었다. 하지만 불길이 급속히 커지자, 시 관계자들은 시 남쪽 지역에 살수 장치를 추가로 배치해야 한다고 판단했다. 화재 기상이 불이 번지기 더 쉬운 방향으로 점차 바뀌고 있다는 사실을 이 공무원들도 인지하고 있었다.

화재 기상(fire weather)이란 기온과 상대 습도, 숲의 연료 부하, 그 연료 부하 중 수분 비율의 동적인 관계다. 그러나 포트맥머리 소방서 사람들 다수는 살수 장치가 추가로 필요하다는 것이나 화재 기상의 위태로운 상황은 인지하면서도 불길이 자신들이 만든 방어선을 뛰어넘어 새로 만든 방화대나 송전탑, 공공용지와 사유지를 지나는 파이프라인, 숲에 길처럼 나 있는 탄성파 탐사선, 그린웨이(greenway, 여가 활동이나 환경 보호 활동을 위해 자연에 더 가까이 접근할 수 있도록 미개발지에 통로처럼 낸 길—옮긴이), 주요 고속도로, 애서배스카강을 넘어설 수 있다고는 생각지 못했다. 그 이유 중 하나는, 다른 곳도 아닌 포트맥머리였기 때문이다. 숙련된 기술을 갖춘 야심만만한 청년들의 도시, 석유산업으로 막대한 부를 벌어들이던 포트맥머리는 석유산업의 핵심지로 꼽히는 캘거리나 미국 휴스턴(둘 다 포트맥머리와 긴밀한 관계다)과 같은 오만함이 시 전역에서 뿜어져 나왔다. 이 도시가 석유업계와 얼마나 친밀한지는 포트맥머리 내 여러 시설에 석유업체의 이름을 그대로 붙인 것만 봐도 고스란히 드러나고, 시설 수준이 외딴 오지에 뚝 떨어진 도시와는 전혀 어울리지 않을 만큼 으리으리하다는 사실로도 알 수 있다. 수처리 시설, 여가 시설, 병원, 시청 건물, 소방서 등 몇 가지만 꼽아도 전부 최고 수준이다. 게다가 필요하면 시내에서 30분 거리에 있는 역청 공장에서 산업용 장비와 고도로 훈련된 인력을 동원할 수 있으므로, 포트맥머리 사람들이 보기에 슬레이브 레이크 같은 작은 시골 소방서의 도움을 받는 건 그들이 아무리 성실한 인력이고 화재 상황이 아무리 급박해도 최우선으로 고려할 일은 아니었다.

하지만 슬레이브 레이크 소방서에서 얻을 수 있는 중요한 자원은 장비가 아니라 경험이었다. 아한대림 화재를 보는 방식, 인명과 재산을 구할 수 있는 시각이었다. "우리는 그 사람들이 스프링클러 장치를 어떻게 쓰는지, 숲에 발생한 화재는 어떻게 다루어야 하는지를 제대로 알기를 바랐습니다."[13] 제이미 쿠츠의 말이다. "우리 소방서에는 직접 개발한 정말 유용한 트랙터도 몇 대 있습니다. 화재 현장에서 여러 번 검증된 장비죠. 우리는 이런 장비들을 전부 그리로 가져가야 한다고 생각했어요."

소형 스프링클러를 각 주택의 지붕이나 처마 테두리 판자에 신속히 설치하고 가스 펌프 여러 대로 호수와 강, 물탱크에서 끌어온 물을 살포하는 연결형 스프링클러는 도시에서는 쓰지 않는 방식이다. 하지만 자원이 한정적이고 불이 공간적으로나 시간적으로 광범위하게 확대될 위험이 있는 시골에서는 주로 그러한 방법으로 불을 진압한다. 외딴 마을이나 주거지에서는 물이 계속 공급되고 펌프가 계속 작동하는 한 이런 연결형 스프링클러가 있으면 불길을 막을 수 있다. 도시에서는 화재가 지역사회 내에서, 주로 주택이나 건물 내부, 소화전, 소방차, 소방대원이 접근할 수 있는 위치에서 시작되는 경우가 대부분이라 소방관들도 이런 진압 방식에 익숙하지 않은 경우가 많다. 도시에 익숙한 소방관은 가장 체계적으로 사고하는 사람도 다른 곳에서 시작된 불길이 쓰나미나 허리케인처럼 지역사회 안으로 들어올 가능성, 제아무리 포트맥머리라도 불길이 여러 지점에서 광범위하게 진입할 가능성은 생각하지 못한다. 반면 슬레이브 레이크 소방관들은 쓰디쓴 경험을 통해 이런 시나리오를 속속들이 알고 있었다.

모두에게 큰 충격을 남긴 2011년 화재 이후, 슬레이브 레이크 소방서는 소방 안전과 숲에서 생활할 때 발생할 수 있는 화재의 위험성을 알리는 소방 교육의 전도사가 되었다. 2011년 이후에 이들이 자체적으로 확립한, 간결하면서도 신속하고 게릴라전과 유사한 화재 진압 방식은 소방대원들이 서로 연합해서 계급에 따라 움직이고 교과서에 나오는 방식을 그대로 따르는 도시 소방관들의 진압 방식과는 큰 차이가 있다. "우리에게는 (이제) 틀이라는 게 없습니다." 라이언 쿠츠는 내게 이렇게 설명했다. "벗어나야 할 생각의 틀이 없으니, 그냥 '생각'하면 됩니다. 우리는 어떤 상황에도 대처할 수 있는 사람들과 일합니다."

　　이 비정통적인 방식의 가치는 이후 며칠에 걸쳐 입증됐다.

　　슬레이브 레이크에 그런 대형 화재가 발생한 게 겨우 5년 전이었다. 심지어 불이 난 시기가 같고 화재 조건도 거의 같고, 두 소방서는 필요할 때 소방 장비와 인력을 상호 지원하기로 공식적인 협약이 체결된 관계였음에도 불구하고, 포트맥머리는 슬레이브 레이크 소방서의 제안을 거부했다. 결국 제이미 쿠츠는 20만 달러짜리 스프링클러 장비만, 이 장치를 가장 잘 아는 슬레이브 레이크 소방관도 없이 쥐꼬리만 한 비용만 받고 포트맥머리에 빌려주기로 했다. 대신 쿠츠는 이 장비를 직접 설계하고 제작한 자신이 사용법을 시연하게 해달라고 주장했다. 이 문제를 협의하느라 시간이 지체되는 바람에, 장비를 싣고 갈 트레일러가 올 때까지 하루를 더 기다려야 했다. 그 24시간 사이에 포트맥머리 남쪽에서 일어난 화재에는 태풍에 이름을 붙이듯 009호라는 일련번호가 부여되었고, 산림부는 화재가 '통제 불능' 상황임을 선포했다. 아한대림 화재에서 통제 불능은 단어에서 풍기는 느낌과 달리 최악을 뜻하지는 않는다.

　　2일 저녁, 포트맥머리에 번지던 불에서 단 한 시간 만에 어떤 화재에서도 본 적 없는 변화가 일어났다.[14] 화염 안에서 발생한 맹렬한 열기와 해 질 무렵이면 잠잠해질 줄 알았던 바람에 힘을 얻은 불씨가 애서배스카강 전체에 사방으로 퍼지고 불씨가 떨어지는 곳마다 새로운 불이 시작된 것이다. 애서배스카강은 매켄지강, 유콘강과 함께 캐나다 북부 지역의 대형 강으로 꼽히며, 포트맥머리 경계 바깥의 강줄기 너비는 800미터 정도다. 이미 고속도로와 시 남쪽 경계까지 바짝 다가온 009호 화재는 애서배스카강 북쪽에도 교두보가 생겼다. 아직은 몇 킬로미터 여유가 있었지만, 화염에서 번진 불꽃으로 시작된 비산 화재가 포트맥머리시의 수처리 시설과 시에서 가장 큰 공원, 인구밀도가 가장 높은 동네가 자리한 강 서쪽 전체를 덮칠 준비를 마쳤다. 여기서 더욱 중요한 사실은 009호 화재가 불길이 막 시작된 단계부터 이미 자연과 인간이 만든 방어막을 전부 뛰어넘을 수 있는 불이었다는 점이다. 군사 전략으로 본다면 양쪽 측면에서 협공으로 적진을 동시에 급습할 태세였다. 물론 불에 "전략"이 있을 리는 없지만, 노련한 지휘관이 내놓은 전략처럼 개선할 점이 거의 없는 완벽한 작전이었다.

5월 2일 밤, 불길은 어둠 속에서 유독 건조했던 그해에 지상에 널려 있던 연료를 충분히 먹어치우며 더 큰 힘을 다져나갔다. 5월 3일의 일출 예상 시각은 오전 5시 33분이었다. 이제 모든 것은 바람에 달려 있었다.

7

불은 주위 환경을 만든다. 그 환경은 자연적이면서도 문화적이다.
불과 관련된 관습과 체제의 선택이 필연적으로 사회의 가치와 철학의 바탕이 되고,
이는 정치제도에 통합된다. 과학이 이 과정을 밝혀낼 수는 있어도
이런 선택을 좌우하지는 않는다.[1]
—역사학자 스티븐 J. 파인의 논문, 〈불점(Pyromancy)〉

———

샌드라 린더가 팀버리의 집에서 나와 시내 북쪽 신크루드 본사를 향해 출근길에 오른 즈음, 제이미 쿠츠와 라이언 쿠츠는 소방서의 패트릭 매코널(Patrick McConnell) 부서장과 함께 슬레이브 레이크에서 4시간 거리에 있는 포트맥머리까지 가져갈 스프링클러 장비를 트레일러에 이미 다 실었다. 이들 일행은 점심시간쯤 포트맥머리 5호 소방서에 도착해서 장비를 넘겨주고 사용법을 간단히 보여준 다음에 돌아올 계획이었다. 포트맥머리 소방관들에게는 정신없는 하루가 기다리고 있었으므로, 가는 길에 무전기 하나는 산림부 내부 채널에, 다른 하나는 지역 뉴스 채널에 맞춰놓고 포트맥머리의 화재 상황을 계속 확인했다. 한편 샌드라 린더의 마음은 온통 봄날이었다. 지난 주말에 화재로 대피했던 친구들은 전날 모두 집으로 돌아갔고, 출근길 차창 밖에는 끝없이 펼쳐진 앨버타의 푸른 하늘만 가득했다.

동쪽으로 향하던 샌드라 린더의 차는 주요 번화가이자 쇼핑가가

밀집한 컨페더레이션 대로에 올랐다. 급성장 중인 또 다른 주거지역 인 팀버리로 이어지는 이 6차선 도로를 따라 애서배스카강과 63번 고속도로 쪽으로 내리막길을 달리며 속도를 내다가 대규모 정유소 단지 와 그 주변에 사방으로 계속 확장 중인 노천 광산으로 향하는 트럭들, 버스들 속에 합류했다. 그 시간대에 6차선 도로를 가득 메운 차량의 대부분은 통근 버스였다. 포트맥머리 역청업체 직원들을 현장에 실어 나르고 다시 데려오는 일은 북미 대륙 최대 민간 버스업체 다이버시 파이드 트랜스포테이션(Diversified Transportation)이 맡고 있었다.

2016년 이 업체가 포트맥머리에서 운영한 버스 대수는 그레이하 운드 캐나다의 2배인 600대였다.* 다이버시파이드 버스 수백 대가 매 일 다른 수천 대의 트럭, 차들과 함께 63번 고속도로를 여러 차례 오 갔다. 이 업체의 버스 운행 관리자인 주드 그로브스(Jude Groves)는 목 적지까지 보통 왕복 2시간에서 3시간이 걸리고, 모든 차량의 일일 이 동 거리를 전부 합하면 지구 세 바퀴를 돌 수 있다고 설명했다. 그 이 동 거리의 대부분은 포트맥머리를 오가는 유일한 길인 63번 고속도로 를 주행하는 거리다.

이 고속도로는 북쪽으로 신크루드 건물들을 지나고, 20분쯤 더 달 리면 나타나는 캐나다 원주민 보호구역과 과거 허드슨스 베이 컴퍼니 의 교역소가 있던 포트매케이(Fort McKay)에서 끝난다. 한때 자연 한 복판의 상업 오아시스였던 포트매케이는 이제 광산과 광미 적치장, 개질 시설들에 완전히 둘러싸여 있다. 포트매케이 북쪽으로는 공공 도로가 없어서, 석유업체의 연줄 없이 더 북쪽으로 가려면 비포장도 로를 이용하거나 비행기, 배로 이동해야 한다. 겨울철에는 꽁꽁 언 애

---

* 그레이하운드 캐나다는 2021년에 폐업했다.

서배스카강이 도로가 된다. 그 얼음길을 따라 북쪽으로 수백 킬로미터 올라가면, 허드슨스 베이 컴퍼니의 전설적인 교역소가 있던 곳이자 애서배스카 호수의 서쪽 끝자락에 있는 원주민 공동체 포트치프위언(Fort Chipewyan)이 나온다.

오전 11시 정각, 샌드라가 현장 사무실에 있을 때 쿠츠 일행은 마리아나 호수(Mariana Lake) 주변 작은 마을을 지나갔다. 같은 시각, 포트맥머리 시내 프랭클린가 서쪽에 벙커처럼 생긴 나지막한 정사각형 벽돌 건물 두 채가 나란히 붙어 있는 시청에서는 기자회견이 시작됐다. 멜리사 블레이크 시장은 10명의 기자와 그 절반쯤 되는 카메라 앞에서 연단에 올라 서두를 열었다. "오늘도 더위와 햇살이 가득하고 하늘에는 연기가 조금 보입니다. 참, 그리고 오늘은 세계 천식의 날입니다."[2] 시장은 전날 브리핑에서 했던 말들, 주말에 화재로 대피했던 주민들은 이제 집에 돌아와도 좋으나 언제든 대피할 곳을 준비해두어야 한다는 권고를 반복한 후 본론으로 들어가 009호 화재의 피해 면적이 전날의 두 배 이상 늘어난 26제곱킬로미터라고 전했다. 그리고 다시 날씨와 세계 천식의 날에 관해 몇 마디를 덧붙이고는 발표를 마무리했다. "지역 상황이 어떻게 될지 모르니, 모두 계획을 세워두는 것도 나쁘지 않을 것입니다."

시장이 말한 지역 상황이란 화재를 암시하는 말이었다. 하지만 대피할 곳을 준비하거나 대피소로 지정된 시내 바로 북쪽의 선코어 레저 센터에 미리 등록해두는 것 외에 무슨 계획을 어떻게 세우라는 건지는 여전히 불분명했다. 어떤 계획을 세우든, 대피 규모가 1만 명 혹은 최대 9만 명에 이른다면 어떻게 될지는 가늠할 수도 없었다. 시장이 말을 다 마치기 전에 이미 불길은 포트맥머리를 오가는 유일한 도로부터 서쪽으로 겨우 800미터 떨어진 곳에서 더욱 거세게 타오르고 있었다.

오전 기자회견에 다비 앨런과 버니 슈미트도 전날과 같은 차림으로 참석했다. 달라진 점은 앨런이 입은 초록색 조끼와 '비상 관리 책임자'라고 적힌 배지였다. 지역 비상 운영 센터에서는 평소 함께 일하지 않던 사람들이 한곳에 모여서 일할 때 서로를 빨리 알아볼 수 있도록 기관별로 색깔이 다른 조끼를 착용한다. 포트맥머리가 위기 대응 태세에 돌입했음을 나타내는 시각적인 지표라곤 이 조끼와 구름 한 점 없는 화요일 오전 11시 정각에 기자들 앞에 모인 세 명의 지역 리더가 전부였다. "시민들이 정보를 원한다는 건 잘 알고 있습니다." 앨런이 말했다. "우리는 누구에게도, 아무것도 숨기는 게 없습니다. … 오늘 아침에 일어났을 때도 아무 이상이 없었으니, 이제 괜찮다고, 다 끝났다고 생각할 수도 있습니다. 그렇게 생각해도 괜찮습니다만, 오늘은 힘든 날이 될 것임을 기억하십시오. 아이들을 데리고 공원에 가고 싶으면 그래도 됩니다. … 하지만 현 상황이 심각하다는 사실을 꼭 염두에 두고 계십시오."

지역민들이 편하게 '다비'라고 부르던 이 포트맥머리시 소방서장은 캘거리와 포트맥머리에서 20년 넘게 구조물 화재를 겪었고 그 전에는 영국 포츠머스에서 10년간 살았다. 대형 화재도 몇 건 겪었고, 수많은 것이 불타는 광경을 직접 목격했다. 그런 그가 보기에 이번 포트맥머리 화재의 규모는, 그날 오전의 상태가 아닌 앞으로 어떻게 될 것인지를 짐작할 수 있는 모든 징조를 종합할 때 뭐라고 설명할 수가 없었다. 어쩌면 제대로 이해할 수 없었는지도 모른다. 게다가 다른 문제도 있었다. '두려울 만한 일을 사람들에게 전달하면서 두려움을 일으키지 않으려면 어떻게 해야 할까? 시민들에게 끔찍한 가능성에 대비하라고 말한 다음에 바로 이어서 평소처럼 하루를 보내라고 독려하

141

는 게 가능할까? 사람들에게 언제든 대피할 수 있도록 준비하라고 당부하면서도 그 말로 큰 혼란을 야기하지 않을 수 있을까?' 상황이 이런 진퇴양난에 처했음을 모두들 뻔히 알고 있었지만 애써 못 본 척했다. 이어진 슈미트의 말로 이런 분위기는 한층 더 짙어졌다. 불길과 도시 사이에 방화대를 더 넓히고자 했으나, 구불구불한 지형과 남쪽으로 이어지는 파이프라인 설비로 인해 작업에 큰 어려움을 겪었다고 전한 것이다.

　슈미트는 기온이 26.6도를 웃돌 것으로 보인다는 일기예보를 차분한 어조로 전했다.[3] 평소보다 조금 더운 수준이 아니라 같은 시기 평균 기온보다 거의 15도나 더 높은 수준이었다. 게다가 그날 예보된 상대 습도는 15퍼센트로, 이 시기 최저 습도 기록을 갈아치웠다. 상대 습도 15퍼센트는[4] 캘리포니아 데스 밸리에서, 그것도 7월에나 일반적인 습도(데스 밸리는 모하비 사막 북쪽에 있어서 기후가 매우 무덥고 건조하다―옮긴이)이지 5월에 아한대림 지역에서 나올 법한 습도가 아니었다. 지구상 어디든 기온과 습도가 동시에 이런 상태면 불이 나기 십상이다. 실제로 캘리포니아 남부나 호주의 화재 시즌이 절정에 이르렀을 때의 기상 상태와 비슷했다. 게다가 포트맥머리 기상대가 발표한 이 극단적인 기온과 습도 예보는 아주 보수적인 결과였다는 사실이 곧 드러났다. 이날 숲의 상태는 한마디로 폭탄과도 같았다. 그리고 이 폭탄을 터뜨릴 수 있는 건 바람이었다. 오전 기자회견이 열린 시각으로부터 6시간 전인 오전 5시 정각(산악 표준시)에 캐나다 환경부가 발표한 예보는 다음과 같다. "서풍이 초당 5.6미터(시간당 20킬로미터)로 불고 오후에는 초당 11미터(시간당 40킬로미터)의 돌풍이 불 것으로 예상됨." 슈미트는 풍속이 이만큼 바뀌는 것이 "고비"가 될 것이라고 인정했지만, 아한대림 화재를 잘 아는 사람이라면 누구나 명백히 아는 사실은 언급하지 않았다. 풍속이 초당 11미터에 이르면 화염에서 뿜어져 나오는 불씨가 수백 미터를 날아갈 수 있고, 이는 009호 화재가 도시 안으로 진입하는 확실한 경로가 된다는 것이다.

슈미트가 언급하지 않은 사실 중에는 그보다 더 극소수만 알지만 임야화재 전문가라면 훤히 아는 정보가 몇 가지 더 있었다. 그중 하나가 나뭇잎과 솔잎, 그 밖에도 숲 바닥에 떨어진 물질의 건조도를 나타내는 '미세연료 수분 지수(Fine Fuels Moisture Code)'다. 이 지수는 상한이나 하한 기준이 없고 92.5 이상이면 "극단적인 수준"으로 여겨진다. 5월 3일 포트맥머리의 지수는 95였다. 그 밖에 임상에 압축된 유기물질의 인화성을 나타내는 '더프 수분 지수(Duff Moisture Code)'와 심부 토양, 나무, 통나무의 건조도를 나타내는 '가뭄 지수(Drought Code)', 인화성 생물량의 밀도를 나타내는 '축적 지수(Buildup Index)'도 있는데, 이날 포트맥머리는 이 지수들이 모두 100번째 백분위수, 즉 최악이었다. 화재 위험성을 나타내는 더 세부적인 데이터를 종합한 '화재 기상 지수(Fire Weather Index)'도 정상 범위를 훌쩍 벗어났다. 화재 기상 지수는 21일 때 위험도가 "매우 높음", 33일 때 "극히 높음"인데, 5월 3일 포트맥머리의 지수는 무려 40이었다.

버니 슈미트는 이 같은 화재는 겪어본 적 없으나 비슷한 규모의 화재는 많이 경험했다. 포트맥머리 화재가 시작된 첫날,[5] 그도 009호 화재의 심상치 않은 동태를 느끼고 한밤중에 헬리콥터를 타고 올라가 공중에서 적외선 고글로 화재 상황을 점검할 정도로 이례적인 우려를 드러냈다. 그때 슈미트는 발화한 된 지 겨우 몇 시간밖에 안 된 불치고는 너무 맹렬한 열기와, 일반적으로 임야화재가 잠잠해지는 심야에도 활발히 퍼지고 있는 불길을 확인하고 깜짝 놀랐다. 그는 2001년에 이런 화재를 딱 한 번 본 적 있었다.[6] 전 세계에서 가장 강도 높은 순풍 화재(head fire, 바람이 부는 방향을 따라 번지는 화재—옮긴이)로 평가된 앨버타주 치점(Chisholm) 화재였다.

앨버타주의 숲은 북미 대륙 최대 규모의 임야화재였던 1950년의 친차가 화재를 포함해서 북미는 물론 지구 전체에서 가장 거센 불길을 일으켜온 연료다. 그중에서도 치점 화재는 소방서장들과 화재를 연구하는 과학자들, 사고 현장을 지휘하는 사람들의 입에서 입으로 전해지는 전설과도 같은 사태로, 민간 설화나 도시 괴담처럼 내용이 점점 더 풍성해졌다. 2001년 5월 말의 어느 날, 앨버타주에서 근무 중이던 임야화재 전문가는 워싱턴 D.C.에서 걸려 온 전화를 한 통 받았다. 이야기하는 사람마다 이날 전화를 건 사람이 미국 항공우주국(NASA) 사람이라고도 하고 미국 해양대기청이나 북미 항공우주 방위 사령부(NORAD), 또는 해군이라고도 한다.[7] 발신자가 정확히 누구였든 간에, 미국에서 걸려 온 그 전화의 요지는 위성으로 얻는 전 세계 기상 데이터를 모니터링하던 중 연기기둥처럼 생긴 수상한 에어로졸이 발견됐고, 이 기둥이 이미 대류권과 성층권 사이 권계면(지구에서 발생한 배출 물질이 대부분 남아 있는 대기 경계)을 뚫고 13.7킬로미터 높이로 치솟아서 성층권 깊숙이 침투했다는 내용이었다. 그는 이런 현상이 발견된 위치가 포트맥머리에서 남쪽으로 약 320킬로미터 떨어진 앨버타주 중앙 지역이며, 주택이 드문 곳이라고 전했다.[8] 보통 화산이 폭발하면 에어로졸이 그 정도 높이까지 탐지되기도 하지만 앨버타주에는 화산이 없다.

전해지는 이야기에 따르면 수화기 너머 미국인은 이렇게 물었다고 한다. "혹시 캐나다에서 지금 핵폭탄이 터진 건 아닌가요?"

미국 정부가 아는 한 캐나다에 핵에너지 개발 사업은 있어도 핵무기 개발 사업은 없었다. 미국과 캐나다는 감탄스러울 정도로 정보를 서로 투명하게 공유하는 사이다. 하지만 핵폭탄도 아니고 화산도 아니라면, 대체 무엇이 대기에 연기와 재가 그만큼 높이, 그만큼 다량 분출될 만큼 폭발적인 에너지를 방출했단 말인가? 그 미국인이 해독한 위성 데이터는 정확했다. 신호가 감지된 곳에서 실제로 "폭발"이 일어났다. 그것도 많은 폭발이 있었고, 핵폭탄 여러 개가 터졌을 때와 맞먹는 에너지가 방출됐다.

바로 치점 화재였다.

누가 누구에게 전화를 걸었는지는 이야기마다 조금씩 다르지만, 이 일이 일어난 날짜와 결과는 모두 일치한다. 2001년 5월 23일, 앨버타주의 아한대림에서 처음 시작된 이 임야화재는 전 세계 화재의 기준을 섬뜩한 새 방향으로 바꿔놓았다. 화산도 파괴력이 상당하지만 폭발 위치가 지리적으로 고정되어 있고 대부분은 폭발 전에 경고 징후가 어느 정도 나타난다. 핵무기도 파괴적이지만 국제조약으로 관리되고 인간의 의지에 따라 폭발이 일어난다. 화재는 다르다. 불은 고유한 자주성이 있고 이는 인간의 자유의지와 비슷하게 표출된다. 또한 대부분 의도치 않게 인간의 활동이 불에 보탬이 된다. 치점 화재는 달리는 화물열차에서 발생한 스파크에서 시작됐다. 철로에는 유독 궤도가 평탄하지 않은 지점이 있고, 기차가 그런 부분을 지날 때마다 번쩍이는 스파크가 잔뜩 일어나 철로 아래 자갈도상으로 튀기도 한다. 그 스파크 하나가 시들어 엉킨 풀이나 낙엽 더미에 떨어지면 지글지글 불타기 시작한다. 마침 근처에 누군가 지나가다가 뒤엉킨 덩굴처럼 꼬불꼬불 피어오르는 연기를 발견하면, 발로 밟기만 해도 불이 꺼진다. 지나가던 동물이 그렇게 하기도 한다.

하지만 2001년 5월 말은 2년 연속으로 산불 시즌이 평년보다 한 달이나 일찍 시작됐다. 불이 나기 좋은 조건이 갖추어진 상태에서 불씨가 조기에 꺼질 기회는 없었다. 처음 시작된 작은 불은 누구에게도 발견되지 않은 채로 풀과 솔잎, 잎사귀, 썩은 식물들 속으로 점점 범위를 넓혀갔다. 이글대는 불꽃 없이 그렇게 약하게 타면서 얼마나 오랫동안, 얼마나 멀리까지 번졌는지는 아무도 모른다. 그렇게 퍼지던 불에 결정적인 순간이 찾아왔다. 갑작스러운 돌풍, 휘발성 수액 한 방울, 또는 유난히 불이 잘 붙는 따끈한 마른 나뭇가지 하나와 만나 삽시간에 불길이 피어오른 것이다. 인간이 낳고 자연이 기른 '키메라'가 탄생한 순간이었다. 더운 남동풍과 만난 불길은 임상에서 위로 솟아올랐다. 다정한 주인이 쭈뼛거리는 청년의 등에 양손을 대고 실컷 먹으라며 식탁 쪽으로 부드럽게 밀듯이, 바람을 타고 위로 떠밀린 이 끝없는 식욕을 가진 불 앞에 지구상에서 가장 풍부하고 폭발적인 탄소 뷔페가 차려졌다.

기차 바퀴에서 발생한, 아무런 해도 일으키지 않을 수 있었던 스파크는 열을 나타내는 일반적인 용어들로는 다 표현할 수 없을 만큼 강력한 폭발력을 가진 치점 화재가 되었다. 보통 순풍 화재의 강도, 즉 불의 기초 에너지 산출량은 이동 중인 불길의 전면 경계부를 기준으로 미터당 킬로와트(kW/m)로 나타낸다(1킬로와트의 열은 소비전력이 100와트인 전구 10개, 또는 소비전력이 1,000와트인 실내 난방기 1대를 켰을 때 발생하는 열에너지다). 바람이 극히 심하지 않으면 화재 강도가 미터당 1,000킬로와트(100만 와트) 정도인 불은 지상 소방관 한 명이 충분히 진압할 수 있다. 하지만 화재 강도가 미터당 약 2,000킬로와트를 넘어서면 소방용 중장비와 항공기를 동원해도 진압이 어렵다. 미터당 열에너지가 미터당 1만 킬로와트, 즉 실내 난방기 1만 대를 켠 수준에 이르는 임야화재는 진압이 불가능하다.[9]

순풍 화재의 강도가 미터당 1만 킬로와트면 진압할 수 없는 불로 간주하는데, 치점 화재는 불의 전면 경계부 길이가 수 킬로미터에 이르렀고 그 전체에서 발생한 열에너지는 미터당 무려 22만 5,000킬로와트였다.[10] 실내 난방기 약 25만 대가 한꺼번에 켜졌을 때 발생하는 열에너지에, 불길 전면의 길이를 곱한 화재 규모가 대체 어느 정도였을지는 도무지 감도 잡히지 않는다. 치점 화재를 연구하기 위해 4개국에서 모인 과학자 여섯 명도 골머리를 앓았다. 일반적인 범위를 넘어선 이런 화재에는 기존의 익숙한 공식들을 적용할 수 없다. 불의 에너지가 이 정도에 이르면 불과 닿는 것들이 타는 게 아니라 다 증발해버린다. 그래서 화재보다는 레이저, 원자폭탄, 태양에너지와 비슷한 점이 더 많다. 치점 화재 현장에 출동했던 전문 소방관이자 소방대장 트로이 오코너(Troy O'Connor)는 불길에서 연기기둥이 수백 미터, 혹은 1,000미터 이상 솟구치는 것을 보고 대원들에게 말했다. "바닥만 보지 말고 위를 봐. 이런 광경은 평생 두 번 다시 못 볼지도 몰라."[11]

치점 화재 현장에서 소방용 항공기를 조종했던 켄 야키멕(Ken Yakimec)은 자욱한 연기 속에서 항공기의 적외선 감지 장비로 불길의 전면 경계부를 찾다가 한 동료에게 무전으로 이렇게 알렸다. "조심해야겠어. 지금 비행기가 나비처럼 바스러지려고 해."[12] 앨버타주 정부가 발표한 치점 화재 최종 보고서에는 "치점 바로 동쪽에 발생한 불길은[13] 화염 면(불길의 전면과 측면) 길이가 수 킬로미터에 이른다"는 내용이 있다. 화재 강도가 최절정이던 7시간 동안 518제곱킬로미터 면적의 숲이 소각됐다.[14] 연소 속도는 2018년 미국 캘리포니아주 패러다이스(Paradise)에서 충격적인 속도로 확산하며 엄청난 사망자를 발생시킨 것으로 악명 높은 "캠프 화재(Camp Fire, 불이 처음 시작된 곳이 캠프 크리크 로드[Camp Creek Road]였다—옮긴이)"의 3배였다.

치점 화재의 폭발력이 최고에 달했을 때, 깔때기 모양의 구름이 나타났다.[15] 사후 조사에서는 화재 구간 내에서 다 자란 나무들이 대거 한꺼번에 쓰러졌다는 사실도 발견됐다. 화재가 이 정도 규모에 이르면 측정 단위도 바뀐다. 치점 화재를 조사한 과학자 6명은 전문가 검토를 거쳐서 발표한 〈치점 불 폭풍(The Chisholm Firestorm)〉이라는 제목의 논문에서 메가톤 단위를 사용했다. 메가톤은 수소폭탄의 폭발력을 측정할 때 사용하는 에너지 단위다. 이 논문에 따르면, 치점 화재의 에너지가 최고조에 이른 7시간 동안 발생한 에너지는[16] 1메가톤급 수소폭탄 17개, 즉 히로시마에 떨어진 원자폭탄이 분당 하나씩 4개 정도가 투하될 때 발생하는 수준의 위력이었다.

이것이 현재 지구에서 불이 나면 일어날 수 있는 일들이다. 50년 전과 비교해보면, 불 자체의 화학적·물리학적인 특성은 그대로고 나무도 마찬가지다. 하지만 기온이 높아지고 토양은 건조해져서 숲에 살아 있거나 죽은 채로 머무는 불의 잠재 에너지가 훨씬 수월하게 발산되는 환경이 되었다. 인간과 불의 공생 관계를 연구해온 사람들은 역사가들이 시대를 '영국의 제국 시대'나 '미국의 시대'(제2차 세계대전 이후 미국이 크게 번영하고 달러가 국제 경제의 표준 화폐가 되는 등 미국의 영향력이 드높아진 20세기 중반을 일컫는 표현—옮긴이), '중국의 시대'와 같이 나누듯이 역사를 '불의 시대'로도 나누어야 한다고 주장한다. 이런 주장은 20년 전에 처음 제기됐을 때보다 훨씬 힘을 얻고 있다. 불은 북미 대륙을 비롯해 전 세계에서 인류 역사상 그 어느 때보다 더 오래, 더 맹렬하게 타오르고 있다. 환경이 바뀌고 인간이 경험하는 한계가 확대되면 새로운 언어와 기준점으로 현 상황을 표현해야 한다. 치점 화재는 뒤이어 발생한 화재들의 기준이 되었다. "치점 화재는 더 심각한 화재가 이어질 것임을 알려준 전조였습니다."[17] 앨버타주 산림부의 임야화재 선임 자문인 데니스 퀸틸리오(Dennis Quintilio)는 2016

년에 내게 이렇게 설명했다. "그래프들이 모두 한 방향으로 향하고 있습니다."

퀸틸리오의 냉철한 의견은 지금까지 앨버타는 물론 전 세계에서 계속해서 입증되고 있다. 치점 화재보다 피해 금액이 더 크고 더 많은 사람이 죽고 더 파괴적인 다른 화재들도 있지만, 화염의 에너지를 기준으로 봤을 때 포트맥머리 화재 이전에 모든 게 소각될 만큼 강한 에너지가 발생한 화재의 전례가 된 것은 치점 화재였다.

5월 3일 오전 기자회견이 시작된 지 10분쯤 흘렀을 때 버니 슈미트는 포트맥머리 주변 숲에서 불길의 연료가 될 수 있는 물질을 설명했다(주로 사시나무, 포플러, 가문비나무). 이어 다비 앨런은 지난 주말 도시 경계 안쪽에서 발생한 불은 "진압됐다"고 전하며 사람들을 안심시켰다. 그 직후에 캐나다 국영 라디오 방송국의 프랑스인 기자 로랑 피로(Laurent Pirot)가 중요한 질문을 던졌다. "오늘은 힘든 날이 될 거라고 하셨습니다. 최악의 시나리오는 무엇인가요?"

앨런 서장이 답했다. "음, 글쎄요. 최악의 상황이라… 사실 저는 최악의 시나리오는 언급하고 싶지 않습니다만…." 그리고 이렇게 덧붙였다. "우리가 아는 건 화재 여건이 극단적이라는 겁니다. 대기 온도가 더 높아지면 습도는 빠른 속도로 떨어질 것이고, 그렇게 되면 불길은 지난 며칠보다 더 맹렬해지고 속도도 더 빨라질 수 있습니다…. 그러니까, 불이 우리가 막을 수 없는 곳까지 번질 수도 있다는 것이 최악의 시나리오겠군요."

서장의 말은 가설이 아니라 실제 사실이었다. 기자회견에 참석한 사람들, 라디오나 페이스북 라이브로 중계를 듣고 있던 모두가 그제야 처음으로 009호 화재의 즉각적인 위험성을 피부로 느꼈다. 하지만 포트맥머리 시장의 두루뭉술한 대피 권고처럼 불이 진입할 수 있는 "지점"은 어디인지, 그 최악의 시나리오가 실현된다면 어떤 결과가 빚어질지는 아무 언급 없이 지나갔다. 말할 필요가 없어서가 아니라 말할 수가 없었기 때문이다.

모두가 잠시 움찔했던 그 순간은 그렇게 지나갔다.

기자들은 화재와 도시의 거리가 불명확하다는 점이나, 알려진 사실과 자신들에게 전달되는 정보 사이에 불일치가 있음을 다각도에서 지적하며 캐물었다. 지난밤 애서배스카강 북쪽에서 시작된 비산 화재에 관한 질문도 나왔다. 앨런은 불길이 커지고 있는 위치가 시크우드(Thickwood)에서 서쪽으로 약 15킬로미터 떨어진 지점이라고 설명하면서 "우리는 자신 있다"고 덧붙였다. "그 이상 오지 못하도록 진압할 겁니다." 질문자와 답변자 어느 쪽도 그 부근의 강폭이 인간이 만든 어떤 방화대보다도 훨씬 넓다는 사실은 언급하지 않았다. 컨트리음악 방송국인 93.3FM의 프로그램 제작자 존 녹스(John Knox)도 이날 기자회견에 참석해서 페이스북 라이브로 청취자들에게 회견을 중계했다. 포트맥머리의 오랜 주민이자 시의 복지 수준 개선을 위해 많은 투자를 해온 그는 앨런이 처한 딜레마에 공감했다. 나중에 존은 그날 회견을 상기하며 "마치 불 이야기를 입에 올리면 불에 산소가 공급되는 것 같은 분위기"[18]였다고 했다.

지금처럼 무엇이든 쉽게 퇴색하는 시대에도, 그렇게 사람의 말에는 마법 같은 힘과 충격을 일으키는 힘이 있다. 영어에서는 정체를 정확히 밝히거나 언급할 수 없을 만큼 너무 끔찍하다는 의미가 있는 "인팬더스(infandous)"가 그런 말에 포함된다. 한 도시를 책임지는 시장이나 소방서장의 입장에서, 자신들이 지켜야 하는 도시 전체에 불길이 걷잡을 수 없이 일어난다면 '인팬더스'라고 표현할 수 있을 것이다. 슈미트와 같은 주 임야화재 책임자에게는 작게 피어오른 불이 감시망을 빠져나간 것으로도 모자라 인구가 가장 많이 밀집한 반경 수백 킬로미터 도심을 뚫고 들어온다면 그야말로 '인펜더스'라 표현할 수 있을 것이다. 하지만 기자회견에서 이런 가능성은 논의되지 않았다. 생각하기도 싫을 만큼 너무 끔찍한 일이기 때문이기도 하지만, 그 정도의 재난이 일어날 가능성을 생각조차 못 해본 사람들이 많았기 때문이다.

크리스 반덴브리켈(Chris Vandenvreekel)처럼 누구보다 최신 정보에 민감한 사람도 전형적인 범위를 벗어나지 않았다. 지역 라디오 방송국 중 인기 순위 40위권에 드는 믹스 103FM의 보도국장인 크리스는 안경잡이 소년 같은 사람이었다. 기자회견 전에도 주말에 발생한 화재 소식을 계속 상세히 확인했고, 화재와 관련된 모든 기자회견에 참석해서 대다수보다 아는 정보가 많았지만, 불이 "우리가 막을 수 없는 곳까지" 번질 수 있다는 다비 앨런의 말을 들으면서도 어느 먼 오지 지역을 두고 하는 말이겠거니, 생각했다. "'최악의 상황은 생각하고 싶지 않아서' 그렇게 오해했다고는 생각하지 않아요."[19] 반덴브리켈은 내게 이렇게 설명했다. "솔직히 그런 일이 일어날 수 있다는 생각 자체를 못 했어요. 도시 전체에 대피 명령이 떨어진 적도 없었고요. 전국 뉴스를 보도하는 방송국 기자들도 그런 일을 겪어본 사람은 없었어요."

사실 그런 경험이 있는 사람은 아무도 없었다. 캐나다에서는 1904년 토론토에 화재가 발생한 이후로 도시에 불이 난 적이 없다.[20] 파괴적인 토론토 화재도 피해 범위는 여섯 블록에 그쳤다. 미국의 경우 그로부터 2년 뒤인 1906년에 샌프란시스코에서 엄청난 규모의 지진이 일어난 후 후폭풍으로 도시의 큰 면적이 불탄 것이 도시에서 발생한 마지막 대형 화재였다. 두 건 다 이제는 생생하게 기억하는 사람들이 없

151

을 만큼 먼 옛날의 일이 되었다. 가장 가까운 현대에 발생한 도시 화재 중 그와 비슷한 규모는 1991년 미국 캘리포니아주 중심부에서 발생한 화재가 강풍을 타고 번져 교외 주택 3,000채가 타고 25명이 사망한 오클랜드 불 폭풍이다. 그 외에도 더 있지만, 2016년에는 아직 극히 드문 일이었다. 5월 3일 오전 기자회견에 참석한 기자들이 언급한 다른 도시 화재도 슬레이브 레이크 화재가 유일했는데, 슬레이브 레이크는 주민을 전부 합쳐도 포트맥머리 서쪽의 여러 주거지역 중 한 곳의 주민 수 정도에 불과할 만큼 작은 도시였다. 반덴브리켈도 기자회견에서 몇 가지 궁금한 세부 사항을 질문했다. "(009호 화재와 가장 가까운 주거지역인) 비컨힐(Beacon Hill)과 어배샌드(Abasand) 주민들에게 대피 명령이 내려질 가능성이 있습니까?"

"이 멋진 도시의 어느 구역에 살든, 시민 모두가 지금 심각한 상황임을 아셔야 합니다." 앨런이 답했다. "그래도 다들 출근해야 합니다. 엄마들은 아이들을 등교시키고, 아빠들은 방과 후에 아이들을 야구장에 데려가야 하고요. 다만 지금은 심각한 상황이라는 사실을 인지하시고 … 이 상황이 단시간 내에 바뀔 수 있다는 점도 유념하십시오."

이 소방서장이 느끼는 큰 압박을 감지할 수 있는 말이었다. 하지만 정확히 무엇이, 혹은 누가 그 압박의 원인인지는 알 수 없었다. 노련한 기자이자 캐나다 글로벌 TV 뉴스 진행자인 리드 피스트(Reid Fiest)는 자신과 경력이 비슷한 앨버타주 임야화재 책임자에게 질문했다. "우리 시가 지금 어느 정도 보호되고 있다고 보십니까?"

"현재 상황을 생각할 때, 지금 당장은 답할 수가 없군요." 버니 슈미트는 사람들에게 전하려는 핵심이 흐려지지 않도록 최선을 다했다. "우리가 가장 주력하는 건 포트맥머리를 지키는 일입니다. 우리는 인명과 지역사회를 중요하게 생각합니다."

피스트는 더 압박했다. "방화대 설치는 얼마나 진행됐나요? ⋯ 불길을 막을 수 있다고 보시나요?"

이번에는 슈미트가 앞서 앨런 서장처럼 베일에 감춰져 있던 현실을 살짝 드러냈다. "불길에서 100퍼센트 안전하다거나 불을 100퍼센트 막을 수 있는 부분, 또는 구간이 있다고는 할 수 없습니다."

기자회견을 청취한 사람들에게는 상황이 명확해졌다. 시 당국은 "서부 화재(West Fire)", 앨버타주 산림부는 "호스강 화재(Horse River Fire)"라고 부르던 '맥머리 지구 임야화재 009호'는 이제 진압할 수 없고, 통제도 불가능하고 도시와 위태로울 만큼 가까워진 "포트맥머리 화재"로 변모하고 있었다.

제이미 쿠츠와 라이언 쿠츠는 이런 사실을 알고 있었다. 오전 내내 무전기 채널을 앨버타주 산림부에 맞춰놓고 상황을 모니터링했고, 이제 스프링클러 장비 사용법을 시연할 포트맥머리 5호 소방서에 도착하기까지는 한 시간 정도 남아 있었다. 간밤에 일어난 열 역전 현상으로 "뚜껑"처럼 덮인 따뜻한 공기 아래에 연기를 가라앉힐 수 있는 낮은 온도의 밤공기가 갇혀 있었다. 그래서 불이 잠잠해지거나 심지어 꺼졌다고 착각할 수 있지만, 이런 현상은 고기압 영향권에서 낮보다 밤에 기온이 서늘해지면 흔히 나타났다가 아침 해가 뜨고 땅과 하층부 공기의 온도가 올라가면 대부분 사라진다. 이날도 정오가 되면 따뜻한 공기 아래 갇혀 있던 찬 공기가 흩어지고 하층부의 서늘한 공기가 위로 올라오면서 바람이 불 것으로 예측됐다. 하지만 5월 3일은 기상 상황이 더 빠르게 바뀌었고 간밤에 역전된 열도 평소보다 한 시간 이상 일찍 사라졌다. 아침까지만 해도 바람은 초당 4.5미터 미만으로 약하게 불고 풍향도 포트맥머리와 멀리 떨어진 남동쪽에서 불어왔지만 열 역전 현상이 사라짐과 동시에 일기예보대로 바람의 방향은 정확히 남서쪽으로 바뀌었다. 앞서 슈미트는 남서풍이 불면 "완전한 수관 화재가 발생할 것으로 예상된다"고 했다.

불길이 중점적으로 향할 곳, 그리고 불길의 강도는 불과 만나면 바로 타오를 산소가 실린 바람에 달려 있었다. 블레이크 시장, 앨런 서장, 슈미트 소방대장이 기자회견을 마무리할 무렵 바람의 방향은 급변하고 있었고, 점심시간 동안 풍향은 나침반의 정반대 방향으로 완전히 바뀌었다. 기온은 서서히 오르고,[21] 상대 습도는 그냥 감소하는 정도가 아니라 뚝뚝 떨어지기 시작했다.

아한대림 안에서 흐르고 여과되는 물의 양이 엄청나다는 사실, 그리고 포트맥머리는 강이 두 개도 아니고 네 개나 합쳐지는 지점에 있고 주변에 수많은 호수, 개울, 습지가 가까이 있다는 사실을 생각하면 어떻게 대기가 네바다주만큼 건조해질 수 있는지 이해가 안 될 수도 있다. 하지만 앨버타주의 하늘이 청명하기로 유명한 이유는 공기 중에 그만큼 수분이 없어서다. 고기압 영향권의 특징이기도 한 이런 건조한 공기는 북쪽에서 유입된다. 앨버타주에서 "북쪽"은[22] '캐나다 북부 북극권 생태 지대'로 알려진 극지 사막이다. 북극점까지 캐나다 영토에 포함되는 북극 면적의 대부분을 차지하는 이 극지 사막은 지구상에서 기후가 가장 건조한 곳으로 꼽힌다. 사막의 공기만큼 건조한 이 북극의 공기에 이례적으로 높아진 낮 기온이 더해지면 표면의 수분이 급속도로, 지속적으로 증발한다. 5월 3일 오전에 30퍼센트였던 상대 습도는 한 시간도 지나지 않아 20퍼센트 미만으로 떨어졌고, 그 후로도 계속 감소했다.

포트맥머리의 세 책임자는 심각한 어조와 진지한 어조, 낙관적인 어조를 오가며 사람들에게 정보를 전달하면서, 섬사람들이 바다를 언급할 때와 비슷한 어조로 숲을 언급했다. 하지만 도심을 교외 지역처럼 보이게 만드는 도시의 배경이자 땅의 구획이 새로 정해질 때도, 새로운 채굴 사업과 시추 지점이 정해질 때도 온순히 받아들이는 듯했던 숲은 완전히 돌변하고 있었다. 그해 봄, 이 지역의 습지 대부분이 메마르고 원래는 축축하고 유연했던 나무들도 바싹 말라 언제든 불이 붙을 수 있는 폭탄이 되었다. 원래 서늘했던 바람은 불길을 돋우는 화염 방사기가 되었다.

8

인류의 가장 심각한 결점은
지수 함수를 이해하지 못한다는 것이다.[1]
―물리학자 앨버트 앨런 바틀릿

―――――

5월 3일 오전 11시 기자회견의 목적은 위험성을 알리고 정보를 제공하는 것이었지만, 반대의 결과를 초래했다. 위급함이 제대로 전해지지 않은 것이다. 버니 슈미트에게 화재 진압 상황을 물었던 리드 피스트 기자는 경보가 꺼진 듯한 이런 분위기의 초기 희생자였다. 그는 포트맥머리 일부 지역에 화재 대피 명령이 내려진 다음 날인 5월 2일에 카메라맨 한 명을 대동하고 캘거리에서 이곳까지 날아왔다. "우리는 슬레이브 레이크 화재와 같은 일들을 알고 있었습니다."[2] 피스트의 말이다. "그런 화재가 얼마나 빠르게 진행됐는지 기억하거든요. 그래서 상황이 금방 나빠질 수도 있으니까 미리 가 있는 게 좋겠다고 생각했죠."

정확한 직감이었다. 하지만 기자회견에서 주말에 내려진 대피 명령이 철회됐다는 소식을 듣고는 괜히 왔나, 하는 생각이 들기 시작했다. 그 의구심은 계속됐다. "오전 기자회견장에서 나올 때는 그날 오

후에 무슨 일이 생길지 잘 모르겠더라고요. 그렇게 위험하다고 느끼
진 않았습니다." 밴쿠버에 있는 본사 동료들과 논의한 결과, "기삿거
리"는 아니라는 쪽으로 의견을 모았다. "그때(정오쯤) 회사에서는 전
국에 내보낼 만한 기사는 아니라고 판단했습니다."

포트맥머리의 '화재 기상 지수'가 5월 3일과 같은 수준에 이른 건
처음이었을지 몰라도, 그곳에 심각한 임야화재가 발생할 수 있다는
위험성이 드러난 건 처음이 아니었다. 무엇보다 바람과 열, 낮은 습도
조건이 합쳐지면 불이 드넓은 면적을 휩쓰는 것은 아한대림 화재의
특성이다. 허리케인 카트리나와 샌디, 마리아, 이언의 직격탄을 맞은
곳들이 그랬듯 포트맥머리도 대형 화재가 코앞에 닥칠지 아닌지는 논
외였다. 즉 '언제든' 일어날 수 있는 일이었다.

1995년에는 포트맥머리 남쪽에서 마리아나 호수 화재로 산림
1,295제곱킬로미터 면적이 불타고 63번 고속도로가 폐쇄됐다.[3] 당시
에 불길은 방화대를 추가로 넓혀야 할 정도로 시 경계까지 바짝 다가왔
다. 2009년에도 화재로 63번 고속도로가 폐쇄된 적이 있었고, 2011년
리처드슨에서 발생한 또 다른 초대형 화재로 포트맥머리 북쪽의 산림
6,730제곱킬로미터가 불탔다. 이 화재로 대형 역청 공장 두 곳이 강제
폐쇄되고, 대규모 대피가 이어졌다. 기반 시설도 파괴되어 총 5억 달러
가 넘는 피해가 발생했다.[4] 포트맥머리와 주변의 작은 위성 공동체들
은 이런 화재들로 시커멓게 탄 나무와 습지들 사이에서 급속히 성장
했고, 또 과거 80년간 큰불이 난 적 없는 성숙림이 수백, 수천 제곱킬
로미터 규모로 주변을 둘러싸고 있었다.

자연재해는 언제 일어날지 예상하기 어렵지만, 아한대림에서 화재
는 죽음처럼 반드시 일어나는 일이다. 아한대림의 모든 나무는 50년
정도 차이는 있으나 대체로 100년에 한 번은 반드시 발화한다. 불은

아한대림이 정화하고 재생하는 중요한 자체 메커니즘이다. 가문비나무를 포함한 숲의 몇 가지 핵심 구과 식물(솔방울처럼 열매가 원뿔 같은 방울 형태로 열리는 식물─옮긴이)의 열매는 햇빛만으로는 도달할 수 없는 고온에 노출되어야 속에 있는 씨앗이 밖으로 방출된다. 숲에서 강한 불길이 일어나야 이런 구과가 열리고 속에 있던 씨앗이 밖으로 나오는 것이다. 또한 불이 나면 숲 바닥이 청소되고, 지붕처럼 덮여 있던 나무 꼭대기가 열리면서 숲 안쪽이 하늘에 노출되어 밖으로 나온 씨앗의 발아율을 높인다. 무작위로 일어나는 것 같지만 일정한 패턴에 따라 발생하는 이 불이 없으면 아한대림은 무너진다. 이러한 순환에서 나타나는 일종의 상호의존성을 불의 관점에서 보면, 숲이란 무엇이고 숲은 누구를 위해 존재하는가에 관한 우리의 개념과는 정반대임을 알게 된다. 동식물 연구가이자 저술가인 데이비드 피트 브룩(David Pitt-Brooke)은 포트맥머리에서 남쪽으로 멀리 떨어진 곳에 있는 숲에 관해 이런 글을 남겼다. "불을 통해 흩뿌려진 씨앗에서 자라난 로지폴소나무(lodgepole pine)는,[5] 어떤 면에서는 불의 주기에 매여 있다. 불이 탄생시킨 이 나무들은 미래에 불이 나기 좋은 환경을 만든다. 공생 … 또는 농업의 한 형태라고 해도 될 법한 관계다. 마치 불이 나중에 삼키려고 로지폴소나무를 만드는 것 같다."

인간과 인간의 정착지가 살아가고 성장하는 방식과 리듬은 숲과 불이 살아가고 성장하는 방식과 리듬과는 다르다. 도시 계획 담당자나 그 지역에서 선출된 공무원들이 10년, 100년 단위로 바뀌는 아한대림의 주기까지 고려하는 경우는 드물다. 그러기에는 임기가 너무 짧기도 하지만(기억력과 수명도) 식물이 이렇게 대규모로 서식하는 환경에 관한 지식이 부족하기 때문이기도 하다. 사실 캐나다에 정착해서 사는 사람들은 거의 다 먼 곳에서 온 사람들이고, 환경이 전혀 다른 곳에서 살다 온 경우도 많다. 예나 지금이나 새로운 정착민들은 환경보다는 자신이 그 환경에서 무엇을 취할 수 있는지에 더 관심이 많다. 이렇게 땅을 식민지화하는 사람들 대부분은 앨버타 북부에 그리 오래 머물지 않는다. 가문비나무의 수명을 기준으로 하면 극히 짧은 시간에 불과하다. 보통은 열정을 불태우다가 소진해버리거나(번아웃) 해고된다. 물론 예외도 있고 오랜 세월 거주하는 사람들도 있다. 하지만 그런 사람들도 다 출구 전략이 있으며, 포트맥머리에서 뼈를 묻는 건 그 전략에 포함되지 않는다. 앨버타주를 통틀어 포트맥머리의 사망률이 현저히 낮은 이유도 여기에 있다(하지만 암 발병률은 다른 지역보다 높다). 포트맥머리에서 은퇴한 사람들은 그간 벌어들인 돈을 챙겨 떠나온 고향으로 돌아가거나 플로리다, 애리조나, 캘리포니아 남부, 캐나다 브리티시컬럼비아주의 오카나간 밸리, 해안에서 멀지 않은 섬 등 따뜻한 곳으로 간다. 선코어의 일부 경영진은 J. 하워드 퓨의 뒤를 이어 펜실베이니아로 돌아갔다.

세계 시장에서 형성되는 가격에 생사가 걸린 천연자원으로 먹고사는 수많은 도시가 그렇듯, 사람들이 포트맥머리에 와서 일하는 기간은 보통 10년이다. 호황과 불황의 주기는 대부분 그 절반 정도이고 포트맥머리도 그런 위기를 몇 번 겪었다. 화재의 경우, 부지런히 화재를 진압하고 예방한 덕분에, 그리고 운이 따른 덕분에 포트맥머리는 수십 년간 자연의 법칙을 어찌어찌 막을 수 있었다. 운이 따르지 않아 화재를 피할 수 없었을 때도 어떻게든 막아냈다. 하지만 2016년은 불을 지피는 모든 요소가 전부, 한꺼번에 포트맥머리에 집중됐다. 화재 기준에서 기록적인 해라고 할 수 있는 2015년은[6] 이례적으로 강력한 엘니뇨의 영향으로 봄이 예전보다 일찍 시작됐고 기온도 유난히 높았다. 봄에 상승한 기온이 1년 내내 이어져서 겨울 기온도 상승했다. 앨버타 북부의 빙야 면적은 절반 이상이 줄었다. 숲도 크게 건조해져서, 눈이 내리고 기온이 영하로 떨어져 보통 불이 잠잠해지는 시기인 12월과 이듬해 1월에도 인간이 일으킨 임야화재가 5건 발생했다.[7]

앨버타의 5월은 엘니뇨 같은 남태평양 기상의 추가적인 영향이 없어도 1년 중 가장 잔인한 달이다. 과거 20년간 앨버타주에서 임야화재로 발생한 피해 면적의 절반이 5월에 시작된 불로 사라졌다.[8] 그렇게 된 구체적인 이유가 있다. 북극 주변을 둥글게 둘러싼 전 세계 아한대림은 대부분 5월이 되어야 겨울에 덮개처럼 쌓인 눈이 봄의 길어진 낮에 마침내 자리를 양보하고, 잎과 풀들이 다시 무성히 자란다. 그런데 이런 전환이 이루어지는 동안 위태로운 순간이 찾아온다. 나무 위를 덮고 있던 눈이 사라지고 아직 잎은 그늘을 만들 만큼 무성해지지 않은 시기에 원래 축축하고 어둑해야 하는 임상이 낯선 직사광선에 노출된다. 얼었던 나무뿌리가 완전히 녹고 가지에서 싹이 돋아나는 이 1~2주의 기간은 "봄철 일시적 습도 감소 기간(spring dip)"이라고 불린다. 얼었던 강이 깨어나고, 숲에 푸르름이 다시 채워지고, 침엽수와 활엽수가 구분하기 힘들 만큼 비슷한 모습이 되는 이 짧은 기간은 불에 극히 취약하다. 이 시기에 잎과 방울 열매, 쓰러진 식물들은 불쏘시개가 되기 쉽고 전년도 여름에 자란 풀들은 불이 붙으면 신문지처럼 활활 타오른다. 2016년의 009호 화재는 이 '봄철 일시적인 습도 감소 기간'과도 완벽히 겹쳤다.

이 모든 변수를 정확하게 처리해서 화재의 강도와 확산 속도를 예측하는 계산식과 컴퓨터 프로그램이 있다. 그중 하나인 '프로메테우스(Prometheus)'가 포트맥머리 화재에 적용됐다. 하지만 아무리 정확한 프로그램이라도 인간이라는 변수를 이기지 못한다. 정교한 기상 데이터와 실시간 관측 결과가 5월 3일에 내려진 모든 결정의 바탕이 되었지만, 그 사이에는 이 모든 데이터와 결과를 걸러내는 인간의 마음과 행동이 있었다. 또 한 가지 중요한 사실은 프로메테우스와 같은 프로그램이 숲, 즉 나무를 기준으로 설계되었다는 것이다. 화재에 영향을 주는 각종 요소가 숲이 아닌 주거지역에 착착 쌓여서 한꺼번에 폭발하면 얼마나 강력한 사태가 벌어질 수 있는지 제대로 아는 사람은 없었다. 생각만 해도 섬뜩해지는 일이었다. 이 모든 수치가 한꺼번에 일정 수준에 이른다면 어떻게 될까? 무슨 사태가 일어날 수 있을까?

5월 3일 오전, 흡사 80년간 당첨자가 한 번도 나오지 않아 당첨금이 계속 쌓인 복권처럼, 지금껏 한 번도 불탄 적 없이 늘기만 한 숲의 무성한 나무들과 반세기 동안 급속히 늘어난 똑같이 생긴 집들, 외장재는 폴리염화비닐로, 지붕은 타르 입힌 합판으로 된 그 집들이 마침내 발화라는 로또에 당첨됐다. 숫자 여섯 개가 추첨 순서까지 정확하게 적힌 복권을 쥐게 된 것으로도 모자라 엘니뇨라는 보너스에다 봄철 일시적인 건조 기후라는 2등 당첨까지 한꺼번에 터졌다. 당첨자가 이 정도로 오래 나오지 않으면 당첨금은 수십억 달러씩 쌓인다.

믹스 103FM 라디오의 크리스 반덴브리켈은 아주 독특한 경로로 화재의 위험성을 깨달았다. 돌이켜보면 이 젊은 방송인의 5월 3일은 오슨 웰스의 라디오 드라마 〈우주 전쟁(War of the Worlds)〉(미국의 배우, 영화감독이자 각본가인 오슨 웰스가 동명의 SF소설을 토대로 쓰고 목소리 연기까지 도맡은 생방송 라디오 드라마. 화성인의 지구 침공에 관한 내용인데, 방송 당시 청취자들이 실제 상황이라고 착각할 만큼 내용과 연출이 실감났다—옮긴이)과 아주 비슷하게 흘러갔다. 반덴브리켈은 시청에서 열린 기자회견이 끝나자마자 산림부 임야화재 책임자인 버니 슈미트를 찾아가서 자신이 진행하는 정오 라디오쇼 〈포트맥머리 이모저모(Fort McMurray Matters)〉에 출연해달라고 요청했다. 믹스 103FM 방송국은 프랭클린가 동쪽, 하딘 스트리트 모퉁이에 자리한 건물 저층에 있었다. 프랭클린가는 도심의 남북으로 관통하며 클리어워터강의 범람원을 따라 이어진다. 클리어워터강은 약 1.6킬로미터 하류(북쪽) 지점에서 애서배스카강과 합류하고, 프랭클린가가 끝나는 지점 바로 뒤로는 대형 레크리에이션 센터가 있는 맥도널드섬이 있다.

포트맥머리 시내 중심부인 로어 타운사이트(Lower Townsite)는 원래 바지선을 운영하던 뱃사람들과 생선, 모피 상인들, 그리고 이렇게 먼 지류에서 억척스럽게 생활하던 몇백 명의 주민들이 모이던 곳의 명칭이었지만 오늘날에는 길이 약 1.6킬로미터, 너비 다섯 블록 정도에 해당하는 구역의 이름이 되었다. 이곳에는 겉보기보다 훨씬 많은 것이 있다. 관공서 건물, 교회, 작은 상점, 음식점, 대형 창고형 매장, 스트립쇼 클럽, 이슬람교 사원과 더불어 할랄 정육점, 페즈(fezz, 터키와 중동 지역에서 쓰는 챙 없는 원통형 모자―옮긴이)부터 코란, 푸푸(fufu, 카사바, 밀 등 전분 함량이 높은 채소를 가루로 빻은 후 반죽처럼 만들어서 익혀 먹는 음식. 가나를 포함한 서아프리카의 주식이다―옮긴이) 가루, 카사바, 다리 세 개 달린 남아프리카 지역의 전통 주철 솥까지 없는 게 없는 시장도 있다.

믹스 103FM 방송국에서 프랭클린가 쪽으로 조금만 올라오면 사탕, 하키 기념품, 시가 상자, 낚시 도구 등 다양한 상품을 파는 차우스 버라이어티스(Chow's Varieties)라는 잡화점이 있다. 이곳에서 판매하는 잡지만 수백 종류일 정도로 캐나다에서 가장 다양한 언론·출판물과 만화책을 취급하는 곳이다.* 프랭클린가 양쪽에는 주택가가 형성되어

---

* 2012년에 상품 규모를 줄이기 전 차우스에서 판매한 인쇄물과 잡지는 총 3,000 종이었다.

있다. 그중에는 역청산업이 처음 시작됐을 때 영구 거주자들을 위해 최초로 지어진 주택들도 있다. 아일랜드, 폴란드, 중국의 여러 도시와 마찬가지로 포트맥머리에 맨 처음 형성된 마을도 특정 업체들과 관련이 있었다. 이곳에서 그런 업체는 대부분 선코어와 신크루드였다. 불운했던 탐험가 존 프랭클린 경(Sir John Franklin)의 이름을 딴 이 대로는 도시 전체가 크게 변모한 후에도 시내의 중심축으로 남았다. 지금도 길 양쪽 끝은 막다른 길이다.

반덴브리켈의 믹스 103FM 방송국 스튜디오에는 거리를 지나는 사람들이 훤히 보이는 큰 창이 있었다. 그래서 스튜디오 안으로 들어오면 서쪽으로 프랭클린가와 건너편 하딘 스트리트, 붐타운 카지노, 피터 폰드 쇼핑몰, 우체국, 카페 팀 홀튼이 보이고, 안까지 소리는 들리지 않아도 24시간 내내 63번 고속도로를 바쁘게 오가는, 차체에 진흙이 잔뜩 묻은 트럭들도 다 보였다. 고속도로 건너편에는 방송국에서 장난감 총으로도 쉽게 맞힐 수 있을 만큼 가까운 거리에 어배샌드힐이 있다. 가파른 경사면이 울창한 숲으로 채워진 이 언덕은 1.6킬로미터 정도 고속도로와 나란히 이어지고 북쪽 가장자리는 남서쪽에서 이쪽으로 굽어지는 애서배스카강을 향해 다시 비탈을 이룬다. 어배샌드힐의 가파른 서쪽 경사면에는 띠를 이룬 역청 모래가 드러나 있다. 포트맥머리 화재가 일어나기 며칠 전부터 기온이 계절에 맞지 않게 상승하자 그곳에서 흘러나온 역청이 녹아내린 흑요석처럼 번쩍거렸다.

위에서 내려다보면 어배샌드힐, 애서배스카강, 시내의 저지대 범람원이 점점 좁아지며 합쳐지는 곳을, 총 10차선의 평행한 고속도로 교량 세 개가 스테이플러처럼 고정하고 있는 것 같아 보인다. 역청산업에 꼭 필요한 채굴 장비와 개질 장비 수백 톤을 견디도록 지어진 이 교량은 시내 북쪽의 노천 광산과 광미 적치장, 개질 시설로 가는 유일한 길이자 포트맥머리 전체 인구의 3분의 2가 살고 있는 시내 서쪽 인구 밀집 지역의 유일한 통행로다. 어배샌드힐의 동쪽 경계부는 클리어워터강의 가느다란 지류인 행잉스톤강 쪽으로 가파른 경사가 이어진다. 그 건너편 강둑 멀리, 어배샌드힐처럼 산등성이에 형성된 주거 지역인 비컨힐이 자리하고 있다. 바람이 선선하고 공원처럼 풍경이 멋진 이 고원지대에서 수천 명의 역청산업 일꾼들이 자식을 키우며 살아왔다. 아북극 지역 사람들이 이상적인 교외 풍경으로 여기는 모습과 아주 비슷한 이 동네에서 나고 자란 사람들도 있다. 사방에 나무가 우거진 이 두 산등성이 마을에서는 아직 잎이 다 자라지 않은 봄날에 숲에서 일어난 화재가 당황스러울 정도로 선명하게 보였다.

시내 프랭클린가 믹스 103FM 방송국의 스튜디오 창가에 앉은 슈미트와 반덴브리켈의 시야에는 비컨힐과 어배샌드힐은 물론 그 바로 뒤에서 솟구치는 연기도 훤히 들어왔다. 방송이 시작되자, 반덴브리켈은 짤막한 인사말에 이어 곧장 본론으로 들어갔다. "며칠 동안 화재로 다들 힘드셨죠. 물론 이 대형 화재는…."[9] 여기까지 말하고 창밖을 힐끗 바라본 후 말을 이었다. "이제 제가 앉아 있는 이곳에서도 새로 솟아나는 연기가 보이는군요."

연기를 가두고 있던 간밤의 열 역전 현상이 사라지고 대기 상하층 기온과 상대 습도의 격차가 시시각각 늘어나는 시간대였다. 그만큼 자유로워지고 강해진 불길은 더 거세게 타오르며 전날 저녁에 다 태워버리지 못한 것들을 다시 불태울 준비를 마쳤다. 시시각각 바뀌는 대기 속에서 어배샌드힐과 비컨힐 위로 연기기둥이 점점 더 자욱하게 피어오르는 동안, 슈미트는 오전 기자회견에서 나온 정보들을 명쾌하고 빈틈없이, 방송에 잘 맞는 어조로 다시 자세히 설명했다. 자신과 별 상관없는 남의 일을 얘기하는 것처럼 들릴 정도였다. 정오에서 7분이 지났을 즈음에는 반덴브리켈도 슈미트가 풍기는 냉소적일 만큼 차분한 분위기에 압도되어 "불길이 센테니얼 공원 근처까지 번져서 트레일러 한두 대가 타는 것"[10] 정도가 앞으로 일어날 수 있는 최악의 시나리오라고 생각했다.

그때쯤, 제이미 쿠츠와 라이언 쿠츠는 스프링클러 장비를 실은 트레일러와 함께 포트맥머리 5호 소방서에 도착했다. 시내에서 남쪽으로 8킬로미터 떨어진 곳, 63번 고속도로에서 벗어난 나지막한 언덕 위에 있는 이 소방서는 사방으로 시야가 탁 트여 있었다. 그곳에서 서쪽을 내다본 제이미는 가장 두려워했던 일이 현실이 되었다고 확신했다. 오전 11시 기자회견에서 슈미트는 애서배스카강 북쪽의 새로운 불길은 약 4만 8,500제곱미터 규모이며 소방관 10명이 그쪽으로 가는 중이라고 전했다. 하지만 상황은 이미 급변했다. 오전 10시나 11시쯤에는 그 말이 정확했을지도 모른다. 하지만 이런 종류의 화재에서는 한두 시간이 굉장히 긴 시간이고, 정오가 조금 지난 그때 불은 중대한 변화의 한가운데에 있었다. 반덴브리켈의 방송국 스튜디오에서도 그 변화가 뚜렷하게 보였다. 12시 15분경, 반덴브리켈은 청취자들에게 이렇게 전했다. "프랭클린가와 하딘 스트리트 바로 앞에 있는 이곳 방송국에서 보니, 오늘 연기기둥이 굉장히 커졌습니다. 앞서 기자회견에서 예측된 일이죠. 정오를 막 지난 현재 불길이 다시 폭발적으로 커져서 둥글게 퍼지고 있는데요, 연기가 지금 상태로 지속되는 건 도시가 더 위험해질 수 있다는 징후인가요?"

슈미트는 자신은 임야화재 관리자이지 안전 책임자가 아니라며 항변하고는 이렇게 답했다. "불길이 더 강해지기 시작하면 연기기둥에 변화가 나타납니다. 흰색이면 불길의 강도가 그리 높지 않다는 의미이고, 검은색이면 화재의 동태가 극단적인 상태임을 나타냅니다."

반덴브리켈이 말을 이었다. "그렇군요. 지금 보이는 연기의 상태는, 조금 섞여 있네요. 갈색도 보이고, 가장자리는 흰색도 조금 있고요. 지금은 화재 강도가 어느 정도라고 할 수 있을까요?"

"4등급, 그러니까 강한 지표 화재에 들어선 것으로 보입니다." 슈미트가 답했다. "나무가 통째로 불타기 시작하고, 간간이 불길이 횃불처럼 치솟기도 할 겁니다. 연기기둥이 검게 변하면 전면적인 수관 화재가 시작되고 불길이 주변의 나무를 전부 집어삼킬 겁니다."

"그 말이 떨어지고 고작 몇 분 사이에 연기가 점점 더 시커멓게 변했습니다." 반덴브리켈은 내게 이렇게 전했다. "버니는 그걸 보더니 땀을 뻘뻘 흘리기 시작했어요."

/ / / /

슈미트와 반덴브리켈이 라디오 생방송 중에 스튜디오 창밖으로 목격한 것은 스탠리 큐브릭의 영화 〈2001: 스페이스 오디세이〉에서 우주선의 인공지능 컴퓨터 할(Hal)이 자신의 존재를 자각하고 우주선의 통제권을 빼앗는 장면과 비슷했다. 소방 용어로 "전환(crossover)"이라고도 하는 화재의 큰 변화였다. 임야화재에서 이 전환이 일어나면, 불길이 지나는 길에 있는 것은 무엇이든 돌이킬 수 없게 된다.

살아 있는 거의 모든 생물처럼 불도 태양에서 에너지를 얻는다. 또한 불은 우리처럼 하루 24시간 주기로 자고 일어난다. 불이 먹이로 삼는 식물이 그렇듯, 불이 얻거나 잃는 에너지는 태양의 존재, 그리고 햇빛의 강도와 직접적인 관련이 있다. 따라서 숲에서 시작된 불의 일상은 모든 불의 어머니인 태양의 신호로 바뀌는 궤적, 혹은 일주기 리듬을 따른다. 임야화재는 밤이 되면 조용히 몸을 숨기고 아침이 되면 깨어난다. 해가 뜨고 이슬이 증발하고 습도가 떨어지고 기온이 올라가면 꽃처럼 고개를 들고 몸을 활짝 편다. 공기와 토양 온도가 상승하면 바람이 생겨난다. 애서배스카강을 따라 형성된 높다란 고원지대에서는 산꼭대기에 햇빛이 비추면 데워진 공기가 저 아래 그늘진 골짜기의 강가에 머무르던 차가운 공기를 위로 끌어올린다. 아래에 있던 공기가 데워져서 "위로" 올라오면 그 빈자리는 다른 공기로 다시 채워진다. 우리가 바람이라고 부르는 것은 대기가 이렇게 빈자리를 채우는 과정이다. 바람은 드넓은 풍경을 가로지르며 불어오거나 밀려온다고 생각하기 쉽다. 고대부터 그랬고, 아리스토텔레스도 그렇게 생각했다. 하지만 사실 바람은 드넓은 풍경을 가로질러 '이끌려 온다'. 그리고 불은 그 바람을 들이마신다.

화재 기상이 임야화재가 일어나기에 이상적인 조건이 되면, 힘들여 했던 일들이 아무런 노력 없이도 이루어진다. 〈2001: 스페이스 오디세이〉에서 AI 컴퓨터인 할이 "고맙습니다. 지금부터는 제가 알아서 합니다"라고 선언할 때와 같은 순간이 찾아오는 것이다. 원래 불이 계속 타려면 젖은 나무와 서늘한 공기, 간밤의 열 역전 현상으로 아래로 내려와 불을 누르고 질식시키던 공기 같은 불리한 환경을 이겨야 하는데, 높은 기온, 낮은 습도, 바싹 마른 연료, 바람까지, 불에게 필요한 모든 것을 환경에 알아서 제공하는 협력자로 바뀌는 순간 전환이 일어난다. 그래서 화재가 발생하면 불과 소방관 양쪽 모두에게 이 전환점이 가장 중요하고, 전환 시점은 거의 분 단위까지 정확하게 예측할 수 있어야 한다. 전환은 대기의 섭씨온도가 상대 습도 퍼센트보다 높아질 때 일어난다. 예를 들어 기온이 26도 이상으로 오르고 상대 습도가 26퍼센트 미만으로 떨어지면 사방이 불쏘시개가 될 정도로 건조해지고 바람도 점차 거세진다. 처음에는 주변 공기가 불균일하게 데워져서 바람이 불기 시작하다가 나중에는 점점 증가하는 불 에너지로 인해 바람도 거세진다. 불의 상태가 전환되면 극적인 변화가 일어난다. 물을 밀어내면서 달리던 모터보트가 가속이 붙으면 수면을 스치며 날아가듯 달리게 되는 것과 비슷하다.

전환이 일어나면, 불길은 한층 자유로워져서 이동 속도와 규모가 기하급수적으로 증가하고 움직임이 훨씬 민첩해진다. 기온과 습도의 격차가 더 벌어지고 그로 인해 바람이 불기 시작하면 모터보트에 가속이 붙는 것과 같은 변화가 지리적인 규모로 일어난다. 전환점을 지난 불은 처음 시작된 계곡이나 대초원, 숲과 같은 특정 구역에서 벗어나 더 넓은 면적으로 번지며 그 안에 있는 것들을 모조리 장악한다. 유난히 무덥고 건조하고 바람이 많이 부는 오후에는 몇 시간 동안 그런 일이 일어난다. 진행 속도가 깜짝 놀랄 만큼 빨라서, 불과 몇 시간 전까지도 한곳에서 가만히 타기 시작했거나 쌓인 잎들, 덤불 사이로 느릿느릿 퍼지던 불이 갑자기 키가 수십 미터로 훌쩍 자란 거인처럼 어마어마한 규모와 힘으로 바람처럼 쏜살같이 움직이게 된다. 전환점을 넘어선 불은, 연료를 말리고 달구는 수고가 점점 줄고 점차 거세지는 바람이 산소를 듬뿍 공급하며 힘을 보태므로, 주변을 집어삼키고 불길을 키우는 데 연소 에너지를 전부 할애할 수 있다. 아무런 규제가 없는 자유 시장 자본주의를 화학 반응에 비유한다면 바로 전환점을 지난 임야화재일 것이다. 날씨를 시장의 힘으로 바꾸면 앨버타주 역청산업이 성장한 패턴과도 비슷하다.

불이 전환점을 맞이하는 순간은 임상에 머무르던 불길이 사다리 연료가 되는 덤불, 낮게 드리운 나뭇가지를 타고 나무 꼭대기로 올라가는 것으로 쉽게 알아차릴 수 있다. 나무 꼭대기에 이르러 바람과 더 가까워진 불길은 흡사 여우원숭이처럼 이 나무에서 저 나무로, 이 연료에서 다음 연료로 즉흥적으로 이동하며 나무 꼭대기 전체를 관통하면서 숲 전체에서 점점 더 높은 곳으로 올라간다. 이것이 수관 화재다. 여우원숭이 또는 긴팔원숭이 한 무리가 한 줄로 정렬을 가다듬은 후에 다른 나무로 점프하듯이, 수관 화재에서는 불길이 옮겨붙기 전에 열기가 먼저 예측 가능한 방향으로 움직인다. 바람에 이끌려 불보다 앞장서서 이동하는 이 열기는 아직 타지 않은 나무 온도를 높이고, 그로 인해 나무에서 가연성 기체가 잔뜩 방출되어 곧 이어질 폭발적인 점화의 발판이 마련된다. 아한대림에서 발생하는 대형 화재에서는 불길의 전면부를 따라 이처럼 예열된 연료에서 수천 건의 점화가 동시에 일어난다. 그 면적이 수 킬로미터에 이르기도 한다. 5월 3일 포트맥머리에서 점심시간쯤 방출된 에너지는 2001년 치점 화재처럼 핵폭발과 맞먹는 수준이었다.

예열된 연료의 효과는 엄청나다. 버니 슈미트가 "나무가 통째로 불탄다"고 표현한 대로, 나무가 거의 순식간에 수십 미터짜리 불기둥이 되어버린다. 바람과 열이 충분하면 한 줄로 늘어선 나무 전체가 동시에 이런 식으로 불탄다. 그사이 더 높은 곳에서는 바람과 열, 가연성 기체가 합쳐지면서 가공할 만한 시너지가 일어나 불길은 공중을 더 쉽게 날아다닐 수 있게 된다. 불이 붙은 채로 날아다니는 솔잎이나 불씨뿐만이 아니라 불덩이가 날아다니면서 동시다발적인 폭발이 시작된다. 임야화재와 관련된 일을 하는 사람들은 이를 "용"이 불을 뿜는 것 같다고 표현한다.[11] 수관 화재로 침엽수 우듬지가 과열되면서 분출된 가연성 기체가 불과 만나 일어나는 폭발적인 불길은 크기와 형태가 모두 고질라와 비슷하다. 화염의 높이가 최대 90미터에 이르고, 대기 상층의 연기, 숯, 불씨에 다시 불이 붙을 정도로 뜨거워진다. 그 결과 연기기둥 속에서 불길이 수십, 수백 미터로 솟구친다.

169

기온이 상승하고 습도가 낮아질 때 일어나는 이 전환에서는 온도와 습도의 격차가 클수록 불의 연료가 예열되는 속도와 연료가 점화되는 속도가 모두 빨라진다. 그로 인해 열과 바람이 계속해서 증가하고 동일한 현상이 반복되는(더 정확히는 갈수록 증폭되는) 사태에 이른다. 이와 같은 수관 화재는 일단 본격적으로 시작되고 나면 막을 수가 없다. 5월 3일 포트맥머리에서 불의 전환을 목격한 한 시민의 말처럼 "이런 불은 사람의 힘으로는 막을 방법이 없다."[12] 그나마 희망을 걸 수 있는 방법은 불이 이동하는 방향에 방화대를 만들고 연료가 될 수 있는 것에 전부 물과 소화약제를 대량 뿌리는 것, 또는 역화(맞불)로 불의 연료를 먼저 없애는 것이다. 하지만 2011년 슬레이브 레이크 소방관들은 이 모든 노력에도 날아다니는 불씨를 막을 수 없다는 사실을 뼈아프게 깨달았다. 포자처럼, 또는 바이러스처럼 가볍고 이동성이 좋은 불씨 하나하나가 화재 지점으로부터 수백, 심지어 수천 미터 떨어진 곳에서 새로운 불을 일으킬 수 있기 때문이다. 포트맥머리 화재와 같은 전환 조건에서는 불씨 하나하나가 처음 그 불씨가 뿜어져 나온 불길만큼 크고 맹렬하게 타오를 수 있었다.

이만큼 강력한 수관 화재는 전날 저녁 비컨힐과 어배샌드힐, 시크우드 주민들이 목격하고 깜짝 놀란 화재와 같은 6등급에 해당한다. 6등급은 임야화재에 부여되는 최고 등급이다. 슈미트도 6등급 수관 화재는 큰 강물도 뛰어넘을 수 있다고 언급했지만, 포트맥머리의 화재 상황이 그만큼 불길하다는 암시는 없었다. 정오에서 20분이 지났을 때 크리스 반덴브리켈은 화재 지점에 투입된 소방 인력을 간략히 정리해서 청취자들에게 전한 다음 슈미트에게 어느 쪽 불길이 포트맥머리에 가장 큰 위협이 되고 있느냐고 물었다. 고속도로, 센테니얼 야영지, 시내 남쪽 경계와 1.6킬로미터도 채 떨어지지 않은 불길의 동쪽

면과 애서배스카강 쪽을 향해 비컨힐과 어배샌드 뒤쪽으로 다가오고 있는 불길의 북쪽 면, 강 북쪽에서 시작되어 그 두 주거지역의 서쪽을 위협하고 있는 비산 화재 중 어느 쪽이 위협적인지 묻는 질문에 슈미트는 "북쪽 면"이라고 대답하고 이렇게 덧붙였다. "그쪽 불길과 포트맥머리까지는 꽤 거리가 있기도 하지만, 아직 그곳에는 소방용 항공기가 투입되지 않았습니다. 그래서 오늘 우리가 보유한 항공기로 그 북쪽 면의 열기를 가라앉히고 방화대도 만들 계획입니다." 비산 화재로 골프장이 위험해질 수 있지 않느냐는 반덴브리켈의 질문에 슈미트는 현재 소방관들이 잘 대처하고 있다고 대답했다. "자신 있습니다. 우리가 가진 모든 걸 쏟아서 오늘은 불길을 잡을 겁니다."

겨우 몇 분 뒤인 낮 12시 23분에 다비 앨런 소방서장은 트위터에 다음과 같은 메시지를 남겼다. "#ymm*에 사는 분들, 현재 상황이 심각합니다. 대피 준비를 하십시오." 리트윗 횟수가 겨우 13회에 그친 이 트윗을 몇 명이나 봤을지 모르겠다.

슈미트와 반덴브리켈이 방송국 스튜디오에서 내다보던 4등급 화재가 곧 6등급(허리케인으로 치면 5등급)이 되리라는 것은 그저 있을 수 있는 일이 아니라, 슈미트를 비롯해 아한대림의 화재 기상을 잘 아는 사람이라면 누구나 확신할 수 있는 일이었다. 심지어 그날은 두 사람이 버젓이 지켜보는 앞에서 그런 일이 일어났다. 정오에서 25분이 지난 시각, 반덴브리켈은 이번 화재의 위험성을 정확히 이해하려고 계속 애쓰는 중이었다. "만일의 사태에 대비해서, 포트맥머리 시민들은 무엇을 해야 할까요?" 그는 이렇게 물었다.

"기자회견에서 앨런 서장님이 한 말을 그대로 다시 전하겠습니

다." 슈미트가 대답했다. "평소대로 생활하시되 준비는 해두십시오."

제2차 세계대전 시기 영국 정부의 대국민 메시지였던 "침착하게 하던 대로 하라(Keep calm and carry on)"는 문구를 살짝 변형한 듯한 슈미트의 이 조언은 캐나다가 중시하는 국가적 덕목이 "생명, 자유, 행복 추구"보다 "평화, 질서, 우수한 정부"에 더 가깝다는 사실과도 깊은 관련성이 있다. 이런 말이 사람들을 안심시킬 때도 있겠지만, 5월 3일 점심시간 무렵에는 그저 공허한 기도일 뿐이었다. 공허함을 넘어 위험천만한 발언이라고 하는 게 더 정확할지도 모른다.

5월 1일부터 이틀 밤낮 사이에 통제 불가능할 정도로 타오른 불길은 계속 떨어지는 습도와 계속 높아지는 기온에 힘입어 앨버타에서 네 번째로 큰 도시를 향해 빠르게 다가왔다. 이 기록적인 화재 조건은 과거 수개월, 며칠, 그 시점에는 몇 시간 단위로 상세히 분석되고 정리된 정보와 일치했다. 하지만 임야화재 전담 소방관이나 시청의 고위직 공무원, 그리고 앞선 주말에 이보다 작은 규모로 발생한 화재로 잠시 대피했던 수백 명 외에는 다들 이 사태의 심각성을 제대로 인지하지 못했다. 그 소수에 속하지 않은 나머지 8만 8,000여 명의 포트맥머리 시민들 역시 5월 3일 오전, 영화 〈타이타닉〉에서 침몰하는 배에 타고 있던 승객들이 그랬듯 주변에서 무슨 일이 일어나고 있는지 전혀 몰랐다. 침몰 중인 배의 갑판에서 사람들 눈에 또렷하게 보인 빙하처럼 포트맥머리를 바다처럼 둘러싼 푸른 숲 위로 연기기둥이 뚜렷하게 피어났지만, 그 기둥을 눈여겨본 사람들조차 추상적으로 받아들였을 뿐이다. 인스타그램에 게시할 만한 특이한 풍경, 그 이상은 아니었다.

크리스 반덴브리켈이 기자회견장에서 비컨힐과 어배샌드 주민들도 대피 준비를 해야 하느냐고 차분하게, 하지만 진지하게 질문한 지

채 한 시간도 안 돼서, 사람들은 대피 문제를 더 이상 거론하지 않았다. 이런 상황에서도 도시 전체가 평소대로 지낼 수 있는 배경에는 일종의 타성과 점잖은 태도, 훈련된 노동자들이 있었다. 하늘은 여전히 맑고, 시민 대다수가 학교나 일터, 쇼핑몰 등 아무튼 실내에 있고, 나머지는 시내에서 족히 50킬로미터는 떨어진 현장에 나가 있는데 뭐가 걱정이란 말인가? 불길이 도시에 바짝 다가왔고, 그날 날씨가 어제보다 기온이 더 오르고 더 건조하고, 풍향이 도시를 향하는 쪽으로 바뀐다는 일기예보도 전해졌지만 포트맥머리 시민들은 당국의 지시대로 평소처럼 생활했다. 라디오 스튜디오에 앉아 있던 슈미트는 땀을 뻘뻘 흘리기 시작했고 그럴 만한 이유도 명확했지만, 다들 하던 일을 계속하라고 말하는 그의 음성은, 과연 얼마나 많은 사람이 그 방송을 듣고 있었는지는 모르지만 일단 차분하게 들렸다.

그사이 바람은 예보대로 남서풍으로 바뀌고 있었다. 불길의 "북쪽면 주변이 어려워질 수 있다"고 한 슈미트의 말이 현실이 될 수 있는 변화였다. 그러나 슈미트의 말이나 어조에서 그 '어려워질 수 있다'는 것이 지난밤 불길이 애서배스카강을 넘어올 경우 사태가 '어려워질 수 있다'고 할 때와 같은 의미라는 기색은 전혀 비치지 않았다. 화재의 동태를 직접 추적해왔고 슈미트와 직접 대화를 나눈 당사자인 반덴브리켈도 슈미트의 말을 있는 그대로 받아들였다. 12시 30분 직전에 슈미트가 서둘러 스튜디오를 빠져나갈 때, 반덴브리켈은 "화재가 진압될 거라고 진심으로 믿었다"고 했다.

////

봄의 들뜬 기분에 여전히 젖어 있던 샌드라 린더는 점심시간이 되

173

자 오전 업무를 마무리하고 오후 2시에 시내 보리얼리스 빌딩의 신크루드 사무실에서 예정되어 있던 회의를 준비했다. 차가 막히지만 않으면 고속도로를 타고 30분이면 갈 수 있는 거리였다. 샌드라가 만나기로 한 사람은 회사 비상 대응 책임자였고, 회의 주제는 시 주변에서 타고 있는 불이 아니라 그보다 추상적 위협인 사회적 동요였다. 신크루드의 오랜 경쟁사인 선코어가 얼마 전부터 노조와 심각한 충돌을 빚고 있고, 캐나다 원주민들과 여러 환경 단체는 수년째 역청산업이 사회와 환경에 끼치는 영향에 문제를 제기해왔다. 이들 중 누군가가 63번 고속도로를 막고 시위라도 벌인다면, 시 북쪽에서 1년 365일 24시간 가동되는 광산과 정유소에서 교대 시간마다 오가는 어마어마한 인력의 이동에 문제가 생길 것이고, 이는 사업의 안전성과 생산성에 위협이 될 터였다.

오후 1시 30분경, 샌드라의 차는 수퍼테스트힐(Supertest Hill)에서 애서배스카강 계곡 쪽으로 내리막길을 달렸다. 회의가 끝나면 몇 가지 처리할 일이 있었다. 뒷자리에는 재사용 장바구니("디스카운트 튜스데이〔Discount Tuesday〕"라고 적힌)와 세탁소에 드라이클리닝을 맡길 옷들이 실려 있었다. 시내까지 24킬로미터 정도 남았을 때, 샌드라는 길고 완만하게 굽어지는 강변을 따라 달리다가 전면 유리창 너머로 시야를 꽉 채운, 알 수 없는 무언가를 발견했다. "처음 봤을 때는 '잠깐만, 저게 뭐지?' 하고 생각했어요. 하늘이 맑은 날이었는데, 남쪽 하늘은 시커먼 색이었죠. 시커먼 연기에 벌건 색이 길게 섞여 있고 그런 게 하늘을 완전히 메우고 있었어요. 저는 그게 뭔지 이해해보려고 했습니다. 멀리 있는 게 제 눈에 더 가까이 보이는 건지도 모른다고도 생각했고요. 저 붉은색은 연기 뒤에서 비치는 햇빛일 수도 있다고 생각했어요. 하지만 햇빛이 아니었어요. 해가 있을 위치가 아니었습니다. 그

건 화염이었어요."

샌드라와 남편은 포트맥머리에서 20년을 살았다. 그린웨이에 있는 집을 사고 함께 삶을 꾸리는 동안 화재로 생긴 연기기둥을 족히 100번은 봤을 텐데, 이건 달랐다. "일단 고속도로 갓길에 차를 세우고 회사 직원인 바이런에게 전화를 걸었어요. '우리 회의 그대로 진행하나요?'라고 물었더니, '아니요, 취소됐습니다. 못하게 됐어요. 오지 마세요'라고 하더군요."

"저는 바이런에게 '벽처럼 솟구치는 화염이 보여요'라고 했죠."

통화는 짧게 끝났다. 두 사람 다 무슨 말을 해야 할지 알 수가 없었다. 화창한 봄날에, 자기가 살고 일하는 도시가 화염에 휩싸이면 무슨 말을 할 수 있을까? 샌드라는 다시 차를 몰고 63번 고속도로를 달려 컨페더레이션 출구로 나간 다음 서쪽으로 방향을 틀어서 내려온 언덕을 다시 올라갔다. 그리고 애서배스카강 계곡에서 빠져나갔다. "그래, 좋지 않아. 하지만 이렇게 하자." 샌드라는 혼잣말로 할 일을 정했다. "일단 집으로 가자, 가는 길에 세탁소에 들르자, 그래, 샘네 세탁소에 가서 드라이클리닝 할 옷들을 맡기자고 생각했어요. 아직은 불이 강 저편에 있으니까 괜찮을 거라고요. 세탁소에 도착해서 옷을 맡기고 잠시 서 있는데, 골프복 차림을 한 어떤 남자가 골프장 쪽에서 나오더니 '젠장! 방금 골프장에서 대피하는 길입니다!'라고 했어요. 그런데 지금 세탁소에 왜 왔을까, 싶은 거예요. 그래서 제가 물었죠. '그런데 여기서 뭐 하세요?' 그러자 남자가 그러더군요. '그게, 드라이클리닝 맡겨둔 옷을 찾으려고요.' 저는 '어느 골프장에서 오시는 길이죠?'라고 물었습니다. 여긴 골프장이 두 개뿐이거든요. 남자는 '시크우드요'라고 했어요. 그 말은, 불이 강을 넘어서 이쪽으로 왔다는 소리였어요."

린다의 말이 이어졌다. "샘도 그 말을 들었어요. 샘은 우리 부부와 친구이기도 해요. 샘은 바로 아내에게 전화를 걸었죠. '여보, 불이 강을 건너왔대. 어서 집에서 나와. 어서, 빨리!' 샘 부부가 사는 집은 강변 바로 앞인 우드 버펄로에 있었거든요. 이렇게 돌아버릴 것 같은 상황에서도 샘은 제 옷을 받아 들고는 장부에 기록하고 '화요일까지 해 드리면 되겠죠?' 하고 물었죠. 저도 '네, 다음 주 화요일 좋아요'라고 대답했고요."

5월 3일 오후 2시였다. 샌드라는 세탁소에서 받은 주문 확인증을 지갑에 쑤셔 넣고는 포르셰를 몰고 집으로 향했다.

재난은 일종의 존재론적 부조화다. 개개인이 경험하는 재난은 인지 부조화가 눈앞에 펼쳐진 것과 같다. 개인적인 세계와 물리적인 세상의 질서가 철저히 다 무너져서, 어디서부터 어떻게 정리해야 하고 어떻게 가늠해야 할지, 심지어 어떻게 반응해야 할지도 알지 못한다. 한 번도 경험한 적 없고, 도저히 이해할 수 없을 만큼 너무나 거대하고 위협적인 일이기 때문이다. 샌드라 린더는 회사에서 압박이 심하고 까다로운 업무를 해왔다. 위험 부담도 큰 일이었고, 그간 여러 위기 상황에서 맡은 역할을 잘 해왔다. 그런 샌드라도 재앙이 되어버린 불의 실체를 직접 보고, 말로도 인정하고, 다른 사람들과 대화하며 이 사태가 현실임을 확인한 후에도 자신이 처한 상황의 정확한 의미나 이 재앙이 자신에게 줄 수 있는 영향을 제대로 이해하지 못했다. 왜냐하면 지금까지 샌드라를 비롯해 포트맥머리에 사는 대다수에게 불은 갈색이나 회색 연기를 뿜는 것, 먼 곳에서 늘 일어나는 일이었기 때문이다. 하지만 5월 3일의 불은 그런 불과 달랐다. 너무 거대하고, 너무 시꺼멓고, 너무 벌겋고, 너무 가까이에 있었다.

지역 라디오 방송과 페이스북 라이브로 전해진 당국의 조언은 순식간에 현실과는 동떨어진 소리가 되었다. 화재의 실제 상황은 그런 조언과 엇나갔을 뿐만 아니라 현장에서 그 불을 진압하려고 싸우는 사람들의 경험과도 점점 더 엇나가기 시작했다. 헤르만 헤세는 거의 100년 전에 쓴 소설 《황야의 이리》에서 현대에 발생할 이 딜레마를 예견했다. 소설 막바지에 주인공은 자신의 우상인 모차르트와 만난다. 오래전에 죽은 그 음악가는 주인공 앞에 나타나 원시적인 형태의 라디오를 켜면서 이렇게 말한다. "무선으로 소리를 들으면,[13] 생각과 외형, 시간과 영원, 인간과 신 사이의 영원한 전쟁을 목격하게 됩니다." 포트맥머리의 리더들은 도저히 통제할 수 없는, "신의 영역"이라고도 표현할 수 있을 법한 이 사태 앞에서 사람들의 반응을 대중매체로 통제해보려다가 이 '영원한 전쟁'에 빠지고 말았다. 그들이 전한 정보의 질도 마찬가지였다. 라디오는 생방송이라고 해도 사건의 동적인 변화를 상세히 전할 수 없고 소식이 전해지는 속도도 늘 한 박자 늦어질 수밖에 없다.

수학자 오브리 클레이턴(Aubrey Clayton)은 이런 글을 썼다. "기하급수적인 증가의 문제는,[14] 일어나는 변화의 대부분이 늘 가까운 과거의 일이 돼버린다는 것이다." 그래서 라디오로 전해지는 모든 최신 소식과 뉴스는 본질적으로 불완전한 역사가 된다. 누군가 소식을 모으고 정리해서 방송에 내보낼 때쯤 세상은 이미 바뀌어 있다. 그래도 보통은 2016년 5월 3일의 포트맥머리에서처럼 급변하지는 않는다. 게다가 그날 포트맥머리는 현재의 관성이 조급한 미래보다 힘이 셌다.

9

버남의 큰 수풀이 높은 던시네인 언덕으로 와서
그와 맞서기 전까지, 맥베스는 절대 정복되지 않으리니.[1]
—《맥베스》, 4막 1장

———

　바람이 시시각각 남서풍으로 바뀌고 불의 전환이 순조롭게 진행되면서, 009호 화재는 포트맥머리 시민들에게 21세기 화재의 새로운 현실을 선보였다. 기온이 이전 최고 기록을 깰 만큼 높아지는 것과,[2] 기록을 거의 6도 차이로 경신하는 것은 다른 문제였다. 게다가 상대 습도는 10퍼센트 초반까지 떨어졌다. 하루 중 기온이 가장 높은 시간대는 아직 시작되지도 않았는데, 그날은 그 시간도 아주 길어서 밤 9시가 넘어서야 해가 졌다. 화재의 실제, 즉 물리학적·화학적 특성을 바탕으로 도출된 객관적인 가능성과 포트맥머리 리더들의 빗나간 판단의 격차는 정보 부족이나 태도의 문제라기보다 통찰력의 문제였다. 미국 상원 9·11 위원회는 2001년 테러리스트 공격에 관한 보고서에서 이렇게 공언했다. "가장 중요한 실패는 상상력을 발휘하지 못했다는 것이다."[3] 이 결론은 2008년 금융 위기와 도널드 트럼프의 대통령 당선, 러시아의 우크라이나 침공, 오디세우스의 계책이 빛난 목마로

트로이가 함락된 일 등 모든 사고, 재난, 승리, 패배에 적용된다.

임야화재는 주변 조건에 따라 허리케인처럼 천천히 움직이기도 하고 폭발적인 속도로 돌연 나타나기도 한다. 가속이 붙어 돌발홍수처럼 느닷없이 마을을 통째로 덮치기도 한다. 차이가 있다면, 홍수는 보통 강을 따라 움직이고 허리케인은 바다의 특정한 부분에서 나타나는 기상 패턴을 따르지만, 불은 연료가 있는 곳이라면 어디든 갈 수 있다는 것, 그리고 불이 삼키는 메뉴는 흙, 바위, 금속, 물을 제외하고 태양 아래에 있는 거의 모든 것이 포함될 정도로 엄청나게 다양하다는 것이다. 더욱이 불의 이동 경로는 거의 바람의 방향으로만 좌우되는데, 바람은 어느 방향에서나 불 수 있다. 이런 점에서 불은 가장 변덕스럽고 종잡을 수 없는 재난이다. 스파크 하나로 자연 발생할 수 있고, 폭탄처럼 폭발하고, 방향을 급선회하고, 장애물도 훌쩍 뛰어넘을 수 있고, 무작위로 움직이면서 몸집이 불어나는 능력은 타의 추종을 불허한다. 이런 특징들로 인해 도시 단위로 화재를 예측하고 대응하기가 정말 쉽지 않다. 그리고 짐작건대 무엇에도 꺾이지 않을 것이라는 젊은 도시 특유의 확신으로 인해 포트맥머리 시민들은 불을 직접 목격하거나, 직접 본 다른 사람의 말을 듣고서야 자신이 사는 도시가 불타고 있음을 비로소 알게 되었을 것이다.

////

버니 슈미트는 라디오 방송에 출연해 정보 담당관 역할을 하느라 자신이 지휘하는 산림부 소방대의 무전을 듣지 못했다.[4] 슬레이브 레이크에서 포트맥머리까지 차로 4시간을 달려오는 동안 오전 내내 상황을 모니터링한 제이미 쿠츠와 라이언 쿠츠는 라디오로 들은 화재

179

시나리오가 포트맥머리에서 흘러나오는 실제 화재 정보와 엇갈린다는 사실을 알아챘다. "우리는 트럭에서 그날 오전 기자회견을 생방송으로 들었어요."[5] 제이미 쿠츠는 그날을 회상하며 이야기했다. "다비 앨런이 그러더군요. '학생들은 등교하고 야구 일정이 있으면 야구장에 가세요. 평소대로 생활하시고, 우리가 계속 소식 전하겠습니다'라고요. 포트맥머리까지 한 시간 정도 남았을 때 우리는 '저 사람 이제 망했어'라고 했습니다. 산림부 내부 통신도 계속 듣고 있었는데, '대책이 없다'는 말이 나왔거든요. 차 안에 있었지만 무슨 상황인지 전부 알게 됐습니다. 무전으로 들은 정보들, 우리가 가진 지식으로 정리해 보면 어떻게 돌아갈지 답이 나왔으니까요. 그런데 (5호 소방서에 설치된) 지역 비상 운영 센터에 도착했더니 거기 사람들이 우리더러 소방서를 둘러보겠느냐는 소리나 하더군요."

제이미도 소방서장이고, 무엇보다 자신이 지키던 마을에 화재가 발생해 몸소 그 대가를 치러야 했기에 이렇게 말할 만도 했다. 내부에서 '대책이 없다'는 말이 나왔다는 건 임야화재가 가장 극단적인 상황이라는 의미였다. "자원의 한계를 넘어섰다"는 것은 불이 통제 불능 상태일 뿐만 아니라 화염 가까이 가는 것이 극히 위험해졌다는 뜻이다. "그보다 끔찍한 말은 없다고 할 수 있습니다." 라이언이 내게 설명했다. "산림부가 할 수 있는 게 아무것도 없다는 소리니까요."

이 정도 상황에 이르면, 일단 물러나서 불의 동태가 바뀌기를 기다리는 것 말고 다른 적절한 조치는 없다. 불의 동태가 바뀌려면 날씨가 바뀌거나 밤이 되어야 하는데, 문제는 밤이 되면 소방용 항공기가 날 수 없고 지상 소방관들도 진화 작업을 거의 못 하게 된다. 오지에서 발생한 임야화재는 "자원의 한계를 넘어서는" 사태에 이르는 것이 그리 이례적이지 않다. 하지만 불이 번지는 방향에 도시가 있다면, 이 말의 무게는 엄청나게 달라진다.

　포트맥머리 소방서의 서장 대행이자 소방관인 마크 스티븐슨(Mark Stephenson)도 불길이 다가오는 것을 보았다. 하지만 시 당국자들 다수가 그랬듯, 그도 이 불이 자신이 사는 도시나 자기 집에 어떤 영향을 줄 수 있는지는 제대로 이해하지 못했다. 스티븐슨의 집은 어배샌드에 있었으므로 불이 난 사실은 며칠 전부터 알고 있었다. 헌신적인 아버지이자 남편, 군인 출신 기독교 신자인 그는 총과 덫으로 하는 사냥을 즐겼고 겨울에는 봄에 타고 다닐 빈티지 스포츠카를 틈틈이 손보곤 했다. 그해 봄에는 자투리 시간이 생길 때마다 집을 개조하느라 바빴다. 009호 화재의 존재가 처음 발견된 날 하루 전인 4월 30일 토요일에는 다섯 살이던 아들과 집 뒤쪽 베란다에 나가서 인근에서 발생한 다른 화재 현장에 소방용 항공기 여러 대가 비스듬히 접근해서 물을 뿌리는 모습을 지켜보았다. 조종석에 앉은 파일럿의 머리가 보일 정도로 가까이에서 벌어진 일이었다. 포트맥머리에서는 그렇게 코앞에서 놀라운 일들이 일어날 때가 많다. 스티븐슨은 주방에 있다가 창 너머로 늑대들을 본 적도 있다고 했다. 봄이 되면 시내 월마트 주차장에서 클리어워터 강변에 늘어선 포플러에 올라간 새끼 곰들이 목격되기도 한다. 몸에 시꺼먼 털이 난 작은 사람처럼 덩치가 커다란 곰들이 겁도 없이 나무 꼭대기로 성큼성큼 올라가면, 엄마 곰들은 앞서거니 뒤서거니 그 뒤를 따라 올라간다.

　긴 턱수염에 덩치도 체형도 검투사와 비슷한 스티븐슨과 마주하면 다른 사람들과는 다른 척도로 빚어진 사람 같다는 생각이 든다. 의자도 그에겐 너무 작고, 커피잔도 그가 쥐면 정말 작은 잔처럼 보인다. 엑스트라라지 사이즈 티셔츠도 스티븐슨에게는 턱없이 작다. 조용히 대화를 나눌 때도 에너지가 가득해서, 누구나 살다가 가끔 맞닥뜨리는 인생의 불합리한 요구마저 이 사람만은 다 이겨낼 것만 같다는 확신이 든다. 외출하면서 집 열쇠를 놓고 나온 어느 날, 잠겨 있는 차고를 통해서 들어가는 방법밖에 없다는 사실을 깨닫고는 차고 문을, 그것도 차고 옆문이 아니라 정면에 달린 철제문을 발로 뻥 차서 열어버린 적도 있다고 했다. 이 일은 5월 3일 오후 12시 30분에는 아직 일어나지 않은, 하지만 곧 다가올 미래였다.

슬레이브 레이크에서 온 소방관들이 지역 비상 운영 센터가 설치된 5호 소방서에서 스프링클러 장비의 사용법을 시연할 때 스티븐슨도 우연히 그 자리에 있었다. 5호 소방서에 가보면, 시설을 둘러보겠냐는 제안이 왜 나왔는지 알 수 있다. 친환경 인증까지 받은 최신식 새 건물은[6] 현대 미술관으로 착각할 만큼 화려했다. 스티븐슨을 비롯해 훈련 감독관인 데이브 토비(Dave Tovey)와 스물다섯 명쯤 되는 소방관들이 시연을 지켜보았다. 대부분 갓 채용된 신입이거나 아직 수습 기간인 소방관들이었다. 시 소방서에서 소방관의 근무 시간은 거의 다 훈련과 출동 준비, 출동 대기로 채워지고 실제로 현장에 나갈 일은 별로 없다. 나는 공항에서 근무하는 어느 소방관이 "청소할 게 너무 많다"고[7] 투덜대는 말을 들은 적이 있는데, 이곳 소방서에서도 사람들이 농담으로 "졸릴 때까지 먹은 다음, 다시 배고파질 때까지 자라"고 하는 말을 주고받는다고 하니, 시간이 얼마나 남아도는지를 알 수 있다. 대신 시 단위 소방서는 시에서 필요로 하는 다른 여러 가지 기능을 수행한다. 포트맥머리에서는 교통사고 현장에 소방관이 출동하는 경우가 이례적으로 많다.

산림부 임야화재 전담 소방관들이 3월 또는 그보다 일찍부터 화재 현장에 출동하고 8월쯤 되면 산불 시즌이 끝나는 시점까지 아직 족히 2개월은 남은 것을 한탄하며 제발 좀 살려달라고 통곡할 때, 포트맥

화재 기상

머리 시 전체 소방서가 시설물 화재 진압을 위해 출동하는 횟수는 '연간' 3회에서 4회 정도다. 이런 현실을 알고 양쪽 기관 소방관들의 급여 대장을 보면, 혹시 실수로 바뀐 게 아니냐고 해도 딱히 대답할 말이 없다. 포트맥머리 소방서에는 2016년 5월 3일 전까지 10년간 주택 화재 현장에 단 한 번도 출동한 적이 없는 소방관들도 있었다. 그러니 이들이 고속도로 바로 뒤쪽에서 나무 꼭대기보다 더 높게 치솟은 불길이 사납게 요동치는 광경을 보고도 무슨 사태가 일어날지 전혀 몰랐던 건 당연한 일이었는지 모른다. 게다가 제이미 쿠츠와 라이언 쿠츠가 보기에는 화염이 센테니얼 공원과 비컨힐을 집어삼키기 일보 직전인 위급한 상황인데도 5호 소방서 사람들은 슬레이브 레이크의 이 소방관들을, 아한대림 화재 현장에서 다져진 검증된 진압 기술과 방법을 갖춘 전사 같은 사람들을 집으로 그냥 돌려보내려고 했다.

스프링클러 장비 사용법 시연은 오래 걸리지 않았다. 버니 슈미트가 시내에 있는 믹스 103FM 방송국을 나선 12시 30분쯤, 시내로 향하던 샌드라 린더를 깜짝 놀라게 만든 광경을 스티븐슨 서장 대행도 5호 소방서 주차장에서 마주했다. 쿠츠 부자가 가장 두려워했던 일이 현실이 되었다. "주차된 트럭으로 가면서 공항로 쪽을 보다가, 도시를 향해 다가오는 불을 봤습니다."[8] 스티븐슨은 그 순간을 이렇게 회상했다. "(1998년 영화)〈아마겟돈〉의 한 장면 같았어요. 소행성이 다가온다 싶더니 갑자기 눈앞에 불길이 치솟는 장면 말입니다. 1~2분 간격으로 새로운 불길이 솟았어요. 그러더니 도시와 점점 더 가까워졌습니다."

스티븐슨은 두려웠다. 하지만 바로 옆에 서 있던 낯선 사람의 말을 듣고서야 제대로 두려워지기 시작했다. "어쩌다 보니 슬레이브 레이크에서 온 소방관 한 명이 제 옆에 서 있었습니다. 그 사람이 저를 똑바로 보면서 이렇게 말하더군요. '오늘 여러분의 도시 일부가 사라질 겁니다.'"

스티븐슨은 내게 그 말을 정확히 전하려고 설명을 덧붙였다. "'그렇게 될지도 모른다'는 말이 아니었습니다. 단호하게, '오늘 도시 일부를 잃게 될 겁니다'라고 했어요. 경험에서 나온 말이었죠. 그 사람은 알고 있었던 겁니다."

////

슬레이브 레이크 소방관들은 결국 의지와 상관없이 5호 소방서를 둘러보게 되었다.

지역 비상 운영 센터는 최첨단 장비가 갖추어진 2층 회의실에 있었다. 다비 앨런과 얼마 전 합류한 버니 슈미트를 비롯해 전기·가스 관련 기관, 법률 집행 기관, 앨버타 비상관리청 등 시와 지역의 다양한 기관 사람들 수십 명이 제각기 다른 색깔의 조끼를 입고 회의실에 가득 모여 있었다. "안으로 들어갔더니, 거기 있던 관리 중 한 사람이 우리를 회의실 끝 쪽 창가로 데려갔습니다. 그리고 '이쪽이 비컨힐, 저쪽이 워터웨이스(Waterways)입니다. 이쪽이 어배샌드고요'라고 여기저기를 가리키더군요. 우리는 그가 가리키는 곳에 솟아오른 연기기둥을 보고 있었습니다." 제이미 쿠츠의 말이다. "결국 저는 '그만 가봐야겠다'고 말했습니다. 거기 우두커니 서 있는 사람들 속에서 나오면서 말했죠. '여러분, 지금 제 눈에는 저 연기기둥이 보입니다. 우리 스프링클러를 우리가 직접 가지고 출동하겠습니다. 바로 가야 해요. 지체할 시간이 없습니다.'"

색이 점점 더 짙어지고 점점 커지는 연기기둥이 서쪽 하늘을 가득 메우고 있었다. 그제야 모두가 당장 조치가 필요하다는 것을 분명하게 깨달았다. 슬레이브 레이크에서 싣고 온 스프링클러와 함께 소방관들과 진압 장비를 비컨힐로 보내라는 지시가 떨어졌다.

제이미 쿠츠는 먼저 출동한 소방차들 뒤를 이어 출발하기 전에 잠시 앨런 서장과 둘이 이야기할 기회가 있었다. "저는 다비 앨런에게 말했습니다. '이러나저러나 당신은 멍청이입니다. 전원 대피 명령을 내렸는데 아무 일도 일어나지 않으면, 멍청이 소리를 듣겠죠. 명령을 내리지 않았는데 불이 다가와도 멍청이 소리를 듣습니다. 어떻게 해도 틀릴 수밖에 없고 어떻게 해도 욕을 먹는다면, 직감대로 해야죠. 사람들을 대피시켜야 한다는 판단이 서면 밀어붙여야 합니다. 그렇게 한 다음에 불길이 안 오면 어떻습니까? 서장님이 언제, 무슨 지시를 내리건, 더 똑똑한 판단을 내릴 사람들은 늘 있을 겁니다. 서장님보다 사태를 더 일찍 파악하는 사람들도 있을 거고요. 하지만 그건 중요하지 않습니다. 책임자는 서장님이잖습니까. 책임자는 사람들을 보호할 수 있는 가장 좋은 방법을 찾아서 실행해야 합니다. 그게 책임자가 할 일입니다. 사람들이 어떻게 생각하건, 책임자는 사람들을 위해서 옳은 일을 해야 합니다.'"

제이미는 말을 마치자마자 5호 소방서의 수습 소방관 몇 명과 함께 트럭에 올라 고속도로를 달려 1호 소방서로 달려갔다. 아들 라이언과 슬레이브 레이크에서 함께 온 패트릭 매코널 부서장은 다른 차로 바로 앞에서 가고 있었다.

오후 1시,[9] 지역 비상 운영 센터에서는 비컨힐과 어배샌드, 골프장 북쪽 시크우드 주민들을 대피시킬지를 놓고 심각한 논의가 이어졌다. 결정하려면 고려할 것이 많은 중요한 문제였다. 지역 비상 운영 센터는 대응이 필요한 위기가 닥쳤을 때 구성되는 조직이다. 그런 상황이

흔치 않다는 건 다행스러운 일이지만, 그렇게 꾸려진 임시 조직이라 구성원 대다수가 서로 모르는 사이였다. 얼굴은 알더라도 서로를 잘 모르는 사람들, 각자 자기가 일하는 곳에서는 가장 큰 권력을 가진 리더들이 회의실 하나에 다 모여 있었다. 여성도 몇 명 있었지만, 시시각각 커지는 두려움과 함께 회의실을 가득 채운 건 대체로 테스토스테론이었다.

도시가 여러 시스템이 복잡하게 얽힌 네트워크라는 사실이 이럴 때는 난감한 문제가 된다. 포트맥머리 일부 지역만 대피를 시작한다 해도 시민 수천 명이 영향을 받게 될 결정이기 때문이다. 대피 구역마다 갓난아기, 기운 없는 노인, 반려동물, 비협조적인 취객들을 상대해야 하며, 시민 대다수가 일터나 학교에 있을 시간대라는 점도 문제였다. 대피 명령을 어떻게 전달할 것인가? 사람들이 느낄 감정에는 어떻게 대처해야 할까? 대피하지 않고 집에 가겠다고 우기면 어떻게 해야 할까? 대피를 거부한다면? 대피 경로의 주요 교차로에서 사고가 일어난다면? 가스와 전기 공급이 끊기면 어떤 영향이 발생할까? 병원은 어떻게 해야 할까? 환자들은 일반 차량으로 옮겨야 할까, 구급차로 대피시켜야 할까? 혼란한 틈에 도둑질하려는 사람들은 어떻게 해야 하나? 법 집행은? 교도소 수감자들, 출산 중인 여성들, 상하기 쉬운 음식물과 다치기 쉬운 손님들로 가득한 슈퍼마켓, 반려동물 상점, 유기동물 보호소, 살아 있는 랍스터가 그득한 수족관은?

대규모 대피는 제대로 관리되지 않으면 그 자체가 또 다른 재앙이 된다.

그날 오후 지역 비상 운영 센터 회의실에서 다들 보고도 못 본 척 외면한 문제는 화재뿐만이 아니었다. 양팔 저울의 반대쪽에 놓인 역청산업도 문제였다. 공공의 안전을 책임져야 할 다비 앨런은 이 둘 사이의 팽팽한 대립 앞에서 손을 놓다시피 했다. 어떤 공동체의 리더든 혼란이 예상되면 그 사실을 인정할 책임이 있다. 하지만 전 세계 원유 가격과 대부분 해외에 있는 변덕스러운 투자자들 손에 생사가 달린 포트맥머리 같은 곳에서 혼란은 민감한 문제. 어쨌거나 세상은 넓고 아직은 석유가 다량 생산되는 상황에서, 역청산업은 이미 버거운 난제가 산더미였다. 석유 시장의 공급 과잉으로 겨울에 합성 원유 가격이 배럴당 16달러까지 떨어졌다가[10] 그해 4월 말에야 30달러로 다시 올랐지만 만족할 만한 수준은 아니라는 점도 이 갈등 상황에 별로 도움이 되지 않았다. 30달러는 역청 개질 산업의 손익 분기율에 크게 못 미치는 가격이고, 이 여파로 포트맥머리에서는 계획했던 신규 사업들이 보류되고[11] 추가적인 감원 조치가 예정되어 있었다. 여기에 화재로 시설 가동이 중단된다면 투자자나 CEO가 반길 리 없었다.

역청업계의 시설들은 워낙 거대하고 복잡할 뿐만 아니라 휘발성 물질과 독성 물질, 어마어마한 돈, 그만큼 어마어마한 인력이 얽혀 있어서 인적 자원과 물리적인 자원 어느 쪽이든 문제가 조금이라도 생기면 심각한 결과가 초래되고 그런 일에 연루되면 그간 쌓아온 경력이 한순간에 끝날 수도 있다. 이 지역에서 그나마 사업 규모가 작은 축에 속하는 신크루드만 해도[12] 직원 수가 5만 명이 넘고 합성 원유 생산량이 일일 30만 배럴 이상이다. 역청산업과 관련된 이 모든 요소 중 한 가지만 떠올려도, 대대적인 대피 명령의 필요성을 재차 고민할 만하다. 대피 명령이 내려졌을 때 발생할 경제적인 영향만 따져도 그냥 침착하게 하던 일을 계속하는 현상 유지가 더 낫겠다고 판단할 만한 이유가 수백 가지는 된다.

감당해야 할 일이 너무나 많았다. 다비 앨런은 윈스턴 처칠 같은 인물도 아니고 카리스마 넘치는 산업계 대표도 아니었다. 은퇴를 1년 앞둔 이 영국계 캐나다인 소방서장이 책임지고 있는 도시는 처음에는 중소 규모였다가 대도시로 크게 성장했고, 지금은 현대 역사를 통틀어 도시에서 발생한 최대 재난으로 기록될 사태의 중심지가 될 위험에 처했다. 앨런 서장은 오랫동안 포트맥머리에서 주변 사람들과 부하 직원들에게 솔직하고 개방적이면서도 침착한 사람, 신뢰할 수 있는 사람으로 여겨졌다. 지역 비상 운영 센터에는 다른 숙련된 위기 관리자들도 있었지만, 그들 중에 이 화재만큼 막대한 규모와 시급한 위협을 처리해본 사람은 아무도 없었다.

글로벌 TV의 리드 피스트 기자는 한 시간 동안 다른 수천 명이 겪은 것과 비슷한 일을 겪었다. 비컨힐 서쪽 경계의 임대 사무실에서 지역 뉴스를 편집하고 있을 때, 누가 문을 두드리면서 "어서 나와서 좀 보세요!"라고 외치는 소리가 들렸다. "정오쯤 사무실에 들어갈 때도 하늘에 연기는 있었지만 전혀 위협적이지 않았어요. 그런데 (오후 1시 반쯤) 그 소리를 듣고 나와보니 거대한, 아주 거대하고 시커먼 연기기둥이 보였습니다."

슬레이브 레이크 화재를 또렷하게 기억하는 피스트도, 눈앞에 나타난 뚜렷한 증거와 그날 계절에 맞지 않게 기온이 심하게 높다는 사실에도 불구하고 마음속에는 이 상황을 믿을 수 없다는 방어벽이 세워졌다. 그리고 그 벽 뒤에서 불길을 내다보았다. 그날 포트맥머리 사람들이 공통적으로 보인 반응이었다. 난데없이 나타난 새로운 가능성이, 있는 그대로 이해하기에는 너무나 엄청나고 파괴적이었기 때문일 것이다. 피스트가 있는 곳은 폭풍처럼 거침없이 빠르게 다가오는 불길이 바로 앞, 정면에서 보이는 1열 정중앙 자리였다. "그제야 최악의 시나리오가 현실이 될 수도 있겠다는 생각이 들었습니다. 하지만 그때도 완전히 믿기지는 않았어요. 그런 상황은 난생처음이었으니까요." 하지만 긴가민가한 마음은 오래가지 않았다. "그 후로 20분 동안 연기기둥은 더 커졌고 실제로 바람 소리가 달라지는 게 느껴졌어요. 풀 위로, 나무 위로 마구 쏟아지는 불씨들이 보이기 시작했고요. 저 불씨들이 전부 큰 불길이 될 수 있다는 사실을 깨닫고서야 완전히 정신을 차렸습니다. 회사에 전화해서 '이곳 상황을 기사로 내보내야 할 것 같아요. … 지금 최악의 상황이 현실로 바뀌고 있거든요'라고 알렸어요."

우리의 원시적이고 동물적인 감각을 자극해 '지금 뭔가 단단히 잘못됐다, 당장 달아나야 한다'는 본능을 일깨우는 광경과 소리가 있다. 특정한 주파수를 가진 지각이라고도 할 수 있는 그 순간은 누군가의 목소리 톤이나 갑자기 높아진 돌풍의 강도, 끼익 하는 타이어 소리, 비행기의 순간적인 요동, 처음 본 사람의 갑작스러운 움직임일 때도 있고, 연기기둥의 크기, 색깔, 거리에서 직감하기도 한다. 정해진 기준이나 확정된 경계도 없다. 불의 상태 전환과 맞먹는 이 주관적인 감각의 전환이 일어나면, 우리는 의지와 상관없이 극도의 경계 상태가 된다. 이런 변화는 같은 상황에 놓인 대다수에게 일제히 찾아오는 듯하다. 그날 포트맥머리에서는 오후 12시 30분쯤 남쪽 하늘을 본 사람들이 일제히 이 전환을 경험했다.

시민 대다수가 일터에 있거나 점심 식사 중이었고 아이들은 학교에 있을 때였다. 하지만 그런 일상도 곧 깨지기 직전이었다. H. G. 웰스(H. G. Wells)의 소설 《우주 전쟁》을 토대로 만든 영화의 한 장면과 같았다. 평소처럼 도로를 달리던 차들이 멈춰서고, 모두가 고개를 돌려 하늘을 쳐다보았지만, 눈앞에 나타난 것의 규모나 의미를 도저히 설명할 수 없고 어떤 척도로도 잴 수 없었다. 사람들이 마주한 건 화성에서 온 외계인도 아니고 고질라도 아닌, 모두가 아는 괴물이었다.

소방관 이반 크로포드(Evan Crawford)는 그날 비번이라 비컨힐의 집에 있었다. "집 뒤편에 난데없이 거대한 연기기둥이 나타났습니다.[13] 저는 '이게 무슨 일이지?' 하고 생각했어요. '어쩌면' 도시 경계를 넘어서 들어올 수도 있겠다고 생각했어요. 곳곳에 비산 화재가 일어났으니까요. 하지만 그렇게 강력하게 돌진할 줄은 전혀 몰랐습니다."

"샤워를 시작할 때만 해도 하늘이 파랬어요."[14] 시 서쪽 경계부에 사는 샌드라 히키(Sandra Hickey)는 그날을 이렇게 기억했다. "그런데 샤워를 끝내고 나왔더니 하늘이 시커메졌더라고요."

시내에 있는 학교마다 아이들이 가득했다. 그중 몇몇은 운동장에서, 교실에서 분명 그 자리에 있어야 할 하늘이 사라진 남쪽을 바라봤다. 소방관 라이언 피처스(Ryan Pitchers)는 화재 지점으로부터 북쪽으로 11킬로미터쯤 떨어진 세인트 마사 초등학교 부설 유치원생들에게 소방차를 보여주다가 연기를 발견했다. 멀리 떨어진 그곳에서도 상황의 심각성이 느껴졌다. 피처스가 오후 1시 22분에 촬영한 사진을 보면, 엄청난 규모의 먹구름이 도시 위로 내려앉아 있다. 그때까지도 대피 명령은 없었다. "선생님들이 우리에게 '어떻게 해야 하느냐'고 물었습니다."[15] 피처스의 말이다. "저는 학부모들에게 연락하고 여기서 나갈 준비를 하라고 했습니다."

그것으로 그날의 소방차 구경은 끝났다.

불의 상태 전환이 끝나면 화재의 양상도 바뀐다. 피처스와 동료들은 몇 분 뒤 출동 지시를 받고 남쪽으로 4.8킬로미터 떨어진 시크우드의 디킨스필드 지구를 향해 소방차를 몰고 갔다. 애서배스카강을 건너온 비산 화재가 번지기 일보 직전인 곳이었다. 오전에 버니 슈미트가 소방관 10명이면 해결될 사소한 화재라고 했던 불은 과연 그때 그 불이 맞는지 믿기 힘들 만큼 커졌다. 소방관이 되기 전 보스니아에 파병되어 보병으로 근무했던 피처스는 숲 바깥쪽에서부터 점점 다가오는 불을 봤을 때 느낀 공포감을 군대에서 흔히 쓰는 말로 표현했다. "그때보다도 더 쫄리는 기분이었습니다."

군데군데 부글부글 끓는 시뻘건 화염이 주황색 줄무늬처럼 섞인 새카만 연기기둥이 우뚝 솟아올라 도시를 내려다보고 있었다. 연기에 가려 보이지 않는 그 뒤 어딘가에 태양이 있었다. 이 시꺼먼 연기기둥 바로 앞에 주택 수천 채와 학교 수십 개가 있었다. 완전한 6등급 수관 화재로 발달한 불 내부에서 자체적으로 생긴 킬로톤급 강풍의 힘으로, 불길은 성큼성큼 전진했다. 이제 불길이 도시 쪽으로 오는 것은 있을 수 있는 일이 아니라 명백한 현실이 되었다. 아한대림에서 발생한 6등급 임야화재를 정면에서 목격한 사람은 이전까지 극히 드물었지만, 이제 수만 명이, 일상생활 중에 기겁하며 그 실체와 마주했다. 손에 만져질 듯 생생하고 거대한 공포가 엄습했다.

그날 오전은 시간이 기이하게 흘렀다. 이는 자연이 한계점에 다다랐을 때 나타나는 특성이다. 지평선 너머에서 점차 모습을 드러내는 것들과 시간이 단숨에 합쳐져 하나의 사건이 되었다. '시간이 언제 이렇게 흘렀느냐'며 의아해할 수도 있지만, 시간은 그 자리에서 똑같이 흐르고 있었다. 시간이 흐르는 속도, 시간의 규모까지 증폭된 것처럼 느끼게 만드는 건 그 사건이다. 지켜보던 사람도 이미 그 사건의 일부이기에 그렇게 느끼는 것이다. 너무 단순해서 착각하게 되는 시간과 속도, 거리의 팽팽한 긴장 관계는 우리 인간이 지구의 물리적 현실을 이해하려고 할 때 경험하는 까다로운 난제 중 하나다. 허리케인이 형성되면 일주일 전부터 위치를 표시하고 추적할 수 있지만, 기상도 상에서 아직 추상적인 형태로만 존재하던 그것이 막상 눈앞에 나타나면 시간과 사건이 특이점에 도달한다. 그것의 직접성, 그것의 '존재감'이 너무나 압도적이라 그 밖의 다른 건 아무것도 존재하지 않는 것처럼 느껴진다.

포트맥머리에서 수많은 이들이 동시에 겪은 이 아나그노리시스 (anagnorisis, 몰랐던 진실을 깨닫는 순간을 일컫는 문학 용어. '깨달음'을 뜻하는 고대 그리스어에서 유래한 표현이다—옮긴이)의 순간은 수천 대의 휴대전화에 사진과 영상으로 남았다. 촬영된 각도만 조금씩 다를 뿐, 기록된 광경은 모두 같았다. 하딘 스트리트의 우체국 계단에서, 프랭클린가에 있는 나이트클럽 '쇼걸'의 주차장에서, 시내 사무실 창문에서, 드라이브스루에서 주문 차례를 기다리는 차 안에서, 어배샌드와 비컨힐, 시크우드 주택들의 뒤 베란다에서 촬영된 그 모든 사진과 영상에는 불과 30분 전만 해도 그림처럼 완벽했던 앨버타의 하늘을 통째로 가린 거대하고 위압적인 존재가 담겨 있다.

우세풍이 된 남서풍은 점점 거세지는 동시에 혼란스러운 양상을 띠기 시작했다. 불길 자체에서 발생한 열기의 영향도 있었지만, 기상학자들이 "하층 제트(low-level jet)"라고 부르는 현상이 바람을 일으키는 세 번째 원천이 되었다. 하층 제트란 기상 상태의 직접적인 영향으로 발생하는 국지적인 제트기류다. 지면에서 300미터 이상 높이에서 발생하며 풍속은 초속 18미터에서 초속 45미터까지 다양한 이 하층 제트가 화재로 발생한 연기기둥과 만나면, 불길 내부에 어마어마한 난류가 일어난다. 이런 상태가 지속되면 연기기둥은 물론이고 불의 동태에도 극적인 영향을 끼친다. 제트기류의 에너지(그리고 산소)가 불길에 꾸준히 공급될수록 숲 전체를 태우는 정도였던 불길의 이동 속도와 규모가 더욱 증폭되어 허리케인처럼 자체 엔진(불타고 있는 숲)을 장착한, 새로운 기상 현상으로 완전하게 발달할 수 있다. 따뜻한 바닷물에서 에너지를 얻어 형성된 허리케인은 육지로 와서 땅과 만나면 무너지지만, 아한대림에서 피어난 이런 불길을 잡을 수 있는 건 날씨 변화, 거대한 호수, 바다뿐이다. 시인 앤드루 마블(Andrew Marvell)의 "우리에게 세상과 시간이 충분하기만 하다면"[16]이라는 시구절이 완전히 다른 의미로 느껴지게 만드는 사태다. 아한대림에서 피어난 불길에는 세상도, 시간도 다 넉넉하다. 이제 바람은 도시의 북동쪽으로 불기 시작했다. 바람이 부는 방향을 따라 포트맥머리부터 1,100킬로미터 넘게 떨어진 허드슨스 베이까지 불의 연료가 무한정 펼쳐져 있었다. 화재 시즌이 끝나려면 아직 5개월이나 남은 시점에서, 이론적으로 이 불은 바다와 만날 때까지 캐나다 중심부를 몽땅 태울 수 있는 상태가 되었다.

불에 에너지를 불어넣는 바람의 원천이 하나에서 셋으로 늘어나자, 이제 불길은 비컨힐과 어배샌드에 빠르게 퍼질 태세를 마쳤다. 그곳 학교들, 상점들, 교회들, 주유소 한 곳에 1만 명에 가까운 사람들이 있었다. 두 곳 모두 마을로 오가는 도로는 하나뿐이었다. 그와 달리 불의 이동 경로에는 정해진 길이 없었다. 포트맥머리의 지형은 불의 가장 기초적인 열망, 즉 열과 휘발성 기체를 찾아다니는 불의 특성과도 들어맞았다. 열과 기체는 위쪽으로 향하는 특성이 있다. 행잉스톤 강의 가파른 강둑에서는 겨울철이면 바람 소리가 메가폰 소리처럼 크게 들리곤 하는데, 유난히 기온이 높았던 5월 3일에는 대포 소리와 비슷했다. 그런 돌풍과 이미 데워진 산소가 불길에 강력한 에너지를 더하자, 불은 빼곡한 숲으로 둘러싸인 강변의 비탈을 따라 언덕 꼭대기까지 훌쩍 치솟았다. 하층 제트가 공급하는 공기와 산소는 사람들이 사는 주거지 위로 쏟아져 내렸다.[17] 지역 전체가 거대한 컨벡션 오븐이 된 것이다. 그냥 오븐이 아니라, 안에 신발 상자를 가득 넣고 온도를 540도에 맞춰놓은 오븐과 같았다.

193

IO

어느 아이를, 어떻게 선택해서 데려가야 할까요?[1]
—화재 대피자, 알리 조마

———

아한대 평원에 형성되는 숲의 유형은 거의 혼합림이다.[2] 그리고 이런 숲에서 가장 많이 볼 수 있는 나무는 발삼포플러와 사시나무, 검은 가문비나무 세 종류다. 포트맥머리 안팎에도 이 세 가지 나무가 울창한 숲을 이루며 자란다. 그중 휘발성 물질이 가장 많은 검은 가문비나무는 아한대림 화재 전담 소방관들에게 "기름 막대(gas on a stick)"라고 불린다. 임상에서 사방으로 뻗으며 자라는 검은 가문비나무의 가지에는 찐득한 인화성 수액이 가득하기 때문이다. 불이 나면 나무를 타고 올라갈 수 있는 사다리 연료가 내장된 셈이다. 또한 불에 잘 타도록 진화한 나무답게, 불이 붙기만 하면 맹렬히 타오른다. 반면 "석면 나무(asbestos trees)"로도 불리는 사시나무와 포플러는 검은 가문비나무와 성질이 정반대다. 잎에 수분이 많고, 나무에 섬유가 비교적 두툼하며 나무가 머금고 있는 수분의 양이 많아서 숲에서 불이 나면 일종의 브레이크 역할을 한다. 이것이 사냥과 낚시를 위해 사람들이 많

화재 기상

이 찾는 곳 주변에 사시나무 숲을 조성해야 한다고 원주민 공동체들이 권하는 이유고, 실제로 일부 정착지는 그 방식을 따른다.

포트맥머리 안팎에도 포플러와 사시나무가 많았지만, 2016년 5월 3일은 봄철에 습도가 일시적으로 감소하는 기간과 딱 겹쳐서 불길을 막는 데 도움이 안 되었던 것으로 보인다. 게다가 숲에서 피어난 불의 복사열이 빛의 속도로 번져서,[3] 보통은 불이 잘 붙지 않는 이 나무들까지 바싹 건조되어 오후가 되자 불과 닿으면서, 심지어 불이 채 닿기도 전에 순식간에 타올랐다. 그 지역 소방관들도 처음 보는 광경이었다. 비컨힐 뒤쪽에 당도한 불길의 열기는[4] 이 나무들에 불을 붙이는 수준을 넘어 나무를 폭발시킬 정도로 강했다.

그때까지 아직 시내의 믹스 103FM 방송국 스튜디오에 있던 크리스 반덴브리켈은 상황의 심각성을 확실히 깨달은 순간을 기억했다. "낮 12시 30분쯤까지만 해도, 그러니까 버니 슈미트 씨가 우리 스튜디오에서 떠날 때까지도 몰랐어요. 그러다 바람이 갑자기 시내 쪽으로 불기 시작했는데, 그때 '오, 망했구나' 싶었죠(그날 오전 포트맥머리 전체를 대표하는 단어는 '과소평가'였다)." "얼마 지나지 않아 어배샌드와 비컨힐에서 전화가 걸려 오기 시작했습니다. 사람들은 '불이 정말로 가까이 온 것 같은데 어떻게 해야 하냐'고 물었어요. 저는 (시청) 민원실로 전화했죠. 그쪽에선 '네, 지금 소방관들이 진압 중입니다. 아직 그렇게 큰 위험은 아니에요'라고 하더군요."

반덴브리켈은 초조하게 답을 기다리는 청취자들에게 일단 들은 대로 전했다. 대피 명령은 없었다.

초조한 마음에 방송국으로 전화를 건 사람 중에는 비컨힐 주민들도 있었다. 폴 에어스트(Paul Ayearst)도 그곳 주민이었다. 마흔여섯 살인 에어스트는 포트맥머리 주민으로는 드물게 어릴 때였던 1975년부터 이 도시에 살았다. "아버지가 일자리 때문에 우리를 이곳으로 끌고 왔거든요."[5] 에어스트의 말이다. J. 하워드 퓨의 그레이트 캐나다 오일샌드 직원이었던 에어스트의 부친은 처음에 컨베이어벨트 담당자로 일했다. 온종일 곳곳이 깨진 시커먼 땅 위를 걸어 다니며, 10층 건물 높이에 90미터나 뻗어 나가는 굴삭기 삽(더 작은 버킷 굴삭기로 대체되기 전까지 쓰이던 장비)으로 막 퍼 올린 역청이 수천 개의 롤러로 움직이는 길이 수 킬로미터의 컨베이어벨트에 실려 역청 처리 시설의 거대한 파쇄기 안으로 운반되는 과정을 감독했다. 하지만 장래성이 없는 일이었으므로, 에어스트의 아버지는 회사의 지원을 받고 훈련 과정을 거쳐 기계 수리 기술자가 되었다. 폴 에어스트도 아버지처럼 집을 손수 지었고, 포트맥머리의 주요 사업이자 수익도 좋은 중장비 판매와 공급에 뛰어들었다.

에어스트는 오후 1시 정각을 조금 지난 시각에 시내의 '목시 바 앤 그릴(Moxie's Bar and Grill)'에서 점심 식사를 마치고 나와 일터로 돌아가는 길에 연기기둥을 보았다. "비컨힐에 그 커다란 연기구름이 내려앉아 있었습니다. 그걸 보고는 '에라 모르겠다. 어서 집으로 가서 가족들 곁에 있어야겠다' 싶었죠."

주부인 아내 미셸은 집에서 라디오를 듣고 있었다. 폴은 뒷마당으로 가서 정원 호스를 만지작거렸다. 비컨힐 주민 모두가 그랬듯이 폴과 미셸도 아무것도 못 하고 새로운 화재 소식이 나오기만을 기다렸다. 텍사스 출신들이 토네이도를 보며 자라고 뉴펀들랜드 출신들이 폭설과 함께 자라듯, 이 지역에서 자란 폴은 지평선에 피어오르는 불길을 보면서 자랐다. 연중 특정 기간에는 매일 주변 어딘가에 불이 보였다. 가까이에서 보일 때도 있고 먼 곳에서 피어오르기도 했지만, 일상생활에 영향을 주는 경우는 드물었다. 역시 어릴 때부터 비컨힐에 살았던 미셸도 마찬가지였다. 옛날에 살던 집은 지금 사는 곳에서도 내다보였다. 부부의 집은 "내 집 마련이 처음인 사람들을 위한" 집들이 모여 있는 '비버리지 클로스(Beaveridge Close)'라는 둥근 고리 형태의 동네에 있었다. 40대인 에어스트 부부가 그곳에 사는 이유는 아마 짐작이 가겠지만 포트맥머리의 비싼 물가 때문이었다. 당시 그 동네의 1층짜리 집 한 채 가격은 65만 달러였다. 집 바로 남쪽으로는 초등학교 두 곳과 아이들이 놀 수 있는 공터 몇 곳, 마이너리그 하키 경기장, 모르몬교 교회 하나가 있었다. 그 너머로 비컨힐 남쪽 경계부에도 집들이 오밀조밀 모여 있고, 비컨힐과 외부를 잇는 유일한 도로도 그쪽에 있었다. 주택 600여 채에 2,200여 명이 사는, 섬과 비슷한 비컨힐은 포트맥머리 안에서 보면 규모가 그리 크지 않은 여러 주거지역 중 한 곳이었지만, 반경 320킬로미터 안에 있는 모든 주거지역의 평균적인 규모와 비교하면 두 배 이상 큰 동네였다.

최초의 대피 명령은 오후 2시 5분이 되어서야 나왔다.[6] 포트맥머리가 속해 있는 우드 버펄로 도시권역이 발표한 이 첫 대피 명령에는 비컨힐과 어배샌드, 그리고 1호 소방서 바로 서쪽의 행잉스톤강 왼쪽 강변에 형성된 작은 마을인 그레일링 테라스(Grayling Terrace)가 포함됐다. 비컨힐 남쪽의 센테니얼 트레일러 공원도 전날 내려진 강제 대피 명령이 계속 유지됐다. 그곳에 비스듬하게 줄지어 선 트레일러 100여 채는 이미 불길에 휩싸였다. 에어스트 부부는 대피 명령이 처음 떨어졌을 때 듣지 못했다. 하필 그때 라디오 소리가 안 들리는 곳에 있었거나, 부부가 틀어놓은 방송에서는 그 소식을 전하지 않아서인 듯하다. 대피 명령이 떨어진 것을 처음 알게 된 건 집 가까이에 있는 굿 셰퍼드 초등학교의 교내 방송을 통해서였다. 오후 2시 20분경, 학교에서 교내 방송으로 부모님이 데리러 온 학생들을 호명하는 소리가 들렸다.

"그때부터 상황은 미쳐 돌아가기 시작했습니다." 크리스 반덴브리켈의 말이다. 믹스 103FM 방송국과 같은 건물에는 클래식과 로큰롤 채널인 크루즈 FM 방송국도 있었다. 반덴브리켈은 새로운 화재 속보가 들어올 때마다 방송으로 청취자들에게 알린 다음, 건물 건너편에 있는 그곳 동료들에게도 알렸다. 얼마 후 다른 지역 방송국에서도 화재 속보를 전하기 시작했다. "처음에는 비컨힐, 그다음은 어배샌드였습니다. 우리 방송국에도 대피 명령이 떨어진 곳에 사는 사람들이 있었어요. '세상에, 어떻게 하죠? 집에 가봐야 할까요?'라고 하길래 '아뇨, 어차피 못 들어가요'라고 했습니다. 전화통에 불이 나서 전부 받을 수가 없을 정도였습니다. 우리는 대피 명령이 나오는 족족 방송하려고 애썼어요. 대피 지역은 계속 늘어났습니다."

버니 슈미트가 반덴브리켈에게 "불은 진압될 것"이라는 확신을 주고 스튜디오를 떠난 지 두 시간도 채 지나지 않아 벌어진 일이었다. 반덴브리켈은 청취자들의 전화가 쏟아지는 사이에 겨우 아내에게 전화를 걸어 어서 대피하라고 했다. 63번 고속도로가 화재로 통제될 수 있다는 우려가 현실로 다가왔으므로, 그는 아내에게 광산과 노동자 합숙 시설이 있는 시 북쪽으로 가라고 했다. 그 시점에 유일하게 불길이 보이지 않는 쪽이기도 했다.

대피 명령이 떨어졌다는 소식은 발 빠르게 전해졌다. 시 서쪽 전역에서 학교마다 자체 대피를 시작했다. 청소년 공군 생도 훈련단인 에어 카데츠(Air Cadets)의 지휘관이자 열병식에서 선두에 섰던 엠마 엘리엇(Emma Elliott)은 자신도 학생이면서 시크우드에 있는 남동생들을 데리러 갔다. "하늘이 시뻘건 색이었어요."[7] 엘리엇은 내게 이렇게 설명했다. "하늘은 붉고, 제 차는 재로 온통 덮였고요. 와이퍼를 켜고 달

화재 기상

리는데, 제가 아닌 다른 사람이 운전하는 것처럼 도무지 실감이 나지 않았어요. 무슨 초자연적인 현상 같았어요. 부모님은 너무 놀라 어쩔 줄을 모르셨고요. 열두 살짜리들이 집이 다 불탔다고 이야기하는 소리도 들었어요. 전 남동생에게 '위는 보지 마'라고 했죠."

엘리엇이 남동생들을 데리고 집에 돌아오자, 엄마가 차에 짐을 싣고 있었다. "그때 본 엄마 얼굴은 아마 평생 못 잊을 거예요. 엄마 표정이, '여기서 못 나가면 어쩌지?'라고 말하고 있었어요."

폴과 미셸 에어스트 부부도 자녀가 둘이었다. 대학에 다닐 나이인 아들은 시 북쪽 노동자 합숙 시설에 있었고, 성인인 딸은 시내에 있다가 비컨힐에 대피 명령이 내려졌다는 소식을 듣고 오후 2시 반쯤 집에 전화했다. 화재 속보를 전하던 여러 라디오 방송과 페이스북, 트위터를 통해 또는 사람들의 입에서 입으로, 대피 명령이 주민들에게 전해지기까지 대략 30분이 걸렸다. 폴이 내다보니 굿 셰퍼드 초등학교 뒤편에서 연기기둥이 점점 더 커지고 색도 더 짙어지는 것까지는 뚜렷하게 보였지만, 불이 정확히 얼마나 가까이 다가왔는지는 보이지 않았다. 그래도 대피하라는 지시를 따라야 한다는 생각에 일단 짐을 챙기기로 했다. 그때 전화벨이 울리기 시작했다. 화재가 이미 큰 뉴스가 되어 다른 도시에 사는 친구들이며 가족들이 괜찮은지 확인하려고 연락해 온 것이다. 미셸은 당황한 기색이 역력했다. 폴은 짐 챙기는 일에 집중하면서도 아내를 진정시키려고 애썼다. 금고를 열고 귀금속과 여권도 챙겼다. 딸과 통화하고 5분쯤 지난 오후 2시 35분에 폴은 아내가 "발작에 가까운 반응을 보였다"고 회상했다. 그는 아내를 안아주고 안심시키려고 애쓰면서 계속 짐을 챙겼다. "'진정해, 괜찮을 거야. 숨 한번 크게 쉬고, 우리 정신 차려야 해. 위험한 일은 없을 거야. 괜찮아'라고 했어요."

"그게 아니라, 불이!" 미셸이 외쳤다.

"나도 알아, 불이 이쪽으로 오는 건. 하지만 큰일 아니라니까."

"아니, 그게 아니라 여보, 저기 불!"

"그래, 불이 났지. 우리는 지금 할 일에 집중해야 해. 20분 뒤에는 여기서 나가자고."

"내 말은 그게 아니야! 지금 이해가 안 가나 본데!" 미셸이 고함치기 시작했다. "지금 불이 우리 집 앞에 있다고!"

아한대림 지역에서 근면한 노동자이자 성실한 시민, 가족에게 헌신적인 사람으로 평생을 살아온 폴 에어스트도 그날 숱한 이들이 겪은 인지적 딜레마에 빠졌다. 분명히 대피하라는 경고를 들었고, 불길이 점점 커지고 가까이 다가오는 것을 두 눈으로 보았는데도, 숲에서 시작된 6등급 화재가 지금 자기 집 문 앞까지 들이닥친 이 급박하고 끔찍한 상황을 똑바로 받아들이지 못했다. 아니, 받아들일 수가 없었다. 그토록 위험한 불길이 그와 그의 집, 그가 사랑하는 가족들 앞에 떡하니 나타났는데도, 아내가 눈물을 흘리며 고함치기 전까지 무슨 상황인지 온전히 이해할 수 없었다. 심지어 현실을 깨달은 그 순간까지도 폴의 머릿속에서는 현실이 이렇게까지 달라질 리 없다고 끈질기게 저항했다.

하지만 인간이 믿어야만 현실이 정말 현실이 되는 건 아니다. 불길은 파도처럼 비컨힐을 덮쳤다.

"차고 문으로 밖을 내다봤는데, 벽처럼 솟구친 불길이 이쪽으로 오고 있었습니다. 집 앞 거리는 텅 비어 있고 산림부 소방관 네 명이 사방으로 뛰어다니면서 모두 밖으로 나오라고 외치고 있었어요. 경찰한 명도 같이 소리치고 있었고요. '모두 대피해야 합니다! 모두 나가야 해요!'라고요."

이제 불은 블록 끝에 이르렀다. 불길은 지나는 길에 있는 모든 것을 집어삼켰다. 화염이 내뿜는 불씨에 사방에서 비산 화재가 일어났다. 미셸은 차에 반려견을 태우고 서둘러 집을 벗어났고, 시내에서 막 집에 돌아온 딸도 자기 차에 고양이들을 싣자마자 출발했다. 둘 다 폴이 자기 트럭을 몰고 바로 뒤를 따라올 줄로만 알았다. 하지만 불이 성큼 다가오고 불씨와 재가 눈보라처럼 퍼붓는 와중에도, 폴의 세계관과 이 화재라는 완고하고 거북한 현실이 고집스럽게 충돌을 벌이느라 그의 의지는 갈 곳을 잃었다. "저는 그 자리에 우두커니 서 있었습니다." 폴은 내게 이렇게 전했다. "경찰관이 제 팔을 붙잡고 끌어내야 했죠. '여기서 당장 나가시라고요!' 그가 외치면서 저를 집에서 억지로 끌고 나왔어요. 저는 '내 몸에서 그 손 떼요!'라고 하면서 경찰을 힘껏 밀어버리고는 집 뒤로 도망쳤어요."

"따라온 경찰이 '지금 대체 뭐 하시는 겁니까!'라고 했습니다. 저는 '문을 잠가야 할 것 아니오!'라고 대답했고요. 집이 불탈 거라고는 생각을 못 한 거죠. 그래서 문을 잠근 겁니다. 그런 다음에 트럭에 탔는데 고민이 되는 거예요. '내 오토바이는 어쩌지? 이 트럭을 몰고 간다고? 오토바이로 갈까?'"

너무 심하게 놀라거나 엄청난 충격에 압도되면 별것 아닌 사소한 일에 집착하고 몰두하게 된다는 것은 잘 알려진 사실이다. 하지만 포트맥머리에서 각종 기계를 다루는 일로 먹고사는 사람들에게 오토바이, 빈티지 자동차, 스노모빌 같은 차량은 결코 사소하지 않다. 애지중지하는 할리데이비슨 때문에 눈물을 흘린다고 해도 이곳에서는 별로 이상한 일이 아니다. 하지만 내연기관을 향한 사람들의 이런 깊은 애정은 5월 3일에 엄청난 걸림돌이 되었다. 포트맥머리에는 집집마다 여가 활동을 비롯한 다양한 용도의 차량을 여러 대 보유하고 있었고,

그걸 전부 다 몰고 대피할 수는 없었다. 폴 에어스트가 경험한 이 딜레마에는 피할 수 없는 모순이 있었다. 사람들이 그런 차량을 몰면서 느끼는 짜릿함의 원천은 강하고 풍부한 연소 에너지인데, 그것과 똑같은 에너지가 가장 원시적이고, 가장 강력하고, 상상할 수 있는 가장 파괴적인 모습으로 눈앞에 나타난 것이다. 땅속 깊숙이 묻힌 역청 모래에 꽁꽁 묶여 잠들어 있던 에너지를 발굴해서 마침내 이윤을 내기까지, 지난 100년간 사람들의 투지와 땀, 불도저로 밀어낸 수백 제곱킬로미터 면적의 숲, 수백억 달러의 투자금, 수백억 세제곱미터 분량의 천연가스가 투입됐다. 그런데 한꺼번에 다 가져갈 수 없어서 차고에 두고 떠난 그 "여분의" 차량들이 5월 3일 단 하루, 오후에 불길과 만나 발생한 연소 에너지는 포트맥머리에 있는 모든 역청 개질 시설의 연소 에너지보다 컸다.

63번 고속도로 위쪽, 1호 소방서 바로 건너편이자 비컨힐, 어배샌드 하이츠와 인접한 시내 범람원은 어느새 불길이 밀어닥치는 최전선이 되었다. 주민들은 일제히 대피를 시작했다. 외부와 연결된 하나뿐인 도로에는 그곳을 빠져나가려는 차들과 트럭들이 들어찼다. 바람에 실려 우수수 떨어지는 불씨와 구름처럼 내려앉은 연기 아래, 도로를 메운 차들은 괴로울 만큼 느릿느릿 고속도로로 향했다. 불과 한 시간 전까지만 해도 살기 좋고 매력적인 마을 풍경에 중요한 몫을 했던 나무들이 순식간에 화염에 휩싸였다. 불타는 속도며 폭발력은 자연에서 일어난 불보다는 네이팜탄이 투하됐을 때의 화염과 비슷했다. 도로에 꼼짝없이 갇힌 사람들은 불길이 번진 나무와 수풀이 늘어날 때마다 몰아치는 뜨거운 열풍까지 더해져 화염을 거의 3차원으로 체감했다. 주민들의 유일한 탈출로는 점점 혹독한 고난의 길이 되어갔다.

폴 에어스트는 마침내 트럭을 타고 가기로 결심했다. 집 바로 옆의 초등학교 운동장을 지나 불타는 거리를 빠져나가서 아내와 딸이 먼저 들어선 도로에 진입하자, 무수한 차들이 보이고 시야에 들어오는 모든 나무가 화염에 휩싸여 있었다. 바위만 한 불덩이가 도로 위로 굴러 떨어지는 것도 보았다. 폴은 내게 사진 한 장을 보여줬다. "이 차가 제 딸아이 차고, 이게 제 아내 차예요. 여기 이 불덩이가 트럭 위로 떨어졌고, 아내 차가 그 사이를 뚫고 지나가고 있었죠. 열기가 정말 엄청났습니다." 이제 도로 위의 차들은 주민들의 비상 탈출 수단인 동시에 화재 대피소가 되었다. 계기판에 찍히는 외부 온도는 살아 있는 사람들이 주행하는 차에서는 절대 나올 수 없는 숫자가 되었다. 폴 에어스트의 트럭에 찍힌 온도는 66도였다. "열기가 유리를 뚫고 들어와서 차 안에서도 다 느낄 수 있을 정도였습니다."

폴의 트럭 바로 앞에 아내와 딸이 있었다. 다들 각자의 차 안에서 평정심을 유지하며 통화라도 하면서 서로를 안심시키고 싶었지만 쉽지 않았다. 포트맥머리 사람들 거의 모두가 같은 마음이었기 때문이다. 지역 이동전화 기지국은 감당하기 힘들 만큼 쏟아지는 신호뿐만 아니라 기지국이 불탈 위험에도 시달리고 있었다. "딸아이가 바로 앞에 있었고, 제 아내는 딸 바로 앞에 있었습니다. 저는 두 사람과 계속 통화하려고 했지만 불가능했어요." 폴의 설명이다.

창문을 여는 건 선택지가 될 수 없었다. 폴이 시내에 있는 딸과 통화한 지 15분밖에 지나지 않았는데, 지금 가족 모두가 불길의 통로가 되어버린 길에 갇혀 있고 차가 움직이는 속도는 팀 홀튼 카페에서 드라이브스루 주문을 기다릴 때만큼 느렸다. 이 새로운 현실을 받아들이는 것 외에는 도리가 없었다. "불 속에 이렇게 갇혀버렸구나, 하는 생각이 들었습니다. 벽처럼 높은 불길이 이쪽으로 다가오고, 아내와 딸은 내 앞에 있고, 차는 꼼짝도 하지 않았죠. '어떻게 해야 저 두 사람을 안전하게 지킬까? 아들과는 어떻게 만나지?' 그런 생각뿐이었어요." 그날 오후 포트맥머리의 부모들 수천 명이 모두 같은 생각을 했으리라.

그 순간에는 외부와 차단된 차 안이 유일하게 안전한 곳이었지만, 무사 대피와 죽음의 덫을 가르는 경계는 점점 좁혀졌다. 화염의 열기로 창문은 만질 수도 없을 만큼 뜨거워졌고, 날아든 불씨에 차 페인트가 지글지글 타들어갔다. 아내와 함께 아이들을 키운 곳, 폴 자신이 자란 곳들이 바로 바깥에서 통째로 불바다로 변하고 있었다. 태양도, 하늘도 보이지 않았다. 나무와 집, 공기를 마음대로 부리는 이 독단적인 불에 전부 자리를 내어준 듯했다. 그렇게 다른 주민들과 함께 언덕길을 천천히 내려가던 폴은 쿵, 하는 소리와 함께 트럭이 기우뚱 흔들리는 것을 느꼈다. 뭔가가 차와 충돌했음을 직감했다. 부딪힌 건 다른 차가 아니라 이쪽으로 쏜살같이 달려오던 사슴이었다. 털에서 연기가 피어오르고 몸에 붙어 타고 있는 불씨도 보였다. 불길을 피하려고 무작정 달리다가 폴의 트럭 조수석 쪽 문과 부딪힌 것이다. 쓰러졌던 사슴은 얼른 일어나 도로를 메운 차들 사이를 지나서 무리에 다시 합류했다. 그 사슴처럼 저 혼자 어디로든 돌진해 달아나고 싶은 충동을 느낀 사람들이 많았다. 그런 충동을 억누를 수 있었던 것은, 그래 봐야 산 채로 불탈지 모른다는 두려움이 더 컸기 때문이다. 그리고 자제력과 훈련된 집단생활, 신앙심, 같은 집단의 구성원 사이에서 형성되는 사회적 압력의 영향도 있었다. 같은 도로 위에 함께 발이 묶인 이들은 포트맥머리에 잠시 돈을 벌러 온, 이 도시와 아무런 이해관계가 없는 임시 노동자들이 아니었다. 폴과 그의 이웃들 모두 그곳에 뿌리를 내리고 살던 사람들이었다. 대열에서 빠져나와 혼자 중앙선을 가로질러 가는 건 그 공동체의 신뢰를 저버리는 일이었다. 할 줄 몰라서 참는 사람이 있을까?

노동자 합숙 시설의 관리자인 데이브 뒤비크(Dave Dubuc)도 팀버리를 탈출할 때 그런 갈등에 휩싸였다. 마라톤을 즐기는 외향적이고 적극적인 성격의 그는 아내 조앤과 아이 셋, 고양이 두 마리가 탄 트럭의 운전대를 잡고 있었다. 도로가 꽉 막혀 오도 가도 못 하는데 불길은 점점 더 빠른 속도로 번지고 있었다. 길에 갇힌 채 통째로 불길에 휩싸일 수도 있는 상황이었다. 데이브에게는 대열을 벗어나는 편이 당연하고 간단한 선택이었다. "아내와 아이들을 구해야 해."[8] 그는 회사 트럭의 지붕에 달린 전조등을 켜고 인도 쪽으로 빠져서 공원을 가로지를 준비를 하며 그렇게 생각했다. 데이브가 문제가 생기면 해결해야 직성에 풀리고 일할 때나 운동할 때나 경쟁심도 정신력도 강한 사람이라면, 그의 아내는 다른 방식으로 강한 사람이었다. 남편이 무엇을 하려는지 눈치챈 조앤은 곧바로 만류했다. "그런 사람은 되지 말자, 우리." 그 말에 데이브는 진정하고 대열을 지켰다. 그 상태로 몇 시간을 견디는 건 쉬운 일이 아니었다. "길에 서 있다가 우리 차 타이어와 2미터도 채 떨어지지 않은 곳에서 불길이 솟아난 적도 있었습니다." 데이브의 말이다.

지옥이 발뒤꿈치까지 쫓아올 때 지켜야 하는 어린아이들이 있으면 우선순위는 바뀌고 계산도 달라진다. 성직자이자 프랭클린가에서 할랄 정육점을 운영하는 알리 조마(Ali Jomha)는 포트맥머리에 사는 이슬람교도들의 생활에 깊숙이 영향력을 발휘하며 살아온 신실한 사람이다. 외모도 매너도 배우 알 파치노와 놀랍도록 닮은 그 역시 5월 3일에 다른 모두와 마찬가지로 도로에 갇혀 있었다. 불은 머릿속에 도저히 답을 찾을 수 없는 고민을 지폈다. "차로 달아나는 중이라고 생각해 보세요. 차에 당신과 아내와 자식이 네댓 명쯤 있다고요. 그런데 바로 앞차에 뭔가 일이 생겨서 차를 버리고 달아나야 한다면, 어느 아이를 어떻게 선택해서 데려가야 할까요? 제 형은 아이가 다섯이고, 다른 형도 아이가 다섯입니다. 저는 자식이 셋이고요. 우리 삼 형제가 각자의 차로 함께 대피하다가 어느 한 대에 불이 붙으면 얼른 다른 차로 피해야 하는데, 제 애를 몇 명이나 데리고 갈 수 있을까요? 기분이 정말 이상해집니다."[9]

불길 속에서 주민들의 대피를 지휘한 경찰과 구조대원들의 용기도 놀라웠지만, 나중에 모두가 깜짝 놀란 사실이 있다. 이날 도로에 갇힌 운전자들이 뒷좌석에서는 아이들과 개들이 울거나 낑낑대고, 빽빽한 차량 행렬은 기어가듯 움직이고, 불씨와 불붙은 나뭇조각들이 공중에서 비처럼 쏟아지고, 차 지붕이며 전면 유리에서 불길이 일고, 타닥타닥 타는 소리까지 요란해서 대다수가 두려움에 눈물을 흘리면서도 끝까지 질서를 유지했다는 점이다. 시민의식에서 나온 이 자제력과 용기는 특정한 곳만이 아니라 포트맥머리 전체에서 발휘되었고, 수많은 차량 블랙박스 영상에 그 증거가 고스란히 남았다. 폴 에어스트와 그가 몰고 나온 캐러밴은 느릿느릿 움직이던 대피 행렬의 끄트머리에 있었다. 비컨힐에서 거의 마지막으로 빠져나온 그의 차 뒤로, 집들과 안전이 자리했던 곳들에서 폭발음이 들려왔다.

II

연료가 있다는 건 불이 있다는 겁니다.
─한 도시 화재 전문가의 말

────

　포트맥머리 시내의 믹스 103FM 방송국 쪽은 "상황이 점점 나빠지고 있었다." 크리스 반덴브리켈은 "태양도 보이지 않았다"고 기억했다. "재가 비처럼 쏟아지고 시내 전체가 불그스름해졌습니다. 방송국의 다른 진행자들, 직원들도 어쩔 줄 몰라 했고요. 양 무릎을 꼭 끌어안고 태아 자세로 앉아서 몸을 흔들기만 하는 직원도 보였죠. 집이다 불탄 건 아닌지, 가족들은 안전한지 다들 걱정했습니다. 두어 명이 '그래도 방송은 계속합시다, 계속해요'라고 했지만 대피 지역은 계속 늘어났습니다. 워터웨이스(시내 정남쪽에 있는 포트맥머리에서 가장 오래된 주거지역)에 대피 명령이 떨어지고, 시내도 곧 대피가 임박해졌습니다. 우드 버펄로(골프장 근처), 시크우드까지… 정신이 나갈 것 같았죠. 다시 신입이 된 마음으로 이런 소식들을 방송으로 전하려고 노력했습니다."

　대피 지역 목록에는, 포트맥머리에서 지낸 기간이 7개월밖에 안

된 반덴브리켈에게는 지명도, 위치도 낯선 동네들도 있었다.

도시 전역의 소방관들이 반덴브리켈의 방송국에서 남쪽으로 2.4 킬로미터 지점, 행잉스톤강과 63번 고속도로 사이에 낀 범람원에 자리한 1호 소방서에 모여들었다. 비컨힐, 어배샌드와 가까운 포트맥머리 중심부에 자리한 이 소방서 건물은 시 전체를 통틀어 가장 오랜 역사를 간직한 곳이기도 하다. 내부에 들어서면 안팎이 트인 클럽하우스 느낌도 난다. 휴게실에는 와이드스크린 텔레비전과 그 앞에 반원 모양으로 놓인 리클라이너가 여럿 보이고 텔레비전 주변의 책장들, 캐비닛은 각종 트로피와 기념품으로 꽉 차 있다. 벽에는 역대 소방서장들의 사진이 걸려 있다. 몇 걸음 떨어진 곳에 설비가 잘 갖추어진 주방이 있고, 바로 옆에는 다 함께 식사할 수 있는 긴 식탁이 놓인, 해가 잘 드는 공간이 붙어 있다. 옆문으로 나가면 운동실이 보이고 아래층에는 단체 숙소와 샤워장이 있다. 전체적으로 친한 친구들과 주말에 놀러 오고 싶은 멋진 장소 같은 인상을 풍긴다.

하지만 그런 편안한 분위기만 보고 속으면 안 된다. 한창 운동 중이거나 식사 중일 때, 영화를 보거나 낮잠을 자고 있을 때, 출동 경보는 낮이고 밤이고 언제든 울릴 수 있다. 응급 상황을 알리는 경보와 화재 경보는 소리가 다른데, 1호 소방서의 대원들 대다수는 어느 쪽이든 출동할 수 있도록 훈련을 받는다. 당번 근무제지만 일정대로 일하는 대원은 아무도 없다. 모두가 이다음 교통사고, 심장마비, 바비큐 화재의 현장으로 언제든 출동할 태세로 생활한다.

5월 3일 오후, 1호 소방서는 소방서라기보다 차라리 알라모 요새(1836년 당시 멕시코의 한 지역이던 텍사스가 멕시코에서 독립하기 위해 전쟁을 벌일 때 요새로 삼았던 곳—옮긴이)와 비슷한 곳이 되었다. 시 전역의 소방서 방재실마다 "모든 소방서! 장비를 전부 챙겨서 1호 소방서로 집합!"[1]이라고 외치는 소리가 울려 퍼졌다. 포트맥머리에 배치된 소방관 180명 중 그 시각에 근무 중인 인력은 서른 명 남짓이었고, 나머지 소방관들에게 연락이 닿기까지는 시간이 걸렸다. 25명 정도는 도시를 벗어난 곳에 있었다. 한 소방서장은 멕시코의 한 수영장 겸 바에서 놀다가 자기 집이 있는 도시가 불길에 휩싸였다는 사실을 알게 됐다. 연락이 닿은 소방관들은 모두 집결했고 오후 2시쯤 1호 소방서 주차장은 이들이 몰고 온 온갖 픽업트럭과 소방차들로 북새통이 되었다. 애서배스카강 건너편 3호 소방서의 서장 트로이 팔머(Troy Palmer)는 그날 비번이라 집에 있었던 탓에 아직 연락이 닿지 않았다.

40대가 된 팔머는 소방호스와 씨름하고 사다리를 오르내리던 시절을 지나 이제 더 큰 그림, 화재 현장을 전체적으로 보고 평가하는 일에 집중했다. 교대로 소방서장직을 맡은 그의 날카로운 푸른 눈에서도 분석적인 사고가 느껴졌다. 쉬는 날마다 독서를 즐겼고, 특히 군사 역사에 관한 책을 많이 읽었다. 역사에 남은 군사 작전과 전략들은 그가 세상을 이해하는 틀이 되었을 뿐만 아니라 나중에는 포트맥머리 화재를 이해하는 데에도 요긴하게 쓰였다. 전운이 감돌 때와 비슷한 혼란, 적을 과소평가하는 너무나 흔한 실수, 적이 친 선수에 당하고 아군보다 훨씬 센 화력에 당하다가 결국 적에게 포위당하고 마는, 즉 적에 꼼짝없이 둘러싸였다는 끔찍한 현실을 깨닫게 되는 것까지 전부 흡사했다.

비컨힐에서 불길이 솟고 그 연기와 불씨가 고속도로 너머로 퍼질 때도 그곳에서 13킬로미터쯤 떨어진 팀버리에서는 상황을 알기가 어려웠다. 시 북서쪽 구석에 있는 팀버리는 지도를 매번 업데이트하기 힘들 만큼 마을의 구획이 급속히 바뀌는 주거지역이었지만, 측량사들의 관심권 바로 바깥에는 다듬어지지 않은 자연이 펼쳐져 있었다. 팔머의 집 현관에서는 주로 내 집 마련이 처음인 사람들을 위한 1~2층 짜리 집들이 줄줄이 모여 있는 동네부터 그의 집이 속한 다른 구획의 경계부까지 이어지는 체스트넛 웨이(Chestnut Way)가 훤히 보였다. 그 길 너머는 미지의 땅처럼 느껴지는 자연 풍경이 펼쳐졌다. 당시 마을 의 북쪽 경계였던, 둥글게 휘어지는 월넛 크레센트(Walnut Crescent) 거 리의 건너편에는 물을 빼고 지반을 평평하게 고르는 작업까지 끝낸 드넓은 빈 땅이 새로운 개발 붐이 일기를 기다리고 있었다. 서쪽으로 는 가느다란 나무들이 개털처럼 아주 촘촘히 자란 숲과 늪지대가 무 한대로 이어졌다. 무스들, 육지와 물이 모두 있는 환경을 좋아하는 비 버들의 세상인 그곳은 외부와 철저히 격리되어 쉽게 발을 들일 수 없 는 영역이었다. 얕은 숲이 형성된 교외를 벗어나면, 북서쪽으로 320 킬로미터 넘게 떨어진 버펄로 헤드 프레리(Buffalo Head Prairie)까지 스 스로 길을 만들면서 가야 하는 외딴 삼림이 펼쳐진다. 그 길에는 그 네, 골목, 포장도로 같은 사람이 사는 흔적이 전혀 없다. 인근 어디서 나 볼 수 있는 탄성파 탐사선을 제외하고 어떤 기척도 느껴지지 않는 그 드넓은 땅을 지배하는 건 눈에 띄지 않게 돌아다니는 채굴업체 사 람들과 야생동물들뿐이다.

4일씩 교대 근무를 하던 트로이 팔머는 5월 3일 저녁 6시부터 다 음 근무가 시작될 예정이었다. 하지만 왠지 그 전에 호출이 올 것 같 은 예감이 들었다. 5월 2일에 그도 공항로에 있는 5호 소방서 탑 위에 서 009호 화재를 직접 봤다. 불길이 그가 지키는 도시와 점점 가까워 지고 있었고, 머리 위로 소방용 항공기들이 조금이라도 정확한 위치 에 물을 뿌리기 위해 계속 커지는 연기기둥에 다소 위험할 정도로 가 까이 다가가는 것도 보았다. 그 주에는 여덟 살짜리 딸을 그가 데리고 있기로 했는데, 5월 3일은 평일이라 원래는 아이가 학교에 가야 하는 날이었지만 팔머는 집에 데리고 있기로 했다. 아이가 몸이 안 좋다고 했기 때문이기도 했고, 화재 상황이 그만큼 염려됐기 때문이다. 팔머는 화재 기상을 나타내는 모든 지표가 불길을 더 지피는 방향으로 바뀌고 있다는 것을 잘 알고 있었다. 그에게는 가족이나 다름없는 대원들이 바쁘게 움직이고 있으리라는 것도 짐작하고 있었다.

점심시간이 되자, 팔머는 전 부인에게 전화해서 혹시 일을 쉬고 최대한 빨리 아이를 데려갈 수 있느냐고 물었다. "아내가 아이를 데려가려고 우리 집에 도착했을 때 소방서에서 자동 발신 전화가 왔습니다. 오후 2시쯤이었어요."[2] 팔머가 내게 말했다. "보통은 '초과근무 가능합니다. 원하시면 몇 월 며칠, 몇 시까지 연락하세요'라는 메시지가 나오는데, 그날은 '긴급 상황, 1호 소방서! 긴급 상황, 1호 소방서!'라고 하는 겁니다. 그런 메시지는 처음이었어요. 아내가 딸을 데리고 출발하자마자 저도 얼른 트럭을 몰고 출동했습니다. 하지만 이미 주민 대피가 시작된 후라 길에 갇혔어요."

평소 같으면 25분 만에 도착했을 거리였다. 하지만 그날 평소와 같은 건 하나도 없었다. 도로에 발이 묶여 차 안에 혼자 있는 동안, 팔머는 아까 받은 소방서의 자동 메시지를 다시 떠올렸다. 구체적인 정보도 없고 수락하거나 거부할 수 있다는 말도 없었다. 그건 제안이 아니라 조난 신호 같은 메시지였다. 강 건너에 무슨 일이 생겼는지는 몰라도 지위, 우선순위, 노조, 가족 등 도로를 꽉 채운 이 모든 사람들이 각자의 삶에 형태와 의미를 부여하는 것들이 있을 텐데, 그 모든 것보다 중대한 일임에 분명했다. 그때까지도 팔머는 자신이 받은 연락이 화재 경보라기보다는 적의 침략이 목전에 닥친 상황에서 민병대를 동원하는 긴급 호출에 가까운 의미였다는 것을 알지 못했다. 강이 시야에 들어온 후에야 비로소 그가 맞서야 하는 적의 정체가 드러났다.

화재 소식은 이미 사람들에게 파다하게 전해져서 이제 당국의 대피 명령은 대부분 별 의미가 없었다. 밀레니엄 드라이브를 벗어나 컨페더레이션 웨이에 접어든 팔머는 동쪽 차선이 서서히 밀려드는 승용차, 트럭, SUV로 들어차는 광경을 보았다. 모두 고속도로를 향해서, 불을 향해서 달리고 있었다. 그게 포트맥머리에서 빠져나가는 유일한 길이었기 때문이다. 천천히 늘어나는 이 차량 행렬 곳곳에는 팔머와 같은 메시지를 받고 출동한 다른 소방관들도 끼어 있었다.

팔머는 도시를 가로지르는 이 도로를 바로 전날에도 지나갔다. 앨버타주 산림부가 3일째 화재 진압 중인 가운데, 포트맥머리의 소방서들도 필요한 자원을 모으고 적시에 불길의 예상 경로에 있는 주요 기반 시설 주변에 물을 뿌릴 수 있도록 살수 장비를 설치하느라 분주하게 보냈다. 팔머도 얼마 전 개통한 시 남쪽의 대중교통 환승역과 재활용 시설에서 초과근무까지 하면서 5월 2일 하루 대부분을 보냈다. 이전 교대 근무 때 1일의 화재 상황에 대비해 그 시설들에 설치해둔 펌프와 스프링클러 수십 대, 수백 미터 길이의 호스를 '제거'해야 했기 때문이다. 바람의 예상 방향이 바뀜에 따라 진압 장비를 전부 해체해서 물기를 제거한 후 다시 잘 감아서 정리해두는 작업이었다. 그게 바로 어제였는데, 불길은 하루 만에 바람을 타고 시간을 앞질러, 인간은 보지도, 싸우지도, 예상하지도 못할 만큼 삽시간에 미래가 당도한 것처럼 느껴졌다.

팔머가 상황의 심각성을 제대로 깨달은 순간은 대피 명령이 내려진 골프장 인근 하류의 수처리 시설을 끼고 완만하게 굽이쳐 흐르는 강변이 눈에 들어왔을 때였다. 애서배스카강 왼쪽 강둑에 있는 그 수처리 시설도 포트맥머리에 있는 대부분의 사회 기반 시설처럼 새로 지어진 최신식 시설이었다. 도시에 공급되는 물을 정화하는 기능과 더불어 시 전체, 신규 개발 사업이 무수히 이어지는 산꼭대기와 산등성이까지 물을 공급할 수 있는 압력을 갖춘 새 펌프도 설치됐다. 고속도로, 그리고 인체에 비유하면 포트맥머리의 가장 중요한 연결 조직이라고 할 수 있는 다리가 이 시설에서 강 하류 방향으로 450미터 거리에 있었다. 강 서쪽의 동네들을 바깥세상과 이어주는 유일한 경로인 이 다리를 포트맥머리 방향으로 건너면, 수처리 시설 너머에 어배샌드 하이츠의 가파른 비탈이 어렴풋이 보인다. 원래는 산등성이의 침식면에 혈관처럼 길게 드러난 역청 모래층과 그보다 완만한 경사면의 숲도 보이는데, 그날 팔머의 시야에 들어온 풍경은 달랐다. "강을 따라 눈에 보이는 모든 언덕이 통째로 불타고 있었습니다." 팔머는 내게 이렇게 설명했다. "저는 바로 전 부인에게 전화해서 '트레일러 정리하고 아이 짐도 챙겨서 당장 이곳을 떠나야 한다'고 말했습니다. '남쪽은 이미 길이 막혔으니까 북쪽으로 가라'고 했어요."

광산들, 노동자 합숙 시설을 지나 "북쪽"으로 48킬로미터쯤 달리면 고속도로는 원주민 공동체인 포트매케이에서 끝이 난다. 팔머의 전 부인과 반덴브리켈의 아내, 북쪽으로 대피한 수천 명이 공통적으로 맞닥뜨린 문제였다. 팔머가 전 부인과 통화한 오후 2시 45분쯤 센테니얼 파크는 화염에 휩싸였다. 비컨힐에도 불이 옮겨붙고 바람에 실려 온 불씨가 어배샌드 주택가 지붕 위로 쏟아지고 있었다. 불붙은 눈처럼 우수수 떨어지는 불꽃 하나하나가 눈송이처럼 뚜렷하게 보였다. 한낮 돌풍에 실려 날아다니는 불꽃은 공항로부터 그레고어(Gregoire)를 지나 팔머의 집이 있는 팀버리 남쪽 구획인 디킨스필드(Dickinsfield)까지 시 서쪽 전체에 떨어져 새로운 불로 피어났다.

팔머가 난생처음 보는 광경 앞에서 상황을 이해하려고 애쓰는 동안, 1호 소방서에 그보다 한 시간 일찍 도착한 제이미 쿠츠와 라이언 쿠츠는 수년 전 자신들이 사는 지역의 3분의 1을 단 몇 시간 만에 태워버린 화재 때와 같은 일이 반복되고 있음을 확신했다. 차이가 있다면, 포트맥머리의 불은 그때보다 10배는 더 컸다.

팔머가 마침내 다리를 건너 1호 소방서로 향할 무렵, 30미터가 넘게 치솟은 불길이 비컨힐의 경사면을 따라 63번 고속도로를 향해 내려오고 있었다. 한 목격자는 "불 파도" 같았다고 묘사했다. 이 불길이 고속도로 바로 옆까지 내려오는 광경을 영상으로 촬영한 사람은 "용암 같았다"[3]고 했다. 불붙은 나무가 언덕 경사를 타고 도로 쪽으로 굴러 내려오는 모습이 영상에 고스란히 담겼다. 바람에 실려 날아다니는 불꽃들이 도로에 다닥다닥 붙어 있는 차들과 시내 상가들 위로 흩뿌려지던 그 시각, 1호 소방서에 모인 소방관들은 소방호스를 꺼냈다. 하지만 호스에서 뿜어져 나온 물이 향한 곳은 주변 건물들이 아니라 소방차와 소방서 건물이었다. 그곳 소방대원 모두가 난생처음 겪는 상황이었다. "표준은 다 사라졌습니다." 팔머는 그 진화 작업이 한창일 때 1호 소방서에 도착했다. "보통 911 신고가 들어오면 체계적으로 분류해서 처리합니다. 하지만 그날은 정신이 하나도 없었어요. '여기 도움이 필요합니다! 도움이 필요해요! 어배샌드에 추가 지원 바랍니다!' 이런 식이었죠. 다들 믿을 수 없다는 표정이었습니다. 두렵고 불안했습니다. '이제 어쩌지?' 하고만 있었어요. 너무나 이례적인 상황이었습니다."

수많은 주, 지역, 시 단위 소방서가 이런 상황을 막기 위해 "블루카드(Blue Card)"라는 소방 지휘 시스템을 활용한다. 미국 애리조나주 피닉스 출신의 전설적인 소방관 브루나시니(Brunacini) 형제가 처음 개발한 후 캘리포니아주 '사고 지휘 체계(Incident Comand System, 약어로 ICS)'의 토대가 되기도 한 이 블루카드 시스템은 화재 시 의사 결정

화재 기상

과 자원 배치 방식을 포괄적으로 다룬 체계로, 주택 화재부터 화학물 질 유출 사고에 이르기까지 긴급 출동하는 최초 대응 요원과 지원 인력의 단계별 대응 요령과 예상되는 상황별 작업 순서를 제시한다. 미국 전역에서도 널리 쓰이고 앨버타주도 2011년에 채택한 다용도 시스템이다. 그러나 이 지휘 시스템도 009호 화재 상황에는 맞지 않았다. "블루카드 시스템은 일반적인 관리 방안에 관한 내용입니다." 팔머의 설명이다. "하지만 포트맥머리 화재는, '교과서는 도움이 안 되니 그냥 태워버려'라는 말이 더 어울리는 그런 화재였습니다."

소방관, 경찰, 그 외 응급구조대원들이 교과서 대신 의지할 수 있는 건 뿌리 깊은 위계 시스템이었다. "다들 준군사조직의 기본 체계는 알고 있었으니까요." 팔머의 설명이다. "그래서 현장에 도착하면, 우선 계급장이 두 줄인 사람(대장)을 찾아서 그 사람이 지시하는 대로 따르면 됩니다. 그런 사람을 찾으면 마음이 좀 편해지고 안심도 됩니다. '좋아, 이제 어디로 가서 뭘 하게 될지 알게 되겠구나' 하는 생각이 들거든요. 하지만 딱 거기까지고 그다음부터는 마구잡이였죠."

그날 포트맥머리의 대응은 대부분 "마구잡이" 식이었다. 팔머는 전례가 없는 이 혼돈 속에서 가장 기본적인 일부터 해결하기로 했다. "자, 일단 진압 장비가 필요합니다." 군인은 무기를 놓지 말라는 훈련을 받고, 소방관은 소방복 없이는 절대 현장에 출동하지 않는다. 구조물 화재 진압에는 무게가 18킬로그램이 넘는 보호복과 호흡 보조 기구가 필요한데, 그 장비들은 전날 퇴근할 때 공항로의 5호 소방서에다 두고 왔다. 비번인 날 호출 받고 달려온 다른 소방관들도 그런 경우가 많았다. 팔머는 일단 5호 소방서에 가서 거기 있는 소방복과 장비를 전부 싣고 오기로 했다. 1호 소방서의 소방대장에게 허락을 구하자, 대장은 구조 트럭 한 대를 가리키며 다녀오라고 했다. 팔머는 가장 먼저 눈에 띈 소방관 한 명을 붙잡아서 차에 태우고 연기와 불씨가 휘몰아치는 도로로 다시 나갔다.

불길이 울창한 검은 가문비나무 숲과 센테니얼 파크의 이동식 트레일러를 덮친 데 이어 비컨힐 주택가로 번지면서 연기는 더 시커멓고 매캐해졌다. 불의 입장에서는 휘발성 높은 한 연료에서 다른 연료로 옮겨붙는 과정이 아무 문제 없이 이루어졌다. 연기가 점점 짙어지고 독성은 더욱 강해진 탓에, 주변이 꼭 주황색 불빛들만 기이하게 번뜩이는 황혼 녘이 된 듯한 착각을 일으켰다. 차들도 헤드라이트를 켜야 할 만큼 가시거리가 짧아졌다. 일몰까지는 아직 7시간이나 남았는데도 가로등이 자동으로 켜질 정도로 사방이 어둑했다. 연기가 여러 겹으로 켜켜이 쌓이고, 거리에서는 점점 늘어나는 차들 위로 연기가 회색 구름처럼 빠르게 지나갔다. 공기 중에는 재가 사방에 떠다녔고, 커다란 불씨들이 차량의 후드와 지붕으로 타닥거리며 떨어졌다. 그 여파로 전면 유리에 금이 간 차들도 있었다.

5호 소방서를 향해 남쪽으로 달리는 동안 팔머는 이 연기가 어디서 끝날지 도통 알 수 없었다. 옆자리에 앉은 소방관은 거의 신입이었고 처음 만난 사이였다. "처음에는 '이제 무슨 광경이 펼쳐질까' 하는 생각이 들었습니다. '연기 건너편이 보이긴 할까?' 싶었고요." 긴 오르막길을 달려 강의 계곡에서 벗어나서야 마침내 바람이 연기가 모여드는 방향과 반대로 불었다. 팔머에게는 익숙한 길인데도 풍경은 너무나 낯설었다. "섬뜩했습니다." 팔머의 설명이다. "고속도로 옆(서쪽)에 보이는 모든 게 불타고 있었어요." 4층짜리 수퍼 에이트(Super 8) 호텔 건물,[4] 음식점 데니스(Denny's), 플라잉 제이(Flying J) 주유소도 전부 폐허가 되어 연기만 피어나고 있었다. 게다가 고속도로 동쪽에서는 비산 화재로 계속해서 불길이 새로 옮겨붙었다. 소방차는 한

화재 기상

대도 보이지 않았다. "포트맥머리에 오신 것을 환영합니다"라는 표지판이 보이는 지점에 이르자 팔머는 큰 절망감에 휩싸였다. "표지판 한쪽은 전부 타버리고, 남은 일부가 계속 불타면서 그 자리에 걸려 있었어요. 관광 안내소는 이미 다 타버린 후였고요."

익숙했던 도로에서 방향을 잃은 기분이었다. 우리는 대개 눈에 익은 건물을 기준으로 삼아 자신의 위치와 방향을 파악한다. 늘 변함없이 자리를 지키는 그 듬직한 건물들은 영원히 누구도 침범하지 못하는 장소처럼 우리와 시공간을 연결한다. 호주 원주민들은 그런 길을 "노랫길(songline)"이라고 불렀다. 같은 명칭을 쓰지는 않아도, 이런 길들의 심리적인 기능은 비슷하다. 즉 우리는 눈에 보이는 익숙한 사물을 토대로 표지판, 주유소, 특정한 나무, 호텔 등 다른 익숙한 사물이 곧 나타날 것임을 예상하고 이와 같은 방식으로 자신이 생활하는 주변 세상을 한 덩어리로 연결한다. 낯선 여행자에게 길을 가르쳐줄 때 말고는 지칭할 일조차 없다 해도 이 사물들 하나하나가 일상생활에서 우리에게 방향을 알려주는 중간 지점이다. 그런데 그 지점들이 전부 사라지고 연기만 보였다. 팔머는 자기 고향에서 이방인이 된 기분이었다. 그런 일이 시 전역에서 동시에 일어나고 있었다. 기억의 궁전들이 불길에 무너졌다.

5호 소방서에 도착한 팔머는 탈의실로 가서 걸려 있는 소방복을 전부 트럭 뒤에 실었다. "다시 1호 소방서로 돌아와, 가져온 소방복을 모두 바다 한가운데 던져뒀습니다. 포트맥머리 화재가 끝날 때까지, 소방복을 본 건 그게 마지막이었습니다." 팔머의 설명이다. 소방관이 아닌 이상 그게 얼마나 비정상적인 상황인지는 정확히 이해하기 어렵지만, 군인이 헬멧과 방탄복 없이 전투에 나가는 것과 비슷했다. "왜냐하면 그 불에는 소방복이 아무 소용이 없었기 때문입니다. 그만큼 이례적인 상황이었습니다."

팔머를 포함한 동료 소방관들은 구조물 화재가 발생하면 거의 예외 없이 화재 규모보다 더 많은 장비와 인력이 필요하다고 훈련받는다. 보통 주택이나 빌딩에 불이 났다는 신고가 들어오면 소방차를 몰고 출동하지만, 곧 사다리차가 필요하다는 판단이 내려지면 몇 분 내로 고공 사다리차가 도착한다. '브론토(Bronto)'라는 브랜드명으로 알려진 고공 플랫폼 사다리차가 필요하거나 소방차가 추가되어야 할 때도 필요한 장비들이 단시간에 현장에 투입되어 화재 진압에 쓰인다. 건물은 구하지 못할 수도 있다. 전소되기도 하지만 보통은 불을 끄기위해 뿌리는 물로 망가진다. 하지만 분명한 건 불길은 반드시 잡힌다는 것이다. 화재 현장에 출동한 팀은 그렇게 또 한 건의 승리를 거두고 돌아간다. 시 소방서와 산림부 소방서의 가장 큰 차이인 화재 진압에 걸리는 시간과 화재 규모의 차이도 바로 여기에 있다. 일반적으로 구조물 화재는 몇 시간 내로 진압된다. 하지만 숲에서 발생한 화재는 "10시까지"*를 목표로 정해도 불길이 잡히기까지 수일 또는 수 주가 걸린다. 아한대림에서 발생하는 대형 임야화재는 완전히 진압되기까지 몇 개월이 걸리기도 한다. 구조물 화재 진압은 럭비 경기와 비슷하다. 강한 힘으로 밀어붙이고, 상대와 정면으로 맞서며, 싸우는 공간이 한정되어 있고, 목표가 항상 뚜렷하다. 반면 임야화재 진압은 라크로스(캐나다 원주민들이 처음 만든 스포츠로, 하키와 비슷하게 두 팀이 끝에 길쭉한 망이 달린 긴 막대로 상대편 골대에 공을 넣는 경기다—옮긴이)의 원형과 더 비슷하다.[5] 정해진 경기장 없이 드넓은 야외에서 벌어지며 "경기를 벌인다"기보다는 뛰어다니며 싸우는 전투와 같다. 또한 최종 결

---

* 불이 발견된 날의 다음 날 오전 10시를 말한다.

화재 기상

과가 눈에 드러나지도 않고 확실하지도 않다.

구조물 화재와 임야화재에 투입되는 장비, 소방관들이 쌓는 기량에서 이런 차이가 명확히 나타난다. 임야화재를 전담하는 산림부 소방관들은 전국을 누비고 화재 현장에서는 걸어 다니며 불을 진압한다. 헬리콥터로만 접근할 수 있는 숲이나 산속에서도 신속히 이동하고 그 안에서 며칠씩 보낸다. 반면 시 소방서 소속 소방관들은 소방차와 연결된 호스가 닿는 범위 이상 이동하는 경우가 드물고, 차량으로 찾아가는 곳도 소방서에서 단시간에 갈 수 있는 장소가 대부분이다. 형태는 기능에 좌우되는 법이다. 임야화재 소방관들은 시간이 갈수록 거친 지형을 누빌 수 있는 충분한 지구력을 갖춘 체형이 되고, 시 소방들은 난투와 스크럼에 알맞은 체형이 된다. 이런 이유로 산림부 소방관 중에는 포트맥머리 시 소방서의 마크 스티븐슨처럼 역기 운동을 하는 사람이 별로 없고 여성 소방관의 비율이 시 소방서보다 더 높다. 이런 이유, 그리고 다른 여러 요소로 인해 두 기관은 화재와 싸우는 기술, 장비는 물론 화재를 대하는 마음가짐까지도 근본적으로 다르다. 5월 3일 오후에 포트맥머리에서도 그랬듯 이런 두 세계가 충돌하면, 양쪽의 경계와 방법의 구분이 모호해지고 엄청난 파괴와 혼란이 발생할 수 있다.

전혀 다른 두 세계의 충돌에는 따로 붙여진 이름도 있다. 바로 "산림 도시 인접 지역(wildland-urban interface, WUI)"이다(인접하다는 표현 대신 '마주보는 곳'이라고 하는 사람도 있다). 지도에서 WUI는 숲과 인공적인 환경(건조 환경이라고도 한다—옮긴이)을 나누는 일종의 단층 지대지만, 과거 30년간 북미 대륙에서는 부동산 개발 최적지로 여겨졌다. 집 바로 뒤에 등산로가 있고 집 앞은 스쿠터 타기에 좋은 막다른 골목 구조로 된 동네가 이런 곳이다. 현재 미국 주택의 3분의 1 이상,[6] 캐나다 주택의 절반 이상이 WUI에 자리하고 있다. 환경이 흉포하게 돌변하지만 않는다면 생활하기에 좋고 풍경도 아름답다. 하지만 WUI에 조성된 주택가에 임야화재가 들어서면, 불의 관점에서는 그야말로 풍성한 뷔페다. 바싹 건조된 연료 위에 타르 칠을 한 지붕널을 얹은 집들이 메인 요리라면, 고무 타이어와 연료 탱크를 갖춘 차들은 입맛을 돋우려고 장식하는 고명과 같다.

WUI에 있는 집에서 화재를 겪은 사람들은, 안락하게 지낼 수 있는 곳, 피난처가 될 수 있도록 설계된 자기 집이 불 앞에서는 자신들에게 가장 큰 위협이 된다는 사실에 경악하고 그런 현실을 쉽사리 믿지 못한다. 집이 더 크다고 해서 더 안전해지는 것도 아니다. 오히려 집이 클수록 불 기준에서는 태울 연료가 더 많다. 임야에서는 원래 자연적으로 불이 나고 불을 통해서 생태계가 자체적으로 관리된다. 그런 환경 한가운데에, 인화성이 높은 자재로 지은 현대식 주택들이 들어선 주거지일수록 WUI 화재의 실상이 가장 적나라하게 드러난다. 호주, 미국 서부, 캐나다 아한대림에 들어선 주거지역들이 바로 그런 경우다. 그런 곳에 사는 사람들은 여름마다 WUI 화재가 보통 숲이나 주택에서 발생하는 여느 화재와는 다르다는 것, 화염의 맹렬함이 지옥 불을 떠올리게 할 만큼 거세다는 뼈아픈 사실을 깨닫는다.

이런 사실은 18세기와 19세기 북미 대륙 전역의 숲, 주택가, 도시에서 화재가 빈번했을 때 이미 고통스럽게 얻은 교훈이다. 하지만 20세기에 들어서면서 기후가 비교적 서늘하고 비가 많아졌고, 교외 지역이 급속히 팽창하던 시기에 화재 진압 기술도 발전하면서 사람들은 그 교훈을 다 잊었다. "집들이 불타고 마을 전체가 불타는 것은 소아마비나 흑사병이 돌아오는 것과 같다."[7] 화재 역사를 기록해온 가장 저명한 학자 스티븐 파인이 2016년에 쓴 글이다. "인간이 과거에 분명히 해결하고도 잊어버린 문제, 혹은 잊어버리기로 작정한 문제다. 이는 백신 개발과 위생 관리로 끔찍한 일들을 피할 수 있게 된 후 그런 노력이 지속되어야 한다는 것을 잊거나 잊기로 한 것과 같다.” 과거의 화재가 가르쳐주었으나 잊힌 교훈은 단순하다. 숲속에 집을 짓지 말아야 한다는 것, 집 주변에는 반드시 맨땅이 있어야 한다는 것이다. 빈 땅은 작물을 심거나 가축을 키우기에도 편리하고 불이 나면 훌륭한 방화대 기능을 한다. 지붕을 주석이나 슬레이트로 만들면 불씨가 날아와도 끄기가 훨씬 쉽다는 것도 마찬가지다.

포트맥머리에는 오랜 세월에 걸쳐 검증된 이 교훈 중 단 한 가지도 적용되지 않았다. 시내를 제외하고 포트맥머리 주택가가 자리한 곳

① 이렇게 아름다운 곳에 무슨 일이 생기겠어. 여기에 지읍시다!
② 불쏘시개 계곡.
③ 주의! 임야화재가 코앞에 있음.

은 거의 다 전형적인 WUI다. 5월 3일 오후 3시경, 비컨힐은 들끓는 WUI 화재에 휩싸였다. 센테니얼 파크는 통째로 사라졌다. 다음은 워터웨이스, 어배샌드, 시크우드 차례였다. 트로이 팔머가 오후 2시 반을 넘겨 1호 소방서에 도착했을 무렵 제이미 쿠츠를 포함한 슬레이브 레이크 소방대원들은 비컨힐에 당도했다. 폴 에어스트의 가족은 아직 탈출 중이었다. 1호 소방서에서 고속도로로 1.6킬로미터도 채 떨어지지 않은 곳에 비컨힐로 들어가는 유일한 길인 2차선 도로가 뱀처럼 구불구불하게 이어졌다. 이 오르막길 양쪽에는 갓길 차선이 있고, 풀이 무성한 갓길 옆으로는 성숙림이 있었다. 그곳에 도착한 쿠츠 일행은 살수 장비를 설치할 타이밍이 이미 지났음을 깨달았다. 동네도, 불길을 잡으려는 노력도 모두 충격과 혼돈에 빠졌다. 소방차들, 구조 차량들, 대피하려는 주민들, 집집마다 찾아가 남은 사람은 없는지 확인하는 연방 경찰들, 시내에 있다가 서둘러 집에 돌아온 주민들로 도로는 북새통이었다. 저마다 사태를 알아차리는 속도도, 반응 방식도 조금씩 다른 단계에 멈춰 있었다.

사람들이 겪은 총체적 혼란은 과장할 수도 없을 만큼 최악이었다. 치솟는 불길, 모든 걸 남김없이 태울 듯한 뜨거운 바람, 그 바람에 실려 살아 움직이는 불씨와 재, 모두의 숨통을 막고 바로 앞에 있는 차 외에는 시야를 다 가려버린 시커멓고 매캐한 연기, 코앞에서 30미터 넘게 솟구치며 끝도, 경계도 보이지 않는 화염까지, 세상이 전부 불로 다시 만들어진 것만 같았다. 그런 불이 비컨힐로 다가왔다.

구조물 화재가 발생하면, 소방관들은 경험 법칙에 따라 화재로 발생하는 열을 영국 열량 단위(BTU)로 환산하고 그에 상응하는 양만큼 소방수를 살포한다(분당 갤런 기준). 하지만 비컨힐에서는 이 공식도 아무 소용 없었다. 이미 불이 훨씬 우위라, 소방서 전 대원이 출동한다고 해도 터진 댐을 막으라고 배관공을 보내는 것과 같은 상황이었다. 소방호스에서 나간 물은 대부분 불길에 닿기도 전에 공중에서 증발해버렸다. 사방에서 모인 인력들로 꾸려진 오합지졸 소방대가 비컨힐에서 직면한 상황은(현재는 탈출로 없는 화재의 대표적인 사례가 되었다), 세계무역센터가 무너질 때 결연히 계단을 오르던 소방관들이 마주한 상황과 크게 다르지 않았다. 한 번도 해본 적 없는 일인 데다 이게 아니라는 생각이 들고 잘되리라는 희망도 없었지만, 집 안에 사람들이 있으면 일단 올라갔다. 자신보다 남을 더 생각하는 봉사 정신의 발로였다.

힘의 균형이 한쪽으로 명확히 쏠린 이런 상황에서는 어쩌면 무지가 축복인지도 모른다. "저는 그날 본 얼굴들을 지금도 기억합니다." 제이미 쿠츠가 내게 설명했다. "그걸 기억하는 이유는 2011년에 우리 지역이 불길에 사로잡혔을 때 제 얼굴이 분명 그랬을 거라고 확신하기 때문입니다. 도저히 믿을 수 없는 상황에 놓였을 때 나타나는 그런 얼굴이요. '그래, 집이 한 열 채 정도 사라질 것 같지만, 그래도 끌 수 있을 거야'라고 생각하는 듯한 그 표정들을 보며 저는 생각했습니다. '아니, 열 채가 아니라 500채가 사라질 거야. 뭘 해도 소용없어.'"

화재 현장에 도착한 소방관들은 연기 때문에 불타는 집도, 다른 대원들도 알아보기가 힘들었다. 게다가 불길이 점점 더 거세게 타오르는 소리 외에는 아무것도 들리지 않았다. 제트 엔진 소리와 비슷했다고 말한 목격자도 있고, 화물 기차 소리에 비유한 사람도 있다. 목재가 쉴 새 없이 꺾이고 쪼개지는 소리(나무들, 주택들 모두)에 간간이 변압기, 연료 탱크가 폭발하는 소리가 더해져 점점 더 심해지는 소음은 멈출 줄 몰랐다. 집들이 화염에 휩싸이면서 발생한 열은 나중에 금성의 표면 온도와 비슷했다고 평가될 만큼 뜨거웠다(금성의 표면 온도는

450~460도—옮긴이). 연기도 마찬가지였다. 이 불과는 맞설 방법이 없고 시간도 없다는 사실이 금세 명확히 드러났다. 불길이 더 퍼지기 전에 남은 주민들을 서둘러 대피시킬 시간밖에 없었다.

목표가 화재 진압에서 인명 구조로 자연히 바뀌는 이 전환은 포르투갈, 그리스, 호주, 미국 캘리포니아까지 21세기 새로운 도시 화재에서 나타나는 대표적인 특징이다. 이미 집에서 빠져나간 주민들도 있겠지만, 누가 대피하고 누가 남았는지는 어떻게 알 수 있을까? 소방관들은 집집마다 확인했고, 연방 경찰도 교통 통제를 하는 동시에 남은 주민을 찾아다녔다. 울창한 숲에 둘러싸인 이 언덕 위의 마을은 불에 완전히 갇힐 가능성이 시시각각 현실이 되어갔다.

비컨힐에서 진압 활동이 처음 시작됐을 때 현장에 있던 소방관 스티브 새킷(Steve Sackett)은 제이미 쿠츠와 집집마다 돌아다니며 남은 사람은 없는지 확인하다가, 비컨힐 진입로 쪽에 있는 셸 주유소가 폭발하는 소리를 들었다. 수백 미터 떨어진 곳이었는데도 몸으로 느껴질 만큼 충격파가 엄청났다. "피부로 느껴질 정도였다."[8] 새킷은 나중에 쓴 글에서 이렇게 전했다. "폭발 후 불덩이 하나가 공중으로 날아왔다. … (쿠츠 부자는) 눈 하나 깜짝하지 않고 우리에게 '사망자가 한 명도 안 나왔으면 좋겠다'고 말했다." 연기에 가려 아무것도 보이지 않을 때 소방차들이 일정한 간격으로 경적을 세 번씩 울리기 시작했다.[9] 조난 신호였다. 비컨힐 남쪽 끝에 있는, 불이 삼켜버린 그 주유소 바로 옆 진입로가 불로 고립된 이 고원지대에서 벗어나는 유일한 길이었다. 탈출로는 그 길 하나뿐인 상황에서 언덕 꼭대기 전체가 불타고 있었다.

12

숲에 불이 나는 게 문제가 아니라 주택에 불이 붙는 게 문제다.
이 사실을 깨닫고 나면 임야화재를 보는 관점이 달라진다.[1]
—레이 래스커, 지역사회 임야화재 대비 계획 지원단체 공동 창립자

———

5월 3일에 불의 가장 큰 연료가 된 건 네 가지였다. 세 가지는 검은 가문비나무, 발삼 포플러, 사시나무였고, 나머지 하나는 집이었다. 포트맥머리의 집들은 불의 주된 연료가 된 세 가지 나무 중에서도 검은 가문비나무와 가장 닮았다. 인화성이 높은 수액이 있는 것도 아닌데 그런 나무들만큼 불이 잘 붙었다. 주택 화재는 대부분 불이 내부에서 시작되므로, 주택 화재를 연구하는 사람들은 집 안의 가구와 집기가 현대식인지 구식인지를 분명하게 구분한다. 나무 식탁과 의자, 레이스 커튼, 면 덮개를 씌운 소파, 속에 솜이 채워진 물건들(말 털이 채워지기도 한다) 같은 골동품으로도 불리는 구식 세간이 불타는 방식은, 대부분 플라스틱이거나 접착제, 수지로 결합한 나무 "제품"에 덮개는 폴리에스터나 나일론, 속은 폴리우레탄으로 채워진 현대식 세간이 불타는 방식과 완전히 다르다. 오늘날에는 거의 다 석유제품으로 이루어진 가구에서 먹고 자고 생활하는 일이 흔하다. 게다가 이렇게 표현

하면 이상하게 들리겠지만, 현대인 대다수는 머리부터 발끝까지 석유에서 나온 고인화성 물질을 두르고 하루를 시작한다.

2005년, 미국 보험협회 안전 시험소에서는 거실 모형 두 군데에 각각 구식과 현대식 가구와 집기를 채운 후 화재 시험을 진행했다.[2] 둘 다 촛불이 소파 쿠션에 닿아서 불이 붙자, 불이 시작된 직후 1분 정도는 현대식 거실에 피어오른 연기가 색이 더 짙고 매캐하다는 점 말고는 양쪽에 큰 차이가 없었다. 하지만 화재 발생 3분째가 되자 현대식 거실은 소파가 완전히 불타고 상황이 명확히 심각해졌다. 그로부터 20초 후, 예상치 못한 일이 일어났다. 현대식 거실에서 화염이 치솟고, 거실 입구부터 시작해서 바닥부터 천장까지 방 안 전체에 기름 냄새가 진동하는 짙고 시커먼 연기가 들어찼다. 불과 몇십 초 전까지 소파가 불타는 거실이었는데 순식간에 정유소 화재에서나 볼 법한 화염이 나타난 것이다. 그 안에 사람이 있었다면 목숨을 잃었을 것이다. 보기만 해도 무시무시한 광경이었다. 같은 시각, 바로 옆의 구식 가구와 집기로 채워진 거실은 연기가 약간 나고 불길이 점점 커지기는 했으나 양동이로 물을 한 번 붓거나 소형 소화기 하나만으로도 충분히 끌 수 있을 만한 규모였다. 현대식 거실과 비슷한 상태가 된 건 25분이 더 흐른 뒤였다.

시 소방서에서 일하는 소방관들은 폐쇄된 공간 전체가 이처럼 갑작스럽게 통째로 불타는 현상을 잘 알기에 두려워한다. 소방 용어로는 복사열의 급속한 전달 또는 열 반사를 의미하는 "플래시오버(flash-over, 전실 화재)"라고 하는 현상이다. 플래시오버는 불이 난 건물 내부에 있는 모두의 목숨을 위협한다. 불은 (연료 자체가 아니라) 가열된 연료에서 발생하는 기체를 먹고 커진다. 불타고 있는 소파처럼 국지적인 화재로 복사열이 생기면, 그 주변 연료에서 기체가 발산된다. 그런 연료가 석유 물질이면 다른 대부분의 유기물질보다 더 빨리, 더 낮은 온도에서 휘발되어 기체가 금세 방 안을 가득 채운다. 그 결과 깜짝 놀랄 만큼 삽시간에, 증기로 가득 찬 가스통이 터지듯 폭발하는 것이다. 플래시오버 현상과 임야화재의 상태 전환은 전자가 속도가 훨씬 더 빠르다는 차이가 있으나, 불이 상황을 완전히 제압하고 자신의 요구 조건을 제시하기 시작하는 단계라는 공통점이 있다.

포트맥머리를 만든 산업이 무엇인지를 생각하면, 그 산업에 종사하는 사람들이 사는 집들이 석유제품, 석유 관련 화학물질로 만들어지는 건 아주 당연하게 느껴지기도 한다. 지붕널에는 타르를 바르고, 외장재와 창틀은 폴리염화비닐(PVC)로 만들고, 목재에도 접착제와 수지를 잔뜩 바르고, 바닥에는 리놀륨이나 폴리프로필렌 카펫, 또는 고인화성 라미네이트 바닥재를 깔거나 래커와 니스를 바른다. 집 안의 전자 제품, 가구와 집기, 옷, 장난감, 여가 활동에 쓰는 도구들, 정원용 가구들, 침구류, 식품 포장도 거의 다 석유제품이다. 아한대림 화재로 발생한 수백 도에 이르는 열과 눈보라처럼 휘날리는 불똥이 근처에 갓 형성된 이런 주택가에 닿으면 집은 더는 집이 아니라 석유 증기를 내뿜는 커다란 공간이 되어 검은 가문비나무 숲에 불이 났을 때와 같은 상황, 또는 미국 보험협회 안전 시험소가 현대식 거실에서 진행한 화재 시험에서 나타난 결과가 185제곱미터 면적의 2층짜리 주택 규모로 일어난다.

어배샌드부터 팀버리까지, 포트맥머리 서쪽 전체에서 자연법칙을 거스르는 듯한 이런 현상이 목격됐다. 선코어 소속 소방관인 잘생기고 수다스러운 스물아홉 청년 루카스 웰시(Lucas Welsh)는 눈앞에서 집들이 통째로 사라지는 광경을 보았다. 하지만 그건 5월 3일 오후에 겪은 다른 수많은 이상한 경험 중 한 가지일 뿐이었다. "점심 무렵에 시 소방서에서 연락이 왔습니다." 웰시의 설명이다. "이게 다 뭔 소린가 싶은 요구를 했어요. 아무 설명도 없이 다짜고짜 '전부 다 보내달라'고 했거든요."

웰시는 같은 근무조 대원 세 명과 함께 소방수 3,800리터가 실린 소방차를 몰고 아직 날씨가 화창했던 거대한 선코어 시설을 벗어나 사이렌과 경광등을 켜고 다급히 63번 고속도로로 향했다. 무슨 일인지 짐작도 가지 않았다. 불길이 시야에 들어왔을 때도 사태를 정확히 파악하지 못했다. "우리는 소방관이고 불 끄는 법을 배웁니다. 그날 정말 희한한 기억으로 남은 일 중 하나는, 불을 보고도 그냥 지나쳐 갔다는 겁니다. 도로 양쪽에서 차들이 불타고 집들이 불타고 있었어요. 그런데도 그냥 지나쳤습니다. 원래 그러면 안 되는데 무시하고 지나간 이유는, 전화를 받았을 때 비컨힐로 오라고 했기 때문이에요. 가는 길에 불이 보일 때마다 정차했다면 아마 목적지에 절대로 못 갔을 겁니다. 비컨힐에 도착하니 전부 불길에 휩싸여 있었죠. 전체가요. 엄청나게 뜨거웠어요. 1.5미터 앞도 보이지 않았고요. 열기에 연기까지, 앞은 보이지 않고 몸의 감각이 전부 사라지는 것 같기도 하고 과부하가 걸린 것도 같기도 했습니다."

소방관들은 (얼굴 전체를 덮는 마스크, 호흡 보조 기구와 함께) 활성탄 필터가 장착된 마스크를 착용한다. 하지만 웰시와 동료 대원들은 그 마스크를 전부 연기와 불길로 자욱한 교차로에서 교통정리 중이던 경찰들에게 건넸다. "우리는 거기서 20분 정도 주민 대피를 도왔습니다." 웰시의 말이다. "아무것도 보이지 않았어요. 시작한 지 5분 만에 우리 대원 하나가 사라졌습니다." 웰시와 동료들은 모두 무전기를 갖고 있었지만, 선코어 사내 시스템에 연결된 장비들이고 중계기도 다 선코어에 설치되어 있어서 비컨힐에서는 먹통이었다. 사라졌던 대원이 마침내 연기 속에서 기침을 해대며 나타났다. "그때 연락이 왔습니다. 현장에서 나오라는 비상 호출이었어요. '대피하라, 너무 위험하다'는 내용이었습니다."

주민들, 소방관들이 모두 빠져나간 비컨힐은 불 속에 남았다.

"저는 우드 버펄로로 다시 배치됐습니다." 웰시의 설명이다.

시내 서쪽 맨 끄트머리에 자리한 우드 버펄로의 주택가는 그날 오전 애서배스카강을 뛰어넘은 불길이 번진 골프장 바로 위에 있었다. 포트맥머리의 서쪽 경계 끝까지 가야 한다는 소리였다. "짜증 났습니다. 내가 왜 거기까지 가야 하나 싶었죠."

강을 뛰어넘은 불은 그 일대 골프장과 클럽하우스를 전부 태우고 혼합림과 습지를 지나 시크우드를 향해 북쪽으로 계속 빠르게 번지고 있었다. 시크우드는 시크우드 하이츠(Thickwood Heights)와 웨스트뷰 하이츠(Westview Heights), 힐크레스트(Hillcrest)를 포함한 12곳의 교외 주택 밀집지를 통칭하는 이름이다. 이름에서도 알 수 있듯이 강 위로 높이 솟은 지대에 형성된 주거지역이라, 불이 그곳까지 번지려면 비컨힐과 어배샌드 하이츠에서처럼 경사면을 타고 올라와야 했다. 시크우드 남서쪽의 우드 버펄로 이스테이츠(Wood Buffalo Estates)는 두 면이 드넓게 트인 숲과 맞닿아 있었다. 숲과 붙어 있다는 건 불과 붙어 있다는 의미였다.

사태는 단시간에 "어디에 불이 났습니까?"가 아니라 "불이 '안' 난 곳이 어디입니까?"라고 물어야 하는 상황으로 급변했다. 불은 도시 한쪽 끝에서부터 반대쪽 끝까지 가공할 만한 속도로 번지고 있었다. 포트맥머리 남동쪽 그레고어 드라이브부터 북서쪽 시크우드 대로까지 불의 길목에 있는 모든 집이 전면 길이가 8킬로미터 이상인 불길에 이미 다 타버렸거나, 타고 있거나, 불이 옮겨붙기 일보 직전이었다. 웰시가 차들로 꽉 막힌 63번 고속도로를 거슬러 올라 다리를 건널 때, 화염은 쓰레기 매립지와 가까워지는 동시에 수처리 시설 바로 코앞까지 당도했다. 6층짜리 의료센터가 있는 시내 호스피털 스트리트에도 불길이 번져 건물에 있던 모두가 대피해야 하는 상황이었다. 비컨힐을 덮친 불은 고속도로도 뛰어넘었다. 4차선 도로와 갓길 차선, 램프 구간, 널찍한 중앙부까지 전부 건너서 동쪽 워터웨이스를 거쳐 야구장, J. 하워드 퓨 추모 공원까지 번졌다. 화염에서 날리는 불씨와 재가 시내와 클리어워터강 전체에 떨어지고, 애서배스카 지역에 최초로 설립된 교역소 건물인 200년 넘은 허름한 맥리어드 하우스에도 내려앉았다.

웰시와 대원들은 다리를 건너 첫 번째 입체교차로에서 시크우드 대로 쪽으로 빠졌다. 시크우드 대로는 시 서쪽에 형성된 주거지역에서도 남쪽의 중심부를 관통하는 6차선 도로다. 소방차가 서쪽 고원지대로 이어지는 오르막길을 오르기 시작했을 때, 쇼핑센터와 소형 상점들, 수백 채의 주택 위로 높이 치솟은 연기기둥이 웰시 일행의 시야에 들어왔다. 불길이 번뜩이는 자욱한 연기가 남쪽 전체를 가로막고 있었다. 비컨힐과 어배샌드 쪽에서도 연기가 무수히 피어나고, 바로 서쪽의 숲에서는 그보다 많은 연기가 솟아나고 있었다. 불길이 얼마나 가까이 다가왔는지는 정확히 가늠하기가 힘들었다. 시크우드에 도착한 웰시와 대원들은 속도를 낮춰 서쪽 경계를 향해 달리다가 리얼 마틴 드라이브(Real Martin Drive)의 에소 주유소에서 남쪽으로 틀어 우드 버펄로로 향했다. 웰시는 어릴 때 그 동네에서 자라 그곳 지리에 훤했다. 당시에 살던 집도 우드 버펄로에서 대로 하나를 사이에 둔 디킨스필드에 있었다.

주택과 아파트 800여 채를 사이에 둔 우드 버펄로와 디킨스필드는 수목이 빽빽한 얕은 골짜기에 둘러싸여 있어서 주거지로서 가치가 매우 높게 평가됐다. 주민들의 관점에서 자연적으로 형성된 그린웨이는 나이를 불문하고 누구나 산책, 등산, 크로스컨트리 스키를 즐기러 찾아오는 장소가 될 수 있으므로 부동산 가치를 높이는 요소였다. 하지만 불의 관점에서 그 두 곳은 모두 포트맥머리에서 규모가 가장 큰 공원인 버치우드 트레일(Birchwood Trails)이라는 폭탄과 연결된 퓨즈와 같았다. 구불구불한 지형에 도로 하나 없는 울창한 숲으로 이루어진 2.6제곱킬로미터 면적의 버치우드 트레일은 남쪽으로는 시크우드, 북쪽으로는 팀버리까지 인구 밀도가 높은 두 교외 주거지 사이를 꽉 채운 아한대림이었다. 5월 3일처럼 불이 번지는 상황에서 버치우드 트레일 근처로 가서 소방 작업을 한다는 건 목숨을 내놓아야 하는 일이었다. 그렇다고 아무 대책도 없이 포기한다면 재앙이 일어날 게 뻔했다. 시크우드와 팀버리에는 포트맥머리에 영구 정착한 시민의 3분의 2인 6만 명이 사는 총 2천여 채의 주택과 아파트가 있었다. 아직 이른 오후 시간이었지만 기온은 계속 오르고 바람도 여전했다. 게다가 습도는 계속 떨어지고 있었다. 이런 기상 상황에서 버치우드 트레일에 불이 번진다면, 말 그대로 화약고가 터진 것처럼 시 서쪽이 통째로 날아갈 것으로 예상됐다. 웰시와 대원들의 선코어 소방차가 리얼 마틴 드라이브에 도착했을 때, 그 엄청난 폭탄과 연결된 퓨즈와도 같은 주택가 집들이 활활 타고 있었다.

조금 전 비컨힐에서 홀로코스트가 절로 떠오른 상황과 마주한 충격이 채 가시지 않아서인지, 웰시는 남쪽의 주거지도 불타고 있으리라고는 인지하지 못했다. "불이 강 건너까지 온 줄 몰랐습니다." 그의 설명이다. "강폭이 거의 1킬로미터라, 건너편인 그곳도 위험할 수 있다고는 전혀 생각지 못했어요. 알려준 사람도 없었고요. 우리는 다 바보가 된 기분이었습니다. 얼른 아내에게 전화해서 '짐 챙겨서 대피할 준비해. 나 우리 옆 동네에 배치됐어'라고 말했어요. 아내는 우리 두 아들을 데리고 짐을 챙겨서 바로 대피했습니다." 웰시의 집은 아내가 집을 나서서 시크우드 대로를 향해 왼쪽으로 가는 도중에 웰시와 대원들이 있던 곳을 바로 지나갈 정도로 가까이에 있었다. "아내는 제가 어디 있는지 알았어요. 가면서 오른쪽으로 돌아보더라고요. 아이들에게는 제가 위험한 곳에 있는 모습을 보여주지 않으려고 말하지 않았고요. 그때 아이들을 봤다면 마음이 너무 괴로웠을 겁니다."

시 서쪽 전역에서 이런 갑작스럽고 괴로운 이별이 이어지고 있었다. 63번 고속도로가 폐쇄되고, 기지국에 신호가 몰리는 바람에 사람들은 바로 앞차에 있는 가족과도 통화하기가 힘들었다.

웰시와 대원들은 우드 버펄로와 디킨스필드 사이, 집들이 촘촘하게 늘어선 샛길인 J. W. 만 드라이브(J. W. Mann Drive) 남쪽 끝에 있는 소화전 앞에 소방차를 세웠다. 서쪽으로 광활한 숲과 늪지가 맞닿아 있는 그 거리의 주민들은 모두 대피한 듯했다. 출동한 다른 소방차가 있는지는 알 수 없었고, 웰시가 알기로는 자신들이 그곳 현장에 처음 출동한 소방대원이었다. 아직 불이 얼마나 가까이 왔는지는 알 수 없었지만 연기가 솟구치는 쪽에서 소리가 들렸다. "불이 우리 쪽으로 다가오고 있다는 걸 소리로 처음 알아챘습니다." 웰시의 말이다. "숲에서 난 불은 화물 기차만큼 소리가 엄청나거든요. 기차 같은 그 소리가 점점 커졌습니다."

웰시와 대원들은 불이 다가오는 방향 정면에 있었다. 휘몰아치는 연기와 재 속에서 버티려고 안간힘을 쓰고 있을 때, 맹렬히 타오르는 화염 소리가 묻힐 정도로 훨씬 더 큰 소리가 들렸다. 너무 낮게 내려온 거대한 소방용 항공기였다. "우리 바로 앞에 물 폭탄이 떨어졌습니다."

화재 기상

웰시가 전했다. "겨우 6미터 앞 나무들 위에 떨어져서 우리는 물을 다 뒤집어썼어요. '뭐 하는 거야? 왜 여기에다 물을 뿌려?'라고 했죠."

그제야 웰시는 시 서쪽의 화재 상황이 얼마나 절망적인지, 불이 버치우드 트레일 쪽으로 얼마나 바짝 다가왔는지를 처음으로 깨달았다. 임야화재 진압에 쓰이는 소방용 항공기는 주거지역 화재 진압까지 나서는 경우가 거의 없었다(최근 몇 년 전부터는 주택가 화재에도 쓰이는 경우가 훨씬 많아졌다). 소형 헬리콥터로 투하하는 물 380리터는 무게가 360킬로그램에 달한다. 그 정도 물이나 소화약제를 10층, 또는 20층 높이에서 투하하면 지붕이 무너지고 사람이 죽을 수도 있다. 조금 전 웰시와 대원들 머리 위를 날아간 컨베어(Convair) 580 같은 소방용 항공기는 그 20배 분량을 실을 수 있다. 조종사는 바로 아래에 사람이 있으리라곤 생각지도 못했을 것이다. 게다가 아무것도 보이지 않는 상황이었다. 웰시는 그렇게 비정통적인 방식으로까지 급히 물을 투하할 정도로 상황이 위급하다는 것을 알아챘다. "어느 집 지붕 위로 올라가서 나무들 너머로 멀리 내다보았습니다. 거대한 불길이 이쪽으로 오고 있었어요."

활활 타오르는 그 거대한 화염 속에서 주택가 여러 블록이 통째로 사라지고 있었다. 웰시의 친구들과 이웃들이 사는 집들, 자신처럼 소방관이 된 동생과 어릴 적 자전거를 타던 거리도 불길 안에 있었다. 불은 나무 꼭대기를 넘고 지붕도 넘고 모든 걸 넘어서 다가오고 있었다. 도시 전체에서 가장 거대한 존재, 주민 대다수가 평생 목격한 것을 전부 통틀어서 가장 거대한 존재가 포트맥머리를 나머지 세상에서 뜯어내려는 듯 조금도 흔들림 없이 차근차근 집어삼키고 있었다. 불길이 그 기세로 계속 이동한다면 계곡을 타고 올라와서 버치우드 트레일까지 당도하고 시크우드와 팀버리 중심부도 집어삼킬 것임을 충분히 예상할 수 있었다. J. W. 만 드라이브의 주택들은 불길이 타고 오를 수 있는 계곡들 중 한 곳과 웰시 일행의 소방차가 있는 곳 사이에서 방벽이 되었다. 웰시는 점점 다가오는 화염을 보면서 파도가 높이 솟았다가 부서질 때처럼 자신이 서 있는 쪽으로 기울고 있다고 느꼈는데, 착각이 아니었다. 꽃이 빛을 향해 움직이듯, 포트맥머리 시민들과 다른 무수한 생물들처럼 불의 방향도 에너지가 있는 쪽으로 기울기 때문이다. "아직 타지 않은 산소가 있는 쪽으로 기울어진 겁니다." 웰시의 설명이다. "산소 쪽으로, 마치 누가 잡아당긴 것처럼요."

불이 아직 타지 않은 연료와 산소가 가득한 우드 버펄로 쪽으로 이끌리기 시작하자 소리도 달라졌다. 지속적으로 이어지던 강렬한 화물열차 소리 같은 소음에 훨씬 사적인 혼돈의 교향곡이 섞여 들었다. "숲이 불탈 때는 한 가지 소리가 또렷하게 들립니다." 웰시가 설명했다. "하지만 집이 불타면 갖가지 소리가 쏟아져요. 나무가 불에 타면서 쪼개지는 소리, 사방에서 유리가 깨지는 소리, 압축되어 있던 것들이 풀려나면서 나는 바람 빠지는 소리, 플라스틱 외장재가 녹아내리는 낯선 소리, 그러다가 불길이 단열재에 닿으면…." 웰시는 좀처럼 말을 쉬는 법이 없는 사람이었는데, 이 지점에서 할 말을 잃었다. "전부 소리가 달라요." 그가 겨우 말을 이었다. "폭발음도 들리고요. 여기서 펑, 저기서 펑, 하고요. 프로판 가스통이 터지고 타이어가 터지고 차고에 있던 가스탱크, 공기탱크도 다 터지죠."

포트맥머리 화재에서 다른 화재들과는 남다른 특징이 나타난 요소 중 하나는 엄청난 규모의 차량과 가스 그릴이었다. 주택, 아파트 모두 거의 집집마다 9킬로그램짜리 프로판 가스통이 연결된 가스 그릴이 있었고 차고와 진입로마다 대피한 사람들이 두고 간 차 여러 대가 있었다. 불길이 이 모든 그릴과 차를 하나하나 삼킬 때마다 날카로운 경보음이 울리고 잠시 후 타이어와 가스탱크가 폭발하는 소리가 이어졌다. 이런 식의 폭발이 급속히, 한꺼번에 일어났다. 차 다섯 대의 타이어와 가스탱크가 여기서 폭발하고, 저기서도 폭발하고, 그 전후로 그릴과 연결된 프로판 가스통이 무작위로 터졌다. 현장 기능직으로 일하거나 사냥을 즐기는 주민들도 많은 동네라 차고며 지하실에 화약, 연료통, 용접에 쓰는 가스 실린더도 잔뜩 보관되어 있었다.

이러한 폭발을 소방 용어로 "비등액체 팽창 증기 폭발"이라고 한다(영어로는 boiling liquid expanding vapor explosion을 줄여 블레비(BLEVE)라고도 하며, 소방관들은 이 줄임말을 명사로도 쓰고 동사로도 쓴다). 연료 탱크에는 대부분 화재로 탱크 내부의 기체가 끓어 증기가 되면 통제된 방식으로 증기를 배출시키는 안전밸브가 달려 있다. 하지만 모든 연료 탱크는 견딜 수 있는 한계점이 있고, 유독 거센 불길에 상당수의 연료 탱크가 그 한계점을 넘어선 상태가 되어 안전밸브가 작동한 경우보다는 위험천만한 폭발이 무작위로 일어난 경우가 훨씬 많았다. 폭발한 탱크 파편도 사방을 날아다녔다. 5월 3일 오후가 중반에 이를 무렵에는 각종 가스, 프로판 가스, 디젤, 아세틸렌이 담긴 크고 작은 탱크에서 발생한 비등액체 팽창 증기 폭발 건수가 이미 수천 건에 이르렀다.

포트맥머리 소방서에서 37년을 근무한 존 "토피" 토폴린스키(John "Toppy" Topolinski)는 그날 "폭발이 쉴 새 없이 일어났다"[3]고 기억했다. 1990년대에 유고슬라비아에서 근무했다는 군인 출신 소방경 팻 더건(Pat Duggan)은 그런 폭발음이 하도 규칙적으로 들려서, "뭔가 날아오는 소리만 없을 뿐"[4] 박격포 소리와 같았다고 설명했다. 비등액체 팽창 증기 폭발이 그 정도로 규칙적으로 일어나자, 소방관들은 앞이 보이지 않는 자욱한 연기 속에서 그 소리를 단서로 화재의 진행 상

235

황을 파악하는 요령을 재빨리 터득했다. 폭발이 한 번 일어날 때마다 거기서 발생한 연소 에너지가 불길과 빠르게 한몸이 되어, 이제 불은 지상과 대기를 철저히 장악하고 주변 날씨를 바꿀 수 있는 태세를 갖추었다. 화염에 자체 연소 시스템이 갖추어진 것이다. 태풍급으로 덩치를 키운 불길의 내부 온도가 하도 높아서 집집마다 있는 평범한 물건들이 불의 연료가 되는 수준을 넘어 불을 붙이는 토치램프처럼 연소를 촉진했다. 발포 매트리스, 플라스틱 쓰레기통, 과자 봉지, 모든 게 불길 속에서 연소 온도까지 온도가 상승해 불이 옮겨붙어 타는 게 아니라 폭발해서 사라졌다. 그런 폭발 하나하나가 이미 재앙 수준에 이른 화염에 계속 에너지를 더했다.

애서배스카강을 넘어온 불은 남서풍의 도움을 받아 시 서쪽 경계를 감싸면서 시크우드 쪽으로 향했다. 디킨스필드 방향으로 북진하던 불길은 그 길목에 있는 우드 버펄로를 삼키고, 트로이 팔머 서장과 샌드라 린더의 집이 있는 훨씬 큰 주거지역인 팀버리로 다가왔다. 센테니얼 파크에서 트레일러가 처음 불탄 지 겨우 세 시간 만에 60제곱킬로미터 면적에 달하는 시 전체가 불길에 삼켜질 위험에 처했다. 이후 장시간 이어진 잔인한 결정과 무거운 희생이 시작되는 순간이었다. 그 결정과 희생은 중세 시대에 성을 지키기 위해 일단 성벽 뒤로 후퇴해야 했던 사람들이 내린 결정과 크게 다르지 않았다. 불길에 잠식되는 주택가 블록과 주거지역이 점차 늘어날수록 소방관들은 진화를 포기하고 뒤로 물러서서 한정된 자원을 핵심 기반 시설에 투입했다. "우리는 불에 완전히 장악됐습니다." 브론토 사다리차 전담 소방관 이반 크로포드의 말이다. "하지만 그 시점에도 각자 자신만의 작은 세계에서, 자신이 지키는 작은 공간에서 할 수 있는 일을 했습니다."

시 전역에서 소방관들이 제각기 무리 지어 이렇듯 고립된 상태로

화재 기상

불과 총력전을 벌였다. 학교, 병원, 공항은 물론이고 소방서 건물도 이런 식으로 지켜야 했다는 사실이 당시 상황이 얼마나 절박했는지를 가장 극명하게 보여준다.

////

루카스 웰시는 소방관 일과 함께 시크우드 대로에 있는 포트 시티 교회의 목사 일을 병행하고 있고 밴드 리더이기도 하다. 포트맥머리에 있는 기독교 교회 대부분이 그렇듯 웰시가 속한 곳도 복음주의 교회다. 1970년대에 지어진 전시장을 개조한 목재 벽면의 교회 건물은 주유소 세 곳과 함께 혼잡한 교차로에 자리하고 있다. 내부로 들어가 보니 설교단은 보이지 않았다. 대신 굉장한 음향 장비가 갖추어져 있고, 연주자들이 앉는 단 옆에는 계단이 있는 깊은 수영장이 있었다. 몸을 완전히 담그는 방식의 세례 의식이 치러지는 곳이다. 예배당이 있는 건물 바로 옆에는 4,000제곱미터가 넘는 교회 주차장이 있고, 그 끄트머리에 교회 건물보다 두 배 큰 순백색의 교회 사무동이 있다. 화창하고 추운 1월의 어느 날, 나는 웰시와 그 사무동 안쪽에 있는 방에 함께 앉아 있었다. 우리를 제외하고 방 안에 있는 건 스티로폼으로 만든, 번쩍이는 검은색과 흰색의 거대한 해골 한 쌍이 전부였다. 웰시가 앉은 곳 맞은편 벽에 걸려 있는 이 두 해골은 그가 하는 말을 귀담아 들으려는 것처럼 그를 향해 기울어져 있었다.

웰시를 만나러 가면서, 나는 그의 고향인 포트맥머리에서 일어난 거의 종말에 가까운 화재로 소방관이자 종교인인 그의 마음과 영혼이 어떤 일들을 겪었는지 듣게 되리라고 생각했다. 물론 그런 이야기도 나왔지만 우리의 대화 주제는 뜻밖에도 물리학으로 흘러갔다. 웰시에게 물리학은 내가 신의 존재에 관해 느끼는 것만큼 수수께끼 같은 과학이었다. 우리는 사물을 변화시키는 불의 능력에 본질적으로 어떤 진실이 담겨 있는지에 관해 이야기했다. 웰시는 불이 특정 상황에서 사물의 특성을 완전히 바꿔놓을 수 있으며, 공간 속의 물체가 시간 속의 순간으로 바뀌기도 한다고 했다. 웰시와 그의 대원들처럼 그런 불길 속에서 살아남아 생생하게 목격담을 전할 수 있는 사람은 극소수에 불과했다.

"우리는 열을 피해 다녔습니다." 웰시의 말이다. "전혀 다른 소방 방식이었죠. 원래 주택에 불이 나면 소방관들은 안에 들어가서 불길을 잡으려고 시도합니다. 우리는 어떤 집에도 들어가지 않았어요. 그럴 시간이 없었거든요. 우리가 보는 앞에서 5분 만에 집 한 채가 통째로 사라졌습니다."

나는 웰시에게 "사라졌다"는 게 무슨 뜻인지 물었다. 그의 대답은 분명했다. "분명히 그 자리에 멀쩡하게 있던 것이 5분 만에 완전히 없어졌다는 뜻입니다."

"그건 물리적으로 불가능한 일 같은데요." 내가 말했다.

"그렇죠." 웰시도 동의했다. "모닥불에 던져 넣은 나무토막이 숯이 되려면 한 시간쯤 기다려야 합니다. 그런데 집들이 단 5분 만에 사라진 겁니다."

일반적인 주택 건물은 기초를 빼고도 무게가 50톤 이상이다. 집 한 채는 수천 가지 구성요소로 이루어져 있고 수십 가지 다양한 재료가 사용되며 그중 상당수가 불이 나도 타지 않는 내화 성능이 있다. 포트맥머리의 집들은 내화 성능뿐만 아니라 바람, 비, 아북극 지역 특유의 눈보라에도 수십 년간 견딜 수 있도록 지어지고, 그런 성능을 잘 갖추었는지 확인하는 인증 절차도 거친다. 하지만 당시 웰시가 있던

J. W. 만 드라이브를 비롯해 시 서쪽 수많은 주택가에 우뚝 서 있던 그런 거대하고 튼튼한 건물들이 모닥불에 던져 넣은 우유갑처럼 단시간에 완전히 소각됐다. 화염은 불활성 물체를 순식간에 순수한 에너지인 연소열로 바꿔놓았고 그런 전환이 일어날 때 나타나는 고유한 빛과 소리, 그을음, 증기가 발생했다. 나는 웰시에게 동료 중에 이런 일이 어떻게 가능한지 설명해줄 사람이 있느냐고 물었다. "소방관들은 과학적이거나 지적인 것과는 거리가 먼 사람들입니다. 그래서 그런 설명을 해줄 사람이 있을지 잘 모르겠군요." 웰시의 대답이었다.

그 설명을 해줄 수 있는 사람들은 소방서에, 명패가 달린 사무실 의자에 앉아 있다. 소방차를 몰고 현장에 출동하는 대원들은 보통 그들의 지시를 따른다. 하지만 그날, 불길이 번지는 시 서쪽 현장에 출동한 소방대원들에게는 소방서장도, 화재 조사관도, 매뉴얼도 없었다. 방화라도 일어난 것처럼 차례로 쓰러지는 집들 사이에 고작 소방관 4명이 있었고, 다들 평생 한 번도 경험한 적이 없는 화염과 마주했다.

웰시와 대원들이 직접 목격한 현상, 잠시 뒤부터는 대원들이 각자 시계로 소요 시간을 확인한 이 현상은 미국 보험협회 안전 시험소의 실험에서는 고려되지 않았다. 폐쇄된 방 하나에 불이 났을 때 일어나는 일이 주택 규모로 일어날 가능성, 즉 상태 전환이 방 하나가 아니라 '바깥'에서 일어나고, 집 한 채가 아니라 한 줄로 늘어선 주택가 전체가 한꺼번에 불길에 휩싸이는 상황이었다. 안전 시험소의 화재 실험은 인공적으로 만든 가로세로 3.6미터 면적의 거실에서 이루어졌는데, 그 공간에서 나타난 열 특성이 주택가 상층과 주변의 대기, 환경으로 확장되어 나타났다. 전진하는 불길의 전면 너비가 수 킬로미터에 이르자 불과 연료, 지형이 외부와 고립된 공간 전체가 "방 안"이 되어(더 정확히는 연소실) 내부 전체가 순식간에 소각된 것이다. 실제

239

로 "폐쇄" 공간이 존재할 수 없는 주택가나 도시에서 불이 이런 동태를 보일 수 있다는 것은 너무나 놀랍고 두려운 일이다. 연료가 풍부하고 대기 온도가 엄청나게 상승하면서 강력한 대류가 일어나자, 개방된 환경이 뚜껑을 닫아놓은 그릴 내부와 비슷해졌다. 불타는 집 하나하나가 불의 연료가 되고 삼나무 울타리부터 3층짜리 집이 통째로, 지하실부터 굴뚝까지 불과 닿는 건 뭐든 불의 "에너지원"이 되었다. 그만큼 열도 급속히 늘어나서, 성층권까지 치솟는 열 폭풍이 빠르게 형성됐다.

더욱 놀라운 사실은[5] 이런 변화가 북극권 한계선으로부터 위도가 겨우 10도 내려온 곳에서, 그것도 초봄에, 호수와 강둑이 아직 얼음에 덮여 있고 불과 일주일 전에도 기온이 영하로 내려갔던 시점에 일어났다는 것이다. 포트맥머리에는 주변의 다른 아대륙 지역과는 다른 법칙이 적용되고 있었다. 포트맥머리와 그곳을 둘러싼 자연은 생물이 사는 환경이 아니라 불이 사는 행성처럼, 생물의 생존보다 연소에 더 알맞은 "불의 환경"이 되었다.

웰시는 대원들과 함께 "열을 피해 다녔다"고 했지만, 열기는 모든 걸 삼키는 초자연적인 수준에 이르렀다. 그렇다고 집들이 그대로 불타도록 내버려둘 수도 없었다. 웰시는 "그러면 안 되는 일"이라고 표현했다. 소방관을 비롯해 응급 상황에 가장 먼저 출동하는 모든 대원의 암묵적인 의무 중 하나는 도망가면 안 된다는 것이다. 당면한 사태에 비해 장비와 인력이 턱없이 부족해도, 당장 해결해야 할 문제가 화성인이 쏜 죽음의 광선에 맞기라도 한 것처럼 집들이 바로 눈앞에서 통째로 사라지는 상황이라고 해도, 어떻게든 버티고 서서 자신이 책임지는 시민과 시설물을 보호하는 것을 의무로 여긴다. 사람들은 이들의 용기와 자기희생을 특별하게 여기기보다는 당연하다고 생각한다. 일말의 희망도 없이 불에 완패할 게 자명한 상황이 훨씬 많았는데도 시 소방서와 역청 공장의 전문 소방관들, 인근 마을에서 자발적으로 돕겠다고 나선 사람들은 제각기 작은 무리를 이루고 화염의 틈새를 파고들며 방어선을 지켰다. 소방 인력이 너무나 부족하고 광범위하게 흩어져 있어서 소방관들은 함께 불과 싸우는 사람들이 누군지조차 모르는 경우가 많았다. 공식 계급이 있는 소방관이 아예 없는 곳도 있었다. 브론토 사다리차 전담 소방관인 이반 크로포드의 말을 빌리자면, "뭔가 발견하면, 발견한 사람이 책임지고 해결하는 방식"이 그날 진압 작업의 "표준 절차"였다.

쏟아지는 전화를 이동전화 기지국이 다 감당하지 못하고 심지어 다른 시설 문제까지 겹치면서(통신 탑 하나가 불로 소실됐다), 불타는 집들만 남은 주거지역에 출동한 일부 소방대원들은 외부와 장시간 연락이 끊겼다. 자욱한 연기와 화염, 총체적인 혼란에 빠진 소방관들은 적에 완전히 포위당한 기분이었다. 사태가 진행되는 속도와 통신 두절로 인해 군대처럼 수직적이던 지휘 계통은 수평 체계로 90도 전환됐다. 현장을 포기하고 나오라는 명령을 무전으로 듣고도 무시하는 대원들도 있었다.[6] 우드 버펄로와 디킨스필드에서도 그랬다. 이 전쟁은 남의 일이 아니라 대원들이 지키고 보호하려는 곳, 생활 터전에서 일어난 일이었다. "아수라장 속에서 사적인 감정이 끼어들었습니다." 웰시의 말이다. "저는 이 도시를 사랑합니다. 제 고향이고, 우리 동네였어요. 제가 있던 곳에서 500미터도 떨어지지 않은 곳에서 제 아이들과 아내가 대피 중이었고요."

우드 버펄로와 디킨스필드의 진압 활동은 포트맥머리 화재의 핵심 전투였다. 이 전투에 웰시와 그의 대원들만 나선 건 아니었지만, 버치우드 트레일로 이어지는 관문 중 한 곳인 J. W. 만 드라이브는 그들

넷이 알아서 지켜내야 했다. 슬레이브 레이크에서 온 소방관들은 이렇게 계급장을 떼고 자발적인 방식으로 싸워야 한다고 일찍부터 목소리를 높였지만, 포트맥머리 소방서에서 지시를 내리는 사람들은 이런 자유로운 방식의 필요성을 아는 사람들이 보기에 눈살이 절로 찌푸려지는 방식을 고수했다. 그날 오후 화재 현장에 출동한 대원들에게 지역 비상 운영 센터의 관료들은 저 멀리 캐나다 수도에서 일하는 고위급들과 별 차이가 없었다.

의지할 데라곤 서로밖에 없는 상황에서, 루카스 웰시와 그의 대원들은 각자의 목숨과 보유한 장비를 보존하면서 불을 효과적으로 막을 방안을 생각해냈다. 소방관이 아닌 불의 관점으로 봐야 나올 수 있는 그 묘안은 집이라는 개념의 본질적인 도약, 집을 새롭게 정의하는 접근 방식이었다. 불의 세계는 탄소로 이루어진 것은 전부 잠재적인 연료가 되는 냉혹하고 단순한 세계이며, 소방관도 예외는 아니다. 그 기준에서는 집도 성냥 한 개비, 초 하나, 장작 하나와 똑같이 수량화된다. 얼마짜리 집인지, 무게는 얼마나 나가는지, 면적은 얼마나 되는지와 상관없이 불이 붙었을 때 연소가 얼마나 지속되는지만 중시된다.

"우리는 불에 밀리고 있었습니다." 웰시의 설명이다. "그래서 연소가 지속되는 시간, 그 숫자를 기준으로 결정을 내리기 시작했어요. 5분에 집 한 채, 이런 식으로요. '집 한 채가 타는 데 시간이 얼마나 걸릴까? 진압 준비에 20분이 걸린다면, 몇 채를 앞서가야 불길을 잡을 수 있을까?' 이것이 우리의 시간 기준이 되었고 거기에 맞춰서 전략을 바꿨습니다. 이미 불타는 집이 있으면 그 집은 진압을 시도하지 않고 인접한 집 네 채까지 건너뛰었습니다. 그 네 채를 희생시켜 불이 더 진행되지 못하게 한 겁니다." 웰시와 대원들은 다섯 번째 집부터 불길을 막을 준비를 했다. "먼저 소화약제를 그 집 전체에 뿌려서 푹 적신

다음 네 번째 집에서 불을 진압하기 시작할 때쯤이면, 그 집은 우리가 미리 조치해둔 다섯 번째 집과 인접한 벽만 남고 아예 사라졌습니다. 우리 전략이 먹히기 시작한 겁니다."

전략은 먹혔지만, 웰시와 대원들이 희생시킨 집들도 다 이웃들의 집이었다. 웰시의 집처럼 이웃들이 평생 모은 돈과 퇴직금을 맞바꾼 집이고 무엇으로도 대체할 수 없는 추억이 고스란히 담긴 공간이었다. 그날 그렇게 집들이 사라지는 모습을 두 눈으로 지켜보고 집들이 무너지는데도 손 놓고 그냥 두어야 했던 많은 소방관이 그것을 자신의 실패로 여겼다. 이 새로운 전략도 소방 장비와 인력, 물이 부족해서 모든 주택가에서 실행되지는 못했다. 훨씬 거대한 규모의 실패 속에서 점점이 작은 승리를 거두었을 뿐이다.

우드 버펄로가 화재에 극히 취약하다는 것은 일찍부터 알려진 사실이었다. 내가 웰시에게 그 지역의 주택 간격에 관해 묻자, "포트맥머리는 그 부분에 분명 문제가 있다"는 대답이 돌아왔다. "땅값이 너무 비싸서, 집과 집 사이 간격이 1.5미터에 불과한 곳도 있어요."

그래서 J. W. 만 드라이브의 주택가는 길이 아닌 지붕 위로도 걸어 다닐 수 있었다. 앨버타주 석유산업의 가장 최근 호황기 때 경제가 급성장한 지역에 신축된 집들에는 이처럼 "빈 땅이 아예 없다"는 공통점이 있다. 화재에 대비한 비상구조차 없는 집들이 다닥다닥 붙어 있는 이런 주택가가 포트맥머리부터 캘거리까지 형성되어 있다. 모두 건축 붐이 일어난 2000년부터 2010년, 단 몇 년 사이에 높이가 1.6킬로미터쯤 되는 쿠키 틀로 찍어낸 듯 똑같이 지어진 집들이다. 시내마다 주변에 이런 집들이 밀집한 주택가가 형성되어 있다. 집과 집 사이의 이런 좁은 틈은 공기와 산소를 고속으로 빨아들이므로, 불의 관점에서 보면 에너지를 더해주는 풀무 같은 기능을 한다. 게다가 앨버타주의 다른 수많은 집이 그렇듯 집 외장재까지 폴리염화비닐 소재라면 말 그대로 불에 기름을 끼얹는 격이 된다. 소방관들은 방수 기능이 있다고 알려진 그런 저렴한 자재를 "고체 휘발유"라고 부른다.

내부 공간도 협소하고 상당수가 급히 지어진 집들로 이루어진 이런 동네도 2016년 5월 기준 포트맥머리 서쪽 주거지역의 주택 가격은 보통 50만 달러에서 100만 달러에 이르렀다. 하지만 5월 3일 오후부터 가치가 수백만 달러에 달하는 그런 부동산들이 분 단위로, 연소성 가스로 변해갔다. 이 연소가 언제까지 계속될지도 알 수 없었다. 연기와 불길, 혼돈의 한복판에서 이 사태가 며칠 혹은 몇 주간 지속될지 생각할 여유는 없었다. 같은 도시 어딘가에서 집들이 우드 버펄로보다 빠른 속도로 불타고 있으리라고 생각한 사람은 더더욱 아무도 없었다.

13

죽을힘을 다해 최선을 다하는 것
내가 생각할 수 있는 건 그게 전부.[1]
—팀 후스와 코브 룬드의 노래,
〈비참한 앨버타인〉 중에서

―――――

　도시와 산림 인접 지역을 급속히 덮친 사나운 불길은 비컨힐에 이어 워터웨이스, 우드 버펄로까지 연이어 집어삼켰다. 다음 차례는 어배샌드 하이츠였다. 역청산업에 종사하는 노동자들에게 인기 있는 동네 이름이 되기 전에 어배샌드는 어배샌드 오일(Abasand Oil, Ltd)이라는 업체명이었다(어배샌드는 "앨버타 모래[Alberta Sand]"를 합친 말이다). 1936년에 문을 연 어배샌드 오일은 가공되지 않은 역청을 개질해서 디젤연료로 만들던 이 지역 최초의 상업적인 역청 가공 공장 중 한 곳이었으나, 두 차례 화재를 겪은 후 1945년에 문을 닫았다. 2016년 어배샌드 하이츠는 포트맥머리의 주거지역으로 확실하게 자리를 잡았다. 북쪽으로 1.6킬로미터에 걸쳐 나무가 무성한 산등성이가 이어지고, 에소 주유소와 작은 쇼핑몰, 파더 보러가드 초등학교가 있는 남쪽 끝자락의 굽은 길과 막다른 길 주변에 밀집한 1,800채의 주택과 아파트에 주민 대부분인 약 5,000명이 모여 살았다.

오후 2시 45분, 비컨힐이 화염에 휩싸이고 대피 지역이 시시각각 확대될 때 어배샌드 주민들도 일제히 대피에 나섰다. 그 인파 속에 웨인 맥그로(Wayne McGrath, 성은 'McGraw'와 발음이 같다)는 없었다. 선코어에서 20년간 용접과 기계 수리 일을 한 그는 의사와 비슷한 수입을 올리며 오랜 세월 일한 덕에 주택 시장이 엄청나게 가열된 포트맥머리에서도 내 집 마련의 꿈을 이룰 수 있었다. 게다가 선코어 직원은 대출도 쉬워서 부동산은 물론이고 아주 값비싼 장난감도 살 수 있었다. 맥그로는 다른 집 차고보다 두 배는 넓은 차고에서 각종 차량과 트럭, 보트, 스노모빌, 오토바이, ATV를 직접 해체하고 조립해서 개조하는 취미 생활을 즐겼다. 차고 옆에는 용접에 필요한, 미사일처럼 생긴 산소 탱크와 아세틸렌 탱크가 있었다. 다른 가스와 오일도 많고 각종 기계마다 연료 탱크가 달려 있어서 맥그로의 차고는 불이 나면 극도로 위험한 곳이 될 수밖에 없었다. 그도 이런 사실을 잘 알고 있었다. 불과 폭발의 위험이 늘 따라다니는 역청업체 용접공으로 일한 사람답게 불과 화재의 위험성은 그에게 친숙한 문제였다. 차고에 항상 방염복을 걸어두는 것도 그래서였다. 유난히 기온이 높았던 5월 3일 화요일 오전에도 맥그로는 자연스럽게 방염복으로 갈아입은 다음 트럭의 타이어를 눈길용 타이어로 갈아 끼우고 엔진오일도 교체했다. 차도 자신도 기름칠이 좀 필요한 날이었다. 쉬는 날이고 날씨도 화창해서, 그날은 스크루드라이버 두어 개를 쥐고 다가올 여름에 신나게 달릴 차들을 만지작거리며 보내기로 했다.

큰 키에 강인함이 느껴지는 단단한 체격, 깨끗이 민 대머리인 그는 그곳에서 4,000킬로미터 넘게 떨어진 캐나다 동부 해안 출신이었다. 포트맥머리 시민 3분의 1 이상이 그와 같은 지역에서 왔다. 일자리 부족과 빈곤 문제로 시달리는 동부에서도 맥그로의 고향인 래브라도는

화재 기상

그린란드와 워낙 가까워서 매일 바다 날씨 예보에 빙하의 상태도 빠짐없이 언급되는 곳이었다. 그가 어린 시절을 보낸 곳은 내륙에 새로 형성된 지 얼마 안 된 도시인 래브라도시티로, 맥그로의 형은 그 도시에서 태어난 두 번째 아기였다. 얼음과 화강암, 철광석이 넘쳐나는 그곳 사람들도 포트맥머리처럼 그 넘치는 자원 개발 산업 하나에 기대어 근근이 먹고살았다. "저까지 사내아이 넷이 어울려 다녔습니다."[2] 맥그로는 그때를 회상했다. "그중에 착한 놈은 하나도 없었고요. 넷 다 그곳을 떠났습니다." 이들이 래브라도시티를 떠날 때 아쉬워한 사람은 아무도 없었다고 한다. "우리가 아주 확실한 인상을 남기긴 했죠."

맥그로는 마흔다섯의 나이가 무색하게, 보이지 않는 곳에서 쉴 새 없이 돌아가는 거대한 재봉틀 다리가 연상될 만큼 들끓는 잠재력이 느껴지는 사람이었다. 그래서인지 사냥꾼과 사냥개 사이에 형성되는 깊고 직관적인 친밀감을 스노모빌이나 오토바이에서 느낀다는 그의 말이 이해가 갔다. 맥그로는 기계를 속속들이, 내밀한 부분까지 아는 사람이었고 기계들은 사람이나 다른 무엇에서도 얻을 수 없는 완전한 충족감을 선사했다. 웨인 맥그로가 평생 눈물을 흘린 일은 손꼽을 정도인데, 그중 하나가 할리데이비슨 오토바이 때문일 정도다. 나는 그와 대화를 나누면서 이 사람은 물러날 기회가 생겨도 절대 쉽사리 물러나지 않으리라는 확신이 들었다.

주말 내내 포트맥머리 주변 지평선에서 점차 커지던 연기기둥의 존재를 맥그로도 잘 알고 있었다. 하지만 불이 난 곳은 숲이고 자신은 도시 안에 있으니 크게 염려하지 않았다. 그는 숲과 도시 사이에 보이지 않는 경계가 있다고 생각했다. 해마다 숲 어딘가에서 불이 나고 때때로 화재 규모가 굉장해질 때도 있었지만, 어배샌드 하이츠의 50년 역사상 그 푸르른 녹색 지대의 경계를 넘어 이쪽으로 넘어온 적은 한 번도 없었다. 하지만 3일 오후에 그가 생각한 경계는 상상일 뿐이었다는 사실이 드러났다. "바람이 바뀌었어요." 맥그로의 말이다. "연기가 나는 쪽을 바라보는데, 그 방면에 일가견이 있는 이웃이 '좋지 않아'라고 하더군요."

얼마 지나지 않아 동네에 경찰차 한 대가 보였다. 맥그로는 지나가는 경찰차를 불러 세우고 화재 상황이 어떤지 물었다. "그냥 연기만 나는 거예요. 위급한 상황은 아닙니다." 맥그로는 이웃인 랠프에게도 들은 대로 전했다. 하지만 숲 쪽에서 피어오르는 연기는 아까보다 색이 더 짙어지고, 방향도 마을 쪽으로 더 기울어져 있었다. 경찰들은 모르는 듯했지만, 맥그로와 랠프는 실상을 깨닫기 시작했다. 맥그로의 집은 어배샌드 남쪽 가장 끄트머리에 있는 애서배스카 크레센트(Athabasca Crescent)에 있었다. 불과 가장 가까운 위치였다. 길고 좁은 고래 등처럼 위로 불룩하게 솟은 어배샌드 하이츠는 사방이 숲에 둘러싸여 있고, 강이 흐르는 60미터 아래 구불구불한 계곡까지는 가파른 절벽이었다. 서쪽에는 이번 화재에 붙여진 공식 명칭인 '호스강 화재'의 주인공 호스강이 흘렀고 남쪽에는 행잉스톤강이 있었다. 그 바로 너머가 비컨힐이었다. 불길은 직접 목격한 소방관들, 시민들 모두가 보고도 믿을 수가 없었다고 말할 만큼 엄청난 속도로 비컨힐을 삼켰다.

어배샌드가 다음 차례가 되리라는 건 더 이상 의심할 여지가 없었다. 어배샌드 입구의 2차선 진입로는 마을의 3차선 도로를 빠져나온 대피 차량으로 이미 꽉 막혀서, 긴급 출동한 차들은 어쩔 수 없이 갓길로 다녀야 했다. 혼자 사는 맥그로는 랠프를 비롯한 이웃들 모두가 아이들, 반려동물들을 데리고 피난길에 오른 후에도 집에 남아서 소화기를 전부 한곳에 모아놓고 주변 나무와 울타리에 잔뜩 뿌렸다.

채 한 시간도 안 되는 시간에 주민 전체가 대피하고 마을이 텅텅 비었다. 하지만 거대한 불길이 코앞에 닥친 상황에서, 맥그로는 거리 모퉁이에 있는 자기 집에 남아 버텨볼 작정이었다. 다 두고 가기에는 잃을 게 너무 많았고, 그렇게 쉽게 잃을 생각은 추호도 없었다. "차고에 공구만 10만 달러어치가 있었습니다. 제 썰매, 그러니까 스노모빌도 다섯 대였고요. 제가 그런 장난감을 워낙 좋아해서요." 맥그로의 말이다. 그 밖에도 4륜 ATV 한 대와 빈티지 자동차 한 대, 최신식 닷지 픽업트럭, 그리고 그가 애지중지하는 할리데이비슨의 로드글라이드(Road Glide)가 차고 구석구석을 차지하고 있었다. 차고 바로 밖에 있는 트레일러에는 샛노란 제트 보트도 한 대 실려 있었다. 도로보다 강이 많은 포트맥머리 같은 곳에서 아주 유용한 교통수단이었다.

"이웃이 도와줘서 헛간에 두었던 오토바이를 밖으로 끌고 나왔습니다." 맥그로의 설명이다. "겨울 동안 보관만 해둬서 시동이 걸리질 않더라고요. 그래서 차고까지 같이 밀어서 옮겼습니다. 그런 다음에 제 골동품, 77년식 커틀러스 살롱(Cutlas Salon)에 배터리를 연결해서 시동을 걸고 그것도 차고로 옮겼죠. 그래야 할 정도로 연기가 심각했거든요. 이웃들이 다들 대피하는 모습을 지켜봤습니다. 소방차도 왔고요. 개빈이란 친구가 제게 전화해서 '웨인, 어배샌드 사람들 다 대피하고 있어. 어서 나와'라고 했어요. 저는 '아냐, 친구. 나는 안 가'라고 했죠. '이봐, 웨인. 장난 아니야. 대피해야 해'라고 하길래 '싫어. 아직 우리 집까지 오진 않았어. 집이 불타도록 그냥 내버려둘 수는 없어'라고 했어요."

직접 본 사람이 아니고서는 그날 누구도 나무에 얼마나 순식간에 불이 붙는지 제대로 이해하지 못했다. 맥그로는 화염에서 뿜어져 나온 불씨가 마구 쏟아지기 시작할 때야 그 사실을 깨달았다. "차고에서 창밖을 보고 있는데, 저쪽 숲에서 휙! 하는 소리가 나더니 어디선가 높이가 90센티미터쯤 되는 커다란 불길이 일어나고 사방에 있는 나무가 다 타기 시작했습니다. 스프링클러를 켜고 차고로 들어가자마자 집 전체가 화염에 휩싸였어요. 집 외장재가 녹고, 유리창은 다 깨졌죠. 차고 문을 열자 금세 연기로 가득 찼습니다. 저는 오타와에 있는 아들에게 전화를 걸어서 '큰일 났다, 아들' 하고 말했어요. 뉴스를 보고 있었다고 하더군요. 차고가 연기로 꽉 차서, 저는 바닥에 엎드린 채로 보드카를 두어 모금 들이켰습니다. 그리고 아들에게 '여기서 나갈 수 있을지 모르겠다'고 했습니다. 불길이 울타리 바로 너머에 있었어요. 열기가 엄청났습니다. 아들은 구조대원이라서, 제 말을 듣더니 기겁하면서 숨을 쉬어야 한다, 호흡해라, 호흡해라, 하고 계속 말했죠. 겨우 일어나서 차고 문 쪽으로 갔는데, 밖을 보니 불이 아니라 허리케인 같았습니다. 주변 날씨까지 바꾸는 그런 허리케인 아시죠? 밖으로 나갔더니 집 울타리 주변 나무들, 풀이 몽땅 불타서 사라졌더라고요. 불은 달려가고 있었습니다. 전 (정원 호스를 들고) 닥치는 대로 물을 마구 뿌렸어요. 아들에게 '갔어, 지나갔어!'라고 외쳤죠. 불길이 울타리 근처까지 와서 풀은 다 탔지만, 울타리는 무사했죠. 우리 집 마당에 있는 커다란 나무에 불이 조금 남아 있기에 얼른 호스로 물을 뿌려서 껐습니다. 문을 열고 나왔더니 불이 사라진 겁니다!"

하지만 불은 그리 멀리 가지 않았다.

맥그로는 그의 집과 주변의 집들, 거리 구조를 그림으로 그려가면서 내게 설명했다. "이게 우리 집 울타리예요." 내게 말하는 동안 울타리와 마당, 집, 차고, 그의 소유였던 모든 게 마음속에서 되살아나는 듯했다. "이쪽에 커다란 숲이 있고, 여기, 숲 바로 앞에 집이 하나 있었고요. 이 집이 몇 분 만에 불타고, 그다음은 이 집이었습니다. 제

화재 기상

가 들고 있는 호스는 거기까지 닿지 않았어요. 뿌려보려고 했지만 안 되더라고요. 물이 안 닿는 거리였어요. 일단 저는 집을 지키고 있어야 했습니다. 그다음으로 우리 집 뒤편 울타리와 바로 붙어 있는 집에 불이 붙었어요. 우리 헛간 바로 오른쪽이었죠. 거기도 제가 할 수 있는 건 거의 없었습니다. 여기가 우리 집 울타리예요." 그가 그림의 한 곳을 펜으로 누르면서 말했다. "여기에 불이 붙은 걸 제가 끈 겁니다. 여기가 전부 나무들인데, 이 나무에 불이 붙었어요. 거기 물을 뿌렸죠. 나무가 엄청 많았습니다. 이 집도 불에 휩싸였어요. 여기 이 트레일러도, 할리데이비슨 트레일러였는데, 여기도요. 저는 그 불도 껐습니다. 뒷마당 쪽으로 두어 집 건너에도 불길이 작게 일어나서 저는 그쪽으로 가서 불을 끄고 그 집 뒷마당에 타이어가 잔뜩 쌓여 있기에 전부 집 밖으로, 거리로 던졌습니다. 그리고 돌아오니 우리 집 헛간 뒤편에 불이 붙어서, 얼른 껐습니다. 여기 이 나무에 불이 나서 그것도 끄고요. 그렇게 한 시간을 미친 듯이 뛰어다녔어요. 정신이 하나도 없었습니다. 몸속에서 아드레날린이 폭발하는 기분이었습니다."

실제로 불이 번지는 속도가 그랬다. 불길과 인간, 그 둘 사이에 벌어지는 격렬하고 절박한 두더지 잡기 게임 같았다. 포트맥머리 전역에서 소방관들이 맥그로가 말한 것과 같은 상황, 같은 속도로 번지는 불길과 마주했다고 이야기했다. 속도가 잦아들 기미는 전혀 보이지 않았다.

맥그로가 어쩌면 이건 지는 싸움일지도 모른다고 깨닫고 멈춘 건 그즈음이었다. 그는 휴대전화를 꺼냈다. "그때 찍은 영상이 있어요." 이렇게 말하고 재생을 눌렀다. "저는 갖은 애를 다 썼습니다. 정말 슬프군요. 지금 제 주변은 이렇습니다."[3] 흔들거리는 화면 속으로 맥그로의 집 주변이 보였다. 그의 집 하얀 울타리 바로 앞까지, 보이는 모든 게 불타고 있거나 시커멓게 타버린 상태였다. 그의 적극적인 진화로 주택가 특유의 질서정연함과 푸른 잔디가 아직 남아 있는 맥그로의 집은 꼭 옛날 주택을 그대로 복원해놓은 인공물 같았다. 그의 집을 제외한 동네 전체가 불로 완전히 주저앉았다. 영상 저 뒤쪽에서 주황색 불길 사이로 두꺼비집과 전압기가 폭발하며 푸른색 화염이 솟아오르는 것이 보였다. "사방이 다 타고 있습니다." 맥그로는 불길에 휩싸인 집들이 삐걱대고 무너지는 굉음 속에서 말을 이어 나갔다. "제가 얼마나 버틸 수 있을지 모르겠습니다…. 하지만… 저를 잘 아는 분들은… 제가 최선을 다하리라는 걸 아시겠죠. 여기 상황은 이렇고, 저 아래쪽이 어떤지는 보고 싶지 않군요. 이제 저도 나가봐야겠습니다. 모두 사랑합니다."

모두가 떠나고 침몰하는 배에서 어떻게든 배를 살리려고 사투를 벌이는 선장의 마지막 인사 같았다. 방염복 차림으로 땀을 뻘뻘 흘리며 손에 든 정원 호스와 스프링클러로 무장하고 온몸에 아드레날린과 술기운이 폭발하는 상태로, 맥그로는 다음 사태를 기다리며 마음을 다잡았다. "그때 이 집이 불타기 시작했습니다." 그는 지도에서 이웃집 한 곳을 가리키며 말했다. "저는 우리 집 헛간 지붕 위로 올라가서 나무들에 물을 뿌리고 있었는데, 옆집 바비큐 그릴에 연결된 프로판 탱크가 폭발했어요. 헛간 지붕에서 그대로 죽을 뻔했습니다. 방염복을 입고 있지 않았다면 아마 살지 못했을 거예요. 화상을 크게 입었어요. 귀가 시뻘게지고, 눈썹은 다 타고, 손마디도 다 탔어요. 물을 제 몸에 잔뜩 뿌렸습니다. 불길이 이쪽으로 다가오고 있었어요. 우리 집 나무들, 울타리에도 물을 뿌렸어요. 집 한 채가 사라지는 데 5분, 6분 정도가 걸렸어요. 진짜예요. 바람이 이쪽(북쪽)으로 불어서, 불길도 계속 이쪽으로(북쪽, 거리 반대쪽) 가더라고요. 한 채, 또 한 채씩 다섯 집 정도를 삼키며 점점 멀어지는 걸 보면서 '우리 집 쪽은 이제 무사해!' 라고 생각했습니다."

불길이 한창 번질 때 바로 이와 같은 동태가 나타난다. 파괴적인 에너지가 거세게 몰아친 다음, 그 기세만큼 빠른 속도로 갑자기 자욱한 연기와 뭉근한 고요함이 찾아온다. 휘발성이 가장 큰 연료가 소진되고 나면 불은 양 우리에 들어와 눈이 뒤집힌 늑대처럼 다음 희생양을 찾아 다른 곳으로 미친 듯이 달려간다. 맥그로의 위험천만한 내기가 성공한 듯했다. 이웃들은 모두 달아났지만, 그는 남아서 자기 것을 지키기 위해 맞섰고 승리한 것 같았다.

"그때, 불이 저쪽으로 건너갔습니다."

맥그로는 다급하게 그린 지도를 손가락으로 가리키며 불길이 어느 거리를 따라 이동했는지, 그러다 갑자기 멈추고 난데없이 다른 쪽으로 방향을 트는 소름 끼치는 상황이 어디에서 일어났는지 내게 보여주었다. 영화 〈쥐라기 공원〉에서 벨로시랩터라는 공룡이 어느 집 주방 창문 밖에 나타나 집 안에 있는 먹이를 뚫어져라 쳐다보다가 갑자기 다른 길로 가버리는 장면이 떠올랐다. "저는 스프링클러 장치를 들고 우리 집 지붕 위로 올라갔습니다." 맥그로의 설명이 이어졌다. "거기서 내려다보니, 불은 거리를 따라 다시 이쪽으로 '돌아오기' 시작했습니다."

불이 우세풍과 반대 방향으로 거슬러 왔다는 말이었다. 불은 이제 주변 날씨의 영향에서 벗어나 모든 통제권을 휘어잡고 자신의 탐욕스러운 의지대로 움직이고 있었다. 어배샌드 전체를 손아귀에 넣고도 단 하나도 놓치지 않겠다는 듯이, 하던 일을 마저 끝내야겠다는 듯이 맥그로의 집을 향해 아까보다 두 배 더 빠르게 다가왔다. 그리고 맥그로의 집을 신나게 집어삼켰다. "차고 뒤쪽에 프로판 탱크가 대여섯 개 있었습니다." 그는 당시를 회상했다. "아세틸렌 탱크 두 개, 산소 탱크 하나, 아르곤 탱크 하나, 그리고 완충기에 사용하던 질소 탱크도 하나 있었고요. (불이 방향을 바꾼 후) 우리 집까지는 집이 대여섯 채 남아 있었습니다. 아까도 말했듯이 집 한 채가 무너지는 데 5~6분 정도가 걸렸어요. 그런 건 난생처음 봤습니다. 유리창 깨지는 소리가 들리고, 폭풍이 치는 것 같았죠. 불길 안에서 그런 소용돌이가 자체적으로 만들어졌어요. 그렇게 집 두어 채가 무너졌을 때 저는 지붕에서 내려와서 집 안으로 얼른 뛰어 들어갔어요. 뭘 가지고 가야 할지 알 수가 없었습니다. 더 많이 챙겼어야 했는데…. 셔츠 두어 장을 집고, 작은 하키 가방에 물건들을 쑤셔 넣었습니다. 사진첩, 컴퓨터도 둘러봤어요. 챙겼냐고요? 아니요. 여권을 찾았는데 아무리 뒤져도 안 나왔어요. 밖을 내다보니 불길이 세 집 건너까지 왔더라고요. 저는 다시 지붕 위로 올라갔습니다. 거기서 호스를 들고 계속 물을 뿌려댔어요. 불길이 거의 코앞까지 왔습니다."

아무 희망도 없던 그 구석진 주택가까지 찾아와 혹시라도 남은 사람이 있는지 확인하던 소방관들은 웨인 맥그로 같은 사람을 발견하게 되리라곤 생각지도 못했다. "소방관 세 명이 마스크를 쓰고 거리에 나타나 이쪽으로 왔습니다." 맥그로의 말이다. "지붕 위에 있는 저를 발견하고는 한 분이 마스크를 벗고 '나오세요!'라고 외쳤죠."

"'웃기지 마! 난 내 집을 구할 거야!'라고 했지만, 지붕널에 불이 붙었을 때 제 손에 든 그 작은 호스로는 할 수 있는 게 없다는 걸 저도 깨달았어요. 그때 밑으로 내려갔죠. 소방관들이 제게 '지금 나가라, 안 그러면 강제로 내보낼 거다'라고 말했습니다. 당신들 마음대로 해라, 싸워보지도 않고 가지는 않을 거라고 생각했어요. 정말 울고 싶었지만 울진 않았습니다. 절대 안 울 거라고 다짐했지만, 뒤돌아보니 우리 집

화재 기상

지붕에 불이 붙은 게 보였고 눈물이 절로 났습니다. 옆집도 불이 붙었더라고요. 할 수 있는 게 없었습니다. '45초만 주세요'라고 하니 소방관이 '구급약부터 챙기세요'라고 하더군요. 나는 차고로 가서 차고 문을 열고, 커틀러스에 시동을 걸었습니다. 주차장에 세웠죠. 소방관이 '이제 가세요!'라고 하기에 저는 '잠시만요'라고 하고 다시 차고에 들어가서 할리데이비슨을 밀고 나온 다음 트럭에 탔어요. 뒤돌아보니 집이 불길에 휩싸였더군요. 트럭을 몰고 나오면서 백미러로 그 광경을 보며 형에게 전화를 걸었습니다. 불길이 덮치는 게 보였어요."

웨인 맥그로는 비컨힐을 거의 마지막에 빠져나온 폴 에어스트처럼 어배샌드를 가장 마지막에 벗어났다. 불길과 연기를 뚫고 눈물을 흘리며 그곳을 빠져나오는 그에게 남은 건 트럭과 하키 가방뿐, 다른 재산은 다 남겨두고 떠나야 했다. 그의 뒤에서 모두 합치면 족히 100만 달러에 달하는 용접 장비와 공구들, 고속 기계들, 부동산, 세간이 불길에 완전히 휩싸였다. 불길이 그 모든 휘발유, 프로판, 아세틸렌, 산소를 덮쳤을 때 화염이 얼마나 거세게 일어났을지는 상상만 할 수 있을 뿐이다.[4]

방식은 조금씩 달라도 워터웨이스, 센테니얼 공원, 비컨힐에서 이미 수백 번 일어난 처참한 실패였다. 어배샌드는 다른 곳들보다 주택가 규모가 두 배에 달해서 더 극적으로 전개되었을 뿐이다. 하지만 그건 시작에 불과했다.

폴 에어스트도 누구 못지않은 쇠고집이었지만 그런 그도 자기 집이 불타는 광경을 직접 볼 정도로 집에 오래 머무르지는 않았다. 웨인 맥그로와 운 나쁜 일부 소방관들 외에 자기 집이 화염에 휩싸이는 모습을 본 사람은 드물었다. 하지만 그와는 또 다른 경로로 집이 불길에 휩싸이는 광경을 본 사람들이 있었다. 포트맥머리의 각 주거지역이 작은 도시처럼 안전하게 느껴지는 이유는, 동네마다 외부와 연결된 길이 하나뿐이고 그 길로 한참을 가야 다른 길이 나오기는 해도 집집마다 보안 시스템이 놀라울 정도로 완비되어 있기 때문이다. 이런 보안 시스템은 스마트폰과 연동되어 집에 무슨 일이 생기면 이용자에게 알려주도록 설계되어 있다. 하지만 그날 화재가 발생하자, 알림은 오지만 무슨 상황인지 분명하게 알 수 없는 경우도 있었다. 외부에서 집 보안 시스템에 접속이 안 되는 것 자체가 화재 가능성을 짐작하게 하는 유일한 단서가 되기도 했다. 그런 설비가 된 집 중에는 휴대폰과 연동된 보안 카메라가 설치된 곳들도 있었다. 이 카메라들을 통해 사람의 눈으로는 절대 볼 수 없었을 각도에서, 즉 사람이 직접 불을 목격했다면 절대 살아남을 수 없었을 지점에서 불의 동태가 고스란히 기록됐다. 그러한 영상에는 카메라에 찍히지 않았다면 결코 알 수 없었을 이야기들이 담겨 있다.

그중에는 스릴러 영화 〈블레어 위치(The Blair Witch Project)〉 감독의 신작이라고 해도 될 법한 영상이 하나 있다. 맥그로의 집에서 몇 블록 떨어진 곳에 있던 어느 집 위층 거실에 설치된 보안 카메라 영상이다.[5] 안락해 보이는 소파와 그 바로 옆의 협탁, 협탁 위에 놓인 램프와 액자들이 모두 화면에 나오는 것을 보면, 카메라는 벽난로 선반이나 책장 위에 설치되어 있었을 것으로 추측된다. 소파 뒤 붉은 벽돌 벽에는 커다란 사진 액자가 걸려 있고 화면 왼쪽 협탁 옆의 캐비닛과 그 위에 올려진 수족관도 보인다. 그 바로 옆에 판유리로 된 창이 있다. 처음에는 모든 게 질서정연하다. 협탁 위에 놓인 램프와 수족관 조명이 다 켜져 있어서 그 집에 사는 누군가가 금방이라도 어디선가 나타날 것처럼 느껴진다. 하지만 유리창 밖에 뭔가가 보인다. 한 30초 정도는 흑백 영상이 잘못 덧씌워진 듯한 화면이 이어지다가 창밖으로 형체를 알 수 없는 회색빛의 무언가가 순식간에 지나가는데, 김이 잔뜩 서린 유리처럼 흐릿해서 물체인지 사람인지도 구분할 수 없다. 화면의 오른쪽, 거실 우측에도 창문이 있다. 그 창 너머로는 회색 하늘과 창문에 잠깐씩 부딪히는 가문비나무 가지가 보인다. 이 집 근처에 불이 번지고 있다는 사실을 모르고 보면 가지가 심하게 흔들리는 것이 마치 겨울 폭풍이 불고 있다고 착각할 만한 풍경이다.

영상 왼쪽에 보이는 창문 바깥의 움직임이 많아지고 회색 물체의 명암이 점차 짙어지다가, 갑자기 연기의 형체가 뚜렷하게 나타난다. 유리창을 밀어붙이듯 바짝 다가온 연기는 색이 옅어졌다가 짙어지기를 반복한다. 그때 뭔가 갈라지고 금이 가는 소리가 희미하게 들리기 시작한다. 그 소리와 창문에 거듭 가까이 다가와 부딪히는 연기가 더해져, 창밖에 무언가가 모종의 이유로 찾아온 것처럼 느껴진다. 어디선가 들릴 듯 말 듯 목소리 같은 것이 흘러나오는데, 영상 속 상황과는 동떨어진 어조의 목소리다. 그러다가 쩍쩍 갈라지는 소리가 더욱 커져서 이제 그 소리 외에 다른 소리는 하나도 들리지 않는다. 눈을 감고 소리만 들으면 폭우가 창에 부딪히는 소리와 비슷하다. 그때 꽝, 하는 폭발음이 들리고 창밖으로 불꽃이 몇 차례 번쩍이다 사라진다. 이어 다른 폭발음이 더 큰 소리로 들리고, 창밖으로 뭔가의 파편(홈통? 플라스틱 외장재?)이 떨어진다. 다시 더 큰 폭발음이 나고, 외장재 파편이 더 많이 떨어진다. 그리고 불이 모습을 드러낸다. 창 바로 바깥에 나타난 불길이 이리저리 흔들리는 모습은 흡사 거실 안을 보려고 기웃거리는 듯하다. 아북극 지역의 추운 겨울에 대비할 수 있도록 삼중으로 만든 가로세로 40센티미터 크기의 유리창이 뜨거운 열기를 견디지 못하고 쩍쩍 금이 가는 소리가 들린다. 가장 바깥쪽 창이 먼저 깨져 밖으로 떨어져 나간다. 불길이 집 안으로 들어오려는 기세가 확연히 느껴진다. 남은 창으로 시커먼 연기와 눈이 멀 정도로 환하게 빛나는 화염이 번갈아 나타난다. 빛과 그림자가 충돌하며 창문에 만들어낸 그 광경은 가장 뛰어난 실험 영화를 뽑는 영화제에 출품해도 손색이 없을 듯하다.

창문은 흔들리지도 않고 덜그럭거리지도 않지만, 주변의 소음과 창밖으로 빠르게 움직이는 연기 때문에 마치 그런 것처럼 느껴진다. 돌연 불이 두 번째 창문을 꽝꽝 친다. 소리도, 그 힘에 깨져서 생긴 구멍의 형태도 누군가 주먹으로 내리친 것만 같다. 3차원 존재는 아무것도 없고 오로지 기체로 된 유령 같은 연기만 보이는데, 그 연기가 앞을 가로막는 건 죄다 부수면서 거실로 들어오고 있다. 그때 다른 차원에 있던 악의적인 존재가 이쪽으로 넘어와 침입하는 소름 끼치는 일이 벌어졌다. 떨어져 나가는 조각들이 더 많아지고, 결국 한 장 남은 마지막 창문도 깨진다. 가장 먼저 집 안에 들어온 연기가 스멀스멀 위쪽으로 퍼지며 천장을 가로지를 때, 유리창 구멍 앞에 화염이 나타나 장갑 낀 두 손으로 깨진 구멍 가장자리를 붙잡듯 몸을 안쪽으로 들이밀며 수족관과 30센티미터밖에 떨어지지 않은 곳까지 다가와 안팎을 날름댄다. 화면 오른쪽 창문 바깥에도 불이 보인다. 가문비나무가 불길에 휩싸이고, 녹아내린 플라스틱 외장재의 길쭉한 파편이 창밖에 매달려 길게 늘어나다가 결국 흘러내리는 초현실적인 광경도 펼쳐진다. 어디선가 화재 경보음이 들리는데, 다른 소음에 묻혀 그 소리는 오히려 작게 들린다.

플래시오버가 몇 분 혹은 몇 초 앞으로 임박한 순간까지도 이 거실 카메라는 창문이 떨어져 나가고 깨지는 광경을 계속 전송했다. 연기는 천장 전체를 덮고 집 안 구석구석으로 퍼졌다. 이때까지도 형체가 뚜렷하게 보이는 수족관이 자꾸만 시선을 사로잡는다. 물속에 살아 있는 생명이 남아 있기 때문이기도 하지만, 수족관 안에서 콕 집어 말하기 힘든 변화가 일어나고 있기 때문이다. 더 짙고 더 어두워진 연기가 거실 안으로 계속 밀려 들어오면서 보이는 것이 확 줄고 전부 형체가 흐릿해진다. 소파도 유령처럼 윤곽이 보일 듯 말 듯 희미하다. 아직 켜져 있는 수족관 조명과 협탁 위의 램프에서 나오는 희미한 원뿔 모양의 불빛 아래만 형체가 잘 보여서, 그 빛이 닿는 쪽은 특별한 보호구역처럼 느껴진다. 사진 액자 속 사람들은 누구일까? 액자 주변의 모든 게 점점 형체를 잃는다. 갈라지는 소리는 더욱 날카로워지고, 더 집요하게 이어진다. 이제 불은 거실 안에 있다. 불길이 수족관을 쓰다듬듯 감싸고, 제멋대로 형체가 변하는 혼란스러운 연기 속에서 스파크가 피어올라 폭풍 속에 환하게 빛나는 나뭇잎처럼 번쩍인다. 지글지글 타는 소리가 들린다. 수족관, 그리고 방 안 전체가 끓는점을 훌쩍 넘어선다. 설계 사양보다 훨씬 오래 버티며 작동하던 거실 카메라도 꺼지고, 영상은 검게 변한다.

누군가가 사는 멀쩡한 공간이었던 거실이 이렇게 되기까지 5분도 채 걸리지 않았다.

////

쿠츠 부자가 5번 소방서에서 스프링클러 장비 사용법을 시연하면서 이번 화재에 관한 불길한 전망을 이야기할 때 그 자리에 있었던 마크 스티븐슨 서장 대행도 다른 소방관들과 소방차 한 대에 올라 어배샌드 현장에 출동했다. 자신이 사는 동네에 불을 진압하러 가는 건 한 번도 생각해본 적 없는 일이었다. 현장에 도착하자 그간 받았던 어떤 소방 훈련에서도 배운 적 없는 혼란이 기다리고 있었다. 결국 스티븐슨도 그날 수많은 동료가 택한 방식으로 그 혼란에 대응했다. 가장 기초적인 방법에 의지하는 것 말고는 다른 도리가 없었다. 할 수 있는 일이 거의 없었다. 상부에서 내려오는 지시도 "각자 알아서, 수원을 찾아서 지켜라"[6] 같은 있으나 마나 한 내용이었다. 스티븐슨은 일단 지시를 따르기로 하고, 소방호스를 소화전에 연결하려다가 충격적인 사실을 깨달았다. 소화전 밸브를 열자 여태 한 번도 들어본 적 없는 소리가 났다. 물이 콸콸 흐르는 소리 대신 쉭, 하고 공기가 빠지는 소리만 들린 것이다. 소화전에 물이 없어서 나는 소리였다.

어배샌드의 주택과 아파트 수백 채가 불에 휩싸인 때였다. 집집마다 0.5인치짜리 송수관이 시 상수관과 연결되어 있었는데,[7] 집이 전소되면 이 송수관도 끊어져서 수압이 아주 센 정원 호스에서 물이 뿜어져 나올 때와 비슷한 압력으로 물이 마구 흘러나왔다. 센테니얼 공원과 비컨힐, 워터웨이스에서도 이런 일이 똑같이 일어났다. 송수관 하나가 끊어지는 정도로는 아무 변화도 일어나지 않는다. 송수관이 끊어진 곳이 100군데쯤 되더라도 눈에 띄는 변화는 생기지 않는다. 하지만 1,000곳 이상이 끊어져서 물이 제멋대로 흘러나오고 그런 상태가 몇 시간씩 지속되면, 높은 언덕 꼭대기 동네까지 물을 밀어 올리고 그 압력을 유지하는 펌프의 기능에 문제가 생긴다. 이런 상황이 계속되면 펌프가 물을 끌어오는 저수지가 바닥날 가능성도 있다.[8] 물 없는 소방관은 탄약 없는 군인과 같았다.

그사이 화염에서 뿜어져 나온 불씨가 퍼붓는 비처럼 쏟아지며 불에 탈 수 있는 건 모조리 태우고 있었다. 얼마 전까지도 축축하게 젖어 있거나 꽁꽁 얼어 있던 삼나무 조각들이 깔린 화단과 정원 사이의 길들이 바싹 말라서 불길이 집과 헛간, 장작더미, 인접한 나무 울타리로 빠르게 번지는 심지와 퓨즈가 되어버린 집들도 많았다. 사실상 무장해제 상태가 된 소방관들은 불이 사방으로 번지자 어쩔 수 없이 대피하기 시작했다. 하지만 타고나기를 포기라곤 모르는 스티븐슨은 늘 해오던 방식대로 이 상황도 직접 타개하기로 했다. 소방경이자 위험물질 전문가인 라이언 피처스는 스티븐슨이 어느 주말에 화재 대피 현장에서 "괴물처럼 거대한 말"을 혼자 힘으로 트레일러에 싣고 빠져나왔던 일화를 내게 들려주었다. 내가 지금껏 만난 모든 사람을 통틀어 스티븐슨처럼 자기 집 차고 문을 발로 부수고 들어갔다는 사람도, 그렇게 부수고 들어간 다음에 그가 한 일과 똑같은 일을 했다는 사람도 들어본 적이 없다. 소화전에서 물은 나오지 않고, 자기 동네가 화염에 휩싸인 상황에서 그가 떠올린 논리적인 대처, 혹은 그때 할 수 있는 유일한 대처는 집에 있던 전기톱을 갖고 나와서 최대한 빨리 나무 울타리를 없애는 것이었다. "이웃집 울타리 서너 곳을 그렇게 잘라낸 것 같아요. 그때 콜린스 소방경이 트럭을 몰고 와서 '어배샌드는 버리고 철수합니다! 이 트럭으로 댁에 가서 갖고 나올 수 있는 건 다 챙겨서 나옵시다'라고 했죠. 저는 '아니요, 일을 해야죠'라고 대답했습니다."

말은 그렇게 해도 분명 어려운 결정이었을 텐데, 스티븐슨은 아무렇지 않게 이야기했다. "저에게는 고민할 것도 없는 일이었습니다. 제 월급은 우리 집을 지키라고 받는 돈이 아니니까요. 제가 군 생활을 워낙 오래 해서 그럴 수도 있습니다. 하지만 저는 제 일에 자부심이 있어요. 스스로를 희생한다거나 다른 사람을 위해 제 것을 포기하는 것처럼 보일 수도 있겠지만, 그게 제 일입니다."

이 말을 하면서도 민망해하거나 어쩔 줄 모르는 기색은 전혀 없었다. 소방관들 간의 형제애, 그리고 더 넓게는 지역사회에서 소방관으로서 자신이 해야 할 몫에 관한 진솔한 설명이었다. 개인의 성격도 큰 비중을 차지하지만, 이들에게 동료들과의 연대가 얼마나 큰 힘이 되는지를 알면 그의 말을 이해하는 데 도움이 된다. "우리는 국제 소방관 협회 소속입니다." 스티븐슨과 같은 협회 소속인 피처스의 설명이다. "구성원들 간의 유대가 굉장히, 아주 끈끈해요. (역청)업체에서 일하는 소방관들이나 소방 자원봉사자들과 협력하지 않는다는 말은 아닙니다. 우리 협회 식구들은 가족처럼 가깝다는 뜻이에요. 재난이 닥치면 다들 트럭을 몰고 가서 도우려고 하죠."

포트맥머리에는 피처스, 스티븐슨과 생각이 같은 사람들이 많았고 이들은 5월 3일에도 희생을 불사했다. 스티븐슨은 어배샌드를 버리고 대피하기 직전에 휴대폰을 꺼내서 자기 집이 불타는 모습을 짤막한 영상으로 남겼다. 리모델링이 끝난 지 얼마 안 된 집, 불과 45분 전까지도 그와 아내가 가족들과 함께 살았던 집과 나눈 그만의 작별 인사였다. 포트맥머리 화재 현장에서 무수한 소방관들이 그와 같이 비현실적이고 기운 빠지는 광경과 마주했다. 자신이 살던 집과 친구들, 가족들이 살던 집이 눈앞에서 불타 쓰러지고, 소방 장비가 있어도 구할 방도가 없었다. 소도시 병원에서 어쩌다 찾아오는 환자 한두 명 정도를 치료하다가 갑자기 크게 다친 이웃과 가족들이 대거 실려 와 부상 정도에 따라 사람들을 분류해야만 하는 의사들과 비슷한 상황이었다.

비컨힐과 어배샌드 꼭대기에서는 전통적인 소방 원칙으로는 생각도 할 수 없는 일들이 벌어졌다. 소방관들이 소화전에 소방호스를 연결한 채로 그대로 두고 대피한 것이다. 하지만 대부분 주민들에게 대피 경로를 알려주려고 일부러 남겨둔 것이었다. 주택가의 거리 방향이 헷갈리게 설계되지는 않았지만, 이 방법 덕분에 소방 장비는 두고 나왔을지언정 시민들과 비상 출동한 대원들 모두가 불길에 휩싸인 언덕 꼭대기에서 모두 무사히 탈출할 수 있었다.

하지만 소방대원들은 몸은 무사해도 이런 대대적인 패배에는 전혀 대비가 되어 있지 않았다. 소방 사다리차 운전자인 이반 크로포드는 "용납할 수 없는 짓을 저지른 기분"이었다고 말했다. 크로포드도 비컨힐에 있던 집을 잃었다. 어배샌드의 피해 규모도 비컨힐과 비슷했다. "어배샌드를 버리고 나오라는 것이 (지역 비상 운영 센터에서 나온) 지시의 골자였습니다."

피해 규모는 엄청났다. 어배샌드에서 가장 소박한 아파트도 20만 달러 정도였고, 언덕 더 위쪽에 띄엄띄엄 자리한 집들은 50만 달러였다. 어배샌드 한 곳의 피해액만 적게 잡아도 5억 달러였다. 포트맥머리 화재의 피해 규모는 다양한 방식으로 정량화되었는데, 그중에는 "분당 100만 달러"가 사라졌다는 수치도 있다.

소방대원들이 화재 현장에서 후퇴하는 동안에도 불씨는 바람에 실려 어배샌드에서 동쪽으로 1.6킬로미터 떨어진 시내 병원에 떨어지고 있었다. 병원 주변에 있던 주택 몇 채는 불길에 휩싸여 무너졌고 일부는 전문 소방관들이 정원 호스로 진압했다. 어마어마한 화염의 규모와 번지는 속도, 연기, 쏟아지는 불꽃은 사람들에게 심리전을 방불케 하는 두려움과 혼란, 무력감을 유발했다. 조직적인 저항이 저격수의 등장으로 사기가 꺾이고 동요가 일어나듯이, 무작위로 떨어지는 불씨에서 새롭게 피어나는 비산 화재는 불길을 잡으려는 소방관들을 뿔뿔이 분산시켰다. 소방관들이 주택가 뒷마당을 정원 호스나 물에 적신 밀걸레, 삽을 들고, 혹은 아무 도구도 없이 정신없이 뛰어다니는 모습이 그날 오후 내내 목격됐다. "저는 현장에 다른 소방경 한 명과 서 있었습니다." 스티븐슨은 당시 상황을 이렇게 전했다. "(소방차에 물을 보충해줄) 물 수송 트럭은 물론이고 소방차도 없었습니다. 그래서 우리는 마구 뛰어다니면서 잔디에 난 불길을 밟아서 껐어요. 발로 직접 밟아서 말입니다. 무리 지어 다니면서, 집집마다 뒷마당에 작은 불씨라도 남아 있지 않은지 확인하고 다녔어요."

데이미언 애셔(Damian Asher) 소방위는 정신없이 불을 끄던 그날의 상황이 고양이가 레이저 포인터를 쫓아다니는 것과 비슷했다고 설명했다.[9]

그날 소방복을 입지 않은 소방관들이 많았던 이유를 알 수 있는 대목이다. 그만큼 신속하게 뛰어다녀야 했다. 그래서 지상 근무용 부츠에 티셔츠, 위아래가 붙은 방염복 차림으로만 다니는 소방관들이 많았다. 다들 화염이 남긴 혹독한 가르침을 따랐다. 위계질서가 엄격하고 블루카드 지휘 시스템을 충실히 따르던 포트맥머리 소방서는 단두 시간 만에 곳곳에서 대충 무리 지어 다니며 불과 치고 빠지는 방식의 게릴라전을 벌이고, 거리에서 또는 집집마다 마주치는 다른 소방서 사람들, 다른 조직의 대원들과 유연하게 섞이는 준군사조직으로 변모했다. 포트맥머리 소방관들이 아무 대비 없이 현장에서 비로소 깨달은 그 방식은 슬레이브 레이크 소방관들이 2011년 화재 이후 교육 과정까지 만들어서 귀 기울이는 사람이라면 누구에게나 알리고 가르쳤던 내용, 이미 익히 잘 아는 내용이었다.

화재 기상

I4

우리는 현재를 백미러로 보고,
미래는 뒷걸음질로 간다.
—마셜 매클루언, 《매체는 메시지다(The Medium Is the Message)》[1]

───────

웨인 맥그로에 이어 어배샌드 꼭대기의 주택가에서 대피한 소방관들은 남쪽으로 1.6킬로미터쯤 떨어진 비컨힐에서 폴 에어스트 가족과 그의 이웃들이 겪은 끔찍한 상황과 직면했다. 5월 3일 오후 주민들이 대피 중에 차에서 남긴 영상들을 보면, 낮이 아니라 한밤중에 불씨가 쏟아지는 화염 한가운데서 촬영한 것처럼 보인다. 그 뒤로 고함치고, 욕을 퍼붓고, 기도하고, 애원하고, 울음을 터뜨리는 사람들의 소리가 가만히 듣고 있기 힘들 만큼 생생하다. 잠시 긴 침묵이 흐를 때면 차 엔진 소리와 밖에서 타오르는 불길 소리가 요란하다.

　내가 생각하기에 사람들이 재난 영화를 좋아하는 여러 이유 중 하나는 (관음증적인 카타르시스를 제외하고) 그런 상황이 실제로 닥친다면 어떨지 눈으로 확인할 수 있고 일종의 대비가 될 수도 있다고 생각하기 때문인 것 같다. 평소와 같은 날이었다면 포트맥머리 사람들 상당수가 팀 홀튼 카페에서 더블더블 커피나 마실까, 생각했을 오후 시간에 도시 전체가 재난 영화와 같은 상황에 놓였다. 이 영화 같은 현실에서 시간은 희한할 정도로 다르게 흘렀다. 불은 가공할 만한 속도로 빠르게 번지는데, 대피 대열이 움직이는 속도는 고통스러울 만큼 느렸다. 너무 놀라서 얼이 빠진 배우자를 안심시키는 방법부터 주택가에서 다음 블록이 전소되지 않도록 어떻게든 막는 방법에 이르기까지, 필요한 모든 방법을 각자 즉흥적으로 찾아야 했다.

한 세기에 걸쳐 포트맥머리에 점점 더 많은 사람을 모여들게 만든 연소 에너지가 3일 오후에는 그동안 도시에 모인 사람들을 반대로 대거 몰아내는 원인이 되었다. 불을 피해서 달아나는 길에 세상의 종말이 절로 떠오르는 끔찍한 상황을 마주한 사람들은 성경 출애굽기에 나오는 열 가지 재앙 중 일곱 번째 재앙을 떠올렸다. "우박이 내리고 불덩이가 그 우박에 섞였는데, 이는 애굽이 나라가 된 이래 온 땅에 유래가 없을 만큼 심히 맹렬했다."[2]

캐나다라는 나라가 생긴 이래로도 그런 사태는 처음이었다.[3] 5월 3일 오후 포트맥머리 시민들의 대이동은 북미 대륙 역사상 가장 큰 대규모로, 가장 단시간에 이루어진 화재 대피 사례로 남았다. 개미 떼처럼 꼬리에 꼬리를 문 차량 행렬이 시 북쪽과 남쪽으로 끝이 없는 리본처럼 이어지고 불길은 고속도로를 따라 사납게 번졌다. 고속도로 갓길 바로 앞까지 화염이 번진 구간도 있었다. 도로에 있는 차량마다 백미러로 원래 도시가 있었던 자리를 차지한, 도시 전체가 통째로 폭발한 듯 거대하게 솟구친 연기기둥이 보였다. 그 엄청난 연기를 보며 사람들은 대부분 도시가 전부 사라졌다고 생각했다. 불길이 만든 연기기둥은 계속해서 덩치를 키우며 지역의 날씨까지 바꾸고 있었다.

처음에는 지상에 머무른 접촉면 화재였던 불이 이제 자연과 같은 힘을 갖게 되었다. 불길의 온도가 540도에 가까워지자 굴뚝에서 뜨거운 연기가 뿜어져 나오듯 연기기둥의 중심부에서 전보다 더 빠른 속도로 공기가 솟구쳤다. 과열된 공기가 이처럼 더 높이, 더 빠르게 상승하면서 온도가 그보다 낮은 공기는 사방에서 불길 쪽으로 점점 더 많이, 더욱 빠른 속도로 이끌리는 진공 환경이 생겨났다. 똑같은 물이 재순환하는 분수와 비슷한 이런 폭풍 같은 체계가 형성되면 바깥 면에 거센 하강기류도 발생한다. 임야화재에서 이런 폭풍 구조가 형성되면 대기가 불의 과급기가 되어 불길이 더욱더 강력해진다.

이런 연기기둥은 분수와 비슷한 점이 또 있다. 휘몰아치는 소용돌이 중심에, 이 맹렬한 불길과는 전혀 어울리지 않는 엄청난 양의 물이 존재한다는 것이다. 숲에서 나온 수분뿐만 아니라 녹은 얼음, 화재로 망가진 송수관에서 흐른 물, 소방호스로 뿌린 물까지 모두 포함된다. 포트맥머리 화재처럼 불의 연료가 폭발적으로 타려면 연료의 잔여 수분이 모조리 증발해서 제거되어야 하고, 증발한 수분은 어딘가에 모인다. 멀리서 보면 그냥 "연기"로만 보이는 기둥에는 사실 그을음과 가연성 기체, 독성 화학물질, 증기가 전부 섞여 있다. 포트맥머리 화재에서는 수십만 리터의 수증기가 그 연기기둥에 실려 3킬로미터, 6킬로미터, 18킬로미터 높이까지 솟아올라서 응결되고 얼어붙은 후, 다시 허리케인급 하강기류에 실려 시커먼 우박으로 빗발쳐 쏟아졌다. 고대 이집트에서 일어났다고 전해지는 일이 실현된 것이다. 이 우박의 구성 성분은 전부 바로 직전에 불이 게걸스레 삼킨 나무들, 집들의 잔해가 분해되어 생긴 물질의 가장 작은 기본 단위와 탄소였다.

불길이 거세질수록 재와 불붙은 가문비나무의 가느다란 잎들에 이어 부츠 한 짝만 한 불씨, 횃불처럼 큰 불덩이가 날아다니더니, 나중에는 나뭇가지와 우듬지 전체, 울타리 한 짝, 급기야 정원에 있던 헛간이 통째로 불이 붙은 채로 날아다녔다. 그중 일부는 토네이도에 빨려 들어가듯 거대한 연기기둥에 빨려 들어가 수백 미터 상공까지 올라갔다. 대형 임야 산불 현장을 지나는 항공기 조종사들은 시커먼 숯이 된 나뭇가지가 6,000미터 상공을 날던 비행기 창문에 부딪쳤다고 보고하곤 하는데, 5월 3일도 예외가 아니었다. 그날 늦은 밤 어느 비행기 창문에서 촬영된 사진을 보면,[4] 포트맥머리에 도시 대신 빛을 발하는 거대한 연기구름이 자리하고 그 위쪽으로 하늘 전체에 북극광이 환하게 빛나는 광경이 담겨 있다. 다른 시대였다면 공식적으로 기록해두어야 하는 의미심장한 징조로 여겨졌을지도 모른다. 하지만 스마트폰 사진으로 기록된, 세상의 종말이 담긴 듯한 그 광경은 21세기에 나타난 다양한 계시 중 하나일 뿐이었다.

21세기 가장 부유한 산업 중심지들에 화재가 발생했을 때 상공에서 목격된 현상 중에는 그와 같이 구약성서나 그리스신화에 상세히 묘사된 사건처럼 느껴지는 이상 현상이 또 있다. 바로 화재로 생겨난 소나기구름이다. 기상학자들이 '화재 적란운(pyrocumulonimbus cloud)'이라고 부르는 이 구름은 너비 320킬로미터, 높이는 성층권에 이를 정도로 규모가 엄청나다. 5월 3일 포트맥머리에 형성된 것처럼 완전하게 발달한 화재 적란운은 지구가 자전할 때 표면 위의 물체에 작용하는 힘인 전향력에 영향을 받을 정도로 규모도 에너지도 거대하다. 북반구에서는 화재 적란운이 허리케인과 마찬가지로 이 전향력의 영향을 받아 반시계 방향으로 회전한다.[5] 화재 적란운은 거대한 규모, 특히 엄청난 높이에 힘입어[6] 자연이 일산화탄소와 사이안화수소, 암모니아, 오염물질, 방대한 양의 탄소와 미립자를 가장 효율적으로 높은 고도까지 전달하는 시스템이 된다. 이런 연기기둥이 지상으로부터 9~12킬로미터 높이의 성층권 하부에 도달하면, 기둥 내부의 에어로졸과 미립자들은 극지방에서 고속 컨베이어벨트처럼 이동하는 제트

기류에 실려 전 세계로 운반될 수 있다.

대기 에어로졸을 감지할 수 있는 위성 기술이 등장한 후, 화재 적란운 현상에 관한 과학자들의 이해 수준에도 혁신적인 변화가 일어났다. 그리 멀지 않은 1990년대까지도 대형 임야화재에서 시작되어 확산 범위가 지구 반구 전체에 이르는 에어로졸 구름은 화산 활동의 결과로 오인됐는데, 그런 현상이 굉장히 드물었던 것도 그런 오해가 생긴 부분적인 이유였다. 21세기의 새로운 화재가 시작된 1998년 이후에야 임야화재로 생성된 화재 적란운의 존재가 공식적으로 밝혀지고 연구되었다.[7] 현재까지 가장 철저히 연구된 사례는 치점 화재로 발생한, 미국의 위성 데이터 분석가가 캐나다의 핵폭탄 시험을 의심했던 바로 그 적란운이다. 치점 화재로 발생한 적란운은 그리스 전체 면적에 맞먹는 13만 제곱킬로미터를 덮었다.[8] 아직은 희귀한 대기 현상으로 여겨지지만, 지난 20년간 화재 적란운은 전 세계적으로 대폭 늘어났고 과거에 한 번도 발생한 적이 없는 장소에서도 나타났다.

화재 적란운이 형성되면 우박과 더불어 번개가 자체적으로 발생하기도 한다. "발열성 번개(pyrogenic lightning)"는 고대부터 있었다고 전해지지만, 과거에는 거의 다 대규모 화산 폭발과 직결됐다. 화염에서 발생한 불씨가[9] 새로 일으키는 화재는 비교적 쉽게 예측할 수 있어도 (보통 불씨가 뿜어져 나온 화염으로부터 8킬로미터 이내, 바람이 부는 방향에서 일어난다), 화재 적란운에서 생긴 번개가 새로 일으키는 화재는 적란운의 반경 80킬로미터 내 거의 어디서나 시작될 수 있다. 게다가 높은 탑에 벼락이 떨어지는 사태나 정전, 감전사 등 보통 번개로 발생할 수 있는 위험도 그대로 따른다.

5월 3일 오후 4시, 포트맥머리 시민 수만 명은 느릿느릿 움직이는 대피 행렬 속에서 전 세계 모든 역사와 신화에서 종말을 묘사할 때

빠짐없이 나오는 "대낮인데도 밖이 컴컴한 현상"을 실제로 경험했다. 숲의 화염은 절정에 이르고, 화재 적란운과 바람에 실려 날아다니는 불씨, 번개는 포트맥머리 화재를 국지적인 화재에서 스스로 동력을 얻어 끝없이, 지역 규모로 파괴를 일으키는 영구적인 발화 체계로 바꿔놓았다. 장기적으로 이제 이 불은 연료가 있는 한 계속 타오를 수 있게 되었다. 이런 상황에서 아한대림은 불의 연료일 뿐이었다.

////

주민들이 대피한 후, 500명에 한참 못 미치는 최소 규모의 소방관, 구조대원, 자원봉사자 수백 명이 도시를 살리기 위해 싸웠다. 63번 고속도로를 뒤덮은 달궈진 연기와 공기 속에서는 삶과 죽음의 드라마가 펼쳐졌다. 제트 레인저(Jet Ranger) 헬리콥터가 시내 상공을 날아다니며 병원 건물, 그리고 오전 기자회견이 마무리된 지 겨우 3시간이 지난 시청 건물 등 주요 기반 시설에 물과 소화약제를 뿌렸다. 지역 신문 〈포트맥머리 투데이〉의 빈스 맥더모트 기자는 영화 〈아마겟돈〉 대사 같은 말을 자신의 트위터로 전했다. "현재 시내에는 사이렌과 헬리콥터 소리밖에 안 들린다."[10] 이 "들린다"는 말에는 생생한 현실이 담겨 있었다. 화재 지점과 여러 블록 떨어진 시내 한복판도 눈이 따가워서 계속 뜨고 있기가 힘들고 숨을 쉬는 간단한 일조차 점점 어려워지는 상황이었다. 연기와 함께 열도 밀려들어서 포트맥머리 시내는 역사상 유래 없는 최고 기온에 이르렀다. 지역 기독교 라디오 방송국인 KAOS의 사업 관리자 질 에드워즈(Jill Edwards)가 시내에서 대피할 때[11] 차 계기판에 찍힌 온도는 42.8도였다. 불길에서 발생한 복사열[12]의 영향으로, 아직 불길이 닿지도 않은 곳의 기온이 그날 예보된 최고 기온인

화재 기상

32.8도보다 10도나 높아진 것이다. 기존의 최고 기록을 깬 온도였다. 애리조나와 비슷한 열기가 시 전체에 들끓는 가운데, 시내에서 63번 고속도로로 진입하는 길은 계속해서 꽉 막혀 있었다. 화재로 발생한 강풍이 이 지역의 복잡한 지형과 상호작용하면서 연기와 불씨가 사방에서 소용돌이쳤다. 바람이 부는 방향이든 반대 방향이든 상관없이 사방에서 불길이 일어났다. 불이 더 멀리 퍼지기 위한 최적의 조건을 스스로 만들어내는 이런 방식은 강력한 바이러스나 독점 기업의 전략과 섬뜩할 정도로 비슷하다. 이들 모두 일단 특정 범위와 밀도까지 확산하고 나면 그때부터는 악재도 피해가고 모든 상황을 유리하게 활용할 수 있게 된다는 공통점이 있다.

고속도로에 오른 대피 차량들은 또 다른 괴로운 현실에 당면했다. 터치스크린과 널찍한 다인승 좌석, 6.4리터 헤미 엔진(헤미 엔진은 크라이슬러가 개발한 반구형 엔진의 상표로, 열이 적게 발생하고 에너지 손실은 적으면서 출력을 높인 엔진이다—옮긴이)이 장착된 8만 달러짜리 4륜 트럭도 연료가 없으면 아무 소용 없다는 사실을 깨달은 것이다. 픽업트럭은 대부분 연료 탱크 용량이 약 95리터, 즉 0.5배럴이 넘고 그 정도면 포트맥머리에서 차로 5시간 거리에 있는 에드먼턴까지 가고도 남지만, 연료 탱크가 빈 상태로 출발한 차들이 많았다. 고속도로 갓길과 중앙 차로에는 연료가 없어 세워둔 차량이 점점 더 늘어났다. 바로 발밑의 땅에 역청이 무한대로 나오는 곳인데도 불길에 휩싸인 상황에서 엔진이 태울 연료는 바닥났다.

시민들에게 화재 규모가 제대로 알려지지 않은 데다 화재 상황이 계속 급변하는 탓에, 금방 돌아올 수 있으리라 예상하고 대피에 나선 시민들도 많았다. 반대로 도시가 통째로 사라질 수 있다고 두려워하는 사람들도 있었다. 소방서에 지인이 있거나 집에 화재 경보 시스템을 설치하고 스마트폰과 연동해둔 일부 시민들은 대피 도중에 집이 불길에 휩싸였다는 사실을 알게 됐다. 대피 명령이 떨어진 후 911 신고 체계가 무너지는 예상치 못한 사태도 일어났다. 도시민 거의 모두가 대피하면서 화재 상황을 보고 들을 눈과 귀도 사실상 전부 사라진 것이다. 하지만 그건 큰 문제가 되지 않았다. 911이 잘 돌아갔더라도 신고 내용은 "불이 났어요"가 대부분이었을 것이고 그런 신고는 이제 아무 의미가 없었다. 게다가 신고 받고 출동해야 할 약 300명의 소방관, 경찰, 여러 단체와 조직의 구조대원과 자원봉사자들은 이미 감당하기 힘든 상황에 놓여 있었다. 그들의 배우자와 가족들도 대부분 다른 시민들처럼 대피에 나섰고, 현장에 출동한 이들과 어쩌다 연락이 닿은 사람들 상당수가 어쩌면 마지막 대화일지 모른다고 생각했다. 비교적 안전한 5호 소방서의 지역 비상 운영 센터도 예외가 아니었다.[13] 그곳의 안전도 그리 오래가지 않았다. 불과 몇 시간 전인 점심시간이 까마득한 옛일 같았다. 그때까지만 해도 마지막 작별 인사를 나누게 되리라고 생각한 사람은 아무도 없었다.

이때까지도 화재 상황을 전혀 모르고 있는 사람들도 있었다. 평일이라 일하느라 바빠서 기자회견이며 이후에 나온 최신 뉴스를 못 본 사람들이 많았다. 시내에 있는 키야노 칼리지(Keyano College)의 환경학 강사 데이비드 스미스(David Smith)는 그날 오후에 학교의 지하 사무실에서 일하고 있었다. 동굴처럼 고요한 창문 없는 사무실에서 수도승처럼 홀로 조용히 일하는 동안, 바깥에서는 시간과 사건이 어디서도 경험하기 힘든 방식으로, 특히 그곳과는 더더욱 동떨어진 방식으로 빠르게 내달리고 있었다. 오후 3시쯤 대피하던 동료 하나가 혹시 학교에 남은 사람은 없는지 확인하느라 사무실 문을 두드리기 전까지, 스미스는 무슨 사태가 자신을 기다리고 있는지 전혀 몰랐다. 마침내 마주한 바깥세상은 알아보기 힘들 만큼 변해 있었다. 생태학자라 아한대림의 화재 주기를 잘 안다고 생각했던 그도 자신이 그 화재의 일부가 되리라고는 전혀 생각지 못했다. 화재 소식을 알게 됐을 때 스미스가 가장 먼저 떠올린 건 집에 있는 개들이었다.

일상 업무가 돌연 중단된 것을 알 수 있는 지극히 평범한 흔적들은 지금 다시 보면 마음이 아플 정도다. 포트맥머리시 공식 트위터 계정에는 대피 명령을 알리는 빼곡한 메시지 사이에 "임야화재로 시의회 회의 및 지속 개발 위원회 회의는 취소됐습니다"라는 공지가 있다. 주제가 무엇이든 지속 가능성은 떠올릴 수도 없는 개념이 되고 회의 자체도 생각할 수 없는 일이 되었다. 시가 내보낸 공식 메시지에 처음 쓰인 #ymmfire라는 새로운 해시태그는 그때부터 며칠이 아닌 몇 년간 사용되었다.

도시 전체에 짙게 내려앉은 엄청난 연기와 얼마 전 확장된 포트맥머리 공항마저 불길에 휩싸일 위험성이 심각하게 높아져서 더는 공항에서 비행기가 뜨고 내리는 것도 불가능해졌다. 전세기가 오가는 자체 비행장이 갖추어진 역청업체들이 몇 곳 있었고 그중 일부는 여객기 운항도 가능했으므로 그런 곳이 노동자들에 이어 시민들의 대피 경로가 되었다. 5월 3일의 가장 무덥고, 가장 건조하고, 바람도 가장 심한 6시간은 아직 시작되지도 않았다. 화재의 동태에 바람 다음으로 큰 영향을 주는 상대 습도는 계속 떨어지고 있었다. 이날 상대 습도는 보통 가마에서 말린 목재와 비슷한 12퍼센트까지 떨어졌다.

////

009호 화재가 처음 심각한 위협으로 평가된 5월 1일 일요일, 포트맥머리시 소방서장 다비 앨런은 데일 벤드펠드(Dale Bendfeld)에게 전화했다. 날씬한 체격에 사무적이고 빈틈없는 성격, 넓은 이마에 옅은 갈색 머리를 짧게 친 벤드펠드는 연방 기마경찰 출신에 아프가니스탄, 유럽, 중동에서 복무한 경력이 있는 50대 육군 중령이다. 1998년에 피해액 기준으로 퀘벡 역사상 가장 큰 재난으로 기록된 얼음 폭풍 사태, 2003년 오카나간산 공원 화재, 건물 240채가 소실되며 현대에 들어 캐나다에서 발생한 가장 파괴적인 화재 중 하나가 된 브리티시컬럼비아 남부 지역 화재 현장에 군 병력을 이끌고 대응을 지원한 인물이기도 하다. 2010년 밴쿠버 동계 올림픽의 보안 전략 관리자였던 그는 2012년[14] 포트맥머리시 법률 집행·보호 서비스 담당 전무이사로도 일했다. 외교, 연방정부와 지방정부, 기업, 시의 이해관계가 군사시설 같은 민감한 자산과 복잡하게 얽혀 있는 포트맥머리의 특수한 상황에 맞춘 특수한 직무였다. 벤드펠드는 시와 역청산업이 자연재해와 테러에 공통적으로 취약한 문제에 대처할 수 있는, 양쪽 모두에 전문성을 갖춘 적임자였다.

다비 앨런과 산림부 임야화재 관리자인 버니 슈미트는 벤드펠드를 비롯해 산림부의 대럴 존슨(Darryl Johnson), 시 소방서의 조디 버츠(Jody Butz), 앨버타 비상 관리청에서 나온 크리스 그레이엄(Chris Graham) 등 여러 보좌관, 자문가들과 함께 현장 보고서와 일기예보, 컴퓨터 모형의 분석 결과를 바탕으로 매일 모든 근거를 종합해서 필요한 판단을 내렸다. 화재 상황은 극단적으로 급변하는데도 여러 부처의 정치적 견해와 협의를 고려하느라 많은 시간이 소요됐다. 비상 운영센터로 이메일, 전화, 문자 메시지가 수백 통씩 한꺼번에 쏟아질 때도 있었다. 그러나 이 모든 과정을 거쳐서 나온 결정은, 바로 바깥에서 일어나고 있는 사태가 아닌 다른 문제에 대한 대처로 느껴질 만큼 실상과 동떨어진 것이었다.

앨런, 슈미트, 벤드펠드, 버츠 모두 이번 화재가 심각한 위협이라고 생각하면서도 정확히 무슨 일이 벌어졌는지는 제대로 알지 못했다. 화재 발생 직후에 이들과 대화를 나눈 〈에드먼턴 저널〉의 데이비드 스테이플스(David Staples) 기자는 이 리더들이 5월 3일 점심시간에 비상 운영 센터에서 만난 쿠츠가 예상한 일들이 다 사실이었다고 인정하면서도 얼마나 큰 위협과 마주하고 있는지 똑바로 이해하지 못한다는 인상을 받았다. "이 사람들은 사무실에 앉아 있다가 한 번씩 전망대로 나가 시 북쪽과 동쪽, 서쪽을 관찰했다."[15] 스테이플스가 쓴 글이다. "그러다가 '이게 대체 무슨 일이야!?'라는 소리가 절로 터져 나온 순간이 찾아왔다. 벤드펠드는 전망대로 가면서 앨런에게 말했다. '불길이 엄청납니다.'"

앨런이 대답했다. "친구, 이제 우린 끝장났네."

지역 비상 운영 센터에는 최첨단 통신 장비가 갖추어져 있었고(게다가 비상 운영 센터 본부는 화재 상황이 또렷하게 잘 보이는 곳에 있었다), 모든 관련 부처에서 선발된 숙련된 인력도 있었다. 하지만 소통 방식에 근본적인 문제가 있었다. 시 소방서의 부서장이자 앨런의 젊은 보좌관 중 한 명이고 럭비를 즐기는 사람이라면 누구나 같은 팀이 되고 싶어 할 만한 듬직한 체격의 조디 버츠는, CBC 라디오에서 진행자 로라 린치(Laura Lynch)에게 화재 상황을 비로소 깨달은 순간을 다음과 같이 전했다. "상황 보고가 들어오기 시작했습니다. 산림부 보고, 소셜 미디어에서 시민들이 전하는 소식으로요. 비컨힐의 셸 주유소에 화염이 보인다는 내용이 있었죠."[16]

2017년에 발표된 앨버타주 산림부의 포트맥머리 화재 대응에 관한 과학수사 결과에도 이런 상황이 가감 없이 담겨 있다. "임야화재가 포트맥머리로 갑작스럽게 번질 수 있다는 사실을 (사고 지휘) 체계로 파악한 게 아니라, 우드 버펄로 도시권역의 소방정감(다비 앨런)이 소셜 미디어에서 시민들의 제보를 보고서야 알게 됐다."[17]

연방 경찰이 화재 상황을 알아차린 경로도 그와 같았다.[18]

도무지 이해할 수 없는 이런 실패는 포트맥머리 화재 당시에 조직된 비상 운영 센터만의 문제가 아닌, 인간에게 판단력이 생긴 이래로 늘 따라다니는 오랜 문제다. 통계학자이자 위기 분석가, 《블랙 스완: 위험 가득한 세상에서 안전하게 살아남기》의 저자 나심 탈레브(Nassim Taleb)는 이를 "루크레티우스 문제"라고 부른다. 고대 로마의 시인이자 철학자였던 티투스 루크레티우스 카루스(Titus Lucretius Carus)의 이름을 딴 것으로, 기원전 1세기에 인간의 지각력에서 나타나는 오류를 발견한 루크레티우스는 서사 시집 《사물의 본성에 관하여(De Rarum Natura)》 4권에서 다음과 같이 설명했다.

> 한 위대한 자가 어떤 강을 거대하다고 하고,
> 그가 과거에 그보다 큰 강을 본 적이 없다면,
> 이제부터 그 강은 거대한 강이 된다. (중략)
> 사람들은 무엇이든 각자 자신이 지금까지 살면서 본 가장 큰 것을
> 세상에서 가장 거대하다고 여긴다.[19]

루크레티우스가 이런 글을 쓴 때로부터 2,000년 후, 나심 탈레브는 《블랙 스완》의 동반 저서라 할 수 있는 《안티프래질(Antifragile)》에서 루크레티우스 문제를 이렇게 설명했다. "어리석은 자는 자신이 본 가장 높은 산이 세상에서 가장 높은 산이라고 믿는다."[20] 인간이 늘 이와 같은 판단 실패를 겪어왔다는 점에서는 "어리석다"는 표현이 가

혹하게 느껴지기도 한다. 글로벌 TV 뉴스 진행자인 리드 피스트도 불길이 비컨힐로 들어온 광경을 봤을 때 같은 문제를 겪었다. "믿을 수가 없었습니다. 그런 상황은 생전 본 적이 없었거든요."[21] 소방관 이반 크로포드의 반응도 같았다. "'이게 대체 무슨 일이야?'라고 생각했죠. 불이 그렇게 덮치리라고는 한 번도 생각해본 적 없었어요."[22]

루크레티우스 문제의 핵심은 인간이 직접 경험하지 않은 일을 상상하고 이해하는 데 어려움을 겪는다는 것이다. 2016년 5월은 날씨가 기록된 역사상 가장 덥고 가장 건조한 동시에 화재 기상 조건은 100퍼센트에 이르고, 2년째 가뭄이 이어져 포트맥머리는 석유에서 나온 물질이 잔뜩 사용된 2만 5천 채의 집들과 바싹 마른 수백만 그루의 나무에 둘러싸여 있었다. 캐나다 전체를 통틀어 어떤 소방관도, 어떤 비상 상황 관리자도 경험한 적 없는 상황이었다. 하지만 이런 조건은 아한대림만이 아닌 21세기 산림과 도시 인접 지역 화재의 공통분모다. 미국 캘리포니아, 호주, 그리스, 스페인, 러시아 등 그러한 화재 상황에 놓인 모든 정부 당국이 최신 화재 기상을 고려해서 일어날 수 있는 일을 예상하는 대신 과거에 본 적 있는 일, 시대에 맞지 않는 개념을 토대로 대응하려고 했다. 데이터가 뻔히 있어도 해석하려고 하지 않는 인간의 이런 루크레티우스 문제 때문에 포트맥머리 화재는 그런 위기를 책임지고 막아야 할 사람들로서는 절대 이길 수 없는 우위를 차지할 수 있었다.

그 결과는 처참했다. 5월 1일과 2일에 비상 운영 센터가 수립한 일차 목표는 2011년 슬레이브 레이크와 같았다. 즉 불길이 다가오는 곳 주변에 여유 공간을 만들어서 도시로 들어오지 못하게 막는 것이었다. 5월 3일 오후 2시가 되자 목표는 사망자 수를 최대한 줄이는 것으로 변경됐다.

포트맥머리시의 비상 계획 담당자들은 시 전역에 대피 명령이 떨어질 가능성은 한 번도 고려해본 적이 없었다. 화염이 집어삼키는 동네가 하나둘 늘어나고 교통량이 급격히 늘어나 차량 대열의 움직임이 거의 기어가는 것이나 다름없는 지경에 이르러서야 63번 고속도로의 한계가 분명하게 드러났다. 그 모든 차가 빠져나가기에는 도로가 턱없이 부족했다. 특히 연기가 도로 둘레를 감싸고 갓길 바로 앞까지 자욱한 상황에서는 더더욱 그랬다. 데일 벤드펠드는 위기가 생기면 군사적 관점에서, 즉 위협 요소와 지켜야 하는 가치, 목표의 우선순위를 정하도록 훈련받았고 다양한 위기 상황에서 사람과 물자의 이동을 관리해온 경험이 있었다. 그런 그가 보기에도 모든 숫자가 막막했다. 비컨힐에서 차량 500대가 대피하려면 전용 도로가 최소 3~5킬로미터는 필요하고, 어배샌드는 차량이 1,000여 대이므로 도로가 그 두 배는 필요했다. 또한 시 서쪽의 주거지역 전체에서 빠져나올 차들을 다 수용할 도로는 10배는 더 길어야 했다. 불이 번지는 속도와 이동 방식을 고려할 때, 이 모든 차량이 위험한 곳에서 빠져나오기에는 도로가 부족했다.[23] 이는 차들이 전부 남쪽으로 향한다고 가정할 때 나온 결과였으나 차들의 대피 방향이 남쪽과 북쪽 두 곳으로 나뉜다면 63번 고속도로도 두 배는 여유로워질 것이므로 승산이 있을 수도 있었다. 대피에 나선 주민들이 전부 시 경계를 안전하게 벗어날 수 있을지는 불분명했지만, 그런 염려까지 할 시간이 없었다. "이것이 대다수의 생존 확률을 최대한 높이는 방법입니다."[24] 다비 앨런은 CBC 매리언 워니카(Marion Warnica) 기자에게 이렇게 설명했다. "현시점에서는 차들이 도로에 있다가 불에 탈 염려가 있기 때문입니다."

지역 비상 운영 센터에 모인 리더들은 사망자가 수십 명 단위일지 아니면 수백 명이 될지, 더 나쁜 상황이 될지 은밀히 고민했다.

화재 기상

대피 경로에는 중간에 머무를 수 있는 곳도 없었다. 노동자 합숙 시설과 포트매케이가 있는 시 북쪽행을 택하지 않은 사람들은 모두 연료가 닿는 선에서 최대한 남쪽으로 내려갔다. 마리아나 호수, 원더링강(Wandering River), 그래스랜드(Grassland)까지 구불구불 이어지는 길을 따라 눈 깜짝할 새 지나갈 만큼 작은 마을들을 지나간 차들은 그 길에 있는 모든 주유소, ATM, 편의점을 싹 비웠다. 원래 포트맥머리의 비상 대피소는 사방이 강에 둘러싸여 있고 둑길 하나로 시내와 연결된 맥도널드섬의 대형 레크리에이션 센터였지만, 그 많은 대피자를 전부 수용하기에는 턱없이 작아서 5월 3일 오후부터는 도시 안에 남은 사람들을 싣고 나르는 버스 터미널로 활용됐다. 며칠 후에는 비상 대응 차량 집합소에서 지칠 대로 지친 구조대원들이 잠시 휴식을 취하는 장소로 용도가 다시 바뀌었다.

컨트리 93.3FM 라디오 방송 제작자인 존 녹스가 방송국에서 나온 건 오후 3시 30분, 시내에 강제 대피 명령이 떨어지고 연방 경찰들이 도시에 남은 사람들을 찾기 위해 건물마다 문을 두드리고 다니기 시작한 직후였다. 남쪽으로 가는 63번 고속도로는 불길이 덮치기 일보 직전이었고 정체도 엄청났지만, 녹스는 남쪽행을 택했다. 숨도 제대로 쉬기 힘들 만큼 짙은 연기를 뚫고 가는 길에, 그는 불길이 도시에 얼마나 깊숙이 침투했는지 두 눈으로 확인했다. 고속도로 동쪽, 시내에서 채 1.6킬로미터도 떨어지지 않은 비컨힐 맞은편 강변으로 워터웨이스가 있었다. 원래 그쪽에는 J. 하워드 퓨 추모 공원 운동장 주변으로 최신 트레일러 주택들이 밀집한 구역과 포트맥머리에서 가장 오래된 건물들이 나란히 있고, 캐나다 왕립 군인회와 애서배스카 부족의회 사무실도 그곳에 있었다. "워터웨이스 쪽을 보다가 울기 시작했습니다. 전부 다 사라졌더라고요."[25] 녹스의 말이다.

279

화염이 번지는 폐허 옆을 느릿느릿 지나는 차들의 헤드라이트가 뿌연 연기 속에 등불처럼 빛나는 광경을 보면서, 녹스는 꼭 장례 행렬 같다는 생각이 들었다. 워터웨이스, 비컨힐, 어배샌드, 시크우드 사람들이 다들 제때 무사히 대피했는지도 알 수 없었다. 바로 뒤에 있는 차에 불이 붙었는지, 저 앞쪽에서 도로가 아예 막혀버린 건 아닌지도 알 수 없었다. 이 사태를 어떻게라도 기록하려고 가는 길에 계속 사진을 찍어보려고 했지만, 그가 가진 아이패드로 담기에는 파괴의 규모가 너무나 막대했다. 이 모든 일이 너무 빠른 속도로 일어났고 이제 불은 어디에나 있었다.

화산처럼 번뜩이는 불빛과 암갈색의 짙은 연기 속에서 환각인지 착시인지 모를 광경이 펼쳐졌다. 워터웨이스의 펠리컨 드라이브(Pelican Drive)에서는 철제 가로등이 급격히 상승한 대기 온도를 이기지 못하고 시든 꽃처럼 구부러져 있었다. 비컨힐에서는 플렉시글라스(Plexiglas)로 만든 버스 정류장이 플라스틱 우유 통처럼 녹아내렸다. 주택가 블록마다 다 타고 뼈대만 남은 승용차와 트럭들이 모닥불에 던져 넣은 병처럼 우그러졌고, 타이어 휠에서는 알루미늄이 여러 갈래로 뻗은 강줄기처럼 흘러내렸다. 포트맥머리 화재로 변형된 것은 셀 수 없을 만큼 많았지만, 평범한 것들까지 기괴하게 변했다. 한때 전부 똑같이 생긴 집들이 깔끔하게 줄지어 있던 주택가는 살바도르 달리가 그린 지옥 풍경의 교외 버전처럼 변했다.

도시의 모든 블록을 시커멓고 평평하게 만든 불은 이 질서 정연하고 체계적인 도시에서 시민들, 기업들, 교회들이 소중하게 생각하는 모든 가치를 부수고 일종의 허무주의적인 무정부 상태를 만들었다. '다 무너뜨려라! 전부 불태워라! 원점으로 돌아가라! 실컷 퍼먹고 다 토해라!'가 모토인 듯한 이 비현실적인 붕괴 앞에서, 그동안 성실하게 잘 살아온 사람들의 노력은 다 헛수고가 되었다. 행동하는 사람들이 세운 이 도시에서 불길 앞에 할 수 있는 일이라곤 아이들, 그리고 챙길 수 있는 건 뭐든 챙겨서 달아나는 게 전부였다. 두려운 동시에 굴욕적인 일이었다. 고속도로에 올라 악몽처럼 느려터진 속도로 마음을 졸이며 달아나는 동안 사방에 파괴와 패배의 현장이 펼쳐졌다. 워터웨이스에서 고속도로를 따라 1.6킬로미터쯤 남쪽으로 더 내려가자 자욱한 연기와 폐허만 남은 센테니얼 공원 야영지에 이어 폭발한 플라잉 제이 주유소, 다 타버린 수퍼 에이트 호텔, 며칠 전 다른 화재로 주민들이 먼저 대피했던 그레고어, 그 옆의 매캔지 공단이 차례로 나왔다. 주변 나무들 모두 불타서 사라진 곳에 사다리차 한 대가 외로이 서서 아파트 건물 화재 현장에서 사용하는 고압 장비로 창고에 물을 뿌리는 모습도 보였다.[26] 하지만 창문을 뚫고 출입문을 쓰러뜨릴 만큼 강력한 수압으로 레이저처럼 날카롭게 뻗어 나오는 물줄기도 불이 만들어낸 모든 걸 삼키는 강력한 바람에 휩쓸려, 표적인 화염의 중심부 근처도 가지 못하고 안개처럼 북쪽으로 흩어졌다.

시내에서는 6층짜리 병원 건물에 있던 사람들이 대피 중이었고, 하늘에서는 헬리콥터 여러 대가 단단한 벽돌로 된 시청 건물에 물 폭탄을 떨어뜨리고 있었다. 거리는 승용차며 트럭들로 발 디딜 틈이 없었다. 마지막 경제 호황기 이후로는 볼 수 없던 극심한 정체였다. 저녁 7시 전에 포트맥머리시 전체에 의무 대피 명령이 떨어졌다.[27] 남쪽으로 가는 63번 고속도로 4개 차선 전체가 차들로 꽉 찼다. 불이 불과 몇 시간 만에 사실상 아무런 막힘 없이 시 남쪽과 서쪽으로 퍼지는 바람에 소방관들은 어쩔 수 없이 어마어마한 면적을 포기해야 했다. 얼마 후 지역 비상 운영 센터에 있던 사람들도 5호 소방서를 비우고 대피했다.

그날 저녁, 진회색 연기구름이 폭풍으로 착각할 만큼 거대해지기 전에 CBC TV의 매리언 워니카는 다비 앨런 소방서장을 인터뷰했다. 앨런은 전과는 다른 사람이 된 것 같았다. 카메라는 물론이고 인터뷰하는 기자도 똑바로 보지 못했다. 그가 3일 오전 기자회견에서 앞으로 어떻게 변할지 알 수 없으며 다만 급박하게 바뀌고 있다고 했던 화재 상황은, 몇 시간 전부터 전혀 생각지도 못한 사태로 변모했다. 임야화재는 가장 노련한 사고 지휘관들도 불길을 놓쳐서 "더는 손을 쓸 수 없는 지경"에 이르는 경험이 한두 번쯤은 있다. 하지만 그런 실패의 결과는 보통 주택이나 인명 피해가 아닌 불이 삼킨 숲의 면적이 넓어지는 정도에 국한된다. 포트맥머리 화재에서 버니 슈미트와 다비 앨런이 설명하고 그들이 짊어져야 하는 손실의 규모는 그런 실패와는 차원이 다른, 거의 헤아릴 수 없는 수준이었다. 소방서장이라는 자리에 앉은 사람이 겪을 수 있는 최악의 사태였다.

앨런은 그 자리에서 주저앉지 않고 말을 이어가기 위해 온 힘을 끌어모아야 했다. "저는, 제가 이 일을 시작한 이후로 오늘이 최악의 날이었습니다." 앨런의 목소리는 감정에 북받쳐 갈라졌다. 비상 상황 관리를 책임지는 사람이 최신 정보를 전하면서 이런 말부터 꺼내는 건 이례적인 일이었다. 하지만 의도된 게 아니었다. 앨런의 개인적인 경력뿐만 아니라 그가 책임지고 보호해야 하는 수만 명의 인생에서 최악이 되어버린 그날의 심정이 있는 그대로, 고스란히 드러난 반응이었다. 소방서장은 목구멍에 차오르는 흐느낌을 억누르고 사람들이 알아들을 수 있도록 말을 이어가려고 안간힘을 썼다. 시선은 계속 다른 곳을 향했다. "그리고 저는, 그러니까 이곳 사람들 모두가, 큰 충격을 받았습니다. 모두 상심이 큽니다. 도시 전체가 그렇습니다. 이런 상황은 앞으로도 지속될 것이고, 다시 돌아오려면 시간이 걸리겠지만 우

화재 기상

리는, 우리는 돌아올 겁니다."

누가, 언제 돌아올 수 있을지, 과연 그게 가능한 일인지는 가늠할 수 없었다. 화재가 아직 초기 단계였던 그때 이미 불길은 조금도 수그러들 기세 없이 타올랐고 도시 전체가 연기에 완전히 덮였다. 많은 사람들이 포트맥머리는 이제 영영 사라질 거라고 확신했고 충분히 그렇게 생각할 만했다. 하지만 소방서장은 돌아올 수 있다고 말해야 할 의무가 있었고 다비 앨런은 의무에 충실한 사람이었다. 앨런은 그 말을 하면서 다시 마음을 다잡았다. 자신이 너무 앞서가고 있음을 깨달은 듯, 현재 상황부터 시작해 화재 소식을 자세히 말해야 한다는 사실을 기억해냈다. "오늘 우리는 절망적인 하루를 보냈습니다. 임야화재가 포트맥머리 전체로 번졌습니다."

15

네가 불 속을 걸어도 타지 않고
불꽃이 네 위로 타오르지도 아니하리라.[1]
—이사야 43장 2절

———

5월 3일 밤 10시, 다비 앨런과 버니 슈미트가 다시 기자회견에 나
왔다. 오전 기자회견을 마친 지 12시간도 채 지나지 않은 저녁 회견에
서 이들의 음성은 캐나다의 어느 번성한 도시가 아니라 아프가니스탄
칸다하르나 레바논 베이루트에 있는 사람들의 목소리처럼 느껴졌다.
영상 없이 음성만 방송된 이 회견에는 앨런, 슈미트를 비롯해 포트맥
머리 시민들의 최종 대피 전략을 관리 감독한 데일 벤드펠드 등 보좌
관들 몇몇도 함께 출연했다. 앨런은 앞서 밝힌 화재 상황을 다시 간략
히 정리한 후 슈미트에게 차례를 넘겼다. 슈미트는 미국 해양대기청
이 발표한 〈북미 계절성 화재 평가 및 전망〉까지 거슬러 올라가며 그
간 이번과 같은 극단적인 화재 기상 시나리오가 예측됐던 모든 예보
를 설명하고 패배를 겸허히 인정했다. "기본적으로, 이번 화재에서는
어떤 노력으로도 통제할 수 없는 동태가 나타났습니다."[2] 이는 48시
간 전, 포트맥머리 화재가 아직 009호 화재로 불릴 때 그가 헬리콥터

로 공중에서 직접 내려다보면서 열기가 위험한 수준임을 감지했을 때 떠올린, 2001년에 겪은 치점 화재와의 공통점이었다.

다시 앨런이 이어받아 그 시점까지 발생한 피해를 요약해서 전했다. "어배샌드 전체 면적의 절반을 잃었습니다. 비컨힐은, 음, 소실된 것으로 보입니다… 불길은 클리어워터강을 건너 시 북쪽으로 이동했으며… 현재 워터웨이스와 드레이퍼(Draper) 일대에서 빠르게 번지고 있습니다…. 우드 버펄로 일대도 소실되었고, 그곳 불도 계속 번지고 있습니다."

다시 말해 도시 전체가, 한쪽 끝에서 다른 쪽 끝까지 전부 불에 휩싸였거나 금방이라도 불이 날 위험에 처했다는 말이었다. 화재의 실체는 드러났고 현상 유지는 옛말이 되었다. 괜히 혼란만 유발할 수 있다는 염려도 다 불필요한 걱정이 된 마당에, 앨런도 더는 말을 골라가며 할 필요가 없었다. 화재 소식은 딱 한 가지 놀라운 사실만 제외하고 전부 암담했다. 그때까지 사망자나 중상자가 단 한 명도 나오지 않았다는 것이다. 불이 번진 속도, 그리고 대피가 그토록 다급히, 그만큼 대규모로 이루어지며 빚어진 혼란을 생각하면 믿기 힘든 일이었다. 포트맥머리 시민 대다수는 종교가 있었다. 사람들은 예수님, 하나님뿐만 아니라 마리아, 알라, 비슈누, 새롭거나 오래된 다양한 신들을 믿었고, 도시를 빠져나가는 이들의 차 안은 갑자기 맞닥뜨린 이 예기치 못한 지옥에서 구해달라고 각자의 신에게, 먼 옛날 바벨탑을 짓던 사람들만큼 다양한 언어로 기도를 올리는 비공식적인 예배당이 되었다. 사망자나 부상자가 없다는 앨런의 발표 내용이 사실이라면, 그 모든 종교가 보여준 자비와 강력한 기도의 힘을 보여준 증거라고 해도 될 법한 일이었다.

대피자 중 한 명이었던 티나 르드류 세이거(Tina LeDrew Sager)는

285

이렇게 회상했다. "그 당시에는 '주님, 제발 제 아이들은 안전하게 지켜주세요'라고 기도하는 것 말고 다른 생각은 할 수가 없었어요…. 트럭 안에서 거의 무릎을 꿇는 심정으로 그렇게 기도했습니다."[3]

////

5월 3일 저녁 기자회견에는 안전과 이동 문제로 기자들은 참석하지 못했다. 대신 시 공보관이 전화나 문자 메시지로 접수한 기자들의 질문을 낭독했다. 오전 기자회견에서 나온 결정적인 질문이 "최악의 시나리오는 무엇인가요?"였다면(그 질문에 대한 답변은 이미 전 세계로 퍼지고 있었다), 저녁 기자회견에서도 베일 너머의 진실을 드러나게 만든 중대한 질문이 나왔다. 열세 번째로 나온 그 질문은 "불이 도시 대부분을 지나갔다면, 이제 최악의 사태는 끝났다는 의미일까요?"였다.

"그렇지 않습니다." 슈미트가 대답했다.

다음 날인 5월 4일 수요일과 이후의 기상예보는 화재 기상의 관점에서 불이 번지기에 최상의 조건이었다. 게다가 더욱 극단적인 상황도 기다리고 있었다. 비는 아무리 빨라도 몇 주 뒤에나 올 것으로 예상된다는 점이었다.[4]

저녁 기자회견이 마무리될 무렵, 포트맥머리에서 진화 작업 중인 소방관이 몇 명이냐는 질문이 나왔다. 앨런의 답변은 놀라웠다. 3일이 원래 근무일이었던 34명의 소방관과 함께 그날 오후 비상 호출을 받고 65명의 소방관이 추가로 진압에 나섰다는 내용이었다. 소방서 전체 인력의 나머지 절반은 어디로 갔는지 알 수 없다는 말이기도 했지만, 그에 대한 추가 질문은 없었다.* 이어 슈미트가 산림부에서는 임야화재 소방관 150명이 근무 중이라고 밝혔다. 앨런과 슈미트는 포트

화재 기상

맥머리 남쪽과 캐나다 전역 여러 지역에서 지원 인력이 오고 있으며 육군과 공군에도 지원을 요청했으나 도착하려면 최소 이틀은 걸릴 것이라고 전했다. 불이 지금과 같은 속도로 번진다면, 지원 병력이 오더라도 너무 늦을 수도 있었다.

이른 오후부터 이미 사방이 어두웠지만, 이제 진짜 밤이 찾아왔다. 하늘에서 내려다보면 도시 전체가 연기에 덮여 있고 점점이 대기에 분산된 주황색 불빛이 꼭 하늘에 멍이 든 것처럼 도드라졌다. 그 연기 아래에서 무슨 일이 일어나고 있는지 위에서는 보이지 않았다. 소실된 면적이 얼마나 되는지, 위험에 처한 면적은 또 얼마나 되는지, 아침이 밝았을 때 얼마나 남아 있을지도 알 수 없었다. 도시는 150년 역사상 처음으로 텅 비었고 도시의 삶은 중단됐다. 집, 가게, 사무실, 학교, 교회와 음식점, 쇼걸 나이트클럽, 헤리티지 박물관, 붐타운 카지노까지, 정신없이 지나간 3일 오후에 모두가 하던 일을 일제히 내려놓고 문을 나섰다. 사람들이 놓고 간 그대로, 일시 정지된 삶이 그대로 남아 있는 풍경은 체르노빌 원자력 발전소가 폭발한 후 모두가 떠난 우크라이나 도시 프리피야트(Pripyat)와 비슷했다. 상황의 심각성을 잘 알고 떠난 사람들도 있었지만, 많은 이들이 하루이틀 정도만 몸을 피하면 될 거라는 희망을 안고 떠났다는 것도 두 도시의 공통점이었다. 사람들은 그 정도 시간이면 소방관들이 다 수습할 수 있으리라고 생각했다.

연기가 꽉 들어찬 도시 안에서는 유령처럼 돌아다니는 트럭과 차들이 밤새도록 승객들을 실어 날랐다. 번쩍이는 차량 불빛, 엔진과 묵

---

* 또한 앨런이 밝힌 숫자에는 루카스 웰시 같은 기업체 소속 소방관이나 제이미 쿠츠, 라이언 쿠츠처럼 진화 작업에 자원한 소방관들은 포함되지 않았다.

직한 타이어가 끽끽 굴러가고 으르렁거리는 소리만이 도시를 채웠다. 다른 차들은 없고 비켜달라고 할 인파도 없어서 사이렌도 더는 필요치 않았다. 빨리 달릴 수도 없었다. 시야는 고작해야 한 블록 정도 보이는 게 전부고, 대부분 그만큼도 보이지 않아 위험해서 마음대로 빨리 달릴 수도 없었다. 낮과 밤의 차이가 모호해지고, 피로와 수면 부족의 영향이 엄습하기 시작하자 어디가 어디인지 방향도 가늠하기 힘든 공기 속에서 시간도 사건도 흐릿해졌다.

그사이, 도시를 침입한 화염의 강력한 에너지는 땅의 물리 법칙과 함께 도시의 규칙도 휘저었다. 선명한 불빛으로 '멈추세요-건너세요', '지나가세요-멈추세요' 같은 지시를 전달하며 도시의 리듬을 조절하던 교통 신호는 아무것도 분간할 수 없는 짙은 어둠 속에서 꼭 낯선 문명이 남긴 유물 같았다. 거리에 움직이는 건 아무것도 없었다. 까마귀들마저 사라졌다. 인류가 멸망한 후 연옥의 모습을 묘사한 영화 속 장면처럼 변모한 이 도시에 남은 소방관, 경찰관, 중장비 운전자, 소방차 운전자들은 컴컴한 어둠 속에서도 길을 찾아다녔다. 그들은 이 텅 빈 도시를 좀비의 땅이라고 불렀다.

////

자정까지 역청업체들에서 일하던 임시 노동자 수천 명이 여러 업체의 자체 비행장과 포트맥머리 공항에서 여객기로 대피했다. 노동자들이 떠난 합숙 시설에는 2만여 명의 대피자가 모였다.[5] 폴과 아내 미첼 에어스트(Michele Ayearst), 웨인 맥그로, 샌드라 린더를 포함한 6만 명이 넘는 사람들은 남쪽으로 향했다. 라크 라 비슈(Lac la Biche), 캘거리, 그보다 더 먼 곳에 있는 체육관, 호텔, 스포츠 경기장, 캠프장과 가족들, 친구들 집으로 뿔뿔이 흩어졌다. 난생처음 만난 사람들도 불을 피해 대피한 이들에게 대문과 지갑을 열어주었다. 적십자는 전국적인 대응 활동을 시작했다. 노동자들이 떠나고 불길은 계속 거세져서 역청 생산량은 급속히 감소했다. 채굴, 증기 배유 공법, 역청 개질 작업 모두 타격을 입었고 시설 가동을 완전히 멈춰야 할 날도 머지않았다고 예상됐다.

"도시와 가까운 대피 시설이 꽉 차서, 사람들은 북쪽으로 점점 더 멀리 대피해야 했습니다." 오후 3시에도 믹스 103FM에서 방송을 이어갔던 크리스 반덴브리켈은 그때의 상황을 회상했다. "그즈음에 우리 방송국 관리자 하나가 어배샌드에 있는 집이 불탔다는 사실을 알게 됐어요. 아내가 개를 데리고 방송국으로 왔거든요. 그 직원이 아내를 위로하는 동안 개는 방송국 여기저기를 뛰어다녔는데, 꼭 우리에게 '이제 나가야 해'라고 말하는 것 같았습니다. 저는 남아서 방송을 계속하겠다고 했어요. 어딘가에서 고함치는 소리도 들리고 시내는 온통 난리였죠. 교통사고도 나고, 다들 차에 기름을 넣으려고 바쁘게 움직였습니다."

그로부터 30분 뒤에 연방 경찰들이 시내를 돌아다니며 아직 남아 있는 사람들에게 전부 즉시 대피하라고 명령했다. 반덴브리켈은 브루노 마스와 리아나, 저스틴 비버의 노래들로 재생 목록을 만들고 그 사이사이에 즉시 대피하라는 공지를 끼워넣어 자동 송신되도록 설정한 후 방송국을 떠났다. 남쪽 대피로는 꽉 막혔으리란 생각에 아내가 먼저 떠난 북쪽으로 향했다. 지프에 혼자 타고 63번 고속도로에 올라 남은 연료를 초조하게 확인하며 느릿느릿 움직이는 차들 사이로 들어갔을 때, 그는 길에 정차된 무수한 차량을 보고 깜짝 놀랐다. 기름이 떨어져서 세워둔 차들도 있고, 이 모든 사태에 너무 큰 충격을 받은 운전자들이 차에서 내려 도시 곳곳에 버섯처럼 피어오른 연기구름을 쳐다보느라 멈춰 선 차들도 있었다. 반덴브리켈은 시내를 벗어난 후에 보니 "포트맥머리에 핵폭탄이 터진 것 같았다"고 했다.

그가 도착한 곳은 연기에 휩싸인 그레이 울프 로지(Gray Wolf Lodge)였다. 노동자 1,000명이 지낼 수 있도록 지어진 합숙 시설이지만, 그날 저녁에는 수용 인원의 두 배가 넘는 사람들이 꽉꽉 들어찼다. 다른 합숙 시설도 마찬가지였다. 원래는 빼곡하게 주차된 통근 버스와 피로에 지친 칙칙한 남자들이나 오가던 주차장에 애니메이션 캐릭터 도라(Dora)가 그려진 여행 가방을 끌고 온 아이들이 돌아다니는 모습, 울음을 터뜨리거나 어리둥절해진 시민들, 목줄을 맨 반려동물들과 함께 주변을 걸어 다니는 사람들은 시설 운영자들에게 낯선 풍경이었다. 대피자들을 맞이한 사람들은 정신없이 도망 온 이들의 무수한 사연들을 들었다. 두려움과 슬픔, 상실감이 교차하는 수천 명의 얼굴을 문틈으로 보거나 그들의 눈과 마주한 사람들의 표정은 곧 대피자들과 닮아갔다. 충격적인 이야기가 너무 많았다. 감당하기엔 너무 많은 일들이, 너무 단시간에 일어났다. 시 북쪽에 안 쓰는 합숙 시설을 다시 열어야 했던 한 엔지니어는 보통 몇 주가 걸리는 일을 단몇 시간 만에 해내면서 계속 눈물을 쏟아냈다. 일은 다 해냈지만 거의 쓰러질 뻔했던 그는 그 경험을 계기로 다른 사람이 되었다. 합숙 시설을 지킨 사람들도 도시에 남아 불과 싸운 사람들처럼 평생 어느 때보다 열심히 일했다. 12시간이던 교대 시간은 24시간, 48시간으로 늘어났다.

대형 합숙 시설, 야영장, 대피소, 호텔, 시 남쪽의 가족이나 친구들 집에 도착한 사람들은 자신도 모르게 불도 데려왔다는 사실을 깨달았다. 옷, 반려동물, 차 안까지 모든 게 연기에 찌들어 있었다. 옷가지는

화재 기상

커녕 마실 물이나 아기 기저귀, 칫솔 같은 필수품 하나 챙기지 못한 대피자들도 많았다. 다행히 정차한 곳마다 도움을 주려는 친절한 사람들이 있었다. 계획에 없이 대피소가 된 장소마다 물, 간식, 세면도구, 그 외에 남는 건 뭐든 다 내놓았다. 물건을 챙겨 나올 시간이 조금이라도 있었던 사람들은 자신이 대체 왜 그런 걸 갖고 왔는지 이해가 안 가는 물건들을 뒤늦게 발견하고 깜짝 놀랐다. 겨울용 방수 팬츠, 저지방 치즈, 벽에 걸어두었던 곰 머리, 부활절 달걀 모양 초콜릿, 프로판 가스통, 사무라이 검, 빈 병, 신은 채로 콩콩 뛸 수 있는 바운스 부츠, 정원 손질 백과사전은 그나마 나은 축에 속했다.[6] 나머지는 모두 불길 속에 두고 나왔다.

화재 소식은 시간을 앞지른다고 느껴질 만큼 신속하게 전국에 전해졌다. 자발적인 도움의 손길들이 앨버타주와 포트맥머리로 쏟아졌고, 캐나다 전역에서 기부가 쇄도했다. 포트맥머리가 캐나다 전체 경제에 얼마나 큰 몫을 해왔는지 모두가 알고 있었다. 사는 곳이 어디든 다들 포트맥머리와 관계된 지인이 한 명쯤은 있었다.

3일 오후에 아내, 딸과 함께 비컨힐을 떠난 폴 에어스트는 시 북쪽 노동자 합숙 시설에 발이 묶여 있을 열아홉 살짜리 아들 생각을 멈출 수가 없었다. 할 수만 있다면 다시 가서 아들을 데려오고 싶었다. 가족이 함께 있어야 한다는 마음이 절실했지만, 이제 포트맥머리시는 재난 지역으로 지정되어 긴급 구조대원 외에는 접근이 제한됐다. 고속도로에도 지역 경찰과 연방 경찰이 집중 순찰 중이라 마음대로 갈 수도 없었다.

3일 오후부터 저녁 내내, 방화대를 새로 만들어야 하는 곳으로 트레일러에 실린 중장비가 옮겨졌다. 중장비 사업을 해온 에어스트는 평소 알고 지내던 장비 기사들, 트럭 운전사들이 많아서 그들 속에 슬쩍 섞일 요령을 생각해냈다. 그렇게 강물에 작은 보트 하나가 들어오 듯 남쪽에서 도시로 이동하는 차들 속에 섞여서 함께 들어갔다. 연방 경찰 한 명과 눈이 마주쳤을 때는 트럭들 앞에서 "저도 이 일을 합니 다"라고 알리듯 손짓했다. 통제된 도로의 첫 번째 관문은 그렇게 무사 히 통과했지만, 그리 멀리 가지는 못했다. 넘어야 할 통제 구역이 더 많았고 계속 운에 맡기며 밀어붙일 수만은 없었다. 대신 에어스트는 공항로 쪽으로 향했다. 포트맥머리 공항을 조금만 지나면 사프레 크 릭(Saprae Creek)이라는 작은 마을이 있다. 집들도, 땅도 포트맥머리보 다 널찍한 그곳도 불길이 닿을 수 있는 위치에 있었지만, 5월 3일까지 는 그곳 사람들 누구도 그런 사실을 알지 못했고 그때까지는 안전한 피난처로 여겨졌다. 에어스트는 저녁 무렵이면 도로 통제가 풀리리라 기대하면서 그곳에 있는 친구 집에서 기다리기로 했다. "아들이 겨우 열아홉 살이라, 도저히 그냥 두고 떠날 수가 없었습니다."

에어스트가 쉬면서 통제가 풀리기를 기다리던 곳과 멀지 않은 곳 에서, 뉴펀들랜드에서 온 사람들 한 무리가 어느 집에 모여 그 집 술 을 다 꺼내놓고 파티를 벌이고 있었다. 사프레 크릭도 불길이 닿을 수 있는 위치였음을 생각하면 어떻게 그렇게 아무렇지 않을 수 있는지 의아하거나 정신 나간 행동으로 볼 수도 있지만, 그런 전례는 많다. 미국 멕시코만 연안 지역만 하더라도 허리케인 파티가 유명하고(허리 케인이 자주 발생하는 미국 해안 지역에는 미리 준비해둔 비상용품, 비상식량 등이 없는 집에 필요한 물건을 제공하고 그 집에서 함께 지내는 문화가 생겼 다. 대피하는 게 더 위험한 상황일 때 같이 모여서 필요한 물품을 나누고 상하 기 쉬운 음식을 함께 처리하던 것에서 시작되었다고 한다—옮긴이) 화재 상 황에서 파티를 벌인 사례들도 있다. 1879년 시베리아 아한대 지역의 이르쿠츠크(Irkutsk)라는 도시에 큰 화재가 발생해 건물 5,000여 채 중

3분의 2가 불탔을 때도 그랬다. 영국인 탐험가이자 선교사 헨리 랜스델(Henry Lansdell)은 당시 우연히 근처를 지나다가 강변에 고립된 그 도시가 화염에 휩싸인 것을 보았는데, 대피 길에 오른 사람들의 분위기를 보고 깜짝 놀랐다. "그 사람들의 태도는 안쓰러운 실상과는 기이할 정도로 대조적이었다."[7] 랜스델이 남긴 글이다. "사모바르를 챙겨 나온 많은 이들이 차를 마시고 있었고, 자신들이 처한 상황을 우스운 농담처럼 이야기하며 웃었다."

1886년 6월 16일 〈뉴욕 타임스〉 1면에는 당시 생긴 지 몇 년 안 된 도시였던 밴쿠버가 화재로 전소될 위기에 놓였을 때 목격된 더욱 당혹스러운 광경이 소개됐다.

혼란이 커지는 가운데, 소란꾼들과 깡패들은 대피하는 사람들을 보면서 지키는 사람 하나 없는 술집에 들어가 마음껏 술을 마셨다. 맥주 통을 어깨에 짊어지고 거리를 비틀대며 걸어가는 자들, 술병을 최대한 챙긴 자들이 심심찮게 보였다. 불길에 완전히 둘러싸이고도 자기 주변에서 무슨 일이 일어나는지도 모른 채 술병을 들이키는 사람들도 있었다.[8]

이 밴쿠버 대화재로 몇 명이 사망했는지는 아무도 모른다. 불이 나고 20년이 지난 후에도 새카맣게 탄 사람의 유골이 계속 발견됐다.

하지만 해야 할 일이 있었던 폴 에어스트는 집중력을 유지하기 위해 혼자 있기로 했다. 자정이 조금 지났을 때, 에어스트는 다시 도시로 향했다. 바라던 대로 도로 통제는 풀렸다. 고속도로도 간간이 지나가는 구급차 외에는 텅 비어 있었다. 아들이 있는 매케이 리버 로지(McKay River Lodge)를 향해 북쪽으로 달리는 동안, 그 시각에도 불은 여전히 맹렬히 번지고 있었다. 계속 피어오르는 짙은 연기에 헤드라이트를 켜도 앞이 제대로 보이지 않았다. 다리를 건너 시 서쪽에 이르자 일렁이는 거대한 불길이 시야를 들락날락할 때 알아보기 힘든 모습으로 변한 도시가 잠깐씩 비쳤다.

에어스트가 아들이 있는 곳에 도착한 건 자정이 훌쩍 지난 시각이었다. 두 사람을 태운 차가 다시 63번 고속도로에 올라 남쪽으로 달릴 때는 새벽 2시였다. 시내를 지나 다 타버린 셸 주유소를 지나자, 비컨힐로 들어가는 길이 나왔다. 두 사람은 그 길로 접어들어 천천히 언덕 위로 올라갔다. 에어스트가 아내, 딸과 함께 피난길에 나선 지 딱 12시간이 지난 시각이었다. 혹시 집에 놓고 온 물건이 있는지 둘러보고 싶었다. 아내는 급하게 나오느라 지갑을 두고 나왔다고 하면서, 혹시 아들을 데리고 오는 길에 집에 들를 수 있으면 가져다 달라고 했다. 집으로 가는 길목에 아내가 어린 시절을 보낸 집이 있었다. 그 집이 기적적으로 멀쩡히 서 있는 것을 보고, 에어스트는 희망을 느꼈다. "하지만 집 근처 학교를 지나가자마자 우리 눈앞에 나타난 건 폐허였습니다. 재밖에 없었어요."

에어스트는 집 진입로에 차를 세웠다. 진입로였던 곳은 다 사라져서, 비어 있는 공간을 보고 알 수 있을 뿐이었다. 두 사람은 트럭에서 내려, 집이 있었던 곳이 텅 빈 채로 불만 남아 아직도 끓고 있는 광경을 보았다. 잿더미 속에서 30~60센티 정도 솟아오른 기둥이 보였다. 집 상층부를 지탱하는 사잇기둥 대신 많이 설치하는 잭 기둥이었다. 하나가 4톤까지 지탱할 수 있는 그 무거운 강철 기둥들도 맹렬한 열기를 이기지 못하고 휘어 있었다. 남은 건 아무것도 없었다. 가족의 역사를 충실히 보관하셨던 에어스트의 어머니는 돌아가시기 전에 그간 모은, 여러 세대의 자료들을 장남인 그에게 맡겼다. "1800년대 자료도 있었습니다." 에어스트의 말이다. "대대로 집안의 첫째에게 물려췄어요."에어스트는 자신의 역할을 진지하게 받아들이고, 그 귀중한 문서들을 금고에 고이 모셔두었다. 하지만 금고도 불 앞에서는 안전하지 않았다. 불을 견딘 건 아무것도 없었다. 그의 존재를 말해주던 과거의 유물은 전부 사라졌다.

집 주변에서는 이상한 현상이 일어나고 있었다. "칠흑같이 깜깜했습니다." 에어스트는 이렇게 회상했다. "새벽 3시였어요. 바람 한 점 없이 사방이 죽은 듯 고요했습니다. 땅 위로 연기만 이 정도 높이로 흘러가고 있었어요." 에어스트의 손이 정수리 바로 위를 가리켰다. 반나절 전까지도 사람들이 살던 동네였다고는 도저히 믿기지 않는 풍경이었다. "모닥불을 피우고 있다가 밤이 깊어서 불을 끄면, 남은 불씨에 남아 있던 작은 장작들이 타잖아요. 지하실 전체가 딱 그런 모습이었습니다."

사방에 보이는 동네 모든 집터마다, 지면에 지붕처럼 깔린 연기 아래로 그렇게 빛이 남아 있는 구멍들만 남았다.

어둠과 연기, 참담한 침묵만 가득한 그 언덕 위에서 에어스트와 그의 아들은 지구에 남은 마지막 인류가 된 기분이었다. 두 사람이 타고 온 트럭은 세상에 남은 마지막 트럭이고, 두 사람이 간직한 기억도 인류의 마지막 기억처럼 느껴졌다. 철저히 자신들만 남은 그곳에서, 둘은 모든 게 사라진 공허함에 한동안 눈물을 흘렸다.

도시의 상당 부분을 잃을 수도 있습니다.[1]
—앨버타 비상 관리청장 스콧 롱, 2016년 5월 4일

———

포트맥머리 화재 면적 10,000헥타르(100제곱킬로미터).
"모든 진압 노력 실패"

—@CBCAlerts, 2016년 5월 4일 오전 9:06

　5월 4일 수요일 오전 9시 15분경, CBC 트위터에 또 다른 메시지가 떴다. "앨버타 주지사 레이철 노틀리(Rachel Notley), 화재로 '1,600채의 구조물'이 영향을 받았다고 밝힘." "영향을 받았다"는 "불탔다"의 완곡한 표현이었다. 정확한 피해 규모나 이 소식이 전해진 시점에 이미 피해 규모가 또 얼마나 달라졌을지는 아무도 알지 못했다. 자욱한 연기와 계속해서 번지는 불길 속에서 화재의 영향을 가늠하기는 어려웠으나, 그래도 1,600은 큰 숫자였다. 2011년 슬레이브 레이크 화재의 3배, 2003년 오카나간 공원 화재보다는 6배 큰 규모였다. 이로써 포트맥머리의 불은 캐나다의 현대 역사상 가장 파괴적인 화재가

되었고 이 숫자가 더 늘어날 것이라는 두려운 전망도 확실시되는 상황이었다.

4일 오전 10시, 다시 기자회견이 열렸다. 이번에는 화상으로 진행됐다. "아주 끔찍하고 사나운 불입니다."[2] 다비 앨런 소방서장은 갖고 온 메모를 응시하며 말했다. 전날 오전과는 많은 것이 달라졌다. 앨런은 재앙과도 같은 소식을 사람들에게 알리는 핵심 전달자가 되었고 그의 말에 귀 기울이는 사람들은 갈수록 늘어났다. 포트맥머리에 전 세계의 관심이 쏠리고 있었다. 이렇게 거대하고 현대적인 도시에서 임야화재로 이토록 삽시간에 시민들이 강제 대피한 사례는 전 세계 어디에도 없었다(지금까지도 없다).

5월 4일은 우연히도 성 플로리안의 날이었다. 플로리안은 소방관들의 수호성인이라 이날은 국제 소방관의 날로도 불린다. 009호 화재의 진압, 특히 그런 기상 조건에서 불길을 잡기 위해서는 기적이 절실했다. 하지만 다른 기적은 이미 일어났다. 4일 오전 기자회견에서 공개된 가장 놀라운 소식은 포트맥머리 시민들 소식이었다. "8만 8,000명이 무사히 대피했습니다." 이 말을 전하는 앨런의 음성은 이번에도 눈물을 삼키느라 먹먹했다. "누구도 다치지 않았고, 현재까지 사망자도 없습니다. 저는 이 사태가 끝날 때까지 이 상태가 그대로 유지되기를 진심으로 소망합니다."

앨런이 느낀 안도감이 얼마나 컸을지는 상상만 할 수 있을 뿐이다. 나중에 그는 CBC의 매리언 워니카 기자에게 가장 두려워했던 일을 말했다. "화요일이 끝날 무렵에, 저는 다시 동이 트면 집들이 50퍼센트만 남고 수천 명은 목숨을 잃었을 거라 확신했습니다. 그런데 이렇게 무사히 대피한 겁니다."[3]

5월 3일에 불이 번진 속도와 수만 명이 자동차라는 강력한 기계장치에 몸을 싣고 한꺼번에 딱 하나뿐인 탈출로로 돌진할 때 발생할 수 있는 무한한 변수들을 생각하면 모두가 100퍼센트 무사히 대피할 확률은 극히 희박했다. 아무 일도 없는 평소에도 포트맥머리 정도 규모의 도시에서는 부상과 사고가 빈번하다. 재로 덮여버린 주택 수백 채의 지하실을 뒤지면 무엇이, 혹은 누가 발견될지 아무도 모르는 일이었지만, 4일 오전 기자회견이 열린 시점까지 실종자 신고는 단 한 건도 없었다. 한편 불은 전혀 진압되지 않고 여전히 제멋대로 타오르고 있었다.

이미 일기예보를 확인한 앨런은 4일도 끔찍한 하루가 될 것임을 잘 알고 있었다. 시내는 밤 기온이 미국 애리조나주 피닉스의 8월 기온과 비슷했다(사막 지역인 피닉스는 미국은 물론 전 세계적으로도 가장 더운 곳으로 꼽힌다. 2023년 여름에는 밤 최저 기온이 19일 연속으로 30도가 넘고 낮 기온은 31일 연속으로 43도를 웃돌았다—옮긴이). 하지만 이 뜨거운 열기에도 불구하고 밤사이 도시 전체에 또다시 기온역전 현상이 일어나, 상공에서 화재 상황을 조사할 수 없을 정도로 연기가 더 짙어졌다. 아침 기온이 종전 기록을 깰 만큼 이례적으로 높아진 가운데, 상대 습도는 사막과 비슷한 12퍼센트 선으로 더 급감할 것으로 예상됐다. 아침에 남쪽에서 가볍게 불어오던 바람은 전날과 반대로 방향을 틀어 북서풍이 될 것으로 전망됐다. 불길이 다시 도시 중심을 향할 수 있다는 의미였다.

바람은 밤까지 계속 강하게 불고 초당 18미터가 넘는 돌풍과 번개도 예상됐다. 4일의 날씨 예보는 한마디로 재앙이었다. 웨인 맥그로가 어배샌드에서 직접 경험한, 불길이 그의 집에서 멀어지는 듯하다가 덩치가 두 배로 더 커져서 다시 돌아와 집을 덮쳤던 그 사태가 시 전체 규모로 일어날 판이었다. "이 불은, 움직이는 동물과 같습니다…."[4] 앨런은 암담한 음성으로 설명했다. "아직 타지 않은 곳도 분명히 있습니다만, 이 불은 그런 곳을 수색할 것입니다. 찾아내서 다 태우려고 할 것입니다."

화학 반응인 불을 이런 식으로 묘사하는 건 이례적인 일이었다. 하지만 나흘째 타오르며 덩치가 기하급수적으로 커진 이 불은 객관적인 위험 요소의 범주를 넘어 나름의 야망이 있는 독립적인 주체로 탈바꿈했다. 앨런의 설명은 비현실적인 소리가 아니었다. 포트맥머리를 덮친 불은 정말로 최악의 혼란을 일으키고 말겠다는 악의를 품은 굶주린 존재처럼 느껴졌다. 위성으로 촬영된 이미지도 이런 해석과 일치했다. 전날 대비 4배로 커진 불길은 시 전경을 가로질러 북서쪽으로 이동 중인 거대한 게와 비슷한 형상이었다. 집게발은 포트맥머리에서 아직 불타지 않은 시내와 클리어워터강 서쪽 강변 지역, 애서배스카강 서쪽 팀버리와 시크우드 쪽을 휘감고 있었다. 그래서 다소 섬뜩하긴 해도, 이 위성 이미지는 소방관들의 노력이 성공했음을 보여주는 가장 생생한 증거이기도 했다. 피해 규모가 워낙 커서 지상에서는 노력의 결실을 제대로 알아보기 힘들었다. 시나 업체 소속 소방관들, 자원봉사자들, 산림부 소속 소방관들 300여 명이 가장 멀리는 수 킬로미터씩 분산된 여러 화재 지점에서 혹독한 열과 유독가스를 견디며, 앞도 제대로 보이지 않는 상태로, 잠시 쉴 틈도 없고 어떠한 지원도 없이, 시에서 가장 취약하고 인구가 많은 곳에 불이 다가오지 못하도록 막아낸 것이다. 전체적인 피해는 막대했고 불은 여전히 사나웠지만, 5월 4일 포트맥머리에는 아직 지켜야 할 곳들이 남아 있었다.

하루가 끝날 무렵 과연 도시를 지켜냈다고 말할 수 있을지는 누구도 알 수 없었다. 불은 이미 그날의 준비를 마쳤다. 오전 기자회견이 끝날 무렵, 009호 화재는 다시 상태 전환에 돌입했고 6등급 화재로 격상됐다. 시 소방서장이 예상한 일도 그대로 일어났다. 불은 시 구석구석을 전부 훑고, 무방비 상태이거나 사람들이 방심한 곳들을 속속들이 활용하며 새로운 불을 일으킬 불씨를 꽃가루처럼 사방에 뿌려댔다.

화염이 도시 경계 내에서 이틀째 타오른 결과는 이 불이 얼마나 기상천외한 괴물인지를 새로운 방식으로 드러냈다. 1904년에 건물 1,500채를 파괴하고 1,000채 이상이 손상된 미국 볼티모어 대화재는 30시간 만에 진압됐다. 소방관들이 아직 19세기의 소방 장비를 쓰던 시절이었다. 사망자가 300명 이상 발생하고 2만 채에 가까운 구조물이 파괴되면서 총 32만 5,000명의 시민 중 3분의 1이 길에 나앉았던 1871년 시카고 대화재는[5] 화재 지속 시간이 볼티모어 화재보다 몇 시간 더 길었다. 화재는 특정한 패턴대로 흘러가는 경향이 있고 막대한 피해가 따르는 도시 화재는 더욱 그렇다. 그 패턴이란, 이례적으로 기온이 높고 바람이 강한 날씨에 불이 시작되어 빠른 속도로 번지며 길목에 있는 것들을 철저히 파괴한다는 것이다. 강도가 아주 센 폭풍과 메뚜기떼가 들판을 덮칠 때와 마찬가지로 최악의 상황은 몇 시간이면 끝난다는 점도 포함된다.

하지만 포트맥머리 화재는 달랐다. 도시 화재의 역사에서 유래를 찾을 수 없는 특징들이 나타난 것이다. 낮이고 밤이고 계속 타오르고, 전혀 사그라들 기미도 없이 며칠씩 타올라서 소방관들이 쉬거나 기력을 회복할 틈이 없었다. 3일에서 4일로 넘어가는 자정 무렵 포트맥머리에서 가장 최근에 개발된 주거지역에 불이 시작됐을 때는 불길이 도시 내로 진입한 지 36시간이 지난 시점이었다. '석유시대' 최악의 화재로 꼽히는 시카고 대화재의 총 지속 시간과 동급이 된 것이다. 도시에서 일어난 화재가 그보다 길게 이어진 사례는 거의 없어서 전설처럼 여겨진다. 5일 동안 지속된 1666년 런던 대화재, 3일 동안 수도 전체 면적의 3분의 2를 파괴한 1657년 3월 일본 에도(현재의 도쿄) 메이레키 대화재가 그런 예다. 후자의 경우 가뭄과 강풍, 나무와 종이가 재료로 쓰인 집들이 복합적으로 작용하여 도시 전체 인구의 3분의 1인 10만 명이 목숨을 잃었다.[6]

    5월 4일과 5일에 포트맥머리 전역에서는 거리마다, 동네마다, 주요 기반 시설마다 불길을 잡으려는 절박한 싸움이 벌어졌고, 이런 적극적인 진압 활동은 이후로도 수일간 이어졌다. 넘치는 연료, 시시각각 변하는 바람, 기록적인 기온의 결합으로 머지않아 포트맥머리는 사방에서 불의 공격을 받아 "포위"될 것으로 예상됐다. 이런 전망이 나온 이유 중 하나는 좀처럼 내려가지 않는 기온 때문이다. 최고 기온이 더 높아지는 것에 그치지 않고 최저 기온이 사시사철 이례적인 양상을 보이는 이런 변화는 21세기 화재의 새로운 특징 중 하나이기도 하다. 원래 봄철에 포트맥머리의 평균 밤 기온은 4~9도였다. 그런데 2016년 5월에는 밤 기온이 21도 아래로 떨어진 날이 별로 없었다. 캐나다와 북유럽에서는 밤 기온이 20도를 넘어서면 "열대야"로 간주된다. 20년 전[7] 토론토에서 7월에 하루이틀 정도 열대야가 나타난 적이 있고, 2020년[8] 7월에는 열대야로 기록된 날이 14일이었다. 같은 달에 애리조나주 피닉스는[9] 한 달 내내, 하루 24시간 평균 기온이 37도 이하로 떨어지지 않는 신기록을 세웠다. 기온이 오르면 불이 났을 때 불길이 훨씬 쉽게 지속된다. 게다가 얼음과 눈이 다 녹아서 사라지고 비, 이슬(호수, 강도 포함해서)의 증발 속도가 빨라지는 시기에는 불의 연료가 되는 것이라면 뭐든 불이 붙기 쉽다.

    포트맥머리 서쪽을 덮친 화염은 우드 버펄로와 디킨스필드를 이미 관통했다. 소방관들은 여러 대의 불도저와 소방용 항공기를 동원해서 불길이 팀버리로 번지지 않도록, 특히 시 서쪽 숲속에 조성된 버치우드 트레일로 향하지 않도록 필사적으로 싸우고 있었다. 시 남쪽도 전체가 불의 위협과 맞닥뜨렸다. 4일 낮 12시 30분경, 불이 한창 변화 중일 때 시 북쪽으로 대피한 믹스 103FM 라디오 진행자 크리스 반덴브리켈은 트위터로 새로운 소식을 알렸다. "소방대원들이 공항로 인근 5호 소방서 건물을 진화 중이라는 제보와 영상이 접수되고 있습니다." 지역 비상 운영 센터도 위험해져서 다비 앨런과 버니 슈미트, 그 외 화재 비상 대응을 이끌던 지휘부 전체가 다른 장소로 옮겨야 했다. 통신 장비 상당수도 일단 해체해야 한다는 의미였다. 881번 고속도로를 따라 시 남동쪽으로 40킬로미터쯤 떨어진 곳에 있는 중국인 소유의 증기 배유 시설 '넥센 롱 레이크(Nexen Long Lake)'가 지역 비상 운영 센터의 새로운 본부로 정해졌다.[10] 그곳으로 통신 장비를 옮겨서 다시 설치하고 연결하려면 몇 시간은 걸릴 터였다. 비상 운영 센터까지 대피에 나선 4일 오후에 바로 그 881번 고속도로에서는 연료가 부족해 급히 포트맥머리로 향하던 탱크 트럭과 시 남쪽으로 달리던 SUV가 정면충돌하는 사고가 일어났다. 이 사고로 SUV를 몰던 10대 운전자와 함께 탄 승객이 목숨을 잃었고, 이 차량과 충돌한 트럭의 탱크가 폭발하면서 인근 숲에 또 다른 화재가 일어났다.

그 무렵 수 킬로미터 상공으로 솟구친 009호 화재의 연기기둥에서는[11] 새로운 화재 적란운이 생겨났다. 성층권까지 치솟은 이 적란운이 일으킨 번개로 불은 계속해서 새롭게 피어올랐다. 그 영향은 화재 지점에서 40킬로미터 떨어진 곳까지 이르렀다. 그날 앨버타주 아한대림은 주변에서 일어난 모든 일이 정해진 경로처럼 연소로 이어지는 것처럼 보일 정도였다.

늦은 오후, 불길의 영향으로 63번 고속도로가 다시 봉쇄됐다. 이번에 봉쇄된 곳은 포트맥머리의 핵심 교차로인 공항로였다. 포트맥머리 동쪽과 동남쪽 지역도 몇 시간 이내로 강제 대피가 불가피할 것으로 전망됐다. 지역 비상 운영 센터가 막 옮겨 온 롱 레이크도 그 범위에 있었다. 저녁 6시를 막 넘긴 시각, 공항로 북쪽의 매켄지 산업단지에 있던 프로판 가스 판매소가 불길에 휩싸이고 신축 공사 중이던 인근 가톨릭 학교가 전소됐다. 공항 외곽에 있던 객실 170개 규모의 호텔 건물도 파괴됐다. 바람의 방향이 북서풍으로 바뀌자 다시 어배샌드 쪽으로 돌진한 불은 전날 훑고 지나간 후 그나마 남아 있던 것들까지 깡그리 불태웠다.

포트맥머리 인근의 작은 마을들에서 소방관들이 지원하러 왔지만,[12] 시 전역에 흩어져 진압 활동을 벌이는 시와 업체 소속 소방관과 자원봉사 소방관들의 수는 여전히 300여 명에 불과했다. 그 밖에 연방 경찰 160명이 쇼핑가와 주거지를 순찰했다. 중장비 운전자와 소방차 운전자 수십 명은 임야화재 전문 소방관 100명과 함께 산림 도시 인접 지역에서 진압을 도왔다. 소방용 항공기 17대, 헬리콥터 10대도 동원됐다. 포트맥머리와 멀리 떨어진 지역에서도 소방관, 트럭, 항공기가 추가로 오고 있었지만 도착하려면 더 기다려야 했다. 지역 비상 운영 센터마저 본부를 옮기느라 통신이 끊기는 바람에, 그렇지 않아도 위험할 정도로 뿔뿔이 흩어져 불과 싸우면서 지칠 대로 지친 소방관들은 더욱 고립되어 갈수록 강해지기만 하는 화염의 새로운 위협과 맞서야 했다. 공항로 바로 남쪽 프레리 크릭에 형성된 주거지부터 시 북서쪽 팀버리까지, 시 곳곳에서 이와 같은 불과의 접전이 벌어졌다.

이날 온종일 불과의 싸움이 이어졌던 중요한 격전지 중 한 곳은 공항이었다. 포트맥머리 국제공항은 009호 화재 진압에 투입된 모든 항공기의 주요 기지였는데, 4일 늦은 오후 불길이 공항 주변 건물들을 야금야금 무너뜨리더니 급기야 활주로 주변을 감싸고 불씨가 날아다니는 통에 소방용 항공기의 이착륙 지점을 더 남쪽으로 옮겨야 했다.

303

반대편 버치우드 트레일에서도 중요한 싸움이 벌어졌다. 우드 버펄로, 디킨스필드, 팀버리까지 시 서쪽 주택가 사이를 뚫고 들어와 버치우드 트레일을 "퓨즈"로 삼아 확산하려던 불길은 전날 소방대원들이 필사적으로 진압한 끝에 겨우 막아낼 수 있었지만, 4일이 되자 불길은 그 방어선을 뚫고 결국 우위를 점했다. 더 번지지 못하게 하려면 특단의 조치가 필요했다. 버치우드 트레일은 면적이 너무 넓고 지형이 복잡해서 방화대를 만들 수도 없었다. 이제 남은 선택지는 단 하나, 숲전체에 소화약제를 짙게 까는 것뿐이었다. 임야화재의 소방 전략 중하나였다.

전투 목적으로 폭탄을 투하할 때는 수 킬로미터 상공에서 작전이 실행되지만, 소화약제는 소방용 항공기가 낮은 고도에서, B-52 폭격기보다는 농약 살포기와 비슷한 방식으로 뿌린다. 살포하는 높이가 낮을수록 물이면 증발이, 소화약제면 확산이 줄어들기 때문이다. 그래서 보통 공중 투하는 표적에서 겨우 60~90미터 위 상공에서 이루어지는데, 이렇게 위험천만할 만큼 지면에 가까이 내려갈 경우에는 일이 잘못될 확률이 높아진다. 짙은 연기를 뚫어야 하고 화재로 인해 대기가 불안정한 조건이라면 더욱 그렇다. 무거운 액체를 싣고 그만큼 낮게 내려가려면, 모든 조건이 이상적인 상황에서도 사람이 저지를 수 있는 극히 사소한 실수나 아주 작은 기계 고장만으로 항공기가 추락할 수 있다. 버치우드 트레일에서 그런 일이 일어난다면 추락지점은 주택가가 될 터였다. 숲 주변은 집들로 완전히 둘러싸여 있고, 그중 상당수는 이미 불타고 있었다.

그런 사고를 피하기 위한 몇 가지 기술이 있다. 지역 헬리콥터 조종사이자 업체 피닉스 헬리플라이트(Phoenix Heli-Flight)의 소유주인 폴 스프링(Paul Spring)은 수많은 화재 현장에서 소방 작업을 관리하며 그런 기술에 통달했다. "표적에 가까이 다가가서 투하할 때는 수평 비행을 합니다."[13] 스프링의 설명이다. "그래야 뭔가 잘못되더라도 조종사가 재앙은 면할 수 있습니다. 그리고 언덕에 투하하는 것은 금물입니다." 그는 이어서 덧붙였다. "바람이 부는 방향으로 표적에 다가가서도 안 되고요. 해야 하는 것, 하면 안 되는 것이 많아요. 까딱하면 죽을 수도 있으니까요."

5월 4일에는 그런 조건들이 아무 소용 없었다. 바람은 점점 거세지고, 불씨는 날아다니고, 버치우드 트레일은 기본적으로 시 서쪽의 큰 고원지대 위에 작은 언덕들이 모여 있는 지형이었다. 거기에다 반드시 불길을 잡아야 한다는 절박함까지 얹어졌다. 지난 30시간 동안 화재로 이미 막대한 손실이 발생했지만, 버치우드 트레일까지 잃는다면 포트맥머리도 끝이었다. 그곳마저 불이 번지는 발판이 되면 재산 피해는 둘째치고 이 불과 맞서 싸워보려는 의욕에 엄청난 타격이 될 것이 뻔했다. 공항도 반드시 지켜야 하는 포트맥머리의 핵심 기반 시설이었지만 버치우드 트레일은 시 서쪽 주거지역의 녹색 심장이었다. 4일 오후, 이 지역의 어둑한 운명은 이리저리 흔들리고 있었다.

모든 소방용 항공기는 조종사가 표적을 눈으로 볼 수 있을 때만 물이나 소화약제를 투하할 수 있다. 물탱크가 장착된 항공기, '밤비 버킷(Bambi Bucket)'으로도 불리는 대형 물주머니를 실어 나르는 헬리콥터 모두 마찬가지다. 그래서 보통 "사냥개" 역할을 하는 소형 비행기가 먼저 투하할 표적 지역에 가서 정찰하고, 더 높은 상공에서 헬리콥터로 선회하며 현장을 더 넓게 살피는 폴 스프링 같은 비행 대장에게 정찰 결과를 무전으로 보고한다. 투하 결정이 내려지면, 정찰기는 소방용 항공기를 표적이 있는 위치로 안내하는 동시에 크고 높은 소리로 사이렌을 울려서 지상 대원들에게 투하가 임박했음을 알린다. 포트랙머리 화재처럼 물로는 진압이 안 되는 화재에서는 물과 비료(인산 암모늄)에 투하 물질이 쉽게 구분되도록 붉은색 염료(산화철)를 혼합한 소화약제가 투하된다. 이런 약제는 지상에 떨어지면 접촉하는 곳마다 달라붙어서, 불이 붙어도 타오르지 않고 그을기만 하는 끈적거리는 막을 형성한다. 이렇게 생긴 막은 그 자리에 몇 주간 남아 있다. "소화약제가 대거 투하되는 쪽으로는 절대 가면 안 됩니다." 스프링의 말이다. "죽을 수도 있거든요. 4.5톤짜리 가래침이 머리 위에 떨어진다고 생각해보세요. 저는 낮은 고도에서 투하한 소화약제에 맞은 나무들이 장작더미처럼 전부 쓰러진 광경을 본 적이 있습니다."

이런 이유와 그 밖에 다른 여러 이유로 소화약제는 대체로 개방된 장소에서만 투하한다. 그러나 버치우드 트레일은 그런 조건과는 거리가 멀었다. 2만 채의 주택들이 도넛처럼 빙 둘러싸고 숲은 그 한가운데 녹색 구멍처럼 자리하고 있는 구조였다. 이런 곳에 효과적으로, 안전하게 소화약제를 투하하려면 모든 조건이 완벽해야 했다. 무엇보다 조종사가 표적을 정확히 볼 수 있어야 했다. 하지만 연기로 시야가 전혀 확보되지 않는 상황이었다. 지상에서 진화 작업 중인 대대장과 시 소방서 부서장이자 지역 비상 운영 센터(본부의 위치가 어디로 또 바뀌었는지 알 수 없는)의 소방 활동 책임자 조디 버츠 사이에 초조한 논의가 오갔다. 버츠가 소방용 항공기를 투입하라고 지시한 지 한참이 지나도록 감감무소식이라 지상 소방관들은 투하가 너무 지체되는 것 같다고 생각할 때쯤, 마침내 자욱한 연기 속에서 정찰기의 사이렌 소리가 들렸다. 낮은 항공기 엔진 소리도 뒤따랐다. 지상 대원들은 살포된 소화약제의 축축한 증기가 숲 전체에 내려앉을 때까지 기다렸다. 얼마나 기다리면 되는지 정확하게 확인할 방법도 없었다. 곧 항공기가 멀리 날아가는 소리가 들렸다. 항공기 조종사들이 지상에 최대한 가까

화재 기상

이 내려왔지만 연기 때문에 표적을 볼 수 없어서 그냥 돌아간 것이다. 버츠는 지상 작업 대대장인 소방경 마이크 워킨(Mike Woykin)에게 조종사들이 표적을 볼 수 있게 하라고 지시했다. 하지만 워킨과 대원들에게는 그럴 만한 장비가 없었다. 시 당국과 주 산림부는 각자 나름의 복잡한 업무 체계가 있고 보유한 기술과 조직 문화, 사용하는 장비, 전략이 극명히 달랐다. 이런 두 기관이 임야화재를 공동으로 관리하는 과정에서 빚어지는 이와 같은 갈등은 산림 도시 인접 지역에서 화재와 함께 흔하게 나타나는 또 하나의 위태로운 장애물이었다. 뉴욕 센트럴 파크나 밴쿠버 스탠리 파크에 불이 나서 폭발적으로 번지기 직전이라면 두 기관 중 어느 쪽이 현장에 출동해야 할까? 양쪽 기관의 대원들이 모두 현장에 도착하면 누구를 어디에 배치해야 할까? 지휘권은 어느 쪽에 있을까? 시? 산림부?

소방용 항공기는 벌써 다음 시도를 준비하러 떠났고, 시 소방관들은 갖고 있는 것 중에 조종사가 볼 수 있을 만한 유일한 물건인 헬멧을 나무 위로 최대한 높이 들어 올렸다. 초조한 기다림 끝에 정찰기의 쌍발 엔진 소리가 다시 연기를 뚫고 들려오고, 이어서 시끄러운 사이렌 소리가 들렸다. 정찰기는 대원들 머리 바로 위를 지나가며 훨씬 거대한 소방용 항공기가 와야 할 위치를 정확히 안내했다. 지상 대원들은 도플러 효과(파동이 발생하는 물체가 관찰자를 향해 다가올 때와 멀어질 때 관찰자에게 파동의 진동수가 다르게 인식되는 현상. 관찰자를 향해 다가오는 물체는 실제 진동수보다 더 큰 소리로 들리고, 멀어질 때는 실제보다 더 작은 소리로 들린다―옮긴이)를 확실히 체감하며, 바짝 긴장해서 소화약제가 투하되기를 기다렸다. 하지만 이번에도 투하는 없었고 항공기 소리는 다시 멀어졌다. 헬멧을 들어 올리는 작전이 먹히지 않은 것이다. 바람은 북서풍으로 바뀌고 일기예보대로 더 강해지고 있었다. 화염에서

307

불씨가 사방으로 떨어져서 숲에서 시작되는 새로운 비산 화재도 늘어났다. 소방관들은 진압 활동을 위해 임시로 수거된 골프 카트에 의지해서 발화 지점을 쫓아다녔지만, 전부 진압하기에는 역부족이었다.

버츠는 워킨에게 조종사가 표적을 볼 수 없으면 소화약제 투하는 불가능하다고 분명하게 강조했다. 항공기가 선회 후 다시 돌아오기 전에, 마술을 부려서라도 조종사가 볼 수 있는 표적을 무조건 만들어 내야 했다. 버츠는 항공기 연료가 다 떨어져서 이번이 마지막 시도가 될 것이라고 했다. 그때, 수완이 좋은 한 소방관이 기본 장비 중에 쓸 만한 것을 떠올렸다. 구조 담요였다. 약 55제곱센티미터 넓이에 밝은 빨간색이니, 마지막으로 써볼 만한 최상의 도구였다. 비행 대장은 소방관들이 주변이 조금 트인 위치에 자리를 잡고 펼쳐 든 담요를 알아보았다. 지상 대원들은 얼른 물러나서 투하를 기다렸다. 정찰기가 내려오는 소리, 사이렌 소리에 이어 거대한 항공기가 내려오는 소리가 들렸는데, 이번에는 그 소리가 하도 크고 가까이 들려서 바로 옆에 착륙하는 것처럼 느껴졌다. 잠시 후, 연기 사이로 소화약제가 붉은 구름처럼 뿌옇게 내려앉았다. 약제는 네 번에 걸쳐 연속으로 표적에 정확하게 투하됐다.

정말 간절했던 승리였다. 약제가 투하된 후 불길은 버치우드 트레일 안쪽으로 치고 들어오지 못했다. 하지만 불이 택할 수 있는 다른 길이 많았다. 소방관들은 불이 나타날 만한 곳을 찾아다니며 방어하고 나타나지 않을 만한 곳에는 스프링클러를 배치했지만, 불은 사방에 있고 작은 허점이라도 보이면 십분 활용하는 것 같았다. 울타리가 있어도 연기는 그냥 뚫고 들어올 수 있듯이 불도 도시 안으로 흘러 들어오면서 불씨를 비처럼 뿌려댔다. 번개도 쳤다.

불이 시작된 지 36시간이 지났다.[14] 이제 불은 낮이든 밤이든 상관

화재 기상

없이 번지는 듯했다. 4일 자정 무렵이나 3일 정오나 맹렬히 타오르는 기세는 매한가지였다. 불은 살아 있는 생명체와 여러모로 닮았지만, 한 가지 중요한 차이가 있다. 바람과 연료가 충분하고 날씨가 일정 수준 이상 건조하기만 하면 지치는 법이 없고 잠도 자지 않는다는 것이다.[15] 그와 달리 이 불과 싸우는 사람들은 체력이 고갈됐다. 소방차도 연료가 다 떨어졌다. 하루 반나절을 꼬박 비상 태세로 싸우고도 끝이 보이지 않았다. 이들이 체력적으로 얼마나 힘든 상태였는지는 가늠하기도 힘들지만, 선코어 소방관인 루카스 웰시가 차고 있던 핏비트(Fitbit)에서 어느 정도 단서를 얻을 수 있었다. 3일 점심시간에 출동해서 그날 밤늦게 선코어로 복귀할 때까지 그의 심박수는 트럭을 몰고 다른 장소로 출동했을 때만 제외하고 내내 분당 150회 밑으로 떨어지지 않았다.

남쪽으로 8시간 거리에 있는 캘거리에서 출발한 지원 인력들이 포트맥머리에 도착할 무렵, 주거지역의 지리와 지형을 잘 아는 대원들은 완전히 녹초가 됐다. 잠을 거의 못 잔 데다 먹을 것도 부족했다. 물 수요가 갑자기 늘어나 상수도에 문제가 생기면서 식수마저도 제대로 공급되지 않았다. "처음 이틀 동안은 그래놀라 바와 감자칩만 먹었습니다." 웰시의 이야기다. "먹을 게 그것밖에 없었어요. 3일째부터 음식이 좀 나왔지만, 그 주에 체중이 4~7킬로그램은 빠진 것 같아요."

이런 상황에서 '녹스박스(KnoxBox)'가 의도치 않게 유용함을 발휘했다. 녹스박스는 비상 상황 발생 시 경찰과 소방관이 상업 시설에 임의로 출입할 수 있도록 각 점포에 설치하는 긴급 출입 시스템으로, 열쇠나 암호를 알면 낮이고 밤이고 언제든 내부로 들어갈 수 있다. 포트맥머리 화재 기간에 여러 소방관, 경찰들이 녹스박스를 활용해서 닫힌 슈퍼마켓에 들어가 빵과 신선 식품, 에너지 바, 탄산음료를 갖고 나왔다. 다들 메모와 계산서, 차용증서를 남기고 나오는 정직함도 발휘했다. 사실 이들이 체력 보충을 위해 이렇게 빌려 가지 않았더라도 어차피 불이 다 집어삼킬 판이었다. 포트맥머리는 일종의 사회적 무중력상태가 되어, 도시에 남은 사람들은 빈 도시를 새로운 방식으로 점유했다. 경찰의 도움을 받아서 슈퍼마켓에서 물건을 가져오거나 심지어 경찰이 먼저 앞장서는 건 그런 비현실적인 변화 중 하나일 뿐이었다. 빈집에 남은 음식들도 그렇게 활용됐지만, 한계가 있었다. 거의 도시 전역에 가스며 전기 공급이 끊긴 상황이라, 대형 슈퍼마켓의 냉장실부터 초소형 냉장고까지 아직 불타지 않고 남은 대략 2만 5,000대의 냉장고에 보관된 식품은 냉기가 유지될 때까지만 먹을 수 있을 뿐 전력이 복구되지 않는 한 다 부패할 수밖에 없었다. 컴컴한 슈퍼마켓의 해산물 매대 쪽, 불의 열기로 내부 온도가 38도까지 급속히 오른 190리터짜리 수족관 안에는 랍스터 여러 마리가 그대로 방치되어 있었다.

12킬로미터 상공에서 내려다본 포트맥머리는 짙게 깔린 연기와 나무 재, 석유 물질에서 나온 그을음이 꼭 화산 분출물 같아서 마치 세인트헬렌스 화산(미국 워싱턴주에 있는 활화산─옮긴이)이 그곳에서 폭발한 것 같은 착각을 일으켰다. 불길이 일으킨 이 폭풍의 한가운데에서 소방관들은 뿔뿔이 흩어져 앞도 보이지 않는 어둠 속에서 불과 싸웠다.

17

내가 클리어워터강을 향해서 달려가는 걸 봤다면,
아마 따라오고 싶었을 것이다.[1]
—존 "토피" 토폴린스키

———

미국 시애틀 외곽에 살고 있는 선구적인 물리학자 비토 바브라스카스(Vyto Babrauskas)는 주택 화재의 동태에 관한 연구 분야에서 '만물상'과도 같은 인물이다. 인간이 만든 환경의 인화성을 연구하고 불의 동태를 평가하는 광범위한 시험법, 도구, 산업 표준을 개발한 그가 발표한 논문만 수백 편이다. 또한 《덮개를 씌운 가구와 매트리스의 화재 동태(Fire Behavior of Upholstered Furniture and Mattresses)》, 1,000쪽에 달하는 화재 바이블인 《발화 안내서(Ignition Handbook)》 등 교재도 여러 권 저술했다. 나는 포트맥머리 화재에서 집들이 불탄 방식과 그 이유를 더 자세히 알고 싶어서 바브라스카스의 웹사이트(doctorfire.com)에 문의를 남겼다. 루카스 웰시가 우드 버펄로에서 목격한, 5분 만에 집한 채가 전소된 이런 초고속 연소를 물리학적으로 어떻게 설명할 수 있는지 궁금하다고 썼다.

바브라스카스의 대답은 놀랍도록 신속하고 간결했다. "네, 어려운 질문이군요." 문의를 등록하고 몇 시간 뒤에 온 답장이었다. "가장 유사한 사례는 함부르크에서 일어난 불 폭풍입니다."

내게 딱히 기대했던 답이 있었던 건 아니지만, 전혀 예상치 못한 대답이었다. 함부르크 불 폭풍은 제2차 세계대전이 한창이던 시기에 연합군이 독일에서 두 번째로 큰 도시인 함부르크에 주도면밀하게, 체계적으로 융단 폭격을 가해서 발생한 악명 높은 사건이다. 당시 영국과 미국의 폭격기는 1943년 7월 말부터 8월 초까지 8일 밤낮에 걸쳐 함부르크 전역에 폭탄과 소이탄 수천 톤을 투하했다. 연합군의 목표는 두 가지였다. 하나는 적의 전략적 요충지인 강가의 항구를 파괴하고 선박, 공장, 정유소를 못 쓰게 만드는 물리적 공격이었고, 다른 하나는 심리적인 공격이었다. 노동자들이 사는 주택가에 소이탄을 떨어뜨리고 건축물을 습격해서 나치가 벌인 전쟁의 실질적인 엔진인 시민들을 죽이고, 겁주고, 사기를 꺾는 것이었다.

군사 작전에는 상징적인 암호명이 붙여지는 경우가 많다. 그래서 함부르크 폭격의 암호명만큼 연합군의 복수심이 노골적으로 반영된 경우는 아주 드물다. 연합군이 정한 이 공격의 암호명은 '고모라 작전'이었다. 심지어 처음에는 '소돔 작전'으로 하려다가 대체한 명칭이다. 소돔과 고모라는 성경 창세기에서 신이 큰 벌로 대재앙을 내린 곳이다. "주께서 소돔과 고모라에 유황과 불을 퍼붓고 … 그 성들과 들, 그곳에 사는 모든 사람을 다 엎어 멸하셨다."[2] 연합군은 목표 달성을 위해 체계적으로 계획을 수립하고 가장 뛰어난 인재들을 활용했다. 석유에는 항상 불이 따르므로, 불 지르는 일을 일종의 부업으로 맡길 대상으로는 석유업체들이 제격이었다. 스탠더드 오일 개발회사(현재의 에소/엑손모빌에서 화학 연구를 담당하는 사업 부문)가 고모라 작전에 장비와 자문을 제공하게 된 이유다. 이들은 미 육군 화학전 서비스 기술부와 협력하며[3] 비용을 아끼지 않고 독일에서 망명한 건축가들, 할리우드 세트 설계자들, 하버드대학교 건축학과 출신 직원들까지 채용해서 독일 노동자들이 사는 전형적인 주택을 안팎으로 충실히 재현했다.

1943년 봄, 영국 하몬스워스(Harmondsworth)와 미국 뉴저지주 엘리자베스의 스탠더드 오일 시험 시설, 그리고 유타주 사막에 극비 시설로 지어진 더그웨이 시험장에 폭격 시험을 진행할 아주 정교한 구조물이 지어졌다. 집 안에 들어가는 소파 충전재 하나부터 아기 침대까지 독일의 일반적인 주택 건축 양식 몇 가지를 그대로 재현한 이 건축물들을 폭파하고, 수리하고, 다시 폭파하는 시험이 이어졌다. 미국 보험협회 안전 시험소가 실시한 거실 화재 시험의 군사 버전이라 할 만한 이 과정을 통해 연합군은 주택을 한 번에 한 채씩 폭파하는 대신 여러 채가 한꺼번에 불타게 만들어서 적의 피해와 인명 손실을 최대한 끌어올릴 방안에 관한 정보를 얻었다. 불 폭풍은 우연히 발생한 부수적인 결과가 아니라 이 작전의 중요한 목표 중 하나였다. "독일식 구조물의 화재 피해 강도는 … 주로 가연성 가구와 집기로 좌우된다."[4] 기밀 해제된 더그웨이 시험장의 한 보고서에 나오는 내용이다. "따라서 적정 수준의 화재 피해가 재현될 수 있도록, 일반적으로 어떤 가구와 집기가 사용되는지 철저히 조사했다."

끔찍한 총력전이었다. 함부르크에 8일간 가해진 이 공격은 그에 못지않게 무자비했던 독일군의 런던 대공습에 대한 보복이었다.

고모라 작전 4일째인 7월 27일 밤, 연합군의 장거리 폭격기 800대가 한 시간도 안 되는 시간 동안 함부르크 남동쪽에 2,270톤에 가까운 폭탄과 소이탄을 투하했다. 폭탄은 파도처럼 차례로 떨어졌다. 어디에 떨어지건 일대를 전부 무너뜨려서 사방을 평평하게 만들도록 설계된, 폭발력이 큰 폭탄부터 투하됐다. 그 충격파로 반경 수백 미터에 있는 모든 창문과 문이 날아가고 땅에 돌무더기와 커다란 구멍이 생겨 구조와 소방 작업도 어렵게 만들었다. 건물들이 무너지고 내부가 다 뚫리고 대피로가 차단되자 연합군은 다음 순서로 소이탄을 투하했다. 앞서 투하된 폭탄보다 크기가 훨씬 작고 인과 테르밋(thermite)이 든 이 폭탄은 지붕 타일에 구멍을 내고 각 주택의 상층과 계단을 폭파하도록 설계됐다. "침대 위나 옷장 옆 바닥, 서랍 안, 침대 프레임 뒤에 이런 폭탄이 떨어져서 불이 그 가구들을 연료로 삼아 시작된 후 점점 커진 경우가 많았다."[5] 한 생존자가 쓴 글이다.

7월 27일은 날씨까지 이례적으로 무덥고 건조했다. 기온은 29도를 넘어섰고 몇 주째 비가 내리지 않은, 포트맥머리 화재와 비슷한 기상 조건이었다. 테르밋과 인을 포함한 작은 폭탄이 도시에 무수히 떨어진 후, 고층 건물들이 빼곡히 들어선 도시의 거리는 화염이 물밀듯 흐르는 불의 계곡으로 바뀌었다. 투하 후 단 30분 만에 노동자들이 사는 함머브룩(Hammerbrook)에 밀집한 6층짜리 석조 아파트 건물들에서 불길이 용광로처럼 솟구쳤다. 불길이 일으킨 열기가 하도 뜨거워서, 거리와 복도는 마치 거대한 풀무처럼 주변 공기를 맹렬히 빨아들였다. 건물에 있던 사람들, 특히 상대적으로 몸이 가벼운 여성들과 아이들은 그 기세에 방금 빠져나온 건물 안으로 다시 빨려 들어갈 정도였다. 불길로 달궈지고 연기가 꽉 찬 집에서 겨우 달아난 사람들도 표면의 타르가 다 녹아서 진창이 된 도로에 발이 묶여 산 채로 불길에 휩싸였다. 도시 상공에는[6] 연기와 불길의 거대한 소용돌이가 주변 공기를 더욱 빠르게 끌어당겼다. 그로 인해 불은 벽돌도 녹여버릴 만큼 사납게 타올라 화염과 100미터 떨어진 곳에서도 방사열만으로 발화가 일어났다.

대대적인 플래시오버(상태 전환)가 잇따랐다. 곳곳에 생긴 구멍과

돌무더기, 녹아내린 도로에 가로막힌 소방차, 구급차들은 단숨에 불길에 휩싸였다. 상승기류의 풍속이 초당 44.7미터에 이르러 나무가 땅에서 뿌리뽑히고 시민들이 불타는 나뭇가지처럼 몸에 불이 붙은 채로 공중으로 휩쓸려 모든 걸 집어삼킬 듯 휘몰아치는 소용돌이 속으로 사라졌다. 아래쪽 지상에서는 지붕도, 창문도 다 사라진 건물들이 일본어로 아나가마(anagama)라 불리는 "오름" 가마와 비슷한 기능을 했다(경사면을 따라 수많은 가마가 줄지어 있는 오름 가마에서는 불이 위로 올라가면서 몇 시간씩 꺼지지 않고 타면서 온도가 거의 1,100도까지 상승한다). 함부르크 소방 경찰국에 따르면,[7] 그 엄청난 열기에서 살아남은 건 은행 벽 안에 설치된 강철 금고가 유일했다.

7월 27일 밤에만 민간인 2만 명이 목숨을 잃었다.[8] 상당수가 불에 타서 죽고, 그보다 많은 수가 지하 벙커에 있다가 열기를 이기지 못하거나 질식했다. 8일간 무자비한 폭격이 이어진 후 사망자 수는 4만 명으로 늘어났다. 아파트 1만 6,000채가 파괴되고[9] 약 100만 명이 집을 잃었다. 나중에 이 함부르크 폭격은 "독일에서 일어난 히로시마 원폭"으로도 불리었다.[10] 참고로 나치는 고모라 작전과 연합군이 그와 비슷한 수준으로 실시한 불시 공격으로 막대한 타격을 입고도 2년을 더 버텼다.

이런 폭격이 포트맥머리 화재와 무슨 관련성이 있다는 말일까? 무엇보다 포트맥머리 화재는 숲에서 무작위로 발생하는 불로 시작됐다. 국가가 공식적으로 방화를 허락한 전례 없는 사태와 임야화재에 무슨 공통점이 있다는 말일까? 혹시 바브라스카스가 내 질문을 잘못 이해한 건 아닐까, 하는 의구심마저 들었다. 그가 내게 보낸 이메일 답장에는 함부르크 불 폭풍의 동태를 분석한 기밀 해제 문서도 포함되어 있었는데, 읽어보니 불 폭풍에 관한 모든 연구를 통틀어 역사상 가장 광범위한 조사 결과가 담긴 자료였다. 나는 거기에 답이 있을지 모른다고 생각했다. 하지만 계절에 맞지 않게 기온이 높고 건조할 때 주거지역에서 발화가 일어났다는 점 외에는 공통점이 거의 없었다. 게다가 함부르크 화재는 주택가에 불을 낼 방법, 화재 피해를 극대화할 방안을 사전에 연구한 사람들이 의도적으로 일으켰다는 사실도 간과할 수 없었다. 이런 문제에 봉착했을 때, 인간이 아닌 불의 관점이 도움이 된다. 화재를 연구하는 학자들도 바로 그러한 관점을 배운다. 모든 연구 결과를 불의 시각에서 묘사하지 않을 뿐이다. 불의 관점에서는 처음에 발화가 사고로 일어났는지, 아니면 누가 의도적으로 불을 질렀는지는 중요하지 않다. 불에게 가장 중요한 건 연료와 날씨, 지형이다. 이 세 가지가 불의 3대 핵심 요소다. 불을 처음 배우는 학생들은 이 세 가지를 포함한 불의 필수 요소(여러 가지가 있다)를 중심으로 생각하는 법을 배운다.

이 3대 필수 요소를 함부르크 화재에 적용해보면, 연료가 화재에 핵심 역할을 했다는 것을 분명하게 알 수 있다. 하지만 휘발성이 강한 연료였으므로, 날씨(여름철 독일 북부 지역의 가뭄에 가까운 건조한 날씨)와 지형(좁은 거리들이 깔때기, 혹은 굴뚝과 같은 기능을 한 것, 폭탄이 아파트 건물 내부에 떨어진 것) 조건이 맞아떨어지지 않았다면, 허리케인에 맞먹는 강풍이 유리도 녹일 만큼 고온으로 소용돌이치는 불 폭풍이 일어나고 그것이 자체 에너지로 계속 유지되는 현상까지 이어지지는 않았을 것이다. 불의 3대 요소를 기준으로 다시 생각해본 후에 알게 된 또 한 가지 사실은, 함부르크와 포트맥머리 화재 모두 날씨, 지형 조건, 대형 화재로 번질 수 있는 연료가 하필 그 자리에 있었던 건 분명하지만 둘 다 맨 처음 불길을 일으킨, 이례적으로 강력한 에너지가 없었다면 일어나지 않았으리라는 것이다.

생각이 여기까지 흐른 후, 나는 포트맥머리 화재를 날씨와 연료, 지형이 아닌 함부르크 화재를 일으킨 원동력이었던 방화의 관점에서 보게 되었다. 주택 화재, 아파트 화재는 흔한 일이고 산림 화재도 마찬가지다. 하지만 그 흔한 화재를 재앙으로 만드는 건 무엇일까? 나는 포트맥머리의 경우 함부르크에서처럼 소이탄을 비행기로 실어 나를 필요가 없었다는 사실을 깨달았다. 수천, 수만 개의 소이탄이 이미 그 자리에, 도시를 둘러싼 숲 전체에 있었다. "소이탄"이라고 불리지 않을 뿐 그 폭탄만큼 폭발력이 강한데도 우리에게 너무나도 친숙한 형태(집과 나무)라서 제2차 세계대전 당시의 폭격과 연결 지을 생각을 하지 못하고 설마 그런 폭격만큼 파괴적인 시너지가 생길 수 있다고도 생각지 못했다.

하지만 불의 관점에서는 다르지 않다.

15미터짜리 화염병이 빼곡하게 세워진 숲이 있다고 생각해보면 그게 얼마나 무서운 상황인지 알게 된다. 성냥개비 하나만 스쳐도 불이 붙는 검은 가문비나무가 바로 그 화염병이다. 인화성이 극히 강한 수지가 열매와 바늘잎, 나무 전체에 가득 배인 검은 가문비나무는 그와 같은 성질을 가진 전쟁 무기가 있다면 누구나 깜짝 놀랄 만큼 강력한 자연의 소이탄과 같다. 여기에 가뭄, 한낮의 높은 기온, 사나운 바람까지 더해지면 소이탄에 토치램프를 갖다 대는 것과도 같은 상황이 된다. 2016년 5월, 날씨가 심하게 덥고 건조했던 앨버타 북부 지역에서는 가문비나무뿐만 아니라 포플러와 사시나무까지 그와 같은 특성을 갖게 되었다. 이런 관점에서 보면, 포트맥머리 화재는 폭탄을 자체 투하한 결과로도 볼 수 있다.

군대, 석유업계 외에 방화에 관심이 많은 곳이 또 있다. 바로 보험회사다. 보험업계는 특히 주택 화재와 그 화재로 발생할 수 있는 피해에 주목한다. 가정에서 화재가 발생하는 흔한 원인 중 하나가 바싹 마른 크리스마스트리다. 보험업계에 따르면, 크리스마스트리가 불타면 초당 약 4메가와트의 에너지가 발생한다. 1메가와트는 100만 와트, 즉 100와트짜리 전구 1만 개를 켤 수 있는 에너지다. 크리스마스트리는 대체로 높이가 1.5미터에 그치지만 검은 가문비나무는 높이가 보통 15미터다. 포트맥머리는 이런 화염병 같은 나무 수십만 그루에 빙 둘러싸여 있었고, 보험업계의 관점에서는 악몽과도 같은 결과가 일어났다.

나무는 바람에 실려 온 불꽃에도 탈 수 있고, 한 그루 한 그루가 민들레 홀씨에 버금갈 만큼 많은 불꽃을 뿜어내 새로운 불을 일으킬 수도 있다. 포트맥머리의 산림 도시 인접 지역에 이 총체적인 대형 화재 체계가 자리를 잡을 무렵, 불길에서 발생한 복사열은 이미 함부르크 화재와 비슷한 수준에 이르렀다. 함부르크의 100여 년 된 집들을 채운 오래된 가구들도 인화성이 극히 높았지만, 포트맥머리의 현대식 집들에 채워진 물건들은 인화성이 그보다 훨씬 높았다. 프레임은 바싹 건조된 목재로 만들고 차고에는 석유 연료와 불의 촉매가 될 수 있는 물질들이 있었다. 대부분 소이탄을 설계하고 제조하는 업체들이 만든 물질들이다. 게다가 가스 그릴, 차량, 종류별 타이어(겨울용 포함), 플라스틱 쓰레기통까지, 집집마다 인화성 물질이 그야말로 셀 수 없을 만큼 많았다. 석유업계가 거래하는 상품은 전시에도 평시에도, 궁극적으로는 늘 불이다. 최종 제품의 형태만 다를 뿐이다. 이 업체들이 만드는 제품들은 아한대림의 나무들만큼 불이 강하게 타오를 수 있는 재료가 된다. 제품 광고에는 물론 그런 내용이 나오지 않는다.

이 지점에서 중대한 의문이 떠오른다. 모든 주택에는 그곳에서 생활하는 사람들이 해를 입지 않도록 보호할 수 있는 건축 자재가 쓰여야 하고 그런 기준을 충족하는 자재만 승인되어야 한다. 이 과정에서 석유업계는 어떤 역할을 할까?

함부르크 공격을 준비하며 불 폭풍을 연구했던 스탠더드 오일과 미군 화학전 서비스 소속 엔지니어들은[11] 화재를 일으킬 목표물인 주택의 목재 수분 함량도 빠짐없이 분석했다. 당시 함부르크의 100년 된 주택들은 수분 함량이 10~15퍼센트라는 계산 결과가 나왔다. 성냥개비처럼 메마른 그 수분 함량은 2016년 5월 3일, 포트맥머리의 상대 습도였다.

////

5월 4일 자정부터 포트맥머리 프로스펙트(Prospect) 구획에서도 화염이 본격적으로 타오르기 시작했다. 그곳에서 진압에 나선 소방관들은 불길을 잡기 위해 집을 새롭게 정의해야 했다. 그곳에 갓 지어진 단독주택들, 아파트 건물들에도 석유제품과 휘발성 화학물질이 가득했다. 이런 상황에서 건축물은 더는 집도 재산도 아니고 "값어치"로 구분되지도 않았다. 루카스 웰시가 깨달은, 불이 번지는 데 걸리는 시간의 단위도 더는 아니었다. 이날 불과의 싸움이 밤새 이어진 프로스펙트의 집들은 가스통 하나, 가문비나무 한 그루 같은 촉매로 간주됐다. 다른 상황이었다면 소이탄으로 불렸으리라. 라이언 쿠츠는 겨우 열다섯 살에 슬레이브 레이크에서 산림 도시 인접 지역 화재에 대비한 특별 훈련을 받았다. 그래서 화재 현장에서 소방관들이 거쳐야 하는 이 같은 인지적 도약에 이미 익숙했다. "집 한 채는 산림 화재의 나무 한 그루와 같습니다. 그래서 불이 일단 도시로 들어오면, 막을 길이 없습니다."

지난 이틀간 이어진 불과의 싸움은 소방관들에게 두려움과 굴욕감을 안겨준 동시에 깨달음도 주었다. 소방관들은 이 새로운 적과 맞서기 위한 다양한 적응 방식을 익혔다. 화재 진압에 사용하는 장비도 그중 하나였다. 불을 앞지르려고 아무리 사력을 다해도 교전 조건을 정하는 쪽은 여전히 불이었고, 소방관들은 불이 번지는 속도를 조금이라도 늦추기 위해 새로운 방식을 택해야 했다. 시 소방관들은 구조물 화재를 물로 진압하도록 훈련받았지만, 주택가로 번진 불에 어마어마한 추진력이 생기고 온갖 석유화학 물질이 불길을 돋우는 마당에 물은 거의 무용지물이었다.

그래서 포트맥머리 소방관들은 보통 임야화재에 적용되는 소방 기술을 동원했다. 소방용 항공기는 밤이 되면 날 수 없지만 불도저는 낮이고 밤이고 작업할 수 있으므로, 시 북서쪽 경계에서는 불도저가 쉴 없이 움직였다.* 그때까지 팀버리는 전체는 아니라도 대부분 무사했다. 100미터 너비의 방화대와 끈질긴 진압 노력으로 얻은 성과였다. 팀버리 바로 북쪽에는 띠처럼 가늘게 이어지는 숲 너머에 불도저로 민 땅이 그대로 남아 있는 약 5.2제곱킬로미터 면적의 방대한 새로운 개발지가 있었다. 파슨스 크릭 노스(Parsons Creek North)로 명명된 이 개발 구역은 도시 내에서 개발이 한창인 곳 특유의 공격적인 낙관주의를 고스란히 드러냈다. 완공된 주택은 "1단계" 구획 안에 모여 있는 200채 정도가 전부였지만 2,000채가 더 들어올 수 있는 땅이 준비되어 있었다. 그 땅이 다 집들로 채워져 도시 확장이 완료되면, 도시 경계와 선코어 남쪽의 광미 적치장 사이에는 숲 8킬로미터만 남게 된다.

---

* 미국 캘리포니아의 일부 소방용 항공기는 2020년부터 야간 투시 기술을 활용하고 있다.

유독한 폐수가 모이는 그 적치장은 파슨스 크릭 노스 전체를 덮고도 남을 만큼 어마어마한 규모였다.

팀버리에서 번지던 불길은 나무도, 사람도 없이 빈 땅만 드넓게 자리한 파슨스 크릭 노스 사이의 좁다란 숲에 옮겨붙어서 동쪽의 프로스펙트 드라이브로 향하기 시작했다. 위에서 내려다보면 기타의 몸통 부분과 비슷하게 생긴 프로스펙트 주거 구획은 사방이 숲에 거의 완전히 둘러싸여 고립되어 있고 각종 암석 이름이 붙여진 동심원 구조의 거리를 따라 주택과 아파트 약 500채가 여유 공간 없이 다닥다닥 붙어 있었다. 컨페더레이션 드라이브에서 시작되어 동네를 빙 돌아 다시 그곳에서 끝나는 프로스펙트 드라이브는 개발된 지 얼마 안 된 이 기타 모양 동네에서 몸통 부분을 둥글게 감싸고 인근 고속도로까지 이어지는 주요 연결로였다. 생긴 지 얼마 안 된 주거지라, 갓 완공된 주택들 사이사이에는 새로 건물이 들어설 빈 땅도 많이 남아 있었다. 구획 중심에는 지어진 지 1년도 채 안 된 아파트 두 채가 약 100미터 길이로 이어지고, 지면 포장이 막 끝난 주차장과 널찍한 미개발지가 그 주변을 둘러싸고 있었다.

이곳에 당도한 불길은 프로스펙트 드라이브 서쪽에서 초당 12.8미터로 불던 강풍과 만나 더 거세게 타올랐다. 그 기세에 실트스톤 플레이스(Siltstone Place) 주변의 주택 100여 채가 한 시간도 안 되는 시간 동안 지하실까지 몽땅 불탔다. 불이 포트맥머리에 들어오기 전 한 유치원에서 아이들에게 소방차를 보여주던 보병 출신 소방관 라이언 피처스는 그날 밤 프로스펙트 드라이브에 있었다. 그는 내게 사진을 한 장 보여줬는데, 사진 속에 인간이 만든 구조물은 거의 하나도 남아 있지 않았다. "저게 화염입니다." 피처스가 설명했다. "이런 불은 막을 수가 없어요. 3분 만에 집 한 채가 다 탔습니다. 3분이요."

나는 확실하게 하려고 다시 물었다. "지붕에서부터 시작한다고 하면, 어디까지 타는 데 그랬다는 말인가요?"

"아무것도 남지 않을 때까지요."

플래시오버가 이렇게 실내가 아닌 실외에서, 동네 전체 규모로 일어나는 건 극히 드문 일이다. 더욱이 그런 일이 한밤중에, 전쟁 지역도 아닌 앨버타 북부의 주거지에서 일어나는 건 전례가 없는 일이었다. "잘 보면 건물 기초만 남아 있어요." 피처스의 말이다. "알아볼 수 있는 건 하나도 없고요. 열기가 그만큼 강했습니다. 너무 뜨거워서 모든 게 재로 변했죠."

소각장이나 화장장이라면 열이 모든 걸 재로 만드는 게 당연한 일이겠지만, 주택 화재나 산림 화재에서 온도가 그렇게까지 오르는 건 전혀 일반적이지 않다. 그날 프로스펙트 로드의 주택가를 덮친 불은 일반적인 주택 화재보다 함부르크 불 폭풍 같은 의도적인 화재와 비슷한 점이 더 많았다. 집들은 구할 방법이 없고 일단 불길부터 잡아야 한다는 사실이 시시각각 분명해졌다. 하지만 그 집들은 허름한 판잣집도, 트레일러도 아니었다. 대부분 완공까지 1년 이상이 걸렸고 매매 가격은 평균 50만 달러 이상이었다. 타일로 장식한 욕실, 와인 저장고, 차 여러 대가 보관된 차고, 스마트폰으로 설정하고 관리할 수 있는 조명, 경보 장치, 가전을 갖춘 집들도 있었다. 2016년에 그곳은 북미 중산층이 바라는 가장 이상적인 조건을 충족하는 집들로 가득했다. 옆집과의 간격이 1.8미터에 불과했지만 말이다.

그 집들을 설계하고, 짓고, 팔면서 정유소에 불이 난 것처럼 집이 활활 불타거나 그런 화재 진압에 쓰이는 장비들이 집 앞에 나타날 가능성을 떠올린 사람은 아마 아무도 없었을 것이다. 주요 공항에 화재가 발생하면 "항공기 구조·소방용"으로 분류되는 특수 차량과 공항

화재 기상

소방차가 표준 장비로 동원된다. 폭발성 석유화학 물질로 인해 발생하는 정유소 화재처럼 현장에 신속히 진입해 불을 꺼야 하는 화재에도 이러한 장비가 쓰인다. 항공기 구조·소방용 소방차는 일반 소방차보다 속도가 더 빠르고 비포장도로에서도 주행할 수 있도록 설계된다 (항공기 충돌 사고는 활주로에서 발생하는 경우가 많으므로). 또한 무게 중심이 낮고 타이어가 엄청나게 크며 차량 전면부가 앞으로 돌출된 형태라 수풀과 잔해를 헤치고 불이 난 지점까지 갈 수 있고 가파른 언덕도 오를 수 있다. 물과 소화약제를 모두 저장할 수 있는 대형 탱크가 설치되어 있으며 펌프의 최대 압력이 분당 1만 1,000리터 이상이라 지상에서 운영되는 다른 어떤 소방 장비보다 불길을 빠르고 확실하게 잡을 수 있다는 점도 이런 특수 소방차의 특징이다. 그래서 역청업체들이 보유한 여러 훌륭한 장비 중에서도 항공기 구조·소방용 소방차는 가장 강력한 소방 장비로 꼽힌다. 하지만 이날 프로스펙트 드라이브에서는 이 특수 차량도 큰 도움이 되지 않았다. 불은 계속해서 우위를 놓치지 않고 계속 번졌다. 물이나 소화약제만으로는 막을 수가 없었다. 다른 방법을 찾아야 했다.

그곳 현장에 도착한 슬레이브 레이크 소방관들은 강풍과 소용돌이 속에서 사방으로 퍼붓는 불씨며 불길이 흡사 해일이 덮친 바닷가 마을처럼 주택가를 덮치고 있는 광경과 마주하고 2011년의 악몽이 전부 되살아난 기분을 느꼈다. 하지만 그때 힘들게 얻은 많은 교훈을 포트맥머리 화재에 적용할 기회라는 것도 깨달았다. 슬레이브 레이크에서 본업으로 주택 건설과 중장비 대여 사업을 하면서 소방대원 일도 자원해온 로니 루컨의 고유한 기술은 그날 프로스펙트 드라이브에서 더없이 빛을 발했다. 불손한 태도와 무한정 발산되는 에너지, 수다스러운 영업사원처럼 톤도 높고 속도도 빠른 말솜씨가 특징인 이 40대 남성은 일단 행동으로 옮겨야 성에 차는 성격이라 재난 대응 활동과 잘 맞았다("우리가 포트맥머리에 갈 때 그를 데려간 것도 그런 이유 때문이었습니다." 라이언 쿠츠는 내게 이렇게 말했다). 루컨과 쿠츠 부자는 프로스펙트 현장에 있는 소방관 대다수가 모르는 사실을 잘 알고 있었다. 포트맥머리 화재, 그리고 2011년 슬레이브 레이크 화재처럼 불 폭풍이 형성되는 조건에서는 모든 게 폭탄이 될 수 있다는 사실이었다. "길에 0.5톤 트럭을 그대로 두면 어떻게 될까요."[12] 루컨은 이렇게 설명했다. "포트맥머리처럼 유전이 있는 도시라면, 그 트럭에는 뭐가 있을까요? 폭발물? 프로판 가스통? 아세틸렌? 뭐가 있을지는 모르지만 그게 우리가 못 보는 사이에 터지지는 않을까, 지상에 있는 사람들이 걱정되더군요. 그래서 우리는 가장 먼저 그 트럭들을 지하실로 집어넣었습니다. 그렇게 하면 불의 연료가 될 수 있는 두 가지를 한꺼번에 제거하는 동시에 차를 집어넣은 2층짜리 집을 단번에 무너뜨릴 수 있게 됩니다."

하지만 픽업트럭을 주택 지하실로 밀어 넣거나 집을 무너뜨리려면 중장비가 있어야 한다. 포트맥머리는 북미 어느 도시보다 중장비가 많은 곳이지만, 대부분이 각 업체의 현장에 있었다. 루컨은 프로스펙트 드라이브와 실트스톤 플레이스가 만나는 교차로에 당장 중장비가 필요하다고 판단했다. "그 거리에만 자동차, 소방차, 그 외에 차들이 족히 2,000만 달러어치는 있었을 겁니다." 루컨의 말이다. "그대로 두면 전부 불길에 휩싸일 게 뻔했거든요. 현장 지휘관이 지역 비상 운영 센터와 의논하려고 했지만, 연락이 닿지 않았어요. 저는 지휘관을 끈질기게 설득했습니다. 제발 그만 좀 하라는 소리를 몇 번이나 들었는지 몰라요. 하지만 그가 택한 방법은 먹히지 않는 상황이었죠. 다들 경쟁심이 강한 사람들인데, 불에 밀리고 있었고 그렇다는 사실을 모두가 알고 있었습니다. 결국 지휘관이 해보자고 하더군요. 그리고 400s급이었나 450s급이었나, 아무튼 대형 굴착기 두 대를 구해줬습니다."

다른 소방관들도 같은 작업을 하기 시작했다. 이 두 대의 굴착기(백호[backhoe]로 불리는 종류)에 이어, 날의 길이가 4.5미터인 D8 캐터필러 불도저 두 대도 곧 작업에 추가됐다. 굴착기와 불도저로 방화대를 숲이 아닌(숲은 이미 화염에 휩싸여서 주변에 방화대를 팔 이유가 없었다) 주택가 한가운데에 만드는 극단적인 전략이었다. 불이 오기 전에 불의 연료가 될 만한 것을 다 없애는 것이 엄청난 에너지를 계속 얻고 있는 불길을 막을 유일한 방법이었다. 숲에서 불도저가 줄지은 나무를 쭉 밀어서 넘어뜨리듯이, 아직 불타지 않은 멀쩡한 집들을, 그것도 대부분 새집을 한두 채도 아닌 블록 단위로 없애는 작업이었다. 화염이 너무 높이 타올라서 진압이 극히 어렵다는 점이 이 화재의 특징이었다. 불의 높이가 높으면 불과 열이 커질 뿐만 아니라 불길에서 생기는 바람과 불에서 생겨나는 불씨도 더 많아진다. 집들을 무너뜨려서 지면이 평평해지면 불이 타오르는 높이도 대폭 줄일 수 있으므로 진압도 수월해진다. 40톤짜리 장비로 불에 탈 수 있는 연료를 전부 제거하는 이런 전략은 도심에서 불이 빠르게 번지는 상황에서나 떠올릴 수 있는 이례적인 시도였다. 소방관들조차 이런 진압 작업은 경험은 고사하고 생각조차 해본 적이 없는 경우가 대부분이었다.

루컨은 그 작업이 어떻게 진행됐는지 내게 설명했다. "D8(불도저)이 와서 '뭘 하면 되냐'고 묻더군요. 그래서 그걸로는 집을 무너뜨릴 수 없으니까(불도저로 작업하면 지면이 평평해지기보다 집 기초가 무너질 수 있으므로), 불타고 있는 집 네 채가 있는 거리 끝 쪽으로 가라고 했습니다. 거리를 싹 비워야 하니까 거기 있는 1톤 픽업트럭과 메르세데스 SUV를, 불에 타고 있는 집들 지하실로 밀어 넣으라고 했죠. 그래야 그쪽 블록은 안심할 수 있다고요. 그걸 끝내고 그 집들에 붙은 차고도 전부 밀고(그 안에 뭐가 있건 한꺼번에), 그다음에 굴착기가 투입되면 집 한 채를 무너뜨리는 데 걸리는 시간을 6분 정도 줄일 수 있습니다. 그렇게 만들어놓으면 화염이 와도 지하실만 타니까, 불길의 높이가 25미터가 아니라 4.5미터로 줄어서 안전해지는 겁니다."

그가 말하는 '안전'은 상대적인 의미였다. 불이 차지한 세상에서 집은 이제 집이 아니라 불의 연료고 차량은 폭탄이다. 그리고 물은 불을 끄는 용도가 아니라 중장비의 열을 식히고 무너진 집을 흠뻑 적시는 용도로 쓰인다. 도급 공사와 중장비 다루는 일로 살아온 루컨은 불도저로 멀쩡한 집을 무너뜨리지는 못해도 길가에 서 있는 픽업트럭 같은 차들이 불도저 날에 실린 상태로 벽을 밀면, 집 구조재를 부술 수 있다는 것을 알고 있었다. 이 시도가 실패하면, 캐터필러 불도저의 날 가장자리로 외벽을 뜯고 모서리 기둥을 부수는 방법도 있다. 이 작업이 끝나면 커다란 손처럼 섬세한 조작이 가능한 백호 굴착기 버킷을 집 내부로 집어넣어서 다층 주택의 척추와도 같은 계단을 뜯어낸다. 여기까지만 완료되면 나머지는 불이 집 하나를 삼키는 속도만큼 빠르게, 몇 분 만에 집을 무너뜨릴 수 있다.

그냥 주택 한 채를 철거하는 것과 사람이 살고 있는 집을 철거하는 것은 전혀 다른 일이다. 전쟁 중에 쳐들어온 적군이 아니고서야, 남의 집을 부수는 일은 가끔 경찰이나 경험하는 일이다. 프로스펙트에서 진압 작업에 나선 중장비 운전자들에게는 너무나 비현실적인 경험이었다. 하지만 5월 5일 새벽 2시 무렵의 포트맥머리에서는 그런 비현실성이 이미 화재의 주된 특징이 되었다. "남의 집을 뜯어내는 건 정말 괴롭고 슬픈 일이었습니다."[13] 포트맥머리에서 자란 서른세 살 굴착기 기사 짐 랜킨(Jim Rankin)의 말이다. "집은 그곳에 사는 사람들의 삶이에요. 그래서 집을 허물면 그 집 사람들의 삶을 보게 됩니다." 그와 다른 작업자들이 누군가의 집일 그 건물들을 속까지 헤집을 때마다 그 집에 사는 사람들이 쓰던 물건들이 무작위로 쏟아져 나왔다. "전부 다 보입니다. 아기 사진들, 요람도 보이고 소파, 냉장고도 있었죠. 작업하다가 얼른 달려가서 맥주 캔 10개쯤 집어와도 될 정도로 모든 게 고스란히 남아 있었어요." 거실 전망창이 부서지면 방의 내부 전체, 가구며 카펫, 장난감, TV 등 내부에 채워진 모든 게 무너진 벽과 뒤엉켰다. 최첨단 기술이 완비된 스마트 홈도 다른 집들과 똑같이 그렇게 사라졌다. 빔프로젝터는 부서지고, 벽은 사라지고, 각종 모뎀, 엑스박스(Xbox) 게임기, 알렉사(Alexa, 아마존이 개발한 인공지능 플랫폼. 이용자의 음성 지시를 듣고 검색, 알람, 음악 재생 등 다양한 기능을 수행한다—옮긴이)는 드러난 전선에 대롱대롱 매달린 채로, 화염이 바짝 다가온 순간에도 인간의 다음 지시를 기다리듯 표시등이 충실히 깜박였다. 그날 밤 프로스펙트 드라이브에는 영화 〈매드 맥스: 분노의 도로〉에서처럼 세상이 다 끝난 분위기가 감돌았다. 살아 숨 쉬던 세상은 불과 기계들의 무참한 공격에 밀려났다. 포트맥머리 역청 현장에서 일해본 사람들에게는 익숙한 분위기였다.

크리스 허셔(Chris Hubscher)도 포트맥머리에서 자랐다. 짐 랜킨의 동료이자 어릴 적 친구이고 철거 작업을 지휘한 소방관들과 랜킨 사이에서 접점 역할을 했던 허셔는, 짙은 색 머리카락에 말수가 적고 체구도 작은 랜킨과 달리 금발에 키가 크고 체격이 탄탄한 유부남이었다. 오토바이를 즐겨 타는 사람답게 양손 손등에는 "진실하라"라고 적힌 화려한 문신도 보였다. 랜킨과 허셔는 둘 다 어릴 때부터 늘 중장비 곁에서 자랐고, 자동차 운전보다 중장비 다루는 기술을 먼저 배웠다. 그래서 땅 파는 일은 이들에게 숨 쉬듯 익숙한 일이었다. 두 사람이 하는 일의 기본 원리는 "모든 산, 모든 언덕이 낮아질 것이며 고르지 않은 곳은 평탄해지고 험한 땅은 평지가 될 것"이라는 선지자 이사야의 말로 요약할 수 있다.[14] 지역 중장비 업체에서 오랜 세월 감독으로 일한 허셔의 아버지는 자신을 멘토로 여기는 아들과 랜킨에게 "이 일을 하려면 흙보다 똑똑해야 한다"고 가르쳤다.

굴착기나 불도저가 투박하게 움직이는 것처럼 보여서 정밀한 작업도 할 수 있다는 사실을 모르는 사람들이 많다. 숙련된 작업자와 이기계들 사이에는 헬리콥터와 조종사의 관계와 비슷한, 거의 생체역학적인 관계에 가까운 끈끈한 유대가 형성된다. 우리가 두꺼운 장갑을 끼고도 플라스틱 빨대를 정확히 잡고 다룰 수 있듯이 숙련된 굴착기 운전자는 강력한 마력과 유압 장치, 강철로 된 이 장비가 지면에서 약 1미터 아래 3/4인치 가스관과 닿으면 바로 감지한다. 마찬가지로 유능한 캐터필러 불도저 운전자는 지면과 장비의 접지면과 불도저 날을 통해 땅의 상태를 점자 읽듯 읽는다. "운전석에 앉아 있으면 엉덩이로 다 느껴집니다." 랜킨은 내게 이렇게 설명했다.

"불도저 바퀴의 무한궤도에는 회전축이 있습니다. 그걸 기준으로 균형을 잡으려면 어떻게 움직여야 하는지 감지합니다." 허셔가 덧붙였다. "바퀴가 바위나 다른 무언가 위로 지나가면 그 충격이 느껴지죠. 강철로 된 기계라도 소용없습니다. 몸이 마구 흔들려요."

토공 작업자 중에는 흡연자가 많다. 그래서 담배 한 갑 길이인 10센티미터(대략 4인치)를 뜻하는 "덱(deck)"이 비공식적인 작업 단위로 쓰이기도 한다. 노련한 작업자는 운전석에 앉아서 땅의 상태를 감지해 오로지 눈으로만 보고 운동장 끝에서 끝까지, 담배 한 갑 정도의 테두리를 남기고 땅을 평평하게 고를 수 있다. 빠르게 번지는 화염 앞에서 집을 철거하는 작업은 랜킨과 허셔에게도 낯선 일이었지만, 오래전부터 역청업체들과 수백만 달러짜리 계약을 맺고 일하며 갈고닦은 기술 덕에 이 놀랍기만 한 새로운 임무에도 금세 적응했다. "방화대를 양쪽에 만드는 게 목표였습니다." 허셔의 설명이다. "그래서, 이미 불타고 있는 집들을 기준으로 네다섯 집 더 위로 올라가서 그쪽에 있는 집들을 무너뜨렸습니다. 지면을 그렇게 평평하게 만들면, 불이 거기까지 번져도 통제할 수 있습니다."

5월 5일 새벽에 프로스펙트 구획에서 이루어진 진화 작업의 목적은 한마디로 "부수고 물에 푹 담그기"였다.[15] 화염의 열기는 어마어마했고, 소음도 엄청났다. 굉음을 내며 쓰러지는 집들과 울림, 중장비 소음이 귀가 멀 정도로 시끄러웠다. 여기에다 소방호스마다 물이 뿜어져 나오게 해주는 강력한 펌프에서도 신경을 바짝 곤두서게 만드는 새된 소리가 나고, 공회전 중인 트럭 엔진마다 금속과 금속이 부딪치는 소리까지 더해졌다. 부지런히, 신속하게 작업 중인 불도저에서 나는 소음은 그보다 더 컸다. 불도저의 거대한 엔진이 불규칙하게 움직이는 소리에다, 그 거대한 기계가 주택가를 가로지르며 바퀴의 금속 무한궤도가 연석을 포함해 지나는 길에 있는 모든 걸 짓밟고 으깰 때마다 신음과 새된 비명이 섞인 듯한 소리가 함께 울렸다. 작업에 동원된 중장비들은 전면등을 환하게 켜고 악어처럼 민첩하게 움직였다. 표적을 향해 달려드는 모습은 먹이 잡는 포식자처럼 위협적이었다. 그 강렬한 조명이 비추는 곳, 표적이 된 것은 무엇이든 그 힘을 당해내지 못했다. D8 불도저와 백호 굴착기가 짙은 연기와 번뜩이는 화염 속에서 한 집씩 차례로 작업을 끝내고 지나간 자리에는 집의 잔해만 남았다. 작업하는 광경도, 소리도 도시를 공격하는 탱크차 같았다. 그 굉음 사이사이에는 화재에 휩쓸린 모든 동네에서 들을 수 있었던 다른 소리가 끼어들어 불협화음을 만들었다. 연료 탱크와 변압기가 무작위로 폭발하는 소리였다. 그날 밤 프로스펙트 드라이브 주변은 전체적인 광경과 냄새, 소리까지 전쟁터를 방불케 했다. 참전 군인 출신인 사람들은 그날 아프가니스탄을, 더 정확히는 부비트랩을 떠올렸다. 그런데 허셔가 세미 트레일러에 실려 온 캐터필러 불도저를 지상에 내리는 작업을 돕고 있을 때 갑자기 동료에게서 연락이 왔다. "크리스, 그 집에서 떨어져! 그 차고에 산소아세틸렌이 있어!"

재난의 한복판에서, 다들 평소 얼마나 절친한 사이들이었는지를 새삼 깨닫게 해준 희한한 순간이었다. 화재 진압 중인 소방관들 다수가 불에 타고 있는 집이 누구의 집인지, 집주인의 직업이 무엇인지 알고 있었다. 어배샌드에 있던 웨인 맥그로의 집 차고에도 있었던 산소아세틸렌 같은 용접용 연료가 담긴 탱크는 무거운 강철 재질인 데다 압력이 2,000psi(약 140kg/cm²)이고 가스통 무게는 45킬로그램이 넘었다. "터지면 미사일처럼 날아갑니다." 허셔의 말이다. "그런 가스통이 문을 뚫고 나와 거리를 가로질러서 날아다녔어요." 로니 루컨과 제이미 쿠츠, 라이언 쿠츠가 불이 붙을 수 있는 건 전부 어떻게든 없애려고 한 이유다.

굴착기와 불도저가 집들을 쓰러뜨려 지하실 안으로 잔해를 집어넣고 땅을 고르는 동안, 소방관들은 그 뒤에 자리를 잡고 소방호스, 그리고 소방차와 연결된 "대량 살수 총"으로 정리가 끝난 지하실에 물을 쏟아부어 물탱크처럼 만들었다. 동시에 사납게 이글대는 불길과의 거리가 굴착기 붐 하나, 불도저 날 하나 정도밖에 안 될 정도로 불과 가까이에서 작업 중인 탓에 중장비와 그 안에 탄 운전자들에게도 물을 뿌렸다. 그 장비들도, 운전자들도 그토록 큰 열을 견딜 재간이 없었다. 물을 뿌리다가 호스가 녹거나, 소방대원들도 방사열에 화상을 입거나, 그보다 더한 사태가 벌어질 위험이 컸다. 자칫 구멍 뚫린 지

화재 기상

하실로 굴러떨어질 위험도 있었다. 끊임없이 뿌려지는 물세례에 푹 젖은 주택가 잔디는 발이 푹푹 파이는(토공 작업자들의 표현으로는 땅이 "연해진") 위험한 진창으로 변했다.

작업 중이던 36톤짜리 D8 불도저 한 대도 실트스톤 플레이스에서 거의 연못으로 변한 어느 집 앞마당의 진흙탕에 바퀴가 빠졌다. 빠져 나오려고 들썩이는 불도저의 움직임이며 으르렁대는 엔진 소리는 꼭 타르 구덩이에 빠진 매머드 같았다. 바퀴의 무한궤도가 돌아갈 때마다 몸체는 더 깊이 빠지고 전면등은 야생동물의 눈처럼 사방으로 번뜩였다. 시간만 충분했다면 그 정도는 노련한 운전자 혼자서도 빠져 나올 수 있었겠지만, 그럴 시간이 없었다. 불이 바짝 다가오고 있었다. 결국 굵은 쇠사슬과 케이블로 다급히 다른 캐터필러 불도저와 연결해서 밖으로 끌어내려는 시도가 이어졌다. 하지만 강철로 된 "78호" 용접 체인과 두께 2인치짜리 밧줄도 불도저의 무게를 견디지 못하고 끊어졌다. 100만 달러짜리 중장비를, 게다가 하필 새 기계를 잃게 생긴 운전자는 침몰하는 배에 탄 선장과 같은 심정이 되었다. 운전석에서 발이 떨어지지 않았지만, 소방관이 아니었으므로 화염으로부터 몸을 보호할 수 있는 도구나 장비가 아무것도 없었다. "바로 옆집에서 불길이 타오르기 시작하자 열기가 피부에 그대로 느껴졌습니다." 허셔가 진창에 빠진 불도저를 꺼내려던 그때를 떠올리며 전했다. "얼굴이 녹아내릴 것 같은 열기였어요."

불도저가 기우뚱, 크게 기울어지고 화염이 조종석 앞 유리를 덮친 후에야 운전자는 가까스로 밖으로 뛰어내렸다. 견고한 강철 기계는 그가 나오자마자 화염에 휩싸였다. 라디오가 녹아내리고, 운전석에도 불이 붙고 내부 전체가 타올랐다. 차체 주변 진흙에서는 쉭쉭 소리와 함께 김이 피어올랐다. 불이 훑고 간 자리에는 완전히 망가진 기괴한 형체만 남았다. 틀만 남은 불도저의 앞 절반은 잿더미 속에 연기가 솟아나는 잔디밭에 파묻혔다. 몸체 절반은 새카맣게 탔고 창문은 사라졌다. 유압 호스도 녹아서 강철 부속에 달라붙었다. 포트맥머리에서 불이 삼킨 불도저는 이것 한 대만이 아니었다.

중장비를 운전하거나, 호스로 물을 뿌리거나, 작업을 직접 감독하지 않는 나머지 사람들은 전부 휴대용 소화기를 들고 주택가 뒷마당을 뛰어다니며 불씨를 꺼뜨렸다. 거리에서는 소방차 여러 대가 사방으로 돌아다니며 표면마다 물을 가득 뿌렸다. 거듭 솟구치며 빛을 번뜩이는 화염과 규칙적으로 깜박이는 소방차 전조등 사이에서 거리에 물줄기가 흘러내리는 풍경은 피가 흐르는 것 같기도 하고, 전기가 흐르는 것처럼 보이기도 했다. 물을 그렇게 쏟아부어도, 소방관들과 소방차들 모두가 프로스펙트 드라이브에 이어 실트스톤, 셰일스톤 거리까지 계속 한 블록씩 불에 밀려 후퇴해야 했다. 한 블록씩 밀려날 때마다 주택 수백 채가 사라졌다. 랜킨과 허셔가 프로스펙트 구획의 남쪽 경계인 실트스톤 거리와 프로스펙트 드라이브가 만나는 교차로 근처에서 작업 중일 때 소방관들은 목표를 다시 바꾸었다. "소방차가 우리 쪽으로 와서 우리가 탄 기계에 물을 뿌리기 시작하더라고요. 열을 식히려고요." 허셔의 말이다. "더는 집들 쪽으로 물을 뿌리지 않았습니다."

불이 번질수록 거리 군데군데에서 연기와 불씨, 잔해가 휘몰아치는 국지적인 소용돌이가 일어나 그 강한 열기에 공기가 요동쳤다. 허셔는 열기에 너무 뜨겁게 달궈진 불도저를 불과 먼 쪽으로 급히 몰고 가느라 굴착기 작업 중이던 랜킨과 연락이 끊겼다. 얼마 후 친구가 무사한지 덜컥 불안해진 그는 얼른 랜킨이 작업하던 곳으로 서둘러 돌아갔다. "재와 불씨가 원을 그리며 돌고 있었습니다." 허셔의 말이다.

화재 기상

"불로 된 토네이도도 같았어요. 태풍처럼요. 뜨거운 불씨 말고 다른 건 아무것도 보이지 않았습니다." 그 사이를 어떻게든 뚫고 가려고 했지만, 숨쉬기도 힘들었고 90킬로그램에 가까운 체중이 무색하게 다리가 강풍에 떨어져 나갈 것만 같았다. 랜킨이 어디에 있는지 도무지 알 수가 없었다. 그 순간 방향 감각을 잃은 랜킨이 느낀 공포는 오래전 연합군의 공중 폭격이 일어난 함부르크, 드레스덴, 일본의 여러 도시 사람들이 느낀 공포와 같은 결이었을 것이다. "불이 날씨를 만들고 있었습니다." 허셔의 설명이다. "바람이 우리 쪽으로 방향을 틀고, 불이 어느 집을 태울지 선택하는 것처럼 느껴졌어요. 하늘까지 솟은 불길이 구름을 핥고 있었죠. 꼭 지옥에 떨어진 기분이었습니다."

랜킨은 허셔가 찾기 바로 직전에 어느 집 지하실로 떨어졌다. 그날 밤 프로스펙트 드라이브에서 중장비를 몰던 사람들은 여느 소방관들보다도 불 가까이에 있었다. 운전석 앞의 방풍 유리만으로 견디기에는 열기가 너무 뜨거웠다. 랜킨은 어느 집을 "파내다가"(흙을 퍼낼 때처럼 버킷을 작동시켜서 집을 부수다가) 지하실 쪽으로 너무 가까이 가는 바람에 바퀴의 무한궤도가 지하실로 미끄러져 빠지고 말았다. 차량 무게가 40톤쯤 나가는 데다 작업 중이라 붐과 버킷이 최대한 앞으로 뻗어 있었으므로 뒤로 물러날 수가 없었다. "랜킨에게서 무전으로 연락이 왔어요." 허셔의 말이다. "'크리스, 나 지하실에 빠졌어'라는 말을 듣는데 너무 놀라서 심장이…."

랜킨이 얼른 끼어들었다. "저는 그때 제 안전보다도 '우리가 장비를 잃는구나' 하는 생각부터 들더라고요."

하지만 허셔는 친구가 더 걱정이었다. 그럴 만도 했던 것이, 불길이 랜킨이 빠진 지하실 바로 옆집까지 다가왔기 때문이다. 랜킨이 빠진 위치에 당도한 허셔는 불이 너무 가까이 온 것을 보고, 지하실로 빠진 굴착기 앞에 서둘러 흙더미부터 높이 쌓았다. 뜨거운 방사열로 (기계와 랜킨에게) 불이 붙지 않도록 해야 했다. 그런 다음 2인치짜리 밧줄을 꺼냈다. 불도저와 굴착기를 연결하려면 지하실 쪽으로 위태롭게 기울어진 굴착기 아래에 기어서 들어가야 했다. 위로는 반쯤 무너지다 만 집이 서 있었다. 밧줄을 묶고 다시 나오던 허셔는 갑자기 어디선가 날아온 타자기에 맞았다. 그 집 위층 방에 있던 낡은 수동 타자기가 눈에 보이지 않는 힘에 실려 하필 허셔 쪽으로 날아온 것이다. 제대로 한 방 맞은 허셔는 굴착기 아래, 깨진 조각들과 못이 잔뜩 튀어나온 잔해가 가득한 쪽으로 미끄러졌다.

"그 타자기를 잠시 쳐다봤습니다." 허셔가 말했다. "보면서 '이게 날아왔다고?'라고 생각하면서요."

시간이 정지된 듯 잠시 낯선 기분이 밀려왔다. 자신을 치고 바닥에 떨어진 그 한물간 기계의 묵직한 회색 몸체와 크롬으로 된 스페이스 바를 가만히 보는데, 자판이 타자기의 구조와 무관하게 떠 있는 것처럼 느껴졌다. 그러다 시간은 다시 흐르기 시작했다. "청바지 끝자락이 못에 걸렸어요. 그렇지 않았다면 더 아래로 떨어져서 잔해가 쌓여 있는 바닥에 부딪혔을 거예요."

허셔는 굴착기와 연결하려던 밧줄을 먼저 자기 몸에 묶고 불도저 운전자 쪽으로 신호를 보냈다. 멍이 들긴 했지만, 무사히 구조됐다. "제 실수였습니다." 랜킨의 설명이다. "너무 서둘렀어요. 계속 서둘렀는데, 그러지 말았어야 했습니다." 하지만 그날 밤의 상황이 기록된 사진들을 보면, 서두르지 않는 게 더 이상한 일이었음을 분명하게 알 수 있다.

짐 랜킨은 그날 밤 프로스펙트 구획에서 집 30여 채를 무너뜨리고 최소 20대의 차량을 옮기거나 지하에 묻은 것 같다고 했다. 그 현장에서 랜킨 혼자만 그 일을 한 것도 아니었다. 손실 규모가 총 수천만 달러로 집계된 것으로도 당시 상황이 얼마나 위험천만했는지 알 수 있다. 중요한 건 전략이 먹혔다는 것이다. 불의 연료를 제거해서 연쇄적인 발화의 고리를 끊은 덕분에, 실트스톤 플레이스 남쪽의 집들과 사업장들은 전부 지킬 수 있었다. 프로스펙트 드라이브 동쪽의 세일스톤 거리와 그래블스톤 웨이(Gravelstone Way) 사이에서도 불도저로 주택가에 방화대를 만들어 불을 막아내는 같은 전략이 적용됐다. 하지만 중심부에 홀로 뚝 떨어진 아파트 단지를 제외하고 프로스펙트 드라이브가 빙 둘러싼 안쪽에 있던 약 500채의 주택과 차고가 거의 다 불탔다. 소방관들이 몇 곳에서 거둔 승리는 기껏해야 달콤 씁쓸한 성취였다. 불은 그리 멀리 달아나지도 않았다. 초인적인 노력과 기계의 힘으로, 포트맥머리 전체에 번진 불길 중에 그곳에서만, 그날 밤에만, 연료가 없어서 더 가까이 오지 못했을 뿐이었다.

그런 초인적인 노력에는 대가가 따랐다. 울음을 터뜨린 사람들도 있었고 최면에 걸린 사람처럼 충격에 빠져 화염을 멍하게 응시하는 사람들도 있었다. 소방관 제론 홀리(Jerron Hawley)는 바닥에 쓰러진 채로 사지를 떨기 시작했는데, 그 상태가 너무 오래가는 바람에 구조대원인 친구는 혹시 심장에 "고장"이 난 건 아닌지, 심장발작이 온 건 아닌지 걱정했다. 다행히 그건 아니었지만, 도시 전역의 소방관들이 그만큼 무겁고 정신을 차리기 힘든 피로에 시달렸다. 5월 2일 밤부터 그때까지 한숨도 못 잔 소방관들도 있었다. 겨우 정신을 가다듬은 홀리는 동료들과 높은 곳에 올라가서 화재 상황을 둘러보았다. '눈에 보이는 곳마다 불타고 있었다.'[16] 나중에 홀리가 다른 소방관 두 명과 함께 쓴 회고록에 나오는 내용이다. '끝이 보이지 않았다.'

끝이 보이지 않았다는 건 포트맥머리의 지평선을 두고 한 말이었다. 도시 전체가 화염의 바다 한가운데 연기를 뿜는 섬이 되어 있었다. 포트맥머리 남쪽 경계로부터 수 킬로미터 떨어진 프레리 크릭의 숲에서도 호주에서 흔히 발생하는 들불과 비슷한 기세로 타오른 불길이 수십 미터 높이로 용처럼 솟아올라 한밤중인데도 대낮처럼 소용돌이치고 있었다.[17] 피로에 지쳐 싸울 의욕마저 상실한 소방관들은 이대로 얼마나 버틸 수 있을지, 지역 비상 운영 센터가 소방관들에게도 대피 명령을 내릴지, 그렇다면 그 명령이 언제 떨어질지, 아니면 이대로 계속 불 속에 갇혀 있어야 하는지 궁금했다. 홀리는 그때 한 대원이 사람들을 안심시키려고 했던 말을 기억했다. "우리가 이대로 죽게 내버려두진 않을 거야. 친구들, 우린 오늘 밤 여기서 죽지 않아."[18]

일출은 아직 두 시간이나 남아 있었다.

////

5월 5일 목요일, 다시 해가 뜰 무렵에 불은 포트맥머리에 완전히 정착한 것 같았다. 당연한 결과였다. 시인 셰이머스 히니(Seamus Heaney)는 《베오울프(Beowulf)》를 번역하면서 불을 "폭식하는 존재"[19]라고 표현했다. 이용할 수 있는 자원을 최대한 이용하는 건 불의 고유한 특징이고, 포트맥머리를 태운 불길은 그런 성질이 선코어나 신크루드보다도 강했다. 5월 1일부터 불길이 미친 총면적은 맨해튼의 10배가 넘는 약 906제곱킬로미터에 이르렀다. 소방관들은 이 불에 결코 "익숙"해지지는 않았지만, 3일간 쉼 없이 연속으로 공격을 당하면서 이불을 점점 깊이 이해하게 되었다. 새 호칭도 생겼다. 다비 앨런 소방서장이 처음 사용한 후부터 그대로 굳어버린 명칭이었다. "그 괴물(the beast)은 여전히 살아 있습니다."[20] 7일 저녁 늦게 게시한 영상 메시지에서 앨런 서장은 이렇게 전했다. "지금도 시 주변을 둘러싸고 있습니다. 우리는 시민들을 위해 정말 최선을 다하고 있습니다." 포트맥머리를 덮친 불과 정말 잘 어울리는 이름이었다. 보통 괴물이라고 하면 조스나《베오울프》의 그렌델, 고질라처럼 몸집이 거대하고 종잡을 수 없이 무자비한 행동을 일삼으며 공포감을 일으키고 멋대로 돌아다니며 쑥대밭을 만드는 존재가 떠오른다.

지금까지 발생한 모든 임야화재는 발생 순서대로 번호가 붙여졌다. 캐나다 뉴브런즈윅의 미라미치(Miramichi) 대화재(1825년), 보스턴 대화재(1872년), 밴쿠버 대화재(1886년)처럼 대규모 화재는 불이 처음 시작되고 파괴된 지역의 이름으로 불렸다. 그러나 2016년 5월의 화재는 북미 대륙에 외부인이 처음 발을 들인 이래 처음으로 불에 살아 있는 생명체와 같은 특징이 있다고 여겨졌고 급기야 괴물로 불리게 되었다. 포트맥머리 화재는 사람들의 삶 속에 밀고 들어와 모든 걸 뒤흔든 방식이나 그 어마어마한 위력, 밤낮없이 사방에서 이루어진 공격, 파괴할 표적을 무작위로 고르는 것 같다가도 마치 상대를 속속들이 아는 것처럼 취사선택하는 듯한 양상을 보이기까지, 여러 면에서 누군가의 악의적인 공격처럼 느껴졌다.

사악한 존재는 눈에 잘 띄지 않는 어둡고 은밀한 장소에서 나타나는 경향이 있다. 고질라와 모비 딕은 심해에서 나타났고 H. G. 웰스의 소설 속 화성인들은 먼 우주에서 나타났다. 그렌델은 늪에 살았다. 사람을 잡아먹는 호랑이, 표범은 정글에 숨어 있고 악마는 지옥에서 나타난다. 포트맥머리의 괴물은 숲에서 태어났다. 우리가 괴물로 여기는 것들의 공통적인 특징 중 하나는 반복적인 출현이다. 실제로 존재하는 괴물이든 상상 속 괴물이든 자꾸 나타나고, 한 번 나타날 때마다 행동반경을 점차 넓혀가며 새로운 사람들, 새로운 장소를 괴롭힌다. 불이 괴물의 이런 전형적인 특성을 보이는 건 비정상적인 일이었다. 바로 이런 점이 불이 번진 속도나 화재의 규모, 맹렬함보다도 포트맥머리 화재를 남다르게 바라보는 이유였다. 인간이 지어낸 이야기 속 괴물처럼, 포트맥머리를 태운 불길은 '끈질기게' 며칠씩 타올랐다. 이야기 속에서는 희생자가 특정한 공격에 거듭 맞닥뜨리는 과정에서 공격하는 존재의 특성을 파악하고, 둘 사이에 관계가 생기고, 이야기가 전개되고, 특별한 이름이 붙는다. 신화와 전설은 이렇듯 어떤 존재와의 반복적인 만남과 이름을 붙이는 과정에 관한 이야기로 인간의 집단정신에 뿌리를 내린다. 이름은 훨씬 크고 복잡한 존재를 대신하는 음성 기호와 같다. 성경이나 코란을 한 번도 읽어본 적 없는 사람도 사탄에 관한 이야기는 들어본 적이 있고, 그 단어를 들을 때 떠올리는 이미지가 있다.

마크 스티븐슨 서장 대행도 전날 오후부터 불을 새로운 눈으로 보기 시작했다. 5월 3일 어배샌드를(그리고 거기 있는 자기 집도) 포기하라는 명령을 받은 후부터 잠을 거의 못 잔 그는 불의 새로운 전방 중 한 곳에 있었다. 시크우드 남쪽 경계의 조용한 주택가인 시그널 로드(Signal Road)였다. 불은 거리 전체에 배치된 소방차 여섯 대와 소방관 20명을 향해 정면으로 급속히 다가오고 있었다. 소화전에 호스를 연결해두긴 했지만 시 상수도에 이미 엄청난 부하가 걸린 상황이라 물이 제대로 나올지는 알 수 없었다.

스티븐슨과 동료들은 소방차에 연결된 호스로 2011년 화재 당시 슬레이브 레이크 소방서의 대원들이 했던 일을 똑같이 하고 있었다. 숲에 물을 뿌리는 작업이었다. 시그널 로드는 시 서쪽 고원지대의 남쪽 면에 있고, 불은 그 아래 골짜기에서 위로 올라오는 중이었다. 불보다 높은 위치에서 불길을 잡으려는 것은 드물고 불리한 시도였다.

불은 자연현상 중 유일하게 경사면을 오를 때 에너지와 속도가 증가하기 때문이다. 게다가 연료도 풍부하고 바람도 점점 거세지고 있어서 불의 기세는 그야말로 야생 짐승 같았다.

신화 속 인물이 떠오를 만큼 건장한 체격의 스티븐슨은 중간계 전쟁터에 나선 전사와 같은 분위기를 풍겼다. 그가 자기 집 차고 문을 직접 부수고 들어갔다는 사실을 아는 사람이라면, 불과 스티븐슨 중 당연히 그가 이긴다는 쪽에 내기를 걸 것이다. 하지만 이 불은 달랐다. 코앞까지 다가온 불은 어배샌드에서 그를 꺾은 적이 있었다. 과연 이번에는 다를지, 아무것도 확신할 수 없었다. 시그널 로드 현장에 있는 소방관 중 누구도 물을 뿌려봐야 별 소용이 없는 불은 경험한 적이 없었다. 그래도 물은 그들이 가진 유일한 무기였고 다들 믿음을 완전히 놓지 않았다.

소방관들은 강 건너 어배샌드에서 힘없이 패배하며 불의 위력을 경험했지만, 시그널 로드에서 다시 맞닥뜨리고서야 이 불의 초자연적인 힘과 게걸스러운 '의도'를 제대로 알게 되었다. "불이 언덕을 타고 올라오는데, 꼭 거대한 존재가 크게 숨을 쉬는 것 같았습니다." 스티븐슨은 이렇게 회상했다. "나무들 쪽으로 바람이 하도 강하게 불어서 입고 있던 방염복 바지가 마구 펄럭일 정도였어요. 그러다가 난데없이, 우리가 보고 있던 정면의 풍경 전체가 한꺼번에 폭발했습니다. 100미터쯤 되는 숲이 전부 획, 하고 사라진 겁니다."

나무가 일렬로 늘어섰던 곳이 하늘 높이 치솟는 화염으로 한순간 변했다. 공중에서 마술이라도 일어난 것 같았다. 스티븐슨은 거기서 18미터쯤 떨어진 곳에 있었다. 이런 불이라면, 소방호스로 물을 뿌리는 건 휘발유를 뿌리는 것과 다름없다는 생각이 들었다. 가상의 캐릭터에 비유한다면 무엇과 가장 비슷하냐고 묻자 그는 오래 고민할 필요도 없다는 듯 곧바로 대답했다. "《반지의 제왕》에 나오는 그 거대한 불 괴물 아시죠?"

나는 그가 스마우그(Smaug)를 이야기하는 줄 알았다.

"아뇨, 그 용 말고요. 불 악마요."

그가 말한 건 화염의 거대한 몸집과 사악함이 실체화된 존재, 발록(Balrog)이었다. 발록은 J. R. R. 톨킨이 만들어낸 여러 무시무시한 존재 중에서도 최고로 꼽힌다. 마법사 간달프는 모리아의 광산 깊숙한 곳에서 발록과 마주하고, 함께 온 동료들이 공포에 떨며 지켜보는 가운데 발록과 맞선다. "불을 뿜는 시커먼 존재가 (그를 향해) 달려들었다."[21] 톨킨은 《반지의 제왕: 반지 원정대》에서 그 대결 장면을 이렇게 묘사했다. "그것의 그림자가 거대한 날개처럼 펼쳐지다가… 갑자기 높이 솟아오르자 양 날개가 벽 전체에 퍼졌다."

"딱 그랬다니까요." 스티븐슨의 말이다. "사방에 불길뿐이었어요."

포트맥머리로 침투한 지 3일째가 된 불이었다.

3부

심판

내가 그들에게 불을 주었다.

...

그러나 내게는 이 재앙에서
벗어날 방법이 없다.[1]

아이스킬로스
《결박된 프로메테우스》

18

부조화는
(관심을 기울인다면)
발견을 부른다.[1]
—시인 윌리엄 카를로스 윌리엄스, 《패터슨》

———

　"공기에 뭔가 있다"는 인식은 중세 시대부터 서서히 자리를 잡았다. 눈에 보이지는 않지만 우리를 통과하고 주변을 채운 전체와는 다른 것, 활성이 있는 무언가를 인식한 것이다. 영어에 "대기(atmosphere, '증기의 영역'이라는 뜻)"라는 단어가 처음 등장한 것은[2] 1638년이었으나 그것이 달에 관한 내용이었던 것을 보면, 그때는 대기의 개념을 제대로 이해하지 못했다는 사실을 알 수 있다. 그로부터 한 세기가 더 흐른 뒤에야 지구의 대기를 이해하고 생명의 유지와 관련된 대기의 특성, 대기의 구성도 밝혀졌다. 어느 정도는 커피의 영향으로 촉진된 이 발견은(뒤에서 자세히 나오는 조지프 프리스틀리가 런던의 '커피 하우스'에서 동시대에 활동한 과학자들과 자주 만나 의견을 나눈 것을 두고 한 말로 추측된다. 프리스틀리의 영향을 받은 벤저민 프랭클린도 그곳에서 만났다고 전한다—옮긴이) 미국의 독립 혁명, 점화 플러그의 원형과 함께 서구인들의 의식에 한 부분을 차지했다.

우리를 둘러싼 형체 없는 허공에 변화시키고 더하고 분리할 수 있는 요소들이 존재한다는 사실은[3] 스웨덴계 독일인 약제사 칼 셸레 (Carl Scheele)와 "왕성한 자유사상가"로 불리던 기독교 유니테리언 교파의 박학다식한 목사 조지프 프리스틀리(Joseph Priestley)가 거의 비슷한 시기에 발견했다. 셸레와 프리스틀리 모두 태양 아래 공기에서 새로운 것을 발견하는 짜릿하고 진귀한 경험을 했다. 특히 프리스틀리는 공기에서 아홉 가지 기체를 거듭 새로 발견하며 그 희귀한 성취를 여러 번 이루었다. 두 사람은 불에도 동물에도 똑같이 활기를 불어넣는 듯한, 꼭 영혼처럼 느껴지는 이 보이지 않는 정수를 뭐라고 불러야 할지 고민했다. 셸레는 "불의 공기"라는 뜻의 독일어 브랑드뤼프트 (brandluft)라고 했고(산소가 발견되기 전, 공기는 여러 성분으로 되어 있는 게 아니라 다양한 '상태'가 있다고 여겨졌다. 그래서 셸레도 불이 더 잘 타는 공기라는 의미로 이런 이름을 붙였다—옮긴이), 프리스틀리는 같은 시대에 활동한 학자 조지프 블랙(Joseph Black)의 연구를 토대로 '탈플로지스톤 공기(dephlogisticated air)'라고 칭했다(플로지스톤은 연소의 원리가 밝혀지기 전에 등장한 개념이다. 불에 타는 물질에 공통적으로 존재하는 요소를 플로지스톤이라고 하고, 연소는 이 플로지스톤이 빠져나오는 과정이라고 여겨졌다. 따라서 탈플로지스톤 공기는 공기에 플로지스톤이 없을수록 불에 타는 물질이 가진 플로지스톤이 더 잘 빠져나올 수 있다. 불이 더 잘 탄다는 의미로 붙여진 명칭이다—옮긴이). 그리스어에서 유래한 명칭이었다. 길고 복잡한 이름이지만, 사실 알고 보면 셸레가 독일어로 붙인 이름과 같은 의미였다. 셸레와 프리스틀리는 산소와 불, 그리고 산소와 생물이 상호의존적인 긴밀한 관계라는 사실을 알고 있었다.

1771년 여름, 프리스틀리는 얕은 물이 담긴 그릇에 종 모양의 병을 거꾸로 뒤집어서 덮고 그 안에 살아 있는 쥐를 넣는 실험을 여러

심판

차례 실시했다. 쥐는 병 안에서 금방 죽었다. 단 몇 초 만에 숨이 끊어지기도 했다. 이유를 고민하던 프리스틀리는 "동물이 호흡하는 공기의 어떠한 양적 특성이 동물에게 해로운 영향을 준다"[4]고 썼다. 그리고 "공기를 다시 호흡에 적합하게 만드는 방법이 발견된 적 있는지는 모르겠다"고도 밝혔다.

이어지는 프리스틀리의 설명에는 놀라운 직관적 추론이 담겨 있다.

그러나 자연이 제공하는 무언가가 공기를 다시 호흡에 적합하게 만드는 것은 분명하다. 그런 공기는 불꽃도 계속 탈 수 있게 만든다. 그것이 없으면 대기 전체가, 동물의 생명(그리고 불의 생명도) 유지에 적합하지 않게 된다.[5]

프리스틀리는 성직자라 다른 학자들과는 다소 동떨어진 삶을 살았지만, 여유 시간에는 그들과 마찬가지로 세속적인 방법을 동원해서 과거에는 성직자와 신의 영역으로 여겨지던 우리 주변의 공기, 보이지 않고 형체도 없는 수수께끼 같은 그 깊은 공간을 이해하려고 애썼다. 프리스틀리의 이러한 탐구 활동을 노골적인 이단 행위라고 여기는 이웃들도 있었다. 그렇게까지 보지는 않아도 많은 이들이 무의미한 일이라고 여겼다. 그들이 보기에 공기에는 "아무것도 없었기" 때문이다. 프리스틀리가 뉴턴에 관해 밝힌 의견에도 이런 역설적인 상황이 담겨 있다. "뉴턴은 공기에 관해 아는 게 너무 없어서 공기에 거의 아무런 의문도 갖지 않았다."[6]

프리스틀리는 인간의 눈으로 볼 수 있는 가장 멀리 있는 별과 인간 사이에 유형(有形)의 장벽은 없지만, 우리를 둘러싼 대기는 쉽게 변하며 유한하다고 생각했다. 자신이 실험한 유리병 내부 환경처럼 폐쇄된 시스템이거나 극히 제한적인 시스템이라고 본 것이다. 그리고 쥐 실험에서 쥐를 죽게 만든 "썩은 공기"가 다른 생물에는 어떤 영향을 주는지 확인해보기로 하고 처음과 같이 유리병에 먼저 쥐를 넣었다가, 쥐가 죽으면 사체를 제거한 후 곧바로 그 자리에 박하 식물을 넣어보았다. 그런데 식물은 생명이 살 수 없는 공기인 줄 알았던 "플로지스톤이 포화된 공기(phlogisticated air)" 속에서 며칠, 몇 주가 지나도 계속 살아 있었다. 그러자 프리스틀리는 새로운 실험을 설계했다.[7] 이번에는 병 안에 초 하나를 켜고, 촛불이 꺼지면 박하 식물을 넣었다. 이번에도 식물은 잘 자랐다. 이로써 쥐가 죽고 촛불이 꺼지는 조건이 식물에는 어떠한 해로운 영향도 주지 않는다는 것을 확인했다. 프리스틀리는 바로 눈앞에 있는 그 밀폐된 병 안에서, 눈에 보이지 않는 무슨 일이 일어났기에 이렇게 되는지가 궁금했다. 일주일 후, 그는 병 안에 쥐 한 마리와 박하 식물을 함께 넣었다. 그러자 쥐는 이전 실험처럼 금방 죽지 않았고, 프리스틀리가 한참을 관찰하다가 쥐를 꺼내서 밀폐된 다른 병 안에 집어넣을 때까지 살아 있었다. 그 두 번째 병은 다른 쥐를 넣어두었다가 쥐가 죽자 바로 제거한 빈 병이었고, 식물과 함께 병에 있을 때 살아 있었던 쥐는 빈 병에 옮기자 바로 죽었다. 프리스틀리는 병 안에 초 하나와 박하 식물을 함께 넣어두는 실험도 했다. 촛불은 식물 없이 빈 병에 넣었을 때보다 더 오래 탔다. 그의 중대한 업적으로 남은 저서 《여러 종류의 기체에 관한 관찰(Observations on Different Kinds of Air)》에는 이런 설명이 나온다. "나는 이 관찰을 통해,[8] 식물은 동물의 호흡이 공기에 영향을 주는 것과 같은 방식으로 공기에 영향을 주지 않으며, 오히려 동물의 호흡이 공기에 일으키는 영향을 역전시킨다는 결론을 내렸다. 식물은 해로워진 공기가 상쾌하고 온전한 상태로 유지되도록 만든다."

프리스틀리가 활용한 건 아내가 부엌에서 쓰는 도구들과 식물을 기르는 작은 오두막에 있던 물건들을 대강 꿰맞춘 실험 도구, 열두 살짜리 어린이도 도구만 있으면 할 수 있는 간단한 실험이 전부였지만, 강력한 호기심과 추론 능력으로 불과 식물, 동물에서 나타난 반응의 체계적인 연관성을 찾아냈다. 산소, 나아가 이산화탄소의 발견으로 이어진 성과였다.

프리스틀리가 이런 흥미진진한 실험을 시작하게 된 것은 "독창적인 사람이라면 관심을 가질 만한 일"[9]이었기 때문이다. 18세기 후반에 활동한 여러 독창적인 사상가 중에서 벤저민 프랭클린(Benjamin Franklin)만큼 이 현상에 관심을 쏟은 사람도 없었다. 프리스틀리가 박하 식물로 다양한 실험을 하던 1772년 6월에 프랭클린이 때마침 그의 집을 방문했다. 집으로 돌아간 프랭클린은 프리스틀리에게 편지를 보냈다. "동물에서 만들어진 무언가로 인해 손상된 공기를 식물에서 만들어지는 무언가가 회복시키는 게 분명하며, 이는 합리적인 시스템으로 보입니다. … 선생님의 박하가 그 썩은 공기에서도 튼튼하게 잘 자라는 것을 보면, 식물이 공기에 무언가를 더하는 게 아니라 공기에 있던 무언가를 없애서 공기를 고쳐놓은 듯합니다."[10]

프랭클린은 직관력과 가공되지 않은 실험 데이터, 프리스틀리와 커피를 마시며 나눈 대화들을 토대로 광합성의 원리를 절반쯤 알아냈다. 그가 말한 "합리적인 시스템"도 사실이었고, 프리스틀리의 박하 식물이 공기에 있던 무언가를 "없애서" 공기를 "고쳤다"는 그의 추론도 사실이었다. 식물이 없앤 것은 바로 이산화탄소였다. 프랭클린이 아쉽게 놓친 것은 박하 식물이 공기를 고칠 때 공기에 추가되는 것도 있다는 것, 그것이 산소라는 사실이다. 프리스틀리도 산소의 정체를 거의 코앞에서 놓쳤다. 그는 유리병으로 우리가 살아가는 대기 환경과 너무나 흡사한 환경을 세심하게 재현해서 지구에 생명이 존재하는 비밀이 감춰진 금고의 암호를 하나씩 풀어냈다. 프리스틀리는 무려 250년 전에 지구 대기의 축소판을 만들어냈을 뿐만 아니라 대기가 오염될 수도 있고 다시 회복될 수도 있다는 것, 인간의 개입에 따라 대기가 치명적으로 변할 수도 있고 생명을 유지하는 환경이 될 수도 있다는 것을 알아냈다.

////

프리스틀리의 유리병 내부 공기가 그 안에 있는 쥐를 감싼 것처럼, 그리고 역청이 역청 모래 알갱이 하나하나를 감싸고 피부가 우리 몸을 감싸듯이 대기는 지구에 존재하는 무한한 구성요소를 감싸고 있다. 이 대기라는 보호막의 두께는 그것이 감싸고 있는 면적에 비하면 거미줄처럼 얇다. 지구의 인구 대부분이 살고 있는 해수면 높이에서부터 얼음은 많고 산소는 적은 에베레스트산 캠프 4까지는 수직 거리로 8킬로미터 정도다. 1만 2,870킬로미터가 넘는 지구 지름과 비교하면 0.06퍼센트에 불과하다. 다르게 말해서 지구에서 생물이 살 수 있는 대기권의 두께와 우리 몸의 피부 두께를 상대적으로 비교하면 피부가 대기권보다 10배 더 두껍다. 생명이 없는 우주의 깊은 공간과 우리를 분리하는 건 우리를 감싸고 있는 이 기체로 된 얇은 막이 전부다. 인간도 불도 이 막이 없으면 살 수 없다.

대기는 쉽게 변하고 변화에 민감하게 반응한다. 언뜻 이해하기 힘든 추상적인 개념처럼 느껴질 수도 있지만 프리스틀리의 실험과 같은 축소판 환경을 떠올리면 쉽게 이해할 수 있다. 우리도 유리병 속 쥐만큼 대기의 변화에 민감하다. 같은 차에 탄 사람이 메탄(방귀)을 분출하면 차 안에 있는 모두가 금방 알게 된다. 베이컨 굽는 냄새, 나무가 타는 냄새, 장미꽃 향기, 휘발유 냄새도 금방 알아챈다. 우리는 대기의 열에도 그만큼 민감하다. 북극의 숲 지대를 지나는 파일럿들은 항상 양초를 준비하는데, 비행기가 추락하더라도 기내에서 초 한두 개만 피우면 밤 기온이 영하 40도까지 내려가는 곳에서도 생존할 수 있기 때문이다. 대기는 미세한 변화에도 극히 민감하게 반응하며, 인간도 대기의 미세한 변화에 그만큼 민감하게 반응한다.

오존과 중력, 태양 복사, 자기장, 생명을 유지하는 기체들까지 실로 엄청난 조합이 우리를 지켜주고 있지만, "생명이 살 수 있는 공간"인 이 대기는 어항만큼 깨지기 쉽고 오염되기도 쉽다. 인류가 지구에 살아온 이래로, 대기가 인간에 의해 변할 수 있다는 건 누구도 생각해본 적이 없는 일이었다. 하지만 불과 한 세기 전, 인류가 자동차에 진지하게 관심을 기울이면서 달라지기 시작했다.

석유시대가 시작된 후 평범한 사람들도 먼 옛날에는 왕이나 술탄 정도는 되어야 꿈꿀 수 있었던 방식으로, 심지어 과거에는 상상도 할 수 없었을 만큼 손쉽게 에너지를 이용할 수 있게 되었다. 추운 겨울날 6톤짜리 트레일러가 연결된 쉐보레 실버라도(Chevy Silverado) 픽업트럭이 시간당 95킬로미터의 속도로 달린다면, 차가 움직이는 데 필요한 에너지는 600마력 이상이다. 그런 트럭을 몰면, 정작 운전자는 체중이 45킬로그램인 여성이라도 편한 운동복 차림에 커피도 마시고 전화 통화도 해가면서 그 정도 에너지를 쓸 수 있다. 석유시대 이전에는 노예 수백 명과 짐 끄는 동물들까지 동원해야 그만한 에너지를 끌어모을 수 있었으므로 왕이나 파라오 정도는 되어야 가능했다. 저렴하고 풍부한 석유를 마음껏 쓸 수 있는 지금은 모두가 황제다. 자동차나 비행기, 배를 탈 때마다 눈에 보이지 않는 거대한 수행단이 우리와 함께 다니는 것과 같다. 이 수행단은 우리를 더 막강한 존재로 만들어주지만, 대기로 배출되는 물질도 수행단의 규모만큼 늘어난다. 석유시대가 열리고 150여 년간 인류는 불을 그때그때 필요할 때마다 쓰고, 누구나 이용할 수 있도록 만들고, 이용하는 불의 규모를 증폭시켰다. 결국 의도치 않은 결과가 따랐다. 석유 중심의 사회, 다르게 표현하면 불 중심의 사회로 변모한 것이다. 그로 인해 대기의 과열이라는 부차적인 결과가 따라왔다.

석유시대가 막 시작된 시기에 세워진 포트맥머리는 도시가 성장할수록 급속히 확장된 인류의 화석연료 연소 능력과 대기의 엄격한 한계가 충돌하는 뜻밖의 인화점이 되었다. 포트맥머리 화재와 불이 나기 전에 이미 시작된 여러 사건은, 존재하는 모든 형태의 탄화수소를 무슨 수를 써서라도 개발하려는 인류의 막무가내식 돌격에 전 세계가 탄화수소 자원을 처음 탐사한 이래로 계속 가열된 대기가 보인 일종의 피드백 반응이었다. 또한 불도 인간이 기존에 알던 것과는 전혀 다른 것으로 바뀌고 있다.

우리는 석유와 가스의 부정적인 면도 고려해야 할 책임이 있었지만, 불성실한 마케팅과 단기적인 지배 구조, 뛰어난 공학 기술, 다분히 의도적인 눈가림으로 그 책임을 한 세기 동안 피했다. 엄청난 인화성과 더불어 석유의 또 한 가지 특징은 액체 상태일 때나 증기 상태일 때 모두 치명적인 독성이 있다는 것이다. 이런 사실을 알고 보면, 자동차는 강력하고 유독한 폭탄이나 다름없다. 그런 폭탄에 카시트를 설치하고 우리 아이들을 아무렇지 않게 태우는 게 섬뜩하게 느껴질 정도다. 최근 들어 자동차 업계는 "안전"에 몰두하는 모양새지만 그럴수록 배출 물질은 오히려 더 늘어나는 부조화가 명백히 나타난다. 자동차 배기가스는 그 가스가 흘러 들어가는 대기처럼 대부분 눈에 보이지 않아서 사람들은 그런 가스의 존재를 아예 생각하지 않고 살기 쉽다. 하지만 앞서 예로 든 실버라도 픽업트럭의 배기구가 밖이 아닌 차 안으로 연결되면, 운전자는 물론 차에 탄 사람 모두가 몇 분이면 목숨을 잃는다. 그 배기구가 운전자의 집 거실과 연결된다면 집 안에 있던 가족 모두 한 시간 안에 죽고 만다. 하지만 모두가 공유하는 대기가 있는 곳, "바깥"에서는 그 모든 그을음이며 독성 기체가 마술이라도 부린 것처럼 다 사라진다.

우리가 선거에서 한 표를 행사하는 이유는 내 표가 다른 사람들의 표와 합쳐져서 변화를 일으킬 수 있다고 믿기 때문이다. 투표는 실제로 변화를 일으키는 경우가 많고, 원하는 결과가 나오지 않아도 변화가 일어난다. 연소도 그렇다. 우리가 피우는 불 하나하나는 눈에 보이든 그렇지 않든 선거에서 유권자 한 명 한 명이 행사하는 표와 같고, 그 표 하나하나가 대기의 이산화탄소를 변화시킨다. 석탄 1톤, 석유 1배럴, 탱크 하나를 가득 채운 가스가 전부 알라딘의 램프와 같다. 그 연료를 태워 불을 소환할 때마다, 즉 램프 속 지니를 불러낼 때마다 이산화탄소가 방출된다. 그리고 풀려난 이산화탄소는 열을 가두는 특성을 발휘한다. 이산화탄소는 일단 대기로 나오면[11] 수 세기 동안 머무른다. "청정" 연료로 여겨지는 천연가스의 주성분인 메탄은 열 보유력이 이산화탄소보다 최소 '25배' 더 크다.[12] 광석 파쇄, 잉여 가스의 연소 처리, 역청 가공, 축산업, 난방, 가정의 주방에서 부산물로 발생하는[13] 메탄은 첫 배출 후 수년간 활성 상태로 대기에 남는다.* 지구 대기는 거대하고 눈에 보이지 않지만, 방 안처럼 범위가 한정적이

---

* 최근에 실시된 매핑 분석과 데이터 측정 결과, 인류가 만들어내는 메탄과 자연적으로 발생하는 메탄을 모두 합한 메탄 배출량은 그동안 크게 과소 평가된 것으로 나타났다.

약 14억 킬로미터 떨어진 토성 궤도에서 본 지구의 모습.
(미국 항공우주국, 카시니 탐사선)

다. 즉 대기 안에 생긴 건 대기 안에 머무른다. 로켓에 실어 머나먼 우주로 보내지 않는 한, 인간이 만들거나 방출한 물질은 전부 어디 가지 않고 대기 안에 남는다.

　투명하고 둥근 천장 같은 하늘을 바라볼 때, 또는 외로이 떠 있는 달과 그보다 더 외로워 보이는 해, 그 너머에 빛을 발하는 작은 구멍들처럼 반짝이는 별들을 보면서 이런 사실을 기억하기란 쉽지 않다. 쉽지 않을 뿐만 아니라 도저히 못 믿겠다는 마음도 생긴다. 좁디좁은 인간의 시야로는 우리가 폐쇄된 통 안에 있고 이 통에는 우리 말고도 다른 모든 생명체와 모든 불, 그동안 우리가 배출한 모든 분자가 전부 축적되어 있다는 사실을 온전히 이해하는 게 거의 불가능하다. 대기는 무한하고 방대해 보이고, 인간이 그런 대기의 무결성에 타격을 줄 만큼 엄청난 영향을 일으키거나 해로운 영향을 줄 수 있다는 사실을 받아들이기란 더더욱 힘들다. 하지만 이 모든 사실을 알고 생각해보면 지구에 생명이 아직 남아 있다는 게 더 신기할 정도다. 태양계, 은하계, 드넓은 우주 전체의 규모에 비하면 지구의 대기는 알아보기도 힘들 만큼 미미하다. 컴컴한 어둠 속에 둥둥 떠 있는 탄산음료 거품 하나와 같다. 우리가 지금 그런 대기 안에서 존재할 수 있는 건 아주 특별하고 불안정한 은총 덕분이라는 사실이 무섭도록 선명해진다.

////

인간은 땅에 붙어 작은 공동체를 이루며 진화했다. 지금도 지역 단위로 살고 있으므로 기본적으로는 예나 지금이나 똑같다. 인간의 이 타고난 성향은 대기를 대하는 방식에서도 그대로 나타난다. 온실가스의 원인과 영향은 위생이 나빠지는 원인과 그로 인해 발생하는 영향만큼이나 명확히 드러났는데도, 아직도 온실가스의 영향을 알게 되거나 체감하면 깜짝 놀라는 사람들이 많다. 인간의 활동이 그러한 영향에 큰 몫을 차지한다는 사실을 인정하지 못하거나 인정하지 않으려는 사람들도 많다. 인간의 활동으로 발생하는 온실가스를 개인 위생과 비교한 건 아무거나 떠오르는 대로 말한 게 아니라, 석유시대와 밀접한 관련이 있다는 공통점이 있기 때문이다.

서구 사회 의사들은 19세기 중반이 되어서야 손 씻기가 환자의 생존율과 관련이 있다는 사실을 처음으로 깨달았다. 오스트리아 빈에서 활동하던 산부인과 의사 이그나츠 제멜바이스(Ignaz Semmelweis)는 1847년에 산모의 분만을 의사가 도울 때보다 산파가 도울 때 감염이 더 적게 발생한다는 사실에 주목했다. 이런 차이가 왜 생기는지 호기심이 생긴 그는 유심히 관찰한 결과, 의사들은 병원에서 온갖 병을 앓고 피를 흘리는 환자들과 해부용 시신까지 만지지만 산파들은 오로지 산모와 아기만 살핀다는 것을 알게 됐다. 이에 제멜바이스는 의사의 손이 병들거나 죽은 환자들과 산모들을 잇는 유일하고 일관된 연결고리라는 결론을 내리고, 그때부터 분만실에 들어가기 전에 손을 철저히 씻어서 그 연결 고리가 끊어지게 만들기로 했다. 제멜바이스의 도움을 받고 출산한 사람들은 감염률이 대폭 떨어졌고, 그는 손 씻기를 기본 방침으로 삼았다.

손과 감염이 어떻게 관련되어 있는지는 설명할 수는 없어도 관련이 있다는 사실을 확신하게 된 제멜바이스는 다른 의사들에게도 손을 씻으라고 설득했다. 하지만 미생물에 대한 이해가 부족하고(현미경을 쓸 수 있는 시대였음에도) 자신만의 방식에 자부심이 대단했던 의료계의 남성 동료들은 제멜바이스의 말을 무시했고, 수많은 산모와 아기가 불필요하게 목숨을 잃었다. 급기야 다른 의사들이 손을 씻으라고 꾸준히 주장하는 그를 배척하는 바람에, 제멜바이스는 어쩔 수 없이 빈을 떠나야 했다. 그 일로 큰 절망감에 시달린 제멜바이스는 점점 공격적인 사람으로 변했고 결국 이성을 잃고 말았다. 손 씻기와 신생아 건강의 연관성을 처음 깨닫고 18년이 지난 1865년 7월 말, 제멜바이스는 사람들의 꼬임에 넘어가 빈의 어느 정신병원에 감금되었고 그곳에서 폭행당했다. 그리고 입원 치료를 받은 지 2주 만에 폭행으로 생긴 상처가 원인으로 추정되는 패혈증으로 사망했다.

로베르트 코흐(Robert Koch)와 루이 파스퇴르(Louis Pasteur)의 획기적인 연구 덕분에 의학계가 마침내 세균 이론을 수용한 1880년대가 되어서야 이그나즈 제멜바이스에게 씌워진 불명예도 사라졌다. 그때부터 손 씻기는 정신이 바로 박힌 사회라면 전 세계 어디든, 모든 구성원이 당연하게 여기는 일이 되었다. 손 씻기가 정치화되었거나 미생물이 정말로 존재하느냐는 회의론을 부추겨서 이득을 얻으려는 진지한 시도가 있었다면, 오늘날 공중보건은 지금과 크게 달라졌을 것이다. 2020년 전까지는 누가 그런 소리를 하면 무슨 헛소리냐며 웃고 넘겼을지 모른다. 하지만 코로나바이러스 대유행을 통해 우리는 과학을 정치화하고 확실한 근거마저 거부하며 가장 기초적인 공중보건 예방 수칙을 거부할 때 개인과 사회가 어떤 대가를 치러야 하는지를 실시간으로 똑똑히 확인했다. 이산화탄소의 확산은 세균의 확산보다 더 쉽게 막을 수 있다. 이산화탄소의 확산을 막지 못하면 세균이 확산될 때처럼 "대대적인 열병"이 발생한다. 열을 가두는 이산화탄소의 특성이 대기의 온난화와 어떤 관련성이 있는지는 제멜바이스가 처음 손을 씻기 시작한 때보다도 수십 년이나 더 일찍 밝혀졌고, 세균 이론이 수용되기 훨씬 전에 세세한 부분까지 탐구되고 증명됐다.

포트맥머리 시민 9만여 명이 단 몇 시간 만에 안전하게 대피할 수 있었던 건 에티엔 르누아르가 발명한 히포모빌의 직계 자손 격인 트럭, 버스, SUV 덕분이었다. 그런데 차가 굴러가려면 반드시 연료가 필요하고, 그 필요성이 애초에 포트맥머리로 사람들이 모여든 이유였다. 인간과 석유의 이 같은 상호 의존 관계에는 스톡홀름 증후군과 비슷한 면이 있다. 한 달에 600달러씩 할부금을 내기로 계약하고 새

357

로 뽑은 번쩍이는 픽업트럭이 고속도로 중앙 대피차선에 멈춰 있고 그 옆에 석유통을 들고 착한 사마리아인을 기다리는 운전자의 모습은 2016년 포트맥머리 화재의 상징적인 이미지가 되었다. 석유가 유일한 화폐가 된 세상이 배경인 좀 더 친절하고 다정한 분위기의 캐나다 버전 〈매드 맥스〉 같기도 하다. 제 꼬리를 삼킨 뱀 우로보로스가 떠오르기도 한다. 우로보로스는 '피드백 순환고리'가 구체화된 형상이라고도 할 수 있다.

인간과 석유의 이 같은 순환고리를 만든 폭발적인 창의력은 계몽주의 시대에서 산업혁명으로의 전환을 이끌었다. 두 시대 모두 예술과 철학의 발달은 물론 연료와 추진력, 대량생산에도 중추적인 역할을 했다. 그에 비해 이 전환기가 기후학에 얼마나 결정적인 시기였는지는 덜 알려졌다. 증기엔진이 도입된 18세기 중반은 지구 대기가 온실과 비슷하게 열이 유지되는 특성이 있다는 사실이 막 밝혀지기 시작한 시기였다. 태양에서 방사된 에너지는 파장의 형태로 지구에 도달하고, 대부분 반사되어 우주로 돌아간다. 낮에는 이 파장 중 일부가 바다를 포함한 지구 환경에 흡수되고 밤이 되면 냉각되며 겨울철에는 더 크게 냉각된다. 오븐에서 막 꺼낸 뜨거운 프라이팬이 오븐을 끄고 나면 식는 것과 비슷한 원리다. 단열이 되는 집 안에서는 달궈진 프라이팬이 식어도 바깥 온도만큼 차가워지지는 않는 것처럼, 낮에 기온이 올라간 지구는 밤에 냉각이 일어나도 온도가 우주 공간만큼 내려가지는 않는다. 지구의 대기, 구체적으로는 수증기와 이산화탄소가 단열재 기능을 하기 때문이다. 이것이 "온실 효과"이고, 지구에 사는 생물에게는 꼭 필요한 현상이다.

태양열이 존재한다는 사실은 명백해도 그 열이 어떻게 유지되고 반사되는지, 일부 경우 열이 증폭되는 이유가 무엇인지는 명확하지 않다. "대기가 지구의 평균 기온에 어디까지 영향을 주는지는 파악하기 힘들다."[14] 프랑스 출신 과학자이자 기후학의 선구자 조제프 푸리에(Joseph Fourier)가 1824년에 쓴 글이다. "이 점에 있어서 우리는 이 의문을 어느 정도 해결해준 저명한 여행가 드 소쉬르 씨에게 빚을 진 셈이다." 1824년은 푸리에가 말한 "저명한 여행가" 오라스 베네딕트 드 소쉬르(Horace Bénédict de Saussure)가 세상을 떠난 후 25년이 흐른 해였다. 소쉬르는 조지프 프리스틀리와 동시대에 활동한 자연철학자로, 프리스틀리에 버금가는 비상한 두뇌의 소유자였다. 제네바의 부유한 집안에서 태어난 그는 식물학, 지질학부터 열의 물리학적 특성에 이르기까지 폭넓은 지식을 갖춘 박학다식한 학자로 두각을 나타냈다. 알프스 여러 곳을 최초로 등반한 산악인이기도 한 소쉬르는 산에서 고도에 따른 대기 변화를 확인하기 위한 몇 가지 실험을 최초로 실시했다.

소쉬르는 '태양 온도계'라는 발명품을 다양한 탐구 활동에 활용했다. 기본적으로 온도계가 장착된 휴대용 온실과 같은 도구였다. 1774년 7월의 어느 화창한 날,[15] 소쉬르는 이 장비를 짊어지고 이탈리아 알프스에 속하는 해발 2,740미터의 크라몽산(Mont Crammont)에 올랐다. 정상에 올라 오후 햇살이 태양 온도계의 유리 표면에 닿도록 두었다가 골짜기 쪽으로 1,500미터를 내려와서 온도를 확인한 결과, 기온이 정상보다 약 15도나 높았음에도 바깥과 차단된 태양 온도계 상자 내부의 온도는 정상에서 확인했던 최고 온도(약 88도)에서 크게 달라지지 않았다. 이에 소쉬르는 태양에너지는 비교적 일정하지만, 공기에 유리판 같은 게 덮여 있기라도 한 것처럼 고도가 낮은 곳의 바깥 공기에는 고도가 높은 곳의 바깥 공기보다 열이 더 많이 유지되는 것으로 보인다고 추론했다. "공기는 밀도가 높을수록 습도가 높고 온도도 높아진다. ··· 그래서 나는 태양광이 지구 표면에서 반사된다고 한 (피에르[Pierre]) 부게(Bouguer)의 견해에 동의한다."[16] 소쉬르가 쓴 글이다.*

그로부터 50년 후, 재능 많은 과학자이자 남작, 식민지 총독, 수학자였던 진정한 르네상스인 조제프 푸리에는** 대기와 지구 기온에 관한 연구를 이어갔다. 1822년, 그의 대표작이 된 방대한 저서《열 분석 이론(Analytical Theory of Heat)》에는 이 연구에서 나온 중요한 결과가 담겼다. 켈빈(Kelvin) 경(절대온도의 그 켈빈)이 "위대한 수학적인 시"[17]라고 묘사한 이 저서에서, 푸리에는 밤과 낮, 그리고 계절별 기온 차이를 중심으로 계산했을 때 만약 지구에 햇빛과 지구 핵의 잔열만 영향을 주었다면 기온이 지금보다 훨씬 낮아야 한다고 설명했다. 따라서 지구의 기온을 높이는 것, 또는 공기에 열을 유지하는 무언가가 있는 것이 분명하다고 결론 내렸다. "온실 효과"라는 용어는 그로부터 오랜 세월이 지난 뒤에야 등장했지만, 이름이 붙여지는 건 시간문제일 뿐이었다.

---

* 소쉬르는 수십 년 앞서 피에르 부게가 페루 안데스산맥에서 관찰한 사실을 바탕으로 연구했다.

** 푸리에는 역사상 어떤 인물에게도 뒤지지 않을 만큼 이력이 다채로웠다.

19

어떤 사람들은 세상이 불로 끝날 거라 하고,
어떤 사람들은 얼음으로 끝날 거라 한다.
내가 맛본 욕망으로 보자면,
나는 불이라 말하는 쪽에 동의한다.[1]
—로버트 프로스트의 시, 〈불과 얼음〉

———

현대 기후학이 시작된 정확한 날짜를 꼽는다면, 1856년 8월 23일 이 유력하다. 150여 년간 중요성을 인정받지 못한 이 날짜의 주인공 은 뉴욕 북부 출신의 여성 예술가이자 발명가, 시민 과학자였고 초기 참정권 운동에도 참여한 유니스 뉴턴 푸트(Eunice Newton Foote)다. 푸 트가 기후학에 남긴 독보적인 업적은 2010년 어느 은퇴한 석유 지질 학자가 우연히 발견하기 전까지 세상에 알려지지 않았다. 그 자신도 인지하지 못했지만, 푸트는 최초의 현대식 기후변화 실험을 수행하고 그 내용을 기술했다. 실험에는 소쉬르의 태양 온도계를 변형한 버전 인 격실 안에 밀폐된 유리 실린더 한 쌍과 온도계가 있는 도구가 활용 되었다. 푸트는 이 두 실린더 중 한쪽에는 "일반 공기"를 채우고 다른 한쪽은 "탄산가스"(즉 이산화탄소)를 채운 후 실온에서 각각 온도를 측 정하고 직사광선 아래에 두었다. 그러자 양쪽 실린더 모두 온도가 올 라갔지만, 이산화탄소를 채운 쪽은 단 몇 분 만에 온도가 두 배로 뛰었다. "지구의 기온은 이 기체로 이루어진 대기로 인해 높아지는 것으로 보인다."[2] 푸트는 〈태양 광선의 열에 영향을 주는 환경(Circumstances affecting the Heat of the Sun's Rays)〉이라는 제목의 짧은 논문에서 이렇게 설명했다. "또한 일부의 추측처럼 만약 지구 역사에서 공기 중이 기체의 비율이 지금보다 더 높았던 시기가 있었다면, 이 기체의 작용으로 인해… 분명 기온이 상승했을 것이다."

1856년 8월 23일은 늦여름이 한창이던 뉴욕의 올버니에서 열린 미국 과학진흥협회 연례 회의에서 푸트의 실험 결과가 공개된 날이다. 이 내용을 청중들 앞에서 발표한 사람은 푸트가 아닌 한 남성 동료였다.[3] 참석자들은 이 실험 결과가 당시 사람들이 한창 관심을 쏟던 먼 과거의 기후에 관한 내용이라고 이해했을 뿐 미래의 기후를 엿볼 수 있는 결과임을 알아차린 사람은 아마 없었을 것이다. 에너지를 얻으려면 말의 도움을 받거나 증기에서 동력을 얻던 그 시대의 청중들은 미처 몰랐겠지만 푸트의 결론에는 불길한 경고가 담겨 있었다. "공기에 이 기체가 유입되면 온도가 크게 상승하며, 이 반응은 다른 어떤 기체가 유입될 때보다 민감하게 나타난다. 또한 공기에서 이 기체를 제거해도, 이미 발생한 열이 냉각되려면 이 기체가 없는 공기보다 시간이 몇 배 더 오래 걸린다."[4]

현재 인류는 유니스 푸트의 이 획기적인 실험을 실시간으로 재현하면서 살고 있다. "이 기체가 유입되는 공기"는 바로 우리의 대기다.

////

기후학은 석유, 자동차 산업과 함께 발전했다. 모두 석유시대의 산물이다. 유니스 푸트가 이 역사적인 이산화탄소 실험을 한 때로부

심판

터 겨우 3년 뒤인 1859년에 에드윈 드레이크 "대령"이 펜실베이니아에서 첫 유정을 시추했다. 그리고 같은 해에 에티엔 르누아르는 상업화가 가능한 내연기관의 원형을 최초로 개발했다.[5] 아일랜드 출신 물리학자 존 틴들(John Tyndall)이 대기 중 특정 기체의 농도에 따라 지구 기후가 바뀔 수 있음을 확실하게 입증한 해도 1859년이었다. 좀 섬뜩할 만큼 기가 막힌 우연의 일치다. 틴들의 연구 결과는 그해 6월 10일, 영국 왕립학회 제10차 학회원 저녁 회의에서 공개됐다. 과거 100여 년에 걸쳐 다른 학자들이 발견한 사실을 재차 입증한 내용이었다.

지구가 열을 흡수하면, 대기의 질은 지구에서 발산되는 광선이 태양광과 똑같이 우주로 자유롭게 뻗어나가지 못할 만큼 변한다. 대기는 유입되는 태양열을 받아들이지만 그대로 내보내지는 못한다. 그 결과 지구 표면에 열이 축적되는 추세가 나타난다.[6]

용어만 쓰이지 않았을 뿐 모든 면에서 온실 효과를 설명한 내용이다. 이 개념 자체는 이미 널리 알려져 있었으나, 틴들은 이러한 현상을 최초로 증명하고 수증기와 이산화탄소가 지구에서 반사되는 태양광의 열을 적외선의 형태로 다량 흡수한다는 사실을 명확하게 설명했다. 유니스 푸트의 연구 결과와 비슷해 보이지만 그는 푸트의 연구를 전혀 몰랐던 듯하다.[7] 그럴 만도 한 것이, 틴들은 당시에 구할 수 있는 가장 정교한 장비로 훨씬 발전된 연구를 수행했고 활동 무대도 푸트가 있던 뉴욕 북부와는 멀리 떨어진, 당시 과학의 중심지였던 런던이었다. 틴들은 여러모로 비범한 인물이었다. 열의 물리학적인 특성에 오랫동안 관심을 쏟은 헌신적인 과학자인 동시에 상업적인 측량사로서도 성공을 거두었고 발명가로도 활동했다. 50년이 넘는 기간 동안 꾸준하게 팔린 저서 《열: 운동 방식(Heat: A Mode of Motion)》 등 영향력 있는 저작을 남긴 인기 저술가이자 강연가, 소쉬르와 같은 선구적인 알프스 등반가이기도 했다. 마터호른을 최초로 오른 사람들 목록에도 이름을 올렸다.

그로부터 40년 뒤인 1896년,[8] 노벨상 수상자인 스웨덴 출신 화학자 스반테 아레니우스(Svante Arrhenius)가 대기 이산화탄소의 농도 변화로 촉발되는 지구 온난화(그리고 지구 냉각) 현상에 관한 새로운 연구 결과를 발표했다(헨리 포드의 첫 번째 자동차가 나온 해이기도 하다). 빙하기, 간빙기처럼 지구 역사의 특정 시기를 구분하는 기후변화의 원인이 대기 중 이산화탄소 비율의 변화라는 쪽으로 점차 의견이 모이던 시기였다. 당시에는 대기 중 이산화탄소 농도가 달라지는 주된 원인이 화산 활동이라고 여겼다. 아레니우스는 지구의 타원 궤도와 일주 운동, 계절 변화, "운량"(하늘에 덮인 구름의 양)의 변화를 비롯한 다른 여러 요소를 고려하여 수만 번, 그것도 손으로 직접 계산한 결과[9] 이산화탄소 농도가 1890년대보다 50퍼센트 높아지면 지구 표면의 평균 기온이 약 3.3도 증가할 것이라고 예상했다.[10] 지금과 같은 컴퓨터 기후 모형도 없이 나온 아레니우스의 이 계산은 놀랄 만큼 정확했다. 심지어 그는 이산화탄소 농도의 증가로 인한 온난화의 영향이 위도에 따라 다양하게 나타날 것이라고도 했는데, 오늘날 고위도 지역에 사는 사람들은 이 예측이 얼마나 정확한지를 절실히 느끼고 있다.

서른일곱의 나이에 이런 뛰어난 선견지명이 담긴 논문을 발표한 아레니우스 교수는 스톡홀름 물리학회에서 있었던 "아주 활발한 토론"[11]에 영감을 받았다고 밝혔다. 아레니우스의 이 논문에는 석탄 연소가 이산화탄소 농도에 영향을 준다는 내용도 있다.[12] 그 시대에 이런 분석이 나왔다는 건 경이로운 일이다. 유리병 내부의 공기 질이 쥐와 식물에 의해 달라진다는 사실을 알아낸 조지프 프레스틀리의 연구에 비견될 만큼 놀라운 직관력이 발휘된 결과였다. 이런 성과를 남긴 스반테 아레니우스는 이산화탄소의 영향을 놀랍도록 정확히 추정한 인물로 언급될 때가 많지만, 사실 그보다 먼저 이를 예측한 동료가 있었다. 아레니우스의 저술에도 자주 인용된 지질학자 아르비드 호그봄(Arvid Högbom)이다. 호그봄이 1894년에 쓴 글에는 이런 내용이 나온다. "현대 산업에서 주로 발생하여 대기로 유입되는 (이산화탄소의) 양은, 지구에 석회석이 형성될 때 소비된 (이산화탄소의) 양을 전부 상쇄할 것이다."[13]

호그봄은 산업 활동으로 배출되는 이산화탄소의 양이 화학적인 풍화와 숲, 바다의 이산화탄소 흡수 등을 통해 자연적으로 제거되는 (이 과정을 "완충"이라고 한다) 양을 상쇄할 것임을 일찍부터 예상한 것이다.

자동차의 시대가 동튼 19세기 초에는[14] 산업계의 주된 에너지원이 석탄이었다(이런 상황은 1960년대까지 이어졌다). 하지만 석유와 가스도 입지를 빠르게 굳혔다. 그 초창기부터 이산화탄소의 영향을 나타내기 위한 새로운 표현들이 등장하기 시작했다. "대기는 온실의 유리와 같은 기능을 할 가능성이 있다."[15] 아레니우스의 친구이자 동료였던 기상학자 닐스 에크홀름(Nils Ekholm)이 1901년에 쓴 글이다. "즉 대기는 태양 광선은 비교적 쉽게 통과시키고, 땅에서 방출되는 짙은 색 광선은 상당 부분을 흡수해서 지구 표면의 평균 기온을 상승시킨다."

에크홀름도 호그봄과 아레니우스처럼 산업계의 이산화탄소 배출량이 늘어나면 기후 온난화 효과가 발생할 수 있다고 보았다. 그즈음에 "록펠러"라는 이름은 엄청난 석유 재벌의 대명사로 자리매김했다. 1906년에는 북미 석유산업을 사실상 전부 손아귀에 쥐고 있던 존 D.

록펠러의 클리블랜드 기업 스탠더드 오일 컴퍼니를 상대로 반독점 소송이 제기됐다. 1년간 이어진 법정 공방 끝에 이 거대 기업은 나중에 에너지 분야에서 제각기 거물로 성장한 에소, 모빌, 아모코(Amoco), 셰브론(Chevron), 텍사코(Texaco) 등 수십 개의 "작은" 기업들로 분할 되었다. 휘발유로 달리는(당시의 주된 에너지원이던 셰일오일이나 증기, 전기가 아닌) 자동차가 자리를 굳히리라는 조짐은 더욱 뚜렷해졌다.

스탠더드 오일을 상대로 한 반독점 소송이 진행 중이던 1907년, 영국의 물리학자 존 포인팅(John Poynting)은 자의식이 강하게 담긴 글에서 가까운 미래에 벌어질 기후에 관한 논의를 예고한 듯한 새로운 용어를 제시했다. 이 용어는 포인팅이 보스턴 출신의 부유한 여행 작가이자 시민 과학자 퍼시벌 로웰(Percival Lowell)의 글을 읽고 자신의 견해를 밝힌 글의 서두에 등장한다. "(로웰은) 기존 어느 작가들보다 지구 대기의 영향을 아주 세세한 부분까지 고려한다."[16] 영국의 한 저명한 학술지에 기고한 포인팅의 글은 이렇게 시작한다. "하지만 그는 대기의 '담요 효과', 또는 내가 더 선호하는 표현인 '온실 효과'에는 전혀 관심을 기울이지 않는다."

다음 해인 1908년에는 수백만 대가 팔려 나간 헨리 포드의 자동차 '모델 T(Model T)'가 출시되었고, 스반테 아레니우스의 대표작 《세계의 형성: 우주의 진화(Worlds in the Making: The Evolution of the Universe)》의 영어판이 출간됐다. (모델 T처럼) 일반 대중을 겨냥한 아레니우스의 이 대범한 저서는 인간이 지구 온난화를 발생시킬 가능성을 탐구한 최초의 대중과학서였다. 이 책에서 아레니우스는 1770년대에 소쉬르가 증명하고 이후 푸리에, 푸트, 틴들, 그 밖에 여러 학자가 발전시킨 지구 기후의 "온실화" 이론을 설명하는 한편 한 걸음 더 나아갔다.[17] "현재 산업계의 석탄 연소량은 공기 중 이산화탄소의 비율을 우리가 감지할 정도로 상승시킬 만큼 어마어마하다."[18]

당시 과학계에서 이를 시급한 문제로 여긴 사람은 별로 없었다.[19] (아레니우스를 포함해서) 이 문제에 조금이라도 진지한 관심을 기울인 사람들조차 겨울이 더 따뜻해진다면 좋은 일이라고 생각했다.[20]

아레니우스도, 선견지명이 뛰어났던 그의 동료 호그봄도 현재 우리가 맞닥뜨린 이 새로운 온난화의 시기가 이토록 빨리 당도할 줄은 상상하지 못했을 것이다. 인간의 활동으로 배출되는 이산화탄소가 그 시대에 대기 중 이산화탄소 농도 상승의 주된 원천이던 화산 폭발의 영향을 이렇게 빨리 앞지를 줄도 예상치 못했을 것이다. 하지만 불태우는 사람, 호모 플라그란스는 불과 열, 이산화탄소를 발생시키는 일에 있어서 "화산 폭발"에 뒤지지 않는다. 석유시대가 시작된 이래 인류가 대기 중 이산화탄소 농도 증가에 끼치는 영향은 날로 커져만 갔다. 1896년 아레니우스의 획기적인 논문이 발표된 이후,[21] (그 논문의 내용을 기억하는 사람들 대다수가 아직 살아서 활동하던 시기에) 산업계의 화석연료 사용으로 배출된 이산화탄소의 양은 이미 25배나 늘어나서 자연이 단기간에 흡수하거나 중화할 수 있는 수준을 크게 넘어섰다.

아레니우스와 호그봄의 초기 예측을 필두로, 대기에 관한 과학적인 연구는 휘발유로 움직이는 자동차와 그에 따른 전 세계 석유 사용량의 급격한 증가만큼 빠르게 발전하기 시작했다. 그 결과, 과거에는 추측만 하던 것들을 직접 측정할 방법이 놀라울 정도로 단시간에 개발됐다. 캐나다에서 태어나 영국에서 자란 증기 공학자 겸 아마추어 기상학자 가이 캘런더(Guy Callendar)는 산업 활동으로 발생하는 이산화탄소의 영향을 맨 처음 체계적으로 계산한 사람 중 한 명이다. 기후가 온난해지고 있다는 일화적 근거가 나오기 시작한 1930년대에 캘런더는 그 변화를 최초로 추적하고 그래프로도 나타냈다. 인간의 뿌리 깊은 충동인 호기심에서 비롯된 탐구였다. 성공한 물리학자의 아들로 태어난(그래서 풍족한 삶을 살았던) 캘런더는 이전 세대의 자연철학자들처럼 과학 자체를 위한 과학을 추구했다. 이산화탄소가 정말로 지구 기후에 영향을 주는지 호기심이 생긴 그는[22] 직접 확인해보기로 하고, 전 세계에 설치된 기상 관측소 200곳에서 나온 100년간의 기온 기록을 모아서 특별한 동향이 나타나는지 조사했다. 그리고 마흔 살이던 1938년에 분석 결과를 발표했다. 북미와 유럽에서는 도로 어디에서나 자동차를 볼 수 있던 때였다. 〈이산화탄소의 인위적 생산과 그것이 기후에 끼치는 영향〉이라는 제목의 논문에서, 캘런더는 누구도 예상치 못한 미래를 예견했다.

기후와 날씨는 대기에서 자연적으로 일어나는 열 교환의 결과다. 이 현상을 잘 아는 사람 중에 인간의 활동이 이 과정에 엄청난 영향을 일으킬 수 있다는 사실을 인정할 사람은 거의 없을 것이다. 본 논문은 그러한 영향이 일어날 가능성이 있을 뿐만 아니라 현재 그 영향이 일어나고 있음을 밝히고자 한다.[23]

컴퓨터도 없었고 그가 조사한 자료의 범위만큼 기후가 장기적으로 분석된 전례도 없었다. 그래서 캘런더는 모든 계산을 손으로 직접 하고 그래프도 다 직접 그렸다.[24] 수천 건에 달하는 날씨 기록을 일일이 검토하는 이 고생스러운 과정 끝에, 그는 1890년부터 1935년 사이에 지구의 평균 기온이 약 0.5도 상승했다는 결론을 내렸다.

당시에도 많은 과학자, 일반인이 지구 기온이 변동한다(기온의 상승과 하강 모두 포함해서)는 사실은 알고 있었지만 대부분 태양 흑점이나 자연의 특정한 주기가 원인이라고 생각했다. 하지만 캘런더는 앞

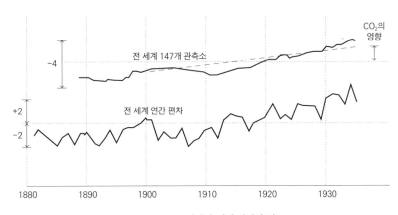

전 세계 147개 관측소

CO₂의
영향

-4

+2

전 세계 연간 편차

-2

1880 1890 1900 1910 1920 1930

1901~1930년까지 세계 지역별 및
지구 전체의 10년 단위 평균 기온과의 편차.(단위: ℃)

서 호그봄과 아레니우스가 그랬듯 50여 년간 기온이 온난해진 이 경향의 원인은 인간이 만들어낸 이산화탄소라는 이례적인 주장을 펼쳤다. 제2차 세계대전을 앞둔 시기이자 사람들이 석유가 일으킨 폭발적인 성장의 번영을 한껏 누리던 시기에 나온 외로운 외침이었다. 캘런더의 논문은 영국의 저명한 기상학 학술지에 게재됐지만, 그 협소한 분야 밖에서는 별 관심을 얻지 못했다. 당시 기후 연구는 대부분 과거의 빙하 형성에 초점이 맞춰져 있었고, 캘런더가 밝혀낸 급속한 기온 상승도 다가올 일을 암시하는 전조가 아닌 이미 일어난 이상 현상을 분석한 결과 정도로 여겨졌다. 그런 동향이 나타난 건 알겠지만 앞으로 수십 년 안에 다시 뒤집힐 가능성이 없다고 누가 장담할 수 있겠느냐는 식의 반응이었다.

하지만 그 동향이 뒤집히는 일은 일어나지 않았다. 한 세기 이상이 지난 지금도 마찬가지다. 미국 항공우주국의 최근 데이터를 보면, 오히려 실상은 캘런더의 자신 있는 예측과 소름 끼칠 만큼 겹친다는 것을 알 수 있다. 캘런더는 지금으로부터 80년도 더 전에 이렇게 썼다.

"앞으로 20년간 나타날 전 세계 기온 변화는, 계산 결과를 토대로 한 이 대기 중 이산화탄소 농도 변화에 관한 예측이 얼마나 정확한지를 보여주는 귀중한 증거가 될 것이다. 과거처럼 빙하가 위험할 정도로 늘어나는 시대는 무기한 연기될 것이다."[25]

항공우주국이 최첨단 장비로 측정한 최신 기온 변화 그래프에는 캘린더가 제시한 그래프와 거의 동일한 패턴이 나타난다.

당시에는 무시됐지만, 가이 캘린더의 주장에는 엄청난 의미가 담겨 있었다. 무엇보다 그는 불을 향한 인류의 집착이 자연을 움직이는 동력이 되었음을 명확히 밝혔다. 그때는 "인류가 발생시킨(anthropogenic)"이라는 표현이 아직 생기기 전이었지만, 있었다면 캘린더도 그 표현을 썼을 가능성이 크다. 인류세(인류가 지구 전체의 날씨와 생태계에 영향을 주는 지질 시대)가 시작됐다는 것은 과학계에서도 널리 인정하고 있다. 하지만 정확히 언제부터 시작됐는지는 아직도 논란 중이다. 홍적세의 거대 동물들이 멸종된 이유가 인간 때문이었다는 사실이 입증된 약 5만 년 전부터일까? 아니면 대체로 현대 인류가 시작된 시기라고 여겨지는 1만 2,000년 전 충적세(홀로세)부터일까? 농업과 도시 국가가 등장한 1만 년 전? 로마 시대의 제련 작업으로 발생한 잔류 오염물질이 전 세계에 축적된 2,000년 전을 인류세의 시작점으로 봐야 할까?[26] 내연기관이 처음 도입된 160년 전? 핵폭탄이 등장한 75년 전? 인간이 불을 통제할 수 있게 된 때로 입증된 100만 년 전?

이는 과학자들의 몫이다.

분명한 사실은 지질 시대는 보통 특정한 시기로 나뉜다는 것, 그리고 캘린더는 석유시대에 발생한 대기 변화를 문서와 도표로 처음 기록했다는 것이다. 그와 같이 획기적인 발견을 한 너무나 많은 과학자가 그랬듯, 캘린더도 홀로 자신만의 주장을 펼쳤고 정당한 주장으

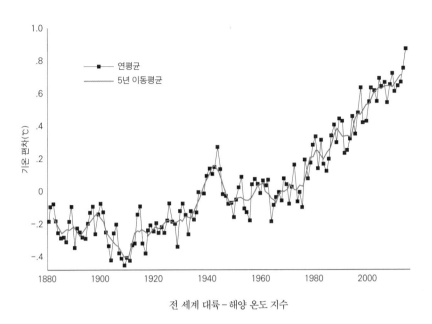

전 세계 대륙-해양 온도 지수

로 인정받을 가능성은 불투명했다. 캘린더의 논문은 대체로 무시됐지만 더 불운한 결과를 맞이할 수도 있었다. 공기 중 산소에 관한 연구를 선도했던 조지프 프리스틀리처럼 영국에서 쫓겨나 망명지에서 생을 마감할 수도 있었고, 손 씻기의 중요성을 알리려던 이그나즈 제멜바이스처럼 고향에서 쫓겨나 정신병원에서 죽임을 당할 수도 있었다. 또는 지금과 더 가까운 시기인 1912년에 알프레트 베게너(Alfred Wegener)가 겪은 일을 비슷하게 겪었을 수도 있다. 대륙이동설을 발전시키고 강력히 주장했던 베게너는 자신의 이론을 세상에 공개한 후 공격과 조롱에 시달리다가 결국 인정받지 못하고 그린란드의 빙원에서 숨을 거두었다. 이런 사례들과 달리 캘린더의 연구는 그가 세상을 떠나기 전인 1964년에 보편적인 인정까지는 아니었지만, 마침내 수용되었다. 그리고 그가 아직 살아 있을 때 사람들은 이산화탄소와 기온의 관계를 '캘린더 효과'라고 부르기 시작했다.[27]

가이 캘런더는 지구 온난화에 관한 자신의 이론이 앞으로 20년 내로, 즉 1958년까지 나타날 기온 변화로 입증될 것이라 예견했다. 그 사이에 캐나다 출신 지구물리학자 길버트 플래스(Gilbert Plass)는 200년 전부터 제기된 가능성, 즉 장파 복사(적외선, 태양열)가 수증기와 산업계가 배출하는 이산화탄소에 의해 대기에 머무르게 된다는 것이 사실인지를 적외선 분광기로 확인했고, 그것이 정확하다는 것을 재확인했다. 플래스의 연구 결과는 1950년 초부터 여러 저명한 학술지와 잡지를 통해 알려지기 시작했다. 1953년 5월 5일 〈워싱턴 포스트〉에는 당시에 이미 사람들에게 꽤 익숙해진 비유가 등장했다. "석탄과 석유 사용으로 방출되는 이산화탄소는… '온실의 유리처럼' 지구 표면 전체를 덮는다."[28]

2주 후 〈뉴욕 타임스〉에도 비슷한 내용이 같은 표현과 함께 실렸다. 〈타임〉지도 마찬가지였다. "불에 굶주린 현대의 산업은 해마다 20억 톤에 가까운 석탄과 석유를 태운다. 그 연료들을 태우는 상업 용광로는 그렇지 않아도 이미 오염된 공기에 연기, 그을음과 함께 눈에 보이지 않는 이산화탄소 60억 톤을 내뿜는다. … 지구 전체에 흩어져 둘러싸는 이 기체는 지구를 거대한 온실처럼 만든다."[29]

당시 가장 인기 있는 주간지 중 하나였던 〈라이프〉는 1953년 6월 "공기의 덮개"라는 제목의 20쪽짜리 기사로,[30] 기온 상승과 빙하의 급속한 감소, 산업계가 배출하는 이산화탄소의 연관 가능성을 소개했다. 3년 뒤 1956년에 플래스는 〈아메리칸 사이언티스트〉를 통해 자신의 연구 결과를 설명했다. 그해 7월에 실린 이 기사에서, 그는 "평균 기온이 아주 조금만 변해도 기후에 우리가 감지할 수 있는 수준의

심판

영향이 발생할 수 있다. 이런 일이 대체로 큰 주목을 받지 못하고 있다"[31]고 말했다. "예를 들어… 평균 기온이 4도만 증가해도 지표면 대부분이 열대기후로 바뀔 수 있다."

과학자들이 연구 결과를 전달하는 방식을 살펴보면, 신선하기도 하고 자신이 없어 보이기도 하는 한 가지 특징이 나타난다. 별로 중요하지 않은 결과와 엄청난 파괴력이 있는 결과를 똑같이 아무렇지 않게 이야기한다는 것이다. 플래스의 말은 평균 기온이 4도 오르면* 우리가 아는 삶이 끝장난다는 소리였다. 가이 캘런더가 대기 중 이산화탄소와 기온 변화를 그래프로 그려서 세상에 발표한 지 아직 20년이 되지 않았지만 변화는 뚜렷했다. 플래스는 캘런더의 예측을 인용하며 이렇게 설명했다. "오늘날 인간의 활동은 대기 중 이산화탄소를 한 세기당 30퍼센트까지 증가시키고 있다."**[32]

우리는 불로, 엔진으로, 그리고 입으로도 이산화탄소를 끊임없이 내뿜고 있지만 그 배출량은 대부분 직접적으로 드러나지 않는다. 그래서인지 최근에는 이산화탄소의 영향을 마치 개인의 선택에 달린 하나의 신념처럼, 믿어도 되고 안 믿어도 되는 일처럼 여기기도 한다. 하지만 이산화탄소의 영향은 주관적으로 판단할 일이 아니다. "지난 50년간, 북반구와 남반구 모두에서 빙하가 줄어들고 있다."[33] 플래스가 1956년에 쓴 글이다. "산업 활동이 증가하면 문제가 점점 더 심각해질 것이라는 점에 '의심의 여지가 없다.'"[34](작은따옴표는 내가 붙였다.)

플래스는 "이산화탄소와 기후"라는 제목의 글에서[35] 석탄이 매장되어 있다고 알려진 곳을 전부 탐사한다면, 대기 중 이산화탄소가 10

---

* 현재까지 평균 기온은 대략 1도 상승했고, 그로 인한 혼란의 증거는 이미 차고 넘친다.

** 지금 돌이켜보면 이것도 과소평가였다.

373

배로 늘어나 전 세계 평균 기온은 미지의 영역으로 넘어갈 것이라고 했다. 그의 이런 결론과 확신보다 더 당혹스러운 것은 이것이 거의 70년 전에 나온 예측이라는 사실이다. 어조는 완곡했지만, 그의 획기적인 분석은 대기의 평형상태를 조금이나마 유지하고 싶다면 인류의 화석연료 사용량을 조절할 필요가 있다("그냥 땅속에 두어야 한다")는 최초의 제안이었다. 플래스의 연구는 1950년대 전반에 걸쳐 여러 학술지와 유명 잡지에 계속 실렸다. 하지만 이토록 상세하고 논리 정연하게 경각심을 일깨워주는 내용도 세상에 거의 아무런 파급을 일으키지 못했고, 다른 소식들에 밀려 결국 도서관 서고에서나 볼 수 있는 자료가 되었다.

그래도 플래스의 주장은 캘린더와 달리 외로운 외침은 아니었다. 유럽의 학자들을 비롯해 미국 캘리포니아 스크립스 해양학연구소(Scripps Institution of Oceanography)의 몇몇 과학자들도 대기 중 이산화탄소에 관한 새로운 연구를 수행했다. 그중 해군 출신 해양학자이자 스크립스 연구소 소장 로저 레벨(Roger Revelle)은 미국 의회에서 인간이 일으킨 기후변화 문제를 처음 공식적으로 제기했다.

1956년 3월 8일, 레벨은 다가올 '국제 지구 물리의 해'에 수행할 연구와 연구 자금을 논의하기 위해 미 하원 세출위원회 회의에 출석했다. 국제 지구 물리의 해(1957~1958년)는 국제 사회에서 최악의 숙적 관계인 소련과 미국이 냉전 시대의 적개심을 일부나마 내려놓고 전 세계 수십 개국과 협력하여 지구 대기와 해양, 육지 환경을 더 심층적으로, 다각도로 연구하겠다는 의지가 담긴 노력이라 과학적인 의미만큼 외교적인 의미도 컸다. 극 지역의 오로라부터 심해 해구, 제트기류, 멕시코 만류까지 두루 연구 주제에 포함될 만큼 사업 목표도 매우 야심만만했다. 인공위성, 심해 잠수정 등 최신 기술을 선보일 수

심판

있는 각종 실험도 방대하게 계획되었고, 가장 먼 옛날에 형성된 빙하부터 순식간에 사라지는 대기 중 기체까지 측정이 가능한 것은 무엇이든 검체를 채취하기로 했다. 국제 지구 물리의 해는 여러 면에서 인류가 할 수 있는 최상의 시도였다. 그래서 이 역사적인 노력에 참여하는 것 자체가 엄청난 영광으로 여겨졌다.

날씨가 포근했던 3월, 레벨은 오전에 세출위원회 회의장으로 향했다.[36] 의원들의 질문은 주로 극지 연구에 쏠렸다. 1950년대 미국의 "극지 연구"에는 당시 급속히 늘어가던 핵폐기물을 극지 어디에 폐기할 것인지, 빙원을 핵잠수함을 숨겨두거나 미사일 공격의 개시 장소로 활용할 수 있는지에 관한 조사도 포함됐다. 레벨의 전문 지식은 그런 내용보다는 빙원이 그 상태로 얼마나 남아 있을지에 관한 탐구와 더 관련이 있었다.

"앞으로 수십 년간, 인류는 대부분 자신도 모르게 기후에 중대한 영향을 주는 활동을 하게 될 것입니다."[37] 레벨은 회의장에 모인 사람들에게 이렇게 말했다. "그 활동이란 전 세계 문명국가에서 일어나는 석탄과 석유, 천연가스의 연소를 말합니다. 이런 활동은 대기에 이산화탄소를 더합니다. 인간은 이런 방식으로 수억 년간 퇴적암에 저장되어 있던 탄소를 공기와 바다로 돌려보낼 것입니다. 기상학자나 해양학자의 관점에서는 과거에 한 번도 시도된 적 없고 미래에도 결코 재현될 수 없을 어마어마한 규모의 지구물리학 실험을 하는 것과 같습니다. 이렇게 방출된 이산화탄소가 전부 대기에 머무른다면, 지구 기후에 분명 영향을 줄 것이고 그 영향은 상당할 것입니다. 최근 수십 년간 북반구 전반에서 약하게 나타난 온난화가 크게 강화될 수 있습니다."

우파 성향의 텍사스주 민주당 출신 앨버트 토머스(Albert Thomas)

의원도 레벨의 견해를 거들었다. "굴드 박사도 지난 50년간 온난화가 일어났다고 하지 않았나요?"[38]

미국 국가남극위원회 의장인 로런스 굴드(Laurence Gould)를 가리킨 말이었다. 굴드가 쓴 글의 서두만 봐도 이 텍사스 출신 국회의원이 왜 그의 말에 주목했는지를 알 수 있다.

빙하를 연구한 결과들을 보면, 1900년경에 시작된 온난화 주기가 계속 진행 중이라는 사실을 분명하게 알 수 있다. 이런 온난화가 앞으로 25년에서 50년간(2000년경까지) 계속된다면 북극해는 여름철에 배로도 접근할 수 있을 만큼 빙하가 다량 녹을 것이다. 또한 온난화 주기가 지속되면 빙하로 묶여 있던 얼음이 녹는 양은 해수면 상승으로 해안가 저지대에 사는 수백만 명의 삶에 영향을 줄 정도에 이를 것이다. 앞으로 20년에서 25년 내로(1980년경) 플로리다 같은 반도 지역에서는 범람이 일어날 가능성이 있다. 이러한 변화가 실제로 일어날 것인지와 상관없이, 서서히 변화하는 기후로 인해 이미 폭풍의 경로가 바뀌고 강우 분포가 달라지기 시작했다.[39]

"우리가 대기에 이산화탄소를 보탠 것이 (이 새로운 온난화 주기가 시작된) 이유일 수 있습니다."[40] 레벨은 설명을 이어갔다. "… 국제 지구 물리의 해 사업 중 해양학 사업에서도 화석연료를 태워서 발생하는 이산화탄소 중에 해양으로 유입되는 비율이 얼마나 되는지, 대기에는 얼마나 오랫동안 머무르는지를 조사할 겁니다."

"말씀하신 그 기체가, 인간의 삶에 영향을 끼친 적이 있습니까?" 뉴욕 민주당 출신 의원 해럴드 오스테르탁(Harold Ostertag)의 질문이었다.

"영향은 이미 나타나고 있는 것으로 보입니다." 레벨은 이렇게 답했다. "주로 날씨로 나타나고 있죠. … 동부 해안에서 허리케인이 발생하는 횟수가 늘고 있는 것은 분명 따뜻한 공기가 전체적으로 북쪽을 향해 흐르는 것과 어떤 식으로든 관련이 있습니다."

이 발표와 질의응답의 내용이 1956년도 〈의회 의사록〉에 기록되어 있다는 사실을 주목할 필요가 있다. '지구의 날'은 그로부터 15년이 더 지나서야 최초로 지정됐고, 유엔 산하 '기후변화에 관한 정부간 협의체(Intergovernmental Panel on Climate Change, IPCC)'의 첫 보고서는 35년 뒤에 나왔다. 기후변화를 인정하지 않는 "기후 부정"이나 "기후변화 회의론" 같은 건 존재하지도 않던 때였다. 그날 회의장을 채운 의원들은 전부 백인 남성에 대부분 자동차 시대가 막 시작된 시기에 태어난 기독교 신자들이었음에도, 경각심을 깨우는 이 새로운 정보를 열린 마음으로 받아들이고 지적인 관심을 기울이며 토론했다.

레벨은 이듬해 5월에도 국제 지구 물리의 해 사업 중 미국이 참여한 부분에 관한 중간보고를 위해 워싱턴 D.C.로 향했다. 오후에 열린 회의에서, 레벨은 "열 균형"이라는 표현이 등장하는 방대한 설명으로 발언을 시작했다. 냉전 시대의 과학자, 군인 출신이라고는 믿기지 않을 만큼 전체론적인 시각이 담긴 설명이었다. 캘리포니아 남부 지역에서 선원으로 일했던 경험이 레벨의 이런 독특한 시각에 영향을 주었는지도 모른다. "이 주제를 여기 모인 여러분에게 설명하는 가장 좋은 방법은, 아마 한 번도 이렇게 생각해본 적이 없으시겠지만, 지구를 우주선이라고 상상해보는 것입니다."[41] 레벨은 이렇게 시작했다. "… 우리는 이 지구라는 우주선에서 수십만 년을 살았습니다. 우리 인류는 이 환경에 특별히 잘 적응했죠. … 인간의 생리와 심리는 전부 지구의 특성에 좌우됩니다."

"지금 환경 운동가처럼 말씀하시는군요." 텍사스 출신 앨버트 토머스 의원은 별 감흥을 받지 못했는지 이렇게 대꾸했다. "저는 박사께서 유전을 믿는다고 생각했는데요."*

자신의 연구에 학자다운 탐구심만큼 감정적으로도 애착이 깊었던 레벨은 아랑곳하지 않고 말을 이어갔다. "우리를 만드는 건 분명 우리가 사는 이 지구입니다. 간단한 예를 들어보죠. 우리는 산소를 마십니다. 우리가 아는 한, 지구는 태양계에서 유일하게 유리 산소가 존재하는 행성입니다."

"쭉 공짜는 아닐 겁니다." 토머스 의원이 또 끼어들었다. "연방정부가 언젠가는 세금을 부과할 거니까요."(유리 산소는 영어로 free oxygen 이다. 화합물이 아닌 형태를 '유리[free]'라고 하는데, free는 공짜를 의미하기도 하므로 말장난을 친 것이다—옮긴이)

레벨은 꾹 참고 계속 설명했다. "또한 지구는 액체 상태의 물을 대량 보유한 유일한 행성이기도 합니다. 물은 엄청난 양의 열을 저장할 수 있어서 어마어마한 복사열을 흡수합니다. 덕분에 지구의 기온은 크게 바뀌지 않는 것입니다."

자신의 지역구인 휴스턴에 존슨 우주센터를 유치한 업적으로도 잘 알려진 유력 정치인이자 제1차 세계대전 참전 군인이기도 한 토머스 의원은 꼭 신경질적인 텍사스 석유업자처럼 시비 거는 것 같아도 사실 레벨의 말을 경청하고 있었다. "그러니까 그 말은, 그 방대한 물이 엄청난 열 저장고 역할을 한다는 의미군요."

---

* 내 생각에 토머스 의원이 말한 유전의 의미에는 성경의 해석이 반영된 듯하다. "유전이란, 살아 있는 존재의 생리적·정신적 특성이 자손에게 반복해서 나타나는 경향을 만드는 법칙이다."《국제 표준 성경 백과사전(International Standard Bible Encyclopedia)》

"정확합니다, 의원님." 레벨이 답했다.

두 사람은 가뭄과 물 부족 문제에 관해 한참 대화를 나누었다. 이 대화에는 토머스 의원과 레벨의 고향도 여러 번 언급됐다. 이어서 레벨은 앞으로 날씨가 어떻게 변할 것인지 단기적인 예측과 장기적인 예측을 제시했다. "장기적인 예측에서는 '기후'라고 하셨고 일일 기준에서는 '날씨'라고 하셨는데, 맞나요?" 토머스 의원이 물었다.

"그렇습니다." 레벨의 대답이었다.

아이젠하워 대통령의 집권기, 핵무기가 가져올 지구 종말이 사람들의 주된 관심사인 시대였다. 토머스는 얼마 후 실시된 '민권법'(1957년) 표결에 반대표를 던졌다.* 그런 보수적인 텍사스 토박이가 유난히 무더웠던 그 5월의 오후에 서부 해안에서 온 진보주의자와 국회의사당에서 기후학을 주제로 의견을 나누고 있었다. 레벨은 산업계가 배출하는 이산화탄소가 20퍼센트 늘어나면 "캘리포니아 남부, 그리고 텍사스주의 상당한 면적이… 지금도 생활 터전으로는 거의 적합하지 않지만 그때는 정말로 사막이 될 것"이라고 예측했다.

고대 그리스와 메소포타미아가 겪은 가뭄의 원인과 영향에 관한 의견이 한차례 오간 후, 놀라운 선견지명이 드러난 대화가 계속됐다.

"날씨의 관점에서 본다면 그런 가뭄은 어떻게 일어난 걸까요?" 토머스 의원이 물었다.

"아무도 모릅니다." 레벨의 대답이었다.

"그걸 설명하는 이론 같은 건 없습니까?"

"사실 제가 이야기한 이산화탄소로, 그에 관한 일부 이론을 시험할 수 있습니다."

---

* 그는 반대했지만, 이 법은 통과됐다.

토머스 의원은 레벨의 말을 이해해보려고 노력했다. "이산화탄소는 지표에서 반사되는 적외선을 흡수하고, 열도 함께 흡수하겠죠. 그다음은요?"

"기온이 올라갑니다." 레벨이 이어서 설명했다. "온실과 비슷합니다. … 지구 기온이 상승하면 미국 서부 지역 대부분과 남서부 지역을 지나는 북위가 지금보다 북쪽으로 올라간 것과 같은 일이 일어납니다. 무슨 뜻인지 아시겠습니까?"

"네." 토머스가 답했다.

논의 주제는 해류로 넘어갔다.

이제는 모두 세상을 떠난 지 오래된 의원들 앞에서 레벨이 한 말은 지극히 예리한 경고였다. 레벨은 1957년 회의에서 산업계가 배출하는 이산화탄소의 양이 20퍼센트 증가한다면 어떤 변화가 일어날지 예견했는데,[42] 산업계의 이산화탄소 배출량이 그 비율만큼 증가한 2004년에 그가 예견한 대기 변화가 그대로 일어났다.

레벨이 가뭄, 강우로 촉발되리라 예상한 혼란은 이제 "국면 전환"으로 표현된다. 특정 지역의 기후 체계에 일어나는, 되돌릴 수 없을 만큼 극적인 변화를 뜻한다. 이러한 국면 전환이 거의 전 지구적으로 일어나고 있다는 사실이 수많은 증거로 뒷받침되고 있다. 그 여러 지표 중 하나인 화재의 동태도 이 변화를 생생하게 보여준다. 레벨의 본거지인 캘리포니아도 기후의 국면 전환이 여러 지표로 드러나고 있다. 캘리포니아의 화재 시즌은 1950년대만 해도 4개월 정도였으나 이제는 연중 내내로 늘어났고, 화재의 위력이 가장 강력했던 해를 비교하면(1950년과 2020년) 화재로 소실된 면적은 '8배' 늘어났다[*43](인명 피해와 재산 손실은 말할 것도 없다). 레벨이 예측한 가뭄 문제도 갈수록 심각해지고 오래 지속되는 양상이 나타나고 있다.[44] 겨울이고 여름이고 계속되는 가뭄은 산악 지역의 숲과 농경지, 그 둘을 잇는 수로의 정상적인 기능을 위협하고 있다. 토네이도는 레벨의 정확한 예측력을 뛰어넘어 더 크게 늘어났다.[45]

출신도, 삶의 철학도 너무나 다른 두 사람의 이 역사적인 대화는 국제 지구 물리의 해 사업에서 나온 값진 부수적 결과였다(미 의회가 멀쩡하게 기능할 수도 있음을 새삼 상기하게 되는 사례이기도 하다). 비록 화석연료의 연소와 이산화탄소의 중대한 연관성은 큰 주목을 받지도 못하고 대책이 마련되지도 않았지만, 로저 레벨과 동료 학자들은 이 관계를 연구할 수 있는 자금을 확보했다. 오늘날의 기후 상황에서 본다면, 미 항공우주국 소속 과학자인 제임스 핸슨(James Hansen)이 의회에 출석해 역사적인 발언을 한 때로부터 30년도 더 전에 이 문제를 이토록 정확히, 단호하게 설명했다는 사실이 놀라울 따름이다.[46]

레벨이 국회의사당에서 발표를 마친 후로 지금까지 세대가 세 번 바뀌고 세계 인구는 50억 명이 늘어났다. 연료를 태우는 차량, 엔진, 난로, 발전기, 발전소는 각종 크기별로 수십억 대가 늘어났다. 1950년대에 이미 기후변화를 일으키는 수준이었던 연간 이산화탄소 배출량은 5배 증가했다.

---

* 뉴멕시코주는 화재 기상 일수가 1973년 이후 120퍼센트 증가했다.

20

내일은 왔다가 갔다.[1]
—코맥 매카시,《더 로드》

———

자동차 판매량이나 이산화탄소 배출량, 인구 증가 속도와는 비교할 수 없겠지만, 과학계가 기후학에 기울이는 관심도 지속적으로 증가했다. 세균 이론과 대륙이동설처럼 과학적인 탐구라는 강물의 한쪽 구석에서 반대로 소용돌이치는 작은 역류, 도발적인 아이디어로 여겨지던 온실 효과도 주류로 합쳐졌다. 길버트 플래스와 로저 레벨은 이 변화에 큰 몫을 했다. 파편적으로 이루어지던 두 사람의 노력은 과학계 전반에서 온전한 형태를 잡기 시작했다. 하지만 기후 문제의 초창기 전령이었던 플래스와 레벨의 노력은 카산드라를 연상케 하는 불운한 공통점이 있다. 둘 다 다가올 일들을 훤히 내다보았고 그 전망을 뒷받침하는 과학적인 근거도 있었지만, 이들의 메시지에 담긴 설득력 혹은 시급성이 집단의식에 파고들지는 못했다는 사실이다.

사람들은 이들의 말을 제대로 '경청'하지 않았다. 그렇게 된 원인에는 메시지 자체의 특성도 있다. 지극히 추상적일 뿐만 아니라 희망

심판

과 승리감으로 꽉 채워진 전후 세상과 정면으로 부딪치는 내용이었기 때문이다. 공산주의와 독재에 맞서는 일은 나라를 지키고 통합을 이루려는 노력으로 여겨져도 연기를 가득 뿜어내는 공장 지대의 굴뚝, 가족들이 함께 타고 다니는 자동차 배기구와 맞서는 건 그렇게 호의적으로 받아들여지지 않았다.

플래스와 레벨의 메시지가 식민주의·자본주의 충동과 엇갈린다는 점은 더 큰 걸림돌이었다. 북미 대륙에서 영국이, 남아메리카에서 스페인이, 콩고에서 벨기에가, 티베트에서 중국이, 우크라이나에서 러시아가 입증했듯이 식민지 건설을 추구하는 국가들은 자신들이 마땅히 점유하고 이용해도 된다고 여기는 사람들과 그 사람들이 사는 땅의 건강, 행복을 파괴한다. 미 하원 소위원회 회의장에서 화석연료 개발이 (식민지 개발은 더 말할 것도 없고[2]) 대기에 일으키는 잠재적 영향에 관해 경고한 레벨의 말은, 한 세기 전 존 플린이 아한대림에서 모피 원료가 되는 동물들을 초토화하는 허드슨스 베이 컴퍼니의 사업 방식에 관해 쓴 글과 일맥상통했다. 단지 좀 더 정중하게 표현했을 뿐이다.

이산화탄소의 영향은 새롭고 까다로운 개념이었으므로 좀 더 쉽게 대중이 이해할 수 있도록 전달하려는 진심 어린 시도가 있었다. 1958년 이산화탄소가 기후에 일으킬 수 있는 혼란에 관한 내용이 공립학교의 교과과정에 포함됐다. 오늘날의 관점에서도 놀라운 일이다. 게다가 1950년대 말과 1960년대 초에 영화감독 프랭크 캐프라(Frank Capra, 영화 〈멋진 인생〉 등을 만들었다)가 벨 전화회사(Bell Telephone, 통신 업계의 스탠더드 오일이라 할 수 있는 AT&T의 전신)와 함께 이산화탄소의 영향을 주제로 제작한 교육용 프로그램 시리즈가 국영 채널에서 방송되고 미국 전역의 학교에도 광범위하게 배포됐다. 그 시리즈 중에 당시 유행했던 애니메이션과 실사를 함께 쓰는 방식으로 제작된

〈풀려난 여신(The Unchained Goddess)〉(1958년)에서는[3] 배우 리타 헤이워스(Rita Hayworth)와 똑같이 생긴 메테오라(Meteora)라는 애니메이션 여신이 널찍한 이마에 안경을 쓴 서던캘리포니아대학교의 전설적인 교수 프랭크 백스터(Frank Baxter) 박사(실존 인물이다)에게 푹 빠진다. 아주 쾌활한 성격으로 그려진 백스터 박사는 시종일관 날씨와 관련된 과학과 역학을 설명하다가, 마지막에 "인간은 스스로 만든 문명의 폐기물로 전 세계 기후를 의도치 않게 변화시키게 될 것"[4]이라고 경고한다. 이 영화에는 길버트 플래스의 연구에 로저 레벨의 서정성을 합친 듯한 백스터의 대사들과 함께 빙하가 무너지는 모습, 굴뚝에서 솟구치는 연기, 도로를 가득 메운 차들의 실제 장면과 해수면 상승으로 미국 해안 지역이 바다에 잠기는 모습 등을 묘사한 애니메이션이 나온다. 베이비 붐 세대로 태어난 어린이 수천만 명이 미국 역사상 가장 거대하고 힘 있는 기업에서 제작 지원과 배급에 나선 이 영화를 봤다.

1959년 11월 4일에는 천재적인 인물이자 큰 논란의 주인공이기도 한 핵물리학자 에드워드 텔러(Edward Teller)가 이산화탄소 문제를 경고하는 대열에 가세했다. "수소폭탄의 아버지"로도 알려진 텔러는 당시 기준으로 이 문제를 언급한 가장 유명한 과학자였다. 그의 경고가 나온 곳은 TV나 국회의사당이 아닌, "에너지와 인간"이라는 한 초청 심포지엄이었다. 1959년은 에드윈 드레이크 "대령"이 펜실베이니아 타이터스빌에서 첫 유정을 발견한 지 100주년이 된 해였다. 석유, 가스 산업의 대표적인 기업들이 회원인 미국 석유협회가 이를 기념하기 위해 컬럼비아대학교 경영대학원과 손잡고 최고의 과학자, 산업계 경영진, 역사가, 경제학자, 정부 관리 300명을 초청한 행사가 "에너지와 인간" 심포지엄이었다. 진눈깨비가 날리던 쌀쌀한 수요일, 뉴욕시 컬럼비아대학교의 기념비적인 건물인 로 도서관(Low Library)[5]에서 열린

이 행사는 다 함께 과거를 축하하고 석유시대의 미래를 의논하는 자리로 마련됐다.

외풍이 심한 그곳 도서관 원형 건물에 모인 여러 힘 있는 인사 중에는 당시 쉰 살의 나이로 미국 석유협회 대표이자 J. 하워드 퓨의 회사 선 오일 컴퍼니(서노코)의 회장을 맡고 있던 로버트 던롭(Robert Dunlop)도 있었다. 미국 석유산업을 대표하는 기업들은 대부분 과거 록펠러가 세운 스탠더드 오일에서 분리된 가지들인데, 서노코는 그 가지에 속하지 않은 드문 기업이었다. 규모로 보자면 스탠더드 오일만큼 거대하지는 않았으나 퓨 가문의 사람들이나 그들이 거느린 사람들의 맹렬한 소유욕은 스탠더드 오일에 뒤지지 않았다. 1959년에는 베네수엘라와 캐나다까지 진출했고, 앨버타 오일샌드 개발의 중요한 계기가 된 선 컴퍼니(Sun Company, 선코어의 전신)의 지배 지분도 이미 확보한 후였다. 이 분야의 변화에 촉각을 세운 사람이라면 석유시대가 새로운 단계로 나아가고 있다는 사실을 누구나 감지할 수 있던 시기였다. 석유가 석탄 대신 전 세계 "원동력"의 자리를 꿰차고, 세계 곳곳에서 석유가 대규모로 개발되고 있었다. 하지만 미국의 국내 석유 공급량은 부족하고 해양 시추는 아직 얕은 해역까지만 허용된 상황이라, 미국은 전쟁이 끝난 직후부터 석유를 수입하기 시작했다. 역청 모래는 장기적인 자급자족의 관점에서 꽤 매력적인 후보로 떠오르기 시작했다.

퓰리처상을 수상한 역사학자에 이어 연단에 오른 던롭은 활기찬 말투로 "석유 혁명"을 축하했다. 연설 서두에는 미국 석유협회가 100주년 기념호로 발표한 분기 보고서에도 실린 잡지 〈하퍼스〉의 편집자 존 피셔(John Fischer)의 글을 인용했다. TV 시리즈 〈매드맨(Mad Men)〉에서 광고회사 직원인 주인공 돈 드레이퍼(Don Draper)가 열과 성을 다해 영업하는 장면이 절로 떠오르는 피셔의 글에는 이런 내용이 나온다. "우리는 생활 속에서 낯선 모습으로 변장한 수많은 석유제품과 만난다. 예를 들어 장 볼 때 쓰는 비닐봉지나 예쁜 발목을 감싸는 스타킹도 그렇다. 우리 집은 몇 년 전부터 석유로 난방하고 있지만 나는 지금까지도 그 연료를 본 적이 없다. … 주유소에서 어느 서투른 직원의 부주의로 휘발유가 튄 적이 있는데, 그때 본 게 전부다."[6]

피셔의 표현(또는 광고)에 따르면, 석유는 절묘하고 매력적이며 소비자가 일일이 신경 쓰지 않아도 보이지 않는 곳에서 강력한 기적을 일으킨다. 또한 석유는 (그날 행사장을 채운 사람들 같은) 주인이 원할 때만 모습을 드러낸다. 던롭이 이런 피셔의 글을 소개한 데 이어 연설 후반부에 이르러 석유산업에 부과되는 세금에 관한 몇 가지 불만을 언급할 때는(60여 년이 지난 지금도 석유업계의 이런 생각은 크게 변하지 않았다) 마라톤 우승자가 기념으로 트랙을 천천히 한 바퀴 돌 때와 비슷한 분위기였다.

에드워드 텔러의 연설은 참석자들이 고대한 그날 심포지엄의 주요 순서였다. 텔러는 유명한 인물이었다. 스탠리 큐브릭 감독의 1964년 작 〈닥터 스트레인지러브〉에 영감을 준 것으로도 잘 알려진 텔러는 천재인 동시에 복잡한 인물이었다. 함께 핵폭탄 개발에 참여한 수많은 동료가 히로시마와 나가사키에 일어난 파괴를 보고 두려움을 느낄 때, 고국인 헝가리의 파시스트 정권을 피해 달아난 난민이자 유대인인 텔러는 이제 더 강력한 무기를 만들 수 있을 것이라 기대하며 기뻐했다. 석유 사업가이자 명백한 자본주의자인 던롭이 텔러를 뉴욕의 그 행사장에 초청한 것은 그의 윤리성과 무관했다. "미래의 에너지 패턴"이라는 제목으로 30분간 이어진 텔러의 자유분방한 연설은 원자핵 폭발과 기후변화, 역청 모래의 연관성을 최초로, 그리고 아마도 유일하게 짚어냈다.

텔러는 전 세계 에너지 수요가 급속히 증가하고 있고 석유와 석탄 같은 전통적인 에너지원 외에 다른 에너지원을 찾아야 한다는 퓨와 던롭(그리고 프레드 코크[Fred Koch])의 견해에 동의했다. 원자력 발전소를 새로운 후보로 보는 사람들도 있었지만, 텔러가 주목한 건 핵폭탄이었다. 전후에 미국이 시작한 '보습 계획(Project Plowshare)'의 지지자였던 그는[7] 그날 심포지엄에서 이 계획에 관해 "원자력에너지뿐만 아니라 핵폭발을 평화적으로 이용하는 것"이라고 설명했다. 이제는 그렇게 아무렇지 않게 말할(또는 글로 쓸) 수 있는 내용이 아니지만, 냉전 시대는 지금과 달랐다. 원자력은 프로메테우스가 인간에게 건넨 불로 이루어진 발전처럼 인간이 신과 같은 힘을 발휘할 수단으로 여겨졌다. 에드워드 텔러 같은 사람에게는 거부할 수 없는 힘이기도 했다. "핵폭발은 저렴하고 거대합니다." 그는 사업적인 사고방식에 익숙한 청중을 향해 이렇게 설명했다. "핵폭탄을 활용하면 셰일오일을 덮고 있는 수십, 수백 미터 깊이의 퇴적암도 부술 수 있습니다. 역청 모래처럼 끈적한 물질이나 고형물이 있는 곳에도 그렇게 접근할 수 있습니다. … 지금은 꿈같은 이야기지만, 이 꿈은 어느 정도 실현될 것입니다. 핵폭발의 영향을 파악할 수 있는 실험이 허용되기만 한다면 말이죠."

텔러의 말에는 간절한 열망이 묻어났다. 앨버타의 역청 모래가 개발에 얼마나 비협조적인 물질인지 잘 알고 있었던 던롭은 텔러의 말을 주의 깊게 경청했다. 그런데 갑자기 텔러가 화석연료 개발의 문제점을 경고하기 시작했다. "새로운 에너지원을 찾아야 하는 또 한 가지 이유를 언급해야겠습니다. … 바로 대기오염이라는 희한한 문제 때문입니다. … 기존 연료는 태울 때마다 이산화탄소가 발생합니다. … 이산화탄소는 눈에 보이지 않는 투명한 물질이고 냄새도 없죠. 건강을 위협하지도 않습니다. 그런데 왜 염려해야 할까요?"

로런스 리버모어 국립연구소(Lawrence Livermore National Laboratory)
의 초대 연구소장이자 버클리 캘리포니아대학교 물리학과 교수였던
텔러는 평소에 똑똑하고 학식 있는 사람들과 어울릴 일이 많았으므로
그런 사람들과 소통하는 법을 모르지 않았다. 그런 그가 심포지엄에
모인 일류 기업가들을 대상으로 '이산화탄소 입문' 강의라도 하는 듯
한 설명을 시작한 것은 꼭 필요한 내용이라고 판단했기 때문이다. "이
산화탄소는 희한한 특성이 있습니다." 그는 이렇게 설명을 시작했다.
"가시광선은 이산화탄소를 통과하지만, 지구에서 방출되는 적외선은
이산화탄소에 흡수됩니다. 태양 광선은 지구에 들어오고, 대기에 포
함된 이산화탄소로 인해 지구에서 우주 공간으로 나가는 복사는 일부
가 남아서 온실 효과가 발생합니다. 그 결과 지구 온도는 균형이 새
로 맞춰질 때까지 계속 오르게 됩니다. … 대기 중 이산화탄소가 10퍼
센트 증가하면, 뉴욕이 다 잠길 만큼 빙원이 녹을 정도로 기온이 상승
한다는 계산 결과도 있습니다. 그렇게 되면 해안가 도시는 전부 잠길
텐데, 전 세계 인구의 상당수가 해안 지역에 살고 있습니다. 저는 이
화학적인 오염이 대다수의 생각보다 훨씬 심각한 문제라고 생각합니
다."

텔러는 로저 레벨의 최신 연구 결과도 인용했다. 나중에 참석자들
이 텔러에게 던진 질문의 내용을 보면, 그들 상당수 혹은 전체가 이산
화탄소 문제를 난생처음 들었다는 사실이 분명하게 드러난다. 컬럼비
아대학교 경영대학원의 코트니 브라운(Courtney Brown) 학장도 당혹감
을 감추지 못했다. "대기 중 이산화탄소 비율이 높아지면 이번 세기에
어떤 위험이 발생할 수 있는지 간략히 설명해주시겠습니까?" 그는 텔
러에게 이렇게 요청했다.

텔러는 일반적인 뉴욕 시민들이 이해할 수 있는 수준으로 답변했다. "전 세계 기온이 몇 도 상승하면 빙원이 녹기 시작하고, 그 결과 해수면이 상승할 가능성이 있습니다. 해수면이 엠파이어스테이트 빌딩이 잠길 정도로 높아질지는 저도 알 수 없지만, 다들 지도를 한번 보십시오. 그리고 그린란드와 남극의 빙원 두께가 1,500미터 이상이라는 사실을 염두에 둔다면, 아마 계산이 나올 겁니다."[8]

이날 심포지엄에서 브라운이 대기 중 이산화탄소의 위험성을 이렇게 한 번도 아닌 두 번이나 들었을 때 얼마나 놀랐을지는 짐작만 할 뿐이다. 회의장에 있던 많은 이들에게 이산화탄소 문제는 노아의 방주 이야기 이후 가장 충격적인 개념이었을 것이다. 분명한 건 텔러 같은 저명한 과학자의 입에서 나온 이 섬뜩한 예측은 석유산업 종사자와 투자자들에게 결코 반가울 리 없는 소식이었고, 그날 청중은 대부분이 바로 그 당사자들이었다는 사실이다. 전후 세계에서 에너지는 형태와 상관없이 전부 좋은 것으로 여겨졌다. 미국이 사상 유례없는 세계 최대 경제 국가가 된 토대도 저렴한 가격으로 실컷 쓸 수 있는 풍족한 에너지 덕분이다. 1950년대는 환경 규제가 거의 전무했는데, 그 부분적인 이유가 에너지 개발, 기술, 그 밖에 사실상 모든 종류의 성장에 제약이 되었기 때문이다. 그런 제약에 찬성하는 건 미국인이라면 할 수 없는 일로 여겨졌고 세속적인 차원에서 이단으로 치부되어 공산주의자냐는(또는 토머스 의원이 로저 레벨에게 말한 것처럼 "환경운동가"냐는) 비난을 받을 수도 있었다.*

에소/엑손의 자회사인 험블 오일(Humble Oil)[9]이 냉전 시대 석유업

---

* 1955년 여름에 미국 의회에서는 '청정 대기법'(1970년)의 전신인 '대기오염방지법'이 통과됐으나, 이 법의 핵심은 이산화탄소 배출량이나 이산화탄소가 대기에 끼치는 영향이 아닌 인간의 건강과 "스모그"였다.

1962년 2월 2일 〈라이프〉에 실린 험블 오일의 광고.

계에 나타난 이 같은 고의적 무관심(혹은 심각한 냉소주의)을 포착한 텔러의 경고를 〈라이프〉 매거진에 실린 자사 광고에 활용하는 아이러니한 일도 있었다.

돌이켜보면, "에너지와 인간" 심포지엄에는 이산화탄소 문제에 필요한 조치를 마련할 권한이 있는 사람들이 참석했고 그들은 이 문제를 외면하기로 선택했음을 알 수 있다. 서노코의 던롭이(그리고 미국석유협회의 다른 회원들도) 텔러의 이 이례적인 연설 중에 마음에 드는 부분만 골라 들었다는 증거는 아주 많다. 이들이 귀담아들은 내용은 전통적인 방식으로는 수십 년 안에 공급할 석유가 바닥날 것이라는 점, 그리고 핵폭탄을 이용하면 셰일오일과 역청 같은 비전통적인 매장 물질에 접근할 수 있으리라는 설명이었다. 캘리포니아 업체 리치필드 석유회사(Richfield Oil Corporation)는 바로 그해에 텔러가 속한 캘리포니아대학교 연구소의 지원을 받아 앨버타주 석유·가스 보존 위원

심판

회와 "오일샌드 사업"의 논의를 시작했다.[10] 포트맥머리의 역청 모래 매장지에 9킬로톤 분량의 핵폭탄을 설치하는 사업이었다. 리치필드의 사업을 지지한 사람들은 "전 세계 석유 비축량을 단번에 두 배로 늘릴 수 있는" 사업이라며 환호했다.[11]

라디오 진행자에서 앨버타 주지사로 거듭난 어니스트 매닝을 비롯한 산업 전도사들도 이 제안을 크게 반겼다. 그러나 과학계에서는 잔류 방사선, 특히 "향골성 물질(체내에 유입되면 칼슘처럼 뼈에 축적되는 경향이 있는 물질―옮긴이)"로 알려진 스트론튬 90의 방출을 크게 우려했다.[12] 리치필드 사업의 지지자들을 제외한 나머지 모두에게는 정말 다행스럽게도, 이 사업은 폐기됐다.[13] 건강에 미칠 위험성을 우려해서라기보다는 러시아의 스파이 활동을 부추길 수 있다는 우려가 더 컸다. 하지만 그때부터 선코어와 신크루드, 캐나다 지역 정부와 연방정부, 전 세계 석유업체들은 돈과 장비, 인력을 총동원해서 앨버타 역청을 개발하기 시작했다. 결국 앨버타의 역청은 전 세계에서 온실가스를 가장 집약적으로 발생시키는 석유제품이 되었다.

칼테크 출신의 젊은 지구화학자 찰스 킬링(Charles Keeling)은 1950년대 중반에, 이미 사용된 역사가 50년쯤 된 질량 분석기를 대기 중 이산화탄소 추적에도 활용하기 시작했다. 이산화탄소 농도를 100만 분의 1(ppm) 단위까지 측정할 수 있는 이 정교한 장비로 분석한 결과,[14] 킬링은 대기의 이산화탄소 농도가 연중 계속해서 오르내린다는 놀라운 사실을 알아냈다. 마치 지구가 "호흡"하는 듯한 양상이었다. 봄여름에 북반구에서는 나무와 식물의 잎이 새로 돋아나고 광합성을 통해 이산화탄소를 흡수하므로 대기 중 이산화탄소 농도가 떨어진다. 남반구에서는 같은 시기에 반대로 잎이 지고 시든 초목이 부패하면서 이산화탄소가 방출되므로 대기 중 농도가 증가한다. 계절이 가을과 겨울로 넘어가면 두 지역의 대기 중 이산화탄소 농도도 반대로 바뀐다. 낮과 밤의 길이가 같아졌다가 한쪽이 더 길어지고 다시 짧아지는 일정한 리듬에 따라 대기 중 이산화탄소 농도도 오르내린다.

1957년, 킬링은 대기 중 이산화탄소의 기본 농도가 310ppm이라고 확신하게 되었지만, 실제 측정 결과는 해마다 증가했다.* 캘런더의 기온 그래프가 나왔을 때도 그랬듯이, 동료들은 아직 농도 추세를 단언하기에는 너무 이르다는 신중한 의견을 제시했다. 하지만 킬링이 보기에 이런 추세가 고정되는 건 시간문제였다. 기온을 토대로 이산화탄소 증가를 대략적으로 추적한 캘런더 효과와 이제는 너무나 유명해진 "킬링 곡선"의 추세는 일치했다. 즉 꾸준한 상승세였다. 산업화 이전의 대기 중 이산화탄소 기본 농도는 북극 빙하 핵에서 채취한 고대 공기 검체로 측정되었고 결과는 약 280ppm이었다.** 이 수치는 석탄으로 동력을 얻기 시작한 산업혁명기인 1750년경부터 증가하기 시작했다. 처음에는 증가세가 점진적이었다. 그로부터 210년이 지난 1960년에 킬링이 측정한 전 세계 대기 중 이산화탄소의 농도는 315ppm이었다.

눈에 보이지도 않고 원래 자연에 존재하며 식물의 성장을 촉진하는 기체, 우리의 일상생활에서도 퐁퐁 터지는 기포나 트림으로 익숙한 이 무해한 기체가 35ppm쯤 늘어나는 건 대수롭지 않은 일이라고 생각할 수도 있다. 하지만 이 증가에 따르는 영향은 당장은 미미하더라도 축적된다. 또한 1960년에 315ppm으로 늘어났다는 것은 2세기

---

* 로저 레벨은 1956년에 스크립스 해양학연구소에 킬링을 채용해서 함께 일했다.
** 이후 80만 년 전에 형성된 빙하 핵의 측정 결과를 통해 이러한 농도 관계가 유효하다는 사실이 검증됐다.

동안 12퍼센트가 증가한 것인데, 지질학적인 시간 기준에서는 급격한 변화다.[15] 그 전까지 무려 100만 년 동안 이산화탄소 농도가 300ppm을 넘어선 적이 한 번도 없었다는 사실을 생각하면 더 분명해진다. 1960년까지 대기 중 이산화탄소 농도의 이러한 점진적인 상승 추세는 전 세계 기온이 점차 증가하는 추세와 나란히 일어났다.

측정치로 확인할 수 있는 명확한 관찰 결과이자, 자연계는 알아서 조절되며 홍수나 화재, 전염병, 화산 폭발로 혼란이 일어나더라도 기후변화는 반드시 다시 중심을 찾고 평형상태가 유지된다는 과학계의 굳은 확신과 정면으로 충돌하는 결과였다. 자연계에 그런 기능이 있는 건 사실이지만 한계가 있다. 회복 가능성은 혼란의 규모에 직접적으로 좌우된다. 즉 혼란이 클수록 회복 가능성은 줄어든다. 가령 거대한 화산이 폭발하면(또는 대형 화재가 발생하면) 그을음이 대기에 대거 유입되어 공기의 질이 달라지고 기온이 떨어진다. 그런 변화가 몇 주, 때로는 몇 달이나 몇 년씩 이어지기도 하지만, 대기에 방출된 미립자는 자연적인 과정(비, 중력, 공기 순환)을 통해 제거되고 질서는 다시 회복된다. 하늘은 맑아지고, 기온도 안정된다.* 이와 달리 이산화탄소와 메탄이 대기에 대거 방출되면 회복에 시간이 훨씬 더 오래 걸린다. 수십 년, 심지어 수 세기가 될 수도 있다. 또한 지구에 대기가 존재하는 범위는 한정되어 있으므로, 균형을 회복하는 자연의 기능을 포함해서 대기 안에 있는 모든 건 유한하다.

---

* 많은 경제학자가 금융 시장도 자연처럼 자율적으로 조절된다고 믿지만, 허드슨스베이 컴퍼니나 스탠더드 오일, 페이스북, 아마존 등 시장 질서를 망가뜨리는 독점 기업들의 방식을 보면 그 논리는 무너진다. 중앙 통제 방식을 추구하는 이 거대 기업들은 화산 활동이나 산업 활동으로 대기에 대거 방출되는 이산화탄소와 거의 비슷한 방식으로 "생태계"의 불균형을 초래한다.

20세기 이후 점점 더 많은 기후학자가, 산업계가 자연이 평소와 같은 상태를 유지하거나 평형상태로 되돌리지 못할 정도로 너무 많은 양의 이산화탄소를 너무 단시간에 배출한다는 사실을 보여주는 결과를 찾아냈다. 1894년 아르비드 호그봄이 제시한 추측을 뒷받침하는 증거들이었다. 1960년에 나온 킬링 곡선도 호그봄의 추측을 입증한 증거였다. 오늘날 세계 곳곳의 대기 측정소에서 디지털 기기로 카운트다운 시계만큼 정밀하게 측정되는 결과들도, 대기 중 이산화탄소 농도의 증가 폭이 자연계가 감당할 수 있는 수준을 꾸준히 넘어서고 있음을 보여주고 있다.[16]

////

1950년대와 1960년대에 서구 세계 전체, 그리고 서구 사회가 식민지로 삼은 곳에서는 다른 사람들이 겪는 곤경과 그들의 권리에 대한 대대적인 각성이 일어났다. 식민 지배를 받던 사람들은 독립을 위해 싸웠고, 원하는 결과를 쟁취했다. 억압받던 소수자들은 자신들의 기본권과 대의권을 지키기 위해 함께 행진하고 로비 활동을 벌였다. 지구라는 거대 국가와 인류가 지구에 끼치는 영향도 더욱 날카롭게 평가됐다. 1962년에 출간되어 사람들에게 큰 충격을 안겨준 레이철 카슨(Rachel Carson)의 베스트셀러 《침묵의 봄》은 전 세계에서 번역됐다. 1965년 마틴 루터 킹 주니어는 흑인의 참정권을 요구하며 셀마에서 몽고메리까지 행진했고, 린든 존슨(Lyndon Johnson) 대통령은 '투표권법'에 서명했다. 같은 해에 미군은 북베트남에 (자유를 찾게 해준다는 미명으로) 대대적인 폭격을 벌였다. 킬링 곡선이 계속해서 상승하는 가운데, 그해 11월 5일 존슨 대통령은 정부 과학 자문위원회가 펴낸 〈우

심판

리 환경의 질적 회복〉이라는 제목의 보고서를 받았다.[17]

보고서는 서두부터 단도직입적으로 본론에 들어갔다. "오염물질이 대기 중 이산화탄소 농도에 전 지구적인 규모로 영향을 주고" 있으며, 이산화탄소 농도가 더 증가하면 "중대한 변화가 일어날 것이 거의 확실하다"는 내용이었다. 그 변화는 "인류에게 해로운 결과를 초래할 수 있다"는 설명도 이어졌다. 보고서의 결론 부분에는 10년 전 레벨이 했던 말이 분명한 어조로 고스란히 담겼다.

인간은 자신도 모르게 방대한 지구물리학 실험을 감행하고 있다. 인류는 지구에 과거 5억 년에 걸쳐 서서히 축적된 화석연료를 단 몇 세대 만에 다 태우고 있다. 이 연소로 발생한 이산화탄소는 대기로 유입되고 있다. … 2000년이 되면 대기 중 이산화탄소는 기후에 측정치로 나타나는 변화, 아마도 현저한 변화를 일으키는 수준까지 증가할 것이다. 그 결과 성층권 기온과 특성에 중대한 변화가 일어날 것이 분명하다.[18]

화석연료를 생산해온 업계 전체가 이 경고를 진지하게 받아들였다. 역청탄 연구 회사(Bituminous Coal Research, Inc.) 대표는 〈광업 협회지(Mining Congress Journal)〉 1966년 8월호에서 이 문제를 직접 경고했다.

화석연료의 연소로 지구 대기의 이산화탄소가 급속히 증가하고 있다는 증거가 있다. 이산화탄소가 지구를 감싸면 지구 복사가 감소한다. 미래에도 현재와 같은 증가가 지속된다면 지구 대기 기온이 상승하고 지구의 기후에 광범위한 변화가 일어날 것으로 예측된다. 그러한 기온 변화로 북극 빙원이 녹아 뉴욕, 런던 같은 전 세계 수많은 해안 도시가 침수되는 결과를 초래할 수 있다.[19]

석유와 가스 산업의 기업들로 구성된 미국 석유협회는 이듬해 스탠퍼드 연구소에 자체 연구를 의뢰했다.[20] 아직 편파적인 두뇌 집단이 아니었던(나중에는 그렇게 되어버렸지만) 이 연구소 과학자들은 철저히 객관적인 태도로 이 연구에 임했다. 이들의 연구에서도 10년 전 물리학자 에드워드 텔러가 뉴욕에서 열린 석유협회 심포지엄에서 말한 내용이 사실이었음을 입증하는 결과가 나왔다. 플래스, 레벨, 백악관 보고서만큼 내용이 상세한 이 스탠퍼드 보고서에서 한 가지 주목할 만한 특징은, 연구진이 명백한 문제(당시 주된 관심사였던 도시 스모그)를 대하는 사람들의 위험천만한 모순을 자각하고 이를 진솔하게 밝혔다는 점이다. "우리는 이산화탄소, 그리고 입자가 미크론 단위보다 작은 물질을 국지적 영향이 거의 없다는 이유로 대부분 무시한다. 그러나 바로 이런 오염물질의 대량 발생이 전 세계 환경에 심각한 변화를 일으킬 수 있다."[21]

　　석유협회의 의뢰로 작성된 이 보고서의 제목은 〈대기 중 기체 오염물질의 원천과 양, 운명〉이었다. 20세기 기후학은 '하늘의 뜻'을 해석하는 측면이 많았던 만큼 "운명"은 그와 잘 어울리는 단어였다. 스탠퍼드 과학자들이 신중하고 보수적인 언어로 밝힌 결과를 요약하자면 이렇다. 대기에 이산화탄소와 유해한 소립자의 농도가 급속히 증가하고 있고, 이러한 물질의 원천은 화석연료 연소일 가능성이 가장 크다. 이 물질들이 지구 대기와 인체 건강, 지구의 전반적인 건강에 일으키는 누적 영향은 대부분 부정적이며 재앙과도 같은 수준에 이를 가능성이 있다. 또한 이 보고서에는 이런 대목이 나온다. "늦어도 2000년쯤에는 심각한 기온 변화가 일어날 것이 거의 확실하다." 결론 부분에는 석유협회를 향한 명료한 충고가 담겼다. 배출 물질에 대한 이해와 관리가 이 산업계의 최우선 과제가 되어야 한다는 내용이었다.

1956년과 1957년 미 하원 소위원회 회의, 1959년 컬럼비아대학교에서 개최된 석유협회 심포지엄, 1965년 백악관 보고서, 그리고 1968년 석유협회 의뢰로 작성된 연구 보고서는 모두 중대한 기점이었다. 전부 믿을 만한 출처에서 우수한 과학적 방식으로 도출된 결과였고 이 결과가 전달된 사람들과 기관들은 모두 의미 있는 조치를 마련할 수 있는 위치에 있었다. 또한 이 모든 경고는 충분히 주목받았다. 그러나 빈곤, 전쟁, 시민권, 납이 포함된 유연 휘발유, 살충제 DDT, 산성비, 불이 날 정도로 오염이 심각한 강과 운하에 이르기까지 시급히 해결해야 하는 실질적인 문제가 너무 많았다. 늘 그렇듯 이윤과 주주도 고려해야 했다.

이 시기에 엑손, 셸, GM, 포드 등 각 기업의 내부 기록을 보면 산업계 활동이 대기 안정성과 인체 건강에 끼치는 영향에 관한 이들의 인식도 점차 확대된 것을 알 수 있다. 그러나 인간의 활동으로 발생하는 이산화탄소의 영향이 과학적으로 정확한 방법을 통해 증명된 확실한 사실이라도 이산화탄소의 악영향은 눈에 띄지 않았고 다양한 악영향을 하나하나 일일이 입증할 수도 없었다. 시급한 다른 수많은 사회 문제와 환경 문제들은 그와 달리 당장 눈에 띄고 개별적인 입증도 가능했다. 이산화탄소 문제는 빠져나갈 구멍이 있었고,[22] 특히 기득권을 가진 사람들에게 그랬다.*

1978년, 엑손의 선임 과학고문이던 제임스 블랙(James Black)은 회사의 계열사 중 한 곳인 연구·공학 회사(Research and Engineering Com-

---

* 1970년에 '청정 대기법'이 통과되었으나 이 법의 초점은 인체 건강에 직접적인 영향을 주는 배출 물질에 맞춰졌다. 이산화탄소는 "국지적인 영향이 거의 없는" 기체로 간주되어 이 새 규정의 적용 범위에 포함되지 않았다.

pany) 부사장 앞으로 서류 한 다발을 우편으로 보냈다.* 블랙이 엑손의 기업 경영위원회에서 "온실 효과"라는 제목으로 발표한 내용을 정리한 자료였다. 블랙이 발표한 내용은 20년 앞서 에드워드 텔러가 석유 업계 사람들 앞에서 인간의 활동으로 발생하는 이산화탄소에 관해 설명한 내용과 비슷했다. 차이가 있다면 블랙은 자신의 예측을 뒷받침하는 최신 기후 데이터도 제시했다는 점인데, 그가 밝힌 근거는 방대하고 인상적이었다. 하지만 새로운 내용은 아니었다. 블랙이 내린 결론은 1953년에 플래스가, 1938년에 캘런더가, 1894년에 호그봄이, 더 멀리는 1856년에 푸트가 내린 결론과 같았다.

과학자들은 겸손함을 잃지 말고, 무엇도 절대적인 일로 여기지 말라는 훈련을 받는다. 이런 태도는 비과학자들이 보기에 실망스러울 수 있다. 과학자들이 하는 말은 거의 다 어떤 식으로든 검증된 내용이며 클릭을 유도하거나, 사람들의 시선을 사로잡거나, 돈을 벌어들이는 것과는 무관하다. 이런 특징은 회의적인 사람들에게는 빈틈으로 여겨지기 쉽다. 제임스 블랙 역시 최신 데이터부터 과거에 축적된 데이터에 이르기까지 자료가 충분했음에도, 대기 중 이산화탄소의 증가 추세가 화석연료 연소에 의한 결과라고 완전하게 '확신'할 수는 없다고 밝혔다(문지방에 발가락을 찧었을 때 고통의 원인이 무엇인지 아는 것만큼 명명백백하지는 않다는 소리다). 하지만 1978년의 이 발표 자료에서 블랙은 다음 사실을 분명하게 전했다. "현시점에서 볼 때, 5년에서 10년 뒤에는 인류가 에너지 전략의 변경이라는 힘든 결정을 내려야 할 필요성이 매우 커질 것이다."[23] 이 과학자의 말을 다르게 표현한다면,

---

* 연구·공학 회사는 스탠더드 오일이 1943년 정부에 함부르크 폭격 관련 자문과 필요한 장비를 제공하기 위해 만든, 당시 생긴 지 얼마 안 된 계열사였다.

"대기 중 이산화탄소 증가와 기온 증가가 동시에 일어나는 현 상황이 다른 원인에서 비롯되었을 가능성이 절대 없다고 '확신'할 수는 없으나, 일단 다른 원인은 '없다고 보고' 조치해야 한다"는 의미다. 차를 타면 안전띠를 착용하고, 백신을 맞고, 보험에 가입하는 것과 같은 예방 원칙을 따르자는 말이다. 그리고 조치할 권한을 가진 사람들이 이번에는 이 말을 귀담아들었다.

1979년은 다른 길로 갈 수도 있었던 중요한 해였다. 그해 스위스에서는 "인간이 일으키는 기후변화가 인류의 행복에 악영향을 줄 가능성을 예측하고 방지하는 것"이 목표인 세계 기후 회의가 처음 열렸다.[24] 또 다른 희망찬 시작도 있었다.[25] 엑손이 미국 석유협회, 그리고 대표적인 석유기업들과 손잡고 합동 연구팀을 조직한 것이다. '이산화탄소와 기후 실무단'으로 명명된 이 연구팀은 이름부터 유명한 환경 운동가 그레타 툰베리(Greta Thunberg)가 지휘할 것 같은 인상을 주었다. 성실하고, 정직하고, 철두철미한 이 연구팀의 구성원들, 석유업계의 상당한 투자와 진정성 있는 관심은 1970년대와 1980년대 초까지 기후학이 황금기를 누리는 데 일조했다. 이 시기에 인간의 활동과 기온 상승, 해빙 현상, 해수면 상승의 관계를 탐구한 논문 수백 편이 과학계 학술지에 실렸다.

엑손은 수백만 달러를 투자하며 이러한 노력을 앞장서서 이끌었다.[26] 유조선 한 대를 통째로 개조해서 거대한 수상 기후 연구소로 만든 것도 그런 투자 중 하나였다. 연방정부 소속 과학자들도 가만히 있을 수 없었다. 1981년 8월에는 기후변화의 위협적인 영향을 다룬 기사가 전부 대문자로 강조된 제목과 함께 〈뉴욕 타임스〉 1면을 처음으로 장식했다. "온난화 추세가 해수면을 상승시킬 수 있다는 연구 결과 발표."[27] 미국 항공우주국 소속 제임스 핸슨(James Hansen)의 연구 결과에 관한 내용으로, 당시 핸슨이 밝힌 예측은 현재 거의 다 현실이 되었다. 문제는 1981년 당시에는 예측된 영향이 그렇게 두드러지지 않았다는 것이다. 루크레티우스 문제, 즉 자신이 직접 눈으로 본 적 없는 파괴적 가능성보다는 현 상태가 유지될 가능성이 더 크다고 판단하는 사람들의 자기방어적인 태도가 걸림돌로 작용한 것이다. 다행히 모두가 그런 편협한 관점에 묶여 있었던 건 아니고, 엑손에도 시야가 트인 사람들이 있었다. 1982년 엑손은 2100년까지 대기 중 이산화탄소 농도 변화를 예측한 그래프를 발표했다.[28] 이 그래프에는 기후에 발생하는 영향이 분석의 "잡음" 요소인 자연적인 기후변화를 뛰어넘어 뚜렷해질 것으로 예상되는 시점이 표시되어 있었다.

이 예측은 현재까지 아주 정확했다는 사실이 밝혀졌다. 퓰리처상을 수상한 〈인사이드 클라이미트 뉴스〉의 닐라 배터지(Neela Batterjee)와 동료 기자들, 나오미 오레스케스(Naomi Oreskes) 교수와 제프리 수프란(Geoffrey Supran) 교수, 〈로스앤젤레스 타임스〉 기자들이 엑손의 이 같은 분석 과정을 조사한 후 "엑손은 이미 다 알고 있었다"[29]고 주장하는 이유다. 셸, 셰브론, 포드, GM도 마찬가지다. 이 기업들과 그 밖의 연구자들이 당시에 밝혀낸 이산화탄소 문제의 증거는 방대했다. "과학계 일부 단체에서는 이러한 영향이 일단 측정치로 확인되는 수준에 이르면 되돌릴 수 없으며, 단기간에 상황을 바로잡을 방법은 거의 없다고 우려한다."[30] 1982년 엑손의 내부 기록에 나오는 경고다. "이런 이유로 다수의 환경 단체는 미래에 원치 않는 상황을 초래하지 않으려면 지금 조치해야 한다고 주장한다."

같은 해 10월에[31] 엑손의 연구·공학 회사 사장은 "미래를 위한 투자: 에너지와 이산화탄소로 인한 '온실' 효과"라는 제목의 연설에서 화석연료를 사용하지 않는 방향으로 적극적인 변화가 필요한지를 공

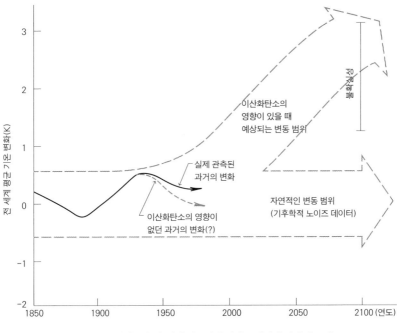

이산화탄소가 전 세계 기온에 측정치로 확인될 만한 수준의
영향을 일으킬 시점을 예측한 엑손의 그래프(1982년)

개적으로 토의했다. 그로부터 한 달 후에는 엑손 경영진들에게 온실
효과에 관한 또 다른 내부 자료가 배포됐다. 명확하고 빈틈없는 설명
과 함께 엄청난 분량의 근거 자료가 제공됐는데, "전 세계 기후변화
와 해수면 최대 상승 시 해안 개발에 발생하는 영향"(1971), "서남극
빙상, 붕괴 중인가?"(1973), "기후변화의 이해: 대책 마련을 위한 사
업"(1975), "이산화탄소와 기후: 비통제 실험 결과"(1977) 등 반세기
전의 자료들임에도 제목부터가 최근 신문에 실린 헤드라인이라고 해
도 손색이 없을 정도였다. 이런 참고 자료 목록만 10쪽에 달했다.[32]

　　1982년에 엑손은 세계에서 가장 거대한 기업이었다. 세계 곳곳에
6만 5,000개의 주유소가 있고 100개국에 지사가 있었다. 에드워드 버

크는 동인도회사를 "상인을 가장한 국가"*라고 했는데, 그 표현이 정확히 들어맞는 또 다른 기업이 엑손이었다. 미 상원 조사관 출신으로 워싱턴에서 활동한 에너지 분야 전문 변호사 잭 블룸(Jack Blum)은 1982년 5월 〈뉴욕 타임스〉에 더 거침없는 표현을 썼다. "이런 돈다발은 세상 어디에도 없습니다." 20세기에 어울리는 표현이었다. "은행도 무너뜨리고 심지어 정부도 무너뜨릴 수 있는 돈다발이죠."[33] 그만큼 엑손은 향후 에너지 정책이 나아갈 방향을 정하고 이끌 수 있는 독특한 위치에 있는 기업이었다. 에너지 정책을 이끈다는 건 기후 정책을, 그것도 전 세계 기후 정책을 좌우할 수 있다는 의미다.

1983년 10월,[34] 기후변화가 또다시 〈뉴욕 타임스〉 1면을 장식했다 (1면에서도 반으로 접혀 있을 때 바로 보이는 윗면에 등장한 건 처음이었다). "1990년대부터 지구 기온이 상승한다고 예측한 EPA 보고서 발표"**라는 제목의 이 기사는 1959년 텔러의 경고를 떠오르게 하는 표현을 써가며 다음과 같이 전했다. "큰 변화가 일어날 수 있다. 2100년이 되면 뉴욕시의 기후가 플로리다 데이토나 해변과 같아질 수도 있다."

지금으로부터 약 40년 전인 그때, EPA 과학자들은 2012년에 발생한 허리케인 샌디와 2021년 맨해튼을 침수시킨 집중호우를 정확히 예견했다.

---

* 스티브 콜(Steve Coll)은 저서 《민간 제국: 엑손모빌과 미국의 권력(Private Empire: ExxonMobil and American Power)》에서 엑손을 "미국 안에 있는 기업 국가… 미국 자본주의가 낳은 가장 강력한 사업체"라고 묘사했다.
** EPA는 미국 환경보호청이다. 이 기사에서 다룬 1983년 EPA 보고서의 제목은 〈온실 효과로 인한 온난화, 늦출 수 있는가?〉로, 다음과 같은 예측이 담겼다. "현시점에서 볼 때 다음 세기 중반까지 기온이 섭씨 2도 증가하고… 2100년까지 섭씨 5도가 증가할 것으로 추정된다."

1980년대 초에는 대형 보험사들도 이 문제에 관심을 기울였다. 세계기상기구의 돈 스미스(Don Smith) 부총장은 당시 "양대 대형 재보험사였던 스위스 재보험(Swiss RE)과 뮌헨 재보험(Munich RE)이 지구 온난화를 주제로 열린 초창기 회의에 참석하기 시작했다"고 회상했다.[35] 스미스 부총장은 "'온난화'로 인해 모든 종류의 훨씬 극단적인 사건이 일어날 것이라는 예측이 나온 데다, 두 회사 모두 보험금 청구가 '이미 늘어난' 상황이었기 때문"이라고 설명했다(두 번째 작은따옴표는 내가 붙였다). 당시 대기 중 이산화탄소 농도는 산업화 이전보다 25퍼센트 상승한 350ppm에 가까워지고 있었다. 킬링 곡선은 꾸준히 위쪽을 향하고, 상승 속도는 점점 빨라지고 있었다.

석유·가스업계가 용기 있게, 현명하게 자성한 이 몇 년은 석유시대의 관점에서 중대한 의미가 있다. 이 새로운 인식과 미국 석유협회, 협회 회원사들이 확보한 방대한 데이터는 석유·자동차 산업계를 각성시켰다. 사업을 늘 하던 방식대로 계속하다가는 재앙과 같은 결과가 초래될 것이 분명하다는 사실을 명확히 깨달은 것이다. 그러나 연료를 태우는 일, 즉 불은 이들이 하는 사업의 핵심이었다. 불 없이는 사업도 없었다(그리고 불에는 이산화탄소가 늘 조용히 붙어 있다). 이들이 이러지도 저러지도 못하는 성가신 상황에 놓였을 이 시기에[36] 석유 과잉 공급, 경기 침체가 겹치고 유가도 2014년과 비슷한 수준으로 급락했다.* 엑손이 지휘하던 석유협회의 회원사들은 출혈을 막으려고 안간힘을 썼고, 이산화탄소 문제에 대한 입장을 재고하기로 했다.

---

* 1980년 5월부터 1982년 5월까지 원유 가격이 거의 50퍼센트 감소했다. 이후에도 감소세가 이어졌고, 1985년 11월에는 1980년 가격의 20퍼센트 수준까지 급락했다.

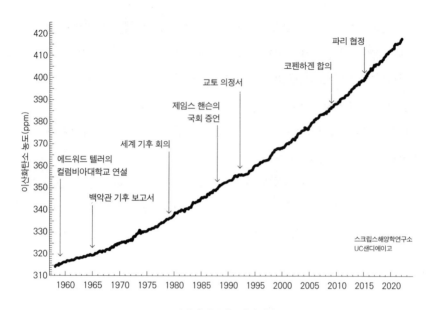

이산화탄소 농도 (ppm)

하와이 마우나로아산 관측소
월평균 이산화탄소 농도(계절 변동 조절)와 화석연료 동향

1984년, 관련 분야의 과학자들이 여러 국제 학회에서 서로의 연구 결과를 비교하고 산업계가 배출하는 이산화탄소가 심각한 결과를 초래한다는 비슷한 결론에 도달할 때 미국 석유협회는 '이산화탄소와 기후 실무단'을 해체했다. 40여 년이 지난 지금, 석유협회가 한 세기에 걸쳐 탄탄하게 검증된 기후학의 경고에 등을 돌리기로 한 이 결정은 인류 문명의 역사에 가장 큰 영향을 남긴 정책 변경이었다는 사실이 입증되고 있다.

////

1984년은 적극적인 규제 완화와 환경 정책의 역행으로 요약되는 로널드 레이건(Ronald Reagan) 대통령의 첫 임기가 끝나가던 해였다. 석유협회의 줄기찬 로비에서 비롯된 이러한 정책 방향은 일부 과학에만 선택적으로 관심을 쏟는 방식이나 "도덕적 다수"라 자칭하던 우파 기독교인들을 너그럽게 포용하는 분위기에서 부분적으로 더 큰 힘을 얻었다. 좁게는 과학, 넓게는 전문적인 지식 전체를 의심하는 지속적인 포퓰리즘 운동도 힘을 보탰다. 레이건 대통령은 수년 동안 산성비 문제를 일축하고 치명적인 에이즈 유행 상황에 관해서도 일절 언급하지 않았다. 그가 남긴 가장 유명한 말에는 J. 하워드 퓨와 로버트 던롭, 어니스트 매닝, 그들과 비슷한 현대의 수많은 이들에게서 선명히 드러나는 공통적인 태도가 고스란히 담겨 있다. "정부는 우리가 겪는 문제의 해답이 아니다. 정부 자체가 문제다."[37] 레이건 정부의 초대 내무부 장관이었던 제임스 와트(James Watt)는 에너지 개발을 열렬히 지지했다. 특히 국유지의 에너지 추출에 관심이 많았던 그를 두고 지지자들은 이런 농담을 주고받았다.

Q 환경 운동가 100만 명을 저지하려면 에너지가 얼마나 필요할까요?
A 1와트요.[38]

와트는 겨우 2년 만에 사임했지만 환경 보호에 역행하는 정책은 계속됐고 과학과 과학자들을 존중하는 분위기도 변질됐다.* 그렇다고

---

* 레이건 정부의 첫 번째 에너지 장관은 해군 치과의사였던 사우스캐롤라이나 주지사 출신 제임스 에드워즈(James Edwards)였다. 1981년, 에드워즈 장관은 기후가 변화할 가능성은 없다고 주장하며 이산화탄소 관련 연구비 지원을 중단했다. 당시 하원의원이던 앨 고어(Al Gore)가 로저 레벨을 포함한 관련 과학자들과 함께 의회에 청원서를 낸 후에야 연구비는 부분적으로 복구됐다.

해서 이미 밝혀진 증거가 사라지는 것은 아니다. 과학자들도 이산화탄소 문제를 계속 제기했다. 1988년 항공우주국의 제임스 핸슨은 한 세기 동안 쌓인 데이터와 이를 뒷받침하는 산더미 같은 연구 결과, 논문들로 무장하고 의회에 출석해서, 기후변화는 지구와 인류에게 명백한 위협이며 현존하는 위협이라고 증언했다. 〈뉴욕 타임스〉1면에 처음으로 "지구 온난화"라는 용어가 등장했다.[39] 이번에도 반으로 접힌 전면 맨 위를 차지한 이 기사에는 가이 캘런더가 1938년에 발표한 그래프와 매우 비슷한, 뾰족뾰족한 선이 점차 상승하는 그래프가 포함되어 있었다. 차이가 있다면 이 그래프에는 50년치 데이터가 추가됐다는 것이다.

이듬해에는 '기후변화에 관한 정부간 협의체'가 조직됐다. 그러자 미국 석유협회는 ('이산화탄소와 기후 실무단'을 조직했다가 해체한 곳답게) 그에 대한 반응으로 에너지, 채광, 화학, 제조업 분야 업체 수십 곳과 함께 '지구 기후 연합(Global Climate Coalition, GCC)'이라는 새로운 조직체를 결성했다.[40] 기만적인 명칭이었다. GCC의 공식적인 역할은[41] 석유협회와 비슷했다. 즉 산업계를 대표하는 단체라는 건 똑같고, 세부적인 활동 목표는 기후학에 의혹을 제기하고 제임스 핸슨처럼 '불필요한 불안을 일으키는 자들'에 의혹을 제기하는 것이었다. GCC는 담배업계의 전략(존 D. 록펠러의 지독한 기업 옹호* 덕분에 가능했던)을 그대로 채택해서[42] 수십 년간 수백만 달러가 투입된 기후 연구의 결과와 가치를 부인하고 깎아내렸다. 로비스트, 이들 편에 선 정치인들[43](대통령도 포함해서), 이들과 뜻을 함께한 과학자, 은행가, 경제학자, CEO, 복음주의 기독교 목사들, 보수적인 언론사까지 합세해

---

* 이를 진두지휘한 인물은 아이비 레드베터 리(Ivy Ledbetter Lee)다.

서 기후학의 가르침과 경고, 훌륭한 과학의 가장 대표적인 특징인 다른 이론도 열린 마음으로 받아들이려는 겸손함을 간파하고 자신들의 무기로 삼았다. 엑손과 코크 가문이[44] 이 활동에 참여한 두뇌 집단과 로비스트, 유사 과학 연구, 기고문, 신문 기사를 가장한 광고, 정치 활동, 광고에 쓴 돈만 최소 2억 달러에 이른다. 이 모든 노력의 목표는 이산화탄소 배출로 인한 지구 온난화 문제의 논지를 흐리고, 축소하고, 혼란을 일으키는 것이었다(지금도 여전하다).

GCC, 그리고 이들과 손잡은 곳들은 온난화 문제가 예방이 필요한 문제임을 분명히 알고 있었지만, 100퍼센트 확신을 피하는 과학자들 특유의 표현 방식을 곡해해서 '하던 대로 해도 된다'는 의미로 받아들였다. 한 세기 동안 축적된 견실한 과학적 기반을 흔드는 건 쉽지 않은 일이었지만,[45] 이들의 전략은 통했다.

1990년대 초부터 공화당은 환경 보호와 관련된 활동이라면 사실상 무엇이든 가리지 않고 나쁘게 보기 시작했다. 에너지 생산, 제조 기업들은 산업계의 이 대단한 돌변을 기회로 삼아서 탄소 집약도가 전보다 더 높은(탄소 집약도가 높다는 것은, 탄소 비중이 큰 에너지를 더 많이 사용했다는 의미다—옮긴이) 제품을 만들고 홍보했다. 플라스틱도 그중 하나였다(1차 걸프전 시기인 1990년대 초부터 갑자기 플라스틱병에 담긴 생수 제품이 폭발적으로 늘어났다). 자동차 제조사들 역시 기후에 발생하는 영향을 속속들이 알고 있었으면서도[46] 기존의 평범한 자동차보다 더 크고, 더 무겁고, 자원이 더 집약적으로 들어가는 SUV 시장을 새로 열고 판매에 열을 올렸다. SUV는 (GCC의 노력 덕분에) "소형 트럭"으로 지정되어 자동차 연비 요건도 피할 수 있었다.*[47] 픽업트럭을 포함한 진짜 소형 트럭도 공격적인 마케팅에 나섰다. 포드의 F 시리즈 픽업트럭은 자동차 역사상 가장 많이 팔린 차량이 되었다.[48]

제임스 핸슨이 국회에서 증언하고 "지구 온난화"라는 표현이 가정의(그리고 파벌 정치의) 일상 어휘 중 하나로 서서히 자리를 잡아가던 1988년 이후 지금까지 세계는 어마어마한 변화를 겪었다. 세계 인구는 30억 명 이상 늘고, 대기 중 이산화탄소 농도는 350ppm에서 420ppm 이상이 되었다.[49] 해수면은 실시간으로 높아지고, 해수의 온도와 화학적인 특성도 대기만큼 급속히 변하고 있다. 인간이 경험하는 계절과, 각 계절의 날씨 또한 급변하는 양상을 보이고 있다. 불의 동태는 이러한 변화를 정량화하는 수많은 방법 가운데 하나다. 종류와 상관없이 생물이 자라는 곳, 즉 '뭐든' 자라는 모든 대륙에서 대기 기온, 단위 면적당 화재 면적, 화재로 파괴된 주택 수 기록이 전부 거의 매년, 거듭 경신되고 있다.

지난 25년간 큰 변화가 없었던 몇 안 되는 것 중 하나가 포드 픽업트럭의 연비다[50](이 또한 GCC의 노력 덕분이다). 5리터 8기통 엔진이 장착된 모델 기준으로 약 16mpg(1갤런당 16마일, 약 1리터당 37.6km)인데, 이제는 연료 효율이 이보다 우수한 차량이 훨씬 많아졌는데도[51] 북미 대륙에서 매월 판매되는 포드 F 시리즈만 '6만 대' 이상이다.

석유·가스업계를 포함한 산업계가 과학적인 증거에 등을 돌린 역사적인 입장 전환과 함께 들고나온 교묘한 전략은 지금도 여전히 판을 친다. 전 세계 기후학자들은 물론이고 온난화 문제를 우려하는 시민들도 이들의 방식에 공포와 당혹감을 느끼고 있다. 하지만 세월은

---

* 국제에너지기구가 2020년 11월 13일에 발표한 보고서 중 분석 결과를 요약한 부분을 보면, SUV는 과거 10년간 전 세계 이산화탄소 배출량 증가에 두 번째로 큰 원인이었다. 이보다 더 큰 영향을 준 요인은 에너지산업이 유일하다.
"캐나다인 소유의 트럭과 SUV는 1990년대 초 수요가 급증한 이후 현재까지 280퍼센트 늘어났다." 1990년 이후 픽업트럭의 중량은 평균 590킬로그램 증가했다.

사람을 기다려주지 않는다는 말이 있다. 화학과 물리학도 마찬가지다. 수십 년의 시간이 허비됐지만, 헌신적인 과학자들의 정당성은 입증됐고 플래스, 레벨, 핸슨, 그리고 이들과 함께한 성실한 학자들의 예측은 전부 사실로 드러났다.

단, 이들이 잘못 짚은 한 가지는 이러한 변화가 실현된 충격적인 속도다.*[52]

인류는 인간의 존재를 위협하는 문제를 전 지구적으로 줄인 적이 있고 심지어 아예 없앤 적도 있다. 자동차와 비행기에 적용되는 국제 안전 표준은 무수한 생명을 살렸고 대대적인 백신 접종도 마찬가지다. 위험한 화학물질과 특정 무기, 심지어 노예제와 같이 사람의 목숨을 위협하는 사업 관행을 금지하는 국제조약도 그렇다. 특히 오존층 파괴를 막기 위한 전 지구적인 노력은 실생활과 아주 멀게 느껴지는 추상적인 위협에도 인류가 얼마나 효과적으로 대응할 수 있는지를 확실하게 보여준다.** 이산화탄소는 그런 위협을 뛰어넘는 치명적인 물질이며, 이 기체의 주요 원천인 화석연료, 즉 불은 이산화탄소의 과도한 배출을 촉진한다. 자본주의 사회는 한 세기 동안 화석연료를 신나게 태웠다. 자가용을 팔아야 하는데 왜 대중교통을 의무화하나? SUV를 더 팔아야 하는데 왜 연료 효율이 우수한 자동차를 장려하나? 비

---

* 2021년 6월에 발생한 기록적인 "열돔" 현상으로 캐나다 브리티시컬럼비아주에서만 600명에 가까운 사람들이 목숨을 잃고(주 검시소가 밝힌 결과다) 조간대에 서식하던 해양생물 수억 마리가 폐사했다. 캐나다 연방이 생긴 이래 핼리팩스 폭발 사고를 제외하고 가장 많은 사상자가 발생한 사건이자, 현재까지 가장 큰 사망자가 발생한 기상 이변이다.

** 로널드 레이건 대통령은 임기 말에 이르러 산업 규제 정책과 환경 보호 제도가 전면 폐지될 것이라는 전망이 다수였던 1987년 〈몬트리올 의정서〉에 서명했다. 이 역사적인 의정서의 주된 내용은 오존층을 파괴하는 염화불화탄소(CFC)의 사용 금지였다.

행기로 가면 시간당 1,280킬로미터를 갈 수 있는데 왜 한 시간에 고작 110킬로미터밖에 못 가는 기차를 타나? 당장 연료로 태울 수 있는 석유와 가스가 코앞에 있는데 왜 재생 가능한 연료를 개발해야 하나? 의심의 씨앗을 땅에 묻어버리면 지금 당장 얻을 수 있는 이윤(그리고 배당금)을 조금 더 늘릴 수 있는데 왜 굳이 이산화탄소 문제에 대처해야 하나?

산업계가 표어로 삼는 말이 있다. "성장하지 못하면 끝이다." 이 말은 임야화재에도 그대로 적용된다.

산소 이야기다.

믿기지 않는다면, 딱 30초만 숨을 참아보라. 위의 산업계 표어에서 "성장"은 연소와 동의어다(산업의 관점에서 성장은 더 많은 제품, 더 많은 돈, 더 큰 시장이 필요하다는 의미고, 불의 관점에서 성장은 불길을 유지하면서 앞으로 나아가는 것을 의미한다). 내일은 없는 것처럼 타오르는 임야화재의 고유한 "정신", 즉 임야화재의 경제 원칙과 정확히 일치한다. 임야화재의 경제 원칙으로 돌아가는 자유 시장에 진출한다는 건 본질적으로 연소 허가를 취득하는 것과 같다. 그리고 석유는 이 연소의 이상적인 도구다. 늘 준비된 불과 같은 석유는 역사상 그 어느 때보다 많은 사람이 불을 더 많이, 더 밝게, 더 빨리 피울 수 있게 하는 동시에 그러한 연소를 장려했다.

대다수는 더 많이 벌고 더 많이 소비할 기회가 생기면, 다시 말해 연료를 더 많이 "태울" 기회가 생기면 반사적으로 그 기회를 붙잡는다. 은행, 부동산 업계, 자동차 영업사원들은 사람들의 그런 충동을 적극 활용해왔다. 먼 옛날 피터 폰드가 애서배스카 지역에 나타나 강철과 럼주, 총기를 주겠다고 약속한 후부터 그 지역에서 잡힌 비버의 규모는 기하급수적으로 늘어났다. 그곳의 데네족 사냥꾼들은 18세기

The Onion ✔ @TheOnion · 8h

Silicon Valley Leaders Sit Down With Wildfire At Investment Meeting After Being Impressed By Its Rapid Expansion trib.al/DXK56hF

2019년 10월 미국 캘리포니아주에 '킨케이드 화재'로 명명된 대형 임야화재가 발생했을 당시 풍자 신문 〈더 어니언〉에 실린 기사. 단 일주일 만에 7만 5,000에이커와 건물 206채를 태운 불길의 급속한 성장세에 실리콘밸리 기업인들이 깊은 인상을 받고 거액의 투자 의사를 밝혔으며, 앞으로 규모를 더 키우려면 어떤 도움이 필요하냐고 묻기도 했다는, 비꼬는 내용이 담겼다.(옮긴이)

대부분이 흐를 때까지도 유럽의 돈이나 부채, "이윤"을 한 번도 접해 본 적 없이 살았지만, 기회가 주어지자 선뜻 받아들였다. 농업과 어업으로 자급자족하던 오크니섬 사람들이 허드슨스 베이 컴퍼니가 그 지역에 세운 교역소에 채용됐을 때도 마찬가지였다. 회사의 최고위층인 영국인 총독들은 이미 넘치는 풍족함이 주는 짜릿함에 취해 이제 나무도 없고 비버도 없는 섬을 벗어나기만을 열망했다. 촛불도 똑같다. 커튼으로 옮겨붙어서 집 전체를 다 태울 기회가 생기면 심지에 만족하지 않는다.

하지만 실컷 누리고 즐기는 것은 본질적으로 유한하다. 결국에는 내려놔야 하는 때가 온다. 그런 면에서 과학자들은 우리 사회의 대리 운전자라고 할 수 있다. 멀쩡한 정신으로 책임감과 주의력을 발휘하

411

는 사람, 이제 그만큼 마셨으면 충분하다고 말해주는 사람, 집까지 안전하게 데려다주려고 하는 사람들이다. 길버트 플래스와 로저 레벨이 자신들의 말에 귀 기울이는 모두에게 산업이 이대로 지속되면 재앙과 같은 결과가 초래될 것이라고 경고한 1950년대부터 기후학자들은 우리를 향해 신호를 보내고 "이제 그만하면 많이 마시지 않았나요?"라고 예의 바르게 물었다. 자연도 우리에게 신호를 보냈다. 불이 나면 어김없이 연기가 나고, 연기가 나면 반드시 이산화탄소가 방출된다. 화석연료를 태워서 더욱 강력해진 건 인간의 문명과 인간이 만든 엔진, 시장뿐만이 아니다. 날씨의 엔진인 대기도 함께 강력해졌다.

21

때로는 구름 한 점 없는 하늘에서 별안간 나타난다.
멍하니 졸던 마을에 폭탄이 터지는 것처럼.[1]
―허먼 멜빌, 《모비 딕》

―――――――

호주에서 들불(bushfire)이 유난히 심했던 2002년 말부터 2003년
초까지, 화재가 기승이던 이 기간에 톰 베이츠(Tom Bates)가 영상으로
남길 때까지만 해도 그것에는 따로 이름이 없었다. 무덥던 그날 오후
에 그것이 나타나기 전까지[2] "화염 토네이도 생성" 같은 표현은 존재
하지도 않았다. 임야화재에서 토네이도가 발생하는 이런 현상은 이전
까지 지구상에서 한 번도 알려진 적이 없었기 때문이다.

불 회오리라 불리는 작은 소용돌이는 북반구와 남반구 모두에서
종종 나타난다. 이 불 회오리도 굉장히 인상적이고 가까이에 있으면
위험하지만, 규모가 비교적 작은 편에 그치며 단시간에 사라진다. 막
강한 폭풍과 비교하면 이런 회오리는 모래바람에 더 가깝다. 하지만
그날 톰 베이츠가 캔버라와 바로 인접한 호주 남동부의 한 교외 럭비
경기장에서 직접 목격하고 영상으로 남긴 그것은 차원이 달랐다. 호
주의 수도 캔버라 서부 지역에서 번개가 일으킨 화재에 주택 500채가

413

무너지고 사망자 4명, 부상자 400명 이상이 발생하는 잊지 못할 사태가 이미 벌어진 후였다.

1월 18일, 시내와 남서쪽으로 8킬로미터 떨어진 캄바(Kambah)에 사는 베이츠와 주민들은 인근에서 발생한 화재가 반경 2.4킬로미터 내로 가까워졌으니 주의하라는 경고를 들었다. 그날 오후에 베이츠는 불길이 다가오는 북쪽을 내다보다가,[3] 아라왕산(Mount Arawang) 위에 구름이 거대한 깔때기 형태로 형성된 것을 보았다. 아라왕산은 나무가 빼곡한 일대의 나지막한 여러 산 중에 하나였다. 이런 산들이 캄바 주변 교외 주택가를 둘러싸고 있었고 곳곳에 등산로도 나 있었다.

이 지역에서 토네이도는 낯선 일이 아니었지만, 이번에 나타난 건 꼭 불 속에서 솟구친 것 같은 형상이었다. 대기에서 생겨난 발록 같았다. 기온이 37.8도까지 오른 오후 4시였는데도 자욱한 연기에 사방이 하도 어둑해서 벌써 밤이 온 듯했다. 2003년에는 아직 스마트폰이 없었다. 하지만 베이츠는 자신의 비디오카메라를 떠올렸고, 새로운 유형의 불로 분류될 이 현상을 영상으로 남겼다. "제 평생 이런 건 처음 봅니다." 불타는 산 위로 깔때기 같은 소용돌이가 나타나자 영상에서 베이츠의 목소리가 들린다. 눈앞에 나타난 것을 어떻게든 설명해보려고 애쓰는 게 느껴진다. 말할 줄 몰라서가 아니라, 지구상의 그 누구도 베이츠의 눈앞에 나타난 그것을 본 적이 없기 때문이다. "이런 세상에… 오, 젠장… 거대한 불덩이 같군요. 저기 저쪽에 있는 집들 다 날려버릴 것 같은데…."[4] 이어 갑자기 아라왕산이 폭발하듯 번쩍, 강한 빛이 나타나고 눈이 멀 정도로 강렬한 불빛 위로 소용돌이치는 구름이 나타난다. 핵폭탄이 터진 듯한 느낌마저 든다. "하, 이런…." 베이츠는 기겁하며 말을 겨우 잇는다. "심상치 않네요…. 거대한 불덩이로 된 토네이도 같아요."

베이츠가 막 이름을 붙인 그 괴물 같은 존재는 그가 있는 쪽으로 다가오기 시작한다. 호주 사람들도 캐나다인들처럼 어떤 상황에서든 절제된 표현을 쓰는 재능이 탁월한 듯하다. 카메라 마이크로 들어오는 바람 소리가 점점 강해지는데도 베이츠는 "이거 겁나는데요"라고 말한다. 바로 다음 순간, 아라왕산 주변 주택들에서 떨어져 나온 주석 지붕널과 온갖 잔해가 베이츠가 있는 곳 근처의 땅으로 떨어지는 소리가 들린다. 막대기, 삽들이 가로로 불어대는 돌풍에 날아다닌다. "사방에서 물건들이 제 쪽으로 날아와요. 정신이 나갈 것 같은데요." 영상이 끊기기 직전 베이츠가 한 말이다. "모래바람에 휩싸인 것 같아요."

나중에 추정된 결과를 보면, 아라왕산이 번쩍 하며 통째로 눈앞에서 사라졌던 단 한 번의 엄청난 폭발로 10분의 1초 만에 거의 1.2제곱킬로미터 면적에 불이 붙었다. 톰 베이츠가 가까스로 기록한 이 광경은 누구도 본 적 없는, 실외에서 일어난 가장 극적인 플래시오버였다. 2003년 캔버라에 나타난 이 화염 토네이도는[5] 일반적인 토네이도의 분류 등급인 '개량 후지타 등급(Enhanced Fujita Scale, EF-Scale)' 기준 3등급으로 평가되었다. 수평 풍속은 가장 강력한 5등급 허리케인과 거의 비슷한 초당 71.5미터에 이르렀다. 이 사태는 화염 토네이도가 최초로 기록된 사례인 동시에, 21세기 화재의 또 한 가지 새로운 특징이 드러났다는 점에서 중대한 의미가 있다. 하지만 이보다 20년 앞서 앨버타의 치점 화재에서 예고된 사태이기도 했다. 치점 화재에서도 깔때기 구름이 나타났고, 불이 지나간 숲의 피해 현장은 폭풍이 지나간 곳 같은 특징이 나타났다.

베이츠와 이웃들이 2003년 1월에 목격한 이 무서운 사태를 호주의 화재 전문가들이 분석을 거쳐 완전히 이해하기까지 몇 년이 걸렸다. 문헌에 "화염 토네이도 발생(pyro-tornadogenesis)"이라는 용어가 처음 등장한 건 그로부터 10여 년이 지난 후였다. 화재 과학자들은 이러한 화염 토네이도가 화재 적란운의 험악한 파생물이라는 사실을 알게 됐다. 파생물이라고 하는 이유는, 화재 적란운은 화염 토네이도와 무관하게 형성될 수 있으나 화염 토네이도는 화재 적란운 없이는 생길 수 없기 때문이다.[6] 이 관점에서 보면 화염 토네이도는 (일단 현재까지 기준으로) 육지에서 임야화재가 가장 극적으로 표출되는 방식이라고 할 수 있다(임야화재로 발생하는 다른 놀라운 일들도 많지만, 다 육지가 아닌 대기 상층에서 일어난다는 차이가 있다). 화염 토네이도와 화재 적란운은 둘 다 언덕이 많은 지형에서, 날씨가 이례적으로 무더운 시기에, 아주 극심한 임야화재가 일어났을 때 발생하며 고기압과 합쳐져서 더욱 강력해지는 특징이 있다. 숲이 급속히 타면서 과열된 증기가 불길에 대거 섞이는 것도 화재 적란운과 화염 토네이도를 더 강하게 만든다는 견해도 있다. 이 두 현상이 일어나면, 이미 맹렬하던 불길은 더욱 종잡을 수 없이 증폭되어 인간의 힘으로는 도저히 막을 수 없는 수준에 이르게 된다.

기온이 높고 대기에 이산화탄소가 늘어난 새로운 기상 조건이 화염 토네이도의 원인이라는 사실이 입증되자, 2003년에 나타난 이 현상에 새로운 의문이 제기됐다. 이런 사태가 또 일어날 수 있을까? 호주는 드넓고 가뭄이 빈번하며 곳곳에 울창한 숲이 있는 나라다. 이러한 조합은 호주가 들불이 세계 최대 규모로 발생하는 곳이자 화재 시즌도 지구상 어느 곳보다 길고 파괴적인 이유로 작용한다. 화재 시즌이 "무사히" 지나가는 해가 드물다고 하는 게 더 정확할 정도인데,[7] 다른 해보다 유난히 심한 때가 있었다. 파괴력이 유독 엄청났던 1973년 말부터 1974년 초까지 화재 시즌에는 프랑스와 스페인을 합한 면적(약 130만 제곱킬로미터)이 잿더미로 변했다. 2009년 '검은 토요일 화

심판

재'도 최악의 사태로 기록됐다. 호주 남부 지역까지 무더위가 기승을 부리고 건조했던 2월에 발생한 이 화재 당시, 빅토리아주 소방 당국은 기상 상황이 "미지의 영역"에 이르렀다고 선언했다. 한 당국자는 호주 ABC 방송에 출연해서 다음과 같이 밝혔다. "내일 화재 상황이 어떨지 알 수 있는(예측할 만한) 기상 자료가 전혀 없습니다."[8] 불이 시작된 2월 7일에 멜버른 기온은 이전(2003년) 최고 기온보다 3도나 더 높은 46.7도였다.[9] 지글지글 타는 듯한 이 무더위에 돌풍까지 더해졌다. 주민들은 밖에 나가면 꼭 초대형 헤어드라이어 앞에 서 있는 것 같다고 이야기했다.

검은 토요일 화재는 언덕이 많은 멜버른 북쪽 경계 지역에 피해가 집중되어, 2천 채가 넘는 주택이 파괴되고 작은 마을 여러 곳이 사라졌다. 그리고 173명이 목숨을 잃었다. 송전선 결함, 번개, 방화에 이르기까지 다양한 원인으로 시작된 연쇄적인 화재였다. 화재 역사가 화려한 호주에서도 검은 토요일 화재는 2009년 기준, 가장 많은 생명을 앗아간 파괴적인 들불로 기록됐다. 이 화재에서는 화염 토네이도가 완전한 형체를 갖추지는 않았으나[10] 한 소방 항공기 파일럿은 순풍 화재 높이가 90미터에 이르렀다고 추측했다. 차로 서둘러 대피하다가 최고 속도로 밟아도 화염의 속도를 이기지 못하고 따라잡혀 차 안에서 숨진 사람들도 많았다. 그런데 빛의 속도로 번진 화염보다도 더 빠른 속도로, 거의 빛의 속도로 방출된 또 다른 살인적인 에너지가 있었다. 바로 방사열이다. 화재 지점에서 수백 미터 떨어져 있던 동물들과 사람들이 방사열만으로, 죽음의 광선에 맞은 것처럼 목숨을 잃었다. 초자연적이라는 표현이 어울리는 사태였다.[11]

호주 왕립 위원회에 이 재난을 조사하라는 지시가 내려졌다. 위원회가 도출한 권고 사항에는 새로운 화재 분류가 필요하다는 내용도 포함되어 있었다. "극단적인 화재"로는 검은 토요일 화재에서 일어난 사태를 다 표현할 수가 없었기 때문이다. 이에 따라 극단적인 수준보다 더한 화재를 가리키는 "재앙" 또는 "코드 레드"라는 분류가 새로 생겼다.[12] 호주 뉴사우스웨일스주 지방소방청의 "화재 위험" 웹 사이트에는 화재 시 "대처 요령"이 목록으로 나와 있는데, 여기에 이 "재앙"급 화재 발생 시 대처 요령이 냉철하리만치 명료하게 나와 있다. "생존하려면 조기 대피 외에 다른 방법은 없다."*[13]

지구는 이제 우리가 알던 곳이 아니다. 지난 300만 년간 대기의 상태가 그 어느 때보다 연소에 적합해진, 이 불의 행성은 우리가 만든 결과물이다.

호주에서 검은 토요일 화재가 발생한 2009년 킬링 곡선은 390ppm에 이르렀다. 대기 중 이산화탄소 농도가 산업화 이전보다 40퍼센트나 증가한 수치였다. 그 무렵 전 세계적으로 최고 기온 기록이 해마다 경신되고 화재 시즌은 계속 길어졌다. 화재 피해 규모, 사망자도 함께 늘어났다. 킬링 곡선의 다음 기점은 포트맥머리 화재가 일어난 다음 해인 2017년에 찾아왔다. 그해 대기 중 이산화탄소 농도는 산업화 이전 농도보다 45퍼센트 상승한 405ppm이었다. 4월도 되기 전에 미국 캔자스주부터 텍사스주까지 이어지는 대평원 지대에서 일어난 화재로 5,950제곱킬로미터 면적에 달하는 초원이 불타고 소 수천 마리가 폐사했다. 사망자 수는 최소 7명이었다. 같은 해 여름, 아일랜드에서 그린란드까지 유럽 모든 국가에서 임야화재가 발생했다. 유럽 대륙에서는 처음 있는 일이었다. 스페인과 포르투갈에서는 계절성 임야

---

* 호주 기상청은 2013년에 기온을 색으로 분류하는 체계에도 두 가지 색(분홍색과 보라색)을 추가해야 했다. 이전까지는 최고 온도가 50도였으나 기온이 그 범위를 벗어났기 때문이다.

화재가 더 거센 불 폭풍으로 변해서 화재 적란운이 처음 나타났고, 이두 나라에서만 100명 이상이 목숨을 잃었다. 뉴질랜드도 이례적으로 심각한 임야화재를 겪었다. 칠레와 캐나다 브리티시컬럼비아주, 각기 다른 반구에 자리한 두 거대한 해안 국가도 저마다 역사상 최악의 화재 시즌을 맞이했다. 미국 캘리포니아주도 마찬가지였다. 그중에서도 샌타로자(Santa Rosa)에서 발생한 터브스(Tubbs) 화재는 구조물 9,000채가 파괴되고, 차가 뒤집힐 만큼 거센 강풍이 불어 44명의 목숨을 앗아간 재앙으로 번져 캘리포니아주 역사상 가장 파괴적인 화재로 기록됐다.

////

한 해 뒤인 2018년 7월, 샌타로자에서 북쪽으로 240킬로미터 떨어진 캘리포니아 북부의 고즈넉한 도시 레딩(Redding) 인근에서 발생한 임야화재는 북반구에서 한 번도 보지 못한 새로운 사태를 일으켰다. 그해 8월 공중에서 내려다본 레딩의 풍경은[14] 인도 뉴델리와 비슷했다. 시야가 닿는 곳마다 연기가 자욱하게 퍼져 있었다. 갈색빛 공기 사이사이에 하얀 구름이 떠 있는 모습은 코코아에 띄운 마시멜로 같기도 했다. 그 아래 어딘가에 9만 2,000명이 사는 도시가 분명히 있었지만, 공중에서는 구분할 수가 없었다. 북쪽으로 96.5킬로미터 떨어진 곳에는 뿌연 공기를 뚫고 올라온 섀스타산(Mount Shasta)이 보였다.[15] 높이가 4,260미터에 이르는 산인데도, 몇 년 전부터 정상에 눈이 전혀 쌓여 있지 않는 희한한 일이 일어나기 시작했다. 레딩이 포함된 캘리포니아 북부는 오리건주에서 남쪽으로 160킬로미터 떨어진 곳인데도 네바다주만큼 무덥고 건조했다. 점점 속도를 높이는 제트기 아래로 내려다보니 연기구름이 남쪽으로 320킬로미터 이상 퍼져서 다른 도시인 멘도시노(Mendocino)까지 이어졌다. 레딩 인근의 화재는 멘도시노에서 시작한 거대한 불길과 합쳐져서 캘리포니아의 화려했던 150년 화재 역사상 최대 규모의(그 기록도 얼마 못 가긴 했지만) 임야화재로 거듭났다. 비행기가 자욱한 연기층을 뚫고 하강하자 구불구불한 길과 끝없는 계곡, 산등성이가 보이기 시작했다. 대부분 불타서 광물성 토양으로 변해 있었다. 형성층까지 모조리 불타 생명력을 잃고 형태만 앙상하게 남은 나무들은 공기를 더듬으려는 듯 허공으로 뻗어 나온 검은 손 같았다.

카(Carr) 화재로 명명된 이 화재는(불이 처음 시작된 곳이 카 파워하우스 로드[Carr Powerhouse Road] 인근이라 이런 이름이 붙었다—옮긴이) 2018년 7월 23일, 레딩에서 서쪽으로 24킬로미터 떨어진 작은 마을 위스키타운(Whiskeytown)에서 시작됐다. 트레일러 타이어에 펑크가 나면서 발생한 스파크가 원인이었다. 3일 후에는 불길이 레딩까지 번졌다. 그날 기온은 2009년 호주의 검은 토요일 화재와 비슷한 45도였다(평균 기온보다 약 8도 높은, 그 지역의 이전 최고 기온과 같은 기온). 캘리포니아에서 일어나는 임야화재가 대부분 그렇듯 카 화재도 해안에서 불어오는 강풍과 가뭄, 화재 진압의 역사가 한 세기에 이를 정도로 빈번한 삼림화재가 합쳐진 결과였다. 7월 26일에는 주민 4만 명이 단 몇 시간 내로 대피해야 하는 상황이 되었다. 주택과 상가 건물, 그 밖의 구조물 1,600채가 파괴되고 5명이 사망했다.

"현실 같지 않았어요."[16] 공항의 수화물 나오는 곳에서 만난 한 중년 여성이 한 말이다. 3주 전에 대피했다가 돌아오는 길이라고 했다. "종말이 온 것 같았다니까요."

시내에 도착했을 때도 화재의 여파는 크게 느껴지지 않았다. 내가 찾아간 날 상쾌한 서풍이 불어와 화재의 여러 흔적을 지운 영향도 있었다. 한 택시 기사는 화재 이후 거의 한 달 내내 거리를 덮고 있던 연기가 그날 처음 사라졌다고 했다. 주변 산들에는 연기가 여전히 덮여 있었지만, 사람들의 머리 위에 펼쳐진 하늘은 도로에 그림자가 선명히 드리워질 만큼 맑았다. 도시 전체가 평온하고 그저 평범한 날 같아서 뉴스에서 본 레딩 화재 소식이 너무 과장된 건 아닌가 하는 생각마저 들 정도였다. 하지만 과장이 아니었다. "주변에 집을 잃지 않은 사람이 없을 정돕니다." 택시 기사의 말이다.

동네가 통째로 사라졌다는 사실은 곧 눈앞에 드러났다.

매일 누군가의 세상은 끝나고 어딘가는 사라진다. 하지만 최근에는 화재뿐만 아니라 화재로 발생하는 엄청난 에너지로 그렇게 되는 경우가 훨씬 잦아진 듯하다. 임야화재는 15년간 꾸준히 점점 심해졌지만, 2018년 7월 26일은 달랐다. 2003년에 호주 소방 당국이 던진 의문, '캔버라에 나타난 화염 토네이도가 또 생길 수 있을까?'라는 질문은 그날 답을 찾았다.

캔버라와 1만 2,870킬로미터 넘게 떨어진 지구 반대편, 레딩 시내와는 10분 거리인 레이크 케직 이스테이츠(Lake Keswick Estates)는 빼곡한 건물들 대부분이 1층짜리 주택인 검소한 동네다. 레딩 교외 지역이 대부분 그렇듯 이곳도 산림 도시 인접 지역이다. 카 화재 당시에 이곳 주민들은 서쪽으로 1킬로미터도 떨어지지 않은 곳에 있는 케직 저수지가 바람에 실려 오는 불길을 막아주리라고 확신했다. 그중 한 명이었던 일흔세 살 세라 조지프(Sarah Joseph)는 마음을 한참 가다듬고서야, 저녁이 되어도 기온이 37도가 넘었던 그날의 일을 내게 이야기할 수 있었다. 조지프는 저녁 8시 직전, 불길이 그 저수지를 건너왔다고 했다. "꼭 토네이도 같았어요. 하지만 불이었죠." 캔버라의 톰 베이츠가 그랬듯, 조지프도 이 세상 누구도 본 적 없는 사태를 설명해야 했다. 불길이 다가오는 속도가 너무 빨라서 조지프는 단 몇 분 만에 고양이와 사진 몇 장, 갈아입을 옷가지만 챙겨 달아나야 했다.

세라 조지프는 그렇게 겨우 불을 피했고 집도 기적적으로 무사했다. 토네이도의 변덕스러운 특성을 보여주는 결과다. 토네이도의 폭력은 어린아이가 개미 떼를 괴롭히며 즐거워할 때처럼 변덕스럽고 선택적인데, 그 선택에는 아무 규칙이 없다. 조지프의 집이 있는 주택가 블록은 그 집만 제외하고 사방 전체가 폐허만 남았다. 그곳에서 동쪽으로 800미터 떨어진 곳에는 머리 위에서 계속 소리를 내는 고압선만 제외하면 영락없는 시골 땅 같은, 넓고 나무가 울창한 비탈이 있었다. 그곳에서 윌리 하트먼(Willie Hartman)은 무릎까지 푹 들어갈 만큼 잔해만 수북하게 쌓인 집을 내려다보았다. 작고 단단한 체구의 이 다정한 백발 할머니는 모든 걸 송두리째 바꿔놓은 그 불의 여파를 받아들이려고, 최소한 눈에 보이는 것만이라도 그렇게 이해해보려고 한 달째 노력 중이었다. 하트먼의 뒤로는 집 현관에 있던 철제 난간이 호스처럼 늘어져 있었다. 다 타고 시커먼 뼈대만 남은 가구를 발견한 하트먼은 반쯤 혼잣말처럼 중얼거렸다. "마당 의자가 집 안에 있네."[17]

우편함도 집 안에 있었다. 제자리에 멀쩡히 있는 게 없고 멀쩡한 물건도 없었다. 전면 이중창이던 하트먼의 집 거실 한 면은 화염에 다 녹아서 사라졌다. 강처럼 녹아내린 유리는 하트먼의 딸들이 사는 집 쪽으로 흘렀다. 딸들의 집도 토대까지 몽땅 탔다. 집 안에 있던 물건들은 화염에서 몰아친 뜨거운 바람에 실려 몇 분 만에 주변 이웃집들 위로 떨어지고 세라 조지프의 집까지 날아왔다.

이 화재는 영상으로 고스란히 남아 있다.[18] 불타는 주택가 위로 연기와 불이 뒤엉킨 소용돌이가 300미터가 넘는 높이로 솟아올라 지글

대며 휘몰아치는 광경은 정말 섬뜩하다. 이 소용돌이는 바깥 면이 팽팽한 느낌마저 들 정도로 단단하고, 계속 오르락내리락하며 규모가 바뀐다. 안쪽에서 무언가가 밖으로 나오려고 필사적으로 버둥대는 것처럼 표면이 일그러지기도 한다. 레딩 화재에서 이 화염 토네이도가 지속된 시간은 약 30분으로 그리 길지 않았지만, 그 시간 동안 공중으로 수백 미터에 이르는 화염을 뿜어냈고 그 불길에 닿은 건 전부 사라졌다. 너무나 거센 열에너지의 기세에 성층권을 뚫고 올라갈 정도로 거대한 연기기둥이 형성됐다. 이 화염 토네이도가 지면과 닿은 너비 약 275미터, 길이 800미터 면적마다 어마어마한 피해가 발생했다. 집은 전소되고, 하트먼 가족들의 집 바로 남쪽에 있던 숲은 폭발이 일어난 것처럼 사라졌다.

동이 트기 시작하자 전날 저녁 대기에서 벌어진 소란의 여파가 고스란히 드러났다. 헐크와 고질라가 동시에 나타나 한바탕 싸움을 벌이기라도 한 듯한 폭력의 흔적이었다. 30미터 높이 송전탑 한 쌍은 탑을 고정해두었던 콘크리트 토대에서 뜯겨 나와 죽은 기린 한 쌍처럼 땅에 널브러져 있었다. 4톤짜리 화물 컨테이너는 조각조각 부서져서 잔해가 수백 미터까지 흩어졌다. 하트먼 가족의 집 남쪽의 주택들은 전부 사라지고 바닥 판만 덩그러니 드러나 있었다. 나무마다 가지는 전부 잘려 나가고, 겨우 남은 가지에는 비닐봉지가 매달려 펄럭였다. 지붕에 얹었던 3미터짜리 금속 철판은 실크 스카프처럼 구겨졌다. 차량에서 나온 캠축, 플라이휠과 주방에서 나온 싱크대, 오븐 문짝, 그밖에 셀 수 없이 많은 물건이 새카맣게 탄 숲 전체에 흩어져 있었다. 하지만 유리는 한 조각도 보이지 않았다. 풀, 나무껍질, 표토도 다 사라졌다.

토네이도는 모든 정황을 지워버리는 능력이 탁월하다. 토네이도가 휩쓸고 간 자리에는 철저히 짓밟은 결과들이 무수히 남지만, 그 폭력의 흔적이 너무나 제멋대로라 대체 무슨 일이 있었는지 극심한 혼란에 빠져 자문하게 된다. 자기 손인데도 손가락이 아직 그 자리에 잘 붙어 있는지를 눈으로 확인하고서야 안심할 때와 비슷하다. 바닥 판만 드러난 집터에서 멀지 않은 곳에는 픽업트럭 한 대가 나무에 감겨 있고, 절반이 뜯겨 나간 트럭도 보였다. 황량한 땅 위에 차들이 여기저기 흩어져 있었다. 차 지붕은 땅 위를 여러 번 구른 것처럼 잔뜩 찌그러져 있고, 차체는 스프링이 훤히 보일 정도로 타버렸다. 문짝, 후드, 트렁크 뚜껑은 대부분 뜯겨 나가고 없었다. 남아 있는 차들은 안팎이 뒤집혀 있거나 사방에서 날아온 무수한 자갈과 잔해에 맞아서 꼭 망치와 산탄총 공격을 받은 듯한 몰골이었다.

이 모든 풍경의 배경에 쓰러진 송전탑과 연결되어 있던 2인치 굵기의 송전선이 나무들 사이사이에 뱀처럼 드리워져 있었다. 5만 볼트의 전압을 견디도록 만들어진 이런 전선은 아주 짧은 일부분도 들어 올리지 못할 만큼 무거웠다. 형체를 알아보기 힘들 정도로 망가진 양동이, 커다란 통, 손수레, 가스레인지 상부도 곳곳에 엉망진창으로 뒤엉켜 있었다. 나무 기둥에 너무 단단히 감겨서 중장비를 동원해서야 겨우 제거한 잔해도 있었다. 나무에 도끼날처럼 박힌 접이식 철제 의자, 종이 접시처럼 구겨진 트랙터의 철제 운전석도 보였다. 가장 가까운 주택에서 수백 미터 떨어진 땅에서도 주철 프라이팬이 발견됐다. 프라이팬 손잡이는 뜯겨 나가고, 바닥에는 구멍이 숭숭 뚫려 있었다. 제아무리 튼튼한 것, 크기가 작은 것도 멀쩡한 건 하나도 없었다. 돌멩이마저도 다 깨졌다.

윌리 하트먼과 47년을 함께 산 남편 래리 하트먼(Larry Hartman)은 듬직한 체격에 악수할 때도 손이 으스러질 정도로 꽉 쥐는, 기운 넘치고 마음씨 좋은 사람이었다. 래리는 뭐든 문제가 생기면 뚝딱 해결하는 재능을 타고났다. 곰 사냥에 데리고 다닐 개 12마리를 훈련하기 위해 쇠사슬로 된 목줄 12개가 나란히 연결된 사냥개용 러닝머신을 직접 만들었을 정도다. 불이 휩쓸고 지나간 후, 그 기계는 뭐가 뭔지 알아보기 힘든 잔해더미 위에 뒤집혀 있었다. 나는 래리에게 불이 난 상황을 직접 보지 못하고 이런 폐허와 마주했다면 무슨 일로 생각했을 것 같으냐고 물었다. 사방이 철저히 무너진 풍경, 그가 평생 눈에 담고 살아온 건물들과 지형지물이 다 사라진 공간을 가만히 응시하던 래리는 "폭탄"이라고 대답했다. "히로시마에 떨어진 그런 폭탄이요." [19]

역사에 남은 그 원자폭탄이 투하된 중심 지점과 화재 이후 하트먼 가족의 집터 바로 남쪽을 촬영한 사진을 비교해보면 실제로 구분하기 힘들 만큼 비슷하다. 아버지와 곰 사냥을 다니곤 한다는 하트먼의 딸 크리스텔(Christel)도 악수할 때 아버지만큼 강한 힘이 느껴졌다. 크리스텔이 대피 도중에 휴대전화로 찍어둔 영상에는 불길이 언덕 위로 솟아오르는 광경이 담겨 있다. 최근 들어 산림 도시 인접 지역에 발생하는 임야화재에서 아주 흔해진 특징이지만, 그 영상 속 불길은 송전선보다 더 높이 치솟았다. 멀리 뒤에는 타오르는 화염 속에서 송전탑의 격자로 된 형체가 뼈대만 남은 거인처럼, 간간이 유령처럼 나타났다. 영화 〈우주 전쟁〉이 떠오르는 광경이었다. "불길에서 으르렁대는 소리도 났어요." [20] 크리스텔은 이렇게 말하면서 그때 들은 소리를 직접 흉내도 냈다. "꼭 사람처럼요." 그리고 "소리 크기가 사람보다 열 배는 더 컸다"고 덧붙였다. 하트먼의 집에서 몇백 미터 떨어진 쿼츠 힐 로드(Quartz Hill Road)에서는 트레일러 안에 있던 나이 많은 여성과 손자 둘이 그대로 불에 타 목숨을 잃었다.

130년 역사의 캘리포니아주 소방 기관인 산림·소방청(Cal Fire)에서 20년을 근무한 베테랑 소방관 더스티 자이브스(Dusty Gyves)는 하트먼 가족의 집터로부터 남서쪽으로 460미터쯤 떨어진 곳에서 충격적인 것을 발견했다. 공중으로 날아올랐다가 떨어진 듯한 2톤짜리 픽업트럭이었는데, 자이브스는 차가 얼마나 처참하게 망가졌는지 "폐차장에서 막 나온 것 같았다"[21]고 했다. 더 정확히는 폐차 후 소각된 차 같았다.

그 트럭 안에는 서른일곱 살이던 소방 안전 검사관 제러미 스토크(Jeremy Stoke)가 타고 있었다. 휴가 중이던 스토크는 주민들의 대피를 돕겠다며 남은 휴가를 자진해서 반납했다. 주변 사람 모두가 아끼던 한 가정의 남편이자 두 아이의 아버지였다. 스토크가 생의 마지막을 맞이한 부에나벤투라 대로(Buenaventura Boulevard)에는 추모 공간이 마련되어 있었다. 꽃들과 함께 깃발도 있고, 권총을 쥔 유쾌한 모습의 스토크 사진 옆에는 경찰봉도 놓여 있었다. 캘리포니아 전역의 경찰서, 소방서를 상징하는 야구모자와 티셔츠, 견장 수십 개도 보였다. 코펜하겐 담배 몇 갑과 머리를 말끔히 밀고 다녔던 그가 유용하게 사용했을 선크림 한 병, 누군가 직접 쓴 메모도 있었다. "형제여, 편히 쉬길. 이제는 우리가 맡겠습니다."

스토크는 카 화재로 발생한 다섯 명의 사망자 중 한 명이었다. 무사히 대피한 생존자들의 이야기를 들어보면, 인명 피해가 그 정도로 그친 건 기적이었다. 한 치과의사는 외부인 출입이 차단된 주거 구역인 스탠퍼드 힐스에 있다가 화염을 보고 깜짝 놀라 남편과 함께 숲으로 달아났다. 방향은 물론이고 어디가 어디인지도 모르는 채로 사슴, 토끼, 다람쥐 같은 동물들이 가는 대로 내리막길을 달려 내려가다 보니 새크라멘토강이 구부러지는 지점이 보였다. 그곳 이웃들 몇몇은 순찰 중이던 헬리콥터에 발견되어 구조됐다. 형사로 일하다 은퇴한 스탠퍼드 힐스의 또 다른 주민 스티브 부스티요스(Steve Bustillos)는 이웃들을 다 대피시키고 마지막에 몸을 피했다. 힘이 느껴지는 작고 다부진 체격에 짙은 색 눈, 희끄무레한 머리카락이 곧게 뻗친 스티브는 그날 저녁 집과 서쪽으로 1.6킬로미터쯤 떨어진 곳에서 발생한 화재의 심각성을 다 알지는 못했다. 하지만 그는 경계를 늦출 수 없는 위험한 순간들을 많이 겪은 사람이었다. 짙은 색 곱슬머리에 키가 크고 호리호리한 그의 아내 캐리는 그날 가족들을 만나러 산호세로 가고 없었고 집에 혼자 남은 스티브는 위성 채널을 돌려가며 뉴스를 확인하고 소셜 미디어로도 상황을 점검하면서 지평선 쪽을 계속 확인했다. 그도 스탠퍼드 힐스의 이웃들도 대피 명령은 전혀 듣지 못했다. 순찰 중이던 소방관들도 상황을 크게 경계하는 것 같지 않았다. 언덕 꼭대기 막다른 길에 형성된 스탠퍼드 힐스에는 구불구불 이어지는 길을 따라 최저가가 100만 달러인 주택 50채 정도가 줄지어 있었다. 은퇴자도 많았지만, 각자의 분야에서 성공한 전문직도 많았다. 늘 최신 정보에 밝고 미리미리 계획해서 움직이는 사람들, 이웃들을 잘 챙기는 그런 사람들이었다. 대부분 평소에도 위급 상황에 철저히 대비해 두었다. 스티브와 캐리 부부도 대피해야 할 상황이 오면 바로 갖고 나갈 수 있도록 더플백을 꾸려서 차고에 쌓아두었다.

"서쪽으로 연기기둥이 보였습니다."[22] 스티브는 당시를 이렇게 회상했다. 이웃들처럼 그도 스탠퍼드 힐스에서 240미터쯤 아래, 케직댐이 있는 새크라멘토강 정도 너비면 불길을 충분히 막을 수 있으리라고 생각했다. 강은 스탠퍼드 힐스와 서쪽으로 800미터 떨어진 곳에 있고, 송전선은 남쪽과 동쪽에 있었다. 그래서 스티브는 임야화재가 발생해도 스탠퍼드 힐스는 안전하리라고 믿었다. 일반적인 화재였다면 그랬을 것이다.[23] 그러나 저녁 6시, 멀산(Mule Mountain) 인근 기상

관측소에 기록된 기온은 43.8도였고 습도는 7퍼센트였다.

"저녁 7시 40분쯤 불길이 강을 건너 이쪽으로 오는 게 보였습니다. 기이한 광경이었어요. 불이 강을 그냥 뛰어넘더라고요."

불이 강과 고속도로와 방화대를 훌쩍 뛰어넘는 이런 사태는 점점 빈번해지는 추세다. 스탠퍼드 힐스의 막다른 길 맨 끝 쪽의 포도밭까지 딸린 호화로운 대저택에 사는 스티브의 이웃 케이트 베이커(Kate Baker)는 남편이 중장비 업계에서 일하는 터라 방화대에 관해 잘 알고 있었다. 그날 화재 전에 베이커는 2017년 엄청난 피해가 발생한 터브스 화재 현장에서 일한 지역 불도저 업체 사장과 대화를 나누었고, 당시에 D9 캐터필러 여러 대로 방화대 만드는 작업을 자신이 지휘했다는 이야기를 들었다. 그는 그렇게 만든 방화대가 전부 아무 소용이 없었다고 했다. "여섯 곳을 만들었는데 전부 실패였어요."[24] 그가 한 말이다. 베이커가 만난 불도저 업체 사장은 스탠퍼드 힐스와 하트먼 가족의 집 사이에 있는 부에나벤투라 대로에서도 또다시 실패를 겪었다. 방화대 일곱 곳을 만들었지만, 이번에도 다 소용없었다. 20년 전에는 먹혔던 방법, 10년 전까지만 해도 효과가 있던 방법들도 이제는 효과를 잃은 듯하다.*

불이 일단 강을 뛰어넘고 나면 막을 방법이 없었으므로, 스티브는 이웃에 사는 노인이 안전하게 대피했는지부터 확인한 후 트럭에 짐을 싣기 시작했다. 그때 바람이 바뀌었다. "공기가 저를 통과해서 다른 방향으로 흘렀습니다." 공기가 불 쪽으로 흐르기 시작한 것이다. "진

---

* 미래학자 알렉스 스테픈(Alex Steffen)은 이러한 현상을 "연속성의 단절"이라고 부른다. 연속성의 단절은 루크레티우스 문제로 발생하는 필연적인 결과다. 전문 지식과 과거의 경험이 미래에 발생한 문제 해결에 더는 유용한 지침이 되지 않는 상황을 의미한다.

공청소기가 그쪽에서 빨아들이는 것처럼요. 어안이 벙벙했습니다. 제 눈앞에서 벌어지는 일들인데도 도통 이해할 수가 없었어요. 열기가 오븐이나 바비큐 그릴 뚜껑을 열었을 때처럼 뜨거웠습니다. 그런 열기가 공중에 걸린 송전선 높이만큼, 벽처럼 다가왔어요. 불길도 안 보이고 불 비슷한 것도 없는데 그 높고 거대한 열기가, 솟아난 화염처럼 거리에 있는 모든 집을 강타했습니다. 제가 서 있던 곳 바로 옆에서부터 뒷마당까지 야자나무가 쭉 서 있었거든요. 그 나무들을 보고 있는데 갑자기 용접용 버너만큼 강한 열이, 나무를 붙들지 않으면 똑바로 서 있지도 못할 만큼 거세게 들이닥쳤습니다. 공기가 우리 집 주변을 휘감고 차고 밖으로 쏟아져 나오는 소리가 들릴 정도였어요."

스티브는 포트맥머리 화재 당시 마크 스티븐슨이 시그널 로드에서 느낀 것을 똑같이 느꼈다. 불이 숨을 쉬는 것처럼 엄청난 양의 공기를 들이마셨다가 용처럼 내뿜는 것 같았다. 7월 26일에 레딩의 하늘에 나타난 것처럼 화재 적란운에서 생겨난 불기둥은 불에서 솟구치는 폭풍의 엔진과도 같다. 다른 모든 연소 기관처럼 이 엔진도 산소가 있어야 계속 돌아가므로 주변 환경의 공기를 들이마신다. 로스앤젤레스 캘리포니아대학교(UCLA) 지리학과 교수인 파크 윌리엄스(Park Williams)는 2018년 〈애틀랜틱〉의 기자 로빈슨 메이어스(Robinson Meyers)와의 인터뷰에서 불 폭풍이 이렇게 공기를 흡입한 다음에 무슨 일이 일어나는지 설명했다. "때때로, 위쪽을 향하던 공기의 흐름이 아주 작은 지점에서 무너지기도 합니다."[25] 윌리엄스의 말이다. "그렇게 되면 대기의 뜨거운 공기가 전부 그 약해진 지점으로 곤두박질치며 떨어집니다. 그래서 지면과 가까운 쪽에서 바람이 매우 빠른 속도로 지나가는 게 느껴지죠. 이런 바람이 지면과 부딪히면 바닥에 쏟아진 젤리처럼 사방으로 흩어집니다."

스티브는 뜨거운 공기가 폭발하듯 지면으로 떨어지는 바로 그 상황을 경험했다. 처음에는 열기로 느껴지더니, 곧 나무들, 집들에서 그 엄청난 열기에 자연 연소가 일어났다. 외부에서 일어난 플래시오버를 실시간으로 본 것이다(내가 파크 윌리엄스 교수에게 이 사례를 전하자, 그는 스티브가 살아남은 건 행운이라고 했다). 평소에 그토록 철저히 대피 준비를 했건만 대피 시점을 놓친 것 같았다. "그때까지 집은 불타지 않았습니다." 스티브의 말이다. "하지만 다른 건 전부 타고 있었어요. 사방이 온통 연기와 재 덩어리뿐이었어요. 열기와 연기 때문에 어디로도 갈 수가 없었습니다. 지금 차를 몰고 이 모든 걸 뚫고 나가거나, 좀 지켜보다가 적당한 시점에 차로 탈출하거나, 그래야겠다고 생각했습니다."

지금 회상하는 것처럼 당시에도 이렇게 침착했느냐고 내가 묻자, 스티브는 "오, 그럼요" 하고 답했다.

캐리가 거들었다. "그이가 예전에 무슨 일을 하면서 먹고살았는지 아시죠? 살인 사건 형사였어요. 형사가 차분해야 범인도 차분해지는 법이거든요."

"저는 산호세에서도 가장 번잡한 곳에서 일했습니다." 스티브가 설명했다. "목, 금, 토요일은 밤마다 그야말로 대혼란이었어요. 칼로 찌르고, 총으로 쏘고, 차로 추격전을 벌이고, 아주 난리였죠. 그런 곳에서는 펄펄 열을 낸다고 될 일이 아니라 진정하고 제가 '절차'라고 부르는 과정을 따라야 합니다. 이 문제를 어떻게 해결할까? 생각해보는 거죠. 당황해서 허둥대면 아무것도 해결되지 않습니다. 뒤로 한 발 물러나야 합니다. 그러면 호흡이 달라지고, 지각도 달라져요. 큰 그림을 보게 됩니다. 그날도 그랬습니다. 저는 지금은 차로 나갈 때가 아니라고 생각했어요. 어떻게 될지 두고 보자, 싶었죠. 불이 사방을 통째로 집어삼켰는데, 이 상태가 얼마나 지속될지 알 수가 없었어요."

바람이 조금 잦아들었다. 상대적으로 그랬다는 의미다. 불길은 스탠퍼드 힐스 막다른 길 양쪽에서 타오르고 있었고, 열기가 너무 강해서 국지적으로 바람이 새로 생겨나고 있었다. 그사이, 이제 완전히 발달해서 4.8미터 높이로 솟구친 화염 토네이도는 북쪽으로 800미터 떨어진 곳까지 다가와 거리 청소차와 비슷한 속도로 점점 동쪽으로 이동하며 스탠퍼드 힐스와 세라 조지프가 막 대피한 레이크 케직 이스테이츠 사이, 집들이 드문드문 있는 숲을 지났다. 스탠퍼드 힐스에서 외부로 빠져나가는 길은 하나뿐이었다(교외 지역 주거지들의 흔한 특징이다). 그 유일한 길이 바로 부에나벤투라 대로였는데, 토네이도는 이 길과 직각으로 만나는 경로로 움직이고 있었다. 스티브는 아내에게 전화를 걸어 자신은 괜찮다고, 이제 차로 집을 빠져나갈 거라고 안심시켰다. 스티브는 지금 탈출하면 이 집을 두 번 다시 못 보게 되리라고 확신했다. 아내와 계속 통화하면서 트럭에 올라 집 앞 진입로를 빠져나갔다. 저녁 8시를 몇 분 넘긴 시각이었다.

그가 몰고 나온 GMC 시에라 듀라맥스(Sierra Duramax)는 짐칸에 캠핑용 덮개가 장착된 제법 큰 트럭이었다. 차에는 옷가지부터 사진, 두 딸아이와의 추억이 담긴 물건들, 컴퓨터, 카메라 같은 사적인 물건들이 잔뜩 실려 있었다. 스티브의 총도 차에 있었다. 짐을 가득 실으면 무게가 5톤 가까이 나가는 트럭이었는데, 그때까지도 스티브는 차 무게가 불과 5분 뒤에 생사를 가르는 기준이 되리라고는 꿈에도 생각하지 못했다. 진입로를 빠져나가 좌회전한 후, 스티브는 연기 속을 천천히 나아갔다. 스탠퍼드 힐스처럼 외부인 통행이 차단된 또 다른 주거 구획인 랜드 파크(Land Park) 정문 쪽에 공회전 중인 소방차 6대가 보였다. 그곳의 수많은 집들이 불길에 휩싸인 당혹스러운 광경이 펼쳐졌지만, 신경 쓸 겨를이 없었다. 스티브는 부에나벤투라 대로 쪽으로 우회전했다.* 북쪽으로 접어든 후, 이제 800미터 정도만 더 가면 안전한 곳으로 빠져나갈 수 있었다. 그때 스티브의 트럭 바로 앞에서, 연기에 가려진 어딘가에서 화재 조사관 제러미 스토크가 몰던 포드 150 픽업트럭이 공중으로 날아갔다. 90미터 떨어진 곳에서는 불도저에 타고 있던 작업자 위로 불붙은 자갈이 쏟아졌다. 서쪽으로 800미터도 채 떨어지지 않은 곳에서도 또 다른 불도저 작업자가 불길에 휩쓸려 숨졌다.

주변이 점점 어두워지는 가운데, 커다란 트럭 안에서 연기 속을 안전하게 달리는 스티브가 보기에 불은 지나간 듯했다. 숲은 바닥이 텅 비었고, 연기가 피어나는 나무들은 잎이 하나도 남아 있지 않았다. 지상 약 12미터 높이에 두툼한 연기가 지붕처럼 덮여 있었다. 스티브는 휴대전화 스피커를 켜고 아내와 계속 통화하면서 도로 한쪽에 있던, 차체가 낮은 트레일러 한 대를 지났다. 조금 뒤에는 길 반대쪽에 트랙터 트레일러가 나타났다. 스티브의 차 바로 앞 오른편에는 터브스 화재 때 방화대 여섯 곳을 만들었지만 모두 소용없었다고 했던 불도저 업체 사장이 이번 화재에서도 방화대를 만들기 위해 동원한 불도저 두 대가 이동 중이었다. 스티브의 시선이 왼쪽을 향했을 때, 캐리는 스피커 너머로 32년을 함께 산 남편이 "이런 젠장" 하는 소리를 들었다.

"운전석 창문이 폭발한 겁니다. 재와 잔해가 쏟아져 들어왔어요." 스티브의 말이다. "그건 마치 '불과 유황'이었어요. 차 안에 정말로 그 불과 유황이 굴러다녔거든요. 손으로 몸에 붙은 그것들을 퍼내면서

---

* 화재가 워낙 위험한 상황이라 소방차들도 대피 중이었다. 〈카 사고 그린시트(Carr Incident Green Sheet)〉, 11쪽.

어깨 너머로 뒷좌석 쪽을 보니까 안에 있던 물건들이 이미 전부 타고 있더라고요."

스티브는 차를 세우고, 차 안에서 작게 소용돌이치며 타오르는 불길을 껐다. 불씨, 불붙은 나뭇가지, 돌들이 어마어마한 강도로 창문을 통해 계속 몰아치며 얼굴이며 어깨를 세차게 때렸다. 열기도 견디기 힘들 만큼 뜨거웠다. 스티브는 캔버스 재질의 큰 짐 가방을 움켜쥐고 일단 그걸로 몸을 가렸다. "그때, 차가 붕 떴습니다. 제 두 발은 브레이크 위에 놓여 있었고 안전띠도 계속 매고 있는 채로요. 그러다 조용해졌습니다. 머리 양옆의 머리카락이 그을렸어요. 저는 그대로 앉아서 '이제 어떻게 되려나' 생각했습니다. 오른쪽을 보니, 차 우측 펜더(흙받이) 바로 옆에 활활 타는 화염이 있었습니다. 뭔가 무너지고 있었고 불 속에 디젤차가 보였어요."

차를 버리고 달아나야 한다는 생각과 그랬다가는 맨몸으로 저 화염 토네이도에 그대로 노출될 것이란 생각이 동시에 떠올랐다. 그날 스티브는 반바지에 반소매 차림이었다. "차 잠금장치가 작동을 안 해서, 버튼을 눌러 문을 겨우 열었어요. 한쪽 발을 문밖으로 내밀고, 안전띠를 풀었습니다. 그리고 어디로 가야 할지 두리번거렸어요. 왼쪽에 불도저 한 대가 보이기에 '좋아, 저기로 가자'고 정했습니다. 방패로 쓰던 가방을 꼭 쥐고, 백팩도 챙겼습니다. 불도저 정면으로 갔는데, 움직이고 있는 거예요. 이러다 치이겠다 싶어서 고개를 들고 살펴보니까 창문은 다 날아가고 없고 안에 탄 사람도 없었습니다. 사방에 물건들이 날아다니고, 전부 제 몸을 치고 지나갔습니다. 날아다니는 작은 덩어리마다 불이 붙어 있었죠."

스티브는 차가 붕 뜨는 바람에 휴대전화를 놓고 나왔다. 캐리는 400킬로미터 떨어진 산호세의 어느 길가 연석에 앉아 계속 전화기를 들고 있었다. "2분 정도 소리가 계속 들렸어요." 캐리의 말이다. "차 안에서 뭔가 펑 터지는 소리를 들었어요. 사납게 폭발하는 소리도요."

스티브의 차 타이어와 연료 탱크가 폭발했다. 차 안에 둔 장전된 피스톨이 무작위로 발사되는 소리도 들렸다. "남편이 듣고 있다고 생각하면서 계속 말했어요." 캐리가 이야기했다. "'여보, 내 말 들리면 잘 들어. 당신은 괜찮을 거야. 우린 이번에도 이겨낼 수 있어'라고요."

두 사람은 이미 수많은 일들을 겪었다. 스티브의 위험천만한 직업 외에도, 캐리는 3년 전 암과 싸웠다. "그러고는 전화가 끊겼습니다." 캐리의 말이다. "남편 전화기가 망가졌구나, 생각했어요."

스티브가 차에 타고 있었는지 어떤지도 캐리는 알 수가 없었다. 스티브는 죽일 듯이 몰아치는 열기와 바람, 끊임없이 날아와 말벌처럼 공격하는 자갈과 불씨 속에서 평정심을 유지하려고 안간힘을 썼다. 움직임을 멈춘 불도저 날을 화염 방패로 삼아, 바람 방향이 바뀌면 바람을 최대한 피할 수 있는 쪽으로 날 주변을 옮겨 다녔다. 그러다가 날과 바퀴의 무한궤도 사이 어딘가로 몸을 구겨 넣고, 날아오는 총알을 피하는 보병처럼 그 아래 땅을 파서 몸을 한껏 웅크렸다. 정신 없이 날아오는 잔해를 막을 수 있도록 몸 앞에 가방과 백팩을 놓았다. "그렇게 웅크리고 있었습니다." 스티브의 말이다. "시간이 얼마나 지났는지 알 수가 없었어요. 아드레날린이 폭발하고 그때까지 너무 많은 일이 일어나서 제정신이 아니었습니다. 그러다 한순간, 정말 갑자기 사방이 잠잠해지고 열기도 가라앉았습니다. 온도는 150도 정도였던 것 같아요. 그러니까, 오븐을 열면 뜨거운 열기가 훅 덮치잖아요. 그랬던 공기가 오븐 문을 닫아둘 때와 비슷한 상태로 바뀌었습니다."

토네이도가 지나간 건 분명해 보였다. 스티브는 잠시 그대로 앉아 정신을 가다듬었다. 그리고 불도저 밖으로 기어 나와서 일어섰다. 화상을 심하게 입었지만, 그때까지도 아드레날린이 끓어넘쳐 다친 줄도 몰랐다. "길 건너편에 은색 포일 담요를 덮어쓴 사람이 보였습니다. 뛰어다니면서 '저 좀 구해주세요! 여기 사람 있어요!'라고 외치고 있었어요."

불도저 작업자였다. 캘리포니아의 숲은 워낙 화재가 빈번해서 불도저마다 안전유리와 방염 커튼이 설치되어 있다. 하지만 이 작업자의 목숨을 구한 건 포일이 덧대어진, 침낭처럼 생긴 방염 텐트였다. 잠시 후 산림부 트럭 한 대가 나타났다. 전쟁터에서 막 돌아온 차처럼 사방이 패이고 온통 불에 탄 그 차 운전석에는 산림부 감독관이 타고 있었다. 몸에서 연기가 피어오르는 채로 얼떨떨하게 서 있는 사람들을 발견하고 그쪽으로 온 것이다. 스티브는 그쪽으로 걸어가 차에 올랐다. 나중에야 앞좌석에 젊은 소방관 한 명이 먼저 타고 있었다는 것을 깨달았는데, 그는 큰 충격에 빠진 얼굴로 정면만 응시하고 있었다. 감독관은 스티브와 불도저 작업자를 소방차들이 모여 있던 랜드 파크 입구로 데려가 내려주었다. 두 사람은 거기서 시내로 옮겨졌고 다시 근처 외상 센터로 옮겨졌다. 도중에 스티브는 누군가에게 전화기를 빌려 아내에게 전화했다. 캐리가 최악의 가능성을 떠올리고 있을 때였다. 스티브는 외상 센터에서 간단한 검진을 받은 후 헬리콥터에 실려 새크라멘토 UC 데이비스 의학센터 화상 병동으로 옮겨졌다. 어쩌다 생겼는지 기억도 나지 않는 멍이 몸 곳곳에서 발견됐다. 벌겋게 달군 자갈 위를 구르다가 온 사람 같은 상태였다.

스탠퍼드 힐스의 주택 절반이 전소됐지만, 스티브 가족의 집은 무사했다. 정말 다행스럽고도 잔인한 아이러니는, 스티브가 타고 나와서 탈출한 차, 부에나벤투라 대로와 직각으로 만나는 길에서 연기를 내뿜는 쇳덩어리가 돼버린 그 트럭 안에 귀금속과 여권, 상당한 양의 현금과 부부의 가장 귀중한 물건들이 전부 실려 있었다는 것이다. 스티브의 권총을 포함해 차에 있던 물건은 전부 타거나 녹아서 사라졌다.

나중에 스티브는 함께 구조된 불도저 작업자와 당시 상황을 함께 떠올리며 재구성해보았다. 그리고 자신이 부에나벤투라 대로로 몇 분만 더 일찍 내려왔다면 제러미 스토크와 같은 운명이 되었으리라는 사실을 알게 됐다. 그 불도저 작업자도 스토크처럼 화염 토네이도에 정면으로 휩쓸렸다. 그는 스티브에게 22.5톤이 넘는 불도저가 토네이도의 기세에 질질 끌려다녔으며 단단하게 다져진 흙과 포장된 지면을 팔 때 쓰는 거대한 갈고리처럼 생긴 리퍼 타인(ripper tine)을 작동시킨 다음에야 겨우 불도저를 세울 수 있었다고 말했다.

부에나벤투라 대로에서 실시된 과학수사 결과, 화염 토네이도의 풍속은 초당 62.6미터에서 73.8미터 사이였고 "기체 온도는 최대 1,482도 이상이었을 가능성이 높다"[26]는 사실이 밝혀졌다. 그 정도면 강철이 녹는 온도다. 스티브는 개량 후지타 등급 기준 3등급 토네이도에 철을 녹이는 용광로가 더해진 상황에서 살아남은 셈이다. 스티브와 불도저 작업자는 톰 베이츠가 캔버라 캄바의 어느 럭비 경기장에서 촬영한 영상에 담긴, 그 소용돌이치는 불길 안에 있었다.

개량 후지타 등급에서 3등급은 "극심한" 위력에 해당한다. 그러나 부에나벤투라 대로에서 차들이 완전히 망가진 것이나, 동쪽으로 450미터 떨어진 곳에서 송전탑이 쓰러진 사실을 토대로 한다면 피해 규모는 4등급에 훨씬 가까워 보인다(4등급은 "파괴적인" 위력에 해당한다. 튼튼한 주택이 무너지고,[27] 기초가 약한 구조물은 상당한 거리까지 날아가고 자동차도 대형 미사일처럼 날아다니게 만드는 위력이다). 레딩의 화염 토네이도가 지나간 후 나무들이 뿌리째 뽑히거나 절반이 날아가고, 나무껍질이 다 벗겨지고, 남은 나뭇가지가 다 깎여서 가늘어진 것은 5등급 허리케인이 지나갔을 때의 피해와 같다. 여기에 강철도 녹일 정도로 엄청났던 열기도 고려해야 한다.

여기까지 생각하면 궁금해진다. 불이 토네이도처럼 움직이면 뭐라고 불러야 할까? 임야화재 과학자들은 "불 토네이도(fire tornado)"라는 용어를 많이 사용한다. 또는 "불 소용돌이(fire whirl)"라고도 하는데, 레딩에 나타난 화염 토네이도의 특징, 특히 높이가 5,180미터에 이르고 그 안에서 자체적인 기상을 형성하는 위력을 모두 담기에 그리 적절한 표현은 아닌 듯하다. 1978년 기상학자 데이비드 고언스(David Goens)는 이 정도 규모의 불 소용돌이를 "불 폭풍(Fire Storm)"으로 간주하는 분류 체계를 고안했다. 당시에 고언스는 다음과 같이 설명했다. "드물게 나타나는 현상이며, 다행히 산림 환경에서는 발생할 가능성이 무시해도 될 정도로 매우 낮다."[28] 그러나 고언스가 이 글을 쓰고 40년 이상이 지나는 동안 정말 많은 변화가 일어났다. 우선 불 토네이도의 발생 가능성은 무시해도 되는 수준을 넘어섰고, 언어도 이 변화를 반영할 수 있는 방향으로 진화하고 있다. "자연적으로 일어나는 화재는 절대로 이렇지 않습니다."[29] 캘리포니아주 산림·소방청의 더스티 자이브스는 레딩과 인근에 발생한 화재 피해를 조사한 후에 이렇게 말했다. "자연적인 화재는 절대 이렇게 달 표면만큼 황량한 풍경을 만들지 않아요."

불에서 모든 걸 전멸시키는 가공할 만한 에너지가 허공에 생겨난다는 것, 30도를 넘어서는 더위와 한 자리 숫자로 떨어지는 습도, 늘어만 가는 불의 연료, 죽어가는 나무들, 북미 서부 지역의 산악 지대와 계곡을 비롯해 화재에 취약한 전 세계 수많은 곳에서 매일 휘몰아치는 세찬 바람이 이런 현상을 부채질한다는 사실을 생각하면 두려워진다. 화재 과학자들, 기상학자들은 태양이 생긴 이래 지구상에 처음으로 나타난 이 현상을 진지하게 논의해왔다. 2003년 캔버라를 덮친 사례를 제외하면 불 토네이도가 주거지에 이 정도 규모로 발생한 기록은 없다.[30]

/ / / /

카 화재가 시작된 캘리포니아주 위스키타운에서 299번 국도를 따라 서쪽으로 가면, 이름에 "협곡(gulch)"이라는 단어가 붙은 오래된 광산 마을들이 나온다. 카 화재의 변덕 탓인지, 혹은 캘리포니아 산림·소방청과 자발적으로 나선 여러 소방서의 영웅적인 활약 덕분인지 깔때기처럼 푹 파인 골짜기 주변의 이 작은 마을들은 카 화재 당시에 단 한 곳도 불타지 않았다. 하지만 마을을 둘러싼 숲의 상황은 달랐다. 산등성이와 협곡 전체를 덮은 나무들은 대부분 불을 잘 견디도록 적응했지만 적응에도 한계가 있는 법이다. 카 화재로 산꼭대기부터 계곡 가장 낮은 곳까지 시야에 보이는 모든 나무가 불탔다. 작고 더 쉽게 타는 소나무, 참나무, 만사니타나무는 물론 다 자란 붉은 삼나무도 불타서 폭탄이 떨어진 사원의 부서진 기둥처럼 남아 있었다. 3~6미터 높이로 남은 그루터기 중 일부는 한 달이 지나도록 불이 꺼지지 않아 향로처럼 계속 연기를 뿜으며 텅 빈 적막한 숲을 기이한 향으로 채웠다.

분명하고 안타까운 사실은, 엄청난 열기를 뿜으며 방화대마저 뛰어넘는 이런 불이 번지면, 화염 토네이도까지 가세하지 않아도 소방관들이 진압할 방법이 없다는 것이다. 이런 강력한 임야화재에서는 물이 거의 아무런 도움이 되지 않고 소화약제를 공중에서 살포한다고 해도 효과는 방화대와 비슷한 수준에 그친다. 카 화재에서 불탄 레딩 인근의 구조물 중에는 소방서 건물도 있었다. 주민 4만 명이 대피하고, 구조물 1,500채 이상이 파괴되고, 두 카운티를 아우르는 1,035제곱킬로미터에 달하는 면적이 불타는 이 정도 규모의 화재는 얼마 전까지만 해도 극히 이례적인 일이었지만 이제는 일반적인 양상이 되었다. 카 화재와 같은 시기에 캘리포니아 역사상 최대 규모 화재로 기록된 멘도시노 콤플렉스 화재(Mendocino Complex Fire)도 일어났다. 또한 다른 지역보다 화재가 빈번한 캘리포니아주에서도 역사상 파괴 규모가 최대에 이른 임야화재 7건이 전부 2018년 8월을 기준으로 12개월 이내에 발생했다. 이 7건의 화재로 100명이 넘는 사망자가 발생하고 2만 5,000채가 넘는 주택이 파괴됐다.[31] 송전선 관리가 부실했던 것이 이 수많은 화재의 원인이라는 비난이 쏟아지자, 캘리포니아주 최대 전력회사 퍼시픽 가스·전기 회사(PG&E)는 부도 직전에 이르렀다. 화재의 이런 추세는 잠잠해질 기미가 보이지 않는다. 2018년 8월까지 새로운 기록을 세운 이런 대형 화재들은 이후 더 큰 화재들이 일어나 대부분 10위권에서 밀려났다. 2020년 로드아일랜드주 전체 면적보다 넓은 면적이 불탄 어거스트 콤플렉스 화재(August Complex Fire)는 규모가 2018년 멘도시노 콤플렉스 화재의 두 배 이상이었다. 캘리포니아 산림·소방청에 따르면 캘리포니아에서 발생한 최대 규모 화재 20건 중 9건이 2020년 이후에 일어났다. "원래 화재 시즌은 5월부터 10월까지였습니다."[32] 캘리포니아 산림·소방청의 조너선 콕스(Jonathan Cox) 부청장은 내게 이렇게 설명했다. "하지만 지난 10년 동안 화재 시즌은 1년 내내로 바뀌었습니다. 그것도 24시간 내내로요."

이 변화로 소방관들은 큰 피로와 위험에 시달리고 있다. 카 화재 당시 지역 소방관들 다수가 포트맥머리 화재 때 그곳 소방관들이 그랬듯 며칠간 24시간 내내 쉬지 않고 일했다. 화재의 양상이 달라지면서 소방관들의 역할도 달라졌다. "원래 소방관은 직접 나서서 진압하는 것을 절대 피해선 안 됩니다." 조너선 콕스 부청장의 말이다. "하지만 이제는 예전보다 일찍 후퇴해야만 하는 상황이 되었어요."

레딩의 진압 작업은 이러한 변화를 잘 보여준다. "소방 작업에서 인명 구조 작업으로 바뀌었습니다."[33] 캘리포니아 산림·소방청의 세릴 불리아백(Cheryl Buliavac) 대변인이 내게 한 말이다. 심지어 이러한 전략 변경은 화염 토네이도가 나타나기 전에 이루어졌다.

"불의 고유한 동태가 생겨나고 있습니다." 콕스의 설명이다. "이례적인 특징들이 더 빈번하게, 더 치명적으로 나타나고 있습니다." 그런 이례적인 특징을 고려하더라도 레딩에 나타난 불 토네이도는 다른 어떤 것과도 비교할 수 없는 현상이었다. "그런 건 본 적이 없습니다. '극단적'이라는 표현으로도 부족해요."

22

바다와 땅과 하늘, 세 궁전이 모두 파괴된다면
우리는 다시 오랜 혼돈에 빠질 것입니다.
화염 속에 남은 것들이 있다면, 구해주십시오.
이 세상을 생각해주소서![1]
—오비디우스, 《변신 이야기》

———

2016년부터 지금까지, 남반구와 북반구 모두 화재 시즌은 갈수록 맹렬해지고 있다. 2017년에는 전체 면적이 앨버타주보다 크고 칠레 전체 면적보다도 크며 캘리포니아주와 비교하면 면적이 두 배에 이르는 캐나다의 거대한 해안 지역, 브리티시컬럼비아주에서 새로운 세계 기록이 나왔다. 그해 7월 7일 단 하루 동안[2] 임야화재 142건이 발생한 것이다. 하루가 저물 무렵에는 주 전체가 비상사태였다. 이제는 낯설지 않은 조합이 된 고온과 가뭄, 바람의 영향으로 이날 발생한 화재 상당수가 단숨에 걷잡을 수 없이 큰 불길로 번졌고 한 달이 지나도록 진압되지 않은 곳이 많았다. 그중에서도 규모가 상당했던 4건은 8월 12일, 국경을 넘어 미국 워싱턴주에서 발생한 화재와 합쳐져 그 일대에 한 번도 발생한 적 없는 화재 적란운을 일으켰다. 캘리포니아주 몬터레이에 자리한 미 해군 연구소의 기상학자 데이비드 피터슨(David Peterson)은 CBC와의 인터뷰에서 "화재로 발생한 역사상 가장 중대한 뇌우입니다. 무엇과도 비견할 수 없는 현상입니다"[3]라고 단언했다. 이때 제트기류에 휩쓸려 성층권까지 대거 유입된 미립자는 4개월 후 지구 전체로 퍼졌다.

2017년 여름 브리티시컬럼비아주에서 발생한 이 사태에서 그나마 유일하게 다행스러웠던 것은 그 많은 화재 대부분이 주택이 드문드문 자리한 곳에서 시작됐다는 것이다. 그런데도 주 전역에서 4만 명 이상 이 대피했고, 소방 작업에 5억 달러가 넘는 돈이 들었다.[4] 그리고 숲 약 1만 2,950제곱킬로미터가 불탔다. 142건의 화재 가운데 규모가 가장 컸던 불은 몇 주 동안 수백 킬로미터 떨어진 밴쿠버 하늘까지 이글 대는 주황색으로 물들였다. 대기질도 세계 최악의 수준에 이르렀다. 이 일은 대기에 에어로졸이 대량 분출된 역사적인 사건으로 기록돼 "태평양 북서부 사건"으로 명명됐다.[5] 이 브리티시컬럼비아주의 화재 적란운은 과거에 발생 사실이 기록된 모든 화재 적란운보다 규모가 두 배 이상 컸다.

하지만 21세기 새로운 화재의 양상이 지금까지 우리에게 남긴 교훈을 기억해야 한다. 이제 화재에 최고치는 없다는 것이다. "모든 화재 적란운의 어머니"[6]라고도 불리던 태평양 북서부 사건도 얼마 지나지 않아 비슷한 사례가 생겼다. 2020년, 호주와 캘리포니아, 오리건이 (또다시) 기록적인 화재 시즌을 맞이했고 2017년에 나타난 것만큼 거대한 화재 적란운이 발생했다. 그중에서도 호주의 사례는 (이 표현을 앞으로 얼마나 더 많이 쓰게 될까?) 전례 없는 수준이었다. 여러분 중에도 2019년 12월부터 이듬해 1월까지 호주 전체를 뒤덮고 엄청난 수의 동물이 폐사한 그 끔찍했던 화재를 아직 기억하는 사람들이 많으리라 생각한다. 들끓는 불길에 땅뿐만 아니라 저 멀리 하늘에서도 큰일이 벌어졌다. 학술지 〈지구와 환경 커뮤니케이션(Communications Earth &

Environment)〉에 실린 이 화재와 관련된 논문의 초록은 구약 성경에 나오는 '격변'을 과학자의 관점에서 기술한 내용처럼 느껴진다.

　　2020년으로 해가 바뀔 무렵에 발생한 호주 들불로 성층권의 조성에 이례적인 혼란이 일어났다. … 화재에서 발생한 연기로 인해 태양 복사가 이전에 기록된 그 어떤 임야화재보다 크게 (3배) 차단되었고, 복사 강제력(온실가스, 에어로졸 등 지구 기후에 변화를 일으키는 인위적인 요인들의 영향력을 정량화한 것—옮긴이)은 중간 규모의 화산이 폭발했을 때와 비슷한 수준이었다. 또한 연기층에서 다른 곳보다 짙은 부분들이 태양열에 가열되어 역선풍 소용돌이가 형성되고, 그 동력이 자체 유지되는 놀라운 사태가 벌어졌다. 이 소용돌이는 지름이 1,000킬로미터 규모였으며, 오존 구멍도 있었다. 이 연기 소용돌이는 성층권에 13주 이상 머물 정도로 안정적인 상태를 유지하며 6만 6,000킬로미터를 이동했다. 연기와 습기를 가둔 거품이 이 소용돌이를 타고 고도 35킬로미터까지 치솟았다.[7]

다시 말해 거센 열대류가 일어나 기후에 변화를 일으킬 만큼 막대한 양의 재와 미립자가 12.8킬로미터까지 솟구쳐 성층권을 뚫고 올라갔고, 거기서 너비 965킬로미터, 두께 3.2킬로미터의 거대한 에어로졸층이 형성되었다는 내용이다. 그 에어로졸층에 다량 포함된 수증기와 시커먼 탄소 입자가(하늘에 텍사스주 전체 면적만 한 검은 풍선이 떠 있다고 생각해보라) 태양에너지를 흡수하면서 온도가 점점 오르는 동시에 크기도 계속 커졌고, 그 결과 과거에 나타난 모든 화재 적란운보다 두 배는 크고 높이가 30킬로미터가 넘는 소용돌이가 형성됐다. 부피가 208만 세제곱킬로미터에 달한, 열을 뿜는 이 거대한 연기 소용돌이는 남반구에 3개월 넘게 머무르며 소형 우주선처럼 6만 킬로미터 이상을 떠다닌 후에야 흩어졌다.

1990년대에 소규모 기상학자들에게 걱정과 큰 흥미를 동시에 일으킨 새로운 현상이었던 화재 적란운은 이제 대형 임야화재의 대표적인 특징이 되었을 뿐만 아니라, 규모와 발생 빈도 모두 원래 지구 기후를 가장 단시간에 가장 강력하게 바꿔놓는 요인이었던 화산 폭발과 비슷한 수준이 되었다. 이런 화재 적란운은, 과거 한 번도 나타난 적이 없는 곳을 포함해 전 세계 어디서나 형성되고 있다.[8] 화재 적란운이 늘어날수록 대기의 화학적인 조성도 측정치가 달라질 정도로 크게, 그리고 대기 과학자들이 "저승 버전의 성층권"이라고 표현하는 특성에 가깝게 바뀌고 있다.

이것이 대기 이산화탄소의 위력이다. 대기의 이산화탄소는 열을 정체시키는 것으로 존재를 드러낸다. 게다가 이 기체가 자신을 드러내는 "어휘"도 나날이 늘어나는 것 같다. 날씨, 화재, 그 둘과 관련된 현상만큼은 아니더라도 그 영향이 가장 두드러지게 나타나는 곳이 해양이다. 대기로 배출되는 모든 이산화탄소의 약 30퍼센트는 바다에 흡수된다.[9] 석유시대가 시작된 후 이 세상 모든 생물의 절반이 살고 있는 바다의 산성도가 30퍼센트 증가했다.[10] 그만큼 바다의 화학적인 특성도 지난 5,000만 년의 역사를 통틀어 가장 빠른 속도로 바뀌고 있다.

현재 대기와 바다의 상태는 우리가 이산화탄소에 마땅히 기울여야 할 만큼의 관심도 기울이지 않고 있음을 여실히 드러내고 있다. 아주 오래전부터 수많은 이들이 똑같은 메시지를 전했다. 로저 레벨은 1956년 미 의회 소위원회 회의에서 이런 메시지를 전했고, 유니스 뉴턴 푸트는 1856년 미국 과학진흥협회 회의에서 이야기했다. 환경 과학자들, 환경학을 가르치는 사람들 모두 기회가 될 때마다 같은 이야

심판

기를 한다. 하지만 이들 대부분이 성차별이나 인종차별을 당했다고 신고하는 사람들과 아주 흡사한 방식으로 외면당하거나, 무시당하거나, 회유하려는 시도와 맞닥뜨린다. "뭐가 어떻다는 말입니까? 난 잘 모르겠는데…."

12명의 저자가 작성한 〈지구와 환경 커뮤니케이션〉 논문은 화재 적란운이 대규모로 형성되어 "분출"하면 과거 대형 화산이 폭발했을 때처럼 지구 기후가 바뀔 만큼 다량의 탄소가 성층권에 유입될 수 있다는 결론을 내렸다. 오염과 대기질 문제는 차치하고서라도, 새로운 특징이 나타나는 21세기 임야화재처럼 "전 지구적인 규모"의 사건으로 발생하는 이산화탄소의 양은 여러 주, 국가에서 1년 동안 발생하는 이산화탄소를 다 합친 것보다도 많다. 2019년과 2020년 호주 들불로 방출된 이산화탄소는 코로나바이러스 대유행으로 전 세계에서 감소한 이산화탄소 배출량을 전부 무효로 만들고도 남는다.[11]

이산화탄소가 증가하면 대기에 정체되는 열도 많아진다. 더 말하지 않아도 다들 알겠지만, 대기에 열이 정체될수록 화재가 잦아지고 화재 적란운은 더욱 많아진다. 현재 우리는 자체적으로 지속되고 영향이 갈수록 증폭되며 "연쇄적인 영향"*까지 무수히 동반되는 이 악순환의 초기 단계를 목격하고 있다. 인간의 시각에서는 이러한 변화가 아주 긴 시간에 걸쳐 일어난 일처럼 느껴진다. 인간의 한 세대를 기준으로 하면 대략 7세대, 한평생을 기준으로 하면 두 번의 생애에 해당하는 기간에 일어난 일이기 때문이다. 하지만 지질학적인 관점

---

* 예를 들어 날씨가 너무 더우면 헬리콥터가 날지 못해서 진화 작업도 못 하게 되는 것, 빙하가 사라지면 물개가 사라지고 잡아먹을 물개가 사라지면 북극곰이 바닷새 서식지와 도시 쓰레기장을 급습하는 것, 북극의 영구동토층이 녹으면 길이 꺼지고 배관 시설이 망가지는 것 등을 말한다.

에서는 하룻밤 새 일어난 일과 다름없다. 인간의 생애는 너무나 짧고, 지금처럼 기술이 만화경 속 세상처럼 시시각각 어지럽게 발전하고 새로운 뉴스를 24시간 언제든 접할 수 있는 시대에는 더더욱 짧게 느껴진다. 이런 한계로, 우리는 그 짧은 시간 동안 우리가 얼마나 멀리 와버렸는지(또는 가버렸는지) 제대로 가늠하지 못한다.

나는 1960년대생이지만, 지인 중에 석유산업이 막 태동하고 스탠더드 오일이 아직 신생 기업이던 1870년대와 1880년대에 태어난 사람들이 있었다. 1875년은 말과 사람의 힘으로 싸운 남북전쟁의 기억이 아직 사람들에게 생생하게 남아 있고 영국 빅토리아 여왕이 범선으로 거대 제국을 통치하던 때다. 스반테 아레니우스와 아르비드 호그봄이 아직 고등학생이던 그해에 시카고에서는 대화재 이후 복구 작업이 계속되고 있었고 원주민과 미군의 리틀빅혼 전투는 아직 승패가 갈리지 않았다. 아한대림을 탐사하던 사람들이 언젠가 앨버타 역청으로 돈을 벌게 될 날이 올지도 모른다고 상상만 하던 그 시기에 지구 위를 걸어 다니는(아직 자동차가 없었으므로 비유적인 표현이 아니라 실제로) 인구는 13억이었다. 플라스틱도 아직 등장하지 않았고 대기의 이산화탄소 변화를 나타낸 킬링 곡선의 가파른 상승세 역시 시작되지도 않았다. 내가 손을 잡아본 그 사람들이 태어나 살았던 세상은 지금 우리가 사는 세상과 시간적으로는 아주 가깝게 느껴지지만(나는 그 세상을 살았던 이들의 눈을 마주 보았고 그들의 숨결을 느꼈다), 화학, 생물, 대기, 기술, 그리고 인간이 만들어낸 결과로 보면 너무나 먼 딴 세상처럼 느껴진다. 또한 우리가 지금도 일으키고 있는 파괴로 인해 우리 아이들이 물려받게 될 세상은, 지금의 우리를 만든 세상과도 점점 더 딴판이 되어가고 있다.

인류가 전례 없는 성공을 거둘 수 있었던(그리고 전례 없이 많은 이산화탄소를 배출하게 된) 첫 번째 요인은 불을 다루는 기술이고, 두 번째 요인은 모든 형태의 화석연료를 찾아낸 것이다. 지구상 모든 생물에 끼친 영향을 생각하면,[12] 인간이 이 짧은 시간 동안 화석연료로 문명을 일궈낸 이 역사적인 시도는 본질적으로 고강도 탄소 방출 실험이라 할 수 있다. 자연도 숲에서 자연히 시작되는 불과 화산으로 탄소를 방출하지만, 효율성이나 속도 면에서 지금 인간이 방출하는 것과는 비교도 되지 않는다. 전 세계 산업이 원래 지각에 갇혀 있던 석탄, 석유, 가스를 태워서 방출하는 탄소의 양은 연간 10기가톤이다.*[13] 2억 5,000만 년의 지질 기록에서 과학자들이 발견한 다른 어떤 현상보다 대략 10배는 빠른 속도다.[14] 그렇게 멀지 않은, 산업계 이전의 자연계에서 탄소가 방출되는 속도와 비교하면 약 100배 이상이다. 지구에서 인류는 바로 이런 존재로, 즉 불과 그 불의 무한한 에너지를 향한 욕망에 힘입어 지구에 지질학적 사건을 일으키도록 진화한 존재로 기억될 것이다. 인류가 일으킨 이 사건의 흔적은 지금으로부터 100만 년이 흐른 뒤에도 남아 있을 것이다.

이런 관점에서 본다면 21세기 화재는 이례적인 현상이라기보다 인류의 중대한 성취에서 발생한 부산물에 가깝다. 문화와 문명에 잠깐씩 한눈을 팔기도 했지만, 현대의 인류는 그런 면들보다는 사상 최대의 연소 기관을 만든 존재이자 연소 기관 그 자체가 된 호모 플라그란스, '불태우는 사람'으로 기억될 것이다. 열, 에너지, 배출 물질의

---

* 1기가톤은 10억 미터톤, 대략 엠파이어스테이트 빌딩 3,000채에 맞먹는 무게다.

측면에서 인간은 페름기 이후 연소 에너지와 이산화탄소, 메탄을 가장 많이, 가장 빨리 배출하는 초강력 화산과도 같은 존재가 되었다.

그리고 여기에는 중요한 의미가 있다.

페름기는 지금으로부터 대략 3억 년 전에 시작됐다. 시작은 모든 게 아주 순조로웠다. 양치식물과 소철 식물, 구과 식물이 자라는 정글과 숲이 육지 전체에 형성되어 대기에 산소가 풍부해지자, 디메트로돈(dimetrodon)처럼 등에 돌기가 있는 파충류부터 턱에 기다란 검치가 자라고 턱이 곰 사냥용 덫만큼 쩍 벌어지던, 정체가 명확히 밝혀지지 않은 포유동물의 원형 고르고놉시드(gorgonopsid) 같은 거대 생물이 최초로 등장했다. 하늘에는 지금까지 알려진 가장 큰 곤충들이 날아다녔다. 그중에서도 잠자리와 비슷한 형태에 날개 길이가 76센티미터에 달하는 메가네우롭시스(Meganeuropsis)가 하늘을 날면, 회전 날개가 4개 달린 드론이 날아갈 때와 비슷한 소리가 났을 것이다. 페름기 해양 생물은 화석이 많지 않지만, 바다 아래에서도 고래만 한 상어가 충분히 먹고살 만큼 물고기와 오징어가 풍부했던 것으로 추정된다. 그런 상어 중에는 이빨이 원형 톱(또는 버킷 휠)처럼 회전하는 종류도 있었다. 하지만 우리가 페름기에서 주목해야 할 것은 이런 동물들이 등장한 초창기가 아니라 이 시대가 끝난 방식이다.

지구의 육지는 페름기가 지속된 약 5,000만 년간 직소 퍼즐을 압축한 듯한 판게아라는 하나의 초대륙 상태였고 그때도 양쪽 극지는 얼음이었다. 페름기가 끝나갈 무렵인 약 2억 5,000만 년 전, 현재의 시베리아 부근에서 대규모 화산이 연이어 폭발했다. 이 일이 없었다면 아마 페름기는 5,000만 년은 더 지속되었을 것이다. 이 폭발로 땅이 갈라져 열리고, 터진 동맥에서 피가 쏟아지듯 마그마가 지표로 분출되어 수백만 킬로미터의 땅이 용암에 잠겼다. 지표를 덮은 용암은 시간이 흐르면서 점차 굳어서 두께가 1.6킬로미터쯤 되는 현무암층이 되었다. 오늘날 지질학자들은 이를 "거대 화성암 지대"라고 부른다. 지구가 겪은 일종의 성장통과 같은 이 화산 폭발로 흘러나온 마그마는 지각 아래와 틈새마다 수평으로도 침투해서 페름기보다 훨씬 먼 옛날 바다와 숲에 쌓여 있던, 화석연료가 매장된 방대한 층에 균열을 일으켰다. 그 결과는 엄청났다. 지질학자들에 따르면 마그마가 흘러 들어간 이런 지층에서 가스 폭발이 일어났다. 폭발로 생긴 구멍의 너비가 무려 800미터에 달하는 곳도 있었다. 이 가압 상태의 마그마가 고대에 형성된 석탄층에도 흘러 들어갔고, 그때 타기 시작한 불은 수억 년간 꺼지지 않았다.

페름기에 화산 폭발로 시작된 연소가 오랫동안 지속되면서 대기에 배출된 물질은 오늘날 인간이 화석연료를 태워서 발생하는 배출 물질만큼 체계적이지도, 광범위하지도 않았으나 공통점이 있다. 불이 이용할 수 있는 연료를 전부, 최대한 빨리 몽땅 태우는 연소였다는 것이다. 또한 지금과 마찬가지로 연소에 반드시 따르게 마련인 연기, 재, 수증기, 이산화탄소가 대기로 방출되었고 그 양이 어마어마했다. 식물, 해양, 화학적 풍화가 흡수할 수 있는 한계를 훌쩍 뛰어넘어 수천 기가톤에 달했다. 이는 실로 어마어마한 양이지만, 대다수는 이런 사실을 알게 되면 공기는 무게가 없는데 무게를 따지는 게 무슨 의미가 있느냐고 생각한다(나도 그랬다). 대기가 무한한 공간처럼 보인다는 것도 그런 생각을 부추긴다. 간단히 설명하자면, 그 수천 기가톤의 무게를 차지하는 것은 이산화탄소를 이루는 탄소다.[15] 이산화탄소의 무게는 약 28리터 기준 50그램이다(예를 들어 쉐보레 실버라도에서 배출되는 이산화탄소는 1.6킬로미터당 약 900그램이다).

굳이 숫자로 나타내지 않아도 우리는 도시가 오염됐다거나 실내

공기가 나쁘다는 사실을 잘 알고 있다. 눈에 보이는 표면마다 시꺼먼 먼지가 덮이는 것도 낯설지 않다. 그렇게 생각하면, 이산화탄소가 중량으로 측정될 정도인 데다 심지어 그램이나 온스가 아닌 기가톤 단위로 측정될 정도면 얼마나 엄청난 양인지 짐작할 수 있을 것이다. 공기가 안 좋은 방에 있으면 똑같은 면적이라도 더 좁게 느껴지고 잘 보이지도 않는다. 호흡도 생각도 생활도 더 고달파진다. 방 안에 재와 메탄, 이산화탄소가 천장까지 가득 차서(바비큐 그릴, 자동차, 돼지 농장, 석탄으로 가동되는 발전소, 도로 끝에 있는 정유소에서 나온 물질들) 방 안에 있는 모든 생물(식물, 동물, 새, 물고기, 곤충)이 과열되고 숨이 막혀 죽는다고 상상해보라. 페름기는 바로 그렇게 끝이 났다.

고생물학자들은 이를 '페름기-트라이아스기 대멸종'이라고 부른다. 펜실베이니아주립대학교 지구·광물과학대학의 리 컴프(Lee Kump) 학장이 붙인 또 다른 이름은 "사상 최악의 사태"다.[16] 이후 지구는 이전과는 비슷한 점을 찾아보기 힘들 만큼 달라졌고, 사실상 생물이 살 수 없는 행성이 되었다. 지질 분석에 따르면 시베리아에서는 이 시기에 알래스카만 한 규모의 아무 생명이 없는 현무암 덩어리가 발견됐고, 캔자스주에서는 화성에서 발견되는 것과 같은 붉은 바위의 흔적과 방대한 소금 퇴적지의 흔적이 발견됐다. 그 두 곳의 사방에서 육지 동물의 70퍼센트가 멸종했다. 그때도 지금처럼 대기로 방출된 이산화탄소의 약 30퍼센트가 바다에 흡수되어 탄산가스로 전환되었다. 페름기가 끝날 무렵 해양의 이산화탄소 농도는 수천 ppm에 달했다. 적도 인근 해수 온도는 37.8도 이상이었다. 고대부터 지구에 존재한 바다의 산성도가 너무 높아지고 뜨거워져서 전체 해양생물의 90퍼센트 이상이 죽었다. 현대 서호주 지역의 강둑과 미국 아이다호의 인 광산에서 "원형 톱 이빨"을 가진 상어로 유명한 헬리코프리온(helicoprion)이라는 물고기의 신비한 소용돌이 모양의 이빨 흔적이 화석으로 발견된 것을 제외하면 페름기 해양생물의 흔적은 거의 남아 있지 않다. 지구 역사를 통틀어 생물이 대규모로 멸종한 시기는 총 다섯 번이지만, 페름기가 끝날 때 발생한 이 사태만 "대멸종"이라고 부른다.

지구과학자들은 운석이 떨어지거나 지구 궤도가 바뀌어서가 아닌, 엄청난 규모로 쉴 새 없이 일어난 연소가 한 지질 시대를 끝낸 이 재앙을 현재 우리가 살고 있는 석유시대와 비교한다. 인류가 불을 지펴서 일으킨 문명은 지금 "옛날 옛적에" 일어난 대멸종의 초기 단계를 똑같이 밟고 있다. 현재 지구에 여섯 번째 대규모 멸종이 진행 중이고 이것이 전적으로 인간의 활동으로 빚어진 결과라는 사실에 과학계 전체가 대체로 동의한다. 이런 현실을 지금 처음 접하고 깜짝 놀라는 사람도 있을 것이다. 하지만 놀라면 안 된다. 지구 역사에서 인류만큼 큰 파괴를 일으킨 존재는 없었다. 지구에는 인간처럼 부지런하고 몸집이 커다란 동물, 탄화수소를 태우는 활동이 보편적인 동물, 이 활동이 행동의 진화를 거의 다 좌우하는 동물이 수십억 마리씩 한꺼번에 존재한 역사가 없다.* 더욱이 돼지와 소처럼 메탄을 방출하는 가축 수십억 마리까지 (인간과 동시에) 감당해야 했던 적도 없다.**

그런데 인간의 이런 영향과 섬뜩할 만큼 비슷한 일이 일어난 적이 있다. 현재 우리가 이산화탄소와 메탄으로 발생시키고 있는 결과는, 수십억 년 전 시아노박테리아(cyanobacteria)가 광합성으로 처음 산

---

* 과거 지구에 가장 대량으로 서식한 대형 포유동물은 아메리카들소(American bison)로 추정된다. 하지만 개체수가 최대였던 때도 4,000만~5,000만 마리를 넘지 않았을 가능성이 크다.
** 인류가 몸에서 배출하는 메탄도 일일 7.5억 리터에 달한다. 캐나다 북부 도시에서 시민 14만 명이 하루 동안 요리와 난방에 쓰는 연료를 전부 합한 것과 같은 양이다.

소를 만들어내면서 이전까지 산소 없는 환경에 살던 지구의 생물들이 대거 죽음에 내몰렸을 때의 상황과 매우 비슷하다.

인간은 자기가 만든 도구의 도구가 되었다.

— 헨리 데이비드 소로

마이클 폴란(Michael Pollan)의《욕망하는 식물(The Botany of Desire)》은 재미도 있고 배울 것도 많은 책이다. 이 책에는 인류가 좋아하는 유용한 식물인 감자, 사과, 튤립, 대마가 인간을 활용해서 국지적인 범위를 벗어나 전 세계로 퍼져나가고 결과적으로 세계 전체를 변화시킨 과정이 나온다. 불은 이런 욕망의 "길들임"을 다른 무엇보다 잘 보여준다. 오크니섬 주민들과 뱃사공들이 허드슨스 베이 컴퍼니에, 뉴펀들랜드 사람들이 역청업체들에 길들여졌듯 인류는 불에 길들여졌다. 우리는 불을 기꺼이 모시는 하인이며 그 노동으로 발생하는, 세상을 변화시킬 만큼 어마어마한 "수익"(가연성과 이산화탄소의 증가)에 비해 쥐꼬리만 한 대가를 얻는다. 인간은 폴란이 이야기한 식물들과 불 대신 씨앗과 덩이뿌리, 스파크, 가스를 지구 전체에 퍼뜨려주는, 그들의 말 잘 듣는 좀비 숙주일 뿐이다. 먼 미래의 지질학적 흔적으로 인간이 불을 섬겼으며 불은 인간 덕분에 과거 어느 때보다 더 광범위하게, 더 밝게 타오를 수 있었다는 사실이 고스란히 발견될 것이다. 지금까지 불은 우리를 부린 주인이다.

대기 중 이산화탄소와 기온이 페름기와 같은 수준이 되기까지는 아직 시간이 많이 남은 게 사실이다. 현재 지구 대기가 변화하는 속도는 페름기보다 더 가까운 지질 시대인 약 300만 년 전에 끝난 선신세 중기의 온난기와 비슷하다. 바다와 육지의 구성이 지금과 비슷했던 선신세 중기는 우리의 가까운 미래를 내다보는 유용한 예시가 될 수 있다. 그 시기에 인류의 조상은 아직 아프리카 대륙에 머물러 있었다. 루시(Lucy)라고 불리는 두개골 화석으로도 잘 알려진 오스트랄로피테쿠스 아파렌시스(Australopithecus afarensis)는 현재의 에티오피아 지역에서 직립 보행을 하고 가장 조악한 형태의 돌 도구를 이리저리 써보면서 인류의 초석을 다졌다. 선신세는 인간이 생활할 수 있는 환경이었지만 지금과는 큰 차이가 있었다. 차이의 핵심은 그 환경에 살았던 존재가 아니라 대기의 이산화탄소 농도다. 루시가 살던 시대에 대기 중 이산화탄소 농도는 지금 우리가 사는 환경과 비슷한 400ppm이었다. 평균 기온은 현재 21세기가 끝날 무렵의 기온으로 예측되는 수치보다 2~5도가 더 높았다. 연중 유지되는 얼음의 양도 지금보다 훨씬 적어서[17] 전 세계 해수면 높이가 약 24미터 더 높았다. 현재 지구 전체 인구의 거의 절반이 살고 있는 해안 지역은 루시가 살던 시대에 바다에 잠겨 있었다.

오늘날 노인들이 인류세 이전의 기후에 살았던 사람들을 기억하듯이, 현재의 젊은 세대는 이미 시작된 새로운 온난기를 겪게 될 것이다. 그런 관점에서 보면 현대를 살고 있는 세대는 잃어버린 세상이 된 산업화 이전의 대기 환경과 미래의 대기 환경을 잇는 가교라고 할 수 있다. 그 미래에는 우리가 지금도 경험하고 있는 급격하고 거센 연속성의 단절이 한층 더 뚜렷해질 것이다. 인간이 자연을 움직이는 힘일지는 몰라도 결코 성숙한 힘은 아니다. 석유를 태우는 인류는 모든 시대의 청소년처럼 힘을 원하면서도 책임은 원치 않는다. 이는 우리(인간이라는 생물 종 전체)와 불이 닮은 점이다.

앞으로 약 10년, 곧 다가올 미래는 최후의 시험이 될 것이다. 지구에 바글바글 모여서 연료를 태우는 수십억의 인류는 과연 메탄과 이산화탄소 배출량을 지구가 감당할 수 있는 평형점에 맞출 수 있을까?

먼 옛날에 사라진 페름기 후기의 생물들에게는 선택의 여지가 없었고 그 위기를 헤쳐나갈 의지도 없었다. 오늘날 지구에 사는 모든 생물도 마찬가지다. 오직 인간만이 예외다. 인간이 불을 (거의) 능숙하게 다루기 시작한 이래로 지금이 인류 역사에서 가장 큰 고비다. 이제 우리가 능숙하게 다룰 수 있어야 하는 건 불이 아니라 우리 자신이다. 이번 시험에서 떨어져도 다음 시험, 그 뒤에 또 다른 시험의 기회가 오겠지만[18] 한 번 실패할 때마다 성패에 더 많은 것을 걸어야 하고 실패의 대가는 갈수록 가혹해질 것이다. 한 가지 희망은, 생물은 무질서하고 소비 충동이 끓어오르는 불과 불에서 발생해 아주 오랫동안 남아 있는 부산물인 재, 메탄, 이산화탄소보다 항상 앞서갔다는 사실이다(다양한 형태로). 석유시대가 끝나도 지구에 생명은 남을 것이다. 하지만 어떤 생물이, 얼마나, 어디에 남게 될지는 분명하지 않다.

////

그레이트 캐나다 오일샌드 시설이 첫 가동을 시작한 때로부터 거의 10년 전인 1959년에 이 업체 사장인 로버트 던롭은 당시 가장 영향력 있는 과학자로 꼽히던 에드워드 텔러가 화석연료로 발생하는 이산화탄소는 온난화를 일으킬 수 있다고 한 경고를 직접 들었다. 그보다 2년 앞서 해양학자이자 기후학자인 로저 레벨도 미 하원 소위원회에서 앨버트 토머스 의원을 비롯한 국회의원들에게 미국 남서부 지역의 강우와 기후 패턴에 조만간 국면 전환이 일어날 것이라고 경고했다. 이런 경고는 이후에도 다양한 매체를 통해 다양한 형식으로 반복해서 전달됐다. 그러므로 권력자들이 이런 일이 생길지 미처 몰랐다고 한다면, 아무도 경고하지 않아서가 아니다. 루크레티우스가 그런 말을 듣는다면 어이없는 표정으로 이렇게 말하리라. "그럼 뭘 기대하신 겁니까?"

그 모든 조기 예측은 비슷한 내용의 다른 수많은 예측과 마찬가지로 현실이 되었고, 해마다 그로 인한 결과가 점점 더 파괴적으로 나타나고 있다. 2021년 여름,[19] 미국 연방 국토개발국은 사상 최초로 콜로라도강 유역에 사는 4,000만 시민이 이용할 수자원이 부족하다고 선언했다. 미국 남서부 지역과 캘리포니아주 전역 저수지의 최근 사진을 보면, 수십 년 전 그곳에 처음 물에 채워진 이후로 한 번도 볼 수 없었던 나무와 호수 바닥이 훤히 보인다. 국토개발국은 더 북쪽의 오리건주와 캘리포니아주 경계 지역에서도 클래머스강 유역의 광범위한 관개시설을 115년 만에 처음으로 폐쇄했다.[20] 이 조치는 강 하류의 물새, 연어 서식지와 농업, 소 축산업 전체에 영향을 주었다.*

"이건 '가뭄'이 아니다."[21] 기후 분야를 취재해온 저널리스트 밥 버윈(Bob Berwyn)이 2020년에 쓴 글이다. "가뭄이라는 말에는 회복 가능성도 내포되어 있다. 이건 건조화라고 해야 한다." 건조화의 다음 단계는 사막화다.

1950년대에 레벨은 바로 이런 상황, 즉 어떤 종착점에 이를지 예측할 수 없는 새로운 체제가 지속될 것이라고 예견했다. 나무의 나이테 분석에서도[22] 현재 미국 서부의 가뭄은 과거 1,200년을 통틀어 최악의 수준이라는 결과가 나왔다. 강우 주기는 원래 변화가 많고 예측이 어렵지만, 이산화탄소는 대기의 스테로이드와 같다는 말이 있다. 우리가 화석연료를 태워서 힘을 얻듯이 우리가 배출한 이산화탄소는 그럭저럭 뛰어난 선수(대기가 열을 보유하는 능력)를 기존 기록을 갈아엎는 수

---

* 가뭄이 갈수록 심각해지던 2020년 12월에 월스트리트에서는 캘리포니아 물을 선물 상품으로 거래하기 시작했다. 인간의 가장 기본적인 권리가 선물로 거래된 첫 사례였다.

준의 강타자로 만들었다. 화재에 끼친 영향은 더 말할 것도 없다.

1950년대 이후부터 캐나다 아한대림에서도 이와 비슷한 건조화가 진행되고 있다는 증거가 나왔다. 과학자들은 기온이 1도 상승할 때마다 그로 인한 증발량을 상쇄하려면 강수량이 15퍼센트 증가해야 한다는 사실을 알아냈는데,[23] 아한대림의 상황은 정반대다. 포트맥머리 주변 아한대림은[24] 지난 50년간 연중 가장 서늘한 시기(10월부터 4월)의 평균 기온이 3.4도 상승했고 같은 기간에 강수량은 절반으로 줄었다. 러시아, 알래스카에서도 비슷한 현상이 관찰되고 있다. 북극 주변 아한대림 전체에서 이전보다 더 일찍 불이 시작되고 불이 나면 더 빠르게, 더 뜨겁게, 더 길게 지속될 뿐만 아니라 화재 지역이 점점 더 북쪽으로 올라가는 이유를 알 수 있는 변화다. 이제 아한대림은 예전의 숲이 아니며 이런 사실은 기밀도 아니다. 아한대 지역의 생태계, 또는 그 지역에서 살고 일하는 사람들을 보호하는 일에 관심 있는 사람이라면 누구나 아는 사실이다.

툰드라도 21세기에 나타난 이러한 변화에서 예외가 아니다. 2007년 여름, 알래스카에서는 당시 기준으로 툰드라에서 일어난 최대 규모의 화재가 발생했다. 번개로 시작된 이 아낙투북강(Anaktuvuk River) 화재는 지표 아래의 영구동토층을 녹이고도 나무가 없는 땅을 1,036제곱킬로미터나 태웠다. 이 놀라운 사태를 연구한 신도니아 브렛 하트(Syndonia Bret-Harte)는 공동 저술한 〈네이처〉 논문에서 과학자 특유의 절제된 표현으로 "과거 1만 1,000년 이상의 역사에서 툰드라에 화재가 발생한 적은 거의 없었다"[25]고 지적했다. 동료 연구자인 미셸 맥(Michelle Mack)은 또 한 가지 충격적인 사실을 전했다. "이 화재로 (북극 지역 전체) 툰드라의 생물군계에서 (1년 동안) 저장되는 탄소와 맞먹는 양의 탄소가 대기에 방출됐다. 아한대림 하나가 통째로 불탄 것과 같은 규모의 화재였다."[26]

그로부터 10년 후인 2017년에[27] 그린란드에서 처음으로 대형 임야화재가 발생했다. 그린란드는 나무가 없고 해안과 인접한 빙원에 드문드문 형성된 툰드라 외에는 전부 꽁꽁 언 땅이므로, 이런 곳에 화재가 발생한다는 건 대단히 놀라운 일이다. 2016년 지구 반대편 호주 태즈메이니아섬에는[28] 역사상 가장 건조한 봄에 이어 가장 무더운 여름이 찾아와, 1,000년 동안 한 번도 불탄 적 없는 우림에 화재가 발생했다. 2015년 인도네시아에서도 여러 건의 화재가 일어났다.[29] 대부분 팜유 생산에 필요한 조림지를 확보하려는 토지 개간과 관련이 있는 화재였고, 이 사태로 모두 합쳐 2만 5,900제곱킬로미터의 숲이 불탔다. 2012년 시베리아에서 일어난 화재에서도 아한대림 2만 720제곱킬로미터가 사라졌다.[30] 2010년 러시아 전역으로 번진 임야화재에서는 숲 7,770제곱킬로미터 이상이 불타고 인구 밀도가 높은 모스크바 주변 지역에도 피해가 발생했다.[31] 세계적인 재보험사인 뮌헨 재보험에 따르면[32] 그해 여름 화재로 인한 연기와 기록적인 기온으로 발생한 사망자 수는 5만 6,000명에 이르렀다. 위의 사례들은 화재가 발생한 시점에 몇 년씩 차이가 있고 화재 장소도 수천 킬로미터씩 떨어져 있었지만, 지속적인 고온과 가뭄이라는 공통 분모가 있다.

그리고 또 한 가지 공통점은 토탄이다.

앨버타부터 시베리아, 그리고 인도네시아부터 태즈메이니아섬까지 이어지는 숲의 상당 부분에는 나무와 풀, 관목 밑에 썩은 식물 물질이 압축된 지층이 있다. 이러한 토탄층은 툰드라처럼(늪지도 마찬가지다) 물을 빨아들이는 스펀지 같은 역할을 하며 영구동토층 아래에 형성되는 경우가 많다. 토탄은 자연적인 상태에서는 물기가 많아서 불에 탈 수가 없으나, 충분히 마르면 불에 아주 잘 타는 물질이 된다.

그래서 북유럽 전역에서는 수천 년간 토탄을 난방에 활용했다. 21세기 전까지는 토탄을 불이 잘 붙는 상태로 만들려면 인간이 개입해야 했다. 즉 땅에서 파내고 자르고 말리는 큰 수고가 필요했다. 하지만 이제는 토탄이 땅에 묻힌 채로 불이 붙는 상태가 되었다. 토탄 화재는 일단 시작되면 진압이 극히 힘들다. 러시아에서는 국가 역사상 최악의 화재 시즌(2021년)을 겪은 겨울에 영하 60도에서도 토탄에 불이 붙은 곳들이 있었다.[33]

태즈메이니아와 캐나다, 러시아, 인도네시아에서 발생한 화재의 주된 원인 중 하나는 아낙투북강 툰드라 화재와 같았다. 땅속 토탄층이 그대로 건조되어, 오랜 옛날부터 항상 물기가 있었던 임상이 언제든 불이 붙을 수 있는 생물 연료가 잔뜩 깔린 광활한 표층으로 변한 것이다. 이런 환경에서는 나무가 없어도 불길이 지속될 수 있다. 포트 맥머리 화재 당시 진압 활동을 지원했던 앨버타주 소방업체 레드 디어(Red Deer)의 소유자 트로이 오코너는 내게 최근 들어 습지가 지표면 아래 2.4미터 깊이까지 말라버렸다고 했다. 토탄층이 있는 습지(또는 툰드라)는 불이 나면 석탄층에 불이 날 때처럼 무한정 지속될 수 있다. 게다가 토탄 분진은 석탄 분진처럼 폭발성이 있다.[34] 2015년 인도네시아에서 발생한 토탄층 화재[35]로 대기에 방출된 이산화탄소는 거의 10억 톤이었다. 뉴욕과 텍사스, 캘리포니아에서 연간 배출되는 이산화탄소를 전부 합한 것과 비슷한 수준이다.[36] 앨버타대학교의 서부지역 임야화재 합동 연구 사업 책임자인 마이크 플래니건(Mike Flannigan)에 따르면, 캐나다와 알래스카의 아한대림에는 인도네시아의 30배에 달하는 토탄이 있다.

기온이 1도 상승할 때마다 번개*가 12퍼센트 증가한다.[37] 번개는 임야화재의 흔한 원인 중 하나다(사람이 살지 않는 북극과 아한대 지역에서는 번개가 유일한 화재 원인이다). 토탄 습지와 숲이 건조해지고 기온이 오를수록 번개나 다른 원인이 있을 때 발화가 더 쉽게 일어난다. 또한 겨울철 기온이 높아질수록 그러한 화재가 시작되는 시기도 앞당겨진다. 불에 탈 수 있는 연료가 건조하고 공기가 따뜻할수록 불은 더 폭발적으로, 더 강하게 타오르고 진압은 더욱 힘들어진다. 불길이 대폭 커지면 불 안에서 고유한 바람이 일어나고, 화재 적란운이 발달할 확률이 높아지고, 이는 불 소용돌이나 토네이도, 번개로 이어진다. 그리고 그 번개로 또 다른 화재가 발생한다. 연료와 기상 조건이 맞아떨어지는 한 이 악순환은 끝나지 않는다. 지난 수십 년간 이런 피드백 순환고리가 북극 주변 아한대림 지역뿐만 아니라 노르웨이부터 칠레까지 대형 숲이 있는 거의 모든 지역에서 일어났고 화재의 강도는 점점 더 심해지는 추세다. 트로이 오코너는 2021년 브리티시컬럼비아주 남부에서 화재 기상의 가뭄 지수가 1,000을 넘어선 적이 있다고 했다(숲의 연료가 화재에 끼치는 영향을 상쇄하려면 강수량이 1,270밀리미터가 되어야 한다는 의미다). 10년 전만 해도 상상할 수 없던 수치였다.

우리가 진지하게 주목해야 할 사실은, 120년 전에 활동한 초기 기후학자들이 이 현상을 인지했다는 것이다. 지금은 이런 순환고리를 흔히 양성 피드백이라고 하지만, 당시에는 "상호 반응"[38]이라고 했다. 기온이 상승하고 건조해지면 시작되는 이 피드백 순환고리가 지금과 같은 강도로 지속된다면, 미래에는 겨울이 사라지고 화재 기상은 특정한 기상이 아닌 일상이 될 것이다. "화재 시즌"도 영원히 끝나지 않을 것이다. 현재 호주와 미국 서부 지역은 이미 그런 상황이다.[39]

---

* 2015년 6월 알래스카 내륙에서는 하루 동안 번개가 총 1만 5,000회 발생한 것으로 기록됐다.

이 피드백 순환의 영향은 강수량계와 온도계, 달력뿐만 아니라 더 완곡한 방식으로도 정량화할 수 있다. 가령 일본 교토에서는 수 세기 동안 벚꽃이 만발하는 시기를 국가적인 행사로 기념해왔는데, 그 시기가 최근 150년간 서서히 앞당겨지고 있다. 가이 캘런더의 예측, 미 항공우주국의 기온 변화 그래프, 킬링의 대기 중 이산화탄소 농도 곡선과 거의 정확히 맞아떨어지는 변화다. 2021년의 벚꽃 절정기는 이 시기가 연속으로 기록된 1,200년의 역사를 통틀어 가장 이른 3월 26일이었다.[40] 북극과 아북극 지역에서는 마지막 빙하기가 끝난 후 처음으로 나무의 종별 서식지가 점점 북쪽으로 올라가고 있다. 북극의 얼음이 줄고 육지가 따뜻해지면서 자연적으로 나타난 반응이다. 알래스카에서는 이처럼 나무 서식지가 북쪽으로 올라가는 속도가 한 세기당 대략 800미터인데, 지난 수십 년간 이 속도가 더욱 빨라져서 마지막 빙하기가 끝난 대략 10만 년 전에는 나무가 전혀 없던 곳에 어린 숲이 생겨나고 있다.[41] 그리고 생긴 지 10년밖에 안 된 이런 숲들, 과거에 화재가 한 번도 일어난 적 없는 숲들이 모두 불길에 휩싸이고 있다.[42] 불이 난 적 없는 오랜 숲들은 기온, 물의 증발량, 번개가 모두 극단적으로 증가하면서 연소에 점점 취약해지고 있다.

대기에 열이 많아지면서 가속화된 변화는 다른 양상으로도 나타난다. 알래스카에 기록적인 무더위가 찾아와 주 전체가 임야화재와 연기로 몸살을 앓던 2019년 여름, 이 지역에 서식하던 연어 수십만 마리가 산란기 전에 열사병으로 폐사했다. 같은 위도의 그린란드 빙상은 "비선형"이라는, 이름만으로도 어쩐지 불길하게 느껴지는 방식으로 녹고 있다. 과거에 한 번도 본 적 없는 속도, 패턴, 주기로 녹고 있다는 의미다. 이 지역의 평균 기온은 과거 30년간 2.5도가량 상승했고 여름철에도 평년보다 기온이 4.5도나 높았으며 30년간 빙하가 녹는 속도는 30퍼센트 이상 증가했다. "분명한 사실은, 그린란드가 지질 시대가 바뀌는 속도로 변화하는 게 아니라 인간의 시간이 흘러가는 속도로 변화하고 있다는 것이다."[43] 《세상 끝의 얼음(The Ice at the End of the World)》의 저자인 역사가 존 거트너(Jon Gertner)가 쓴 글이다.

여기까지는 시작일 뿐이다.[*44]

전 세계 평균 기온은 1980년 대기 중 이산화탄소 농도가 100만 년 만에 처음으로 340ppm을 기록한 이후[45] 꾸준히, 계속 상승하고 있고 그 추세에서 벗어나는 경우는 점점 줄고 있다. 2000년 이후에는 해마다 전년도보다 기온이 높아졌고 2010년 이후부터는 연간 상승 폭도 커지고 있다. 어떤 측정 결과로 보더라도 1990년 이후에 태어난 모두는 베이비붐 세대가 살던 시대, 그 뒤 X세대가 물려받은 시대와는 근본적으로 다른, 새로운 지질 시대를 살게 되었다. 지금 살아 있는 사람이 1996년 수준의 서늘한 여름을 경험할 확률은 영(0)이다.[46]

일리노이대학교의 기후역학 교수 크리스티 프로이스토세스쿠(Cristi Proistosescu)는 온난화 추세를 개념화할 때 미래 중심의 관점이 반영되어야 한다고 이야기한다. 그는 트위터에 지구 평균 기온의 상승 추세를 나타낸 그래프와 함께 이런 글을 남겼다. "다들 유념해야 할 것은, 지난 세기를 통틀어 가장 무더운 8월이 아니라 앞으로 다가올 한 세기를 통틀어 가장 시원한 8월이라는 겁니다."[47]

21세기가 시작되고 20년 이상이 지난 현재까지, 인류세는 지구 전

---

* 2021년 6월 캐나다 브리티시컬럼비아주 리턴(Lytton)의 작은 강변 마을은 캐나다 역사상 최대 기온이 된 49.4도가 3일 연속 이어졌다. 4일째 되던 날, 바람의 영향으로 임야화재가 시작되어 30분 만에 마을 전체가 전소되고 두 명이 사망했다. "저는 예순 살이라 기후변화는 다음 세대의 문제라고 생각했습니다." 리턴 시장 잰 폴더먼(Jan Polderman)의 말이다. "그런데 지금, 저는 사라진 도시의 시장이 되었습니다."

체가 상상할 수도 없었던 수준으로 급격히 변화하는 시대라는 사실이 뚜렷하게 나타나고 있다. 빙하, 해양, 새, 곤충, 어류, 심지어 계절까지 지구의 거의 모든 체계와 생물들 사이에서 나타나는 급속한 변화, 그로 인한 극심한 스트레스가 여실히 드러나고 있다. 산호초, 조개류, 산란기 연어가 열을 이기지 못하고 폐사하는 현상은 재앙과 같은 끔찍한 일인데도 사람들은 대부분 자신과 무관한 일이라고 여긴다. 깊이 생각하자니 괴롭고 진심으로 공감하기는 힘든, 그저 또 하나의 추상적인 비극으로 치부한다. 그러나 수많은 사람들의 터전인 전 세계 숲에서도 그와 비슷한 일들이 일어나고 있다. 산호초처럼 숲도 생물들의 "대도시"다. 복잡한 구조로 천천히, 사방으로 뻗어나가는 생명의 뼈대, 인간을 비롯해 지구상에 존재하는 거의 모든 종을 아우르는 수천 종의 생물을 지탱하는 곳이다. 두어 세대 전까지는 숲이 우리가 마시는 산소의 상당량을 생산하는 동시에 이산화탄소를 흡수하고 저장해서 기후 조절에도 힘을 보탰다. 지금도 그렇긴 하지만, 예전 같지는 않다. 나무 한 그루마다 총중량의 절반은 나무에 저장된 탄소가 차지한다. 따라서 나무가 불타면 이 저장된 탄소가 단시간에 대기로 유입된다. 숲에서 자연히 썩거나 매립지에 버려진 종이, 판지, 가구의 경우는 그보다 속도가 느리다.

　그런데 2000년대부터 상황이 역전되기 시작했다.[48] 육지 전체를 통틀어 세계 최대 탄소 저장고인 아마존 우림과 북극 주변 북방 수림, 그리고 이 두 곳만큼 알려지지 않은 세계 곳곳의 수많은 숲이 이산화탄소 흡수원이 아닌 탄소 '방출원'으로 바뀐 것이다. 다시 말해 지구에서 가장 믿음직한 탄소 저장소였던 곳들이 이제는 포집되는 양보다 더 많은 이산화탄소가 만들어지는 곳이 되었다. 이 중대한 변화는 석유시대에 발생한 가장 파괴적인 결과 중 하나다. 기온이 상승하고, 병

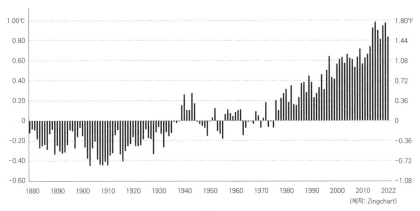

전 세계 육지와 해양(1~12월 기온 편차)

충해, 화재, 벌목, 토지 개간, 가뭄으로 나무가 죽어감에 따라[49] 뒤집힌 이산화탄소 균형은 갈수록 더 크게 기울어지는 추세다. 살아 있고 성장 중인 나무가 더 이상 이산화탄소를 흡수하지 않아서가 아니라, 흡수는 똑같이 이루어지고 있지만 병들거나, 죽거나, 불탄 나무들에서 이산화탄소가 방출되는 속도를 더는 따라갈 수 없게 된 것이다.

나무 서식지를 벗어난 더 북쪽의 툰드라, 그리고 영구동토층이 녹고 있는 다른 지역에서도 비슷한 일이 일어나고 있다. 기온이 점점 올라가면서(마지막 빙하기 이후 최초로) 꽁꽁 얼어 활성이 없었던 땅속 유기물질들이 녹고 부패하면서 대기로 방출되는 이산화탄소가 늘어나고 있다. 툰드라는 육지 생태계로서는 가장 매력이 없는 환경이지만 숨겨진 깊이가 상당하다.[50] 북극의 언 땅에는 대기에 현존하는 이산화탄소보다 두 배 많은 양이 묶여 있는데, 북반구 전역에서 빙하기 이후 처음으로 이 언 땅이 녹아 그 속의 이산화탄소가 방출되는 과정이 일어나고 있다. 게다가 이러한 얼음 속에는 방대한 양의 메탄도 함께 갇혀 있다. 2020년에는 메탄의 연간 방출량이 대기 중 메탄 방출량을

463

체계적으로 기록하기 시작한 1980년대 이후 최대치에 이르렀다.*[51]

이러한 변화의 심각성, 이 변화가 미래의 지구 기후와 기후에 의존하여 살아가는 존재들에게 끼칠 영향은 아무리 강조해도 부족하다. 인류 문명은 지구에 존재한 짧은 역사 내내 늘 바다와 숲, 툰드라, 초원에 의지했다. 화산 폭발, 인간이 일으킨 화재로 인해 대기로 배출된 이산화탄소는 전부 그러한 곳에 흡수되어 상쇄됐다. 그러다 1900년경부터 우리는 선을 넘었다. 고대부터 지구에 축적된 방대한 양의 화석연료를 인류는 엄청난 속도로 태워서 이산화탄소, 메탄, 그 외에 많은 기체와 독성 물질 같은 부산물을 발생시켰고, 그 결과 지구가 흡수해서 처리할 수 있는 수준을 넘어섰다. 수십 년간 충분한 근거를 토대로 계속 경고했음에도[52] 이윤을 추구하는 대기업들과 그 기업들이 속한 (때로는 기업의 손아귀에 들어간) 정부들은 화석연료를 홍보하고 자금까지 지원하면서 이런 사태가 불러올 결과를 대수롭지 않게 여겼다. 에너지업계, 선출된 공직자들, 전 세계에서 가장 부유한 10퍼센트의 사람들은 자신들의 목적을 위해 대기를 담보로 대출을 받은 셈이다.**[53] 대출을 허락했던 "은행"[54]인 기후는 연체가 날로 심각해지고 부채 규

---

* 미국에서는 인간의 활동으로 발생하는 메탄 배출량이 70퍼센트까지 축소 보고되고 있다(캐나다 펨비나 연구소(Pembina Institute)에 따르면 캐나다는 최대 100퍼센트 축소 보고되고 있다). 국제에너지기구는 다음과 같이 설명한다. "메탄은 전 세계 기온이 상승하는 원인의 약 30퍼센트를 차지한다. … 인간의 활동으로 배출되는 메탄의 약 40퍼센트는 에너지산업에서 발생한다. … 2021년 에너지 시장에서 배출된 메탄의 양은 1,800억 세제곱미터로 추정된다(유럽에서 전력 생산에 사용되는 가스를 모두 합한 양과 비슷한 수준)."

** 펜실베이니아주립대학교의 기후학자 마이클 만(Michael Mann)은 이를 다음과 같이 설명했다. "지금까지 배출된 온실가스의 상당 부분은 평범한 대다수가 아니라 전 세계 인구 중 극소수에 불과한 부자들의 선택과 활동에서 나온 부산물이다. … 이 문제를 일으킨 장본인은 전 인류 중 극히 일부인 것이다."

모가 막대해지자 이제 회수에 돌입했다. 기후학의 선구자이자 1998년부터 기후 보호 조치의 필요성을 지지했던 월러스 "월리" 브뢰커(Wallace "Wally" Broecker)의 말처럼, "우리는 성난 맹수와도 같은 기후를 막대기로 쿡쿡 찔러대고 있다."[55]

대기를 연구하고 앞장서서 지키려고 하는 사람들이 가장 큰 절망을 느끼는 점은 온실가스가 먼지나 재, 디젤 배기가스와는 다르다는 것이다. 온실가스는 며칠, 몇 달 기다린다고 해서 알아서 사라지거나 해결되지 않는다. 베이징 올림픽을 위해 2주 정도 차량 운행을 금지한다고 해서 될 일이 아니다. 온실가스는 일단 특정 농도에 이르면, 가령 (2015년 수치인) 400ppm에 도달하면 앞으로 절대 바뀌지 않는 새로운 기준점이 된다. 2021년 대기 중 이산화탄소 농도는 산업화 이전 시대 평균보다 50퍼센트 증가한 420ppm이었다. 50퍼센트 상승을 다른 중요한 기준에 적용해보면(주택 가격, 혈압, 쥐 개체수, 강수량 등) 이게 얼마나 엄청난 변화를 일으킬 수 있는 수치인지 알 수 있다. 또한 그 변화는 대부분 안 좋은 쪽으로 일어난다는 것도 알 수 있다.

우리는 과거 수백만 년에 걸쳐 일어나던 기후변화가 단 두 세기 만에 일어나는 시대에 살고 있다. 이 정도면 제대로 적응할 수 있는 생물이 거의 없는 대격변이다. 다시 평형상태에 이르기까지는 아주 오랜 시간이 걸릴 것이다. 다시 평형을 찾은 새로운 세상이 어떤 모습일지는 알 수 없지만, 지구는 생물 다양성이 지금의 일부분에 불과한 한적한 행성이 될 것이다. 누구도 지금과 같은 변화를 겪은 적 없고 이런 변화의 결과를 아는 사람도 없다는 점에서, 석유시대의 진짜 영향이야말로 진정한 루크레티우스 문제에 해당한다. 지금의 상황이 지구 생물들에게 무엇을 의미하는지, 정확히 상상할 수 있는 사람은 아무도 없다.

23

성난 두 개의 화염이 만나면,
그 맹위를 돋우던 것까지 다 집어삼키겠죠.[1]
—윌리엄 셰익스피어, 《말괄량이 길들이기》 2막 1장

———

신크루드의 역청 개질 공장은 1978년 처음 가동을 시작한 이래 단 한 번도 작업이 중단된 적이 없었다. 사방이 광활한 이 복합 시설은 거대하고, 복잡하고, 재가동하려면 엄청난 돈이 들고, 다루기도 힘들어서 그냥 쭉 가동하는 게 편하고 돈도 더 버는 길이었다. 선코어의 시설은 신크루드보다도 규모가 더 컸다. 시노버스(Cenovus), 캐나디안 내추럴(Canadian Natural), 허스키/BP(Husky/BP), 임페리얼/에소(Imperial/Esso) 시설 역시 거대했다. 하지만 포트맥머리 화재의 위험성이 이 시설들보다 훨씬 거대했다. 불길이 계속 북쪽과 동쪽으로 번지자, 5월 5일부터 채광지와 개질 공장, 증기 배유 시설마다 작업 규모를 줄이거나 가동이 전면 중단되었다. 화염에서 발생한 연기가 너무 거세게 몰아쳐서 작업자들은 숨을 제대로 쉴 수 없었고, 몇 미터 앞도 제대로 보이지 않아서 그대로 작업을 강행하기에는 너무 위험했다. 불길은 시 북쪽으로 몇 킬로미터 떨어진 선코어의 광미 적치장과 주변 도로,

심판

기반 시설 쪽으로도 점점 다가가고 있었다. 화재가 급속히 번지고 매
캐한 연기가 점점 강해지자, 신크루드는 오로라(Aurora) 광산과 밀드
레드 레이크 공장을 닫기로 했다. 선코어도 타르 아일랜드 시설을 폐
쇄했고 다른 업체들도 같은 결정을 내렸다.

캐나다에서 매년 5월 7일은 '전국 임야화재 지역 대비의 날'이다.
2016년의 그날은 토요일이었고 불은 일주일째 타고 있었다. 지역 비
상 운영 센터 본부가 3일 전 다른 곳으로 다시 대피하기 전에 잠시 머
무른 중국 소유의 넥센 롱 레이크 시설은 다 타버렸거나 여전히 타고
있는 숲에 완전히 에워싸였다. 불은 그곳을 포함한 시 남쪽에서 미국
방향으로 연결된 파이프라인 설비까지 위협하고 있었다. 이 문제와
업체들의 시설 폐쇄에 따른 여파로 포트맥머리 역청업계의 딜빗(중질
유), 합성 원유, 디젤의 일일 생산량이 100만 배럴 이상 줄었다. 평소
의 거의 절반 수준이었다. 돈으로 계산하면 24시간마다 약 6,000만 달
러의 손실이 발생했다.[2] 면적이 수 제곱킬로미터에 달하는 곳들도 있
는 포트맥머리 역청산업의 이 거대한 시설들은 원래 밤낮 없이, 여름
이고 겨울이고 텅 비는 법 없이 항상 분주하게 돌아간다. "엄청나게
시끄러워요."[3] 선코어 소속 소방대원인 애런 해리스(Aron Harris)의 말
이다. "꽝꽝 울리는 소음, 불길, 증기, 전부요. 아주 거슬리는 소음이
에요."

그 모든 소음이 갑자기 뚝 끊긴 것이다. 2016년 5월 7일, 포트맥머
리에서 30분 거리에 있는 모든 시설이 텅 비고 앞이 보이지 않을 만큼
자욱한 연기에 전부 뒤덮였다. 노동자 수천 명이 대피하고, 트럭과 불
도저 수백 대는 멈춰 서 있고, 지평선을 장식하던 크레인과 동력삽들
도 그대로 멈췄다. 닥치는 대로 게걸스럽게 삼키던 파쇄기와 로켓만
한 보일러, 수소 처리기, 진공 탑 등 이 모든 기계와 함께 움직이던 설

비도 전부 가동이 정지됐다.

"전부 멈췄어요." 해리스는 이렇게 표현했다. "완전히요."

해리스는 타르 아일랜드에 있는 선코어의 초대형 시설을 관리하던 소방대원 12명 중 한 명이었다. 고속도로로 가는 전용 입체교차로와 애서배스카강을 건너는 전용 다리가 있을 정도로 규모가 큰 시설이었다. 석유 탱크가 밀집된 구획의 면적만 1.3제곱킬로미터였다. 5월 7일에 해리스는 근무 시간이 되자 다른 대원 세 명과 함께 항공기 구조·소방용 차량을 몰고 드넓은 시설 곳곳을 순찰하면서 짙은 연기 뒤에 불이 붙은 곳은 없는지 확인했다. "으스스했습니다." 해리스는 내게 설명했다. "배출가스 연소 탑이 멈췄더라고요. 원래 그 아래를 지날 때 소음이 장난 아니었거든요. 제 동료인 닉에게 '들려?'라고 하니까 그도 '그러니까. 너무 조용해'라고 했죠." 해리스 일행은 대부분 디스토피아 영화에서나 볼 법한 광경을 직접 목격했다. 인간은 다 사라지고 문명의 엔진들은 다 정지했다. 시 소방서의 대원들, 비컨힐의 폴 에어스트와 그의 아들처럼 해리스 일행도 화재 현장에 남은 유일한 인간이 된 기분이었다. 무엇보다 충격적인 건 상황이 너무나 삽시간에 이렇게 달라졌다는 사실이었다. "멀리 사슴도 보였습니다." 해리스의 말이다. "코요테도요."

인간이 북적거리고 석유화학 물질의 냄새가 진동하는 곳, 번쩍이는 불길과 강렬한 투광 조명 아래 천둥처럼 큰 소음을 내는 이런 해로운 장소에 야생동물들이 자진해서 찾아온다는 건 상상할 수도 없는 일이다. 시설이 비었음을 감지하고 호기심이 생겼을 수도 있고, 연기 속에서 길을 잃었을 수도 있다. 타르 아일랜드는 포트맥머리 화재 당시 불길에 크게 닿지 않은 몇 안 되는 장소 중 하나였으므로 그곳으로 도망 왔을 가능성이 가장 크다. "기이했다는 표현 말고는 달리 적당한 말이 떠오르지 않네요." 해리스가 이렇게 설명했다. "하지만 그때는 대체 기이한 게 뭘까, 싶었습니다. 평소 같은 건 아무것도 없었으니까요. 오히려 불이 붙고 타는 게 평범한 일이 되었죠."

5월 8일 일요일이 되자 불길은 강한 서풍을 타고 동쪽으로 돌진했다. 불이 이동하는 경로 바로 남쪽에 역청 모래 처리 시설들이 있었다. 불길은 그 시설들과 간격을 아슬아슬하게 유지하며 길게 번졌다. 9일 정오경, 기자들과 시장은 화재가 시작된 후 처음으로 경호대와 함께 화재 현장으로 향했다. 점점 몸집을 불린 불은 그때까지 2,020제곱킬로미터가 넘는 면적을 삼켰다. 일주일 넘게 계속된 포트맥머리 화재는 이미 여러 기록을 경신했다. 9만 명이 대피했고, 구조물 2,500채가 파괴되고 그와 별도로 500채의 건물이 손상됐다. 숲은 거의 2,590제곱킬로미터가 불탔고, 다른 나라들에도 영향을 주는 채광 작업과 파이프라인 가동에 심각한 타격이 발생했다. 육로는 마비되고, 소방관 수백 명과 소방 항공기 수십 대가 불과 끝이 보이지 않는 사투를 벌이고 있었다. 현대에 발생한 도심 화재의 역사에서도, 전쟁 목적이 아닌 자원 추출의 역사에서도 전례가 없는 사태였다.

5월 9일, 다비 앨런 소방서장이 5호 소방서에서 발표한 공개 성명이 TV로 보도됐다. 앨버타 주지사 레이철 노틀리도 뒤에 서 있었다. "이런 화재는 한 번도 본 적이 없습니다." 앨런은 이렇게 전했다. "산림부 동료들과 이야기를 나눴지만, 이번 화재의 여러 특성과 동태는 누구도 본 적 없는 것입니다. 화재가 일어난 방식과 이동 방식, 행동 방식 모두 규칙을 새로 쓰고 있습니다. 다시 말해, 이번 사태를 계기로 화재의 동태에 관한 새로운 공식이 생길 것입니다."[4]

엄밀히 말하면, 그의 말은 사실이 아니었다. 치점 화재나 슬레이브 레이크 화재를 알고 있었다면, 미국 해양대기청이 발표하는 계절

469

별 화재 평가 결과나 앨버타주 산림부의 화재 기상 지수를 유심히 살펴봤다면, 그리고 얼마 전 캘리포니아, 호주 남부 등 비슷한 조건에서 발생한 폭발적인 화재의 동태를 조사했다면 새로운 공식이 굳이 필요 없음을 알았을 것이다.[5] 21세기의 새로운 화재 기상은 전 세계 모든 곳에 같은 영향을 준다. 5월 첫 주인데도 여름 같았던 2016년, 포트맥머리에서 나온 일기예보는 정확했고 적시에 발표됐다. 가뭄처럼 건조한 날씨에 고기압이 발달하고 기온이 기록적으로 상승한다는 것, 동시에 습도는 급격히 떨어지고 바람은 인구가 밀집된 구불구불한 지형 쪽으로 점차 거세게 몰아칠 것이라는 예보였다. 이런 조건이 갖춰진 곳이라면 호주 멜버른부터 알래스카 페어뱅크까지 어디든 불 폭풍이 일어날 수 있다. 호주에서는 유칼립투스 나무가, 캘리포니아에서는 덤불 지대가, 아한대림에서는 검은 가문비나무가 임야화재의 연료가 되고 바람은 어디서든 똑같이 불씨를 실어 나른다. 불도 우리처럼 잡식성이며 그때그때 상황에 맞게 먹이를 바꿀 줄 안다.

2016년 포트맥머리 화재의 특징은 화재의 규모가 아니라(2011년 리처드슨 화재 역시 규모가 엄청났고 그 지역 역청산업에 5억 달러의 피해가 발생했다) 사람들이 화재를 인식하고 반응하는 방식, 즉 "한 번도 본 적 없는 일"로 여기는 루크레티우스 문제가 두드러졌다는 점이다. 대규모 자본 투자, 석유가 있는 곳에 반드시 따르는 오만한 태도와 결이 같은 문제다. 이런 오만함은 다양한 형태로 드러난다. 2015년, 코노코필립스(ConocoPhillips)의 CEO 라이언 랜스(Ryan Lance)는 〈블룸버그(Bloomberg)〉와의 인터뷰에서 전기차가 석유 수요에 큰 영향을 주려면 50년은 걸릴 것이라고 말했다.[6] 하지만 그로부터 5년 뒤에 석유업계에서 그런 말을 하는 사람은 거의 없었다(2023년인 지금도 랜스는 CEO 자리를 지키고 있다).

5월 11일 수요일, 포트맥머리가 불에 휩싸인 지 8일째 되던 날 다비 앨런 소장은 다시 TV 생방송에 출연했다. "맥머리는 처참한 상황입니다."[7] 무덥고 건조한 날씨가 이어지고, 불은 도시 전역에서 사방으로 퍼지고 있었다. 화염은 전혀 수그러들 기색 없이 바람과 태양의 변화에 따라 파도처럼 넘실거렸다. 일기예보에 비 소식은 없었다. 4,000킬로미터 넘게 떨어진 대서양 해안에서도 포트맥머리에서 피어난 연기가 보였다. 캐나다 전역에서 지원 인력이 투입되어 5월 16일 월요일까지 1,000명이 넘는 소방관과 소방 업무 담당자가 모였고 중장비 130대와 헬리콥터 여러 대, 소방용 항공기 12대가 포트맥머리에 배치됐다. 추가 인력은 이후에도 계속 도착했다. 화재 기상이 이보다 더 나빠질 수 있는지 상상하기 힘들 정도였지만, 갈수록 더 나빠졌다.

5월 16일, 화재 기상 지수는 42였다.[8] 5월 3일의 놀라운 기록을 가뿐히 뛰어넘은 엄청난 수치였다. 시내에서 가스와 전기 복구 작업이 이루어지는 가운데 다양한 원인으로 더 많은 주택이 불탔다. 디킨스필드에서는 가스 누출로 의심되는 화재가 일어나[9] 주택 한 채가 통째로 폭발했다. 집이 있던 자리에 커다란 구멍이 생기고, 두께 2인치, 폭 4인치 규격 목재로 지어진 인근 주택 여섯 채의 벽이 밀려날 정도로 폭발 강도가 엄청났다. 충격에 창문이 깨진 집들은 그보다 훨씬 많았다. 숲에서는 불길이 매섭게 타오르며 광산, 공장, 노동자 합숙 시설이 밀집한 곳과 점점 가까워지고 있었다. 시 남쪽에서는[10] 업체 엔브리지(Enbridge)의 치첨(Cheecham) 터미널을 사수하기 위한 노력에 모든 자원이 쏠렸다. 포트맥머리에서 남쪽으로 이어진 파이프라인과 연결된, 200만 배럴 규모의 탱크 밀집 구역인 그곳까지 불길이 당도해서 자칫

하면 전부 폭발할 수 있는 위험천만한 상황이었다.

다음 날인 5월 17일, 타르 아일랜드의 선코어 시설을 순찰하던 애런 해리스는 서쪽으로 수 킬로미터 떨어진 지평선에 갑자기 솟구친 불길을 보았다. 불이 난 곳은 노동자 합숙 시설인 블랙샌드 이그제큐티브 로지(Blacksands Executive Lodge)였다.[11] 665개의 숙소로 이루어진 그 호화로운 신축 시설이 채 30분도 안 되어 전소됐다. 진압 시도조차 할 수 없었다. 2,000명 이상이 생활하던 인근의 다른 여러 합숙 시설에도 불길이 울타리 앞까지 번졌으나 항공기 구조·소방대와 소방차, 물 수송 트럭이 집결해서 화염에 휩싸인 주변과 합숙 시설 사이에 물을 퍼부어 방어막을 만든 덕분에 겨우 무사했다. 며칠 전 집을 떠나서 그 시설들과 인근 합숙 시설로 대피했던 시민 8,000여 명은 (또다시) 대피해야 했다. 불이 덮칠 위험보다도 연기 때문이었다. 평상시에 그 지역의 대기질 지수는 1~10 사이고 가장 나쁜 날도 10인데, 그날 포트맥머리 주변의 대기질 지수는 38이었다.[12] 시계를 보지 않고서는 낮인지 밤인지도 구분하기 힘들 정도였다. 이곳과 포트맥머리 곳곳에서 발생한 연기는 대륙 전체에 덮여서,[13] 남쪽으로는 텍사스주 멕시코만 연안, 동쪽으로는 바하마제도, 북쪽으로는 래브라도에서도 연기가 보였다.

매캐한 연기와 숨이 턱턱 막히는 더운 공기에 덮인 도시와 주변의 숲은 어스름 속에서 동면에 들어간 듯한 풍경이 되었다. 불길이 강한 곳을 찾아다니며 진압하는 소방관들의 작업은 그해 가을까지 이어졌다. 경찰들은 이를 기회 삼아 절도를 시도하는 사람들을 잡으려고 순찰을 다녔지만, 대부분 어디를 가나 사람 그림자도 없이 텅 비어 있었다. 진화 작업에 나서는 소방관들의 준비 장소로 쓰이던 레크리에이션 센터 외에 시 거의 전체가 여전히 전기와 가스 공급이 끊긴 상태였다.

허리케인 카트리나가 덮쳤을 때 뉴올리언스를 제외하고, 북미 지역의 현대 도시가 이렇게 장기간 주민 없이 비어버린 사례는 없었다.

고요해진 역청 시설에 사슴과 코요테가 머뭇머뭇 찾아오기 시작한 것처럼, 텅 빈 도시를 탐험하는 새로운 존재들이 나타났다. 화마를 피한 주택 2만 5,000여 채와 아파트, 음식점, 식료품 판매점마다 정권 교체가 일어나고 있었다. 대부분 시작은 주방이었다. 계절과 맞지 않는 무더위가 일주일을 넘어 2주 가까이 기승을 부리자, 상하기 쉬운 음식물부터 썩기 시작했다. 앨버타는 쇠고기 생산지이고 포트맥머리에서도 사냥과 낚시를 즐기는 사람들이 많았다. 풍족한 고기에 두둑한 월급봉투, 뭐든 상자째로 사서 쟁여두는 소비 방식이 더해져 집집마다 차고며 지하실에 주방 냉장고와 별도로 육류 냉동고가 따로 있는 경우가 흔했다. 기온이 오르자 그렇게 보관되어 있던 고기가 전부 썩기 시작했다. 밀봉 포장도 부패 과정에서 생기는 가스로 높아진 압력을 당해내지 못했다.

5월 중순에 이르자 냉장고와 냉동고마다 바닥에 피가 흥건히 고였다. 그 기계들 안에서, 식품들은 제각기 새로운 삶을 시작했다. 치즈를 제외한 유제품은 이미 썩을 대로 썩었고, 사람들이 떠난 5월 3일부터 그대로 방치된 먹고 남은 음식들은 형체도 알아보기 힘들 만큼 부패했다. 고기 썩는 악취는 짙은 연기를 뚫고 나올 만큼 지독했다. 파리들도 바람에 실려 온 냄새를 감지했다. 파리 떼가 모여 구더기가 생기고, 파리는 더 늘어났다. 따뜻하고, 사방이 막혀 있고, 먹이는 무한정이고, 방해 요소는 하나도 없는 냉장고는 더없이 이상적인 서식 환경이었다. 밖에서 순찰 중인 경찰들, 소방관들, 가스와 전기 시설을 복구 중인 기술자들은 아무런 낌새도 느끼지 못했지만, 음식물이 쌓인 냉장고와 냉동고마다 내부는 파리 서식지로 변해가고 있었다.

썩은 음식물을 새로운 서식지로 삼은 생물이 버글버글 모여 있는 그 광경을 난생처음 마주한 이들 중에는 보험사의 손해사정사들도 있었다. 그중 한 명은 "꼭 드라마 〈CSI〉에 나오는 살인 사건 현장 같았다"[14]고 말했다. 파리 떼는 냉장고 안에서 여러 세대에 걸쳐 부화하고 증식하고 죽으며 개체수가 기하급수적으로 늘었다. 다른 손해사정사는 어느 고객의 집에 방문해서 다용도실을 열었다가 쥐 떼와 마주했다. 시내 쇼핑몰의 슈퍼마켓들은 초대형 배양접시로 바뀌었다. 바닥과 선반에는 죽은 파리가 카펫처럼 깔려 있고, 후미진 공간마다 살아 있는 파리 떼가 윙윙댔다. 세이브온푸드(Save-On-Foods) 슈퍼마켓 수족관에 남겨진 랍스터들은 서로를 공격하기 시작했다.[15] 쥐들에게 이런 환경은 천국이나 다름없었다. 쥐 떼가 들끓지 않은 곳에는 오색빛깔 곰팡이가 들끓었다. 한 손해사정사는 슈퍼마켓 빵 진열대 쪽으로 갔다가 빵이 든 봉지마다 내부가 형형색색의 식물이 자라는 작은 유리 용기 같은 모습으로 변한 것을 보고 깜짝 놀랐다. 딱 한 가지 제품만 예외였다. 원더브레드(Wonder Bread)는 5월 3일부터 그 자리에 방치되어 있었는데도 멀쩡했다.

평소 어느 집보다 깔끔했던 집들도 음식물이 썩고 물이 새는 상태로 오래 방치된 탓에 곰팡이가 증식하고 악취도 진동했다. 밖에서 나무와 자동차, 다른 집들이 불타면서 발생한 각종 냄새까지 집 안에 침투해서 사방으로 스며든 바람에 집 안의 냄새는 더욱 고약해졌다. 포트맥머리에 있던 냉장고와 냉동고 총 2만여 대가 생물재해(biohazard) 위험이 있으므로 폐기해야 한다는 결정이 내려졌다.[16] 이 기계들은 문이 열리지 않도록 끈으로 단단히 묶어서 밖으로 꺼내졌는데, 그 상태에서도 썩는 냄새가 진동해서 주변 숲에 살던 곰들이 모여들었다. 자연의 이치는 막을 수가 없는 법이다.

심판

막을 수 없기로는 웨인 맥그로도 만만치 않았다. 5월 3일 어배샌드의 집에서 불과 맞서다가 결국 대피 길에 오른 이 선코어 용접기사는 그리 멀리 가지 않았다. 할리데이비슨 오토바이를 끝내 포기하지 못하고 픽업트럭으로 근처 작은 마을들을 이곳저곳 옮겨 다녔다. 그레고어 호수 근처 친구들 집에 머물다가, 락 라비슈(Lac Labiche)에서 야영하다가, 다시 원더링강 쪽으로 갔다. 그렇게 일주일을 돌아다니다가 한 친구로부터 자신의 마지막 전략이 먹혔다는 소식을 전해 들었다. 맥그로는 집에서 빠져나오기 직전에 오토바이와 커틀러스를 밖에 꺼내놓았는데, 두 대 다 불길을 피했다는 것이다. 5월 10일, 맥그로는 다시 움직이기로 했다. "시내로 들어가는 불도저 군단에 묻어서 슬쩍 함께 들어갔습니다." 그는 내게 이렇게 설명했다. "빨간 트럭이 한 대 있었어요. 정비공들이 몰고 다니는 그런 빨간 트럭이요. 그걸 몰고 불도저 사이에 끼어서요."

포트맥머리에 도착한 맥그로는 눈 앞에 펼쳐진 광경에 기겁했다. "베트남에 온 것 같았습니다. 망할 헬리콥터들이 사방에 날아다니고, 불은 아직도 타고 있었어요. 제 할리 오토바이는 시내에서 찾았습니다. 친구가 차량 운반 트럭에 실어서 (커틀러스와 함께) 시내로 옮겨놨더라고요. 정말 고마웠죠. 곳곳에 경찰이 쫙 깔려 있었어요. 경찰 두 명이 제 쪽으로 오길래, '이거 제 물건들이라 가지고 가려고요'라고 했더니 경찰이 '갖고 나가실 수 없습니다'라고 하더군요. '그게 무슨 말이죠? 제 물건들이라니까요.' '그래요. 하지만 지금 이곳은 재난 구역으로 지정됐습니다. 그래서 전부 시 재산입니다.'"

"작업자들이 차는 완장이 저한테는 없다 보니, 어서 돌아가라는 소리만 계속 들었습니다. 그래서 테이프로 완장을 직접 만들었죠. 문제는 주황색으로 된 새로운 완장이 쓰이고 있었다는 겁니다. 전 두 시간 반 거리에 있는 원더링강으로 돌아가서, 주황색 마커를 사다가 칠했어요. 절 따라온 친구는 차 옆자리에 몸을 한껏 숙이고 앉아 있었고 저는 새 완장을 차고 다시 시내로 갔습니다. 커틀러스 운전석에 앉아서 친구에게 '이봐, 시동이 걸리면 난 그대로 몰고 간다'라고 했죠. 그랬더니 친구가 '그럼 난 내릴게' 하더니 트럭으로 가더라고요. 커틀러스에 시동이 걸려서 저는 그걸 몰고 친구는 트럭을 몰고 출발했습니다. 시를 벗어나서 (30킬로미터쯤) 달리다가 기름이 떨어졌어요. 어쩔 수 없이 그대로 두고 제 뒤를 따라오던 친구에게 지키고 있으라고 한 다음 원더링강으로 갔어요. 기름통을 구하고, 거기 기름을 채워서 차로 돌아와 기름을 실어서 몰고 왔습니다. 그리고 오토바이를 찾으러 또 가야 했죠. 할리 오토바이가 제게 얼마나 중요한지 아시겠죠? 그걸 찾으러 다시 돌아갔습니다."

그 시기에 맥그로만큼 포트맥머리에 여러 번 불법 잠입한 사람은 아마 없을 것이다(앞의 이야기에서만 세 번을 오간 것을 알 수 있는데, 그건 일부일 뿐이다). "저는 아주 비밀스러운 사람입니다." 맥그로의 말이다. "헤어진 전 여자친구도 제게 그러더군요. '난 당신이 오토바이 찾으러 갈 줄 알았어. 그걸 두고 올 리가 없지.'"

"찾으러 갔는데, 키가 타버리고 없는 겁니다. 스마트키요. 그래서 며칠 동안 여러 군데를 찾아가서 부탁했어요. 결국 원더링강 주변에서 트레일러 한 대를 구했죠. 같이 가서 싣고 올 사람이 필요했지만, 도와주겠다는 사람이 아무도 없었어요. 그러다가 원더링강 근처 어느 주유소에서 사람을 만났습니다. 술에 찌든 프랑스 남자였어요. 그러거나 말거나 제가 맥주를 한잔 샀습니다. 대화를 시작했고, 제가 좀 도와달라고 했어요. 그 남자는 어릴 때 몬트리올에서 은행을 턴 적이 있다고 하면서 그 이야기를 전부 해주더군요. 열여덟 살 때도 가끔 은행을 털었대요.

같이 시내로 가서, 제 오토바이 바로 옆에 트레일러를 세웠어요. 사방에 경찰이 있었습니다. 전 그에게 '아무도 쳐다보지 말고, 오토바이를 트레일러에 싣고 끈으로 묶어서 고정한 다음에 가면 된다'라고 말했어요. 둘이 같이 오토바이를 싣고, 묶고, 출발하려는데 경찰 하나가 이쪽으로 오는 겁니다. 트럭 안에는 맥주가 막 널려 있었고요. 그 경찰은 제게 '이 오토바이 몇 년식입니까?'라고 물었어요. 전 울기 시작했습니다."

나는 맥그로와 인파로 북적이는 술집에서 인터뷰했는데, 이 대목에서 그는 그때 기분이 되살아났는지 목이 메어 말을 잇지 못했다. 그 순간이 그에게는 이후의 시간을 버티는 힘이 되었다. "경찰이 제게 '당신 오토바이인 것 잘 압니다. 이틀 전에 여기 왔을 때부터 알았어요. 그때 전 다른 동료와 있었죠. 지금 여기에 전국에서 온 경찰들이 다 있거든요'라고 했죠."

자비는 다양한 형태로 찾아온다. 맥그로는 그 말을 듣고 안심했다. "이틀 전에도 나를 봤지만 '네, 가져가세요'라고 할 수 없었던 겁니다. 같이 있던 다른 경찰 때문에요. 나는 그에게 '제 오토바이 등록증 보여드릴게요'라고 했어요. 그러자 '아닙니다, 친구. 안 봐도 됩니다. 당신 오토바이인 것 저는 압니다.' 전 계속 울었어요. 그 경찰도 오토바이 타는 게 취미였던 겁니다. 소매를 걷어서 보여주더라고요. 팔 전체에 문신이 있었어요. 캘거리 외곽에서 왔다고 하더군요. 큰 홍수가 덮쳤던 곳이요. 그 사람도 전부 다 잃은 적이 있었던 거죠."*

---

* 2013년 캘거리에 발생한 홍수로 10만 명 이상이 집을 잃었다. 포트맥머리 화재 전까지 캐나다 역사상 가장 막대한 피해를 남긴 재난이었다.

맥그로는 그렇게 무사히 가지고 나온 오토바이의 불탄 전자 열쇠를 새것으로 교체한 다음, 오토바이를 타고 뉴펀들랜드로 향했다. 육로와 수로를 오가며 장장 6,400킬로미터가 넘는 거리를 달렸다.

그 무렵 포트맥머리 화재는 3주째로 접어들었다. 불길은 숲을 5,000제곱킬로미터 넘게 태우고도 여전히 통제할 수 없을 만큼 강렬하게 타올랐다. 점점 더 거세지는 불길은 동쪽으로 이동해서 앨버타주와 붙어 있는 서스캐처원주와 가까워졌다. 가장 활발히 타는 부분이 도시 경계 밖으로 빠져나간 후에는 연기도 다소 약해져서, 화염이 덮치지 않은 포트맥머리 주거지역에서는 가스와 전기 복구 작업이 시작됐다. 어마어마한 재와 유독성 먼지를 가라앉히기 위해 표면 점착성을 높이는 "점착부여제"가 대량 살포되어, 불이 지나간 폐허 위에 흐릿한 회색 층이 새로 생겼다.

//////

성인 아들이 있는 어머니이자 작가인 캐럴 크리스천(Carol Christian)은 2007년에 6개월 정도 지낼 생각으로 포트맥머리에 왔다가 그대로 정착해서 다양한 일로 생계를 이어갔다. 지역 신문인 〈포트맥머리 투데이〉에 기고하고, 지역 정치인 사무실에서도 일했다. 2016년 5월 3일에 주민들 대다수가 그랬듯 크리스천도 친구의 전화를 받고서야 대피해야 한다는 사실을 알게 됐다. 서둘러 어배샌드의 타운하우스로 가서 하루이틀 안에 돌아오게 되리라는 생각으로 딱 필요한 물건만 챙겼다. 하지만 대피 기간은 며칠을 넘어 몇 주로 늘어났다. 집으로 언제 돌아갈 수 있을지 기약도 없는 상태로 가족과 친지의 집에서 신세를 졌다. 포트맥머리는 한 달간 폐쇄됐다. 6월 초, 마침내 집

심판

에 가도 된다는 소식을 들은 시민들은 다시 돌아와 유령 도시와 마주했다. 생동감 넘치고 풍경이 아름다웠던 어배샌드의 주택가는 그곳을 집이라 부르며 살던 사람들조차 알아보지 못할 만큼 망가져 있었다. "처음 어배샌드로 돌아온 날이 기억납니다." 크리스천의 이야기다. "가면서 혹시나, 하는 마음이 들었어요. 어쩌면 괜찮을지도 모른다고 생각했죠. 하지만 전혀 아니었습니다." 뉴스로 상황을 파악하고는 있었지만, 두 눈으로 직접 보게 될 것들에는 전혀 대비가 되어 있지 않았다. "욕조가 난방로 안에 들어가 있는 광경이라니, 정말 볼 만했어요."

크리스천이 살았던 타운하우스는 원래 5층 건물이었다. 하지만 6월에 돌아왔을 때 건물이 있던 자리에는 재와 욕조들, 껍질만 남은 크고 무거운 가전들이 외부로 뻥 뚫린 지하 주차장에 마구 엉켜 있었다. "저나 다른 주민들 모두 좀비처럼 돌아다녔어요. 너무 충격이 커서 어쩔 줄을 몰라 하면서요."

대형 임야화재는 지나간 자리마다 고유한 색채를 남긴다. 불이 도시, 시골, 자연 가리지 않고 집어삼키는 잡식성이라는 사실은 화염이 지나간 자리가 전부 다 비슷한 색들로 채워진다는 점으로도 드러난다. 전소된 곳마다 불이 남기는 고유한 색은 새하얀 백색과 회갈색, 진한 회색, 반들반들 광택이 나는 새까만 색이다. 그 밖에 다른 색들은 전부 불 속에 사라진다. 대형 화재가 번진 곳에 생생하게 남은 색이라곤 온 땅을 뒤덮은 소화약제의 주황색이 전부다. 산등성이, 골짜기 전체에 때로는 수백 미터씩 이어지는 주황색 선들은 페루 나스카 사막의 지상화(geoglyph)나 크리스토의 작품을 연상시킨다(불가리 출신 예술가 크리스토 블라디미로프 자바체프〔Christo Vladimirov Javacheff〕는 대형 건축물과 자연 풍경을 캔버스로 삼아 거대한 천으로 덮는 등 다채로운 설치 작품을 완성했다—옮긴이).

479

불탄 주택가에 멀쩡히 남아 있는 몇 안 되는 물건 중에는 금속제 샤워 부스도 있었는데, 폐허 한가운데 우뚝 서 있는 모습이 우스꽝스럽기도 했다. 세탁기, 건조기의 잔해는 지붕이 사라지고 뼈대만 남은 집터에서 해골 눈처럼 정면을 빤히 응시하고 있었다. 가스레인지, 에어컨, 냉장고, 냉동고도 온통 일그러지고 무너져서 틀만 남았다. 집 앞 도로, 주택가 거리에는 잔뜩 그을린 채 껍질만 남은 차들이 거대한 곤충의 잔해처럼 덩그러니 놓여 있었다. 재가 덮이지 않은 곳이 없었다. 사람들의 기억, 역사, 냄새, 레시피, 집이 선사하던 안락함은 탄소와 돌, 강철 같은 최소 단위만 남기고 전부 연기에 덮여 매캐한 탄내를 풍겼다. "안"이 사라진 집터에서, 사람들은 바깥을 맴돌며 자기 집을 찾았다.

집이 불에 타버린 사람들에게는 사라진 것들뿐만 아니라 남아 있는 것들도 큰 충격을 준다. 수도관이 터져 물이 샌 바람에 어쩌다 멀쩡히 남은 카펫이나, 유령처럼 새하얗고 모든 페이지가 멀쩡히 남아 있지만 손을 갖다 대면 구름 같은 재만 남기고 산산이 부서지는 책들이 그렇다. 집은 기억의 궁전인 만큼 그 궁전이 완전히 사라지는 이런 사태는 본질적으로 잔혹하다. 오늘날 미국 서부와 캐나다 전역에서 발생하는 임야화재는 주택 수백, 수천 채를 불태워 우리가 지키며 사는 질서, 우리 삶을 의미 있게 만드는 공동체, 서식지를 무참히 모욕한다. 이런 상실은 아끼는 사람이 갑자기 세상을 떠날 때만큼 마음에 큰 충격으로 남는다. 물웅덩이 속에 서 있는 쓰레기통, 접시 위에 녹아 있는 총, 알루미늄이 피처럼 흘러내리는 자동차, 쌓여 있는 타이어와 와이어, 그나마 남은 것들은 이렇게 이상한 조합이 되어서 읊어보면 미친 사람이 중얼대는 말처럼 느껴질 정도다. 내가 정말로 여기에 살았고 내 아이들을 키웠다고? 애들 침대는 다 어디로 갔을까? 침실은?

심판

사진들, 우리 삶의 증거들은? 주방 식탁이 있었던 자리에 드리운 불탄 나무의 그림자, 한때 익숙했던 물건들이 녹아서 생긴 웅덩이만 남은 빈 집터는 딱딱하고 알아보기 힘든 새로운 형태로 변모했다.

포트맥머리는 극기심이 강한 사람들이 택하는 곳이다. 그곳의 산업과 혹독한 겨울 날씨를 견디려면 그럴 수밖에 없다. 화재로 집을 잃은 사람들은 눈물을 흘리면서도 "그냥 물건일 뿐이야"라고 되뇌며 현실을 받아들이려고 애썼다. 하지만 쉽지 않았다. 사람들은 무사히 살아남았다는 사실에 감사했지만, 자신이 소유했던 모든 것, 광산과 공장에서 한 해, 또 한 해 피땀 흘려 일한 대가로 얻은 물질이 다 사라진 상실감은 쉬이 사그라지지 않았다. 시민들이 폐쇄됐던 도시로 돌아오고 복구가 이루어지는 동안, '사마리아인의 지갑(Samaritan's Purse)' 같은 여러 기독교 단체가 폐허 속에서 혹시라도 건질 만한 물건이 있는지 찾는 작업을 도왔다. 이 자원봉사자들은 보호 장비를 갖추고 다 타버린 집의 지하실로 내려가서 집주인들이 알려주는 쪽을 삽, 갈퀴, 체로 뒤지며 잿더미 속에 뭐라도 남은 게 있는지 살펴보았다. 이런 도움은 대다수의 재난 생존자가 경험하지 못하는 특별한 연민과 보살핌이다. 포트맥머리 공동체의 특징과 신앙심을 잘 보여주는 일이기도 하다. 이런 인정 넘치는 노력을 기울였건만 건질 만한 건 거의 없었다. 그러기에는 화염의 열기가 너무 강했다.

"재로 변하는 현상"은 "폭열 현상"과 마찬가지로 섭씨 540도 이하에서는 겪을 일이 없는 일인데, 포트맥머리에서 그런 일이 일어났다. 한때 자신과 가족들, 자동차, 무수한 물건을 품고 있었던 거대하고 튼튼한 집 한 채가 어떻게 픽업트럭 짐칸에 다 실리는 정도의 잿더미와 조각난 금속만 남기고 몽땅 사라졌는지, 당혹감을 감추지 못하는 주민들이 많았다. 과학수사에 나선 소방 조사관들도 욕실, 싱크대 등 원래는 불이 나도 남아 있는 물건들까지 싹 사라진 것을 보고 당황했다. 다 증발해버린 것이다.

캐럴 크리스천도 어배샌드의 집터에서 건질 만한 물건이 있는지 여기저기 뒤졌다. "정말 '뭐라도' 찾고 싶었습니다." 크리스천의 말이다. "주방에서 쓰는 체랑 바비큐 도구 몇 가지를 찾았어요. '깨끗이 씻어서 모빌로 만들어볼까' 하는 생각이 들더라고요. 힘내려고 달아두는 상징물처럼 말이에요. 하지만 그 폐허에 서 있으면 '여기 내 집이 있었는데…' 하는 생각을 떨칠 수가 없었어요."

도시로 돌아온 첫날, 크리스천은 어배샌드 집터에 여러 번 찾아갔다. 상상치도 못한 이런 재난이 진짜 일어난 일인지 도저히 실감이 나지 않아서였다. "사람들이 별로 없는 게 오히려 놀라웠어요." 크리스천은 내게 이렇게 말했다. "하지만 당연한 일이죠. 거길 왜 오겠어요? 와봤자 아무것도 없는데." 크리스천은 소중한 사람의 묘지에 찾아가듯 혼자서 계속 집터로 갔다. "꼭 지구에 저만 남은 기분이었습니다. 곰이 나타날 수도 있어서 계속 뒤를 돌아봐야 했고요. '이상했어요', 정말 너무나 이상했어요. 원래 그 자리에 무엇이 있었는지를 알면, 그러니까 뭐가 있었는지를 알면 그 모습 그대로 떠올리게 되지만 막상 가보면 없어요."

크리스천의 이야기는 팔다리를 잃은 사람들이 없어진 신체 일부가 계속 그 자리에 그대로 있다고 착각하는 현상과 비슷했다. "나와 같은 처지인 사람들은 얼마나 될까, 생각했어요." 크리스천의 이야기다. "다른 곳에 살다 이곳으로 온 사람들, 예전의 삶과 함께 여기로 이주해서 살고 있었는데 다 없어진 그런 사람들이요." 크리스천은 가족들과 다 함께 맨섬(Isle of Man)에 살다가 이주한 적이 있어서 집을 잃은 게 두 번째인 만큼 그나마 조금 익숙했다. "집은 그냥 건물이 아닙니다." 크리스천은 내가 꼭 이해하기를 바란다는 듯 이렇게 설명했다.
"집은 우리의 정체성이고, 내가 가족 안에서 어떤 존재인지를 나타냅니다. 자신만의 미술관, 박물관, 도서관이기도 하죠. 그런 저만의 도서관에 있던 책들을 저 역시 꽤 잃었어요. 이제 크리스마스마다 마음이 힘들어질 것 같아요. 추억할 만한 것들이 없으니까요."

모두가 크리스천처럼 그때의 심정을 유창하고 침착하게 표현한 건 아니다. "저 망할 불이 정말 싫어요."[17] 뉴펀들랜드 출신인 폴린 베이 (Pauline Vey)는 이렇게 말했다. "싹 다 가져가버렸으니까요."

포트맥머리에 소유한 집도 없고 다른 먼 나라에서 나고 자란 사람들의 이야기는 사뭇 달랐다. 시내의 팀 홀튼 매장에서 만난 한 스리랑카인 경비원은 내게 화재 당시의 경험을 아주 짧게 이야기했다. "저는 전쟁 지역에서 자랐습니다."[18] 단호한 말투였다. "제게는 별로 다를 게 없어요."

캐럴 크리스천은 보지 못했지만, 포트맥머리로 돌아온 날 어배샌드에는 웨인 맥그로도 있었다. 할리 오토바이에 몸을 싣고 뉴펀들랜드까지 갔던 그는 6월 초에 집으로 돌아왔다. 처음 마을에 도착했을 때 그도 크리스천과 비슷한 과정을 겪었다. 폐허가 된 집터를 멍하니 바라보다가, 사라져버린 것들을 받아들이려고 했지만 그러기엔 잃은 게 너무나도 많았다. "솔직히 얘기할게요. 3주 동안 내리 술을 퍼마셨습니다." 그는 내게 이렇게 말했다. "그런 사람들이 많았습니다. 열흘쯤 취해서 집 주위를 서성이며 울다가, 앉아서 쳐다보다가, 그랬어요. 바닥을 기어다니며 뒤지다가 아버지가 주신 물건 두어 가지를 찾았습니다. 옛날에 래브라도 광산 회사에 다니실 때 받은 기념주화도요. 내가 느끼는 상실감을 아무도 이해 못 하는 것 같아요. 저처럼 다 잃은 친구들이 있는데, 때로는 그 친구들하고만 말이 통한다고 느낍니다.

집을 잃고 나니 기운도 없고 슬퍼요. 그때부터 잠도 제대로 못 자고 있고요."

맥그로는 달리 갈 곳도 없어서 일터로 돌아갔다. "원래대로 교대 근무를 시작했습니다. '집이 없어요'라고 말하니까, '공동 숙소에서 지내도 돼, 웨인. 하루에 125달러야'라고 하더군요." 18년을 일한 회사에서 그런 말을 듣고 맥그로는 모욕당한 기분이 들었다. "선코어가 얼마나 달라졌는지 알 수 있는 부분입니다. 5년 전에 이런 일이 있었다면, 집을 다시 세울 때까지 공동 숙소에서 그냥 지내라고 했을 거예요. 하지만 지금은 소유주가 바뀌었으니까요. 일자리를 잃을 수도 있어서 이런 속마음을 다 말할 수는 없었습니다."

화재로 집만 잃은 게 아니었다. 그의 삶에서 가장 본질적인 것, 믿음과 신뢰 그 사이의 무언가가 함께 사라졌다. "현장 감독이 제게 오더니 '웨인, 여기서 일하기 싫지?'라고 했습니다. 그 말이 전환점이었습니다. 인생에는 꼭 합격해야 하는 운전면허 같은 시험이 있고 반드시 치러야만 하는데, 저만 완전히 망쳤고 불합격이라는 생각이 들었습니다. 그가 뭐라고 하건 말건 자리에서 일어나 밖으로 나갔어요. 뒤에서 감독이 '웨인, 지금 뭘 하는 거야?'라고 하더군요. '여기서 나가려고요'라고 했죠. 곧바로 의사에게 가서 무슨 일이 있었는지 말했습니다. 의사는 제 상태가 엉망이라고 하면서 방법을 하나 알려줬어요. '6주간 쉬세요. 그런 다음 다시 봅시다.' 저는 그 말대로 했습니다. 오토바이에 올라타고 다시 전국을 돌아다녔어요."

맥그로는 늦가을쯤 시내에 있는 선코어 소유 임대주택에 정착했다. 모든 게 정리된 듯했다. 그의 사정을 안타깝게 여긴 에이전트가 보험금 청구 절차를 대신 처리해준 덕분에 집과 바로 붙어 있는 땅을 매입해 작업장을 확장할 계획도 세웠다. 맥그로는 그렇게 견뎌보려고 계속 애썼지만, 보험금 청구 절차와 작업장 개조 공사 모두 마음만큼 빨리 진행되지 않았다. 가끔 바람처럼 달릴 수 있는 탈것들에 몸을 싣고 훌쩍 현실을 벗어나 위안을 얻기도 했다. 그럴 때마다 늘 아슬아슬한 속도까지 밀어붙였지만, 숙련된 기술과 운이 그를 보호해주었다. 2018년 12월 15일, 그는 보험사 계약 관리인인 수 맥오먼드(Sue McOrmand)와 만나 경과 보고를 하기로 했다. "문자로 썰매(스노모빌) 타러 간다고 했어요."[19] 맥오먼드가 내게 한 말이다. "전 강이 아직 꽁꽁 언 것 같지 않으니까 '강은 안 된다'고 했고요. 우는 얼굴 모양 이모지와 함께 '강은 안 되겠죠'라고 답장이 왔어요. 그 후로 소식이 끊겼습니다."

이틀 뒤, 맥그로가 실종됐다는 신고가 접수됐다. 그의 시신은 헬리콥터가 동원된 후에야 발견됐다. 시내에서 수 킬로미터 떨어진 얼어붙은 강이었다. 스노모빌을 즐겨 타는 사람들이 겨울철에 많이 찾는 장소였다. 맥그로는 빙판을 무사히 건너지 못하고 물에 빠졌다. 헬리콥터가 착륙할 곳이 없어서, 그의 시신은 다음 날이 되어서야 수습됐다. 매서운 날씨 속에서 그렇게 사흘을 보내느라 시신은 얼음처럼 단단하게 얼어버렸다.

////

2016년 6월은 아직 희망을 떠올리기 힘든 시점이었지만, 그럼에도 희망은 존재했다. 많은 사람이 보여준 다정함과 인정 속에, 그리고 잔디밭과 정원에서 희망이 모습을 나타냈다. 두껍게 쌓인 재와 점착부여제를 뚫고 땅속 깊은 곳에서부터 올라온 성장의 힘이었다. "잔디가 형광색이었어요."[20] 포트맥머리로 일찍 돌아온 한 주민의 말이다. 게

다가 그런 풀이 무릎 높이까지 자라 있었다. 잿더미 속에서 불새처럼 쨍한 빨강과 노랑을 한껏 뽐내며 만개한 튤립은 '우리 여기 아직 있어요. 삶은 계속됩니다'라고 말하는 것 같았다.

그해 가을, 캐럴 크리스천도 다른 주민들처럼 어서 보험금이 나오기만을 기다리고 있었다. 불탄 타운하우스는 보험에 가입되어 있었지만, 재건축에 2년이 걸린다는 소식을 들었다. 그때까지 아들 부부가 신혼집으로 마련한 방 두 칸짜리 임대주택에서 신세를 지기로 했다. 괜찮을 리가 없었다. "제게 남은 전 재산은 재사용 쇼핑백 여덟 개에다 들어가더라고요." 크리스천은 내게 말했다. "'지금껏 살아온 내 인생에서 남은 거라곤 이것뿐이구나' 하는 생각이 들었죠. 정말 슬펐습니다. 하지만 저보다도 더 빈털터리가 된 사람들이 있었습니다. 제 친구 하나는, 남편의 유골 외엔 아무것도 남지 않았어요."

포트맥머리 사람들 모두가 엄청난 충격을 남긴 이 사태를 각자 나름의 방식으로 자기 삶의 일부로 통합하려고, 화재가 일으킨 피해를 정신적으로 소화하려고 노력했다. 한때 분명히 있었던 나무, 건물, 지형지물이 다 어디로 갔는지, 분명히 존재했던 기억과 의미가 있는데 다 어디로 가고 텅 비어버렸는지 어떻게든 이해하려고 애썼다. 이들이 느낀 허전함의 많은 부분은 사람들의 빈자리라는 사실도 드러났다. 5월 3일에 포트맥머리를 벗어난 9만여 명 중 노동 인구의 4분의 1에 해당하는 2만 명이 돌아오지 않았다. 북미 대륙을 통틀어 재난의 여파로 인구가 이만큼 급격히 감소한 도시는 포트맥머리 외에 허리케인 카트리나가 지나간 후의 뉴올리언스가 유일하다.

집주인들이 화재로 겪은 가장 잔인한 현실은 집이 사라졌는데도 갚아야 할 주택 융자는 그대로 남았다는 사실이다. 포트맥머리와 멀리 떨어진 곳에 사는 건물주에게 임대료를 내고 사업을 운영해온 사람들도 도시가 폐쇄됐던 기간의 임대료를 내야 했다. 대다수가 보험에 가입했지만 보험사 시스템이 다 감당하지 못할 만큼 피해 규모가 엄청났다. 보험회사 클레임스프로(ClaimsPro)의 한 지사에서 근무하는 크레이그 매케이(Craig MacKay)는 당시 상황을 이렇게 요약했다. "5월 2일까지는 보험금 청구가 한 건도 없었습니다. 그런데 5월 3일에 5만 건이 접수됐어요."[21] 집뿐만이 아니라 자동차, 트럭, 연장, 화기, 여가활동에 쓰던 각종 탈것도 청구 대상에 포함됐고, 피해 내용도 연기 피해, 침수 피해, 잔열로 인한 피해 등 다양했다. 녹아내린 것도 많았다. 주택의 플라스틱 외장재, 대문과 창문의 고무제 밀폐부, 야외에 설치된 전선, 장난감, 울타리, 정원 가구들, 심지어 수도 파이프 연결부까지도 보험금 청구 건에 포함되어 있었다. 전소되지 않은 주택 수천 채도 불, 물, 연기, 해충, 곰팡이, 화재 당시의 무수한 폭발로 날아온 파편 피해에 이르기까지 각종 피해가 발생했다. 멀쩡해 보였던 지붕과 수도관에서 몇 개월 뒤에 물이 새기 시작하거나 뚜렷한 이유 없이 전기 합선이 일어나기도 했다.

보험금 청구가 폭증하자 캐나다 전역과 미국에서도 손해사정사들이 포트맥머리로 날아왔다. 원래 한 장소에 오래 살면 그곳을 보는 눈이 흐려지게 마련이다. 포트맥머리에 난생처음 와본 사람들이 대다수였던 이 외지인들의 눈에는 모든 게 새로웠다. 본다 파이크스(Vonda Pikes)는 5월 중순에 텍사스에서 포트맥머리로 왔다. 처음 연락을 받고 오기 전까지는 존재조차 몰랐던 낯선 도시의 이동식 건물에서 그해 여름 대부분을 보내며 보험 청구 건들을 처리했다. 포트맥머리가 그렇게나 외진 곳에 있다는 사실도 놀라웠지만, 그곳 사람들이 자신을 대하는 방식도 정말 놀라웠다. 포트맥머리에 와서 만난 여러 동료에게, 자신이 태어나 처음 본 흑인이라는 사실도 확실하게 알게 되었다.

"저는 루이지애나 출신이에요. 숲 지대였어요."²² 파이크스가 내게 한 말이다. "그래서 사람들이 가진 편견을 잘 압니다. 포트맥머리에서 함께 일한 동료들은 전부 백인이었죠. 제게 편견이 있는 것 같지는 않았어요. 그저 흑인 문화를 궁금해하더라고요. 인종차별 문제나 경찰의 가혹 행위를 겪은 적이 있느냐고도 물었어요. 흑인들은 그런 편견에 어떻게 대처하냐, 그런 이야기도 하고요."

파이크스는 자신과 국적도 다르고 생전 처음 보는 사람들이 지금 보험금 청구가 수천 건에 이를 만큼 화재로 큰 고통을 겪고 있으면서도 흑인의 삶에 호기심을 보이고, 자신이 안전하고 행복하게 잘 사는지 걱정해주는 그 자체에 깊은 인상을 받았다. 또한 포트맥머리에 이주해서 정착해 살던 흑인들도 많이 만났다. 대부분 서비스직과 운수업 종사자들이었는데, 그들도 파이크스를 염려했다. "제가 만난 흑인들이 그러더군요. '텍사스에서 어떻게 살아요? 전 미국에선 절대 살고 싶지 않아요'라고요."

문화적인 차이에는 재밌는 부분도 있었다. 영국 식민지 시대의 흔적이 캐나다 북극해 연안부터 미국 멕시코만까지 얼마나 방대하게 남아 있는지 드러난 일도 그랬다. 파이크스는 자신도 영어가 모국어고 그곳에서 만난 고객들도 영어가 모국어인데도 "뉴펀들랜드 사람들은 제 말을 알아듣지 못했고 저도 그분들 말을 알아듣지 못했다"고 했다.

역청 시설과 40킬로미터나 떨어진 곳에서도 역청 냄새가 났다. 천식 환자도 많았다. 보험계약자 중에도 천식 환자가 상당수였다. 가구에 연기가 너무 심하게 배어서 새로 사야 한다는 내용의 청구도 있었다. 이런 "연기 피해"는 정량화하기 힘든 문제라 손해사정사와 보험계약자들 사이에 갈등이 끊이지 않는 사안이다. "거액이 지급된 경우도 있었습니다. 그런 건 별일이 아니었어요." 파이크스는 손해사정사로 일하면서 꽤 다양한 일을 겪었지만, 포트맥머리는 나날이 놀라움의 연속이었다. "주택 대출금이 가진 재산보다 더 큰 사람들이 많았어요."[23] 파이크스의 말이다. "실직자도 많았고요. 집이 불탄 게 오히려 다행이라고 하는 사람들도 많았습니다." 가장 충격적인 건 주택 가격이었다. "거기 집들은 그 돈을 내고 살 만한 집이 아니에요." 파이크스의 말에서 어이없는 일이라는 기색이 그대로 드러났다. "100만 달러짜리 집인데 외장재가 플라스틱이라뇨. 싸구려로 지은 집들입니다. 포트맥머리에서 60만 달러씩 받는 집이 텍사스에서는 10만 달러예요. 전 '절대' 그 돈을 내고 그런 집을 사진 않을 겁니다."

집들은 형편없었지만, 사람들은 달랐다. "거기서 지낼 때 정말 좋았어요. 캐나다로 이사 가고 싶을 정도로요. 제가 만났던 사람들은 전부 절 깍듯하게 대해주셨어요. 그분들이 보기에는 제가 안쓰러웠던 것 같지만요."

소유한 집이 다 타버린 사람들은 개조 비용보다 한참 부족한 보험금을 받아서 집을 개조하거나 보험사가 비용을 전부 부담하고 같은 부지에 집을 재건축하거나 둘 중 하나를 선택해야 했다. 유가가 떨어지기 전, 경기가 한창 호황이었던 2014년과 비교하면 부동산 가치가 많이 떨어지고 화재로 더 크게 떨어진 상황인데도 포트맥머리의 부동산 가치는 여전히 높았다. 아직 직장이 있고 방법을 찾을 수 있다고 믿은 사람들은 포트맥머리가 막 조성될 때 함께 지어진, 시대에 뒤떨어진 집을 허물고 더 크고 더 호화로운 집으로 개조하기로 했다. 그해에 포트맥머리에서는 와인 캐비닛이 큰 인기였다. 바닥 난방장치, 가스로 불을 피우는 벽난로, 물이 분사되는 제트 욕조도 마찬가지였다. 도시 자체가 외진 곳에 있고 주택 수백 채가 한꺼번에 개조 공사를 시작하는 바람에 기본 목재부터 콘크리트에 이르기까지 모든 자재

가격이 천정부지로 치솟았다. 화재가 발생하기 전 1제곱피트(약 0.09 제곱미터)당 200달러 선이었던 주택 가격은 1제곱피트당 350달러까지 뛰었고 이후로도 계속 상승했다. 주택 개조와 재건축은 이후에도 다년간 포트맥머리에서 어쩌면 마지막이 될지 모를 새로운 호황을 누린 수십억 달러 규모의 사업이 되었다. 건축업자들, 현장 기능직 종사자들은 한몫 제대로 벌 수 있다는 소문을 듣고 포트맥머리로 몰려왔다.

하지만 집을 다시 지으려면 잔해부터 치워야 했다. 포트맥머리에서 이 작업은 화재 복구보다는 전쟁 이후의 복구 작업과 비슷하게 전면적으로 이루어졌다. 강한 열과 파편으로 콘크리트 기초도 손상되어 모두 제거해야 했다. 주택을 지탱하는 단단하게 굳은 시멘트와 강철 철근 기초만 해도 한 채당 50톤 정도가 나왔다. 시 전역에서 벙커처럼 남아 있는 구조물 수백, 수천 채를 철거하고, 굴착하고, 파편을 실어 나르는 작업이 이어졌다. 백호 굴착기에 달린 유압 해머가 해체 작업에 동원됐지만, 그래도 남은 파편을 처리하기가 쉽지 않았다. 어마어마한 무게는 물론이고 속에 긴 철근이 포함된 경우가 허다했기 때문이다. 해체 후에 나온 이런 조각을 어떻게든 더 작게 부수고 분해해서 재활용할 수 있는 철근과 쓸모없는 콘크리트를 분리해야 했다. 흔한 작업은 아니지만, 이런 용도로 설계된 기계들이 있다.

콘크리트 파쇄기도 그런 기계 중 하나다. 백호 굴착기의 붐 끝에 알로사우루스의 위아래 턱을, 그것도 태즈메이니아 늑대의 입처럼 쩍 벌어지는 턱을 장착하고 공룡 이빨 대신 강철 이빨을 심어놓은 것처럼 생긴[24] 이 기계의 분쇄력은 제곱인치당 200톤(약 2,760메가파스칼)에 이른다. 살아 있는 괴물 로봇 같은 인상을 주는 이런 기계 여러 대가 한꺼번에 가동되기도 한다. 무너진 주택의 잔해를 집어넣으면, 사람 몸통만 한 크기의 철근이 섞여 있는 덩어리라도 잘근잘근 씹어서 빗자루로 쓸어 담을 수 있는 작은 조각들로 부숴버린다. 그 모습을 지켜보고 있으면 인간은 물론이고 다른 어떤 생명의 흔적도 없는 세상, 다른 세계를 엿본 듯한 기분이 든다. 인간에게 비협조적인 것들을, 그대로 두었다면 절대 될 수 없었을 상태로 억지로 바꿔놓는 그 광경이야말로 포트맥머리의 핵심 기능을 보여주는 듯하다.

24

이 나라에서 거짓말은
도덕의 범주를 벗어나 국가의 중추가 되었다.[1]
—알렉산드르 솔제니친

———

언론은 포트맥머리를 떠나야 했던 수만 명의 시민을 "피난민"이
라고 표현했다. 하지만 돌이켜보면 "기후 난민"이라는 용어가 적절한
듯하다. 2016년에 누가 그런 용어를 썼다면, 포트맥머리처럼 자립적
이고 번성한 도시 사람들을 그렇게 부르는 건 도발적이고 심지어 반
역적이라는 말까지 들었을지 모른다. 지금도 앨버타 석유업계 전반에
그런 분위기가 여전하고, 반성이나 개선보다는 현 상태를 더 공고히
유지하는 일에 중점을 두고 있다. 하지만 화재는 돌이킬 수 없다. 일
자리도 인구도 화재 이전의 상태로 회복되지 않았다.

포트맥머리에서는 스물세 살짜리 트럭 운전사도 1년에 33만 4,000
달러를 벌었다는 이야기가 도시 전설처럼 전해진다. 그게 사실이라면
(사실일 가능성이 아주 높다), 이제는 다른 시대에나 있었을 흥미로운 이
야기일 뿐이다. 정치적인 발언이나 CEO 인터뷰에서는 들을 수 없고
이사회 회의나 주주총회에서 은밀하게 사용되는 "탈인력화(de-man-

심판

ning)"라는 고약한 신조어가 있다. 기업이 노동자 없이 생산량을 늘려서 돈을 버는 방식을 뜻한다. 나는 2017년 포트맥머리에서 출발한 비행기 안에서 한 엔지니어와 나란히 앉게 됐다. 크레인과 채광 장비를 제조하는 독일 업체 리페르(Liebherr) 직원이라는 그에게 나는 "포트맥머리에는 무슨 일로 오셨습니까?"라고 물었다.

"선코어가 사용할 자동 세미트레일러 현장 시험을 하려요."

포트맥머리 시민들은 대부분 자신감 넘치고 호의적이며 낙관적이다. 그리고 18세기 사업 모형에 전적으로 의존한다. 그곳 주민들, 정부 당국자들과 인터뷰하면서 앞으로 무엇이 어떻게 바뀌어야 하는가에 관한 이야기나 반성은 사실상 전혀 들을 수 없었다. 유가 하락에 이은 대규모 화재로 수천 명이 실직하고 수십억 달러의 손실이 발생했지만, 포트맥머리에서 역청 모래를 개발하는 업체들은 여전히 희망을 품고 있다. 유가는 어느 정도 반등했으나 그게 얼마나 갈지는 아무도 모른다. 화재 이후 사람들이 도시를 전면 재건하기로 다짐한 순간까지도 불길은 다 잡히지 않았고 재건 노력은 수많은 좌절 속에 지금까지도 계속되고 있다. 이 젊은 도시 전체, 그리고 산업체 고용주들은 분명 예전처럼 사업할 수 있게 되리라고 굳게 믿는다. 이런 끈질긴 충성심은 무시무시한 파괴력을 발휘하며 혼자 힘으로 영원히 작동하는, 엄청나게 값비싼 기계 같다는 인상을 준다. 한 가지만 파고든다는 점에서는 아한대림 화재와도 다르지 않다. 특수하고 협소한 기능이 발달하는 것, 그리고 현 상태가 완벽하게 유지되어야만 모든 게 잘 돌아가는 조건에 과도하게 의존하는 방식은 생물 종의 생존에 도움이 안되고 산업계와 문명에도 해롭긴 마찬가지다. 에너지 체계의 전환이 코앞에 당도한 시대에 포트맥머리가 살아남을 가능성은 희박하다. 그러나 목숨과 생계가 위태로워지면 본능적으로 맞서 싸우게 마련이다.

포트맥머리도 반드시 이겨내겠지만, 예전으로 돌아가기에는 갈 길이 너무 멀다. 화재로 발생한 손실은 100억 달러다. 앨버타주의 마지막 호황기(2022년 2월, 러시아가 우크라이나를 침공하면서 유가가 잠시 폭등했을 때) 이후에는 달성된 적 없는, 경기가 아주 좋았던 해의 2년 치 로열티 수익을 합쳐야 나오는 금액이다.

포트맥머리 화재는 특이한 사건으로 분리할 수 없다. 기후변화로 생긴 영향과 에너지 시장의 변화로 생긴 영향의 충돌, 그리고 이 두 가지 세계적인 변화가 서로에게 주는 영향에 관한 인식이 높아질 때 어떤 일이 일어날 수 있는지를 보여주는 여러 사례 중 하나일 뿐이다. 또한 현재 역청산업에서 일어나는 일들은 모두 과거에 석탄산업에서 일어난 적이 있다.[2] 2016년에도 포트맥머리의 상황과 화재가 기후변화의 문제라고 문제를 제기한 사람들이 있었다. 하지만 그런 의견은 주목받지 못하거나, 남의 비극을 악용하려 한다는 비난을 받았고 심지어 쓰러진 사람을 발로 차는 격이라는 소리까지 들었다. 하필 화재가 일어난 시기는 앨버타주에 아주 살짝 진보 성향인 정부가 잠시 들어섰을 때였는데, 결국 정권은 산업계에 우호적인 연합보수당으로 교체됐고 그 기세는 강해졌다. 연합보수당 지지자 중에는 도널드 트럼프를 동맹이나 본보기로까지 여기는 사람들도 있다. 오늘날 앨버타주와 진보 정권의 관계는 1980년대보다도 껄끄럽다.

포트맥머리 화재로부터 3년이 지난 2019년에도 오로지 역청 채굴과 판매에만 집중하던 앨버타주 보수 정부는 납세자들의 돈 3,000만 달러를 앨버타 역청산업을 위한 일종의 "전략실"에 배정했다.[3] 이 전략실은 역청 홍보와 더불어 역청산업에 의문을 제기하거나 비판하는 사람은 모조리 조사하고 중상모략을 포함해 어떤 방법으로든 그 주장의 신빙성을 떨어뜨리는 일을 맡았다.[4] 이 역청 전략실의 홍보 활동을 방해하는 적으로 간주된 사람들은 살해 협박을 받고 온라인 공격에도 시달렸으며 직장도 잃었다(세계 곳곳에서 다수의 기후학자, 기상예보관들까지 이와 비슷한 괴롭힘과 조롱의 대상이 되고 있다[5]). 환경 단체들도 주요 표적이 되고 있다.[6] 게다가 앨버타 주지사는 역청산업에서 손을 떼기로 결정한 석유업체와 은행들에게 공개적으로 망신을 주겠다고 선언했다.[7] 막대한 규모로 사업을 운영하며 다각화를 꾀하는 기업들 관점에서는 앨버타주에서 해온 사업이 소모품과도 같은데, 하던 사업을 그만 접겠다는 기업들을 향해 채찍을 휘두르는 이런 전략은 기원전 5세기 페르시아 크세르크세스 1세가 부린 생떼를 떠올리게 한다. 그리스 침공을 위해 세운 다리가 폭풍으로 모두 소실되자 바다를 벌해야 한다며 모두가 보는 앞에서 바다를 향해 채찍을 휘두른 그 왕 말이다.

2019년 말, 세계적인 위험 평가사인 무디스(Moody's)는 앨버타주의 신용 등급을 과거 20년을 통틀어 가장 낮은 Aa2로 하향 조정했다. 무디스는 이에 관해 "주 전체의 경제가 비재생 자원에 집중되고 의존하는 상황이 계속되고 있는 점… 또한 석유를 효율적으로 운송하기에는 파이프라인의 용량 부족이 압박 요인으로 작용하는 상황, 석유 관련 투자가 단기간 내에 크게 반등하리라는 예측이 없다는 점과 같은 구조적 약점"을 고려한 평가라고 설명했다.[8] 2020년 초에 무디스는 에너지 기업 트랜스캐나다(TransCanada)의 실패작으로 꼽히는 키스톤 XL 중질유 파이프라인에 대한 신용 등급도 "안정적"인 등급에서 "부정적"인 등급으로 낮추었다.[9] 그 무렵 앨버타주 레드디어의 석유 시추 업체 엑스사이트 에너지(X-Site Energy)에서는 10대 환경 운동가 그레타 툰베리를 외설적으로 묘사한 그림에 자사 로고를 새긴 스티커를 배포했다.[10] 2020년 4월에는 50년 만에 발생한 최악의 홍수로 포트맥머리 시내 대부분이 침수되어 1만 3,000명이 강제 대피하고 5억 달러의 피해가 발생했다. 같은 해 10월에 무디스는 앨버타주의 신용 등급을 다시 하향 조정했다.[11] 북미 대륙 전체가 코로나바이러스의 맹위와 그에 따른 보건 제한 조치로 몸살을 앓던 그때도 앨버타주 에너지부 장관은 희망을 이야기한 극소수 가운데 하나였다. "지금이 파이프라인을 건설하기에 좋은 시기입니다. 시위자가 15명 이상 모일 수가 없으니까요."[*12]

앨버타의 석유산업이 계속해서 역청에 쏠리자, 이를 둘러싼 이념 다툼도 점차 극에 달했다. 2019년 산업계 잡지 〈데일리 오일 불러틴(Daily Oil Bulletin)〉이 앨버타주 에너지 전문가들, 산업계 경영진들을 대상으로 설문 조사한 결과를 보면 주 정부가 역청과 석유, 가스의 "시장 접근성을 개선하고 그러한 산업에 더 호의적인 규제 체제를 마련하는 일"[13]에 최우선으로 주력해야 한다는 의견이 많았다. 산업 다각화에 중점을 두어야 한다는 의견은 4퍼센트에 불과했고 전국적인 온실가스 정책, 탄소 거래 정책에 힘을 보태야 한다는 의견은 겨우 1퍼센트였다. 국가 차원의 기후 정책을 지지해야 한다는 의견이나 원주민 공동체(원주민들의 땅, 그들의 전통적인 활동은 화석연료 개발과 파이프라인 설치로 부당한 영향을 받고 있다)와의 유대를 강화해야 한다는 의견에 찬성한 사람은 한 명도 없었다.[**] 응답자들이 전망한 석유산업의 미래는 퇴보를 넘어 암담한 수준이었다.[14] 응답자의 3분의 2는 청년들에게 석유산업을 직업으로 권장하지 않겠다고 답했고, 4분의 3 이상이 캐나다 석유산업의 미래는 비관적이라고 보았다. 이것이 코로나바이러스 대유행 전, 즉 합성 원유의 배럴당 가격이 급락하기 전에

---

* 러시아가 우크라이나를 침공한 지 4일째 되던 날, 당시 앨버타 주지사였던 제이슨 케니(Jason Kenney)는 트위터에 이런 글을 남겼다. "캐나다가 푸틴을 끌어내리는 데 제대로 힘을 보태고 싶다면, 파이프라인을 건설해야 합니다!"

나온 조사 결과라는 점도 주목할 필요가 있다.

노동자 합숙 시설에서 생활한다는 신크루드의 크레인 작업자 랜디(Randy)는 이런 상황을 다른 시각으로 전했다.[15] "1999년부터 여기서 일했는데, 이렇게 조용하기는 처음입니다." 그가 내게 한 말이다. "이제는 보안도 안 해요. 경비 일을 하는 사람들은 앞으로 일자리가 어떻게 될지 걱정하고 있습니다. 저는 될 대로 되라는 생각이에요. 걱정한다고 어쩔 수 있는 문제가 아니니까요. 정유소는 (화재로) 가동이 중단된 이후부터 계속 고장 나고 코커도 이틀에 한 번은 멈춰요. 저는 시키는 대로 레버나 당기고 있고요. 짜증 날 정도로 간단한 일이죠." 그가 크레인에 앉아서 내다보는 미래도 〈데일리 오일 불러틴〉의 조사 결과만큼 암울했다. "석유는 하향 산업입니다. 추락하고 있어요."

(화재로 캐나다 역사상 최대 피해액을 기록한 포트맥머리 화재 기준으로 5년 뒤, 그리고 최대 피해액이 발생한 홍수 기준으로는 8년 뒤인) 2021년, 앨버타주 연합보수당 전당대회에서는 당 정책집에 기후 관련 내용을 넣을 것인지 결정하기 위한 투표가 진행됐고 소속 의원 62퍼센트가 반대했다. 이들이 정책집에 넣으면 안 된다고 한 건 "기후변화는 현실", "고오염 기업으로 분류된 캐나다 기업은 더 큰 책임을 져야 한다"와 같은 내용과 개념이 담긴 문구였다. 이 투표에서 찬성표를 낸 의원들은 "녹색 기술로의 혁신"을 지지한다고 밝힌 의원들과 하나로 묶여 같은 당 동료들로부터 비난을 받았다.[16]

***

** 2020년 휴스턴대학교가 텍사스주 석유·가스협회를 대상으로 한 조사에서는 "기업 성장 전망에 가장 큰 위협 요소"가 무엇이냐는 질문에 응답자의 76퍼센트가(모든 답변을 통틀어 가장 높은 비율) 당시 민주당 대선 후보였던 조지프 바이든의 당선을 꼽았다. 공급 과잉, 수요 감소, 사이버 위협, 코로나바이러스, 재생에너지보다도 높은 비율이었다.

미국 지질조사국에서 일하다 은퇴한 회색곰 전문가 데이비드 맷슨 (David Mattson)은 야생동물 관리 정책이 시대착오적이라는 골자의 글을 쓴 적이 있다. 그의 글은 에너지와 기후 정책에 적용하기에도 손색이 없다.

독재 체제의 문제는 변화하는 환경에 대부분 건설적으로 적응하지 못한다는 것이다. 새로운 위협이 나타나면, 기존 제도에서 가장 큰 특권을 누리던 사람들의 열화와 같은 간청에 따라 오히려 기존 방식을 더 확고히 다지는 패턴이 나타난다. 그 결과 1980년대 말 소련과 아주 흡사한 상황이 된다. 즉 기존 체제는 점점 약해지고, 결국에는 대대적인 파국을 맞게 된다.[17]

지금도 계속되고 있는 사우디아라비아와 러시아의 유가 전쟁이 부분적으로 영향을 준 2014년 유가 폭락 이후,[18] 역청 모래 산업을 향한 투자자들의 반응은 여전히 냉담했다. 2016년에는 역청 사업권 경매가가 10년 전 최대 호황기 대비 80퍼센트까지 떨어졌다.[19] 최근까지도 이런 변화는 시장 주도로만 일어난다고 여겨졌으나 사실 다른 영향도 있었다. 포트맥머리 화재가 발생하기 7개월 전인 2015년 9월 말, 당시 영국 중앙은행(Bank of England) 총재였던 캐나다 앨버타 출신 경제학자 마크 카니(Mark Carney)는 세계적으로 이름이 알려진 자본가 중에 최초로 다들 뻔히 알면서도 모르는 척 입에 올리지 않는 문제를 공개적으로 거론했다. "기후변화로 현재 겪고 있는 문제들은, 앞으로 발생할 문제들에 비하면 아무것도 아닙니다."[20] 국제보험업자협회 런던 로이즈(Lloyd's of London) 만찬 행사에서 그가 청중을 향해 한 말이다. "기후변화가 금융 안정성에 영향을 주는 결정적인 요인이 되고 난

심판

다음에는 해결하려고 해도 너무 늦을지도 모릅니다." 카니는 기후변화를 막기 위해 방대한 석유, 석탄, 가스 매장량을 "더는 태울 수 없는 자원"으로 만드는 조치가 마련되어 투자자들이 "막대한" 손해를 볼 가능성이 있다고 경고했다. 관련 산업의 기업들로서는 1959년 에드워드 텔러가 석유협회 회의에서 지적했던 경고만큼 거슬리는 동시에 역사적인 의미가 있는 충격적인 발언이었다. 돌이켜보면 카니의 경고는 석유시대의 종말을 알리는 경고음이었다.

2015년까지 투자자들 사이에서 낯선 표현이던 "좌초 자산"의 의미는 곧 명확해지기 시작했고 화석연료에 집중적으로 투자한 사람들은 더더욱 이 용어의 뜻을 뼈저리게 느꼈다. 선견지명이 담긴 카니의 발언 이후 14개월이 지난 2016년 12월,[21] 포트맥머리 화재가 발생한 때로부터는 6개월 뒤 이때 노르웨이 기업 스타토일은 5억 달러 규모의 자사 오일샌드 자산을 매각했다. 원래 투자자들은 늘 투자하는 자산이 바뀌게 마련이므로 이 일은 그리 심각하게 여겨지지 않았다. 그런데 겨우 며칠 뒤에 코크 인더스트리(Koch Industries)가 포트맥머리 서쪽의 증기 배유 사업 계획을 철회한다고 밝혔다.[22] 한 달 뒤 2017년 1월에는 엑손모빌과 자회사 임페리얼 오일(Imperial Oil)이 불리한 경제 상황을 이유로 들며 잠재적 합성 원유 280만 배럴에 대한 자산 가치를 "하향 조정"한다고 발표했다.[23] 포트맥머리에서 규모가 가장 큰 역청 개발 사업 중 하나에 예정된 200억 달러의 투자를 사실상 철회한다는 의미였다. 화석연료 기업들에게는 이런 표현들이 좌초 자산만큼 생소했지만 나쁜 징조라는 것만은 분명했다. 한 달 뒤 휴스턴의 코노코필립스도 수십억 달러 규모의 역청 사업권 자산 가치를 부득이 하향 조정해야 할 수도 있다고 경고했다. 3월에 로열 더치 셸[24]은 앨버타주에서 하던 사업을 전부 철수하고 자사 오일샌드 자산을 캐나디안 내추

럴 리소시즈(Canadian Natural Resources)에 130억 달러에 매각했다. 같
은 달 휴스턴 업체 마라톤 오일(Marathon Oil)도 같은 결정을 내렸다.
2017년 6월에는 스웨덴의 최대 연금기금이 역청 자산 지분을 처분했
고 네덜란드 은행 ING도 그 뒤를 따랐다. 10월이 되자 프랑스 은행
BNP가[25] "셰일층에서 생산한 석유와 가스, 오일샌드에서 생산한 석
유 운반을 위한 파이프라인 사업에 더는 자금을 지원하지 않을 것"
이며 "그러한 활동이 주된 수익원인 기업들과는 사업 관계를 청산할
것"이라고 선언했다. 12월에는 세계은행이 2019년까지 석유, 가스 탐
사 및 채굴 사업에 대한 자금 지원을 중단한다고 발표했다.*[26] 두 달
후 2018년 초에는 일본 모칼 에너지(Mocal Energy)도 오일샌드 사업
지분을 매각했다.[27]

   여기까지는 지금도 진행 중인 대대적인 이탈 현상의 시작에 불과
했다. 하지만 이 외국 기업들은 그냥 떠난 게 아니라 지분, 사업권, 개
질 시설, 각종 장비를 전부 누군가에게 팔고 떠났다. 그걸 사들인 누
군가는 바로 세노비스, 캐나디안 내추럴, 선코어 같은 캐나다 기업들
이다. 선코어는 포트맥머리 화재가 시작되기 불과 며칠 전에 신크루
드의 지분을 경영권 행사가 가능한 수준으로 사들였고[28] 이후 캐나다,
중국 파트너들의 축복을 받으며 자신들보다 덩치가 작았던 이 이웃
기업의 사업 운영권을 인수했다.[29]

   이런 변화가 노동자들에게 미치는 영향은 엄청날 수밖에 없다. 매
각, 흡수합병, 신설합병이 진행될 때마다 일자리가 사라지고 노동 의
욕도 크게 떨어지기 때문이다.** 포트맥머리 북쪽의 노동자 합숙 시설

---

* 2022년까지 이 약속은 이행되지 않았다.
** 기업들의 이런 기만적인 전략은 향후 환경 정화와 복구, 기후 관련 소송이 진행
되면 어떤 회사가 어디까지 책임져야 하는지 가려내기 힘들게 만든다.

심판

에서는 어느 날 아침에 건물 한 동에 머물던 노동자가 한꺼번에 문 앞에 꽂힌 해고통지서를 발견하는 일도 일어났다. 이런 일련의 사태는 내륙에 외따로 둘러싸인 아북극에 자리한 앨버타가 핵심 광물인 역청이 좌초 자산으로 추락하는 변화에 얼마나 취약한지, 이곳의 미래가 얼마나 불길한지를 보여준다. 캐나다의 납세자들은 파괴되고 유독해진 환경을 복구하기 위한 장기적인 비용과 별도로 어마어마한 비용을 떠안게 될 수도 있다. 이런 상황을 예상한 캘거리의 한 컨소시엄은[30] 2020년에 200억 달러를 들여 오일샌드 지역과 알래스카를 잇는 약 3,220킬로미터 길이의 철도 노선을 만드는 사업을 계획하고, 당시 미국 대통령이던 도널드 트럼프에게 "대통령 허가"를 요청했다. 엄청나게 돌고 도는 이런 경로를 통해서라도 희석된 역청을 태평양 항구들까지 운반하기 위한 사업이었다. 이 사업에 누가 돈을 내고, 그렇게 운반된 중질유를 누가 사들일 것인지는 아직도 불투명하다.

하지만 그 전에, 그런 사업에 어느 보험사가 나설 것인지가 더 시급한 문제다.

자연재해의 발생률과 그로 인해 발생하는 비용을 보험업계만큼 면밀히 추적하는 곳은 없다. 그래서 보험사들의 자료에는 기후변화의 영향과 이 변화가 어떤 추세로 가속화되고 있는지 알 수 있는 가장 객관적이고 신뢰할 수 있는 데이터가 담겨 있다. 2020년 9월 〈인슈어런스 저널〉에는 시티그룹, 골드만삭스, 모건스탠리, 스탠더드 앤 푸어스 같은 거대 금융사들과 협력 관계인 미국 상품·선물거래위원회가 의뢰한 조사 결과가 실렸다. "기후변화는 미국 금융 체계의 안전성, 그리고 미국 경제를 지탱하는 금융 체계의 능력에 중대한 위험을 초래한다."[31] 그 조사 보고서에 담긴 내용이다. "… 기후변화는 사회 기반 시설, 농업, 주거 목적의 부동산과 상업적인 부동산은 물론 인간의 건

501

강, 노동 생산성에 이르는 경제의 모든 측면에 영향을 주고 있으며 앞으로도 그럴 것으로 예상된다."

이러한 인식에 주주와 사회운동가들의 압력이 가세하면서 화석연료의 위험성은 진지하게 재고되기 시작했다. 악사(AXA), 스위스 재보험(Swiss RE), 뮌헨 재보험, 취리히 보험,[32] 하트퍼드(Hartford)[33] 등 세계 최대 규모 보험사들도 이런 분위기를 고려하여[34] 석탄, 역청 등 이산화탄소 배출량이 초고도 수준인 화석연료 사업에 대한 보험 판매와 투자를 중단하겠다고 발표했다. 국제 보험 컨소시엄인 탈란스 그룹(Talanx Group)[35]은 앨버타주가 계획한, 로키산맥을 거쳐 밴쿠버 해안 부두까지 중질유 파이프라인을 건설하는 200억 달러 규모의 사업 '트랜스 마운틴(Trans Mountain)'의 보험 가입을 거절했다.* 다른 국제 보험사인 아르고(Argo)도 이 사업의 보험 갱신을 거절하며 "이러한 유형의 사업은 현재 아르고가 정한 리스크 선호도 범위에 포함되지 않는다"[36]고 그 이유를 설명했다. 2021년 9월에는 세계 최대 상장 손해보험사인 처브(Chubb)[37]도 트랜스 마운틴 사업의 보험 가입 불가 방침을 공식적으로 밝혔다. 호주의 대형 보험사 선코프(Suncorp)[38]는 한걸음 더 나아가 2025년까지 석유, 가스 관련 사업의 보험 가입을 일체 받지 않겠다고 발표했다. 2015년 마크 카니가 미래의 기후 상황이 심각하다고 공개적으로 발언한 행사의 주최사였던 로이즈[39]는 2022년까지 석탄과 역청, 북극 지역의 석유와 관련된 보험 판매를 중단하고 2030년까지는 모든 화석연료 관련 보험 판매를 중단하겠다고 밝혔

---

* 2022년 2월 기준으로 트랜스 마운틴 사업은 일정이 1년 이상 늦어지고 예산이 100억 달러 가까이 초과했음에도 캐나다 정부와 캐나다 은행이 제공하는 보조금을 계속 받고 있다. 세계무역기구의 정의에 따르면, 보조금은 '자금 또는 부채의 이전'(대출 보증 등)을 포함하여 정부가 혜택을 제공하는 '재정적인 도움'이다.

다. 로이즈가 전 세계 보험 시장에서 차지하는 비중은 40퍼센트다. 우리가 익히 잘 아는 자본주의를 구성해온 이 주축들이 과연 이런 약속을 얼마나 잘 지킬지는 시간이 지나면 알게 되겠지만, 현재까지 나타난 영향은 엄청나다. 전 세계 대부분의 나라에서는 보험이 없으면 차를 몰 수 없다. 광산, 시추 장비, 정유소, 파이프라인도 마찬가지다.[40]

/ / / / /

이런 상황은 어쩌면 법원에서 완전히 마무리될 수도 있다.

2018년 4월 미국 콜로라도주 볼더 카운티는 기후변화로 발생한 피해와 향후 발생할 영향의 저감 비용, 그리고 기만적인 사업 방식을 문제 삼아 엑손모빌과 선코어를 상대로 소송을 제기했다. 원고 측은 이 두 기업이 미국 석유협회가 1967년 스탠퍼드 연구진에게 의뢰한 이산화탄소 배출 관련 연구, 엑손이 1970년대와 1980년대에 자체 실시한 기후 연구의 결과를 의도적으로 무시했다고 주장했다.[41] 이 소송은 이후 전 세계 법원에 무수히 제기된 기후 관련 소송의 하나일 뿐이다. 스탠더드 오일의 가장 막강한 자회사인 엑손모빌은 쌓여가는 부채, 불규칙한 수익과 더불어, 기후 연구 결과에 보인 냉소적이고 이중적인 태도, 허위 정보 제시로 수많은 환경 단체와 투자자, 변호사들로부터 비난받고 있다. 2021년을 기준으로 아나폴리스, 볼티모어, 미니애폴리스, 워싱턴 D.C., 뉴욕, 매사추세츠, 코네티컷, 델라웨어를 비롯한 미국, 캐나다, 그 외 여러 나라의 도시와 주가 대체로 한 번에 여러 석유기업들을 상대로 제기한 이와 비슷한 소송은 최소 1,500건에 이르렀다.[42]

그중에서도 가장 안타깝고 인상적인 사례는 어린이들이 제기하는 소송이다. 지금까지 이런 사례는 대부분 기각되거나 판결이 연기되었으나, '줄리아나 대 미국(Juliana v. United States)' 소송은 세간의 큰 주목을 받았다. 2020년 초, 미국 연방 제9항소법원은 2대 1로 결정된 평결에서 원고 측(12세부터 23세까지 어린이와 청소년, 청년 21명)이 "조치가 필요하다는 설득력 있는 주장을 펼쳤으며… 내키지 않지만, 본 법정은 그러한 구제 방안이 헌법에 정해진 우리의 권한을 벗어나는 일이라는 결론에 도달했다. 이 문제를 바로잡아야 한다는 원고 측의 인상적인 주장은 정책을 담당하는 정부 기관들에서 반드시 다루어져야 한다"고 밝혔다. 평결이 나온 당시에는 실망스럽다는 의견들이 많았으나 유익한 결정이었고 최종적으로는 타당한 결정이었다. 이 평결에서 홀로 반대표를 던진 조세핀 L. 스태튼(Josephine L. Staton) 판사는 "제발 똑바로 하라"는 말을 연방 법원의 판사가 할 수 있는 말로 완곡하게 바꾼 듯한 의견을 남겼다. "정부는 현재 미국의 상황이 공동 대응의 필요성을 부르짖을 만큼 한계에 다다랐다는 사실을 인정하면서도 계속해서 재앙을 향해 직진하고 있다. 이는 소행성이 지구로 날아오고 유일한 방책이 있는데도 정부가 그 방법을 쓰지 않기로 하는 것과 다르지 않다."*[43]

기후학자들, 임야화재 분석가들은 대부분 그 말에 동의할 것이다.

이 판결과 뒤이어 나온 기각 판결들도 앞으로 이와 같은 소송을 제기할 사람들에게 실망보다 힘이 되고 있다. 지나온 역사가 다가올 미래의 방향을 보여주는 지표라면 시간문제일 뿐이다. 담배회사들을 상대로 처음 소송이 제기됐을 때도 상황이 비슷했다. 담배업계와 석유

---

* 2021년 6월을 기준으로, 이 법원은 양측에 해결 방법을 논의하라고 지시한 상태다.

심판

업계는 자신들의 사업이 발생시키는 해로운 결과를 다 알면서도 사업을 감행했다는 점도 그렇고, 그에 대해 문제가 제기됐을 때 활용하는 방어 전략도 비슷한 면이 아주 많다.*

////

줄리아나 대 미국 소송의 평결이 내려진 2020년 1월, 화석연료 산업의 세계 최대 자금원인 JP모건 체이스(JP Morgan Chase)는 주주들에게 현 상황을 경고하고 나섰다. 자체 의뢰한 조사에서 에너지산업과 투자가 현재와 같은 방식으로 유지된다면 "지구는 과거 수백만 년 동안 한 번도 겪은 적 없는 상태로 내몰릴 것"이라는 결과가 나온 데 따른 경고였다. 이 조사 보고서에는 다음과 같은 내용도 있다. "기후변화는 대기로 배출된 이산화탄소의 생산자와 소비자가 그 이산화탄소로 인해 기후에 발생한 피해를 책임지지 않아도 되는 세계 시장의 방식이 실패했음을 보여주는 결과이며,[44] 정밀하게 예측할 수는 없으나 현재 지구가 지속될 수 없는 궤도에 올랐다는 사실은 분명하다. '인류가 앞으로 계속 생존하려면' 어느 시점에는 뭔가가 바뀌어야 한다."(작은따옴표는 내가 첨가했다.)

런던 로이즈 만찬 행사에서 기후의 미래를 예측한 마크 카니가 은행장이었듯이 이 충격적인 발언이 나온 곳도 은행이었다[45](JP모건 체이스는 록펠러의 돈으로 설립된 은행이며 2016년 파리 협정이 체결된 후에도 화석연료 업계에 750억 달러를 대출한 곳이다). 여기서 주목할 점은, JP모

---

* 필리핀에서 내려진 한 중대한 판결로 화석연료 기업에 제기된 기후변화 관련 책임 문제가 인권의 영역으로 넘어갔다. 이는 비슷한 다른 소송들의 판결에도 광범위한 영향을 주고 있다.

건 체이스가 기후 상황을 이토록 적극적으로 인지하고 분명하게 우려를 표명하고도 지금까지 화석연료 사업에 계속 자금을 제공하고 있다는 사실이다. 2016년부터 2021년까지 전 세계 60위권 은행들이 화석연료 산업에 빌려준 돈만 3조 8,000억 달러에 달한다.[46]

이런 일관성 없는 상황은 포트맥머리 화재 당시 불이 도시 경계를 뚫고 들어오기 직전에 관리 당국이 보인 반응과 비슷하다. 당시 포트맥머리 지도부는 화재가 엄청난 규모이고 통제 범위를 벗어났으며 기록적인 화재 기상까지 가세해 불길이 도시 쪽으로 이동 중이라는 사실을 다 인정하면서도, 시민들에게 일단 평소대로 생활하면서 "대피 계획을 세워두라"고 했다. 포트맥머리가 역청업계의 종노릇을 하는 아북극 지역의 외딴 도시라면, JP모건 체이스는 "누구보다 똑똑한 사람들"이 모인 국제적인 주요 은행이다. 앞으로 나아갈 방향을 정하고, 전 세계 정치에 두루 영향을 줄 만한 힘을 가진 이런 은행가들도 화석연료 산업의 종노릇을 하는 건 마찬가지인 듯하다.

현재 우리의 현실은 위험할 정도로 양분되어 있다. 엑손, 셸, JP모건, 영국 중앙은행처럼 미래지향적인 전 세계 상장 기업의 선임 경영진들은 인간의 활동으로 발생하는 이산화탄소와 그로 인한 위험성을 알리는 과학적인 사실을 인정한다. 그와 동시에 활활 타는 불길에 말 그대로 여전히 기름을 붓고 있다. 이런 행동의 부조화는 루크레티우스 문제와 함께 인간 본연의 문제를 드러낸다. "상업화할 자격"에 대한 확신(다른 말로 탐욕)이라 정의할 수 있는, 인간의 놀라운 적응력과 대비되는 이 문제는 인위적인 풍요 속에서 촉발되고 이윤을 얻겠다는 동기에 의해 심화되는 듯하다. 인류는 불과 화석연료에 힘입어 과거에는 생각지도 못했던 수준의 생산과 이윤, 그에 수반되는 만족감을 얻게 되었다. 이 새로운 기대치는 일단 한번 정해지고 나면 더는 지속

심판

될 수 없는 상황에서도 반드시 달성해야 할 새로운 기준점이 된다. 그 기준을 바꾸려고 하거나 의문을 제기하는 사람은 누구라도 사회적으로나 경제적으로 심각한 타격을 입는다.

도덕과 윤리 문제를 차치하더라도, 현대의 인류는 자신이 무언가를 하거나 얻을 자격이 있다는 생각에 이상하리만치 쉽게 빠진다. 기적에 가까운 일, 일어날 가능성이 거의 없는 일도 예외가 아니다. 인간도 동물일 뿐임을 증명할 근거가 더 필요하다면, 이런 형질이야말로 가장 확실한 근거다.

고양이는 그릇에 먹이가 담겨 있으면 묻지도 따지지도 않고 먹는다. 마냥 즐겁게 먹고, 다음에 그 그릇에 또 먹이가 담겨 있을지 모른다고 기대한다. 이 기대치는 먹이가 쭉 공급되다가 갑자기 중단됐을 때, 쫄쫄 굶으면서도 계속 기대할 정도로 커진다. 모이통에 담긴 모이를 먹는 새들, 여물통에 담긴 여물을 먹는 돼지들, 슈퍼마켓 안을 돌아다니는 인간은 모두 그처럼 검증되지 않은 기대를 품는다. 다른 동물들보다 뇌가 훨씬 큰 인간이, 다른 동물들과 똑같이 자신이 원하는 것이 마술이라도 부린 듯 늘 풍족하리라고 기대한다는 사실이 놀라울 뿐이다. 비행기 운행이 지연되면 푸대접을 받는다고 느끼는 사람들이 얼마나 많은지 생각해보라. 비행기라는 기계를 만들고 운전하고 이용할 수 있게 되었다는 사실 자체만으로도 놀라운 일인데, 그 거대한 기계가 어떻게 작동하는지 제대로 이해하지도 못하면서 그렇게 반응하는 사람들이 있다. 마찬가지로 사람들은 자신이 찍은 멋진 디저트 사진을 우주나 해외로 마음대로 전송하지 못하는 상황에서도 짜증을 낸다. 아침에는 당연히 해가 뜨고 자신이 호흡할 공기는 당연히 존재하리라고 믿고 앞으로도 쭉 그럴 거라고 기대한다.

인간의 이런 유동적인 "자격 기준"은 모든 생물에 심각한 영향을 준다. 1775년부터 1830년까지 북미 대륙의 태평양 연안에서 수익성 좋은 사업으로 여겨져 번성했다가 결국 망한 해달 가죽 무역은 그런 사실을 보여주는 가슴 아픈 사례다. 치열한 경쟁은 쿡 선장이 광둥 항구에서 중국인 구매자들이 북태평양에서 잡은 해달 가죽을 비싼 돈을 내고 사들인다는 사실을 처음 알게 된 것을 기점으로 시작됐다. 절정기에는 두 개의 대양을 사이에 둔 세 대륙의 6개국이 해달 무역에 뛰어들었다. 그러나 지구에 존재하는 모든 건 유한하고 해달은 더더욱 유한한 생물이다. 해달 무역이 시작되고 30년이 흐른 1800년부터는 해달을 찾기가 점점 힘들어졌다. 돈만 벌 수 있다면 상관없다는 식의 이런 무질서한 거래는 규율 없이, 내일은 없는 것처럼 막무가내로 이루어졌다. 하지만 문제가 있다는 인식이 전혀 없었던 건 아니다. 가장 먼저 문제를 깨달은 사람들은 해달을 잡고 공급하는 일을 맡았던 원주민 사냥꾼들인 듯하다. 이 사냥으로 상상 이상의 부와 지위를 얻었지만, 이들은 그 일이 황금 거위를 죽이는 일임을 깨달았다.

1810년이 되자 해달 사냥꾼들은 오늘날 은행들과 석유업계가 봉착한 것과 비슷한 곤경에 처했다. 일단 시장이 형성되면 선택의 여지 없이 그 시장의 일원이 되어야만 했다. 소속감과 돈, 지위를 얻기 위한 끊임없는 경쟁에 가담하지 않은 마을, 부족장, 회사, CEO는 망하거나 망할 수 있다는 두려움에 떤다. 호랑이 등에 올라탄 이상, 그대로 타고 있다가는 결국 죽게 될 것임을 알지만 그렇다고 뛰어내리는 건 자살 행위나 다름없다. 2021년 셸의 CEO 벤 판뷔르던(Ben van Beurden)은 기후 문제로 자사에 제기된 역사적인 소송에서 패한 후 사람들에게 현상 유지의 필요성을 절절하게 호소했다. "셸이 당장 오늘부터 휘발유와 디젤 판매를 중단한다고 상상해보십시오."[47] 그가 링크트인(LinkedIn)에 쓴 글이다. "그렇게 되면 셸의 탄소 배출량은 확실하게 줄어들 겁니다. 하지만 세상에는 조금도 도움이 되지 않을 겁니다. 연료 수요는 달라지지 않을 테니까요. 사람들은 다른 주유소를 찾아서 차와 배달 트럭에 기름을 채우겠죠."[*48]

해안에서 해달을 잡던 사냥꾼들, 비버를 잡던 데네족 사냥꾼들 모두 같은 진퇴양난에 빠졌음을 깨달았고, 그들이 상품을 공급하던 시장은 결국 무너졌다. 역청업계의 수많은 노동자도 같은 처지다. 영향은 이미 체감할 수 있는 수준에 이르렀다. 2010년만 해도 주변 사람들이 깜짝 놀랄 만큼 두툼했던 월급은 이미 다 쓰거나 집 대출금으로 소진되고 오래된 기억으로만 남았다. 2014년부터 역청업계 전체에서 수만 개의 일자리가 사라졌다. 2017년에는 앨버타의 전기 기술자 3,000명이 실업자가 되었고, 2020년 포트맥머리의 실업률은 사상 최고치인 11.2퍼센트를 기록했다. 역청의 로열티가 (기록적인 생산량에도 불구하고) 폭락하면서[49] 앨버타의 GDP(국내총생산)는 9퍼센트 가까이 떨어져 역대 최대 적자 상황에 놓였다. 앨버타주 사람들은 캐나다 전 지역 중 소득 대비 부채 비율이 가장 높은 것으로 모자라 주택 융자금의 지불 유예를 신청한 비율도 가장 높은 19퍼센트에 이르렀다.[**] 캘거리의 경우,[50] 영(0)에 가까웠던 사무실 건물의 공실률이 단 18개월 만에 30퍼센트로 껑충 뛰었다. 이후에도 상황은 더 위태로워졌다.[51] 2020년 6월, 프랑스의 대형 석유기업인 토탈이 70억 달러 규모로 계획했던 대규모 역청 모래 개발 사업 두 건을 철회했다. 같은 달에[52] 중질유를 일일 80만 배럴씩 미국에 운반하기 위해 계획된 키스톤 XL 파이

---

* 2022년 5월 앨버타 역청업계를 대변하는 변호인단도 이런 논리를 펼쳐 연방정부의 새로운 환경 평가 법률을 뒤집는 데 성공했다.

** 2022년 CBC 보고서에 따르면 앨버타주는 식량 불안정성도 캐나다에서 가장 높다.

프라인 사업도 공식적으로 취소됐다. 2021년 7월 중순에는[53] 미국 메인주 사우스포틀랜드 법원이 현지 법률에 따라 선코어 소유인 한 파이프라인 업체에 유조선을 이용한 중질유 수출을 금지했다. 그로부터 일주일 앞서[54] 캘거리대학교는 등록률이 저조한 석유공학 학사 과정의 운영을 무기한 중단한다고 밝혔다.*

해달 무역을 위해 해외 곳곳에서 찾아왔던 상인들이 그랬듯, 해외 석유업체들도 언제 돌아온다는 기약 없이 앨버타를 떠나고 있다. 이런 상황에서 한 가지 의문이 떠오른다. 이미 비행을 시작했다면, 어떻게 해야 추락하지 않고 무사히 "착륙"할 수 있을까? 즉 석유산업에는 어떤 전환이 필요할까?

해달 무역의 당사자들은 이 의문의 답을 찾을 의향도, 능력도 없이 시장의 붕괴라는 필연적인 결과를 맞이했다. 1850년까지 무역선들은 해달 무역이 성행하던 외딴 지역의 해안에 발길을 완전히 끊고 새로운 상품으로 떠오른 물개, 고래, 목재, 광산으로 시선을 돌렸다. 사람들이 떠난 해안가 부족들은 과거에 한 번도 겪은 적 없는, 인간이 만들어낸 극심한 빈곤과 해외에서 유입된 치명적인 바이러스에 시달렸다. 사회적 혼란은 회복 불가능한 수준에 이르렀다. 2세기가 지난 지금까지 그 지역 공동체도 해달 개체군도 모두 회복되지 못했다.

태평양 연안 지역의 원주민 부족들이 짧게 맛본 신흥 경제의 부는 허드슨스 베이 컴퍼니의 방식, 즉 식민지 개발 방식(또는 자본주의 방식)을 본보기로 삼은 일시적인 국제무역에 힘입어 한동안 인위적으로 가속화되었다. 각종 물건과 술, 무기를 제공하는 조건으로 그 땅을 철

---

* 미국의 석유공학과 졸업생 수는 2017년에 정점에 이르렀다가 2022년에는 절정기 기준 80퍼센트가 감소했다.

저히 착취하는 이 방식은 지금까지도 지배적으로 활용된다. 거래 당사자(양쪽 모두)는 이런 조건을 기꺼이, 심지어 열광하며 받아들인다. 현재 캐나다는 그 시절과 크게 다르지 않다. 서부 해안의 어업과 벌목 산업도 바로 그런 거래 조건으로 캐나다와 동떨어진 곳에 사는 주인들의 재산이 되었다. 두 산업 모두 오랜 세월에 걸쳐 붕괴에 이르렀고, 사업가들은 그곳 주민들이 생계를 유지할 수도 없을 만큼 자원을 싹쓸이했다. 석유산업은 이런 붕괴 과정과 한 단계가 다르다. 즉 공급할 자원이 바닥나서 망하는 게 아니라, 시장의 "성공"으로 발생하는 결과물을 대기가 더는 흡수하지 못하게 되면서 시장이 더는 굴러갈 수가 없게 되었다.

해달이 석유로 바뀌었을 뿐, 21세기의 기업 경영진들과 시민들 앞에 놓인 시나리오는 그때와 비슷하다. 인류는 지난 150여 년의 세월 동안 우리 삶과 문화, 경제를 필요하면 언제든 피울 수 있는 불에 맞춰서 재조정해왔다. 우리는 불에 의존하는 동시에 불을 언제든 풍족하게 쓸 자격이 있다고 느낀다. 선진국에서는 에너지, 특히 화석연료를 저렴하고 풍족하게 제공하는 것이 정부의 역할이라는 암묵적인 기대가 존재하며, 대다수는 그와 다른 삶을 잘 떠올리지 못한다(화석연료 없이 사는 방향으로 바뀌어야 한다면? 그 변화가 마음에 들지 않는다면? 어떤 식으로든 그게 부족해진다면?). 셸의 벤 판뵈르던이 석유와 가스를 계속 팔고 싶다고 한 것처럼, 어떤 일에서 성공을 거둔 사람들은 그 일을 계속하려고 한다.[*55] 해달을 사냥하고 가죽을 거래하던 상인들도 같은 심정이었을 것이고, 지금 역청산업에서 일하는 노동자들 역시 대

---

* 판뵈르던은 러시아의 우크라이나 침공으로 셸의 이윤이 크게 늘었다고 인정했다. 포트맥머리에서 여전히 사업을 운영 중인 대형 기업들도 마찬가지다(이런 사업은 '전쟁 수혜 활동'이라 불린다).

511

부분 그럴 것이다. 우리도 대부분 그렇다.

다시 한번 생각해보자. 일단 비행을 시작한 시장은 어떻게 해야 안전하게 "착륙"할 수 있을까? 조종사가 착륙을 거부한다면?

소송이 방법일지도 모른다.

25

아직 결제를 안 해서 모를 뿐,
알고 보면 수익은 생각만큼 크지 않았을지도 모른다.[1]
—선코어 에너지 전 총괄부사장, 커크 베일리

망상을 능숙하게 통제하도록 이끄는 모든 것은 우리에게 덕이 된다.[2]
—작가 조지 손더스

————

정의가 살아 있다면, 2021년 5월은 석유시대의 종말이 시작된 때로 기억될 것이다.

그해 5월 26일,[3] 헤이그 지방법원은 환경 단체 지구의 벗(Friends of the Earth) 네덜란드 지부가 (1만 7,000명의 공동 원고의 이름으로) 제기한 역사적인 소송에 충격적인 판결을 내렸다. 셸이 2030년까지 탄소 배출량을 2019년 배출량의 55퍼센트까지 줄여야 할 "주의 의무"(다른 사람과 공공을 대상으로 어떤 행위를 할 때 충분히 주의를 기울이고 조심하고 해가 되지 않도록 할 의무를 말한다—옮긴이)가 있다는 판결이었다. 법원이 민간 기업에 이런 종류의 제한을 부과한 것은 역사상 처음 있는 일이었다. 셸은 소송 과정에서 석유산업이 1980년대에 처음 엄중한 평가를 받은 때부터 늘 의지해온 변호인단과 석유업계 로비스트, 홍보 전문가들을 동원하고, 환경을 생각하는 척하는 CEO들의 위장 환경주의와 그럴 때마다 즐겨 꺼내 드는 각종 주장을 활용했으나, 법원은 이런 전략들을 하나하나 체계적으로 무너뜨리고 거부하며 그러한 포괄적인 결론을 내놓았다. 화석연료 산업의 '오즈의 마법사' 정체가 낱낱이 드러난 일이었다.[4] 셸은 당연히 항소하겠지만, 이미 내려진 판결은 돌이킬 수 없다. 게다가 '#셸은알고있었다(#ShellKnew)'는 사실을 이제 온 세상이 알고 소송 당사자들도 알게 되었다. 이로써 거대 석유 기업의 사회적 면허(외교관들의 면책특권과 유사한 특권)에 대한 취소 절차는 한 단계 더 진행됐다.

탄소 배출량이 큰 기업들을 대상으로 한 이와 같은 소송에서 원고가 된 사람들과 단체들은 이 문제에 다각도로 접근해왔다. 불법 행위로 간주하거나(볼더 대 선코어 엑손 사건[5]), 정부의 주의 의무에 초점을 맞춰 신탁법 위반을 제기하는 방식, 즉 정부는 시민에게 해가 되는 행동을 규제하고 시민을 보호할 책임이 있다는 점 등을 지적했다. 헤이그 지방법원에서 역사적인 판결이 나온 바로 다음 날인 5월 27일, 그곳에서 1만 6,000킬로미터 이상 떨어진 호주 시드니 연방 법원에서도 또 다른 역사적인 판결이 나왔다. 열일곱 살이던 이 소송의 원고, 에이바 프린시(Ava Princi)는 판결이 나온 후 다음과 같은 소감을 밝혔다. "정부는 기후변화로 빚어진 재앙과도 같은 피해로부터 청소년을 보호할 주의 의무가 있다는 사실을 법원이 인정한 건 전 세계에서 처음 있는 일이다."[6]

이 판결은 21세기가 시작된 이래 호주에서 발생한 화재들에 두려움을 느끼며 성장한 뉴사우스웨일스주 고등학생들이 제기한 집단 소송(샤르마[Sharma] 대 환경부 사건)의 결과였다. 원고 측은 정부가 석탄 광산의 확장을 허가한 것은 일종의 과실이며,[7] 정부는 열을 정체시키는 이산화탄소가 대기에 계속 방출되어 호주 청소년들의 미래가 지금보다 더 위험해지지 않도록 할 주의 의무가 있다고 주장했다. 법원은

심판

광산 확장을 전면 금지하지는 않았으나 그다음으로 막강한 해결책을 제시했다. 환경부 장관의 권한인 광산 개발 사업 제안서의 승인(또는 거부) 시 원고 측과 이들의 또래 집단 전체에 개인적인 피해를 주어서는 안 된다고 명령한 것이다.* 호주 대륙 전체를 통틀어 숲의 20퍼센트 이상이 불타고 동물 수십억 마리가 죽은, 재앙과도 같았던 2020년 화재를[8] 생생하게 기억하는 모디 브롬버그(Mordy Bromberg) 판사는 법정에서 현 상황을 매섭게 질책했다.

본 소송에서 제출된 설득력 있는 근거로 볼 때, 향후 우리 아이들에게 발생하리라 예상되는 일들이 얼마나 파괴적인지 한 문장으로 정리하기가 매우 어렵습니다. 지금 성인인 호주 국민이 알고 있는 이 나라는 언젠가 사라질 것이고, 우리가 아는 세상 전체도 사라질 것입니다. 물리적 환경은 지금보다 혹독하게 훨씬 극단적으로 변할 것입니다. 여기서 더 성질을 돋운다면 파괴적일 만큼 잔인해질 것입니다. 지금까지 인간이 경험한 것, 이를테면 삶의 질, 자연의 보물을 가까이에서 누릴 기회, 성장하고 번성하는 능력은 전부 크게 쇠락할 것입니다. 인간의 수명은 짧아질 것이고, 트라우마는 지금보다 훨씬 흔해지고, 건강을 유지하기도 점점 어려워질 것입니다. '자연은 이런 결과에 아무 잘못이 없습니다. 대부분 이 시대를 사는 어른 세대가 아무 행동도 하지 않아서 생긴 결과입니다. 이는 인류 역사 전체에서 한 세대가 다음 세대에게 일으킨, 사상 최악의 세대 간 불평등 행위라고 해도 무리가 아닐 것입니다.'**[9] (작은따옴표는 내가 덧붙였다.)

---

* 호주는 자국 내 석탄 광산 개발을 여전히 승인하고 있다.
** 이 역사적인 판결은 2022년 3월에 호주의 한 법원에서 뒤집혔다.

고인이 된 로저 레벨과 길버트 플래스, 월리 브뢰커도 자신들의 시급한 경고가 이렇게까지 오랫동안 무시될 줄 알았다면 아마 브롬버그 판사와 비슷한 말을 했을 것이다. 이 문제를 우려하는 과학자들이 점차 늘어나는 추세고, 위의 말은 제임스 핸슨을 비롯해 그런 과학자들이 지금까지 해온 말들과도 일치한다. 그들이 알게 된 사실, 그리고 '우리'가 알게 된 사실로 볼 때 지구상 어디든 대규모 화석연료 사업을 대하는 이성적인 반응은 이것이 유일하다. 석유시대에 가장 많이 발생한 폐기물을 한 세기에 걸쳐, 아무 제약 없이 대기에 전부 내다 버린 행위는 궁극적으로 식민지 개척과도 같은 행위이자 공유지에 일어난 비극이다('공유지의 비극'은 1833년 경제학자 윌리엄 포스터 로이드가 처음 소개한 개념으로, 누구나 쓸 수 있는 자원과 환경을 개인적인 이익을 우선 생각해서 사용하면 결국 고갈되고 파괴된다는 내용이다—옮긴이). 지구의 거의 모든 곳이 앞으로 수 세기 동안 그 영향을 받게 될 것이고, 이 영향은 인류가 남긴 가장 오랜 유산이 될 것이다. 이런 식의 파괴가 지속된다면 인류의 멸종도 불가피하다는 점에서는 인류에 관한 "영구기록"이 될지도 모른다. 여러 개인, 기업, 정부가 이런 문제를 누구보다 잘 알면서도 이산화탄소의 조용하고 눈에 띄지 않는 특성과 법도 여론도 휘두르는 힘을 이용해서 여러 세대에 걸쳐 돈을 벌었다. 그러는 사이 21세기에 접어든 세상은 가능한 모든 표현 수단을 동원해서 이산화탄소는 더 이상 무시할 수 없으며 앞으로 그렇게 계속 외면할 수는 없을 것임을 우리에게 계속해서 알렸다.

너무 늦게 귀 기울이긴 했지만, 세상이 전한 메시지는 현재 어느 때보다 큰 반향을 일으키고 있다. 2022년 1월[10] 워싱턴 D.C. 연방법원은 32만 3,700제곱킬로미터 면적의 멕시코만 시추 운영권에 무효 판결을 내렸다. 미국 내무부가 해당 사업으로 발생할 온실가스 배출이 기후에 끼칠 영향을 충분히 고려하지 않았다는 것이 이유였다. 1984년 미국 석유협회가 '이산화탄소와 기후 실무단'을 해체한 이후부터 석유업계가 어떻게든 피하려고 한 책임을 이제 법이 모조리, 전부 찾아내서 부과할 것임을 시사하는 변화의 신호탄이었다.

/ / / /

포트맥머리 화재 이후 몇 년간 끔찍하고 역설적이고 충격적인 사실들의 폭로가 이어졌다. 〈인사이드 클라이미트 뉴스〉의 놀라운 보도 이후 비슷한 폭로가 터진 것이다. 그때부터 거대 석유기업들은 몰랐던 일이라고 호소할 수도, 정부 기관을 조종한 적 없다고 발뺌할 수도 없게 되었으며, 산업 활동으로 배출되는 이산화탄소의 영향에 관해 실제로 알고 있었던 부분과 몰랐던 부분이 무엇인지 대중을 속이기도 어려워졌다. 셸의 CEO, 세상에서 가장 막강한 힘을 가진 석유기업가 벤 판뵈르던은 더는 숨을 곳이 없어지자 직접 나서서 말했다. "네, 알고 있었습니다." 2019년 〈타임〉지 기자에게 그가 한 말이다. "모두가 알고 있었죠. 어쩌다 보니 다들 무시하게 된 겁니다."*[11]

벤 판뵈르던이 12살이던 1970년에 에너지, 제조, 공익사업, 금융, 보험, 정부 기관을 비롯해 미국 석유협회와 관련이 있는 기업과 조직의 모든 경영진은 대기 중 이산화탄소가 증가하고 있다는 사실과 그

---

* 판뵈르던은 2022년 9월 〈파이낸셜 타임스(Financial Times)〉와의 인터뷰에서 이렇게 말했다. "저에게는… 옳은 일을 하는 것이 정말 중요한 의미가 있습니다. 그래야 은퇴 후에… 손주들 눈을 보면서 내가 '너희를 위해 더 나은 세상을 만들려고 이런 일을 했단다'라고 말할 수 있을 테니까요."

원인을 이미 알고 있었다. 1980년에는(벤 판뵈르던이 22살일 때) 원인을 알고도 아무 조치도 하지 않을 만한 핑계는 있을 수 없다는 사실이 과학적으로 명확히 입증됐다. 미래학자 알렉스 스테픈은 석유협회, 그리고 이 협회와 연계된 곳들이 이후 40년간 취한 "조치"를 "포식성 지연"이라고 칭했다. 스테픈이 정의한 포식성 지연은 "지속 가능성이 없음에도 수익이 나는 현 상태가 더 오래 유지될 수 있도록 변화를 고의로 늦추고 그로 인해 발생하는 비용은 다른 사람들이 부담하게 하는 행위"[12]다.

"1970년대 말과 1980년대 초에 이미 확실한 근거가 나왔습니다."[13] 엑손의 초기 기후 연구에 참여했던 지구화학자 에드워드 가비(Edward Garvey)가 〈뉴욕 타임스〉와의 인터뷰에서 한 말이다. "시간이 많았는데 기회를 날린 것이죠."

이 중대한 과실의 결과는 뚜렷하게 드러나고 있다. 세계에서 가장 취약한 지역뿐만 아니라 부유한 도심, 그 도심에 사는 사람들이 휴양차 찾는 해변들, 산속 마을들에서도 그러한 영향을 어느 때보다 선명하게 느낄 수 있다. 벤 판뵈르던뿐만 아니라 그가 사업을 원래대로 계속하는 것이 마치 사람들에게 선심 쓰는 일인 것처럼 말할 때 떠올렸을 석유산업의 얼굴 없는 투자자들과 고객들도 이제는 더 이상 피할 곳이 없음을 깨닫고 있다.

더 일찍 사태를 파악한 사람들도 있다. 대형 석유 생산 기업의 본사와 주주총회장은 수년 전부터 시위대의 표적이 되었고 이들의 노력은 전 세계 석유산업에 큰 타격이 되고 있다. 2019년 7월, 세계 원유 생산량의 40퍼센트를 생산하는 국가들로 구성된 석유수출국기구(OPEC)가 기후 운동가들을 "우리 산업의 최대 위협"[14]이라고 밝혔을 정도다. 이 기후 운동은 최근 들어 점점 더 정교해지고 있다.

심판

2010년 미국의 스워스모어 칼리지(Swarthmore College)라는 작은 대학에서 시작된 화석연료 투자 철회 운동은[15] 2012년 국제 기후 운동 단체 350.org가 동참한 이후 기하급수적으로 확대되고 있다.* 이 운동이 시작된 후 지난 10년간 수백 곳의 대학교, 교회 기부금으로 운영되는 기금과 시, 주 정부가 운영하는 연금, 노조 연금(캘리포니아대학교에 지급된 800억 달러의 기부금 포함[16])이 화석연료 주식에 대한 투자를 철회하기로 약속했다. 특히 스탠더드 오일의 든든한 후원으로 설립된 록펠러 패밀리 펀드가 2016년에 화석연료 투자 철회를 선언한 일은 석유시대의 종말을 고하는 조짐으로 여겨졌다. 2021년 중반까지[17] 실제로 철회된 화석연료 투자금과 향후 철회를 약속한 투자는 모두 합쳐 40조 달러에 이르렀고 이 액수는 계속 증가하고 있다.

2019년 셸은 이러한 투자 철회 움직임으로 자사 순이익에 "실질적인 악영향"이 발생했다고 인정했다.[18] 세계 최대 자산 관리사인 블랙록(BlackRock)은 더 직설적으로 설명했다. "2,500억 달러 규모인 뉴욕주 연금기금(미국 내 최대 규모 연금기금 중 하나)에 화석연료 관련 유가증권이 없어도 연방 공무원들의 퇴직금에는 아무 지장이 없을 것이다."[19] 굉장한 반전이었다. 펀드매니저 버전의 '임금님은 벌거숭이'라는 고발이라고도 할 수 있다. 유가가 배럴당 100달러를 넘어서고 역청산업이 호황이던 2007년과 2008년에 셸과 엑손모빌은 세계 역사상 가장 큰 수익을 올렸다. 그전에도 이미 세계 최대 상장 기업이었던 엑손모빌은 이 호황기에 연간 400억 달러 이상을 벌어들였고 셸의 수익도 그에 뒤지지 않았다. 거대 석유기업은 전 세계 정치인과 정부의 지원에 힘입어 수 세대에 걸쳐[20] 가장 확실하고 우량한 투자처로 연금

---

* 정작 스워스모어 칼리지는 아직 화석연료 투자 철회를 이행하지 않았다.

상품, 연금 수급자 모두의 사랑을 받았다. 불의 수호자를 자처한 이 거대 기업들은 활활 타오르는 세상을 손아귀에 쥐었다.

하지만 채 10년도 되지 않아 상황은 역전됐다. 거대 석유기업들은 지금도 거대하지만, 2000년대에 부채가 상상을 초월하는 수준으로 쌓였고,[21] 누워서 떡 먹기로 쉽게 수익을 내던 시대는 지나갔다. 탐사와 복구 비용은 나날이 늘고, 투자자들에게 큰 장점으로 여겨진 배당금은 버거운 짐이 되었다.[22] 엑손모빌은 500억 달러의 부채를 짊어진 상태에서 주가가 언제 어떻게 변할지 알 수 없는 상황이고, 자사주 매입과 정리해고로 버티고 있다(러시아의 우크라이나 침공으로 유가가 폭등했으나 그 가격이 장기적으로 유지될 가능성은 희박하다). 엑손, 셸, BP, 셰브론, 토탈을 포함한 석유업계의 가장 덩치 큰 회사들[23] 모두 배당금 지급을 위해 회사 자체를 저당 잡힌 상황이다. 2021년에는 홈디포의 기업 가치가 엑손모빌을 넘어섰고,[24] (대다수가 이름도 들어본 적 없는) 풍력·태양광 에너지 기업인 넥스테라(NextEra)의 시가총액이 엑손모빌보다 커졌다. 2010년까지만 해도 생각할 수 없는 일이었다. 하지만 변화는 사실 꽤 오래전에 시작됐다. 1980년에는 S&P 500 지수(미국 증권시장의 대표적인 지수. 신용평가사인 S&P 글로벌(Standard & Poor's Global)이 개발했다. 미국 500대 대기업 시가총액의 기준치 대비 변화를 나타낸 주가지수다─옮긴이)에 포함된 전체 기업의 28퍼센트가 석유, 가스 기업이었으나,[25] 2019년에는 이들 기업의 비중이 5퍼센트 미만으로 떨어졌고 앞으로도 더 줄어들 가능성이 높다. 2013년 전 세계에서 가장 가치가 높은 기업으로 평가됐던 엑손모빌은[26] 2021년 다우 존스 산업평균지수(미국 증권거래소에 상장된 미국 기업 중 대형주 30곳을 묶어서 계산하는 주가지수─옮긴이)에서 제외됐다. 2016년에 누가 이렇게 될 거라고 예견했다면 아마 큰 비웃음을 샀을 것이다.

한때 석유산업을 지지했던 곳들도 노골적으로 등을 돌리고 있다. 2021년, 영국 최대 자산 관리업체 아비바(Aviva)는 자사가 보유한 석유, 가스, 채굴 사업 지분을 처분해서 기후변화에 대처하기 위한 행동을 압박하는 "궁극적인 제재"를 실행할 것이라고 밝혔다. "고객과 사회를 위해, 우리는 이 세상과 자본 시장에 재앙이 될 수 있다고 판단되는 일에는 자금을 지원하지 않을 의무가 있다."[27] 한때 마거릿 대처가 이끌던 보수당이 집권한 시기에, 〈파이낸셜 타임스〉에서 이런 소식을 접하는 건 1960년대생은 물론 1990년대생에게도 아주 인상적인 일이었으리라.

　　석유, 가스 산업의 오랜 동맹이던 국제에너지기구(IEA)의 최근 발표도 이 산업에 큰돈을 투자한 사람들을 불안하게 만들었다.[28] 2020년에 발표한 "세계 에너지 전망"[29]에서 태양광 발전을 "역사상 가장 저렴한 전기"라고 밝힌 것이다. 무디스도 재생에너지를 석유산업의 "사업과 신용에 중대한 위험 요소"라고 선언할 만큼 석유산업은 심각한 위기에 봉착했다.[30] 각국 정부도 이런 변화에 주목하고 있다. 2021년 6월 유럽 의회에서는 대대적인 탄소 배출량 감소 목표를 의무화한 역사적인 법률이 통과됐다. 네덜란드의 한 법원에서 셸에 주의 의무를 부과한 지 채 한 달도 지나지 않아 그와 같은 의무가 유럽연합 전체에 부과된 것이다. 이 의무화 조치에 따라, 유럽연합 국가는 2030년까지 탄소 배출량을 1990년 기준 55퍼센트까지 줄여야 하며[31] 2050년까지 순 배출량을 영(0)으로 만들어야 한다.

　　하지만 캐나다의 상황은 정반대이며 G7(선진 7개국)에서도 이런 변화에 가장 뒤처졌다. 다른 6개국 모두가 늦어도 2010년부터 이산화탄소 배출량을 점차 줄이는 추세인데, 캐나다의 배출량은 꾸준히 증가해온 데다 2021년 배출량은 1990년 배출량보다 25퍼센트나 늘었다. 이 증가 폭 대부분은[32] 2005년 이후 이산화탄소 배출량이 두 배 이상 늘어난 역청산업에서 나왔다.[33] 이런 추세가 뒤집히려면 앨버타에 기적이 일어나야 한다. 캐나다 석유 생산자 협회는 2021년 10월 〈토론토 스타(Toronto Star)〉를 통해 (그해 영국 글래스고에서 열린 UN 기후변화 회의를 앞둔 시점에) 다음과 같은 성명을 발표했다.[34] "본 협회는 석유·가스업계가 향후 수년간 화석연료를 더 많이 판매하기를 바란다. 그와 동시에 이산화탄소 배출량을 확실하게 줄이려면, 연방정부의 '실질적인 협력'이 필요하다."

로저 레벨과 길버트 플래스가 이 말을 들었다면 얼마나 기막혀 했을지 눈에 선하다.*

////

불은 마음도 없고 영혼도 없다. 화재 피해가 얼마나 되고 누가 다치는지도 상관하지 않는다. 그저 불길을 계속 유지해서 가능한 곳 어디든 최대한 넓게 퍼지는 데 집중할 뿐이다. 불의 이런 특징은 대부분의 상업계와 기업 이사회, 주주들, 더 넓게는 식민주의 충동과 비슷하다.[35] 미국 석유협회의 이산화탄소와 기후 실무단이 해체된 전후로 화석연료 업계가 일으키고 활용해온 분열과 혼란, 심리적 지배(가스라이팅), 뇌물, 괴롭힘, 뻔뻔한 거짓말의 실체는 비록 수십 년이 걸리긴 했지만[36] 이제 혹독하리만치 환한 조명 아래 속속들이 드러나고 있다.

최근에는 그 날카로운 조명이 꽁꽁 닫혀 있던 주주총회장 내부까지

---

* 2023년 기후변화 대응 지수에서 캐나다의 순위는 러시아보다 한 단계 높은 꼴찌에서 여섯 번째였다(이 지수가 평가된 67개국 중 캐나다가 62위, 러시아는 63위였고, 우리나라는 러시아 바로 다음인 64위였다—옮긴이).

닿아서 기업 내부에서도 이미 오래전에 시작했어야 하는 고민을 할 수밖에 없는 상황에 몰린 듯하다. 진보적인 주주들은 수년 동안 화석연료 기업들이 이윤을 위해 일으키는 피해를 줄여보려고(혹은 좀 더 인도적인 방향으로 바꿔보려고) 노력했는데, 이런 시도가 2021년 5월 드디어 변곡점을 맞이했다. 셰브론 주주총회에서 자사 제품의 배기가스 배출량 감축을 요구하자는 안건을 놓고 투표한 결과 3분의 2 이상이 찬성한 것이다.[37] 처음 있는 일이었다. 같은 날 엑손에서는[38] 보수 성향 일색이던 12명의 이사회 구성원 중 4분의 1이 새로운 이사들로 대체됐다. 기후변화 문제에 대처하고, 재생에너지와 탄소 순 배출량 영(0)의 시대에 맞게 사업을 쇄신하기 위한 조치였다. 이 역시 처음 있는 일이었다.*

같은 달인 2021년 5월 초, 전 세계 화석연료 산업에 자문을 제공하고 힘을 실어주던 IEA에서 획기적인 내용이 담긴 〈플래그십 보고서〉가 나왔다.[39] '2050년까지 순 배출량 제로를 목표로'라는 제목의 이 문서는 1980년 미국 석유협회가 이산화탄소와 기후 실무단을 조직한 것만큼이나 중요한 의미가 있다. IEA가 오래전부터 맡은 기능은 전 세계의 미래 에너지 수요를 예측하고 충족하려는 각국과 기업들의 노력에 자문을 제공하는 것이고, 그만큼 영향력도 크다. 그런데 이런 기구가 내놓은 보고서에, 짧게 요약하면 "석탄 설비는 이제 안 된다, 모두 그만해라, 가스·석유·역청 신규 사업도 더는 안 된다"는 내용이 담겨 있었다.

확실히 해두기 위해 다시 말하지만, 길버트 플래스는 이미 두 세대 전에 지금 우리가 겪고 있는 일을 정확히 예상했고 그 후부터 기후학

---

* 2022년 11월, 호주 최대 이산화탄소 배출 기업인 거대 에너지 기업 AGL 이사회에서도 이처럼 기후 문제에 중점을 두기 위한 변화가 갑작스레 시작됐다.

자들은 이 말을 처음에는 부드럽게, 나중에는 큰 소리로 계속 반복해
왔다.

"2050년까지 순 배출량 제로를 달성하려면, 전 세계 에너지 체계
의 전면적인 변화가 필요하다." IEA의 보고서에 굵은 글자로 강조된
발췌문이다. 이와 함께 IEA는 미래를 우리가 살아갈 수 있는 환경으
로 만들려면 탄소 중립 에너지가 사용되어야 한다는 의견을 분명하게
밝혔다.

나를 삼키는 건 불이다.
하지만 내가 그 불이다.[1]
—호르헤 루이스 보르헤스, 〈시간에 대한 새로운 반론〉

─────

역사상 가장 무더운 해로 기록된(2020년 전 기준으로)[2] 2016년이 절반쯤 지난 6월 중순까지, 포트맥머리 화재로 사라진 숲의 면적은 미국 델라웨어주 전체 면적보다 큰 5,960제곱킬로미터에 이르렀다. 그때까지도 불은 활활 타고 있었고 화재 시즌은 아직 4개월 반이나 남아 있었다. 화재 현장에서 불과 싸우는 수백 명의 소방관들에게는 불이 일상이 되었다. 전쟁이 장기간 지속될 때와 같은 고유한 생활 리듬까지 생겼다. 불도저 작업자들은 그 거대한 기계를 끌고 길이 없는 숲 곳곳을 수 주 동안 "돌아다니면서" 흙을 긁어내고 저 멀리 서스캐처원까지 방화대를 만들었다. 그사이에도 포트맥머리 시내와 주변 숲 전체에서 불씨가 계속 되살아났다. 물을 아무리 퍼부어도, 때로는 꺼진 줄 알았던 불이 며칠 후에 다시 피어오르기도 했다.

처음에는 009호 화재로 불리다가 호스강 화재라는 이름이 붙여졌고 이제는 포트맥머리 화재로 불리는 이 불은 2017년 8월 2일이 되어서야 "최종 진압"되었다는 공식 발표가 나왔다. 포트맥머리의 믹스 103FM 청취자들이 진행자 크리스 반덴브리켈을 통해 새로운 화재가 발생했다는 소식을 처음 접한 날로부터 15개월이 지난 후였다. 이런 재난에 익숙한 사람들도 화재의 결과를 확인하고는 깜짝 놀랐다. 어배샌드에서 자기 집이 불타는 모습을 직접 목격한 포트맥머리 소방서 마크 스티븐슨 서장 대행의 말에 사람들이 느낀 그 놀라움이 압축되어 있다. "이번 화재로 발생한 피해의 규모로 봤을 때, 지하실에서 시체가 단 한 구도 나오지 않았다는 사실이 지금도 너무나 놀랍습니다." 토론토 재난 손실 저감 연구소의 글렌 맥길리브레이(Glenn McGillivray) 소장은 이를 "전적인 은총"이라고 표현했다. "경제적으로 어마어마한 손실이 발생했는데, 어떻게 인명 피해가 수백 명씩 생기지 않을 수 있었을까요? 알 수 없는 일입니다."[3] 맥길리브레이가 〈글로브 앤 메일 (Globe and Mail)〉과의 인터뷰에서 한 말이다.

포트맥머리 시내에서 할랄 정육점을 운영하는 알리 조마는 나름의 답을 찾았다. "불이 났고 재난이 일어난 것도 사실입니다." 조마는 내게 이렇게 설명했다. "하지만 신은 누구도 다치지 않기를 바랐다는 느낌이 들어요. 10만 명 가까운 사람이 대피했는데, 불에 타거나 다치거나 죽은 사람이 한 사람도 없었다는 걸 보면 알 수 있죠."

하지만 포트맥머리 화재는 다른 방식으로 사람들에게 해를 입혔다. 이 화재로 구조대원들, 대피자들, 도시 전체, 산업계, 숲, 강, 대기에 발생한 피해가 어느 정도인지는 지금도 평가가 끝나지 않았다. 포트맥머리에 남아서 불과 계속 싸운 사람들 상당수가 계속해서 호흡기 문제를 겪고 있고, 엄청나게 유독한 공기에 장기간 노출되어 수명이 단축될 수밖에 없다는 사실에 체념하고 있다. 더 명확하고 정량화하기 쉬운 영향도 드러났다. 포트맥머리 화재로 캐나다에서 발생한 모든 임야화재를 통틀어 가장 많은 주택이 소실된 것이다. 또한 캐나다의 재난 역사상 가장 막대한 비용이 발생했다. 지금도 계속 발생하고 있는, 수천 가지 작고 미묘한 피해도 있다. 전국 방송에 위급 상황을 알리는 경보음이 울릴 때 아이가 보이는 반응을 보며 마음 아파하는 아버지의 심정도 그런 예다. 2016년 5월 3일, 포트맥머리 주민들이 꽉 막힌 도로에서 더디게 대피 중일 때 라디오에서는 귀청을 때리는 재난 경보음이 계속 울렸다. 불이 나고 몇 개월 후에 포트맥머리와 멀리 떨어진 곳으로 이사했다는 한 사람은 내게 자신이 겪은 일을 들려주었다. "라디오를 틀었어요. 열세 살짜리 제 딸은 거실에 있었고 라디오에는 신경도 안 쓰고 있었고요. 갑자기 방송에서 경보음이 울렸는데, 아이가 바닥에 태아 자세로 웅크리더니 미친 듯이 울기 시작하는 겁니다. 정말 눈 깜짝할 새 일어난 일이었어요. 파블로프의 개, 그 실험에서 이야기하는 반응처럼요. 이런 걸 '외상 후 스트레스'라고 하는구나, 알게 됐어요."[4]

2016년 5월 3일에 시작된 화재를 견디고 살아남은 수천 명이 헬리콥터나 사이렌 소리를 들을 때, 연기 냄새를 맡을 때, 불을 볼 때, 극심한 교통 체증을 겪을 때는 물론 화재 당시에 겪었던 온갖 일들을 다시 겪으면 의지와 상관없이 나타나는 특정한 반응에 시달리고 있다. 이런 반응은 화재 이후 뒤늦게 나타나기 시작했고, 다른 사람들 눈에 드러나는 경우도 있지만 그렇지 않은 사람들도 많다. 컨트리음악 방송국 93.3FM의 프로그램 제작자 존 녹스도 화재 이후의 이런 분위기를 잘 알고 있었다. "그 일 이후 포트맥머리는 어떠냐는 질문을 계속 받습니다. 저는 매번 똑같이 대답해요. '이런 도시를 상상해보세요. 시민 수천 명이 조화롭게 살고 있지만 단 한 명도 빠짐없이 전부 외상 후 스트레스 장애(PTSD)를 어느 정도 앓고 있는 그런 도시요.'"

선제적 대피는 화재 위험이 큰 지역들의 표준 정책이 되었다. 최근에 발생한 여러 화재에서도 이와 같은 조치가 실행되어 큰 효과를 얻었다. 생명을 구하는 당연한 효과와 함께 이 조치로 얻을 수 있는 또 다른 효과는 수천 명의 사람들, 특히 아이들이 불필요한 심리적 외상을 입지 않도록 보호할 수 있다는 것이다. 하지만 모두가 대피한 후에도 도시에 남아 불과 싸운 사람들은 그런 심리적 외상을 피하기가 어려웠을 것이다. 화재 이후 술에 기대고 늘 취해 있었던 사람은 웨인 맥그로 한 명만이 아니었다. 내가 만난 소방관 여럿이 내게, 샤워하다가 바닥에 무릎을 꿇고 몸을 잔뜩 웅크린 채 눈물을 쏟을 때만 괴로움을 편히 분출할 수 있다고 털어놓았다. 이들은 각자 나름의 공포와 싸우고 있을 아내와 아이들이 놀라지 않게 하려면 그런 방법밖에 없다고 했다. 화재 이후 포트맥머리에서는 교회를 찾는 사람들이 크게 늘었고 정신건강 관련 서비스 이용자도 증가했다.

2016년 봄 내내 포트맥머리 생존자들의 이야기가 텔레비전 방송, 인터넷 뉴스, 소셜 미디어로 알려졌다. 대다수가 그 소식을 접하고는 충격적인 사건, 시기에 맞지 않는 이례적인 사태, 아주 먼 곳에서 일어난 동떨어진 일로 생각했다. 하지만 그들이 접한 기사와 게시물, 사진들은 가까운 미래에서, 그들 각자가 사는 곳과 그리 멀지 않은 곳에서 보내온 메시지다. 2016년 이후 대기, 에너지, 산림과 기후 관련 금융, 보험에 이르기까지 기후와 관련된 모든 것에 대대적인 변화가 일어났다. 그중에서도 가장 크게 달라진 건 불이다. 미국 테네시, 플로리다, 텍사스, 오클라호마, 캔자스, 네브래스카, 캘리포니아, 오리건, 콜로라도, 뉴멕시코, 몬태나, 알래스카, 캐나다 브리티시컬럼비아, 호주, 뉴질랜드, 칠레, 브라질, 파라과이, 그린란드, 스웨덴, 아일랜드, 포르투갈, 스페인, 프랑스, 영국, 그리스, 사르디니아, 레바논, 터키, 알제리, 남아프리카공화국, 시베리아, 그 밖에 수많은 곳에서 2016년 6월 이후에 충격적이고 역사적으로도 유래가 없는 화재가 일어났다. 이제 이 지구에 사는 대다수가, 지금 살고 있는 곳이 어디건 상관없이 날씨와 기후의 변화를 깨닫고 있으며, 그 변화에서 불이 차지하는 비중이 점점 커지고 있다. 산림 도시 인접 지역이 뭔지도 모르고 살던 세계 곳곳의 사람들이 2016년 이후부터 자신이 사는 곳이 바로 그런 지역임을 깨닫고 있다.[5]

우리의 둥근 지구는 표면 대부분이 물이지만 불을 일으키는 3대 요소인 연료, 날씨, 지형 역시 지구 표면 곳곳에, 무한한 조합으로 존재한다. 샌프란시스코 가파른 언덕에 빅토리아 양식으로 지어진 주택가, 캐나다 케이프브레턴섬(Cape Breton) 해안가의 지붕 있는 주택들로 이루어진 마을, 곳곳에 수영장이 있는 호주 캔버라 교외 지역, 러시아 극동 지역의 벌목지에 이르기까지 나무와 풀, 인간의 정착지가 모여 있는 곳이라면 어디든, 심지어 이런 조건이 전부 충족되지 않은 곳에서도 발화가 일어난다. 2016년 이후에 남극, 아마존, 영국의 황무지처럼 과거에는 불이 날 수 있다고 생각지도 못했던 곳들과 일종의 불가침 영역으로 여겨지던 장소들, 가령 미국 테네시주의 산악 도시 개틀린버그(Gatlinberg)와 콜로라도주 볼더, 프랑스 노트르담 대성당, 브라질 국립 역사박물관 같은 곳에도 불길이 일어났다.

2019년 4월 노트르담 대성당이 불길에 휩싸이기 전까지 약 90미터 길이의 성당 지붕이 참나무 1,300그루 분량의 목재로 만들어졌다는 사실을, 다르게 표현하면 "숲"으로 이루어져 있었다는 사실을 아는 사람은 별로 없었다. 800년 전에 세워진 이 성당도 다른 형태의 산림 도시 인접 지역이었던 셈이다. 현대에는 그런 곳이 세계 곳곳에 섞여 있다. 베를린, 리우데자네이루를 포함한 수많은 도시 안에 숲이 있고, 2020년에는 캘리포니아 세쿼이아 국립공원에 발생한 불이 사나운 열기를 뿜어내며 8월부터 12월까지 끈질기게 이어져 웅장하고 거대한 세쿼이아 수천 그루가 사라졌다. 세쿼이아가 수백 년도 넘게 끄떡없이 살 수 있었던 이유는 불에 잘 견디도록 진화한 결과이고, 이 나무에 불이 나는 건 천 년에 한 번 있는 일이라고까지 여겨져왔다. 하지만 21세기 화재는 다르다. 과거보다 훨씬 덥고 건조한 기후는 불에게 한층 더 유리한 조건이 되었다.

폴 에어스트, 캐럴 크리스천을 포함한 포트맥머리 시민 수천 명의 개인과 가족의 역사가 불로 사라진 것은 대부분 개인적 비극이라고 생각할 것이다. 그렇다면 브라질처럼 생물학적으로나 문화적으로 복합적인 나라에서 2세기 반에 걸쳐 수집된 2천만 점의 소장품이 국립박물관의 화재로 사라지는 건 어떤 비극이라고 해야 할까? 2018년 화재로 전소된 리우데자네이루의 브라질 국립 역사박물관에는 셀 수 없이 많은 동식물 표본과 수공예품, 신성시되던 물품들, 사진, 음성 녹음 자료가 보관되어 있었다. 이제는 완전히 사라진 사람들, 문화, 언어, 세계관에서 나온 것들이라 대부분 대체할 방법이 없다. 박물관은 도서관, 성당이 그렇듯 인류가 공유하는 기억이 간직된 궁전과 같다. 이때 인류는 특정 시대를 사는 사람들뿐만 아니라 과거와 미래의 사람들까지 두루 포함한다. 그래서 지을 때부터 세심한 주의를 기울이고, 많은 경우 돌로 짓는다. 미래와 화재를 다 고려해서 안전과 안정성이 보장되도록 만든다. 하지만 최근 들어서는 어떤 박물관도 안전과 안정성을 보장할 수 없게 된 것 같다.

2021년 4월에는 고온과 강풍으로 시작된 임야화재가 남아공 테이블산(Table Mountain)을 휩쓸고 산림 도시 인접 지역까지 번졌다. 케이프타운대학교 캠퍼스 안까지 들어온 화염은 200년 역사를 버텨온 재

심판

거 도서관(Jagger Library) 건물 대부분을 삼켰다. 거대한 석조 기둥으로 지어진 이 도서관에는 남아프리카 지역의 장기적인 기후변화 역사를 연구해온 아프리카 공동체·야생동물 연구소와 이 연구소 산하 식물 보호 분과가 있고, 무엇으로도 대체할 수 없는 기록들과 그간의 연구 결과가 전부 소실됐다.

성당, 박물관, 도서관의 공통점은 누구나 마음 놓고 공부하고 반성하고 탐구하고, 그냥 아무 하는 일 없이 머물 수 있는 안식처라는 점이다. 안식처는 말 그대로 안식을 주는 곳이므로 불이 나면 안 된다. 열대림, 습지, 세쿼이아 숲도 마찬가지다. 하지만 우리가 인간 세상과 자연계에서 안식처로 삼아온 모든 장소와 기억의 궁전이 새로운 위기에 처했다.

2021년 5월 캘리포니아 출신 베테랑 보도 사진작가인 켄트 포터(Kent Porter)가 트위터에 게시한 글에 21세기 화재의 이러한 위험성이 잘 요약되어 있다. "이제는 모든 곳이 산림 도시 인접 지역이다."

맺음말

도착지는 가는 방식에 따라 달라진다.[1]
—캐나다 시민자유협회 활동가, 하르샤 왈리아

———

    캘리포니아 레딩에 불 토네이도가 덮쳐 윌리, 래리 하트먼 부부가 사는 마을 전체가 파괴된 직후인 2018년 8월, 나는 그 참담한 폐허 속에서 자칫 지나칠 뻔한 특별한 것을 발견했다. 하트먼 부부의 다정함과 낙관주의, 그런 일을 겪었지만 그곳에서 계속 살아갈 것이라는 확고한 의지만큼이나 인상적인 무언가가 그곳에 있었다. 화마가 휩쓸고 간 자리에는 풀도 표토도 전혀 남지 않았을뿐더러 살아남은 나무들도 대부분 잎이 완전히 불타서 사라졌는데, 그 폐허 속에 새로운 생명이 움튼 것이다. 북미 대륙의 화재 역사에서 최악으로 기록된 불이 지나간 지 한 달도 안 된 그때, 불탄 표토 아래 단단한 땅을 뚫고 나온 새싹이었다. 껍질이 다 벗겨지고 새카맣게 탔지만 뿌리는 아직 살아 있는 나무들로부터 영양을 공급받아 돋아난 싹이었다. 황량한 폐허에 난데없이 나타난 그 작고 여린 초록색은 꼭 조화 같았다. 하지만 당당히 살아 있는, 진짜 나무의 싹이었다. 거기서 90미터쯤 떨어진 곳, 하트먼 가족의 집터 바로 옆에 유기물이라고 할 만한 건 몽땅 사라지고 돌과 비틀린 금속만 남은 곳에도 아마릴리스 세 송이가 잿더미를 뚫고 올라왔다.

이런 현상을 재녹색화(revirescence)라고 한다. 기회가 있으면 다시 살아나는 자연의 특성이다. 지구의 재녹색화 능력은 우리가 아는 우주 어느 곳과도 비교할 수 없을 만큼 우수하다. 다소 우습고 진부한 소리로도 들릴 수 있지만 이는 사실이다. 지난 30억 년의 지구 역사 내내, 아무리 혹독하고 광범위한 혼란이 생겨도 자연은 매번 다시 나타났다.

인류가 지구에 바로 그런 혼란이 되었다는 것은 이제 모른 척할 수 없을 만큼 자명한 사실이다. 수백만 년에 걸쳐 축적된 화석 에너지를 단 몇십 년 만에 태운 결과는 앞으로도 계속 발생할 것이고 그 무게는 상당할 것이다. 그 결과는 가까운 미래에 혹은 훨씬 먼 미래까지 지금 우리가 예상할 수 있는 것보다 다양한 방식으로, 중요한 모든 것에 영향을 줄 것이다. 그러니 아직도 이산화탄소 배출에 관한 산업계의 고민이 걸음마 단계이고 미래 세대가 우리보다 훨씬 막중한 짐을 짊어져야 한다는 현실은 그대로 두고 볼 수만은 없는 심각한 문제다. 기후학적으로 필요성이 입증된 조치를 의도적으로, 계속 무시하는 것은 용서받을 수 없는 행위이며 비난받아 마땅하다. 하지만 용서하지 않고 비난하는 것만으로는 전혀 충분하지 않다. 지구 전체의 관점에서 그런 행위는 어떤 이유로도 정당화될 수 없다. 필요한 조치를 따르지 않은 그 죗값을 지구에 사는 모두가 함께 감당해야 할 뿐만 아니라 어린아이들, 가장 순수한 존재들, 아직 태어나지도 않은 생명들이 가장 혹독한 대가를 치러야 한다.

그동안에도 생명은 계속 존재할 것이고, 우리도 그럴 것이다.

새카맣게 타고 부러진 나무들만 가득했던 하트먼 부부의 집 주변은 불이 나고 3년이 지나자 다시 생기를 되찾았다. 그토록 잔혹했던 불의 공격을 받고도 다시 나타난 식물들은 용서 혹은 구원의 메시지처럼 느껴진다. 2016년 5월 3일에 포트맥머리 사람들이 한 명도 다치지 않고 모두 기적적으로 탈출했다는 사실이 주는 감동과도 비슷하다. 어마어마한 화재가 발생했지만, 나무와 사람들에게는 다시 기회가 주어졌다. 포트맥머리 주변 숲도 서서히 되살아나고 있다. 집들이 다 무너져 평평한 땅만 남았던 동네들도 새로운 집과 나무, 꽃들로 다시 채워지고 있다. 레딩의 하트먼 부부와 그들의 이웃들도 화염 토네이도로 집이 날아간 자리에 다시 집을 지었다.

빙엔의 힐데가르트(Hildegard von Bingen)는 이 기적 같은 자연의 재생과 연속성에 큰 흥미를 느꼈다. 12세기 베네딕트회 수녀였던 힐데가르트는 박학다식한 지식인이었다. 수녀원장, 학자, 작곡가로 활동하며 탁월한 예지력을 발휘했고(미래를 예견한 생생한 그림들이 지금까지 남아 있다), 의학, 신학, 자연계에 관해 방대한 주제로 글도 썼다. 조지프 프리스틀리, 페르디낭 드 소쉬르, 벤저민 프랭클린 같은 자연철학자가 등장하기 600년 전인 그때 힐데가르트는 생명 그 자체에, 구체적으로는 생물을 자라게 만드는 신비한 생명력에 매혹됐다. 힐데가르트는 그 힘을 "생명의 힘"이라고 하는 대신 고향인 라인강 계곡의 자연 풍경을 생각하며 비리디타스(viriditas)라고 불렀다. 당시 글을 쓸 때 사용한 언어인 라틴어로 비리디타스는 "푸르름"이라는 뜻이다. 힐데가르트의 이 표현은 "푸르름을 만드는 에너지", 살아 있는 모든 생물을 건강하고 온전하게 하고 재생력을 부여하는 내재적 자극이라는 의미로 해석된다. 힐데가르트는 산소나 이산화탄소, 광합성에 관해서는 몰랐지만, 직관은 정확했다. 인간이 이해하는 범위에서 이 "푸르름을 만드는 에너지"는 생명을 존재하게 할 뿐만 아니라 모든 생명에 경이로움과 성스러움, 다시 살아나는 능력을 부여한다는 것을 알고 있었다.

힐데가르트가 말한 비리디타스는 지구의 '표준 운영 절차', 즉 재앙이 닥쳤을 때 지구가 대응하는 기본 방식이다. 불이 훑고 간 폐허의 잿더미 속에서 아마릴리스가 자라고, 모든 희망이 사라진 것 같던 어배샌드에서 튤립이 다시 피어나게 한 것은 모두 비리디타스다.

인류는 앞으로 무슨 일이 일어날지 모르고 그 꽃들을 심었다. 인간이 가진 에너지와 창의력을 연소와 소비가 아닌 재생과 쇄신에 쏟는 것, 그것이 자연이 정한 인류의 올바른 목표이고 자연이 안내하는 우리가 가야 할 길이다. 호모 사피엔스는 석유시대를 열었고 지금의 우리는 호모 플래그란스가 되었다. 이제 인류의 미래를 이끌 수 있는 인간, 또는 인류가 다시 제자리로 돌아가도록 이끌 수 있는 인간은 '호모 비리디타스(Homo viriditas)'다.

감사의 말

이 책은 여러 사람이 힘을 모아서 만든 결과물이다. 수백 명의 말과 손길이 다양한 방식으로 페이지마다 담겨 있다. 내가 가장 먼저, 그리고 가장 깊이 감사하고픈 사람은 시간을 쪼개어 임야화재와 그로 인해 발생한 영향을 내게 알려준 시민들과 소방관들이다. 그들의 용기와 진솔함, 통찰력은 내가 21세기 화재의 강력함과 위험성을 이해하는 데 중요한 도움이 되었다.

직접적으로 또는 간접적으로 도움을 주신 분들이 많다. 대니얼 애런스(Daniel Aarons)와 발 렌델(Val Rendell), 앤지 압두(Angie Abdou), 다니엘라 아이엘로(Daniela Aiello), 도미닉 알리(Dominic Ali), 폴 에어스트, 커크 베일리(Kirk Bailey), 데이비드 비어스(David Beers), 개리 버타이그(Garry Berteig), 존 블랜칫(John Blanchette), 딕 본(Dick Bon), 마이클 크리스토퍼 브라운(Michael Christopher Brown), 셰릴 불리아백과 캘리포니아 산림·소방청 미디어팀, 스티브 부티요스와 캐리 부티요스, 워런 캐리우(Warren Cariou), 데이비드 캐루더스(David Carruthers), 노바스 코샤 출신인 세드릭(Cedric), 데이비드 채프먼(David Chapman), 캐럴 크리스천, 폴 코란젤로(Paul Colangelo), 제이미 쿠츠, 라이언 쿠츠, 조너선 콕스, 월터 크레슬러(Walt Cressler), 이반 크로포드, 조애나 크로스턴(Joanna Croston), 폴 커티스(Paul Curtis), 로젠 데이비슨(Roseann Davidson), 제프 뎀비키(Geoff Dembicki), 더그 도일(Doug Doyle) 목사, 데이브 뒤비크, 팻 더건, 트레버 덤바(Trevor Dumba), 질 에드워즈, 솔 엘베인(Saul Elbein), 엠마 엘리엇, 티미 조 엘징가(Timmy Joe Elzinga), 래리 패로(Larry Farough), 더글러스 폭스(Douglas Fox), 더스티 자이브스, 엘리 크랄지 가드너(Elee Kraljii Gardiner), 이언 질(Ian Gill), 매튜 헤이켈(Matthew Heikel), 비샤브프리트 훈달 질(Vishavpreet Hundal Gill), 존 길리스(John Gillis), 데니스 골든(Denise Golden), 제이 구필(Jay Goupil), 브래드 그레인저(Brad Grainger), 브루스 그리어슨(Bruce Grierson), 주드 그로브스, 채드 건로(Chad Gunrow), 스캇 해밀턴(Scott Hamilton), 애런 해리스, 네이트 하스캠프(Nate Harskamp), 래리와 윌리, 크리스텔 하트먼 가족, 스티븐 힉스(Steven Higgs), 크리스 허셔, 조이스 헌트(Joyce Hunt), 팀 허신(Tim Hussin), 알리 조마, 라만 칼러와 앰리트 칼러(Raman and Amrit Kaler), 존 키더(John Kidder), 릭 커슈너(Rick Kirschner) 목사, 존 녹스, 손야 레버쿠스(Sonya Leverkus) 박사, 샌드라 린더와 코리 린더, 로니 루컨, 크레이그 매케이, 하비 마챈드(Harvey Marchand), 크리스 맥길리브레이(Chris McGillivray), 고(故) 웨인 맥그로, 수 맥오먼드, 롭 무어(Rob Moore), 스티브 모리슨(Steve Morrison), 앤드류 니키포룩(Andrew Nikiforuk), 트로이 오코너, 트로이 팔머, 잭 "토치" 페덴(Jack "Torchy" Peden), 라이언 피처스, 채드 프라이스(Chad Price), 크리스티 프로이스토세스쿠, 짐 랜킨, 제시카 리드(Jessica Reed), 트레버 리버스(Trevor Rivers), 루

이 론도, 데니스 로이(Denis Roy), 리키아 새디(Rikia Saddie), 라발 생 제르맹(Lavalle St. Germain), 대니얼 슈반케(Danielle Schwanke), 캐럴 샤벤(Carol Shaben), 조앤 샤벤(Joan Shaben), 마티외 시마드(Mathieu Simard), 데이비드 스미스 교수, 돈 스미스, 톰 스미스(Tom Smith), 폴 스프링, 랜디 스테파니진과 린 스테파니진(Randy and Lynne Stefanizyn), 마크 스티븐슨, 데일 토머스(Dale Thomas), 존 토폴린스키, 크리스 터너(Chris Turner), 코디 팀스트라(Cordy Tymstra), 데일 베이와 폴린 베이(Dale and Pauline Vey), 루카스 웰시, 네티 와일드(Nettie Wild), 루 와일드(Lou Wilde), 파크 윌리엄스, 샘슨 월더미카일(Sampson Woldemichael), 웨인 우드포드(Wayne Woodford), 스티븐 라이트(Stephen Wright)께 감사드린다.

포트맥머리 화재가 발생했을 때 나는 그 현장에 없었지만, 여러 용감한 기자, 방송인들이 그곳에 있었다. 리드 피스트, 브리애나 카스텐스 스미스(Brianna Karstens-Smith), 빈스 맥더모트, 로랑 피로, 브라이어 스튜어트(Briar Stewart), 크리스 반덴브리켈, 매리언 워니카를 포함한 언론인들의 성실한 보도 덕분에 이 책은 이루 말할 수 없을 만큼 풍성해졌다.

내게 늘 축복이자 저주였던 트위터는 이 책을 쓰는 동안에 나의 동맹이자 동료, 정보원, 정확한 정보가 맞는지 확인하는 곳, 연구 조수, 과학과 역사의 배움터가 되었다. 트위터에서 만난 모든 기자, 과학자, 정책 전문가, 역사가, 기록학자, 사회운동가, 경제학자, 사진작가 분들께 깊이 감사드린다. 그분들이 내가 질문할 생각조차 하지 못했던 일들을 질문하고, 답을 찾고, 나는 존재하는지도 몰랐던 자료를 제공해준 덕분에 더 좋은 책을 만들 수 있었다.

인간의 활동으로 발생하는 이산화탄소의 문제, 그 영향에 관한 정보를 세세하게 기록하는 데이터베이스가 점차 늘어나고 있다. 이러한 정보원이 없었다면, 내 조사는 훨씬 힘들었을 것이다. 조사의 시작점은 스펜서 위어트(Spencer Weart)의 저서 《지구 온난화를 둘러싼 대논쟁(The Discovery of Global Warming)》이었다. 이 문제의 역사를 시간순으로 정리한 포괄적인 자료이며, 미국 물리학회 웹사이트(history.aip.org/climate/)에서도 볼 수 있다. 인사이드 클라이미트 뉴스(insideclimatenews.org), 클라이미트 파일(climatefiles.com), 스모크 앤 퓸(smokeandfumes.org), 데스모그(desmog.org), 코크 독스(kochdocs.org), 기후 조사 센터(climateinvestigations.org)는 이산화탄소 문제와 관련된 기업과 정부 문서를 볼 수 있는 보물 창고다. 석유업계가 시장을 확장하고, 정책에 영향력을 행사하고, 여론을 움직이기 위해 지속적으로 해온 노력을 추적한 사이트(fossilfuellobbyists.org)도 있다.

임야화재의 적나라한 현실에 관해서는 여러 원로 정치인들의 지혜와 관대한 도움에 큰 신세를 졌다. 마티 알렉산더(Marty Alexander), 릭 아서(Rick Arthur), 마이크 프롬(Mike Fromm), 피터 머피(Peter Murphy), 데니스 퀸틸리오, 브라이언 스톡스(Brian Stocks), 클리프 화이트(Cliff White)께 감사드린다. 특히 불의 동태를 명쾌한 글로 밝힌 저술가이자 내 수많은 질문에 답해준 마이크 플래니건 교수와 루크레티우스 문제를 내게 처음 알려준 젠 베벌리(Jen Beverly) 교수, 함부르크 폭격과의 연관성을 알려준 비토 바브라스카스, 로저 레벨과 1956년 국회 기록에 관해 알려준 브래드 존슨(Brad Johnson)에게 특히 감사하다. 루크레티우스의 서사 시집 《사물의 본성에 관하여》에서 필요한 부분을 번역해준 마이클 그리핀(Michael Griffin) 교수께도 감사드린다. 스티븐 존슨의 저서 《공기의 발명》은 지구 대기를 이해하기 위한 초창기 노력을 배울 수 있었던 훌륭한 자료였다. 지구상에서 일어나는 임야화재와 전반적인 역사를 알고 싶다면 스티븐 J. 파인의 저서를 꼭 봐야 한다. 앨버타주 역청산업의 포괄적인 역사에 관해서는 조이스 헌트의 《한 지역이 밀고 전 세계가 잡아당긴 역사(Local Push—Global Pull)》만 한 자료가 없다. 자료 조사를 도와준 리니아 벨(Linnea Bell), 린 데이나(Lynne Daina), 린지 그리핀(Lindsay Griffin), 멜라니 케이지(Melanie Kage), 로즈메리 프라이스 딕비(Rosemary Pryce-Digby), 툴렌 스테이스톨(Tulene Steiestol), 앨버타 주립 기록관에도 감사 인사를 전한다. 인터뷰 내용을 글로 옮기는 작업을 쉬지 않고 도와준 실라 개즐레이(Sheila Gazlay), 그리고 꾸준히 응원해주신 내 부모님과 형제들, 아내의 가족들 모두에게도 감사드린다.

덧붙여, 본다 파이크스와 앤디 라이트(Andy Wright), 켄트 포터에게도 감사드린다.

내 연구와 조사에 지원을 아끼지 않은 베아트리체 몬티 델라 콘테(Beatrice Monti della Conte)와 콘테 산타 마달레나 재단(Conte Santa Maddalena Foundation)의 모든 관계자, 폴 D. 플렉 지원사업(Paul D. Fleck Fellowship)과 캐나다 밴프 아트센터(Banff Centre for the Arts)에도 감사 인사를 전한다. 루이스 데니스(Louise Dennys), 앤드류 밀러(Andrew Miller), 마사 칸야 포스트너(Martha Kanya-Forstner)는 정녕 대단한 편집팀이자, 처음부터 이 책을 믿어주고 내가 만족할 만한 결과를 낼 때까지 쭉 지켜봐준 사람들이다. 티아라 샤마(Tiara Sharma)는 전체 내용이 분산되지 않게 정리해주었다. 그리고 스튜어트 크리체프스키(Stuart Krichevsky)와 에이전시 SKLA에 항상 가장 깊은 마음으로 감사드린다.

나와 한집에 살며 이 길고 고단한 과정을 함께해준 노라(Nora), 로앤(Roan), 아일라(Isla), 이들이 없었다면 내 마음도 이 책도 텅 비었을 것이다.

주

머리말

1 Dean Bennett, "Alberta Premier Notley to Greet Evacuees: Recalls Early Days of Wildfire," *Canadian Press*, May 31, 2016.

2 *Global News*, May 9, 2016.

1부 모든 일의 시작

1 Alexander von Humboldt and Aimé Bonpland, *Essay on the Geography of Plants*(Chicago: University of Chicago Press, 2009), p. 79.

1장

1 "World's Largest Beaver Dam Explored by Rob Mark," *CBC News*, September 19, 2014.

2 Hanna Corona, "World Boreal Forests_Largest Biome Taiga," *Boreal Forest*, August 30, 2022.

3 Tymstra, *The Chinchaga Firestorm*, p. 67: Harry Wexler, "The Great Smoke Pall_September 24-30, 1950," *Weatherwise* 3 (1950).

4 Tymstra, p. 70.

5 Ibid., p. 72.

6 Ibid., p. 66.

7 Ibid., p. 90.

8 cpo.noaa.gov/ 참고.

9 릭 커슈너(Rick Kirschner) 인터뷰, 2017년 2월 6일.

10 Canada Energy Regulator, "Crude Oil Export Summary," neb-one.gc.ca/. 캐나다산

원유는 미국 일일 원유 수입량의 40퍼센트를 차지한다. 대체로 사람들은 오래전부터 사우디아라비아가 미국이 수입하는 석유를 대부분 공급한다고 생각해왔지만, 현재 사우디아라비아산 원유의 비중은 10퍼센트 미만이다. nrcan.gc.ca/. 사이트 참고.

11 "Crude Oil Export Summary."

12 "Median Total Income of Households in 2015" (195,656.00 CAD) and "Census Profile, 2016 Census, Fort McMurray, Alberta," Statistics Canada. www12.statcan.gc.ca/.

13 이름을 밝히지 않은 사람의 제보.

14 샌드라 런더와 코리 런더의 인터뷰. 2016년 11월 4일(이후에 나오는 샌드라 런더의 말은 모두 이 인터뷰를 인용한 내용이다).

2장

1 Clark. *The Bituminous Sands of Alberta*, p. 32.

2 Bruce Grierson, personal communication; see also "Lougheed Retaliates Against Trudeau for NEP," *CBC News*, November 2, 1980.

3 "Oil and Gas Liabilities Management," alberta.ca/.

4 "Pipeline Performance in Alberta," Alberta Energy Regulator.

5 "Oil Sands Geology and the Properties of Bitumen," *Oil Sands Magazine*, updated February 28, 2020.

6 루이 론도(Louie Rondeau) 인터뷰, 2017년 2월 5일.

7 "Total Area of the Oil Sands Tailings Ponds Over Time," osip.alberta.ca.

8 2018년 현재 에드먼턴과 캘거리에 등장한 사무용 고층빌딩 두 개가 마침내 이 기록을 깼다.

9 International Bitumen Company (IBC).

10 *Fortune*, September 1947, p. 172.

11 "Map of Oil Trunk Pipe Lines," *The Oil and Gas Journal*, August 30, 1928.

12 crudemonitor.ca/ 참고.

13 "McMurray Formation," Wikipedia, en.wikipedia.org/.

14 Ian M. Head et al., "Biological Activity in the Deep Subsurface and the Origin of Heavy Oil," *Nature*, November 20, 2003.

15 "Exploring the Limits of Life in the Deep Biosphere," Deep Carbon Observatory, July 23, 2015, deepcarbon.net/.

16 Stephen R. Larter and Ian M. Head, "Oil Sands and Heavy Oil: Origin and Exploitation," *Elements* 10 (August 2014): 277–84.

17 Ibid.

18 Tristin Hopper, "Can Oil Sands Catch Fire? No, If They Could They Would Have

Burned Centuries Ago," *National Post*, May 6, 2016.

19 Malone Mullin, "What We Know and Don't Know About Diluted Bitumen," *Globe and Mail*, January 30, 2018.

20 Garrett Ellison, "New Price Tag for Kalamazoo River Oil Spill Cleanup: Enbridge Says *1.21 Billion*," Grand Rapids Press, November 5, 2014.

21 2010년 가격(배럴당 50.00달러) 기준으로 추정함. inflationdata.com/.

22 Rachel Nuwer, "Oil Sands Mining Uses Up Almost as Much Energy as It Produces," *Inside Climate News*, February 19, 2013. 포트맥머리에서 셸의 역청산업에 들어가는 에너지는 다른 지역의 일반적인 석유, 가스 시설에서 동량의 에너지를 생산하기 위해 사용하는 에너지의 약 6배에 달한다. cbc.ca/news/ 참고.

23 석유 1배럴에는 천연가스 약 16만 4,200리터에 상응하는 에너지가 포함되어 있다는 계산에서 나온 결과다.

24 "Oil Sands Production Using Nearly One-Third of Canada's Natural Gas," *BNN Bloomberg*, April 19, 2017.

25 Rhys Baker, "Making Crude Oil Useful: Fractional Distillation and Cracking," *Owlcation*, April 4, 2022.

26 Nafeez Ahmed, "Will Covid-19 End the Age of Big Oil?," *Le Monde Diplomatique*, April 24, 2020.

27 Geoff Dembicki, "This Energy Analyst Says the Oilsands Are 'Done,'" *Tyee*, May 11, 2020.

28 Chris Varcoe, "When the Oil Sands Hit Pay Dirt," *Calgary Herald*, September 26, 2017.

3장

1 Diodorus of Sicily, *Bibliotheca Historica*, II.12, via Forbes, *Bitumen and Petroleum in Antiquity*, p. 21.

2 York Factory Post journals, pdf from microfilm reel 1M154, folio 43, Archives of Manitoba (manitoba.ca).

3 Newman, *Company of Adventurers*, p. 87.

4 Tracy Sherlock, "The Elusive Mr. Pond: A Geopolitical Visionary," interview with author Barry Gough, *Vancouver Sun*, November 7, 2014.

5 Morse, *Fur Trade Canoe Routes of Canada*, p. 3.

6 Heming, *The Drama of the Forests*, pp. 19–20. 오늘날 손질이 완료된 비버 펠트의 최저가는 대략 125 캐나다 달러다.

7 William Dalrymple, "Before the East India Company," *Lapham's Quarterly*, September

27, 2019; 또한 newleftreview.org/ 참고. 허드슨스 베이 컴퍼니는 소유주도 바뀌고 과거와 크게 달라졌으나 지금도 사업을 계속하고 있다. 영어권 국가를 통틀어 현존하는 가장 오래된 기업이다.

8   M'Lean, *Notes of a Twenty-Five Years' Service in the Hudson's Bay Territory*, vol. 2, p. 262, via Murphy, *History of Forest and Prairie Fire Control Policy in Alberta*, p. 44.

9   Chris Fournier et al., "Canadians Are Feeling the Debt Burn," *Bloomberg*, March 26, 2019; see also Chris Fournier et al., "Rising Insol-vency Readings Raise Red Flags in Canada. Sort of," *Bloomberg*, November 18, 2019.

10   Fournier et al., "Canadians Are Feeling the Debt Burn."

11   "Oil Sands: Sidney Ells," Alberta Culture and Tourism, history.alberta.ca/.

12   Ells, *Reflections of the Development of the Athabasca Oil Sands*, p. 15.

13   Ibid., p. 12.

14   마차를 만들던 제임스 밀러 윌리엄스(James Miller Williams)라는 사람이 램튼 카운티(Lambton County)의 오일 스프링스(Oil Springs) 근처에서 이 유정을 찾아냈다.

15   Gale, *Rock Oil*, pp. 42ff.

16   Mitch Waxman, "North American Kerosene Gas Light Company," *Brownstoner*, July 14, 2014.

17   *Scientific American*, January 28, 1860, p. 1 (via Gale, p. 46).

18   Thomas Court, "A Search for Oil," *Alberta Historical Review* 21, no. 2 (1973).

19   한 가정의 일일 사용량을 약 5,663리터라고 할 때 나온 결과다.

20   2013년 11월 27일 캘거리에서 열린 석유 역사협회 회의에서 유정에서 발생한 극적인 화재 영상이 공개됐다. "1970-1971 북극 제도 킹 크리스천 D-18 유정 화재 진압"이라는 제목의 이 영상은 Vimeo.com에서 볼 수 있다.

21   David Coady et al., "Global Fossil Fuel Subsidies Remain Large: An Update Based on Country-Level Estimates," International Monetary Fund working paper, May 2, 2019, p. 35, imf.org/.

22   Erin Gray et al., "Canada's Fossil Fuel Subsidies Amount to *1,650 per Canadian. It's Got to Stop*," Narwhal, October 3, 2019.

23   Henry, *History and Romance of the Petroleum Industry*, p. ix.

24   *Winnipeg Free Press*, May 16, 1914, p. 1; see also David Bly, "May 14, 1914_Dingman Discovery No. 1 Blows in Turner Valley," *Calgary Herald*, May 15, 2012.

4장

1   "The Oil Sands Story (1960s, 1970s, & 1980s)," suncor.com/.

2   Tracy Johnson, "The Oilsands at 50: Will They Still Be Producing in 100 Years?,"

CBC News, September 29, 2017.

3   Bob McClements, Petroleum History Society, Petroleum Industry Oral History Projects, p. 5, petroleumhistory.ca/.

4   GCOS Annual Report, 1967, p. 4.

5   "Oil Sands: Setting the Stage_Ernest Manning," Alberta Culture and Tourism, Alberta's Energy Resources Heritage, history .alberta.ca/.

6   "The Great Canadian Oil Sands Project in 1967_Suncor Energy," YouTube, posted on June 16, 2010.

7   Johnson, "The Oilsands at 50."

8   "The Oilsands: A Political Timeline," *Edmonton Journal*, December 18, 2013; January 7, 2014.

9   이사야서 40장 3∼5절(킹 제임스 성경).

10 Peter Mackenzie-Brown, "Bitumen: The People, Performance and Passions Behind Alberta's Oil Sands," October 2, 2019, languageinstinct.blogspot.com/.

11 네이트 하스캠프(Nate Harskamp) 인터뷰, 2017년 1월 20일.

12 M. G. Lay, *Ways of the World* (New Brunswick, N.J.: Rutgers University Press, 1992), p. 50.

13 "Babylonia," *Plumbing & Mechanical Magazine* (July 1989).

14 Forbes, *Bitumen and Petroleum in Antiquity*, p. 51.

15 Koldeway, *Excavations at Babylon*, p. 12.

16 "Fort McMurray, Alberta, Canada_Knowledge of Official Languages, Language Spoken Most Often at Home and at Work," City-Data.com.

17 eia.gov/ 참고.

18 The Investopedia Team (Charles Potters, Timothy Li), "How & Why Oil Impacts the Canadian Dollar," updated March 5, 2022, investopedia.com/.

19 Met Office, "Past Weather Events," July 2006, metoffice .gov.uk/.

20 Paul Wells and Tamsin McMahon, "How Ottawa Runs on Oil," *Maclean's*, March 23, 2012.

21 루이 론도 인터뷰, 2017년 2월 5일.

22 루카스 웰시 인터뷰, 2017년 1월 23일(이후에 나오는 웰시의 말은 모두 이 인터뷰에서 인용한 것이다).

23 Amanda Stephenson, "Suncor's Safety Record in the Spotlight as Activist Investor Calls for Change," *Canadian Press*, May 2, 2022; and Gabriela Panza-Beltrandi, "Contractor, 26, Killed at Suncor Mine near Fort McMurray," *CBC News*, July 7, 2022. 2014년 이후 선코어 시설에서 최소 12명의 노동자가 사망했다. 오일샌드 업계의 라이벌 업체들에서 발생한 사망자를 모두 합친 것보다도 많은 수다.

24 Wallis Snowden, "Oilsands Workers Inside Alberta's Largest COVID-19 Outbreak

Fear for Their Safety," *CBC News*, May 12, 2021.

25 Alberta Health, "Community Profiles: Health Data and Summary," version 2, March 2015.

26 Liam Nixon, "Record Narcotics Bust at Southern Alberta Border Crossing," *Global News*, March 22, 2018.

27 제이크 맥매너스는 실명이 아니다.

28 Emily Mertz, "1 Employee Injured in Explosion and Fire at Syncrude Upgrader North of Fort Mcmurray," *Global News*, March 14, 2017.

29 Stephen Wright, personal communication, March 1, 2018.

30 이름을 밝히지 않은 사람의 제보.

31 "Icy Temperatures Bring 'Alien' Light Pillars to Alberta Night Sky," *CBC News*, February 12, 2019.

32 John Milton, *Paradise Lost*, l. 726–30.

5장

1 Wendell Berry, *Horses* (Monterey, KY: Larkspur Press, 1975).

2 Kit Chapman, "The Complexity of Fire," *Chemistry World*, July 20, 2020.

3 M. Onifade and B. Genc, "Spontaneous Combustion of Coals and Coal-Shales," *International Journal of Mining Science and Technology* 28, no. 6 (November 2018): 933–40.

4 Kenneth Miller, "Archaeologists Find Earliest Evidence of Humans Cooking with Fire," *Discover*, December 16, 2013.

5 Michelle Nijhuis, "Three Billion People Cook Over Open Fires with Deadly Consequences," *National Geographic*, August 14, 2017.

6 Fred Pearce, "Collateral Damage: The Environmental Cost of the Ukraine War," *Yale Environment 360*, August 29, 2022.

7 "Car Production," Worldometer, worldo meters.info/.

8 "Motorcycling," Wikipedia, en.wikipedia.org/wiki /Motorcycling.

9 Hugh Morris, "How Many Planes Are There in the World Right Now?" *Telegraph*, August 2017.

10 "Shipping Facts," International Chamber of Shipping, ies-shipping.org/.

11 전 세계에서 생산되는 석유 중 플라스틱, 비료, 윤활유 등의 생산 원료로 쓰이는 양은 10퍼센트 미만이다. 미국 에너지 정보청의 "석유 및 석유제품에 관한 설명"을 참고하기 바란다. eia.gov/energyexplained/.

12 Smil, *Oil*, p. 66.

13　　Maxine Joselow, "Daniel Yergin on Peak Oil, Pandemic, Rom-Coms," *GreenWire, E&E News*, October 30, 2020, politicopro .com/.

14　　Amanda Cooper and Christopher Johnson, "Now Near 100 Million bpd, When Will Oil Demand Peak?," *Reuters*, September 20, 2018. A standard barrel holds 42 gallons, or 159 liters.

15　　"Transport Volume of Crude Oil in Global Seaborne Trade from 2010 to 2020," *Statista*, statista.com/.

16　　"Oil Tankers in Canadian Waters," Clear Seas, clearseas.org/.

17　　Natalie Wolchover, "How Does Oil Form?," *LiveScience*, March 2, 2011.

18　　Nicola K. S. Davis, "World's Oldest Fossils Found in Canada, Say Scientists," *Guardian*, March 1, 2017.

19　　David Biello, "The Origin of Oxygen in Earth's Atmosphere," *Scientific American*, August 19, 2009.

20　　Nick Lane, "The Rollercoaster Ride to an Oxygen-Rich World," *New Scientist* 205, no. 2746 (February 2010).

21　　"US Woman Dies in Iron Lung After Power Failure," *NBC News*, May 28, 2008.

2부 화재 기상

6장

1　　Seamus Heaney, *The Spirit Level* (New York: Farrar, Straus and Giroux, 1996), p. 55.

2　　"A Review of the 2016 Horse River Wildfire," prepared for the Forestry Division, Alberta Agriculture and Forestry, by MNP (Myers Norris Penny), June 2017, pp. 5, 61. (Hereafter "MNP Report.")

3　　Wood Buffalo Forest Fire Update_May 2, 5:30 p.m.," YouTube, posted on May 2, 2016.

4　　Frits Pannekoek and Erin James-Abra, "Fort McMurray," *Canadian Encyclopedia*, updated March 11, 2019.

5　　크리스 허서 인터뷰, 2017년 2월 6일. 코디 팀스트라(Cordy Tymstra) 인터뷰, 2016년 11월 1일.

6　　코디 팀스트라(Cordy Tymstra) 인터뷰, 2016년 11월 1일.

7　　"Final Report from the Flat Top Complex Wildfire Review Committee," p. v, May 2012, open.alberta.ca/.

8　　제이미 쿠츠, 이메일 연락, 2017년 2월 20일.

9　　로니 루컨 인터뷰(제이미 쿠츠, 라이언 쿠츠와 함께), 2017년 2월 4일.

10 라이언 쿠츠 인터뷰, 2017년 7월 27일(별도 설명이 없는 한, 이후에 나오는 라이언 쿠츠의 말은 모두 이 인터뷰에서 인용한 것이다).

11 브래드 그레인저(Brad Grainger) 인터뷰, 2017년 5월 4일.

12 Ibid.

13 제이미 쿠츠 인터뷰, 2017년 7월 31일(별도 설명이 없는 한, 이후에 나오는 제이미 쿠츠의 말은 모두 이 인터뷰에서 인용한 것이다).

14 MNP Report, Exhibit A-8, p. 63.

7장

1 Stephen J. Pyne, "Pyromancy: Reading Stories in the Flames," *Conservation Biology* 18, no. 4 (2004): 875.

2 "Media Briefing: Wood Buffalo Forest Fire Update, May 3, 11 a.m.," YouTube, posted on May 3, 2016.

3 "Average Maximum Temperature_Station 'A': 14.8°C," Past Weather and Climate, Government of Canada. See also "Almanac Averages and Extremes for Fort McMurray, May 3, 2016" and "Normals for Ft Mac, Station 'A':13.5°C/56°F," climate.weather. gc.ca/.

4 "Almanac: Historical Information: Death Valley, CA," myforecast.co/.

5 폴 스프링(Paul Spring) 인터뷰, 2016년 11월 7일.

6 David Staples, "Firestorm: How a Wisp of Smoke Grew into a Raging Inferno," *Edmonton Journal*, April 30, 2017.

7 데일 토머스(Dale Thomas)와 딘 맥도널드(Dean Macdonald), 개별 대화, 캐나다 켈로나 화재 학회, 2016년 10월 24일.

8 "Final Documentation Report Chisholm Fire (LWF-063)," Sustainable Resource Development, updated 2001, open.alberta.ca/.

9 Peter Attiwill, "Anatomy of a Bushfire," *ABC News* (Australia), 2009.

10 "Final Documentation Report Chisholm Fire (LWF-063)," p. 48.

11 트로이 오코너, 개별 대화, 캐나다 켈로나 화재 학회, 2016년 10월 24일.

12 데일 토머스 인터뷰, 개별 대화, 캐나다 켈로나 화재 학회, 2016년 10월 24일.

14 Jim Sergent et al., "3 Startling Facts About California's Camp Fire," *USA Today*, updated November 21, 2018: 2018년 11월 21일 업데이트: "11월 8일 정오쯤 (캠프 화재가) 급격히 번져 약 90분 만에 40.5제곱킬로미터가 불탔다. … 하루 만에 283제곱킬로미터 이상이 숯 더미가 됐다."

15 Michael D. Fromm and René Servranckx, "Transport of Forest Fire Smoke Above the Tropopause by Supercell Convection," *Geophysical Research Letters*, May 31, 2003.

16   Daniel Rosenfeld et al., "The Chisholm Firestorm: Observed Microstructure, Precip-
        itation and Lightning Activity of a Pyro-Cumulonimbus," *Atmospheric Chemistry and
        Physics* (February 2007).

17   데니스 퀸틸리오, 개별 연락, 2016년 6월.

18   존 녹스 인터뷰, 2018년 5월 13일(이후에 나오는 녹스의 말은 모두 이 인터뷰를 인용한 것
        이다).

19   크리스 반덴브리켈 인터뷰, 2018년 5월 19일(이후에 나오는 반덴브리켈의 말은 모두 이
        인터뷰를 인용한 것이다).

20   "Area of Fire_Wholesale District_Toronto, Canada," map, toronto.ca/wp-content/
        uploads/2017/09/8f34-goads_with_image_numbers.jpg.

21   오후 12:30~1:00에 측정소 "A"에서 나온 결과. (측정소 "CS"에서는 오전 11시~정오
        사이에 이 변화를 확인했다. 오후 3시의 측정 결과는 32.3도였다.) "포트맥머리 'CS' 측정
        소, 2016년 5월 3일 시간별 데이터 보고서" 참고. '지난 날씨·기후' 정보 제공 웹 사
        이트, 캐나다 정부.

22   "Northern Arctic Ecozone," Ecological Framework of Canada, ecozones.ca/, arctic.
        uoguelph.ca/.

8장

1   앨버트 앨런 바틀릿, "산술, 인구, 에너지: 지속 가능성 입문", 콜로라도대학교 (볼
        더) 강의, 2005년 2월 26일.

2   리드 피스트 인터뷰, 2018년 5월 24일(이후에 나오는 피스트의 말은 모두 이 인터뷰를 인
        용한 것이다).

3   Alberta Soils Science Workshop, *Alberta Soils Tour Guide Book*, 2017, p. 26.

4   "Firefighters Concentrate on Richardson Fire," *Fort McMurray Today*, June 10, 2011.

5   David Pitt-Brooke, *Crossing Home Ground* (Madeira Park: Harbour Publishing, 2017), p.
        62.

6   MNP Report, p. 12.

7   Association of Alberta Forest Management Professionals, aafmp.ca/.

8   MNP Report, p. 11.

9   *Fort McMurray Matters*, Mix 103.7, May 3, 2016.

10   크리스 반덴브리켈 인터뷰, 2018년 5월 19일(뒤에 나오는 반덴브리켈의 말은 모두 이 인
        터뷰를 인용한 것이다).

11   For an example, see "Fort McMurray Wildfire Remains Out of Control After City
        Evacuated," *CBC News*, May 3, 2016.

12   린 스테파니진(Lynne Stefanizyn) 인터뷰, 2017년 1월 22일.

13   헤르만 헤세, 《황야의 이리》(New York: Frederick Ungar, 1957), p. 301.

14   Aubrey Clayton, "To Beat COVID-19, Think Like a Fighter Pilot," *Nautilus*, March 18, 2020.

9장

1   윌리엄 셰익스피어, 《맥베스》 4막 1장, 105~7 Folger Library edition. https://shake-speare.folger.edu.

2   1945년 5월 3일에 약 27.8도에 이른 기록.

3   "The 9/11 Commission Report, Executive Summary, General Findings," p. 9. govinfo.gov/.

4   MNP Report, p. 41.

5   제이미 쿠츠 인터뷰(라이언 쿠츠, 로니 루컨과 함께), 2017년 2월 4일.

6   Marshall-Lee Construction, Completed Projects, Fire Hall #5. marshall-lee.ca/.

7   이반 크로포드 인터뷰, 2016년 11월 7일(이후에 나오는 크로포드의 말은 모두 이 인터뷰를 인용한 것이다).

8   마크 스티븐슨 인터뷰, 2017년 2월 7일(이후에 나오는 스티븐슨의 말은 모두 이 인터뷰를 인용한 것이다).

9   MNP Report, chronology chart, p. 65.

10   2016년 1월 21일 석유 가격표, oilprice.com/.

11   Yadullah Hussain, "How High Break-Even Costs Are Challenging New Oilsands Projects," *Financial Post*, January 22, 2015. See also Peter Tertzakian, "This Crude War Is About a Lot More Than Oil Prices and Market Share," *Calgary Herald*, March 9, 2020.

12   Elise Stolte, "Syncrude Bison Left Behind as Fort McMurray Fires Force Further Oilsands Shutdown," *Edmonton Journal*, May 7, 2016.

13   이반 크로포드 인터뷰.

14   "A Look Back at How the Fort McMurray Fire Unfolded," *Canadian Press*, April 27, 2017.

15   라이언 피처스 인터뷰, 2017년 1월 29일(이후에 나오는 피처스의 말은 모두 이 인터뷰를 인용한 것이다).

16   Andrew Marvell, "To His Coy Mistress," Poetry Foundation.

17   Scott Gilmore, "The Horror of Forest Fires Is Roaring Back," *MacLean's*, May 5, 2016.

<h2 style="text-align:center">10장</h2>

1　알리 조마 인터뷰, 2017년 2월 10일(이후에 나오는 조마의 말은 모두 이 인터뷰를 인용한 것이다).

2　D. J. Downing and W. W. Pettapiece, eds., "Natural Regions and Subregions of Alberta," Natural Regions Committee, 2006, p. 149.

3　Martin E. Alexander, "The Power of Crown Fires in Conifer Forests," a presentation prepared for the Canadian Forest Service, Northern Forestry Centre, April 10, 2009; revised February 17, 2020, p. 1.

4　David Staples, "Alberta Battles 'The Beast,' a Fire That Creates Its Own Weather and Causes Green Trees to Explode," *Edmonton Journal*, May 7, 2016.

5　폴 에어스트 인터뷰, 2017년 5월 1일(이후에 나오는 에어스트의 말은 모두 이 인터뷰를 인용한 것이다).

6　우드 버펄로 도시권역 트위터 공식 계정.

7　엠마 엘리엇 인터뷰, 2017년 1월 22일.

8　데이브 뒤비크 인터뷰, 2017년 1월 25일.

9　알리 조마 인터뷰.

<h2 style="text-align:center">11장</h2>

1　Asher, *Inside the Inferno*, p. 55.

2　트로이 팔머 인터뷰, 2017년 4월 30일(이후에 나오는 팔머의 말은 모두 이 인터뷰를 인용한 것이다).

3　주드 그로브스 인터뷰, 2017년 4월 24일.

4　Struzik, Firestorm, p. 43.

5　Stewart Culin, *Games of the North American Indians* (New York: Dover, 1975), pp. 562ff. See also Joseph Boyden, *The Orenda* (Toronto: Hamish Hamilton, 2013), pp. 175ff.

6　Elizabeth Shogren, "What Fire Researchers Learned from California's Blazes," *High Country News*, December 11, 2017.

7　Stephen J. Pyne, "Welcome to the Pyrocene," *Slate*, May 16, 2016.

8　Hawley et al., *Into the Fire*, p. 9.

9　Ibid., p. 7.

12장

1   Bill Gabbert, "The Home Ignition Problem," *Wildfire Today*, July 11, 2019.

2   "How Closing Your Bedroom Door Could Save Your Life in a Fire," *CTV Vancouver*, October 24, 2017. See also "New vs. Old Room Fire Final UL," YouTube, posted on December 17, 2010.

3   존 토폴린스키 인터뷰, 2016년 11월 5일.

4   팻 더건 인터뷰, 2017년 2월 8일(이후에 나오는 더건의 말은 모두 이 인터뷰를 인용한 것이다).

5   April 28. "Daily Data Report for April 2016," Fort McMurray A, Alberta, Past Weather and Climate, Government of Canada, climate.weather.gc.ca/.

6   루카스 웰시 인터뷰.

13장

1   Tim Hus (with Corb Lund), "Hurtin' Albertan," *Huskies and Husqvarnas*, album, 2006.

2   웨인 맥그로 인터뷰, 2017년 5월 4일(이후에 나오는 맥그로의 말은 모두 이 인터뷰를 인용한 것이다).

3   "Labrador Man Wayne McGrath Captured a Frightening Scene as Homes Burned Around Him in Fort McMurray," *CBC Newfoundland and Labrador*, May 4, 2016.

4   텍사스주에서 발생한 아세틸렌 탱크 화재 장면이 담긴 이 유튜브 영상을 보면, 포트 맥머리 화재 기간에 소방관들이 어떤 위험에 맞닥뜨렸는지 알 수 있다. "텍사스주 산소아세틸렌 캐니스터 공장 폭발", 유튜브, 2010년 5월 20일 게시(영상 1분 부분 참고).

5   "Fort McMurray Man Watches His Home Burn on Security Cam," *CBC News*, May 6, 2016.

6   David Staples, "Firestorm Part Three: 'You're Out of Time,'" *Edmonton Sun*, May 3, 2017.

7   폴 커티스 인터뷰, 포트맥머리 상수도 관리사업소, 2019년 6월 14일.

8   Ibid.

9   Asher, *Inside the Inferno*, p. 99.

14장

1   Marshall McLuhan, *The Medium Is the Message* (New York: Random House, 1967),

2   출애굽기 9장 24절(킹 제임스 성경).

3   미국에서는 2005년 9월 22일 허리케인 리타가 가까워지자 텍사스주와 루이지애나
     주 해안 지역 주민 250만 명 이상이 대피했다. 2001년 9월 11일 테러로 맨해튼에서
     는 9시간 동안 수백 척의 배로 50만 명 이상이 대피했다. 역사가 기록된 이래로 최대
     규모의 해상 대피였다. 1871년 10월 8일부터 9일까지 시카고 대화재로 약 10만 명이
     집을 잃었다. 이들 대부분은 집이 불탈 위기에 처한 사람들과 함께 대피했을 것으로
     추정된다. 시카고 대화재는 대략 36시간 동안 지속됐으나 주민들은 불길이 북쪽과
     동쪽으로 향하기 전에 대피했다.

4   주드 그로브스(Jude Groves) 제공.

5   Robinson Meyer, "The Simple Reason That Humans Can't Control Wildfires," *Atlan-
     tic*, November 13, 2018.

6   Ed Struzik, "Fire-Induced Storms: A New Danger from the Rise in Wildfires," *Yale
     Environment* 360, January 24, 2019.

7   Michael Fromm et al., "The Untold Story of Pyrocumulonimbus," *Bulletin of the Amer-
     ican Meteorological Society*, September 2010, pp. 1193-1209.

8   마이크 프롬(Mike Fromm), 개별 연락, 2020년 3월 4일.

9   Andrew Dowdy et al., "Pyrocumulonimbus Lightning and Fire Ignition on Black Sat-
     urday in Southeast Australia," *Journal of Geophysical Research: Atmospheres* 122, no. 14
     (July 27, 2017): 7342-735.

10   빈스 맥더모트 트위터 계정, 2016년 5월 3일 오후 2:15.

11   질 에드워즈 인터뷰, 2017년 2월 6일.

12   Sarah Boon, "Northern Alberta Wildfires," *Science Borealis*, May 4, 2016.

13   이름을 밝히지 않은 사람의 제보.

14   David Staples, "Firestorm Part Three: 'You're Out of Time,' *Edmonton Sun*, May 3,
     2017.

15   Ibid.

16   Episode transcript, *CBC Radio: The Current*, July 27, 2016.

17   MNP Report, p. 41.

18   Struzik, *Firestorm*, p. 42.

19   Translation by Michael Griffin from the unrevised 1924 Loeb edition by W. H. D.
     Rouse, VI.674-77.

20   나심 탈레브, 《안티프래질》 (New York: Random House, 2012), p. 46.

21   리드 피스트 인터뷰.

22   이반 크로포드 인터뷰.

23   David Staples, *Edmonton Journal*.

24   Marion Warnica, "Battling the Beast: The Untold Story of the Fight to Save Fort Mc-
     Murray," *CBC News*, July 27, 2016.

25 존 녹스 인터뷰.

26 "Apocolypse & Ash_Couple Narrowly Escape Fort McMurray Wildfire," YouTube, posted on May 10, 2016, see at 4:40.

27 Julia Parrish, "'Sad Day': Tens of Thousands Evacuated from Fort McMurray Due to Wildfire," *CTV Edmonton*, updated May 4, 2016.

15장

1 이사야 43장 2절(킹 제임스 성경).

2 "RMWB Wildfire Press Briefing, May 3, 2016, 10:00 p.m." (audio only), YouTube, posted on May 4, 2016.

3 Tina LeDrew Sager quoted in Eleanor Hall, "Canadian Wildfire: Weather Change Respite to Exhausted Fire Crews," World Today, *ABC News*, May 9, 2016.

4 timeanddate.com/ 참고.

5 "Final Update 39: 2016 Wood Buffalo Wildfires (June 10 at 4:30 p.m.)," May 8, 2016, alberta.ca/.

6 Caitlin Hanson, "Fort McMurray Fire: What People Brought with Them," *CBC News*, May 6, 2016.

7 Henry Lansdell, *Through Siberia*, vol. I (1879), p. 267.

8 *New York Times*, June 16, 1886, p. 1.

16장

1 Jana G. Pruden, "A Week in Hell: How Fort McMurray Burned," *Globe and Mail*, May 6, 2016.

2 "Regional Fire Chief Calls Fort McMurray Wildfire 'Nasty' and 'Dirty,' *Global News*, May 4, 2016.

3 Marion Warnica, "Battling the Beast: The Untold Story of the Fight to Save Fort McMurray," *CBC News*, July 27, 2016.

4 "Regional Fire Chief Calls Fort McMurray Wildfire 'Nasty' and 'Dirty,' YouTube, posted on May 4, 2016.

5 "The Great Chicago Fire and the Web of Memory: Inside the Burning City," greatchicagofire.org/.

6 일본은 전 세계 다른 어떤 나라보다 도시 화재를 많이 겪었다. 지난 3세기에 걸쳐 발생한 재앙 수준의 여러 화재와 더불어, 1923년에는 간토 대지진으로 불 폭풍이 여러

차례 이어져 도쿄와 주변 지역에서 10만 명 이상이 목숨을 잃었다. 1945년에는 미군이 일본 67개 도시에서 벌인 폭격으로 엄청난 영향이 발생했다. 목제 건물이 큰 비중을 차지하는 도시들에서 주로 이루어진 이 치명적인 공습에 이어 히로시마와 나가사키에 실시된 핵 공격으로 더 많은 불 폭풍이 일어났다. 대일본 공습을 지휘한 커티스 르메이(Curtis LeMay) 장군은 만약 미국이 전쟁에서 패했다면 자신이 전범으로 처형됐을 것이라고 말했다. "Firebombing Japan," The Pop History Dig, pophistorydig.com/ 참고.

7   "It's Going to Be a Long, Hot Summer in Toronto, Environment Canada Says," *CBC News*, July 8, 2020. See also "Hourly Data Report for July 2000," Past Weather and Climate, Government of Canada, climate .weather.gc.ca/.

8   "July 2020 Weather in Toronto," graph, www .timeanddate.com/.

9   "Excessive Heat Warning Continues Throughout Arizona; Valley Ties High Temperature Record for August 3," *Fox 10 Phoenix*, August 4, 2020.

10   Janet French, "Fort McMurray Wildfire: A Small Fire Turns into the Beast," *Edmonton Journal*, May 13, 2016.

11   MNP Report, p. 69.

12   "Fort McMurray Wildfire Update #3_May 4, 2016 at 3:15 pm," YouTube, posted on May 4, 2016.

13   폴 스프링 인터뷰, 2016년 11월 7일.

14   "Fort McMurray Fire_Hwy 63 Prairie Creek, Taken 1:46 am May 5, 2016," YouTube, posted on May 7, 2016.

15   2022년 5월 미국 뉴멕시코주 라스베이거스의 칼프 캐니언/헤르밋 피크에서 발생한 화재(Calf Canyon/Hermits Peak Fire) 참고(뉴멕시코주 역사상 최대 화재), "뉴멕시코주 임야화재, 계속 번지는 중(Wildfires in New Mexico Continue to Grow)" *NPR*, 2022년 5월 10일.

17장

1   이반 크로포드가 전한 말, 2016년 11월 7일.

2   창세기 19장 24~25절(킹 제임스 성경).

3   Douglas Fox, "Inside the Firestorm," *High Country News*, April 3, 2017.

4   스탠다드 오일 개발회사, "유타주 더그웨이 시험장의 시험용 독일 및 일본의 전형적인 구조물 설계와 건설(Design and Construction of Typical German and Japanese Test Structures at Dugway Proving Grounds, Utah)" 스탠다드 오일 개발 사업 30601, 기밀 해제된 정부 문서, p. 6

5   Miller, p. 126.

6   Ibid., p. 39.

7   Ibid., p. 143.

8   Greig Watson, "Operation Gomorrah: Firestorm Created 'Germany's Nagasaki,' *BBC News*, August 2, 2018.

9   "Royal Air Force Bomber Command 60th Anniversary," Campaign Diary: 27/28 July 1943," National Archives, nationalarchives.gov.uk/.

10 "Battle of Hamburg," National Archives, nationalarchives.gov.uk/.

11 Standard Oil Development Company, "Design and Construction of Typical German and Japanese Test Structures at Dugway Proving Grounds, Utah," p. 9.

12 로니 루컨 인터뷰(제이미 쿠츠, 라이언 쿠츠와 함께), 2017년 2월 4일.

13 짐 랜킨 인터뷰(크리스 허셔와 함께), 2017년 2월 6일(이후에 나오는 랜킨과 허셔의 말은 모두 이 인터뷰를 인용한 것이다).

14 이사야 40장 4절(킹 제임스 성경).

15 트로이 팔머 인터뷰.

16 Hawley et al., *Into the Fire*, p. 51.

17 "Fort McMurray Fire_Hwy 63 Prairie Creek, Taken 1:46 AM May 5, 2016," YouTube, posted on May 7, 2016.

18 Hawley et al., p. 51.

19 Seamus Heaney, trans., *Beowulf* (New York: Farrar, Straus and Giroux, 2000), l. 1124.

20 Video message posted online, May 5, 10:00 p.m., Bill Chappell, "'The Beast Is Still Up': Alberta Wildfires Rage: Evacuees Told to Wait It Out," *NPR*, May 6, 2016.

21 J. R. R. 톨킨, 《반지의 제왕 1: 반지 원정대》 (New York: Ballantine, 1970), pp. 428 – 29.

3부 심판

1   Aeschylus, *Prometheus Bound*, trans. Joe Agee (New York: NYRB Classics), pp. 20, 31.

18장

1   윌리엄 카를로스 윌리엄스, 《패터슨》 (New York: Penguin, 1983), p. 176.

2   *Oxford English Dictionary*.

3   John W. Severinghaus, "Fire-air and Dephlogistication: Revisionisms of Oxygen's Discovery," *Advances in Experimental Medicine and Biology* (2003).

4   Ibid., p. 181.

5   Ibid.

6   존슨, 《공기의 발명》, p. 73.

7   Ibid., pp. 166ff.

8   *Philosophical Transactions of the Royal Society* 62 (1772).

9   Johnson, pp. 60ff.

10   "From Benjamin Franklin to Joseph Priestley, (July 1772): Extract," *Founders Online*, National Archives, founders.archives.gov (via Johnson).

11   Alan Buis, "The Atmosphere: Getting a Handle on Carbon Dioxide," NASA_Global Climate Change, October 9, 2019, climate .nasa.gov/.

12   Per EPA, epa.gov/.

13   Phil McKenna, "To Counter Global Warming, Focus Far More on Methane, a New Study Recommends," *Inside Climate News*, February 9, 2022. See also Akshat Rathi, "The Case Against Methane Emissions Keeps Getting Stronger," *Bloomberg*, February 15, 2022; and "Methane Emissions from the Energy Sector Are 70% Higher Than Official Figures," International Energy Agency report, February 23, 2022: "The methane leaked in 2021 could have provided 180 billion cu. m. for the market (~all the gas used in Europe's power sector)."

14   Timothy Casey, "Text of E. Burgess' 1837 Translation of Fourier (1824)," burgess1837.geologist-1011.mobi/, p. 11.

15   오라스 베네딕트 드 소쉬르, "산을 지배하는 추위의 원인(The Cause of the Cold That Reigns on the Mountains)" 《Travels in the Alps》 (trans. Alastair B. McDonald, vol. 2, chap. 35. June), 2017, 미발표 자료.

16   Ibid., pp. 16–17(인용구는 저자가 편집한 내용임).

17   James R. Fleming, *Joseph Fourier's Theory of Terrestrial Temperature* (Oxford, 1998).

19장

1   로버트 프로스트, 《뉴햄프셔》(New York: Henry Holt, 1923).

2   Eunice Foote, "Circumstances Affecting the Heat of the Sun's Rays," *American Journal of Science and Arts*, ser. 2, vol. 22, art. 31 (November 1856): 383.

3   이 글을 읽은 동료는 전자기학을 개척한 학자이자 스미스소니언 협회의 초대 협회장을 지낸 조지프 헨리(Joseph Henry)다.

4   Foote, p. 382.

5   Tabea Tietz, "Étienne Lenoir and the Internal Combustion Engine," *SciHi Blog*, January 24, 2021.

6   John Tyndall, "On the Transmission of Heat of Different Qualities Through Gases of

Different Kinds," *Notices of the Proceedings at the Meetings of the Members of the Royal Institution of Great Britain*, vol. 3 (London, 1862), p. 158. See also Roland Jackson, "Who Discovered the Greenhouse Effect?," rigb.org/explore-science/explore/blog/who -discovered -green house -effect.

7 틴들이 정말 몰랐는지는 다소 의문스러운 점들이 있다. 1856년에 유니스 푸트의 논 문이 게재된 학술지 《미국 과학 · 기술 저널(The American Journal of Science and Arts)》 에는 틴들이 (본 내용과 무관한 주제로) 쓴 글도 실렸다. 푸트의 실험 결과는 이듬해에 《사이언티픽 아메리칸》, 《뉴욕 데일리 트리뷴》을 비롯해 《에든버러 신철학 저널(Edin- burgh New Philosophical Journal)》, 중대한 발견을 연 단위로 종합해서 소개한 《1856년 독일 물리학 발전(German Advances of Physics in Year 1856)》 같은 몇몇 유럽 학술지에도 소개됐다. 틴들은 영국에서 활동했지만 학업은 독일에서 마쳤고 독일어를 유창하게 구사했으며, 그곳 과학계와도 계속해서 긴밀한 관계를 유지했다. 이런 사실과 틴들이 기후학에 관심이 뜨거웠다는 점, 그의 연구 결과가 나온 시점, 그 결과가 자신이 가장 먼저 밝혀낸 것임을 강력히 주장했던 점을 모두 고려하면 푸트의 선견지명이 돋보인 연구를 어째서 몰랐는지 자연히 의문이 생긴다.

8 Svante Arrhenius, "On the Influence of Carbonic Acid in the Air upon the Tempera- ture of the Ground," *London, Edinburgh, and Dublin Philosophical Magazine and Jour- nal of Science* (April 1896): 237 – 76(아레니우스는 1895년 스톡홀름 물리학회에 논문을 제 출했다). 아래에 나오는 아르비드 호그봄의 인용문(1894년)은 본 자료의 269쪽부터 시 작되며 석탄이 기후에 끼치는 영향에 관한 내용은 270쪽에 나온다.

9 Julia Uppenbrink, "Arrhenius and Global Warming," *Science* 272 (May 24, 1996): 1122.

10 Arrhenius, "On the Influence of Carbonic Acid," "Table VII: Variation of Tempera- ture Caused by a Given Variation of Carbonic Acid," p. 266.

11 Ibid., p. 267.

12 Henning Rodhe et al., "Svante Arrhenius and the Greenhouse Effect," *Ambio* 26, no. 1 (February 1997).

13 Arvid G. Högbom, "On the Probability of Global Changes in the Level of Atmospher- ic CO2," *Svensk kemisk Tidskrift* (1894), quoted in Arrhenius, "On the Influence of Carbonic Acid," p. 270ff, p. 269. (Translation by Patrick Lockerby.)

14 Smil, *Oil*, p. 161.

15 Nils Ekholm, "On the Variations of the Climate of the Geological and Historical Past and Their Causes," *Quarterly Journal of the Royal Meteorological Society* (January 1901): 19.

16 *London, Edinburgh, and Dublin Philosophical Magazine and Journal of Science*, ser. 6, vol. 14, no. 84 (1907): 749.

17 Arrhenius, *Worlds in the Making: The Evolution of the Universe* (New York, 1908), p. 51.

18 Ibid., p. 61.

19 Ibid., p. 54.

20 Ibid., p. 63.

21 산업계의 화석연료 사용에 따른 이산화탄소 배출량은 1895년 15억 톤에서 2018년 360억 톤으로 증가했다. Hannah Ritchie and Max Roser, "Annual Total CO2 Emissions," ourworldindata.org/ 참고.

22 Frank Wicks, "The Engineer Who Discovered Global Warming," *American Society of Mechanical Engineers*, April 29, 2020.

23 G. S. Callendar, "The Artificial Production of Carbon Dioxide and Its Influence on Climate," *Quarterly Journal of the Royal Meteorological Society* 64 (1938): 223–40.

24 Ibid., p. 233.

25 Ibid., p. 236.

26 Paul Stephenson, "Ancient Roman Pollution," *Lapham's Quarterly*, February 23, 2022.

27 James R. Fleming, "What Role Did G. S. Callendar Play in Reviving the CO2 Theory of Global Climate Change?," Presidential Sympo sium on the History of the Atmospheric Sciences: People, Discoveries, and Technologies. 한스 수스(Hans Seuss)와 로저 레벨(Roger Revelle)은 "인간의 활동, 주로 연소로 대기 중 이산화탄소 농도가 증가하여 발생하는 기후변화"를 "캘린더 효과"라고 칭했다.

28 *Washington Post*, May 5, 1953, p. 5.

29 "Science: Invisible Blanket," *Time*, May 25, 1953.

30 Lincoln Barnett, "The World We Live In_Part IV: The Canopy of Air," *Life*, June 8, 1953.

31 Gilbert Plass, "Carbon Dioxide and the Climate," *American Scientist* 44, no. 3 (July 1956): 302–16, 305.

32 Ibid., pp. 305–6.

33 Ibid., p. 310.

34 Ibid., p. 312.

35 Smil, Oil, p. 161.

36 "Arlington, VA, Weather History," Wunderground, wunderground.com/.

37 "Hearings Before Subcommittees of the Committee on Appropriations on Second Supplemental Appropriation Bill," House of Representatives, 84th Congress, Second Session, 1956 (426), pp. 467ff.

38 Ibid., p. 473.

39 Ibid., p. 502.

40 Ibid., p. 474.

41 "Hearings Before Subcommittees of the Committee on Appropriations," House of Representatives, 85th Congress, First Session, 1957, pp. 104ff.

42   1957년 대기 중 이산화탄소 농도는 315ppm이었다. 레벨은 2004년이 되면 20퍼센트 증가한 378ppm이 될 것이라고 경고했다.

43   "Indicators of Climate Change in California_Wildfires," Cal Fire publication, p. 185.

44   Kasha Patel and Lauren Tierney, "These Maps Illustrate the Seriousness of the Western Drought," *Washington Post*, June 16, 2022.

45   Andy Park and Alex McDonald, "Former ADF Official Says Increasing Climate-Related Weather Events Could Overwhelm Defence Force," *ABC News*, April 19, 2012.

46   Philip Shabecoff, "Global Warming Has Begun, Expert Tells Senate," *New York Times*, June 24, 1988.

20장

1   코맥 매카시, 《로드》(New York: Alfred A. Knopf, 2006), p. 28.

2   도린 스타빈스키(Doreen Stabinsky)는 2021년 11월 13일 자신의 트위터 계정(@doreen-stabinsky)에 다음과 같은 글을 게시했다. "'탄소 순 배출량 제로(0) 목표는 선진국들이 현 상황을 피하려는 방법일 뿐입니다. 우리는 탄소 식민주의를 거부합니다.' (볼리비아의) 디에고 파체코(Diego Pacheco)가 #cop26(유엔 기후변화 협약 당사국 총회)에서 '같은 생각을 가진 개발도상국 그룹(Like Minded Developing Countries)'을 대표해서 한 말입니다."

3   "The Unchained Goddess 1958_Bell Science Hour," YouTube, posted on August 8, 2015.

4   Ibid., at 50:51.

5   Benjamin Franta, "On Its 100th Birthday in 1959, Edward Teller Warned the Oil Industry About Global Warming," *Guardian*, January 1, 2018.

6   Allen Nevins et al., "Energy and Man: A Symposium," Trustees of Columbia University, 1960, p. 25.

7   Ibid., pp. 67-68.

8   Ibid., p. 70.

9   February 2, 1962, pp. 88-89.

10   *Evolution of Canada's Oil and Gas Industry*, Canadian Centre for Energy Information, 2004, p. 37.

11   Tristin Hopper, "Nuke the Oilsands: Alberta's Narrowly Cancelled Plan to Drill for Oil with Atomic Weapons," *National Post*, August 2, 2016.

12   "Alberta Technical Committee Report to the Minister of Mines and Minerals and the Oil and Gas Conservation Board," Alberta Government Publications, 1959.

13   *Petroleum History Society Archives* 16, no. 4 (June 2005).

14 "A Breathing Planet, Off Balance," NASA, November 12, 2015, nasa.gov/.

15 D. Luthi et al., "Graphic: The Relentless Rise of Carbon Dioxide," NASA, Global Climate Change, climate.nasa.gov/.

16 "Bloomberg Carbon Clock," bloomberg.com/.

17 Wallace S. Broecker et al., "Restoring the Quality of Our Environment," President's Science Advisory Committee Report on Atmospheric Carbon Dioxide, 1965, climate-files.com/.

18 Ibid., pp. 126–27.

19 James R. Garvey, "Air Pollution and the Coal Industry," *Mining Congress Journal* (August 1966).

20 E. Robinson and R. C. Robbins, "Sources, Abundance, and Fate of Gaseous Atmospheric Pollutants," Stanford Research Institute, February 1968, smokeandfumes.org/documents/document16.

21 Ibid., p. 110.

22 Geoff Dembicki, "Has Suncor Seen the Climate Crisis Coming for 61 Years?" *Tyee*, July 21, 2020.

23 J. F. Black, "The Greenhouse Effect," summary, Exxon Research and Engineering Company, July 1977, p. 2.

24 John W. Zillman, "A History of Climate Activities," World Meteorological Organization, 2009, public.wmo.int/en/.

25 Neela Banerjee, "Exxon's Oil Industry Peers Knew About Climate Dangers in the 1970s, Too," *Inside Climate News*, December 22, 2015.

26 Neela Banerjee et al., "Exxon Believed Deep Dive into Climate Research Would Protect Its Business," *Inside Climate News*, September 17, 2015.

27 New York Times, August 22, 1981, p. A1.

28 Exxon Research and Engineering Company memo from M. B. Glaser, Manager, Environmental Affairs Program: "CO2 'Greenhouse' Effect," November 12, 1982; Figure 9, p. 28 (via *Inside Climate News*).

29 David Hasemyer, "2015: The Year We Found Out #ExxonKnew," *Inside Climate News*, December 30, 2015.

30 M. B. Glaser, "CO2 'Greenhouse' Effect," internal memo, Exxon Research and Engineering Company, November 12, 1982, p. 5, climate files.com/.

31 E. E. David, "Inventing the Future: Energy and the CO2 'Greenhouse' Effect," speech, Exxon Research and Engineering Company, October 26, 1982, climatefiles.com/.

32 Banerjee, "Exxon's Oil Industry Peers Knew." See also Shannon Hall, "Exxon Knew About Climate Change Almost 40 Years Ago," *Scientific American*, October 26, 2015.

33 Douglas Martin, "The Singular Power of a Giant Called Exxon," *New York Times*, May 9, 1982.

34 Walter Sullivan, "Study Finds Warming Trend That Could Raise Sea Levels," *New York Times*, August 22, 1981.

35 톰 스미스에게 전해 들은 돈 스미스의 말, 개별 연락, 2021년 7월 8~15일: 오스트리아 필라흐에서 개최된 1985년 UNEP/ICSU/세계기상기구 합동 컨퍼런스. 돈 스미스가 세계기상기구 부총장 후보로 지명된 시점에 한 말이다.

36 "Crude Oil Prices 70 Year Historical Chart," Mac-rotrends, macrotrends.net/.

37 취임사, 1981년 1월 20일. reaganfoundation .org/.

38 Bill Prochnau, "The Watt Controversy," *Washington Post*, June 30, 1981.

39 Philip Shabecoff, "Global Warming Has Begun, Expert Tells Senate," *New York Times*, June 24, 1988, A-1.

40 홍보 전문가 E. 브루스 해리슨(E. Bruce Harrison)의 아이디어였다. 에이미 웨스터벨트(Amy Westervelt)의 팟캐스트 드릴드(Drilled), Season 3, Episode 8: "Meet the Harrisons."

41 "Global Climate Coalition," desmog.com/. See also GCC Disinformation campaign: Kurt Davies, Climate Investigation Center, "Once Again the US Has Failed to Take Sweeping Climate Action. Here's Why," *NPR*, October 27, 2021.

42 Amy Westervelt, *Drilled podcast*, Season 3, Episode 1: "The Mad Men of Climate Denial."

43 Amy Westervelt, *Drilled podcast*, Season 1, Episode 4: "Exploiting Scientists' Kryptonite: Certainty." See also María Paula Rubiano A., "How Economists Helped Big Oil Obstruct Climate Action for Decades," *Mother Jones*, October 11, 2021.

44 Scott Neuman and Jeffrey Pierre, "How Decades of Disinformation About Fossil Fuels Halted U.S. Climate Policy," *NPR*, October 27, 2021. See also Jane Mayer, "'Kochland' Examines the Koch Brothers' Early, Crucial Role in Climate-Change Denial," *New Yorker*, August 13, 2019; Elliott Negin, "Will This Case Finally Bring Down ExxonMobil's Culture of Climate Deception?," *EcoWatch*, November 5, 2018; and Robert J. Brulle et al, "Corporate Promotion and Climate Change: An Analysis of Key Variables Affecting Advertising Spending by Major Oil Corporations, 1986-2015," *Climatic Change*, March 2020.

45 Matthew C. Nisbet and Teresa Myers, "Twenty Years of Public Opinion About Global Warming," *Public Opinion Quarterly* 71, no. 3 (fall 2007): 444-70.

46 I Care About Climate Change, So Why Am I Driving an SUV?," *Bulletin of the Atomic Scientists*, November 18, 2019.

47 "SUVs Are Worse for the Climate Than You Ever Imagined," wired.com/.

48 "Average Canadian Vehicle Size Rises 25%. Automakers Double Down on Trucks,

SUVs," theenergymix.com/.

49 NOAA, Global Monitoring Laboratory (May 2021), gml.noaa.gov/ccgg/trends/.

50 Fuel economy, 2020 Ford F150 Pickup, U.S. Department of Energy, fueleconomy. gov/. Fuel economy, 1988 Ford F150 Pickup, U.S. Department of Energy, fueleconomy.gov/.

51 "Ford F Series_US Sales Figures," fordauthority.com/.

52 Robert Lee Hotz, "World's Ice Is Melting Faster Than Ever, Climate Scientists Say," *Wall Street Journal*, January 25, 2021.

21장

1 허먼 멜빌, 《모비 딕》 (New York: W. W. Norton, 2002), p. 379.

2 John Thistleton, "Researchers Confirm First 'Fire Tornado' During 2003 Bushfires," *Sydney Morning Herald*, November 19, 2012.

3 "Mount Arawang Summit," alltrails.com/.

4 Tom Bates, "Fire Tornado Video," ACT Emergency Services Agency, esa.act.gov.au/cbr-be-emergency-ready/bushfires/fire-tornado-video.

5 Richard H. D. McRae, "An Australian Pyro-tornadogenesis Event," *Natural Hazards*, October 12, 2012.

6 Rick McRae and Jason Sharples, "Turn and Burn: The Strange World of Fire Tornadoes," *Conversation*, December 17, 2012.

7 "7 of the Most Destructive Wildfires in Australian History," *Interesting Engineering*, January 24, 2020.

8 "Flashback: Black Saturday," *ABC News*, YouTube, posted on February 6, 2010.

9 "Melbourne_Highest Temperature for Each Year," *Current Results*, currentresults.com/.

10 Kennedy Warne, "60 Hours on Burning Kangaroo Island,"

11 Cameron Stewart, "The Australian 'Black Saturday' Bushfires of 2009," *Encyclopaedia Britannica*, britannica.com/.

12 Ibid.

13 "Fire Danger Ratings," New South Wales Rural Fire Service, rfs.nsw.gov.au/.

14 나는 《가디언》의 취재 요청을 받고 2018년 8월에 사진작가 팀 허신(Tim Hussin)과 함께 레딩을 찾아갔다

15 Ian Livingston et al., "Mount Shasta Is Nearly Snowless, a Rare Event That Is Helping Melt the Mountain's Glaciers," *Washington Post*, September 15, 2021.

16 이름을 밝히지 않음.

17 윌리 하트먼 인터뷰, 2018년 8월 28일.

18 "Aerial Footage of Massive Fire Tornado That Killed California Firefighter," YouTube, posted by *The Oregonian* on August 17, 2018.

19 래리 하트먼 인터뷰, 2018년 8월 28일.

20 크리스텔 하트먼 인터뷰, 2018년 8월 28일.

21 더스티 자이브스 인터뷰, 2018년 8월 27일(이후에 나오는 그의 말은 모두 이 인터뷰에서 인용한 것이다).

22 스티브 부스티요스와 캐리 부스티요스 인터뷰, 2018년 8월 28일(이후에 나오는 그의 말은 모두 이 인터뷰에서 인용한 것이다).

23 Cal Fire, "Carr Incident Green Sheet," July 26, 2018, p. 2.

24 케이트 베이커 인터뷰, 2018년 8월 29일.

25 Robinson Meyers, "The Simple Reason That Humans Can't Control Wildfires," *Atlantic*, November 13, 2018.

26 Bill Gabbert, "Report Concludes Fire Tornado with 136+ Mph Winds Contributed to a Fatality on Carr Fire," *Wildfire Today*, August 20, 2018.

27 "Enhanced Fujita Scale," Wikipedia.

28 David W. Goens, "NOAA Technical Memorandum NWS WR-129: Fire Whirls," National Weather Service Office, Missoula, Montana, May 1978.

29 더스티 자이브스 인터뷰.

30 다른 지역에 거대한 불 소용돌이가 발생한 사례 중에는 2014년 레딩과 약 64킬로미터 떨어진 울창한 숲에서 일어난 에일러 화재(Eiler Fire)가 그나마 비슷하다. 당시 불 소용돌이의 영향으로 다 자란 나무들이 부러지고 뽑혔지만, 레딩 화재만큼 상세한 기록이 남아 있지 않다.

31 화재 피해자 8만 명이 PG&E 경영진과 이사 20명 이상을 상대로 민사 소송을 제기했다. 2021년 2월 24일 7:15분에 방송된 PBS 뉴스아워(Newshour) 참고.

32 조너선 콕스 인터뷰, 2018년 9월 10일.

33 셰릴 불리아백 인터뷰, 2018년 8월 26일.

22장

1 오비디우스, 《변신 이야기》, (trans. Allen Mandelbaum, New York: Everyman's Library, 2013), Book II, p. 51.

2 On July 7 alone: Lien Yeung et al., "'We Are in This for the Long Haul': No Relief in Sight as B.C. Wildfires Rage," *CBC News*, July 8, 2017.

3 Bethany Lindsay, "B.C. Wildfires Triggered Mega Thunderstorm with Volcano-Like Effects," *CBC News*, April 26, 2018.

4 Michelle Ghoussoub, "Meet the 30-Year-Old Who Steered B.C. Through the Worst

Wildfire Season on Record," *CBC News*, October 1, 2017.

5   마이크 프롬, 개별 연락, 2021년 3월 2일.

6   Lindsay, "B.C. Wildfires."

7   Sergei Khaykin et al., "The 2019/20 Australian Wildfires Generated a Persistent Smoke-Charged Vortex Rising Up to 35 Km Altitude," *Communications Earth & Environment* 1, no. 22 (2020).

8   Ed Struzik, "Fire-Induced Storms: A New Danger from the Rise in Wildfires," *Yale Environment 360*, January 24, 2019.

9   Nicholas Gruber et al., "The Oceanic Sink for Anthropogenic CO2 from 1994 to 2007," *Science*, March 15, 2019.

10 Jennifer Bennett, "Ocean Acidification," Smithsonian ocean portal, ocean.si.edu/.

11 "Wildfires Had a Bigger Climate Impact Than the Pandemic in 2020," *Yale Environment 360*, August 3, 2021.

12 "그 배는(컨테이너선) 세상에 오래도록 머무르려고 만들어진 게 아니라 세상을 다 태우려고 만들어졌다. 세계 시장의 일꾼인 배 자체에서도 어떤 나라와도 비교가 안 될 만큼 어마어마한 탄소가 배출된다. 이 배들은 석유를 태워 에너지를 얻는 속도, 플라스틱으로 상품을 만들어서 돈을 벌어들이는 속도를 가속화한다." 마크 볼드(Mark Bould), "덜토피아(Dulltopia)", 《보스턴 리뷰(Boston Review)》, 2018년 1월 18일.

13 "Global Carbon Emissions," Co2-Earth, co2.earth/.

14 Bärbel Hönisch et al., "The Geological Record of Ocean Acidification," *Science* 335, no. 6072 (March 2, 2012): 1058–63.

15 Sherry Listgarten, "What Is a 'Ton' of Carbon Dioxide Anyway?," Almanac, December 1, 2019; see also "How Can Carbon Emissions be Weighed?," niwa.co.nz/.

16 Peter Brannen, "Burning Fossil Fuels Almost Ended All Life on Earth," *Atlantic*, July 11, 2017.

17 Maureen E. Raymo et al., "Departures from Eustasy in Pliocene Sea-Level Records," *Nature Geoscience*, April 17, 2011.

18 Christina Goldbaum and Zia ur-Rehman, "'Very Dire': Devastated by Floods, Pakistan Faces Looming Food Crisis," *New York Times*, September 11, 2022. See also Lisa Cox, "'Unprecedented' Globally: More Than 20% of Australia's Forests Burnt in Bushfires," *Guardian*, February 24, 2020.

19 "연방정부, 미드호와 콜로라도강의 물 부족 상황을 사상 처음으로 공식 발표, 1월부터 애리조나, 네바다, 뉴멕시코 물 공급 중단 예정." 조시 레더먼(Josh Lederman)이 2021년 8월 16일 트위터(@JoshNBCNews)에 쓴 글.

20 Gillian Flaccus, "Water Crisis 'Couldn't Be Worse' on Oregon-California Border," *AP*, May 24, 2021.

21 Bob Berwyn, @bberwyn, Twitter, March 2, 2020. See also Bob Berwyn, "New Study

Projects Severe Water Shortages in the Colorado River Basin," *Inside Climate News*, February 20, 2020; and Allison Chinchar, "The US 'Megadrought' Sets Another Stunning Record," *CNN*, January 13, 2022.

22 Margaret Osborne, "The Western U.S. Is Experiencing the Worst Drought in More Than 1,200 Years," *Smithsonian*, February 17, 2022.

23 Bob Berwyn, "Global Warming to Spur More Fires in Alaska, in Turn Causing More Warming," *Inside Climate News*, May 16, 2016.

24 "1960년대 이후 지금까지, 포트맥머리는 10월부터 4월, 7개월간 평균 기온이 10년마다 무려 3.4도씩 상승했다. 캐나다 환경부 기록을 보면 같은 기간에 10월부터 4월 평균 강수량은 161mm에서 80mm로 감소했다. 도시를 둘러싼 울창한 숲이 불쏘시개가 가득 담긴 거대한 상자처럼 바뀐 것이다." 제이슨 마쿠소프(Jason Markusoff) 외, "포트맥머리: 대탈출기", 캐나다 뉴스 잡지《매클린스(Maclean's)》, 2016년 5월 12일.

25 Michelle E. Mack et al., "Largest Recorded Tundra Fire Yields Scientific Surprises," *Science Daily*, July 27, 2011.

26 Ibid.

27 Brian Kahn, "Wildfire Burns Across (Formerly) Icy Greenland," *Scientific American*, August 8, 2017.

28 Karl Mathiesen, "World Heritage Forests Burn as Global Tragedy Unfolds in Tasmania," *Guardian*, January 27, 2016.

29 Ann Jeannette Glauber, "Seeing the Impact of Forest Fires in South Sumatra: A View from the Field," *World Bank Blogs*, February 19, 2016.

30 Roman Vorobyov, "Siberia in Flames," *Russia Beyond*, August 3, 2012.

31 Andrew E. Kramer, "Past Errors to Blame for Russia's Peat Fires," *New York Times*, August 12, 2010.

32 "Overall Picture of Natural Catastrophes in 2010_Very Severe Earthquakes and Many Severe Weather Events_Major Catastrophes Dominate the List of Losses," Munich RE, March 1, 2011.

33 Anna Liesowska, "Zombie Fires Burn at -60C Outside Oymyakon, the World's Coldest Permanently Inhabited Place," *Siberian Times*, December 2, 2021.

34 Bill Gabbert, "Explosive Peat Moss," *Wildfire Today*, July 15, 2019.

35 Beh Lih Yi, "Southeast Asian Fires Emitted Most Carbon Since 1997_Scientists," *Thomson Reuters Foundation*, June 28, 2016.

36 "Environment_Energy-Related CO2 Emission Data Tables," U.S. Energy Information Administration, 2019, eia.gov/.

37 Ed Struzik, "1950 Monster Fire Burned Its Way into History," *Edmonton Journal*, May 22, 2011.

38 Julius Hann, *Handbook of Climatology, translation of Handbuch der Klimatologie*, 2nd

ed. (New York and London: Macmillan, 1903), p. 389.

39 "Tundra Is Ablaze in Magadan Region in Out-of-Season Wildfire, Complicated by Wind and Zero Snow," *Siberian Times*, November 4, 2021. See also Fred Pearce, "Why 'Carbon-Cycle Feedbacks' Could Drive Temperatures Even Higher," *Yale Environment 360*, April 28, 2020.

40 Jason Samenow, "Japan's Kyoto Cherry Blossoms Peak on Earliest Date in 1,200 Years, a Sign of Climate Change," *Washington Post*, March 29, 2021.

41 Bianca Fréchette et al, "Vegetation and Climate of the Last Interglacial on Baffin Island, Arctic Canada," *Palaeogeography, Palaeoclimatology, Palaeoecology* 236 (2006) 91–106.

42 Ben Rawlence, "'The Treeline Is Out of Control': How the Climate Crisis Is Turning the Arctic Green," *The Guardian*, January 20, 2022.

43 Jon Gertner, "In Greenland's Melting Ice, a Warning on Hard Climate Choices," *Yale Environment 360*, June 27, 2019.

44 Via Will Cole-Hamilton, @w_colehamilton.

45 "Earth in the Future_Carbon Dioxide Through Time," Penn State/NASA, e-education.psu.edu/.

46 NOAA National Centers for Environmental Information, Climate at a Glance: Global Time Series, published October 2022, retrieved on November 11, 2022, from https://www.ncei.noaa.gov/.

47 Cristi Proistosescu, @cristiproist, Twitter, September 10, 2020.

48 Brendan Montague, "Brazilian Amazon 'Releasing Carbon,'" *The Ecologist*, April 30, 2021. See also Barry Saxifrage, "One of Canada's Biggest Carbon Sinks Is Circling the Drain," *The National Observer*, May 7, 2021.

49 Antonio José Paz Cardona, "Settlers Invading, Deforesting Colombian National Parks 'at an Unstoppable Speed,' trans. Theo Bradford, Mongabay.com, May 19, 2021.

50 Yang Chen et al., "Future Increases in Arctic Lightning and Fire Risk for Permafrost Carbon," *Nature Climate Change*, April 5, 2021. See also Steven Mufson, "Scientists Expected Thawing Wetlands in Siberia's Permafrost. What They Found Is 'Much More Dangerous,' *Washington Post*, August 2, 2021.

51 Chelsea Harvey, "Heat-Trapping Methane Surged in 2020," *Scientific American*, April 9, 2021. See also Hannah Osborne, "Giant, 90ft Deep Craters Are Appearing on the Arctic Seafloor," *Newsweek*, March 14, 2022.

52 James Gustave Speth, "They Knew: How the U.S. Government Helped Cause the Climate Crisis," *Yale Environment 360*, September 15, 2021.

53 Upstream podcast, December 28, 2021. See also Jason Moore's writings on the "Capitalocene."

54 "Mortgaging the atmosphere" via Lisa Song and James Temple, "Is California's Carbon Offset Program Actually Helping the Environment?" *High Country News*, May 11, 2021.

55 Andy Rowell, "RIP Wally Broecker, the 'Grandfather of Climate Science,'" *Oil Change International*, February 20, 2019. See also William K. Stevens, "Scientist at Work: Wallace S. Broecker; Iconoclastic Guru of the Climate Debate," *New York Times*, March 17, 1998.

23장

1 윌리엄 셰익스피어, 《말괄량이 길들이기》, 2막 1장, 139 – 140; Folger Library, shakespeare.folger.edu/.

2 "화요일, 비영리 민간 연구기관인 '캐나다 컨퍼런스 보드'는 오일 샌드 생산량이 2주간 하루 평균 석유 120만 배럴에 해당하는 양만큼 감소했다고 밝혔다. 국내총생산으로 보면 9억 8,500만 달러에 해당하는 양이다." 오티에나 엘원드(Otiena Ellwand), "포트맥머리 임야화재, 노동자 합숙 시설 파괴되고 석유·가스 시설까지 들어와", 《에드먼턴 선(Edmonton Sun)》, 2016년 5월 18일.

3 애런 해리스 인터뷰, 2017년 5월 1일(이후에 나오는 말은 모두 이 인터뷰에서 발췌한 것이다).

4 Darby Allen, "'No One's Ever Seen Anything Like This': Fire Chief on Fort Mcmurray Wildfire," *Global News*, May 9, 2016.

5 마이크 플래니건, 개별 연락, 2021년 7월 8일.

6 Tom Randall and Hayley Warren, "Peak Oil Is Suddenly Upon Us," *Bloomberg*, November 30, 2020.

7 "Fort McMurray Fire Chief Speaks to Residents," *Global News*, May 10, 2016, posted to YouTube, May 11, 2016.

8 MNP Report, p. 59.

9 Julia Parrish, "Two Explosions in Fort McMurray Cause Damage to a Number of Homes," *CTV News*, May 17, 2016.

10 Marion Warnica, "Hazardous Smoke and Hot Spots Slow Re-entry Plans for Fort McMurray," *CBC News*, May 16, 2016.

11 Otiena Ellwand, "Fort McMurray Wildfire Destroys Work Camp, Encroaches on Oil and Gas Facilities," *Edmonton Sun*, May 18, 2016.

12 Otiena Ellwand, "Fort McMurray Air Quality Health Index Has Risen to Extreme Levels," *Calgary Sun*, May 16, 2016.

13 Bill Gabbert, "Wildfire Smoke from Canada Affects Much of the United States,"

Wildfire Today, May 8, 2016.

14 크레이그 매케이가 전한 말, 2017년 1월 27일.

15 Ibid.

16 Paige Parson, "Thousands of Refrigerators Emptied and Crushed as Fort McMurray Landfill Deals with What's Left of Destroyed Homes," *Edmonton Journal*, June 19, 2016.

17 폴린 베이 인터뷰, 2017년 5월 3일.

18 이름을 밝히지 않음.

19 수 맥오먼드가 보낸 이메일, 2019년 6월 6일.

20 랜디 스테파니진(Randy Stefanizyn) 인터뷰, 2017년 1월 27일.

21 크레이그 매케이 인터뷰, 2017년 1월 27일.

22 본다 파이크스 인터뷰, 2017년 4월 9일.

23 Geoffrey Morgan, "'Mental Degradation': A Fresh Wave of Layoffs Is Pushing Albertans to the Edge and in Danger of Losing Their Homes," *Edmonton Journal*, October 26, 2020.

24 "ShearForce Fixed Demolition Pulverizers for Excavators," shearforce.ca/.

24장

1 회고록 *The Oak and the Calf*(New York: Harper & Row, 1980)에 실린 1974년 인터뷰 내용.

2 Ketan Joshi, "The End of Coal Is Coming Sooner Than You Think," *Foreign Policy*, August 13, 2021.

3 Geoff Dembicki, "Alberta Inquiry Paid *28K for a Report Smearing Hundreds of Climate Journalists*," Vice, *January 25, 2021. See also Ian Austen, "Alberta Took on Environmental Groups, but Only Proved They Did Nothing Wrong*," New York Times, October 22, 2021.

4 Nicholas Kusnetz, "In Attacks on Environmental Advocates in Canada, a Disturbing Echo of Extremist Politics in the US," *Inside Climate News*, February 24, 2021.

5 "UK Heatwave: Weather Forecasters Report Unprecedented Trolling," *BBC*, July 29, 2022.

6 Drew Anderson, "Alberta's Energy 'War Room' Launches in Calgary," *CBC News*, December 11, 2019.

7 Christopher Flavelle, "Global Financial Giants Swear Off Funding an Especially Dirty Fuel," *New York Times*, February 13, 2020.

8 Sarah Rieger, "Moody's Downgrades Alberta's Credit Rating, Citing Continued Dependence on Oil," *CBC News*, December 4, 2019.

9   "Rating Action: Moody's Changes TransCanada's and Most Subsidiaries Outlooks to Negative from Stable, Affirms Ratings," Moody's Investors Service, March 31, 2020.

10   Karen Bartko, "Alberta Energy Company Under Fire for Image Appearing to Depict Greta Thunberg," *Global News*, February 29, 2020.

11   Emma L. Graney, @EmmaLGraney, Twitter, October 2, 2020.

12   "Alberta Minister Says It's a 'Great Time' to Build a Pipeline Because COVID-19 Restrictions Limit Protests Against Them," *Canadian Press*, May 25, 2020.

13   "Oil & Gas Survey Report," *Daily Oil Bulletin*, 2019, p. 18.

14   Ibid., pp. 4, 5.

15   실명이 아님.

16   John Paul Tasker, "Conservative Delegates Reject Adding 'Climate Change Is Real' to the Policy Book," *CBC News*, March 20, 2021.

17   David Mattson, "The Cult of Hunting and Its Timely Demise," *Grizzly Times*, April 19, 2018.

18   Ernest Scheyder and Nia Williams, "Innovators Toil to Revive Canada Oil Sands as Majors Exit," *Reuters*, June 18, 2017.

19   Dan Healing, "Companies Abandon Nearly One Million Hectares of Alberta Oilsands Exploration Leases," *Canadian Press*, July 28, 2017.

20   "Mark Carney Warns Investors of 'Potentially Huge' Losses from Climate Change Risks," *Bloomberg*, September 30, 2015.

21   "Statoil Sells Oilsands Assets to Athabasca Oil in Deal Worth 22 But then: Patrick DeRochie, "Seven Oil Multinationals That Are Pulling Out of Canada's Tar Sands," *Environmental Defence*, March 14, 2017.

22   Patrick DeRochie, "Seven Oil Multinationals That Are Pulling Out of Canada's Tar Sands," *Environmental Defence*, March 14, 2017.

23   "Exxon to Leave Up to 3.6 Billion Barrels of Tar Sands/Oil Sands in the Ground," *Energy Mix*, February 22, 2017.

24   "Royal Dutch Shell Signs Deals to Sell Oilsands Assets," *CBC News*, March 9, 2017.

25   "BNP Paribas Takes Further Measures to Accelerate Its Support of the Energy Transition," press release, October 11, 2017. See also "French Bank La Banque Postale Quits Oil & Gas, Sets International Precedent," press release, October 14, 2021, reclaimfinance.org/; and "Canada's 7th Largest Bank @Blaurentienne Will Stop New Financing of Coal, Oil and Gas to 'Differentiate' Itself from Fossil Banks," December 2021, via @reclaim finance.

26   Nick Cunningham, "World Bank Continues Financing Fossil Fuels Despite Climate Crisis," *DeSmog*, October 6, 2022.

27   "Suncor Buys Out Mocal Energy's 5% stake in Syncrude to Increase Oilsands Owner-

ship," *Global News*, February 27, 2018.

28 "Suncor Takes Control of Syncrude in *937M Deal for Additional Five Per Cent Stake*," Financial Post, April 27, 2016.

29 Sarah Rieger, "Suncor to Assume Operation of Syncrude by End of Next Year," *CBC News*, November 23, 2020.

30 Sarah Rieger, "Trump Issues Presidential Permit Authorizing *22B Railway Between Alaska and Alberta*," CBC News, September 30, 2020.

31 Don Jergler, "Report Urges Urgent Action from Financial Regulators to Address Climate Change," *Insurance Journal*, September 10, 2020.

32 "Munich Re Toughens the Tone on the Oil Sands," *Reclaim Finance*, May 12, 2020.

33 "Sustainability Exclusion Policies," Zurich Insurance Group, zurich.com/.

34 Stephen Singer, "Hartford Financial to Speed Exit from Tar Sands Investments to Year End" (originally published in *the Institute for Energy Economics and Financial Analysis* on November 10, 2021).

35 Paul Lucas, "Talanx Group Dropping Support for Trans Mountain Pipeline," *Insurance Business Canada*, June 30, 2020.

36 "Insurance Provider for Trans Mountain Pipeline Says It Won't Renew Policy," *Global News*, June 3, 2021. See also David Thurton, "Finance Canada Defends *10 Billion Loan Guarantee for Trans Mountain*," CBC News, *May 11, 2022; and "Royal Bank of Canada, TD, Scotia, CIBC, BMO, National Bank Front* 10 Billion to Finance Financially Risky Trans Mountain Pipeline, Analysis Reveals Unprecedented Loan Guaranteed by Public Money, Deal Inked Three Weeks Before Being Made Public," *Stand.Earth*, May 31, 2022.

37 Lyle Adriano, "Chubb Exits from Covering Tar Sands Projects," *Insurance Business Canada*, September 15, 2021. See also "Swiss Re Leads Insurance Industry's Exodus from Oil and Gas," press release, March 17, 2022, global.insure-our-future.com/.

38 Graham Readfearn, "Insurance Giant Suncorp to End Coverage and Finance for Oil and Gas Industry," *Guardian*, August 21, 2020.

39 Julia Kollewe, "Lloyd's Market to Quit Fossil Fuel Insurance by 2030," *Guardian*, December 17, 2020.

40 "보험사들은 기후변화가 제2의 석면증 사태가 될 수 있다고 늘 우려하고 있습니다. … 보험사 고위 경영진들은 저녁 식탁에서 자녀들이 자신들에게 기후변화를 어떻게 생각하는지, 아버지(또는 어머니)의 사업은 이 문제를 해결하기 위해 무엇을 하고 있고 왜 바뀌지 않는지 묻기 시작했다고 말했어요." 수르민스키(Surminski)는 이렇게 전했다. 그녀가 인터뷰한 보험사 경영진들은 자녀들의 이런 질문을 계기로 자신이 하는 사업의 영향을 다시 생각하게 되었고, 기후와 관련된 회사의 의사 결정에서 개인적인 책임감을 더 크게 느끼게 되었다고 말했다. 수르민스키는 "보험사 고위 경영진들에

게서 그런 말들을 놀랄 만큼 자주 들었다"고 이야기했다. "석탄, 오일샌드 기업, 갈수록 커지는 보험사의 압박 체감 중", 〈E&E 뉴스〉, 2021년 9월 20일.

41　"Boulder Sues Exxon over Climate Change: Wildfires, Droughts and Water Are a Few Reasons Why," *Inside Climate News*, April 18, 2018.

42　Tom Wilson, "Lawyer Who Defeated Shell Predicts 'Avalanche' of Climate Cases," *Financial Times*, December 30, 2021.

43　John Schwartz, "Court Quashes Youth Climate Change Case Against Government," *New York Times*, January 17, 2020.

44　Patrick Greenfield and Jonathan Watts, "JP Morgan Economists Warn Climate Crisis Is Threat to Human Race," *Guardian*, February 21, 2020.

45　2016년부터 2018년까지 상위 33개 은행이 화석연료 업계에 빌려준 돈은 1조 9,000억 달러다.

46　"Banking on Climate Chaos 2021: Fossil Fuel Finance Report," *Oil Change International*, March 24, 2021.

47　Ben van Beurden, "The Spirit of Shell Will Rise to the Challenge," LinkedIn, June 9, 2021.

48　"Opinion in Reference Re: Impact Assessment Act," p. 8, albertacourts.ca/.

49　Ainslie Cruikshank, "Alberta's Deficit Is Set to Reach Historic Levels. A Collapse in Oil Revenue Is a Big Reason Why," *Narwhal*, August 27, 2020.

50　Geoffrey Morgan, "'Mental Degradation': A Fresh Wave of Layoffs Is Pushing Albertans to the Edge And in Danger of Losing Their Homes," *Edmonton Journal*, October 26, 2020.

51　"Total Takes *7-Billion Writedown on Oilsands Projects, Labels Fort Hills, Surmont 'Stranded' Assets*," Bloomberg, August 4, 2020.

52　"Keystone XL Is Dead, and Albertans Are on the Hook for *1.3B*," CBC News, June 9, 2021.

53　Sebastien Malo, "Maine Pipeline Co Drops Lawsuit Over City Law That Blocked Oil Export," *Reuters*, July 16, 2021.

54　Tony Seskus, "University of Calgary Hits Pause on Bachelor's Program in Oil and Gas Engineering," *CBC News*, July 8, 2021.

55　@ClimatePower video, 8:31 a.m., May 5, 2022.

25장

1　개별 연락, 2022년 8월 24일.

2　"Joyfulness in Everything: A Conversation with George Saunders," February 15, 2017, oxfordexchange.com /blogs/.

3   Maxine Joselow, "Historic Dutch Ruling Targets Corporate Emissions," *E&E News*, May 27, 2021.

4   Ketan Joshi, "The Surprise Court Ruling That Cut Through Shell's Greenwashing Facade," *New Republic*, May 28, 2021. (위장 환경주의 전략에 관한 상세한 설명과 반박이 담긴 기사다.)

5   볼더 대 엑손 소송 법원 문서.

6   "The Australian Government Has a Duty of Care to Protect Children from Climate Harm, Court Rules," *SBS (Special Broadcasting Service)*, May 27, 2021.

7   현재 캐나다 내 법원들에도 이처럼 헌법에 명시된 시민의 권리를 토대로 제기된 비슷한 소송 345건이 접수된 상태다. "청소년들이 제기한 기후 소송, 법원의 역사적인 결정으로 급물살", 보도자료, 2021년 3월 26일, ecojustice.ca/.

8   Lisa Cox, "'Unprecedented' Globally: More Than 20% of Australia's Forests Burnt in Bushfires," *Guardian*, February 24, 2020.

9   "*Sharma v. Minister for Environment*," Equity Generation Lawyers, equitygenerationlawyers.com/.

10   Lisa Friedman, "Court Revokes Oil and Gas Leases, Citing Climate Change," *New York Times*, January 27, 2022.

11   Justin Worland, "The Reason Fossil Fuel Companies Are Finally Reckoning with Climate Change," *Time*, January 16, 2020.

12   John Elkington, "Alex Steffen on Predatory Delay," April 30, 2016, johnelkington.com/2016/04/alex-steffen on predatory delay/.

13   Hiroko Tabuchi and Lisa Friedman, "Oil Executives to Face Congress on Climate Disinformation," *New York Times*, October 27, 2021.

14   Worland, "The Reason Fossil Fuel Companies Are Finally Reckoning with Climate Change."

15   "Swarthmore Environmental Studies_Divestment Debates," swarthmore.edu/environmental-studies/.

16   Umair Irfan, "The University of California System Is Ending Its Investment in Fossil Fuels," *Vox*, September 18, 2019.

17   Global Fossil Fuel Divestment Commitments Database, gofossil free.org/. See also Bill McKibben, "This Movement Is Taking Money Away from Fossil Fuels, and It's Working," *New York Times*, October 26, 2021.

18   Bill McKibben, "Money Is the Oxygen on Which the Fire of Global Warming Burns," *New Yorker*, September 17, 2019.

19   "Largest Federal Employee Union Applauds Biden Push to Remove Fossil Fuel Securities from Retirement Funds," press release, afge.org/publication/. See also "Blackstone,

Inc., Once a Major Player in Shale Patches, Is Telling Clients Its Private Equity Arm Will No Longer Invest in the Exploration and Production of Oil and Gas," *Bloomberg*, February 22, 2022.

20 James Gustave Speth, "They Knew: How the U.S. Government Helped Cause the Climate Crisis," *Yale Environment 360*, September 15, 2021.

21 2005 Summary Annual Report, p. 4.

22 Benji Jones, "Exxon Is Slashing Workers and Cutting Costs, and Employee Morale Has Collapsed. Here's Everything We Know," *Business Insider*, March 3, 2021.

23 Clara Vondrich, "Big Oil and Investors Knew a Crash Was Coming: COVID-19 Just Sped Up the Clock," *Front Page Live*, May 11, 2020.

24 Kevin Crowley and Bryan Gruley, "The Humbling of Exxon," *Bloomberg*, April 30, 2020.

25 "IEEFA Update: ExxonMobil's Slide from the Top Ten of the S&P 500_Historic Turning Point for the Company," Institute for Energy Economics and Financial Analysis (IEEFA), August 30, 2019, ieefa.org/.

26 Clare Duffy, "Major Shakeup for the Dow Jones Industrial Average Index: 3 New Stocks Join," *CNN*, August 4, 2020.

27 Attracta Mooney, "Aviva Will Use Its 'Ultimate Sanction' to Force Action on Global Warming," *Financial Times*, January 30, 2021.

28 Mitchell Beer, "After Big Oil's Very Bad Week, the Message for Alberta Is Clear," *Policy Options*, June 2, 2021.

29 "World Energy Outlook 2020," International Energy Agency, October 13, 2020. See also "Renewable Power Generation Costs in 2020," International Renewable Energy Agency, 2021.

30 Justin Worland, "The Reason Fossil Fuel Companies Are Finally Reckoning with Climate Change," *Time*, January 16, 2020.

31 Kate Abnett, "Climate 'Law of Laws' Gets European Parliament's Green Light," *Reuters*, June 24, 2021.

32 Barry Saxifrage, "Remember the Copenhagen Accord's 2020 Targets? Here's How Canada and Many of Its Peers Did," *National Observer*, May 24, 2022.

33 펨비나 연구소에 따르면, 2019년 캐나다 온실가스 배출량 중 석유·가스 산업이 차지한 비중은 26퍼센트였다. 오일 샌드에서 배출된 온실가스의 양은 2005년부터 2019년까지 137퍼센트 증가했다. 배리 색시프레이지(Barry Saxifrage)의 기사를 함께 참고하기 바란다. "기후 스냅샷: 베이 두 노르드 현장(Climate Snapshot: Bay du Nord)" 《내셔널 옵저버》, 2022년 2월 23일.

34 Alex Ballingall, "'We Recognize the Problem': Canada's New Ministers for the Environment and Natural Resources Have the Oil and Gas Sector in Their Sights," *Toronto*

Star, October 30, 2021.

35   James Mackintosh, "Shareholders Reign Supreme Despite CEO Promises to Society,"
      Wall Street Journal, February 10, 2022. See also Kyle Bakx, "Banned for Decades,
      Releasing Oilsands Tailings Water Is Now on the Horizon," *CBC News*, December 6,
      2021.

36   Geoffrey Supran and Naomi Oreskes, "Assessing ExxonMobil's Climate Change
      Communications (1977 – 2014)," *Institute of Physics*, August 23, 2017. See also Max
      Binks-Collier, "For Decades, Alberta's Energy Regulator Massively Downplayed Crude
      Oil and Saline Water Spills," *National Observer*, February 16, 2022; Jeffrey Pierre and
      Scott Newman, "How Decades of Disinformation About Fossil Fuels Halted U.S.
      Climate Policy," *All Things Considered*, October 27, 2021; Rachel Siegel, "Brainard
      Questioned on Inflation, Climate Risk Issues as Part of Nomination to Become Fed's
      Second-In-Command," *Washington Post*, January 13, 2022 (in which Senator Pat Toomey
      (R-PA) said, "There is no reason to believe that global warming poses a systemic risk to
      the financial system"); Hiroki Tabuchi, "House Panel Expands Inquiry into Climate
      Disinformation by Oil Giants," *New York Times*, October 28, 2021; Owen Walker,
      "HSBC Suspends Banker over Climate Change Comments," *Financial Times*, May 22,
      2022 (regarding HSBC executive Stuart Kirk who gave a paper entitled "Why investors need
      not worry about climate risk"); and Zia Weise, "Shell Consultant Quits, Says Company
      Causes 'Extreme Harm' to Planet," *Politico*, May 23, 2022.

37   "Chevron Investors Back Proposal for More Emissions Cuts," *Reuters*, May 26, 2021.

38   Pippa Stevens, "Activist Firm Engine No. 1 Claims Third Exxon Board Seat," *CNBC*,
      June 2, 2021.

39   "Net Zero By 2050," International Energy Agency, May 2021, iea.org/reports/net-
      zero-by-2050.

26장

1   Jorge Luis Borges, "A New Refutation of Time," *Labyrinths* (New York: New Direc-
     tions, 1962).

2   "2020 Tied for Warmest Year on Record, NASA Analysis Shows," January 14, 2021,
     climate.nasa.gov/.

3   Mike Hager, "Will Wildfires Get Too Intense to Fight?," *Globe and Mail*, July 14,
     2017.

4   이름을 밝히지 않음.

5   John Muyskens et al., "1 in 6 Americans Live in Areas with Significant Wildfire Risk,"

map, *Washington Post*, May 17, 2022. 또한 Bill Gabbert, "Wildfire Risk Rating Now Available for 145 Million Properties in the United States," *Wildfire Today*, May 16, 2022 참고.

맺음말

1   하르샤 왈리아(Harsha Walia)의 말, 개별 연락, 2020년 1월 8일, 13일. 필립 부스(Philip Booth)의 시 〈밖으로 나가다(Heading Out)〉에도 비슷한 문구가 나온다. "어떻게 가느냐에 따라/ 어디에 도착할지가 정해진다."

참고문헌

Asher, Damien (with Omar Mouallem). *Inside the Inferno: A Firefighter's Story of the Brotherhood That Saved Fort McMurray*. Toronto: Simon & Schuster, 2017.

Clark, Karl A. *The Bituminous Sands of Alberta*. Edmonton: W. D. McLean, 1929.

Davis, Lance. *The Pursuit of Leviathan: Technology, Institutions, Productivity and Profits in American Whaling, 1806–1906*. Chicago: University of Chicago Press, 1997.

Davis, Mike. "Let Malibu Burn: A Political History of the Fire Coast." *L.A. Weekly*, 1996.

Dembicki, Geoff. *Are We Screwed?: How a New Generation Is Fighting to Survive Climate Change*. New York: Bloomsbury, 2017.

The Derrick's Hand-Book of Petroleum. Oil City, PA: Derrick Publishing Co., 1898.

Ells, Sydney C. *Reflections of the Development of the Athabasca Oil Sands*. Ottawa: Department of Mines and Technical Surveys, 1962.

Forbes, R. J. *Bitumen and Petroleum in Antiquity*. London: Institute of Petroleum, 1931.

Gale, Thomas A. *Rock Oil: The Wonder of the Nineteenth Century*. Erie, PA: Sloan & Griffith, 1860.

George, Rick. *Sun Rise: Suncor, the Oil Sands and the Future of Energy*. Toronto: Harper Collins, 2012.

Giddens, Paul H. *The Birth of the Oil Industry*. New York: Macmillan, 1938.

Gough, Zachary. *The Elusive Mr. Pond: The Soldier, Fur Trader and Explorer Who Opened the Northwest*. Madeira Park, BC: Douglas & McIntyre, 2014.

Hawley, Jerron et al. *Into the Fire: The Fight to Save Fort McMurray*. Toronto: McClelland & Stewart, 2017.

Heming, Arthur. *The Drama of the Forests*. Toronto: Doubleday, Page and Co., 1922.

Henry, James D. *History and Romance of the Petroleum Industry*. London: Bradbury, Agnew & Co., 1914.

Huberman, Irwin. *The Place We Call Home: A History of Fort McMurray as Its People Remember*. Fort McMurray: Fort McMurray Historical Society, 2001.

허드슨스 베이 컴퍼니 기록 보관소(Hudson's Bay Company Archives), 매니토바 주립 기록관의 배려로 열람, hbca@gov.mb.ca, manitoba.ca/archives.

Hunt, Joyce E. *Local Push—Global Pull: The Untold Story of the Athabaska Oil Sands, 1900–1930*. Calgary: PushPull, Ltd., 2011.

Jackson, Joe. *A World on Fire: A Heretic, An Aristocrat, and the Race to Discover Oxygen*. New York: Viking, 2005.

Jean, Francis K. *More Than Oil: Trappers, Traders & Settlers in Northern Alberta*. Fort McMurray: City Centre Group, 2012.

스티브 존슨, 《공기의 발명: 과학자 조지프 프리스틀리와 미국의 탄생에 대한 비밀》, New York: Riverhead, 2008.

Keith, Lloyd, ed. *North of Athabasca: Slave Lake and Mackenzie River Documents of the North West Company, 1800–1821*. Montreal: McGill-Queen's University Press, 2001.

Koldeway, R. *The Excavations at Babylon*. London: Macmillan & Co., 1914.

Lane, Nick. *Oxygen: The Molecule That Made the World*. Oxford: Oxford University Press, 2002.

Mackenzie, Alexander. *Voyages from Montreal on the River St. Laurence...*, London: T. Cadell Jr. and W. Davies, 1801.

McLaurin, John J. *Sketches in Crude-Oil*. Harrisburg, PA: Self-published, 1898.

Miller, Carl F., ed. "제2차 세계대전 시기 독일 함부르크 소방 작전(Fire Fighting Operations in Hamburg, Germany During World War II)" Washington, D.C.: 미국 민방위국(Civil Defense Preparedness Agency), 1971.

M'Lean, John. *Notes of a Twenty-Five Years' Service in the Hudson's Bay Territory*. London: Richard Bentley, 1849.

Morse, Eric. *Fur Trade Canoe Routes of Canada*. Ottawa: Queen's Printer, 1969.

Murphy, Peter J. *History of Forest and Prairie Fire Control Policy in Alberta*. Edmonton: Alberta Energy and Natural Resources, 1985.

미국 미스틱 항구 박물관(Mystic Seaport Museum), "포경 선원들의 선적 목록과 상인들의 기록, 1843–1914(Whalemen's Shipping List and Merchants' Transcript—1843–1914)", research.mysticseaport.org/.

Newman, Peter C. *Company of Adventurers*. Markham, ON: Viking, 1985.

Nichols, Peter. *Oil and Ice: A Story of Arctic Disaster and the Rise and Fall of America's Last Dynasty*. London: Penguin, 2010.

Nikiforuk, Andrew. *Tar Sands: Dirty Oil and the Future of a Continent*. Vancouver: Greystone, 2009.

Priestley, Joseph. "Observations on Different Kinds of Air," *Philosophical Transactions*, London: Royal Society, January 1, 1772.

Pyne, Stephen J. *Fire: A Brief History*. Seattle: University of Washington Press, 2001.

Scott, Andrew C., et al. *Fire on Earth: An Introduction*. Oxford: John Wiley & Sons, 2014.

Smil, Vaclav. Oil: A Beginner's Guide. Oxford: One World Press, 2008.

Smil, Vaclav. *Energy and Civilization: A History*, Cambridge : Cambridge University Press, 2017.

Struzik, Edward. *Firestorm: How Wildfire Will Shape Our Future*, Washington, DC : Island Press, 2017.

Syncrude Canada, Ltd. *The Syncrude Story*, Fort McMurray : Syncrude Canada, Ltd., 1990.

Tarbell, Ida M. *The History of the Standard Oil Company*, New York : Macmillan, 1904.

Tobin, Ashley, Ed. *93/88,000: Stories of Evacuation, Re-entry and the In-between*, Fort McMurray : The 88,000 Project, 2016.

Tobin, Ashley. *159 More/88,000: Stories of Evacuation, Re-entry and the In-between*, Fort McMurray : The 88,000 Project, 2017.

Turner, Chris. *The Patch: The People, Pipelines, and Politics of the Oil Sands*, Toronto : Simon & Schuster, 2018.

Tymstra, Cordy. *The Chinchaga Firestorm: When the Moon and Sun Turned*, Edmonton : University of Alberta Press, 2015.

대니얼 예긴, 《황금의 샘: 석유가 탄생시킨 부와 권력 그리고 분쟁의 세계사》, New York : Simon & Schuster, 1991.

ㄱ

가뭄 277, 301, 316, 317, 379~381, 416,
  420, 441, 455, 457, 463, 470
가뭄 지수 143, 459
가스정 38, 73
가연성 110, 169, 267, 313, 452
가이 캘린더 367~374, 392, 398, 406, 460
강우 376, 380, 455
개질 39, 43, 44, 74, 77, 85, 94, 139, 163,
  187, 202, 245, 289, 466
거대 연기층 29
건조화 455, 456
검은 토요일 화재(호주, 2009년)
  416~418, 420
고래기름 65, 66, 68
고모라 작전 312, 313, 315
공유지의 비극 516
광미 적치장 43, 139, 163, 320, 466
광산용 화물 트럭 42, 43
〈광업 협회지〉 395
광합성 111~113, 349, 391, 451, 534
구조물 화재 141, 218, 219, 222, 300,
  313, 320, 321, 419, 420, 439, 469
국면 전환 380, 454
국제 소방관 협회 262
국제 소방관의 날 297
국제 지구 물리의 해 374, 375, 377, 381

국제에너지기구(IEA) 408, 464, 521
그레이트 캐나다 오일 샌드 77~81, 83,
  84, 87, 196, 454
그린란드 247, 371, 389, 418, 457, 460,
  461, 528
글렌 맥길리브레이 526
기온 기록 368, 418
기후 난민 492
기후 정책 402, 496, 498
기후변화 361, 364, 374, 377, 381,
  386, 399~402, 406, 461, 465, 494,
  497~499, 501, 503, 505, 514, 521,
  522, 531
기후변화에 관한 정부간 협의체(IPCC)
  377, 406
기후학 358, 359, 361, 362, 379, 382,
  394, 396, 399, 401, 404, 406, 408,
  412, 454, 464, 465, 495, 504, 523
길버트 플래스 372~374, 382~384, 396,
  398, 409, 412, 516, 522, 523

ㄴ

나가사키(일본) 386
나심 탈레브 276
남세균 111, 112
내연기관 70, 201, 363, 370
냉전 시대 374, 377, 387, 389

노스웨스트 컴퍼니 57

노천 채광 39, 41, 51, 85, 86, 139, 163

노트르담 대성당 529

녹스박스 309

〈뉴욕 타임스〉 293, 372, 399, 402, 406, 518

닐스 에크홀름 365

ㄷ

다비 앨런 124~127, 141, 149~154,
171, 180, 184~188, 274~276, 278,
282~287, 297~299, 302, 336, 337,
469, 471

〈대기 중 기체 오염물질의 원천과 양, 운명〉
396

대기 중 이산화탄소 농도(비율) 364, 367,
370, 373, 374, 388, 389, 391~395,
398~400, 403, 408, 418, 452, 453,
460, 461, 465, 517

대기질 69, 442, 445, 472

대니얼 예긴 107

대피 명령 122, 124, 127, 151, 152, 156,
185, 187, 195, 197~199, 207, 212,
272, 273, 278, 279, 281, 427

더스티 자이브스 426, 437

더프 수분 지수 143

《덮개를 씌운 가구와 매트리스의 화재 동태》
311

데네족 54, 56, 63, 64, 411, 509

데니스 퀸틸리오 148, 149

데이비드 고언스 437

데이비드 피터슨 441

데이비드 피트 브룩 158

데일 벤드펠드 274, 275, 278, 284

〈데일리 오일 불러틴〉 496, 497

도널드 트럼프 178, 501

도시 화재 151, 152, 224, 300

돈 스미스 403

등유 69~71, 100

딩먼 시추공 75, 77

ㄹ

라이언 랜스 470

라이언 쿠츠 138, 140, 153, 165, 179,
183, 213, 214, 222, 224, 259, 287,
319, 324, 330

라이언 피처스 190, 191, 261, 262, 321,
322

〈라이프〉 372, 390

래리 하트먼 424, 425, 428, 532, 534

러시아 26, 28, 36, 53, 60, 66, 178, 277,
391, 456~458, 494, 496, 498, 511,
520, 522, 529

런던 대화재(1666년) 300

런던 로이즈 498, 502, 503, 505

레이철 노틀리 296, 469

레이철 카슨 394

로널드 레이건 405, 409

로니 루컨 129, 323~326, 330

로런스 굴드 376

로버트 던롭 385~387, 390, 405, 454

로베르트 코흐 357

로열 더치 셸 52, 499

로저 레벨 374~384, 388, 389, 395, 396,
405, 409, 412, 444, 454, 455, 516,
522

루이 파스퇴르 357

루카스 웰시 89, 227~234, 237~243,
287, 309, 311, 319

루크레티우스 문제 276, 277, 400, 428,
454, 465, 470

리 컴프 450

리드 피스트 152, 156, 188, 277

리처드슨 화재(앨버타주, 2011년) 470

ㅁ

마라톤 오일 500
마리아나 호수 화재(포트맥머리, 1995년)
  157
마이크 플래니건 458
마이클 폴란 452
마크 스티븐슨 181~184, 219, 259~263,
  338~340, 429, 526
마크 카니 498, 499, 502, 505
매리언 워니카 278, 282, 297
매장량 39, 40, 46, 47, 499
맥리어드 하우스(모피 교역소) 84, 230
메이레키 대화재(일본, 1657년) 301
메탄 48, 50, 72, 73, 110, 112, 350, 353,
  393, 448, 450, 451, 453, 454, 463, 464
메티스족 54, 63, 64
멘도시노 콤플렉스 화재(캘리포니아,
  2018년) 439
멜리사 블레이크 122, 125, 140, 154
멸종 370, 450, 451, 516
모디 브롬버그 515, 516
모칼 에너지(일본) 500
모피 무역 58, 60, 62, 72, 94
미국 과학진흥협회 362, 444
미국 보험협회 안전 시험소 227, 239, 313
미국 석유협회 384, 385, 390, 396, 397,
  399, 403~406, 499, 503, 517, 518,
  522, 523
미국 연방 국토개발국 455
미국 항공우주국(NASA) 144, 354, 369,
  370, 381, 399, 406, 460
미국 해양대기청(NOAA) 30, 144, 284, 469
미라미치 대화재(뉴브런즈윅, 1825년) 337
미셸 맥 456

ㅂ

바츨라프 스밀 106, 116
발열성 번개 269
《발화 안내서》 311
밥 버원 455
방사열 314, 330, 334, 417
방화대 123, 134, 142, 150, 152, 157,
  170, 171, 221, 291, 304, 320, 325,
  335, 428, 432, 438, 525
배출가스 연소 탑 44, 81, 105, 468
밴쿠버 대화재(1886년) 293, 337
버니 슈미트 124, 125, 141~143, 150,
  153, 154, 156, 161, 164~166,
  169~173, 179, 183, 184, 190, 195,
  198, 274, 275, 282, 284, 286, 302
번개 7, 99, 101, 109, 111, 129, 269, 270,
  302, 308, 413, 417, 456, 458~460
베네딕트 드 소쉬르 359
벡텔 79, 83
벤 판뵈르던 508, 511, 517, 518
벤저민 프랭클린 345, 349, 534
보스턴 대화재(1872년) 337
보습 계획 387
보험사 317, 318, 403, 457, 474, 485,
  487, 489, 501, 502
복음주의 기독교 38, 81, 88, 89, 237, 406
본다 파이크스 487~489
볼더 대 선코어 엑손 사건 514
볼티모어 대화재(1904년) 300
불덩이 131, 169, 203, 224, 266, 267, 414
불 폭풍 7, 148, 152, 312, 313, 315, 316,
  319, 322, 324, 419, 429, 437, 470
불 회오리 413
브라질 국립 역사박물관 530
《블랙 스완: 위험 가득한 세상에서 안전하게
  살아남기》 276

블랙샌드 이그제큐티브 로지 472
블레비(비등액체 팽창 증기 폭발) 235
블루 카드 214
비리디타스 534, 535
비산 화재 132, 150, 171, 190, 201, 216,
    263, 308
비토 바브라스카스 311, 315
빙원 371, 375, 388, 389, 395, 457
빙하 94, 247, 369, 370, 372, 373, 376,
    384, 392, 445, 460, 462, 463
빛기둥 98

ㅅ

사다리 연료 132, 168, 194
사막화 455
《사물의 본성에 관하여》 276
사우디아라비아 40, 41, 47, 52, 88, 498
〈사이언티픽 아메리칸〉 71, 72
산림 도시 인접 지역 303, 307, 318, 319,
    421, 425, 529, 531
산림 화재 317, 319, 322
350.org(국제 기후 운동 단체) 519
3호 소방서 209
샤르마 대 환경부 사건 514
샌드라 린더 32~36, 138, 140, 173~176,
    183, 236, 288
석유 코크스(펫코크) 45, 69, 84, 96
석유산업 9, 37, 38, 41, 70, 74~78, 81,
    88, 116, 129, 134, 243, 365, 385, 386,
    389, 446, 496, 510, 511, 513, 518, 521
석유수출국기구(OPEC) 518
석유시대 70, 103, 300, 351, 352, 355,
    362, 367, 370, 385, 444, 451, 454,
    465, 499, 513, 516, 519, 535
석유제품 50, 74, 225, 227, 319, 386, 391
석탄 353~366, 372, 373, 375, 385, 387,

392, 447, 449, 450, 458, 494, 499,
    502, 514, 515, 523
선 오일 컴퍼니(서노코) 77~79, 385, 390
선신세 452, 453
선제적 대피 122, 528
선코어 33, 44, 55, 77, 78, 84, 87, 89, 90,
    140, 159, 163, 174, 227, 228, 231, 246,
    309, 320, 336, 385, 391, 466~468,
    472, 475, 484, 493, 500, 503, 510, 514
성층권 29, 85, 144, 240, 268, 302, 395,
    423, 442~445
세계 기후 회의 399, 404
세계은행 500
《세계의 형성: 우주의 진화》 366
세균 이론 357, 382
세네카 오일 66
세브론 52, 366, 400, 520, 523
세일오일 70, 366, 387, 390, 500
셸 33, 55, 224, 275, 294, 397, 400, 506,
    508, 511, 513, 514, 517, 519~521
소련 90, 374, 498
소방 장비 125, 136, 243, 262, 300, 323
소방용 항공기 7, 34, 122, 127, 147,
    171, 180, 181, 210, 232, 233, 301,
    303~308, 320, 471
소화약제 170, 233, 242, 270, 304~308,
    323, 438, 479
수관 화재 127, 132, 154, 166, 169, 170,
    191
순풍 화재 143, 144, 146, 417
스반테 아레니우스 364~367, 369, 446
스카우 트래킹 63, 64, 81
스크립스 해양학연구소 374, 392, 404
스탠더드 오일 61, 70, 71, 312, 313, 319,
    366, 383, 385, 393, 398, 503, 519
스트론튬90 391
스티브 라터 48

스티븐 J. 파인 220
스티븐 하퍼 88
스프링클러 133, 135, 136, 138, 153, 165,
    182, 183, 185, 212, 250, 252, 253,
    259, 308
슬레이브 레이크 소방서 128, 129, 133,
    135, 136, 170, 184, 222, 264, 323, 338
슬레이브 레이크 화재 152, 156, 188, 296,
    324, 469
시드니 엘스 63~65, 73, 74, 81
시아노박테리아 451
시카고 대화재(1871년) 300
식민지 159, 360, 383, 488, 510, 516
신도니아 브렛 하트 456
신크루드 32, 33, 36, 44, 47, 52, 55, 84,
    89, 94, 138, 139, 163, 187, 336, 391,
    466, 467, 497
실업 94, 509
심부 생물권 48

ㅇ

아르비드 호그봄 365, 367, 369, 394, 398
〈아메리칸 사이언티스트〉 372
아모코 366
아한대림 화재 29, 128, 135, 136, 142,
    157, 183, 194, 493
알래스카 28, 60, 450, 456, 458, 460,
    470, 501, 528
알렉산더 매켄지 57
알렉스 스테픈 428, 518
알프레트 베게너 371
애런 해리스 467~469, 472
앨버타주 비상관리청 125, 184
앨버타주 산림·농업부 7, 34, 35, 124,
    125, 128
앨버타주 석유·가스 보존 위원회 390

앨버트 토머스 375, 378~380, 389, 454
어거스트 콤플렉스 화재(캘리포니아,
    2020년) 439
어니스트 매닝 80~82, 84, 89, 391, 405
어배샌드 오일 245
에너지원 41, 50, 108, 240, 365, 366, 387
에드워드 가비 518
에드워드 텔러 384, 386~390, 396, 398,
    402, 404, 454, 499
에드윈 드레이크 67, 363, 384
에어로졸 144, 269, 442, 443
에이바 프린시 514
에이브러햄 게스너 70
에티엔 르누아르 71, 72, 357, 363
엘니뇨 159~161
역청 모래 40, 42, 43, 45, 47, 49, 79,
    163, 202, 213, 350, 385~387, 391,
    469, 493, 498, 509
연기기둥 29, 33, 34, 121, 144, 147,
    164~166, 169, 172, 175, 184,
    189~193, 196, 199, 210, 230, 247,
    266~268, 302, 423, 427
연합보수당(캐나다) 494, 497
《열 분석 이론》 360
열 역전 현상 153, 164, 167
영구동토층 445, 456, 457, 463
009호 화재 121~124, 126, 127, 130,
    133, 136, 137, 140, 143, 149, 152,
    153, 160, 178, 181, 210, 215, 273,
    284, 297, 299, 302, 303, 525
오존층 85, 112, 351, 409
오카나간산 공원 화재(브리티시컬럼비아주,
    2003년) 274
오클랜드 불 폭풍(캘리포니아주, 1991년)
    152
5호 소방서 138, 153, 165, 180, 182~185,
    210, 215~217, 272, 281, 302, 469

온난화 357, 364~367, 372, 375, 376, 399, 402, 403, 406~408, 454, 461
온실 효과 358, 360, 363, 366, 382, 388, 398, 400~402
온실가스 9, 385, 391, 443, 464, 465, 496, 516
외상 후 스트레스 장애(PTSD) 527
《욕망하는 식물》 452
우크라이나 26, 287, 383, 494, 496, 511, 520
원주민 54, 57, 59, 102, 139, 140, 174, 195, 213, 217, 218, 446, 496, 510
웨인 맥그로 246~256, 265, 288, 298, 330, 475~478, 483~485, 528
위장 환경주의 513
윌리 하트먼 422~425, 428, 532, 534
유니스 뉴턴 푸트 361~363, 366, 398, 444
유정 38, 50, 66~68, 77, 363, 384
이그나즈 제멜바이스 356, 357, 371
이동성(불) 100, 132, 170
이반 크로포드 190, 236, 241, 263, 277
이산화탄소 농도 364, 367, 370, 391~395, 403, 404, 408, 418, 450, 453, 460, 461, 465
이산화탄소 배출 365, 380~382, 389, 407, 408, 445, 453, 502, 503, 522, 523, 533
이산화탄소와 기후 실무단(미국 석유협회) 399, 404, 406, 517, 522, 523
인도네시아 30, 457, 458
인류세 370, 453, 461
〈인사이드 클라이미트 뉴스〉 400, 517
일본 69, 300, 333, 460, 500
1호 소방서 185, 197, 202, 208, 209, 211, 213~215, 217, 222
임야화재 7, 8, 35, 55, 61, 62, 101, 113, 121, 125, 127, 128, 131, 143~146, 148, 150~153, 157, 160, 161, 165~172, 179, 180, 182, 191, 218~221, 225, 227, 233, 267, 269, 273~275, 283, 297, 303, 304, 307, 315, 320, 337, 410~413, 416, 418~421, 425, 427, 437~439, 441, 443~445, 457, 458, 460, 461, 467, 470, 479, 480, 504, 527, 530

ㅈ

재녹색화 533
재생에너지 497, 521, 523
적외선 96, 143, 147, 363, 372, 380, 388
전국 임야화재 지역 대비의 날 467
제러미 스토크 426, 432, 436
제이미 쿠츠 128, 129, 132, 133, 135, 136, 138, 140, 153, 165, 179, 180, 183~185, 213, 222~224, 259, 275, 330
제임스 나이트 54, 55
제임스 블랙 397, 398
제임스 와트 71, 405
조너선 콕스 439, 440
조디 버츠 274, 275, 306~308
조세핀 L. 스태튼 504
조제프 푸리에 359, 360, 366
조지 W. 부시 88
조지프 바이든 497
조지프 프리스틀리 345~350, 359, 371, 534
존 D. 록펠러 70, 365, 366, 385, 406, 505, 519
존 거트너 461
존 녹스 150, 279, 280, 527
존 멀린 60, 383
존 틴들 363, 366
존 포인팅 366

존 피셔 385, 386

J. 하워드 퓨 77, 84, 87, 89, 159, 196,
    230, 279, 385, 405

주택 화재 183, 215, 225, 311, 317, 322

줄리아나 대 미국 소송 504, 505

중질유(딜빗) 467, 495, 501, 502, 509, 510

증기 배유 39, 50, 51, 86, 97, 289, 302,
    466, 499

지구 기후 연합(GCC) 406

〈지구와 환경 커뮤니케이션〉 442, 445

지구의 날 377

지구의 벗 513

지역 비상 운영 센터(REOC) 125, 141,
    180, 182, 184~186, 188, 263, 272,
    275, 278, 281, 302, 303, 306, 324, 336

지질 시대 370, 451, 452, 461

짐 랜킨 326~328, 332~335

ㅊ

찰스 킬링 391, 392, 394, 403, 418, 446,
    460

채광(업) 39, 51, 406, 466, 469, 493

채굴 33, 39, 41, 42, 50, 56, 77, 79, 106,
    155, 163, 210, 289, 494, 500, 521

천연가스 49~51, 73, 75, 202, 353, 375

청정 대기법(미국) 389, 397

추출 39, 41, 43, 51, 55, 86, 405, 469

충적세(홀로세) 370

치점 화재(앨버타, 2001년) 144~149,
    169, 269, 285, 415, 469

《침묵의 봄》 394

ㅋ

카 화재(캘리포니아, 2018년) 420, 421,
    426, 438, 439

칼 세이건 30

칼 셀레 346

캐나다 환경부 142

캐나디안 내추럴 466, 500

캐럴 크리스천 478, 479, 482, 483, 486, 530

캘린더 효과 371, 392

캘리포니아주 산림·소방청 425, 437~440

캠프 화재(캘리포니아, 2018년) 147

코노코 470, 499

코로나바이러스 91, 357, 445, 496, 497

코커 69, 497

코크 인더스트리 499

크리스 반덴브리켈 151, 152, 161,
    163~166, 171~173, 195, 198, 207,
    208, 213, 289, 290, 302, 526

크리스 허서 327~334

크리스티 프로이스토세스쿠 461

키스톤 XL 파이프라인 495, 509

킬링 곡선 392, 394, 403, 418, 446

ㅌ

타르 아일랜드 78, 467, 468, 472

타르샌드 39, 82, 94

〈타임〉 372, 517

탄성파 탐사(선) 38, 134, 210

탄소 배출량 502, 503, 508, 514, 521

탄화수소 9, 48, 49, 52, 69, 107~109,
    111, 113, 116, 352, 451

탈란스 그룹 502

태양에너지 147, 359, 443

태양열 358, 363, 372, 443

터브스 화재(캘리포니아, 2017) 419, 432

토네이도 38, 196, 267, 333, 381,
    413~417, 421~423, 431, 433, 434,
    436~438, 440, 459, 532, 534

토론토 화재(온타리오주, 1904년) 151

토탄 108, 457~459

토탈(프랑스) 52, 509, 520

톰 베이츠 413~415, 421, 436

통신 70, 180, 241, 275, 302, 303

투자 철회 운동 519

툰드라 60, 457, 458, 463, 464

트로이 오코너 147, 458, 459

트로이 팔머 209~218, 222, 236

ㅍ

파이프라인 39~41, 43, 49, 86, 107, 142, 467, 469, 471, 495, 496, 500~503

파크 윌리엄스 429, 430

폐름기 448~452, 454

폐름기-트라이아스기 대멸종 450, 451

평형상태 374, 393, 394, 465

포드(자동차) 59, 95, 364, 366, 397, 400, 407, 408, 432

포트맥머리 소방서 132~134, 181, 183, 235, 242, 264, 526

포트맥머리 화재 8, 9, 141, 143, 149, 153, 160, 163, 209, 215, 217, 234, 241, 262, 267, 270, 275~277, 280, 282, 284, 296, 300, 306, 309, 311, 314~317, 323, 324, 337, 338, 352, 358, 418, 429, 439, 458, 466, 468, 470, 477, 478, 494, 497~500, 506, 517, 525, 526

폴 에어스트 195~197, 199, 200, 202, 206, 222, 255, 265, 288, 291~295, 468, 530

프랭크 백스터 384

프랭크 스프라긴스 89

프로메테우스 70, 109, 160, 161, 387

플래시오버 227, 258, 314, 322, 415, 430

플랫 톱 콤플렉스 화재(슬레이브 레이크, 앨버타주, 2011년) 128

피에르 트뤼도 38

피터 폰드 56, 57, 410

ㅎ

하층 제트 192, 193

함부르크 불 폭풍 312, 315, 322

해달(가죽) 무역 508~511

해수면 상승 376, 384, 389, 399, 401, 408, 453

핵폭탄 8, 144, 145, 269, 290, 370, 386, 387, 390, 391, 414

허드슨스 베이 컴퍼니 54~57, 60~62, 78, 139, 140, 383, 393, 411, 452, 510

허리케인 7, 8, 135, 157, 171, 179, 191, 192, 250, 267, 268, 292, 316, 377, 402, 415, 437, 473, 486

허스키/BP 466

헨리 포드 364, 366

호모 비리디타스 535

호모 플라그란스 116, 367, 447

홍수 38, 179, 393, 477, 495, 497

화산 7, 30, 101, 144, 145, 269, 280, 310, 364, 367, 393, 443~445, 447~449, 464

화석 연료 464, 506

화염 토네이도 413, 415~417, 421, 423, 431, 436~438, 440, 534

화재 강도 127, 143, 146, 147, 154, 160, 165, 166, 313, 459

화재 기상 지수 143, 157, 470, 471

화재 시즌 7, 30, 142, 193, 380, 416, 418, 439, 441, 442, 458, 459, 525

화재 적란운 7, 268~270, 302, 416, 419, 429, 441~445, 459

히로시마 148, 315, 386, 425

히포모빌 72, 357

힐데가르트 534, 535

587

파이어 웨더

뜨거워진 세상의 진실

지은이   존 베일런트
옮긴이   제효영

1판 1쇄 펴냄   2025년 3월 26일

펴낸곳   곰출판
출판신고   2014년 10월 13일 제2024-000011호
전자우편   book@gombooks.com
전화   070-8285-5829
팩스   02-6305-5829

종이   영은페이퍼
제작   미래상상

ISBN   979-11-89327-39-2   03300